Turbo Pascal Power Tools

Turbo Pascal Power Tools

Michael-Alexander Beisecker
und Peter Brickwede (Hrsg.)

DÜSSELDORF · SAN FRANCISCO · PARIS · LONDON · SOEST (NL)

Anmerkungen:

GEM ist ein eingetragenes Warenzeichen der Digital Research Inc.
Hercules ist ein Warenzeichen der Hercules Computer Technology, Inc.
IBM ist ein eingetragenes Warenzeichen und PC, AT, PS/2, PC DOS, EGA und VGA sind Warenzeichen der International Business Machines Corporation.
Intel ist ein eingetragenes Warenzeichen der Intel Corporation.
Turbo Pascal und Turbo C sind geschützte Warenzeichen der Borland International Inc.
UNIX ist ein Warenzeichen der Bell Laboratories.
Microsoft, MS-DOS, Windows, Word und QuickPascal sind Warenzeichen oder geschützte Warenzeichen der Microsoft Corporation.
Norton Utilities ist ein geschütztes Warenzeichen von Peter Norton Computing.
SideKick ist ein geschütztes Warenzeichen von Borland International.
WordStar ist ein geschütztes Warenzeichen von MicroPro International.
WordPerfect ist ein geschütztes Warenzeichen von WordPerfect Corporation.

Fast alle Software- und Hardwarebezeichnungen, die in diesem Buch erwähnt werden, sind gleichzeitig auch eingetragene Warenzeichen und sollten als solche betrachtet werden.

Der Verlag hat alle Sorgfalt walten lassen, um vollständige und akkurate Informationen in diesem Buch bzw. Programm und anderen evtl. beiliegenden Informationsträgern zu publizieren. SYBEX-Verlag GmbH, Düsseldorf, übernimmt weder Garantie noch die juristische Verantwortung oder irgendeine Haftung für die Nutzung dieser Informationen, für deren Wirtschaftlichkeit oder fehlerfreie Funktion für einen bestimmten Zweck. Ferner kann der Verlag für Schäden, die auf eine Fehlfunktion von Programmen, Schaltplänen o.ä. zurückzuführen sind, nicht haftbar gemacht werden, auch nicht für die Verletzung von Patent- und anderen Rechten Dritter, die daraus resultiert.

Satz: HILCHNER Daten & Medien, Bereich Textservice, Neuss
Belichtung: Softext Computersatz-Service GmbH, Düsseldorf
Umschlaggestaltung: Design Studio B·B·M, Düsseldorf
Farbreproduktionen: ESN, Düsseldorf
Druck und buchbinderische Verarbeitung: Bercker, Kevelaer

ISBN 3-88745-741-2

1. Auflage 1990
2. Auflage 1990

Danksagung

An der Entstehung dieses Buches waren so viele Personen beteiligt, deren Namen nicht alle auf dem Umschlag Platz finden konnten: die Autoren, die Mitarbeiter etlicher Firmen sowie des SYBEX-Verlags. Alle haben uns bereitwillig und bestmöglich unterstützt.

Den Autoren sei hiermit der größte Dank ausgesprochen, denn hätten sie nicht bereitwillig die Ergebnisse ihrer oft monatelangen Programmierarbeit für dieses Buch zur Verfügung gestellt, es hätte kein "Turbo Pascal Power Tools" gegeben. Daher danken wir Robert Albrecht, Martin Althaus, Achim Kalwa, Peter Monadjemi, Stefan Müller, Thomas Poth, Christian Schäfer, Hans-Georg Schumann, Torsten Schlabach und Werner Wenzel.

Einige Beiträge zu diesem Buch wurden uns von der Borland GmbH zur Verfügung gestellt. Wir danken der Firma Borland für diese Beiträge und für die Überlassung etlicher Software-Pakete. Insbesondere möchten wir den folgenden Mitarbeitern der Borland GmbH danken: Fred Ertl, Wolfgang Kobek, Ralph Machholz und Thomas Poth. Nicht unerwähnt lassen möchten wir hier Philippe Khan, ohne den es kein Turbo Pascal geben würde und der diesem Projekt mit größtem Wohlwollen und Optimismus begegnet ist.

Besonders danken möchten wir Frau Silvana Enz, der Geschäftsführerin der ENZ EDV-Beratung GmbH für ihre freundliche und schnelle Unterstützung. Ebenfalls Dank an die Firmen MaliSoft und Comfood für die Überlassung von Software und Informationsmaterial.

Allen an diesem Projekt beteiligten Mitarbeitern des SYBEX-Verlags im Lektorat, der Redaktion, der Buchhaltung, der Werbung, dem Verkauf, dem Vertrieb und dem Versand möchten wir hiermit ebenfalls danken. Namentlich möchten wir Georg Babiel, Fred Halseband, Elke Hermanowski, Ralf Lieder, Hans Nolden und Hans Rehr nennen. Sie haben das Projekt vorangebracht: die einen durch ihren Optimismus, die anderen durch ihren Zweifel – beides hat uns angespornt.

Hinter den Kulissen waren weiterhin Marianne Beisecker und Korinna Krapiau tätig.

Kurzübersicht

Einführung

Inhaltsverzeichnis

Teil I: Objektorientierte Programmierung

Teil II: Turbo Pascal und die Grafikprogrammierung

Teil III: Turbo Pascal und die Maschinensprache

Teil IV: Die UNITS-Bibliothek

Teil V: Die Utilities

Teil VI: Hardware-Manipulationen

Vorwort

Die Idee zu diesem Buch entstand bei der Übersetzung und Überarbeitung eines anderen: DOS Power Tools. Dieses Buch, USA-Bestseller und SYBEX-Buch des Jahres 1990, ist eine phantastische Sammlung von DOS-Tools und Utilities. So etwas wollten wir selbst zusammenstellen, ohne PC-Magazin(e) und für Turbo Pascal: ein kühner Gedanke und viel Arbeit, wie sich herausstellte.

Warum ein solcher "Schinken"? Weil Hunderttausende von Turbo Pascal-Programmierern das "Rad" ständig neu erfinden. Vielleicht hat ein Programmierer die Lösung in der Schublade, die Sie verzweifelt suchen, oder er hat das Programm fertig, mit dem Sie gerade beginnen wollen: "Was für eine Verschwendung von Zeit und Arbeitskraft". Natürlich, Sie können fertige Tools kaufen, wenn Sie genug Geld dafür investieren. Es gibt gute Tools, und diese sind ihr Geld wert, aber ob Sie ein gutes Tool gekauft haben, wissen Sie meist erst einige Zeit nach dem Kauf. Außerdem, wie viele Toolboxen kosten weniger als 100,- DM?

Dieses Werk ist nur die Spitze des Eisbergs kreativer Turbo Pascal-Programmierung. Sie haben vielleicht in Ihrer "elektronischen Schublade" eine Unit oder ein Programm, das auch anderen Turbo Pascal-Programmierern helfen kann und hier nicht vorgestellt wird, oder Sie haben ein Problem, für das dieses Buch keine Lösung enthält (soll es tatsächlich geben!). Schreiben Sie uns, werden Sie Autor von dieser Programmsammlung. Neben reichlich Ruhm und Ehre erhalten Sie auch noch einen Obulus für Ihren Beitrag.

Wir wünschen Ihnen in jedem Fall viel Erfolg mit "Turbo Pascal Power Tools".

Michael-Alexander Beisecker und Peter Brickwede

Einleitung

Ein Buch wie "Turbo Pascal Power Tools" ist zwangsläufig etwas umfangreicher als eine Einführung in Turbo Pascal. Sie müssen aber dafür auch nicht alles sofort und in chronologischer Reihenfolge lesen. Nehmen Sie sich daher bitte die Zeit, und lesen Sie sich diese Einleitung durch. Sie erhalten einen Überblick, wie dieses Buch aufgebaut ist, welche Teile Sie direkt benötigen und welche Sie später lesen können. Je nach Vorwissen können Sie die Lerneinheiten auch ganz oder teilweise ungelesen lassen.

Wer sollte dieses Buch lesen?

Fast jeder Turbo Pascal-Programmierer hat einen Vorteil von diesem Buch. Zum Verständnis einiger Programme sind zwar Kenntnisse der Maschinensprache, des Betriebssystems DOS und der Hardware Ihres Computers notwendig, die nicht jeder Turbo Pascal-Programmierer besitzt, aber zur Einführung in diese Themen haben wir, die Herausgeber, Lerneinheiten in das Buch eingebaut. Sie müssen also nur Turbo Pascal kennen – mehr nicht!

Die behandelten Turbo Pascal-Versionen

Sie können die vorgestellten Programme und Units ab Turbo Pascal Version 4.0 einsetzen. Für einige Units, Programme und Beispiele benötigen Sie Turbo Pascal 5.5: Dies gilt für alle Beispiele und Programme aus Teil I und die Zeichenketten-Unit aus Teil IV.

Sie brauchen aber nicht auf eine Fenster- und Zeichenkettenverwaltung zu verzichten, wenn Sie eine ältere Turbo Pascal-Version haben. In Kapitel 12 finden Sie eine Fenster- und in Kapitel 13 eine String-Verwaltung, die auch ab Turbo Pascal 4.0 lauffähig sind.

Sollte einmal eine Funktion oder Prozedur nicht funktionieren, so lesen Sie die Beschreibung dazu im Buch nach: Einige Routinen laufen zum Beispiel erst ab DOS 3.0 oder benötigen bestimmte Units!

Welchen Nutzen hat dieses Buch?

Es ist ein Nachschlagewerk und eine Programmbibliothek. Sie finden hier Units und Beispielprogramme für häufige Programmierprobleme. Sie können diese Routinen direkt nutzen; sie sind alle im Quellcode auf der beigefügten Diskette enthalten. Zu einigen Units gibt es zudem Beispielprogramme. Diese Demoprogramme verschaffen Ihnen einen schnellen Überblick über die Leistung der entsprechenden Unit.

Dieses Buch ist aber auch eine Einführung in fortgeschrittene Programmiertechniken: die objektorientierte Programmierung, die Programmierung von Grafikkarten, die Maschinensprache, der Inline-Code und das Einbinden von Assembler-Programmen. In den Lerneinheiten zeigen Ihnen viele Beispiele den Weg von der Theorie zur Praxis. Die volle Wirkung entfalten die Beispiele aber nur, wenn Sie auch (am Rechner) nachvollzogen werden.

Wie dieses Buch anzuwenden ist

"Turbo Pascal Power Tools" besteht aus mehreren Teilen, die unterschiedlich anzuwenden sind. Einige Teile sind reine *Lerneinheiten*, andere wiederum als *Referenz* konzipiert.

Die Lerneinheiten sind in der Regel von der ersten bis zur letzten Seite chronologisch durchzuarbeiten. Eine Ausnahme stellt die Lerneinheit zum Aufbau und den Unterschieden der einzelnen Grafikkarten dar (Kapitel 3). Hier benötigen Sie nur die Abschnitte mit den für Sie interessanten Grafikkarten.

Die Referenzteile enthalten die dokumentierten Units und Beispielprogramme. In diesen Teilen wird jede Prozedur und Funktion umfangreich dokumentiert. Diese Dokumentation mag Ihnen etwas zu umfangreich sein, wir haben dabei aber an diejenigen unter Ihnen gedacht, die nicht einfach die ganze Unit übernehmen, sondern sich nur die "Rosinen" herauspicken möchten. Die Dokumentation erleichtert außerdem die Anpassung der Units an die eigenen Bedürfnisse und an neue Turbo Pascal- oder DOS-Versionen. Auch die Erweiterung der Units wird so wesentlich erleichtert.

Zur Anwendung einer der im Buch enthaltenen Units oder Programme lesen Sie sich zunächst die zugehörige Beschreibung im Buch durch. Dann kopieren Sie sich die entsprechenden Programmdateien von der beigelegten Programmdiskette. (In Anhang B finden Sie eine Beschreibung dieser Diskette, so daß Sie die benötigte Datei(en) schnell finden sollten.) Nachdem Sie die Units oder Programme kompiliert haben, können Sie damit arbeiten.

Der Aufbau dieses Buchs

Als Leser von "Turbo Pascal Power Tools" haben Sie ein Lehrbuch, Handbuch und Nachschlagewerk in kompaktester Form. Damit Sie dieses vielseitige Werk optimal nutzen können, möchten wir Ihnen zuvor den Aufbau kurz erläutern: Das Buch besteht aus der Einleitung, sieben Teilen und dem Anhang.

Die Einleitung

In der Einleitung finden Sie einige grundlegende Informationen zur Nutzung des Buchs, zu den Herausgebern und Autoren.

Teil I: Objektorientierte Programmierung

Der erste Teil befaßt sich mit dem wohl momentan aktuellsten Thema für Turbo Pascal-Programmierer – der Objektorientierten Programmierung, kurz OOP genannt. Kapitel 1 ist als *Lerneinheit* zur Einführung in dieses Thema konzipiert. In Kapitel 2 finden Sie dann ein Anwendungsbeispiel in Form einer Unit zur Fensterverwaltung. Dieses Kapitel dient neben seiner Beispielfunktion für Kapitel 1 vornehmlich als *Referenz* für die beschriebene Unit.

Teil II: Turbo Pascal und die Grafikprogrammierung

Nach Auskunft der Firma Borland kommen bei der Hotline die meisten Anfragen zur Grafikprogrammierung. Zwei Kapitel zu diesem Thema finden Sie in Teil II. Das erste Kapitel dieses Teils, Kapitel 3, ist als *Lerneinheit* eine Einführung in die gängigen Grafikkarten. Auch wenn Sie sich bereits mit Grafikkarten auskennen, sollten Sie sich dieses Kapitel ansehen; denn es werden hier auch die neueren Grafikkarten bis hin zur HGSC-Karte beschrieben.

Das nächste Kapitel, Kapitel 4, zeigt die Programmierung der Karten anhand von Beispielen. Dieses Kapitel ist neben seiner Beispielfunktion vor allem *Referenz* für die beschriebenen Grafik-Units. Hier wird auch das BGI-Driver Toolkit von Borland beschrieben. Dieses Toolkit können Sie *kostenlos* von Borland erhalten.

Teil III: Turbo Pascal und die Maschinensprache

In diesem Teil werden die Grundlagen zum Verständnis der häufig in unseren Programmen und Units verwendeten Inline-Code sowie die BIOS- und DOS-Aufrufe gelegt. Ohne einige Maschinensprache-Kenntnisse kommt der fortgeschrittene Turbo Pascal-Programmierer selten aus!

Die ersten drei Kapitel dieses Teils, Kapitel 5 bis 7, sind *Lerneinheiten*. In Kapitel 8 wird ein Beispiel anhand eines Timers vorgestellt. Diesen Timer können Sie zur Optimierung Ihrer Programme verwenden.

Teil IV: Die Units-Bibliothek

Der gesamte Teil IV ist eine *Referenz* zu den vorgestellten Units. Vorgestellt werden hier Units zum Verändern der Heap-Größe im laufenden Programm, zur Erhöhung der maximalen Anzahl gleichzeitig geöffneter Dateien, zur Verwaltung von Zeichenketten mit mehr als 255 Zeichen, für mathematische Berechnungen und zur Window-Verwaltung.

Teil V: Die Utilities

Auch dieser Teil ist vornehmlich als *Referenz* geschrieben. Es ist jedoch sehr lehrreich, sich die einzelnen Programme anzusehen und nachzuvollziehen, wie der Autor anstehende Probleme gelöst hat.

Im ersten Kapitel dieses Teils, Kapitel 13, finden Sie unter der Überschrift "DOS-Utilities" die Beschreibung zweier Units zum DOS-Zugriff und zur String-Verwaltung. Zu diesen beiden Units finden Sie in diesem Kapitel außerdem eine Vielzahl von DOS-Utilities, die Sie in Ihre Programme einbauen können.

Das zweite Kapitel dieses Teils, Kapitel 14, erleichtert Ihnen die Programmierung mit Turbo Pascal. Hier finden Sie Utilities zur formatierten Ausgabe von Quelltexten (PR.PAS), zur Verschlüsselung von Quelltexten (CHIFF.PAS) und zur Ausgabe eines Struktogramms aus einem Turbo Pascal-Programm (STRUKTer). Alle diese Programme sind auf der Diskette im Quelltext vorhanden. Sie müssen nur noch kompiliert werden und können dann direkt eingesetzt werden.

Teil VI: Hardware-Manipulation

In diesem Teil erfahren Sie, wie Sie Ihren Rechner "tunen" können und wie die serielle Schnittstelle programmiert wird. Zu beiden Themen gibt es wieder je eine gut dokumentierte Unit, die Sie direkt einsetzen können.

Teil VII: Tips aus der Borland-Hotline

Dieser abschließende Teil enthält Tips aus der Borland-Hotline. Auch hier finden Sie Routinen und Units zum direkten Einsatz. Damit können Sie die Cursorform verändern, Hardcopies auf verschiedenen Druckern ausgeben, und Sie haben eine Drucker-Unit zur Verfügung.

Anhang

Der Anhang enthält ein Verzeichnis kommerziell erhältlicher Toolboxen und Utilities mit Händlernachweis sowie eine Beschreibung der beigefügten Programmdiskette.

Die Programmdiskette

Die Programmdiskette zu diesem Buch ist eine 5,25-Zoll-Diskette mit einer Speicherkapazität von 360 KB (DS/DD, 48 tpi). Dieses Format verwenden immer noch die meisten auf dem Markt befindlichen IBM-kompatiblen Rechner. IBM-PS/2-Rechner, Portables, Laptops sowie einige andere Rechner verarbeiten jedoch häufig nur 3,5-Zoll-Disketten. Arbeiten Sie mit einem solchen Rechner, fragen Sie Arbeitskollegen im Betrieb, Ihren Händler oder Bekannte, ob sie Ihnen die Diskette auf eine 3,5-Zoll-Diskette kopieren können.

Eine Beschreibung des Disketteninhalts finden Sie in Anhang B. Auf der Diskette ist eine Datei mit dem Namen READ.ME enthalten. Diese Datei enthält Informationen, die zur Zeit der Drucklegung des Buchs noch nicht bekannt waren, wie etwa letzte Programmänderungen, neue Programme und ähnliches. Lesen Sie sich den Inhalt dieser Datei also durch, bevor Sie mit der Diskette arbeiten!

Herausgeber und Autoren

Michael-A. Beisecker

Michael-A. Beisecker ist Inhaber der Firma data-consult sowie EDV-Fachbuchautor und -übersetzer. Er hat mehr als 20 Bücher geschrieben oder übersetzt. Seine Schwerpunkte sind Betriebssysteme, Programmiersprachen und Datenbanken, daneben beschäftigt er sich mit DTP, CAD und Grafik.

Peter Brickwede

Peter Brickwede unterhält neben seinem Studium der Nachrichtentechnik ein EDV-Büro. Er hat sich auf die Erstellung von Individual-Software, EDV-Beratung und Desktop Publishing spezialisiert und mehrere Bücher geschrieben. Außerdem beschäftigt er sich mit Grafik und Animation.

Martin Althaus

Martin Althaus ist Buchautor und Fachjournalist. Im SYBEX-Verlag sind bereits etliche Bücher zu den Themen PC und PC-Grafikkarten erschienen.

Robert M. Albrecht   Robert M. Albrecht schreibt Bücher und programmiert für eine Softwarefirma im Sektor der mittleren Datentechnik.

Achim Kalwa   Achim Kalwa studiert Nachrichtentechnik und betreibt Software-Entwicklung mit Turbo Pascal und Assembler.

Peter Monadjemi   Peter Monadjemi studiert Biotechnologie und beschäftigt sich mit Maschinensprache-Programmierung sowie Optimierungen.

Stefan Müller   Stefan Müller studiert Technische Informatik und interessiert sich für maschinenunabhängige Algorithmen sowie echt einsetzbare Werkzeuge.

Thomas Poth   Thomas Poth arbeitet bei Borland in der Turbo Pascal-Hotline und programmiert mit Turbo Pascal und Assembler.

Christian Schaefer   Christian Schaefer schreibt branchenspezifische Problemlösungen und Tools in Turbo Pascal.

Torsten Schlabach   Torsten Schlabach ist Inhaber der Firmen TS Computing und S-BS. Er beschäftigt sich mit Datenbanken, Programmiersprachen, DTP und Grafik.

Hans-Georg Schumann   Hans-Georg Schumann ist Autor mehrerer Bücher über Programmiersprachen und Anwendungsprogramme. Momentan beschäftigt er sich vor allem mit OOP.

Werner Welzel   Werner Welzel studiert Informatik und Wirtschaftswissenschaften. Daneben betreibt er Software-Entwicklung in Turbo Pascal, Assembler und C.

Teil I

Objektorientierte Programmierung

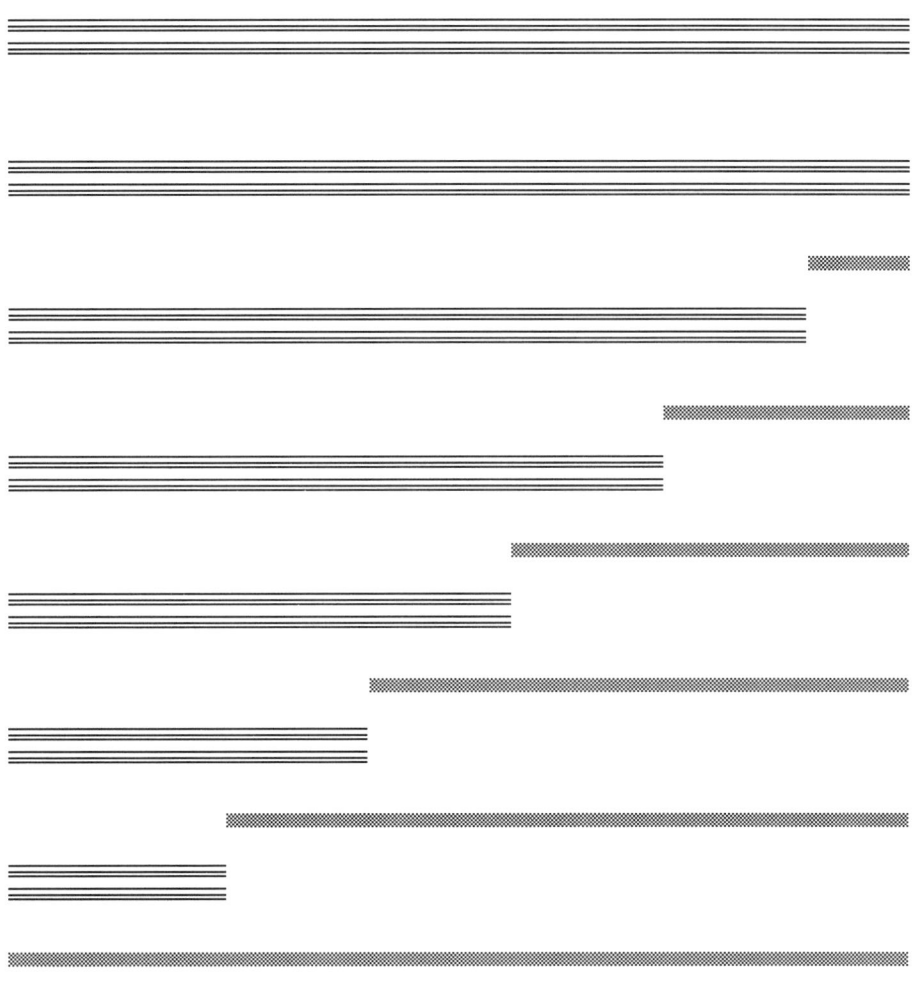

Kapitel 1

OOP in Turbo Pascal
– eine Einführung

Es begann Anfang der siebziger Jahre. In der Schweiz war ein gewisser Niklaus Wirth dabei, die Programmiersprache Pascal zu entwickeln. Besonders durch Möglichkeiten der strukturierten Programmierung sollte sie sich auszeichnen.

Zu dieser Zeit tat sich auch etwas in den USA: Im PARC (Palo Alto Research Center) arbeitete eine Gruppe der Firma Xerox an einem Forschungsprojekt. Ziel war die Entwicklung eines Dialogsystems zwischen Mensch und Maschine, das möglichst nahe an den Eigenheiten des Menschen orientiert war.

Ein Ergebnis war unter anderem die Sprache Smalltalk. Wie der Name sagt, sollte dieses Programmiersystem Möglichkeiten eines lockeren Umgangstons zwischen Benutzer und Computer bieten. Dazu verfügte es über Editor, Interpreter, Compiler, Debugger sowie Fenster- und Menütechnik mit Maussteuerung.

Inzwischen sind wir zwei Jahrzehnte weiter, und das alles ist nichts Außergewöhnliches mehr. Wer hat nicht schon die Benutzeroberflächen eines Apple MacIntosh, Atari ST oder Amiga gesehen? Und auch auf dem PC haben mit GEM oder Windows, MS-DOS ab Version 4.0 oder dem neuen Presentation Manager bereits derartige fenster- und menüorientierte Oberflächen Einzug gehalten. Immer mehr Anwendungen geben sich betont benutzerfreundlich und bieten recht ansehnliche, leicht zu bedienende Menüsysteme.

Das Prinzip ist überall in etwa das gleiche: Auf dem Bildschirm gibt es Symbole, tauchen Boxen mit Meldungen auf, öffnen sich Menüfenster. Mit der Maus lassen sich Einträge anklicken, Symbole verschieben. Anwendungen kann man ohne ein Befehlswort starten. Alles ist weitgehend so gehalten, daß der Benutzer möglichst schnell damit umgehen kann.

Was für den Anwender zur Annehmlichkeit wird, ist so manchem Programmierer ein Greuel: Je komfortabler und vielseitiger Programme sind, umso komplexer und komplizierter wird ihre Entwicklung und Pflege. Und die traditionellen Programmiersysteme sind allmählich überfordert. Ideal wärte eine Art Programmgenerator, dem man seine Gedanken in Umgangssprache mitteilen könnte und der daraus ein Programm macht.

Das oben genannte Smalltalk kommt dieser Idee schon recht nahe: Es gibt eine Fülle fertiger Objekte, unter denen sich der Programmentwickler die passenden herauspicken kann, um sein akutes Problem zu lösen. Jedes Objekt verfügt über eine Reihe von Bearbeitungsmethoden, unter denen in der Regel die geeigneten zu finden sind. Und wenn nicht, läßt sich leicht eine neue Methode entwickeln und dem Gesamtsystem hinzufügen.

Der Nachteil von Smalltalk ist, daß man völlig umlernen muß, wenn man von einer Sprache wie beispielsweise Pascal oder C kommt. Auch bisher erstellte Programmodule lassen sich nicht verwenden oder nur mit sehr hohem Aufwand umstricken. C-Programmierer steigen daher in der Regel um auf C++ (sprich: ZehPlusPlus). Und wer bisher in Turbo Pascal programmiert hat, dem bieten sich ab Version 5.5 neue Möglichkeiten mit einem zarten Hauch von Smalltalk.

Objekte – was sind das?

Klingt alles noch einigermaßen vernebelt. Erst einmal möchten Sie wissen, worum es überhaupt geht: Was ist eigentlich ein Objekt?

– Ein Objekt ist eine Struktur, die nicht nur Datenfelder, sondern auch die zugehörigen Methoden zur Manipulation dieser Daten enthält (= Kapselung).

– Ein Objekt kann seine Eigenschaften an verwandte Objekte weitergeben (= Vererbung).

– Ein Objekt kann mit verwandten Objekten Methoden gemeinsam haben, die für jeden Objekttyp etwas anderes bewirken (= Polymorphie).

In Turbo Pascal läßt sich ein Objekt am besten mit einer Record-Struktur vergleichen. Nehmen wir dieses einfache Beispiel:

```
TYPE
  Computer = RECORD
   Name  : String;
   Preis : Word;
END;
```

Man erkennt die Kapselung zusammengehörender Datenfelder. Die Vereinbarung von Prozeduren zur Bearbeitung dieser (internen) Daten jedoch bleibt "außen vor". Daten und zugehörige Prozeduren sind also getrennt. Ganz anders, wenn Sie (ab Turbo Pascal 5.5) diesen neuen Strukturtyp verwenden:

```
TYPE
  Computer = OBJECT
    Name  : String;
    Preis : Word;
    Procedure definieren (Typ: String; DM: Word);
    Procedure Daten_zeigen;
  END;
```

Bei dem neuen Typ OBJECT wird offenbar weiter gekapselt: Daten und deren Bearbeitungsmethoden (hier: Prozeduren) sind zusammengefaßt und bilden so eine abgeschlossene Einheit!

Die eigentlichen Definitionen dieser Bearbeitungsmethoden liegen außerhalb der Typvereinbarung. Im Kopf der jeweiligen Methode muß aber vor dem Namen der Prozedur
auch der des Objekts stehen. So weiß man stets, aus "welchem Hause" eine Methode
stammt:

```
PROCEDURE Computer.definieren (Typ: String; DM: Word);
BEGIN
 {Anweisungen}
END;

PROCEDURE Computer.Daten_zeigen;
BEGIN
 {Anweisungen}
END;
```

Nach der Typvereinbarung können nun beliebig viele Variablen – man spricht auch von
Instanzen – dieses Objekt-Typs vereinbart werden. Uns genügen vorläufig diese zwei:
"ZX81" und "C64":

```
VAR
    ZX81, C64 : Computer;
```

Die so vereinbarten Objekte lassen sich nun über Botschaften ansprechen. In unserem
Falle verstehen sie nur zwei Botschaften, von denen die eine Ihnen höchstwahrschein-
lich auch noch überflüssig vorkommt. Die erste dient dazu, das Objekt mit seinen Datenfeldern zu initialisieren:

```
ZX81.definieren ('Sinclair ZX81',49);
C64.definieren ('Commodore C64',299);
```

Nach der Übergabe der nötigen Datenwerte übermitteln wir jedem Objekt unseren
Wunsch, seine Daten zu sehen:

```
ZX81.Daten_zeigen;
C64.Daten_zeigen;
```

Und so sieht das Programm komplett aus:

```
PROGRAM Komjuter1;

USES CRT;
```

```
{--------------------------------------------------------}
{ Vereinbarung des Objekttyps                            }
{--------------------------------------------------------}

TYPE
  Computer = OBJECT
    Name  : String;
    Preis : Word;
    Procedure definieren (Typ: String; DM: Word);
    Procedure Daten_zeigen;
  END;


{--------------------------------------------------------}
{ Vereinbarung der Bearbeitungsmethoden                  }
{--------------------------------------------------------}

PROCEDURE Computer.definieren (Typ: String; DM: Word);
BEGIN
  Name  := Typ;
  Preis := DM;
END;

PROCEDURE Computer.Daten_zeigen;
BEGIN
  WriteLn;
  Write   ('Ich bin ein ',Name);
  WriteLn (' und koste ',Preis,' DM.');
END;


{--------------------------------------------------------}
{ Vereinbarung der Objektinstanzen                       }
{--------------------------------------------------------}

VAR
  ZX81,
  C64  : Computer;


{--------------------------------------------------------}
{ Hauptprogramm                                          }
{--------------------------------------------------------}

BEGIN
  ZX81.definieren ('Sinclair ZX81',49);
```

```
  C64.definieren ('Commodore C64',299);
  ClrScr;
  ZX81.Daten_zeigen;
  C64.Daten_zeigen;
  ReadLn;
END.
```

Umständlicher geht's wohl nicht? Da werden erst einem Objekt zwei Werte als Parameter übergeben und intern den Datenfeldern Name und Preis zugewiesen – in der
Methode definieren. Und anschließend werden diese Werte wieder ausgegeben – über
die Methode Daten_zeigen.

Dieser scheinbare Umstand aber wird der neuen Philosophie der Objektorientierten
Programmierung (OOP) voll gerecht: Auf diesem Wege bleiben die internen (!) Daten-
elemente eines Objekts unangetastet. Damit sind versehentliche Manipulationen ausgeschlossen!

Übertragen Sie diesen Gedanken bitte einmal auf ein Projekt mit einer großen Anzahl
von Objekten, von denen jedes über eine große Anzahl von Datenelementen verfügt.
Durch eine zuerst aufgerufene Initialisierungsmethode, die sämtliche Datenfelder des
Objekts mit Startwerten besetzt, ist nun ein direkter Zugriff auf diese Elemente nicht
mehr nötig.

Benötigt man Werte einzelner Objektfelder oder sollen Werte von außen geändert werden, so geht das über entsprechend vereinbarte Methoden. Damit laufen sämtliche Da-
tenmanipulationen ausschließlich über Botschaften ab und bleiben so unter (Ihrer)
Kontrolle.

Ich denke, Sie haben nun schon einen kleinen Vorgeschmack auf die Objektorientierte
Programmierung. Neu ist dies: Nicht mehr eine Liste von Anweisungen steht hier im
Vordergrund, sondern im Mittelpunkt stehen Objekte, an die Botschaften gesendet wer-
den:

Anstelle von "Los, zeig mal die Daten von ZX81 und C64!" wählen wir jetzt einen anderen Umgangston: "Hallo, ZX81 und C64, kann ich mal Eure Daten sehen?" Diese
neue Denkweise ist in der Turbo Pascal-Erweiterung nicht so offensichtlich wie in Programmiersprachen, die von Anfang an objektorientiert konzipiert wurden.

Stellen Sie sich jetzt aber vor, es gäbe auch in Turbo Pascal eine Menge (durch fleißige
Programmierer erzeugte) Objekte, über die Sie verfügen könnten. Bilden Sie sich ein, es
sei für jeden Zweck etwas dabei. Dann dürfte es kein Problem sein, einfach ein ge-
eignetes Objekt auszusuchen und ihm eine Botschaft zukommen zu lassen, was man
von ihm wünscht. Das Weitere erledigt das Objekt. Es ist so programmiert, daß es auf

bestimmte Botschaften mit den passenden Methoden reagiert. Kann es mit einer Botschaft nichts anfangen, so tut es nichts, oder es antwortet mit einer entsprechenden Meldung.

Es steckt also eine ganz andere und zunächst wohl verwirrende Philosophie dahinter, objektorientiert zu programmieren: Keine Befehle, sondern Botschaften. Einem Mitmenschen seine Bedürfnisse mitzuteilen (= Botschaft), anstatt zu kommandieren (= Befehl), ist für viele auch die bessere Lebensauffassung.

Vererbung

Das obige Beispiel deckt bis jetzt nur eine Eigenschaft von Objekten ab, nämlich die Kapselung von Daten und zugehörigen Bearbeitungsmethoden (engl. Encapsulation).

Eine weitere Stärke der OOP ist die Möglichkeit der Vererbung sämtlicher Eigenschaften eines Objekttyps an einen neuen (engl. Inheritance):

```
TYPE
  HomeComputer = OBJECT (Computer)
  END;
```

Der neue Typ ist ganz die Mutter. Er besitzt alle ihre Datenfelder und Methoden, nur trägt er einen anderen Namen. Lediglich in Klammern wird auf die Abstammung hingewiesen.

Die bloße Erzeugung eines Nachkommens ergibt zunächst noch keinen Sinn. Aber außer den ererbten könnte ein Objektkind auch weitere Elemente besitzen:

```
TYPE
  PC = OBJECT (Computer)
    Prozessor,
    System,
    Grafik : String;
  END;
```

Damit hat die Vereinbarung des Objekttyps PC dieselbe Bedeutung wie diese:

```
TYPE
  PC = OBJECT
    Name  : String;
    Preis : Word;
```

```
      Prozessor,
      System,
      Grafik : String;
      Procedure definieren (Typ: String; DM: Word);
      Procedure Daten_zeigen;
    END;
```

Aber das ist noch nicht alles; denn möglicherweise benötigt der neue Typ auch neue
Methoden zur Bearbeitung. Tragen sie den gleichen Namen wie die ererbten Methoden,
so können sie diese ersetzen:

```
TYPE
  PC = OBJECT (Computer)
    Prozessor,
    System,
    Grafik : String;
    Procedure definieren
            (Typ, CPU, OS, Pixels: String; DM: Word);
    Procedure Daten_zeigen;
  END;
```

Nun hat das Kind PC mehr bzw. andere Eigenschaften als die Mutter Computer. Natürlich müssen die neuen Methoden auch definiert werden:

```
PROCEDURE PC.definieren
          (Typ, CPU, OS, Pixels: String; DM: Word);
BEGIN                              '
  Computer.definieren (Typ, DM);
  Prozessor := CPU;
  System    := OS;
  Grafik    := Pixels;
END;

PROCEDURE PC.Daten_zeigen;
BEGIN
  Computer.Daten_zeigen;
  Write   ('Ich verfüge über eine ',Prozessor,'-CPU');
  WriteLn (' sowie das Betriebssystem ',System,'.');
  Write   ('Außerdem habe ich eine grafische Auflösung '
  WriteLn ('von ',Grafik,' Punkten.');
END;
```

Nun tauchen die Methoden definieren und Daten_zeigen gleich in zweifacher Gestalt
auf: einmal für den Objekttyp Computer, zum zweiten für dessen Kind PC. Und es ist
nicht ausgeschlossen, daß es noch weitere Nachkommen und damit entsprechend neu

vereinbarte Methoden dieses Namens geben wird. Man spricht hierbei von Polymorphie (= Vielgestaltigkeit).

Innerhalb der neuen Methoden PC.definieren und PC.Daten_zeigen habe ich auch die "alten" Methoden verwendet. Dadurch werden alle Initialisierungsprozesse der Mutter übernommen. Ein explizites Aufführen der entsprechenden Anweisungen wäre nicht nur unbequem: Soll später am Muttertyp "Computer" etwas geändert werden, muß in den Methoden der Nachkommen nichts nachgebessert werden. Sie übernehmen auch alle neuen Eigenschaften automatisch!

Nehmen wir noch ein weiteres Mitglied in unsere Objektfamilie auf, und machen wir daraus ein neues Programm:

```
PROGRAM Komjuter2;

USES CRT;

{--------------------------------------------------------}
{ Vereinbarung der Objekttypen                           }
{--------------------------------------------------------}

TYPE
  Computer = OBJECT
    Name  : String;
    Preis : Word;
    Procedure definieren (Typ: String; DM: Word);
    Procedure Daten_zeigen;
  END;

  PC = OBJECT (Computer)
    Prozessor,
    System,
    Grafik  : String;
    Procedure definieren
            (Typ, CPU, OS, Pixels: String; DM: Word);
    Procedure Daten_zeigen;
  END;

  LapTop = OBJECT (PC)
    Masse   : String;
    Gewicht : Real;
    Procedure definieren (Typ, CPU, OS, Pixels: String;
                cm: String; kg: Real; DM: Word);
    Procedure   Daten_zeigen;
  END;
```

```
{----------------------------------------------------}
{ Vereinbarung der Bearbeitungsmethoden              }
{----------------------------------------------------}

PROCEDURE Computer.definieren (Typ: String; DM: Word);
BEGIN
  Name  := Typ;
  Preis := DM;
END;

PROCEDURE Computer.Daten_zeigen;
BEGIN
  WriteLn;
  Write   ('Ich bin ein ',Name);
  WriteLn (' und koste ',Preis,' DM.');
END;


PROCEDURE PC.definieren
            (Typ, CPU, OS, Pixels: String; DM: Word);
BEGIN
  Computer.definieren (Typ, DM);
  Prozessor := CPU;
  System    := OS;
  Grafik    := Pixels;
END;


PROCEDURE PC.Daten_zeigen;
BEGIN
  Computer.Daten_zeigen;
  Write   ('Ich verfüge über eine ',Prozessor,'-CPU');
  WriteLn (' sowie das Betriebssystem ',System,'.');
  Write   ('Außerdem habe ich eine grafische Auflösung');
  WriteLn ('von ',Grafik,' Punkten.');
END;


PROCEDURE LapTop.definieren (Typ, CPU, OS, Pixels: String;
            cm: String; kg: Real; DM: Word);
BEGIN
  PC.definieren (Typ, CPU, OS, Pixels, DM);
  Masse   := cm;
  Gewicht := kg;
END;
```

```
PROCEDURE LapTop.Daten_zeigen;
BEGIN
  PC.Daten_zeigen;
  Write ('Ich habe die Maße ',Masse,' cm und bin nur ');
  WriteLn (Gewicht:4:1,' kg schwer.');
END;


{------------------------------------------------------}
{ Vereinbarung der Objektinstanzen                     }
{------------------------------------------------------}

VAR
  ZX81,
  C64     : Computer;
  EuroPC,
  PC30    : PC;
  PCfolio,
  T1600   : LapTop;


{------------------------------------------------------}
{ Hauptprogramm                                        }
{------------------------------------------------------}

BEGIN
  ZX81.definieren ('Sinclair ZX81',49);
  C64.definieren ('Commodore C64',299);
  PCfolio.definieren ('Atari Portfolio','8088',
    'DIP-DOS','320x64','20x10x3',0.5,798);
  EuroPC.definieren
    ('Schneider EuroPC','8088','MS-DOS','720x348',1298);
  PC30.definieren
    ('Commodore PC 30','80286','MS-DOS','800x600',3499);
  T1600.definieren ('Toshiba 1600','80C286','MS-DOS',
    '640x400','32x33x8',5.7,7999);
  ClrScr;
  ZX81.Daten_zeigen;
  C64.Daten_zeigen;
  PCfolio.Daten_zeigen;
  EuroPC.Daten_zeigen;
  PC30.Daten_zeigen;
  T1600.Daten_zeigen;
  ReadLn;
END.
```

Statisch oder virtuell?

In Turbo Pascal gibt es zwei verschiedene Arten von Methoden: Die einen werden bereits bei der Kompilierung fest in das Gesamtprogramm eingebunden. Diese Methoden sind statisch.

Dann gibt es noch die Möglichkeit, erst bei der Laufzeit des Programms zu bestimmen, welche Methode aufgerufen werden soll. Das ist besonders wichtig, wenn in einer Objektfamilie jedes Mitglied über seine eigene Methode verfügt – wie hier z.B. Daten_zeigen.

Nun kann es Situationen geben, in denen zur Zeit der Kompilierung – also noch vor dem Programmlauf – gar nicht klar ist, welche Methode nun aufgerufen werden soll. Nehmen wir an, unsere Objekttypen wären in die Monate gekommen und hätten einige Methoden angesammelt.

Nennen wir eine Methode Computer.Menu_anbieten. Darin zeigen wir dem Benutzer alle Methoden, unter denen er wählen kann:

```
PROCEDURE Computer.Menu_anbieten;
VAR
   MenuPunkt: Byte;

BEGIN
   ClrScr;
   GotoXY (30,10);
   Write  ('1. Daten zeigen');
   GotoXY (30,11);
   Write  ('2. Daten ergänzen');
   GotoXY (30,12);
   Write  ('3. Daten ändern');
   GotoXY (30,13);
   Write  ('4. Daten löschen');
   ReadLn (MenuPunkt);
   Case MenuPunkt Of
     1: Daten_zeigen;
     2: Daten_ergaenzen;
     3: Daten_aendern;
     4: Daten_loeschen;
   End;
END;
```

Nageln Sie mich nicht darauf fest, wie sinnvoll dieses Beispiel ist! Jedenfalls wäre dies eine Methode, die alle Nachkommen des Objekttyps Computer erben. Sie muß also für alle nur einmal vereinbart werden! Damit ist ihre Verwendung in jedem Objekt dieser Familie möglich.

Ganz anders ist es bei den in der Case-Anweisung aufgeführten Methoden: Diese könnten nämlich in jedem Objekttyp neu definiert sein! (Für Daten_zeigen wissen wir, daß es sicher so ist.)

Wird nun Menu_anbieten von einer Instanz des Typs Computer aufgerufen, kann man davon ausgehen, daß alles problemlos verläuft: Durch Eingabe einer 1 wird die Methode Computer.Daten_zeigen aufgerufen, bei einer 2 die Methode Computer.Daten_ergaenzen usw.

Aber was ist, wenn der Aufruf von einem Nachkommen aus erfolgt? Nehmen wir z.B. ein Objekt vom Typ Laptop: Durch Eingabe von 1 aktivieren wir nicht die gewünschte Methode, sondern nur Computer.Daten_zeigen.

Bei der Übersetzung in Maschinensprache werden in Computer.Menu_anbieten die Adressen der aufgerufenen Methoden fest eingebunden. Man nennt das auch frühe Bindung (engl. Early Binding). Weil zur Zeit der Kompilierung aber noch gar nicht bekannt ist, von welchen Objekten Menu_anbieten aufgerufen werden könnte, wäre eine späte Bindung (engl. Late Binding) hier angebrachter.

Turbo Pascal macht dies möglich durch die virtuelle Vereinbarung einer Methode: Hier wird während der Übersetzung für einen Objekttyp eine Tabelle angelegt, in der dessen virtuelle Methoden aufgelistet sind, die sogenannte VMT (Virtuelle Methoden-Tabelle).

Der betreffende Objekttyp, der eine virtuelle Methode enthält, wird um ein 2-Byte-Adreßfeld erweitert, in dem der Offsetwert der VMT abgelegt werden kann. Wird dann eine Instanz dieses Objekttyps vereinbart, so erhält auch diese ein Datenfeld für die Offset-Adresse der VMT.

Damit besitzt jedoch dieses Feld noch keinen eindeutigen Wert, muß also ebenso wie die anderen Felder eines Objekts noch initialisiert werden. Mit der Methode definieren haben wir allen Datenfeldern einen (sinnvollen) Startwert zugewiesen.

Damit auch das VMT-Feld die richtige Adresse erhält, wird die Initialisierungsmethode nicht mehr als Prozedur, sondern als sogenannter Konstruktor (engl. Constructor) vereinbart: Der stellt dann beim Aufruf die Verbindung zwischen dem Objekt und der zugehörigen Virtuellen Methoden-Tabelle her.

Deshalb muß der Konstruktor auch vor einer virtuellen Methode aufgerufen werden!
Wenn nicht, sucht das Objekt seine virtuellen Methoden irgendwo im RAM-Nirvana.
In der Regel ist dann mit einem Absturz des Programms zu rechnen.

Zur Sicherheit bietet Turbo Pascal eine Erweiterung der Compiler-Option {$R+}: Übli-
cherweise wird damit die Grenzkontrolle der Indizes für Arrays und Strings durchgeführt. Bei Objekten mit virtuellen Methoden wird außerdem überprüft, ob diese durch
einen Konstruktoraufruf ordnungsgemäß initialisiert wurden.

Bei virtueller Vereinbarung sucht sich Menu_anbieten dann die Methode aus, die zum
aufrufenden Objekt paßt. Wenn wir in unserem kleinen Beispielprogramm die Methode
zeigen virtuell machen, so machen wir es flexibel für künftige Erweiterungen. Außerdem bekommen Sie mit, wie Konstruktoren und virtuelle Methoden vereinbart werden:

```
PROGRAM Komjuter3;

{$R+}
{Kontrolle für Konstruktoraufruf bei virtuellen Methoden}

USES CRT;

{------------------------------------------------------}
{ Vereinbarung der Objekttypen                         }
{------------------------------------------------------}

TYPE
  Computer = OBJECT
    Name  : String;
    Preis : Word;
    Constructor definieren (Typ: String; DM: Word);
    Procedure   Daten_zeigen; Virtual;
  END;

  PC = OBJECT (Computer)
    Prozessor,
    System,
    Grafik  : String;
    Constructor definieren
              (Typ, CPU, OS, Pixels: String; DM: Word);
    Procedure   Daten_zeigen; Virtual;
  END;

  LapTop = OBJECT (PC)
    Masse   : String;
    Gewicht : Real;
```

```
   Constructor definieren (Typ, CPU, OS, Pixels: String;
               cm: String; kg: Real; DM: Word);
   Procedure   Daten_zeigen; Virtual;
  END;


{-------------------------------------------------------}
{ Vereinbarung der Bearbeitungsmethoden                 }
{-------------------------------------------------------}

CONSTRUCTOR Computer.definieren (Typ: String; DM: Word);
BEGIN
  Name  := Typ;
  Preis := DM;
END;

PROCEDURE Computer.Daten_zeigen;
BEGIN
  WriteLn;
  Write   ('Ich bin ein ',Name);
  WriteLn (' und koste ',Preis,' DM.');
END;


CONSTRUCTOR PC.definieren
           (Typ, CPU, OS, Pixels: String; DM: Word);
BEGIN
  Computer.definieren (Typ, DM);
  Prozessor := CPU;
  System    := OS;
  Grafik    := Pixels;
END;

PROCEDURE PC.Daten_zeigen;
BEGIN
  Computer.Daten_zeigen;
  Write   ('Ich verfüge über eine ',Prozessor,'-CPU');
  WriteLn (' sowie das Betriebssystem ',System,'.');
 Write('Außerdem habe ich eine grafische Auflösung ');
  WriteLn ('von ',Grafik,' Punkten.');
END;

CONSTRUCTOR LapTop.definieren (Typ, CPU, OS, Pixels: String;
           cm: String; kg: Real; DM: Word);
BEGIN
  PC.definieren (Typ, CPU, OS, Pixels, DM);
  Masse   := cm;
```

```
   Gewicht := kg;
END;

PROCEDURE LapTop.Daten_zeigen;
BEGIN
  PC.Daten_zeigen;
  Write ('Ich habe die Maße ',Masse,' cm und bin nur ');
  WriteLn (Gewicht:4:1,' kg schwer.');
END;

{------------------------------------------------------}
{ Vereinbarung der Objektinstanzen                     }
{------------------------------------------------------}

VAR
  ZX81,
  C64     : Computer;
  EuroPC,
  PC30    : PC;
  PCfolio,
  T1600   : LapTop;

{------------------------------------------------------}
{ Hauptprogramm                                        }
{------------------------------------------------------}

BEGIN
  ZX81.definieren ('Sinclair ZX81',49);
  C64.definieren ('Commodore C64',299);
  PCfolio.definieren ('Atari Portfolio','8088',
    'DIP-DOS','320x64','20x10x3',0.5,798);
  EuroPC.definieren
    ('Schneider EuroPC','8088','MS-DOS','720x348',1298);
  PC30.definieren
    ('Commodore PC 30','80286','MS-DOS','800x600',3499);
  T1600.definieren ('Toshiba 1600','80C286','MS-DOS',
    '640x400','32x33x8',5.7,7999);
  ClrScr;
  ZX81.Daten_zeigen;
  C64.Daten_zeigen;
  PCfolio.Daten_zeigen;
  EuroPC.Daten_zeigen;
  PC30.Daten_zeigen;
  T1600.Daten_zeigen;
  ReadLn;
END.
```

Wie Sie sehen, wird definieren zum Konstruktor, indem man einfach Procedure gegen Constructor eintauscht. Und durch den Zusatz Virtual macht man Daten_zeigen zur virtuellen Methode. Damit legt man übrigens fest, daß gleichnamige Methoden auch bei sämtlichen Nachkommen mit Virtual vereinbart werden müssen. Sollten Sie dieses "Anhängsel" einmal vergessen, so macht der Turbo-Compiler Sie darauf aufmerksam.

Bei virtueller Vereinbarung von Methoden müssen diese im Namen sowie in Anzahl und Typ der Parameter genau übereinstimmen, auch in ihrer Reihenfolge. In unserem Falle kein Problem: Daten_zeigen hat keine Parameter, also stimmt auch alles.

Warum werden die Konstruktoren nicht virtuell vereinbart? Wäre der Konstruktor eine virtuelle Methode, so würde der Compiler seine Adresse in der VMT suchen. Diese ist aber erst nach Aufruf des Konstruktors mit dem betreffenden Objekt verbunden. Deshalb schiebt der Compiler einen Riegel vor, wenn Sie versuchen, einen Konstruktor virtuell zu vereinbaren, und ergibt eine Fehlermeldung.

Was kann man sonst noch mit Objekten anstellen?

Es ist längst nicht alles gesagt zum Thema Objekte und OOP. Aber ich will mich hier kurz fassen und nur noch einiges anmerken: Vergleicht man OBJECT mit RECORD, so liegt die Vermutung nahe, daß man mit Objekten ebenso umgehen kann wie mit Records. Ebenso wie diese können Objekte

– Parameter einer Prozedur oder Funktion sein

– Parameter einer Methode auch desselben Objekttyps sein

– einander zugewiesen werden

Diese Möglichkeiten sind gegenüber Records erweitert: Ist ein Objekt Quelle einer Zuweisung oder einer Übernahme als Parameter, so dürfen nicht nur Instanzen dieses Typs, sondern auch sämtliche Nachkommen zugewiesen oder übergeben werden, nicht jedoch die Vorfahren! Vereinbart seien z.B.:

```
VAR
  C128,
  64     : Computer;
  EuroPC  : PC;
  PCfolio,
  T1600   : LapTop;
  PC als Parametertyp
```

```
Erlaubt ist                      Verboten ist
--------------------------------------------------------
C128 := C64;                     EuroPC := C128;
C128 := EuroPC;                  T1600  := Uneckig;
C128 := T1600;
Übergabe von 'EuroPC'            Übergabe von 'C128'
Übergabe von 'T1600'             Übergabe von 'C64'
```

Man spricht bei der Parameterübergabe auch von polymorphen Objekten, weil eben nicht nur der vereinbarte Objekttyp, sondern auch ein Nachkomme Parameter sein darf.

Zuletzt möchte ich noch auf den Umgang mit dynamischen Objekten in Turbo Pascal zu sprechen kommen. Wenn Sie nicht genau wissen, was mit "dynamisch" gemeint ist, hier eine kurze Erläuterung:

–   Bei einer statischen Datenstruktur wird schon bei der Vereinbarung Speicherplatz für die Variable reserviert:

```
VAR Zahl : Integer;
```

Im Anweisungsteil eines Programms kann sie dann beliebig verwendet werden, z.B. in einer Zuweisung:

```
Zahl := 5;
```

–   Bei einer dynamischen Datenstruktur wird bei der Vereinbarung nur Speicherplatz für einen Zeiger auf die Struktur im Datensegment (max. 64 KByte) reserviert:

```
VAR Zeiger : ^Integer;
```

Im Anweisungsteil muß dann vor einer Verwendung erst der Platz für die eigentliche Datenstruktur belegt werden. Dies geschieht auf dem Heap (darf über 64 KByte sein):

```
New (Zeiger);
```

Nun erfolgt z.B. eine Zuweisung:

```
Zeiger^ := 5;
```

Zum Schluß kann der belegte Platz wieder freigegeben werden:

```
Dispose (Zeiger);
```

Das funktioniert auch für dynamische Objekte. Aber hier hat Turbo Pascal noch einiges mehr zu bieten. Als erstes möchte ich Ihnen den Destruktor vorstellen, einen Verwandten des Konstruktors:

–   Ein Konstruktor initialisiert zuerst ein Objekt mit virtuellen Methoden, indem er eine Verbindung mit der zugehörigen Methodentabelle (VMT) herstellt. Anschließend arbeitet er die Anweisungen der Methode ab.

–   Ein Destruktor kümmert sich als erstes um die Methode. Ganz zum Schluß aber übernimmt er die Funktion eines Aufräumers auf dem Heap. Dies bedeutet, daß ein Destruktor für dynamische Objekte gedacht ist.

Grundsätzlich lassen sich Konstruktoren und Destruktoren beliebig und in beliebiger Anzahl als Methoden eines Objekts vereinbaren. Einen Schaden können sie nicht anrichten: Gibt es keine virtuellen Methoden, arbeitet der Konstruktor wie eine normale Methode. Gleiches tut ein Destruktor, wenn das Objekt nicht dynamisch, also statisch ist.

Auch ist nicht automatisch für jedes dynamische Objekt ein Destruktor nötig. Im Normalfall macht Dispose seine Aufräumungsarbeit sehr gut. Es gibt aber Fälle, da ist zur Zeit der Kompilierung der Typ eines Objekts noch nicht bekannt:

–   Ebenso wie ein statisches kann auch ein dynamisches Objekt (= ein Zeiger auf ein Objekt) Parameter sein. Damit können gleichfalls Zeiger auf Nachkommen übergeben werden. Auch hier handelt es sich um Polymorphie.

In solchen Fällen kann die Größe eines Objekts erst zur Laufzeit eines Programms geklärt werden. Das arme Dispose dagegen kann sich nur an die Information halten, die es während der Kompilierung erhält. Das wäre die Größe des Mutterobjekts.

Mit Hilfe eines Destruktors jedoch bekommt es die richtigen Informationen während der Laufzeit und ist so in der Lage, je nach aktueller Objektgröße auch den entsprechenden Speicherplatz wieder freizugeben. Dafür sorgt ein Aufruf in dieser Form:

```
Dispose (Objektzeiger, Destruktor);
```

Nachdem der Destruktor zuerst wie eine Methode funktioniert hat, schaut er in der VMT nach: Dort steht nämlich außer den Adressen der virtuellen Methoden auch die Größe des aktuellen Objekts. Die übergibt der Destruktor an Dispose, damit genau die richtige Menge Speicherplatz freigegeben werden kann.

Eine Destruktormethode muß übrigens keine Anweisungen enthalten. So könnte ein
Objekttyp Beispiel über diesen Destruktor verfügen:

```
DESTRUCTOR Beispiel.beenden;
BEGIN
END;
```

Das tut der Destruktorfunktion keinen Abbruch. Gleiches würde auch für eine leere
Konstruktormethode gelten:

```
CONSTRUCTOR Beispiel.definieren;
BEGIN
END;
```

Ein Destruktor kann im Gegensatz zum Konstruktor auch virtuell sein! Das ist durchaus
sinnvoll; denn jedes nachfolgende Objektkind benötigt möglicherweise einen eigenen
Destruktor. Durch die virtuelle Vereinbarung erhält man sich die Flexibilität einer Objektfamilie, auch wenn es um's Abräumen geht.

Auch die Anweisungen New und Dispose sind in Turbo Pascal erweitert worden. Für
dynamische Objekte wird aus

```
New (Beispiel);      Beispiel^.definieren;
Beispiel^.beenden;   Dispose (Beispiel);
```

zusammengefaßt:

```
New      (Beispiel, definieren);
Dispose (Beispiel, beenden);
```

Diese Erweiterungen funktionieren aber nur, wenn der zweite Parameter bei New ein
Konstruktor und bei Dispose ein Destruktor ist! Darüberhinaus kann New auch Funktion sein:

```
ZeigerVariable := New (Zeiger auf Objekttyp);
ZeigerVariable := New (Zeiger auf Objekttyp, Konstruktor);
```

Während die Prozedur New als ersten Parameter eine Instanz erwartet, muß in der
gleichnamigen Funktion dort ein Zeigertyp stehen! Das Besondere daran ist, daß trotz
der Vereinbarung von Neu als Zeiger auf einen Muttertyp auch ein Zeiger auf einen
Nachkommen übergeben werden kann!

Schluß

Tja, und nun wissen Sie's: Objekte sind Kombinationen aus Daten und Methoden zur Bearbeitung dieser Daten. Was zusammengehört, bildet eine Einheit. Dadurch sind interne Daten vor versehentlichen Veränderungen von außen (z.B. durch Zuweisungen oder andere Prozeduren/Funktionen) weitgehend geschützt.

Es ist sicher ungewohnt für einen eingefleischten Pascal-Programmierer, nicht mehr Anweisungen, sondern Objekte in den Mittelpunkt des eigenen Programmierstils zu setzen. Ich habe diese Erfahrungen auch gemacht. Zuerst fiel es mir schwer, bei der neuen Art der Programmierung den Kurs zu halten. Aber erst einmal sanft bei der OOP gelandet, bin ich dort "hängengeblieben".

Einen tieferen Einstieg in die Technik der Objektorientierten Programmierung mögen Ihnen die Beispiele im nachfolgenden Kapitel vermitteln. Dort finden Sie u.a. eine Unit mit dem neudefinierten Objekttyp LongStr für Zeichenketten mit bis zu 64 KByte Länge. Und auch die Units Windows und Menus bieten Beispiele für OOP in Turbo Pascal.

Hat man eine Weile mit Objekten gearbeitet, so kann das zur Gewohnheit werden. Sehnt man sich aber nach den alten Zeiten zurück, so steht einem weiterhin die "volle Kraft" des alten traditionellen Turbo Pascal-Sprachschatzes zur Verfügung: Man muß also nicht, aber man kann objektorientiert programmieren.

Kapitel 2

OOP – Programmierbeispiele

Benutzerfreundliche Oberflächen, Dialog- und Hinweisboxen, Fenster, die man öffnen und schließen, bewegen und in ihrer Größe ändern kann, Pull-downs und Pop-ups – nahezu kein Softwareprodukt kann sich ohne ein solches Gewand noch sehen lassen.

Turbo Pascal stellt zur Zeit noch keine Prozeduren und Funktionen zur Verwaltung von Fenstern oder Menüs zur Verfügung. Lediglich mit der Anweisung Window läßt sich der Bildschirm auf einen Ausschnitt begrenzen. Zu einer Box oder einem Fenster jedoch gehört schon ein bißchen mehr. Zumindest darf man erwarten, daß sich nach dem Verschwinden des betreffenden Objekts der alte Bildschirmzustand wiederherstellen läßt.

Und da ist mein Stichwort: Objekte. Ich möchte Ihnen zuerst eine Unit mit Objekttypen vorstellen, durch die sich Boxen und Fenster erzeugen, öffnen und schließen lassen. Darauf folgt eine weitere Unit zur Erstellung und Verwaltung von Turbo-ähnlichen Menüs.

Auf die Vorteile der Objektorientierten Programmierung (OOP) möchte ich hier nicht weiter eingehen, darüber habe ich mich bereits im vorhergehenden Kapitel ausgelassen. Es gibt auch einen Nachteil: Die Units laufen nur unter Turbo Pascal ab Version 5.5. Falls Sie eine ältere Turbo Pascal-Version besitzen, ist dies jedoch kein Grund, um auf Fenster zu verzichten: In Kapitel 12 finden Sie eine Window-Verwaltung, die Sie einsetzen können.

Boxen und Fenster: Die UNIT Boxes

Boxen sind zunächst nichts weiter als rechteckige Bildschirmausschnitte. Sie können rahmenlos und innen leer sein. Man kann ihnen aber auch einen Rahmen verpassen und in sie hinein beliebigen Text setzen. Aus diesem Objekttyp lassen sich z.B. Boxen mit Warnungen oder anderen Meldungen machen. Sie können Fenster für einen Editor sein oder verschiedene Optionen zur Auswahl anbieten.

Bevor Boxen geöffnet werden, wird der Bildschirminhalt an der betreffenden Stelle in einem Array auf dem Heap gespeichert. Nach dem Schließen der Box wird der alte Bildschirminhalt wiederhergestellt. Außerdem läßt sich der Cursor beliebig an- oder ausschalten.

Die "Erbmasse" von Boxen dürfte ausreichen, um weitere Kinder in die (Computer-) Welt zu setzen: Da sind auch schon die Fenster, die am oberen und unteren Rand auch mit Text versehen werden können. Dieser Text wird automatisch zentriert und in seiner Länge der Boxbreite angepaßt.

Das ist jedoch nicht alles: Man kann Objekte dieses Typs nicht nur öffnen und schließen, sondern auch verschieben und vergrößern oder verkleinern.

Gehen wir ins Detail: Es folgen die Beschreibungen der Objekttypen mit ihren Datenfeldern und Methoden.

Der Objekttyp BOX   **UNIT Boxes**

Nachfolgend finden Sie den Quelltext und in den folgenden Abschnitten die Erklärung der einzelnen Elemente des Objekttyps BOX.

Quelltext:
```
TYPE
        Box = OBJECT
        xLinks,
        yOben,
        xRechts,
        yUnten,
        Rahmen  : Integer;
        CursOben,
        CursUnten : Byte;
        Untergrund : Konserve;

        {Externe Methoden:}

        Constructor Info;
        Constructor definieren (x1,y1,x2,y2,Rand:
                                        Integer);
        Procedureoeffnen; Virtual;
        Function     Rand_Links: Integer;
        Function     Rand_Oben: Integer;
        Function     Rand_Rechts: Integer;
        Function     Rand_Unten: Integer;
        Procedure    Cursor_setzen (Modus: Boolean);
                                        Virtual;
        Procedure    schliessen; Virtual;
        Destructor   entfernen; Virtual;

        {Interne Methoden:}

        Procedure    leermachen (VAR Flaeche: Konserve);
        Function Offset (x,y: Integer): Integer;
        Procedure    Flaeche_merken (VAR Flaeche:
                                        Konserve);
```

```
          Procedure    Flaeche_wiederherstellen
                       (Flaeche: Konserve);
          Procedure    einrahmen (x1,y1,x2,y2,Rand: Integer);
          Procedure    CursorForm_merken;
     END;
```

Die Datenfelder von BOX

Nachfolgend finden Sie die Beschreibung der Datenfelder des Objekttyps BOX.

Box.xLinks/Box.yOben/Box.xRechts/Box.yUnten   **UNIT Boxes**

Auf diese Felder darf kein direkter Zugriff erfolgen: Es handelt sich dabei um die Werte
für die linke obere und die rechte untere Ecke der Box. Benötigte Werte müssen über
entsprechende externe Methoden "besorgt" werden.

Datentyp: Integer

Box.Rahmen   **UNIT Boxes**

Dies ist der Rahmentyp der Box. Zur Auswahl stehen:

0   ohne Rahmen

1   einfache Linien

2   Doppellinien

3   Muster (ASCII-Zeichen #177)

4   Dicker Rand (ASCII-Zeichen #219)

Datentyp: Integer

Box.CursOben/Box.CursUnten   **UNIT Boxes**

Diese Datenfelder enthalten die Pixelwerte für die Anfangs- und Endzeile des Cursors.

Datentyp: Byte

Box.Untergrund   **UNIT Boxes**

Enthält einen Zeiger auf ein Feld für die Reservierung von Bildschirmauschnitten. (Das Maximum ist der gesamte Bildschirminhalt.)

Datentyp: *Konserve* ist ein Zeiger auf ein Array:

```
TYPE Konserve = ^BildFeld;
TYPE BildFeld = Array[1..xMax,1..yMax] Of Word;
```

xMax und *yMax* geben die maximal mögliche Spalten- und Zeilenzahl an und sind als Konstanten definiert.

Die externen Methoden von BOX

Diese Methoden dürfen in einem Programm aufgerufen werden, das den Objekttyp BOX verwendet.

Box.Info   **UNIT Boxes**

Listet in einer Box alle "erlaubten" Methoden auf, die dem Programmierer zur Verfügung stehen, wenn er den Objekttyp BOX verwendet. Zuvor wird BOX mit der Virtuellen Methodentabelle (VMT) verknüpft.

Syntax: `Constructor Info;`

Ergebnis: Alle erlaubten Methoden werden auf dem Bildschirm angezeigt.

Beispiel: ```
VAR TestBox : Box;
...
TestBox.Info;
```

Siehe auch Programm InfoTest.Pas.

**Quelltext:**   ```
CONSTRUCTOR Box.Info;
BEGIN
  definieren (1,1,xMax,13,1);
  oeffnen;
  TextColor (White);
  WriteLn ('Zulässige Bearbeitungsmethoden für BOX:');
```

```
TextColor (LightGray);
Write    ('Prozedur definieren (xLinks,yOben,
                                    xRechts,');
WriteLn ('yUnten,Rahmentyp: Integer);');
Write    (' ->    Rahmentypen: Ohne(0), Linie(1), ');
WriteLn ('Doppel(2), Muster(3), Dick(4).');
WriteLn ('Prozedur oeffnen;');
WriteLn ('Funktion Rand_Links: Integer;');
WriteLn ('Funktion Rand_Rechts: Integer;');
WriteLn ('Funktion Rand_Oben: Integer;');
WriteLn ('Funktion Rand_Unten: Integer;');
WriteLn ('Prozedur Cursor_setzen (Modus:Boolean);');
WriteLn ('Prozedur schliessen;');
Write    ('Prozedur entfernen;');
ReadLn;
entfernen;
END;
```

Box.definieren   **UNIT Boxes**

Box wird mit der Virtuellen Methodentabelle (VMT) verknüpft. Alle Integer-Felder werden initialisiert. Für Untergrund^ wird Platz auf dem Heap reserviert (New).

Syntax: `Constructor definieren (x1, y1, x2, y2,`
                 `                        Rand: Integer);`

Parameter: *x1, y1*: Koordinaten der Ecke links/oben

                 x2, y2: Koordinaten der Ecke rechts/unten

                 Rand: Rahmentyp

Als Rahmentyp kann auch eine der vordefinierten Konstanten Ohne, Linie, Doppel, Muster oder Dick übergeben werden.

Ergebnis: Das vereinbarte Objekt ist initialisiert.

Beispiel: `VAR TestBox : Box; NochNeBox : ^Box;`
                 `...`
                 `TestBox.definieren (1,1,80,25,2);`
                 `New (NochNeBox, definieren (1,1,80,25,2));`

Bereitet eine Box vor, die den ganzen Bildschirm erfaßt. Im ersten Fall ist das Objekt statisch, im zweiten dynamisch angelegt.

Quelltext:
```
CONSTRUCTOR Box.definieren (x1,y1,x2,y2,Rand:
                                        Integer);
BEGIN
  xLinks  := x1;
  xRechts := x2;
  yOben   := y1;
  yUnten  := y2;
  Rahmen  := Rand;
  CursorForm_merken;
  New (Untergrund);
END;
```

Box.oeffnen   **UNIT Boxes**

Zuerst wird der gesamte Untergrund (Platz für die gesamte Bildschirmfläche) auf dem Heap geleert. Dann wird dort der Inhalt des Bildschirmausschnitts gesichert, auf dem die Box geöffnet werden soll. Nun kommt der Rahmen (falls > 0!). Anschließend wird der Bildschirmzugriff auf den Bereich innerhalb des Rahmens begrenzt (Window). Zuletzt wird der Inhalt der Box gelöscht (ClrScr).

Syntax:
```
Procedure oeffnen; Virtual;
```

Ergebnis: Eine Box ist geöffnet. Alle Ein-/Ausgaben erfolgen in diesem Bildschirmausschnitt.

Beispiel:
```
VAR TestBox : Box;
...
TestBox.oeffnen;
```

Eine vorher definierte (!) Box wird geöffnet.

Quelltext:
```
PROCEDURE Box.oeffnen;
  BEGIN
    leermachen (Untergrund);
    Flaeche_merken (Untergrund);
    einrahmen (xLinks,yOben,xRechts,yUnten,Rahmen);
    Window (xLinks+1,yOben+1,xRechts-1,yUnten-1);
    ClrScr;
  END;
```

Box.Rand_Links/Box.Rand_Oben/
Box.Rand_Rechts/Box.Rand_Unten   UNIT Boxes

Damit ist der (indirekte) Zugriff auf die Datenfelder *Box.xLinks*, *Box.yOben*, *Box.xRechts*, *Box.yUnten* möglich.

Syntax:
```
Function Rand_Links:  Integer;
Function Rand_Oben:   Integer;
Function Rand_Rechts: Integer;
Function Rand_Unten:  Integer;
```

Ergebnis: Der Inhalt der genannten Datenfelder wird zurückgegeben.

Beispiel:
```
VAR TestBox : Box; Kante : Integer;
...
Kante := TestBox.Rand_Oben;
```

Quelltext:
```
FUNCTION Box.Rand_Links: Integer;
BEGIN
   Rand_Links := xLinks;
END;

FUNCTION Box.Rand_Oben: Integer;
BEGIN
   Rand_Oben := yOben;
END;

FUNCTION Box.Rand_Rechts: Integer;
BEGIN
   Rand_Rechts := xRechts;
END;

FUNCTION Box.Rand_Unten: Integer;
BEGIN
   Rand_Unten := yUnten;
END;
```

Box.Cursor_setzen   UNIT Boxes

Der Cursor wird unsichtbar (Modus = False) bzw. sichtbar (Modus = True) gemacht.

Syntax: `Procedure Cursor_setzen (Modus: Boolean); Virtual;`

Parameter: *Modus*: Zustand der Cursorform

(Benutzt werden kann eine der vordefinierten Konstanten *An* oder *Aus*).

Ergebnis: Der Cursor ist unsichtbar bzw. (wieder) sichtbar.

Beispiel:
```
VAR TestBox : Box;
...
TestBox.Cursor_setzen (Aus);
```

Der Cursor ist nicht mehr sichtbar.

Quelltext:
```
PROCEDURE Box.Cursor_setzen (Modus: Boolean);
BEGIN
  Case Modus Of
    Aus :
    Begin
      CursorForm_merken;
      CPU.AH := 1;  {Funktionsnummer}
      CPU.CH := 31; {Cursoranfang}
      CPU.CL := 0;  {Cursorende}
    End;
    An :
    Begin
      CPU.AH := 1;
      CPU.CH := CursOben;
      CPU.CL := CursUnten;
    End;
  End;
  Intr ($10, CPU);    {Video-Interrupt}
END;
```

Box.schliessen   **UNIT Boxes**

Die alte Fläche wird wiederhergestellt, indem die Box mit dem Inhalt von Untergrund^ überschrieben wird. Die Box ist nun verschwunden (geschlossen), kann aber jederzeit wieder geöffnet werden.

Syntax: `Procedure schliessen; Virtual;`

Ergebnis: Die Box ist unsichtbar, der Hintergrund wiederhergestellt. Die Box kann jederzeit wieder geöffnet werden.

Beispiel:
```
VAR TestBox : Box;
...
TestBox.schliessen;
```

Quelltext:
```
PROCEDURE Box.schliessen;
BEGIN
   Window (1,1,xMax,yMax);
   Flaeche_wiederherstellen (Untergrund);
END;
```

Box.entfernen   UNIT Boxes

Zuerst wird die Box geschlossen, abschließend der Platz von Untergrund^ auf dem Heap wieder freigegeben (Dispose). (Wird BOX für ein polymorphes, dynamisches Objekt verwendet, kann mit Hilfe des Destruktors der korrekte Speicherplatz einer Instanz von BOX oder eines Kindes freigegeben werden.)

Syntax: `Destructor entfernen; Virtual;`

Ergebnis: Die Box ist geschlossen, entfernt und kann nun nicht mehr geöffnet werden (außer nach erneuter Initialisierung durch die Methode *definieren*).

Beispiel:
```
VAR TestBox : Box; NochNeBox: ^Box;
...
TestBox.entfernen;
Dispose (NochNeBox, entfernen);
```

Quelltext:
```
DESTRUCTOR Box.entfernen;
BEGIN
   schliessen;
   Dispose (Untergrund);
   Window  (1,1,80,25);
END;
```

Die internen Methoden von BOX

Diese Methoden werden nur intern vom Objekttyp BOX genutzt. Sie sind also nicht für den direkten Zugriff durch den Programmierer gedacht. (Deshalb gibt es hier auch keine Beispiele!)

Box.leermachen   **UNIT Boxes**

Der auf dem Heap reservierte Speicherbereich wird mit Nullen gefüllt (entspricht Zeichen #0; Farbe 0). Beim Videospeicher wäre der ganze Bildschirm leer und schwarz.

Syntax: `Procedure leermachen (VAR Flaeche: Konserve);`

Parameter: *Flaeche* ist derVAR-Zeiger auf ein Array, das maximal den gesamten Bildschirminhalt umfaßt.

Ergebnis: Alte Werte von *Flaeche^* sind gelöscht.

Quelltext:
```
PROCEDURE Box.leermachen (VAR Flaeche: Konserve);
VAR
  x,y :Integer;
BEGIN
  For x := 1 To xMax Do
    For y := 1 To yMax Do
      Flaeche^[x,y] := 0;
END;
```

Box.Offset   **UNIT Boxes**

Für eine bestimmte Stelle auf dem Bildschirm wird die Offset-Adresse des Videospeichers ermittelt.

Syntax: `Function Offset (x, y: Integer): Integer;`

Parameter: *x, y* sind Koordinaten der aktuellen Stelle auf dem Bildschirm

Ergebnis: Die Offsetadresse für eine aktuelle Bildschirmstelle wird als Integerwert zurückgeben.

Quelltext:
```
FUNCTION Box.Offset (x,y: Integer): Integer;
BEGIN
  Offset := 2 * (x-1) + 160 * (y-1);
END;
```

Flaeche_merken   **UNIT Boxes**

Ein bestimmter Bildschirmausschnitt in *Flaeche^* wird gesichert (gerettet), d.h., der betreffende Inhalt des Videospeichers Stelle für Stelle (Zeichen und Farbattribut) auf dem Heap gespeichert.

Syntax: `Procedure Flaeche_merken (VAR Flaeche: Konserve);`

Parameter: *Flaeche* ist der VAR-Zeiger auf ein Array, das maximal den gesamten Bildschirminhalt umfaßt.

Ergebnis: *Flaeche^* enthält den aktuellen Bildschirmausschnitt.

Quelltext:
```
PROCEDURE Box.Flaeche_merken (VAR Flaeche: Konserve);
VAR
  Spalte, Zeile, Stelle: Integer;
BEGIN
  For Spalte := xLinks To xRechts Do
    For Zeile := yOben To yUnten Do
    Begin
      Stelle := Offset (Spalte, Zeile);
      Flaeche^[Spalte, Zeile] := MemW
[Segment:Stelle];
    End;
END;
```

Box.Flaeche_wiederherstellen   **UNIT Boxes**

Mit dem Inhalt von Flaeche^ (Zeichen und Farbattribut) wird Stelle für Stelle ein bestimmter Teil des Videospeichers überschrieben. Dadurch wird der alte Bildschirminhalt wiederhergestellt.

Syntax: `Procedure Flaeche_wiederherstellen (Flaeche: Konserve);`

Parameter: *Flaeche* ist der Zeiger auf ein Array, das maximal den gesamten Bildschirminhalt umfaßt.

Ergebnis: Der alte Bildschirminhalt ist restauriert.

Quelltext:
```
PROCEDURE Box.Flaeche_wiederherstellen (Flaeche:
                                        Konserve);
VAR
  Spalte, Zeile, Stelle: Integer;

BEGIN
  For Spalte := xLinks To xRechts Do
    For Zeile := yOben To yUnten Do
```

```
      Begin
        Stelle := Offset (Spalte, Zeile);
        MemW [Segment:Stelle] := Flaeche^[Spalte, Zeile]
      End;
  END;
```

Box.einrahmen   **UNIT Boxes**

Ein Rahmen für die Box wird gezeichnet. Die entsprechenden Zeichen werden direkt in den Videospeicher geschrieben. Das ist nötig, damit beim Zeichnen in die letzte Zeile, letzte Spalte im Bildschirm nicht gescrollt wird. Außerdem geht der Rahmenaufbau schneller. Den Rahmentyp bestimmt das Datenfeld Box.Rahmen. Bei Null oder einem unzulässig hohen Wert wird kein Rahmen gezeichnet.

Syntax: `Procedure einrahmen (x1,y1,x2,y2,Rand: Integer);`

Parameter: *x1, y1* sind Koordinaten der Ecke links/oben

            x2, y2 sind Koordinaten der Ecke rechts/unten

            Rand: Rahmentyp

Als Rahmentyp kann auch eine der Konstanten Ohne, Linie, Doppel, Muster oder Dick übergeben werden.

Ergebnis: Bei einem Wert zwischen 1 und 4 ist ein Rahmen sichtbar.

Quelltext:
```
PROCEDURE Box.einrahmen (x1,y1,x2,y2, Rand: Integer);
VAR
   LinksOben, RechtsOben, LinksUnten, RechtsUnten,
   Horizontal, Vertikal: Byte; x, y: Integer;

BEGIN
  Case Rand Of
    1 :  {einfache Linien}
    Begin
      LinksOben  := 218; RechtsOben  := 191;
      LinksUnten := 192; RechtsUnten := 217;
      Horizontal := 196; Vertikal    := 179;
    End;
    2 :  {doppelte Linien}
    Begin
      LinksOben  := 201; RechtsOben  := 187;
```

```
              LinksUnten  := 200; RechtsUnten := 188;
              Horizontal  := 205; Vertikal    := 186;
          End;
          3 :  {Muster}
          Begin
            LinksOben   := 177; RechtsOben  := 177;
            LinksUnten  := 177; RechtsUnten := 177;
            Horizontal  := 177; Vertikal    := 177;
          End;
          4 :  {Dicker Rand}
          Begin
            LinksOben   := 219; RechtsOben  := 219;
            LinksUnten  := 219; RechtsUnten := 219;
            Horizontal  := 219; Vertikal    := 219;
          End;
        End;

        {Rahmen direkt in Bildschirmspeicher zeichnen}
        If (Rahmen > 0) And (Rahmen < 5) Then
          Begin
            Mem [Segment:Offset(x1,y1)] := LinksOben;
            For x := x1+1 To x2-1 Do
              Mem [Segment:Offset(x,y1)] := Horizontal;
              Mem [Segment:Offset(x2,y1)] := RechtsOben;
              Mem [Segment:Offset(x1,y2)] := LinksUnten;
            For x := x1+1 To x2-1 Do
              Mem [Segment:Offset(x,y2)] := Horizontal;
              Mem [Segment:Offset(x2,y2)] := RechtsUnten;
            For y := y1+1 TO y2-1 Do
              Begin
                Mem [Segment:Offset(x1,y)] := Vertikal;
                Mem [Segment:Offset(x2,y)] := Vertikal
              End;
          End;
    END;
```

Box.CursorForm_merken   UNIT Boxes

Über den Video-Interrupt wird die augenblickliche Cursorform ermittelt. Bei Definition des Objekts wird diese Methode aufgerufen.

Syntax: `Procedure CursorForm_merken;`

Ergebnis: Die zuletzt aktuelle Cursorform ist in zwei Datenfeldern gespeichert.

Quelltext:
```
PROCEDURE Box.CursorForm_merken;
BEGIN
 {Funktionsnummern setzen, Video-Interrupt aufrufen}
 CPU.AH := 15;
 Intr ($10, CPU);
 CPU.AH := 3;
 Intr ($10, CPU);
 {"Cursormaße" übergeben}
 CursOben  := CPU.CH;
 CursUnten := CPU.CL;
END;
```

Der Objekttyp FENSTER

Nachfolgend finden Sie den Quelltext des Objekttyps FENSTER und die Beschreibung der einzelnen Elemente dieses Objekttyps.

Quelltext:
```
TYPE
  Fenster = OBJECT (Box)
    TextOben,
    TextUnten : String80;
    Inhalt    : Konserve;

   {Externe Methoden:}
    Constructor Info;
    Constructor definieren (x1,y1,x2,y2,Rand: Integer;
               Oben,Unten: String80);
    Procedure   oeffnen; Virtual;
    Procedure   verschieben (xNeu,yNeu: Integer);
                                      Virtual;
    Procedure   Groesse_aendern (xDiff,yDiff:
                                      Integer);
               Virtual;
    Destructor  entfernen; Virtual;

   {Interne Methoden:}
    Procedure   Text_zentrieren
               (Txt: String80; yy: Integer);
    Function    NeuWert (Punkt,Min,Max: Integer;
               VAR Neu: Integer): Integer;
    Procedure   Flaeche_merken (Bereich: Integer;
               VAR Flaeche: Konserve);
    Procedure   Flaeche_wiederherstellen (xNeu,yNeu,
               Bereich: Integer; Flaeche: Konserve);
  END;
```

Die Datenfelder von FENSTER

Auf die Datenfelder darf kein direkter Zugriff erfolgen! Benötigte Werte müssen über entsprechende externe Funktionen "besorgt" werden. Von Mutter BOX ererbte Datenfelder werden hier nicht noch einmal aufgeführt.

Fenster.Inhalt   UNIT Boxes

Zeiger auf ein Feld für die Reservierung von Bildschirmauschnitten: Gespeichert werden kann außer dem Untergrund eines Fensters (über das von BOX ererbte Datenfeld Untergrund) auch dessen Inhalt. (Maximum ist jeweils der gesamte Bildschirminhalt.)

Datentyp: *Konserve*: Zeiger auf ein Array

```
TYPE Konserve = ^BildFeld;
TYPE BildFeld = Array[1..xMax,1..yMax] Of Word;
```

xMax und *yMax* geben die maximal mögliche Spalten- und Zeilenzahl an und sind als Konstanten definiert.

Fenster.TextOben/Fenster.TextUnten   UNIT Boxes

Texte zur Beschriftung des oberen und unteren Fensterrahmens. Der jeweilige Text wird zentriert und nötigenfalls verkürzt, falls das Fenster zu klein (geworden) ist. Bei einer Leerkette erfolgt keine Beschriftung.

Datentyp: String[80]

Die externen Methoden von FENSTER

Diese Methoden dürfen in einem Programm aufgerufen werden, das den Objekttyp FENSTER verwendet. (Von Mutter BOX übernommene Methoden werden nicht wiederholt aufgeführt.)

Fenster.Info   UNIT Boxes

Diese neue Methode ersetzt die ererbte von Mutter BOX. Sie listet in einer Box alle "erlaubten" Methoden auf, die dem Programmierer zur Verfügung stehen, wenn er den Objekttyp FENSTER verwendet. Zuvor wird FENSTER mit der VMT (Virtuelle Methodentabelle) verknüpft.

Syntax: `Constructor Info;`

Ergebnis: Alle erlaubten Methoden werden aufgeführt.

Beispiel: Siehe *BOX* bzw. Programm *InfoTest.Pas.*

Quelltext:
```
CONSTRUCTOR Fenster.Info;
BEGIN
  definieren (1,1,xMax,16,1,'','');
  oeffnen;
  TextColor (White);
  WriteLn ('Zulässige Bearbeitungsmethoden für
                              FENSTER:');
  TextColor (LightGray);
  Write   ('Prozedur definieren (xLinks,yOben,
                              xRechts,');
  WriteLn ('yUnten,Rahmentyp: Integer;');
  WriteLn ('        TextOben,TextUnten:
                              String[80]);');
  Write   (' ->    Rahmentypen: Ohne(0), Linie(1), ');
  WriteLn ('Doppel(2), Muster(3), Dick(4).');
  WriteLn ('Prozedur oeffnen;');
  WriteLn ('Prozedur verschieben (xWert,yWert:
                              Integer);');
  Write   ('Prozedur Groesse_aendern (xWert,yWert: ');
  WriteLn ('Integer);');
  WriteLn ('Funktion Rand_Links: Integer;');
  WriteLn ('Funktion Rand_Rechts: Integer;');
  WriteLn ('Funktion Rand_Oben: Integer;');
  WriteLn ('Funktion Rand_Unten: Integer;');
  WriteLn ('Prozedur Cursor_setzen (Modus:
                              Boolean);');
  WriteLn ('Prozedur schliessen;');
  Write   ('Prozedur entfernen;');
  ReadLn;
  entfernen;
END;
```

Fenster.definieren   UNIT Boxes

Fenster wird mit der Virtuellen Methodentabelle (VMT) verknüpft. Diese neue Methode ersetzt die ererbte von Mutter BOX. In dieser Methode wird auch die Mutter-Methode aufgerufen. Dadurch ist gewährleistet, daß alle Integer- und String-Felder einen Startwert haben. Außer für Untergrund^ wird auch für Inhalt^ Platz auf dem Heap reserviert (New).

Syntax:
```
Constructor definieren (x1, y1, x2, y2, Rand: Integer;
                        Oben, Unten: String80);
```

Parameter: *x1, y1* sind Koordinaten der Ecke links oben

x2, y2 sind Koordinaten der Ecke rechts unten

Rand: Rahmentyp

Oben, Unten: Text mit maximal 80 Zeichen Länge

Eine der Konstanten *Ohne, Linie, Doppel, Muster* oder *Dick* kann auch als Parameter für den Rahmen verwendet werden.

Ergebnis: Das Objekt ist initialisiert.

Beispiel:
```
VAR TestFenster : Fenster;
TestFenster.definieren (20,5,60,20,1,' Gähnende ','
                                                Leere ');
```

Ein Fenster mit Ober-/Untertiteln wird vorbereitet.

Quelltext:
```
CONSTRUCTOR Fenster.definieren (x1,y1,x2,y2,Rand:
                          Integer;Oben,Unten: String80);
BEGIN
  Box.definieren (x1,y1,x2,y2,Rand);
  TextOben  := Oben;
  TextUnten := Unten;
  New (Inhalt);
END;
```

Fenster.oeffnen   UNIT Boxes

Diese neue Methode ersetzt die alte von Mutter BOX. Zuerst wird der gesamte Untergrund (Platz für die gesamte Bildschirmfläche) auf dem Heap leergemacht. Dann wird dort der Inhalt des Bildschirmausschnitts gesichert, auf dem das Fenster geöffnet werden soll, und der Rahmen wird gezeichnet (falls > 0!).

Als nächstes wird der Text für den oberen und unteren Rand zentriert und geschrieben
(falls <> "!), anschließend der Bildschirmzugriff auf den Bereich innerhalb des Rahmens begrenzt (Window). Zuletzt wird der Inhalt des Fensters gelöscht (ClrScr).

Syntax: `Procedure oeffnen; Virtual;`

Ergebnis: Ein Fenster ist geöffnet. Aus- und Eingaben sind nur in diesem Bild-
                  schirmausschnitt möglich.

Beispiel: Siehe *BOX*.

Quelltext:
```
PROCEDURE Fenster.oeffnen;
BEGIN
    Window (1,1,xMax,yMax);
    leermachen (Untergrund);
    Flaeche_merken (Ganz, Untergrund);
    einrahmen (xLinks,yOben,xRechts,yUnten,Rahmen);
    Text_zentrieren (TextOben,yOben);
    Text_zentrieren (TextUnten,yUnten);
    Window (xLinks+1,yOben+1,xRechts-1,yUnten-1);
    ClrScr;
END;
```

Fenster.verschieben   **UNIT Boxes**

Dies ist eine neue Methode und keine Erbschaft. Zuerst wird der gesamte Fensterinhalt
mit Cursorposition gerettet. Anschließend wird der alte Bildschirminhalt wiederhergestellt. Damit eine Verschiebung nicht über die Bildschirmgrenzen hinausgeht, werden
die Koordinaten gegebenenfalls entsprechend angepaßt. Dann wird das Fenster an der
neuen Stelle geöffnet, der alte Inhalt wiederhergestellt und der Cursor gesetzt. Zum
Schluß wird *Inhalt^* geleert.

Sind die Übergabewerte positiv, wird nach rechts oder nach unten verschoben. Bei negativen Werten findet die Verschiebung nach links oder nach oben statt. Zu große oder
zu kleine Werte werden von der Methode korrigiert.

Syntax: `Procedure verschieben (xNeu, yNeu: Integer); Virtual;`

Parameter: *xNeu, yNeu* sind Werte, die zu den Eckwerten des Fensters addiert wer-
                  den.

Ergebnis: Das Fenster ist an anderer Stelle geöffnet. Am vorigen Platz ist der alte
                  Bidschirminhalt wiederhergestellt.

Beispiel: VAR TestFenster : Fenster;
                    TestFenster.verschieben (-10,5);

                    Das Fenster wird geschlossen und (wenn möglich) zehn Spalten weiter
                    links und fünf Zeilen weiter unten wieder geöffnet.

Quelltext: PROCEDURE Fenster.verschieben (xNeu,yNeu: Integer);

```
VAR
  x,y, Breite, Hoehe: Integer;

BEGIN
 {Cursorposition merken}
  x := WhereX;
  y := WhereY;

 {Ganzer Bildschirm}
  Window (1,1,xMax,yMax);
  Flaeche_merken (1,Inhalt);
  Flaeche_wiederherstellen (0,0,Ganz, Untergrund);

 {Breite und Höhe für Grenzwerte}
  Breite   := xRechts - xLinks;
  Hoehe    := yUnten  - yOben;

 {Neue zulässige Eckwerte}
  xLinks   := NeuWert (xLinks,1,xMax-Breite, xNeu);
  yOben    := NeuWert (yOben,1,yMax-Hoehe, yNeu);
  xRechts  := NeuWert (xRechts,Breite+1,xMax, xNeu);
  yUnten   := NeuWert (yUnten,Hoehe+1,yMax, yNeu);

 {Fenster an neue Stelle setzen und Konserve
                                        "säubern"}
  oeffnen;
  Flaeche_wiederherstellen (xNeu,yNeu,Innen, Inhalt);
  leermachen (Inhalt);

 {Cursor in Position bringen}
  GotoXY (x,y);
END;
```

Fenster.Groesse_aendern   **UNIT Boxes**

Auch diese Methode ist kein Erbstück, sondern neu. Zuerst wird der gesamte Fensterinhalt gerettet. Dann wird zunächst der alte Bildschirminhalt wiederhergestellt. Kann das

Fenster die neue Größe nicht annehmen, werden die Werte für die Veränderung entsprechend korrigiert.

Dann wird das Fenster neu geöffnet und der alte Inhalt der neuen Größe angepaßt: Ist das Fenster größer, wird der Rest mit Leerzeichen gefüllt. Ist es kleiner, so wird vom alten Inhalt übernommen, was in das neue Fenster paßt.

Sind die Übergabewerte positiv, wird vergrößert. Bei negativen Werten wird das Fenster kleiner. Zu große oder zu kleine Werte werden von der Methode korrigiert.

Syntax:
```
Procedure Groesse_aendern (xDiff, yDiff: Integer);
                                          Virtual;
```

Parameter: *xDiff*, *yDiff* sind Werte, die zur Breite bzw. Höhe des Fensters addiert werden.

Ergebnis: Das Fenster ist vergrößert bzw. verkleinert.

Beispiel:
```
VAR TestFenster : Fenster;
TestFenster.Groesse_aendern (-10,5);
```

Das Fenster wird (wenn möglich) um zehn Spalten verkleinert und um fünf Zeilen vergrößert.

Quelltext:
```
PROCEDURE Fenster.Groesse_aendern (xDiff,yDiff:
                                          Integer);
BEGIN
  Window (1,1,xMax,yMax);
  Flaeche_merken (1,Inhalt);
  Flaeche_wiederherstellen (0,0,Ganz, Untergrund);
  xRechts := NeuWert (xRechts,xLinks+2,xMax, xDiff);
  yUnten  := NeuWert (yUnten,yOben+2,yMax, yDiff);
  oeffnen;
  Flaeche_wiederherstellen (0,0,Innen, Inhalt);
END;
```

Fenster.entfernen   **UNIT Boxes**

Dies ist eine neue Methode, die die alte von Mutter BOX ersetzt. Zuerst wird das Fenster geschlossen. Abschließend wird der Platz von Untergrund^ und Inhalt^ auf dem Heap wieder freigegeben (Dispose). Falls FENSTER für ein polymorphes, dynamisches

Objekt verwendet wurde, kann mit Hilfe des Destruktors der korrekte Speicherplatz einer Instanz von FENSTER oder eines Kindes freigegeben werden.

Syntax: `Destructor entfernen; Virtual;`

Ergebnis: Das Fenster ist entfernt und kann nicht mehr geöffnet werden.

Beispiel: Siehe *BOX*.

Quelltext:
```
DESTRUCTOR Fenster.entfernen;
BEGIN
  Box.entfernen;
  Dispose (Inhalt);
END;
```

Die internen Methoden von FENSTER

Diese Methoden werden nur intern vom Objekttyp FENSTER genutzt. Sie sind also nicht für den direkten Zugriff durch den Programmierer gedacht! (Von BOX ererbte Methoden finden Sie weiter oben.)

Fenster.Text_zentrieren   **UNIT Boxes**

Die Breite des Fensters wird ermittelt und mit der Länge des übergebenen Textes verglichen. Ist dieser zu lang, wird er entsprechend gekürzt. Anschließend wird er in die relative Mitte des (oberen oder unteren) Randes gesetzt und die entsprechenden Rahmenteile dabei überschrieben.

Syntax:
```
Procedure Text_zentrieren (Txt: String80; yy:
                                        Integer);
```

Parameter: *Txt*: Text bis zu 80 Zeichen Länge

                 yy: Wert von *Fenster.yOben* oder *Fenster.yUnten*

Ergebnis: Der obere oder untere Rahmen des Fensters hat eine "Inschrift".

Quelltext:
```
PROCEDURE Fenster.Text_zentrieren (Txt: String80;
                                   yy: Integer);
VAR
  Breite, Mitte: Integer;
BEGIN
```

```
 Breite := xRechts - xLinks;
{Falls Text zu breit, entsprechend kürzen:}
 If Breite <= Length (Txt) Then
   Txt := Copy (Txt, 1, Breite-1);
 Mitte  := (Breite - Length (Txt) + 1) Div 2;
 GotoXY (xLinks+Mitte, yy);
 Write  (Txt);
END;
```

Flaeche_merken   **UNIT Boxes**

Dies ist ein Ersatz für die entsprechende BOX-Methode (nicht virtuell!). Ein bestimmter Bildschirmausschnitt in Flaeche^ wird gesichert (gerettet): Dazu wird der betreffende Inhalt des Videospeichers Stelle für Stelle (Zeichen und Farbattribut) auf dem Heap gespeichert.

Syntax: Procedure Flaeche_merken (Bereich: Integer; VAR
                                          Flaeche: Konserve);

Parameter: *Bereich*: Ganze Fensterfläche (0) oder nur Innenfläche (1)

                 Flaeche: VAR-Zeiger auf ein Array, das maximal den gesamten Bildschirminhalt umfaßt

Für *Bereich* kann man auch die vordefinierten Konstanten *Ganz* (0) und *Innen* (1) verwenden.

Ergebnis: *Flaeche^* enthält den aktuellen Bildschirmausschnitt (Untergrund oder Inhalt eines Fensters).

Quelltext: PROCEDURE Fenster.Flaeche_merken (Bereich: Integer;
                                          VAR Flaeche: Konserve);
```
VAR
  Spalte, Zeile, Stelle: Integer;

BEGIN
  For Spalte := xLinks+Bereich To xRechts-Bereich
Do
     For Zeile := yOben+Bereich To yUnten-Bereich
Do
        Begin
          Stelle := Offset (Spalte, Zeile);
          Flaeche^[Spalte, Zeile] := MemW
                                  [Segment:Stelle];
        End;
   END;
```

Fenster.Flaeche_wiederherstellen   **UNIT Boxes**

Dies ist ein Ersatz für die entsprechende BOX-Methode (nicht virtuell!). Mit dem Inhalt
von Flaeche^ wird Stelle für Stelle (Zeichen und Farbattribut) ein bestimmter Teil des
Videospeichers überschrieben. Dadurch wird der alte Bildschirminhalt wiederhergestellt. Die eventuell veränderte Fenstergröße wird dabei berücksichtigt. (Das besorgen
die neuen Werte in den Datenfeldern!)

Syntax: Procedure Flaeche_wiederherstellen (Bereich: Integer;
                VAR Flaeche: Konserve);

Parameter: *Bereich*: Ganze Fläche (0) oder Innenfläche (1)

                Flaeche: Zeiger auf ein Array, das maximal den gesamten Bildschirm-
                inhalt faßt.

Für Bereich lassen sich auch die vordefinierten Konstanten Ganz und Innen verwenden.

Ergebnis: Der alte Untergrund oder Inhalt eines Fensters ist restauriert.

Quelltext: PROCEDURE Fenster.Flaeche_wiederherstellen
                    (xNeu,yNeu,Bereich: Integer; Flaeche:
                                                Konserve);
```
VAR
  Spalte, Zeile, Stelle: Integer;
BEGIN
  For Spalte := xLinksBereich To xRechts-Bereich Do
    For Zeile := yOben+Bereich To yUnten-Bereich Do
    Begin
      Stelle := Offset (Spalte, Zeile);
      MemW [Segment:Stelle]
        := Flaeche^[Spalte-xNeu, Zeile-yNeu];
    End;
END;
```

Fenster.NeuWert   **UNIT Boxes**

Dies ist eine neue Methode und keine Erbschaft. Hier werden die neuen Werte für die
Verschiebung oder Veränderung der Größe eines Fensters berechnet.

Dabei werden zu große oder zu kleine Werte korrigiert.

Syntax: Function NeuWert (Punkt, Min, Max: Integer; VAR Neu:
                                                Integer): Integer;

Parameter: *Punkt*: aktueller Eckwert (übergeben werden kann jedes der vier Datenfelder für die x- oder y-Koordinaten)

Min: kleinstmöglicher Eckwert des Fensters (kann für die linke obere sowie die rechte untere Ecke gelten)

Max: größtmöglicher Eckwert des Fensters (kann für die linke obere sowie die rechte untere Ecke gelten)

Neu: übergebener Verschiebungs- oder Vergrößerungswert (gilt sowohl für die x- als auch die y-Koordinate)

Ergebnis: Ein neuer Eckwert für das Fenster, der jedem der vier Datenfelder für die x- oder y-Koordinaten zugewiesen werden kann, ist das Ergebnis.

Quelltext:
```
FUNCTION Fenster.NeuWert (Punkt,Min,Max: Integer;
          VAR Neu: Integer): Integer;
BEGIN
 {Korrektur, falls Punkt über Bildschirmgrenzen}
  If Neu > (Max-Punkt) Then Neu := Max - Punkt;
  If Neu < (Min-Punkt) Then Neu := Min - Punkt;
  NeuWert := Punkt + Neu;
END;
```

Der Initialisierungsteil

Die Unit Boxes beinhaltet nicht nur die Vereinbarung der zwei Objekttypen BOX und FENSTER und die Definition ihrer Methoden, sondern auch einen kleinen Initialisierungsteil, der dazu dient, sich auf den passenden Grafikmodus einzustellen. Das geschieht über eine Funktion des BIOS (Basic Input Output System). Das BIOS ist sozusagen das Minimalbetriebssystem im ROM Ihres PC.

Quelltext:
```
{------------------------------------------------------}
{            Videomodus feststellen                    }
{         und Segmentwert initialisieren       }
{------------------------------------------------------}

BEGIN
  CPU.AH := $0F;          {Aktueller Videomodus}
  Intr ($10, CPU);        {BIOS-Interrupt aufrufen}
  If CPU.AL = $07 Then
    Segment := $B000      {Monochrom-Modus}
  Else
    Segment := $B800;     {Color-Modus}
END.
```

Die Funktion Intr ($10) dient dem Aufruf der Bildschirmroutinen. Dazu wird direkt in die Register des Prozessors (CPU) geschrieben bzw. daraus gelesen. Nach der Auswertung wird die globale Variable *Segment* mit der entsprechenden Segmentadresse des Videospeichers versorgt. (Vgl. Cursor-Methoden, die auch über diesen Interrupt arbeiten.)

Beispielprogramme

Damit Sie auch ausprobieren können, ob und wie Objekte vom Typ BOX bzw. FENSTER funktionieren, folgen zwei Beispielprogramme, die Sie ebenso wie den gesamten Quelltext zur Unit Boxes auf der beliegenden Diskette finden.

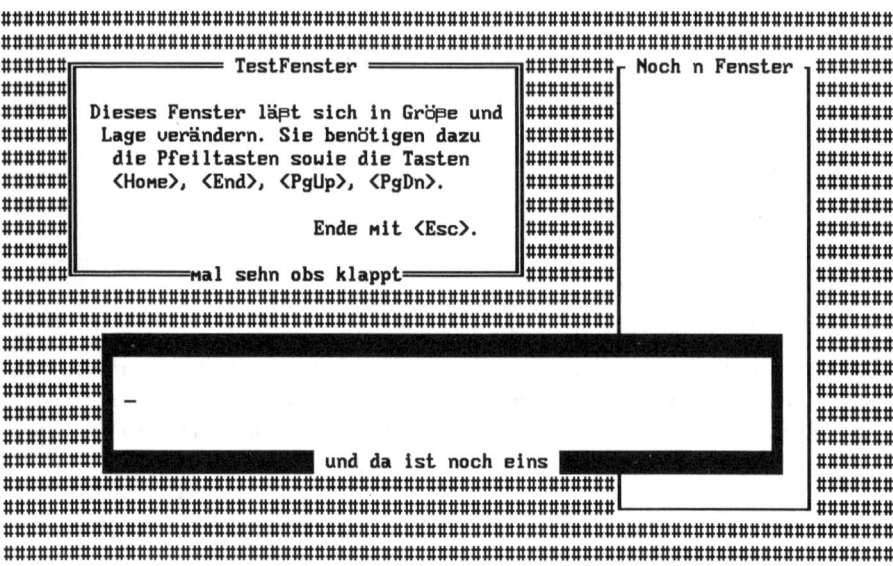

Abb. 2.1: Das erste Beispielprogramm

Das erste Programm, *BoxTest*, öffnet eine größere Anzahl von Boxen. Diese hängt vom verfügbaren Arbeitsspeicher ab. (Wenn Ihr Speicherplatz nicht reicht, müssen Sie Max also entsprechend ändern.) Nach Drücken von <Return> wird wieder eine nach der an-

deren Box geschlossen. Dabei wird der jeweils alte Bildschirmzustand wiederhergestellt. Geht Ihnen das zu schnell, geben Sie Delay einen höheren Parameterwert.

Das zweite Programm, *WindowTest*, erlaubt Ihnen, ein Fenster zu verschieben oder in
seiner Größe zu verändern. Benötigt werden dazu die Pfeiltasten bzw. <Home>, <End>,
<PgUp> und <PgDn>.

Quelltext:
```
PROGRAM BoxTest;
USES
  CRT, Boxes;

CONST
  Max = 50;   {640 KB RAM}

VAR
  i, x, y,
  Breite,
  Hoehe,
  Rahmen     : Integer;
  MiniScreen : Array[1..Max] Of Box;

BEGIN
  ClrScr;
  Randomize;
  For i := 1 To Max Do
  Begin
    x := Random (40) + 1;
    y := Random ( 9) + 1;
    Breite := Random (32) + 8;
    Hoehe  := Random (12) + 4;
    Rahmen := Random ( 4) + 1;
    MiniScreen[i].definieren
       (x,y, x+Breite,y+Hoehe,Rahmen);
    MiniScreen[i].oeffnen;
    WriteLn ('Box ',i);
    WriteLn (MemAvail);
  End;
  ReadLn;
  For i := Max DownTo 1 Do
  Begin
    MiniScreen[i].entfernen;
    Delay (100);
  End;
END.


PROGRAM WindowTest;

USES
  CRT, DOS, Boxes;
```

```pascal
CONST
  ESC = #27;   {Abbruchtaste <Esc>}

VAR
  Key      : Char;
  Guckloch : Fenster;
  x1, y1,
  x2, y2,
  Rand     : Integer;   PROCEDURE Hintergrund_fuellen;
VAR
  x,y: Byte;

BEGIN
  For y := 1 To 24 Do
    For x := 1 To 80 Do Write ('#');
END; {Hauptprogramm}

BEGIN
  ClrScr;
  Hintergrund_fuellen;
  Guckloch.definieren (20,6,60,15,
    Doppel,' TestFenster ', 'mal sehn obs klappt');
  Guckloch.oeffnen;
  GotoXY ( 2,2);
  WriteLn ('Dieses Fenster läßt sich in Größe und');
  WriteLn (' Lage verändern. Sie benötigen dazu');
  WriteLn ('  die Pfeiltasten sowie die Tasten');
  WriteLn ('  <Home>, <End>, <PgUp>, <PgDn>.');
  GotoXY (22,7);
  Write   ('Ende mit <Esc>.');
  Guckloch.Cursor_setzen (Aus);
  Repeat
    Key := ReadKey;
    If Key = #0 Then
    Begin
      Key := ReadKey;
      With Guckloch Do
      Case Key Of
        #71 : Groesse_aendern (-5, 0);   {Home}
        #79 : Groesse_aendern ( 5, 0);   {End}
        #73 : Groesse_aendern ( 0,-2);   {PgUp}
        #81 : Groesse_aendern ( 0, 2);   {PgDn}
        #75 : verschieben (-5, 0);       {Left}
        #77 : verschieben ( 5, 0);       {Right}
        #72 : verschieben ( 0,-2);       {Up}
        #80 : verschieben ( 0, 2);       {Down}
```

```
      End;
    End;
  Until Key = ESC;
  Guckloch.Cursor_setzen (An);
  Guckloch.entfernen;
END.
```

Die UNIT Menus

Im zweiten Projekt befassen wir uns mit der Erstellung und Handhabung von Menüs. Diese sind Kinder von Boxen. Daher haben sie, alles was ihre Mütter haben. Allerdings wird bei Menüs nicht das ganze Erbe benötigt, sondern die Eigenschaften von Boxen sind nur dann notwendig, wenn es um das Öffnen und Schließen von Menütafeln geht.

Ansonsten kommt ein Menü ganz gut allein zurecht: Im geschlossenen Zustand gibt es nur eine Hauptmenüleiste mit den Köpfen der einzelnen Menütafeln. Naheliegendes Beispiel: das Turbo-Menü. Die Köpfe der Hauptmenüleiste bilden einen doppelt verketteten Ring, denn der letzte Kopf ist auch mit dem ersten doppelt verknüpft.

So kann man mit den Pfeiltasten beliebig durch die Menüleiste wandern. Und an jedem Kopf hängt wiederum ein doppelt verketteter Ring mit den Einträgen der einzelnen Menütafel. Sämtliche Einträge des Menüs werden also auf dem Heap abgelegt.

Erstellt wird der Menütext am besten mit dem Turbo-Editor. Bei der Initialisierung wird die betreffende Datei dann eingelesen, und die einzelnen Einträge werden zu einem Menügeflecht verknüpft. Bei der Texteingabe ist folgendes zu beachten:

1. Jeder Eintrag muß ganz vorn beginnen, denn führende Leerzeichen werden nicht entfernt.

2. Der allererste Eintrag gilt als Kopf, die folgenden als Teil der zugehörigen Menütafel. Jede Eintragsgruppe wird durch eine Zeile mit einem Doppelkreuz (#) abgeschlossen und damit von der nächsten Gruppe getrennt. (Der dann folgende Eintrag ist also wieder der Kopf der nächsten Menütafel!)

3. Am Dateiende muß nach dem letzten Doppelkreuz ("#") noch ein Dollarzeichen ("$") stehen, um den gesamten Text eindeutig abzuschließen. (Darunter dürfen beliebige Kommentare folgen.) Durch den Programmierer kann die Position des gesamten Menüs, der Abstand zwischen den Einträgen der Hauptmenüleiste und der Darstellungsmodus (Normal und Invers) festgelegt werden. Ein direkter Zugriff auf Größe und Position der Menütafeln ist nicht möglich; das wird vom Objekttyp Menu für Mutter Box automatisch geregelt.

Ein Eintrag der Hauptmenüleiste darf maximal 20, jeder Eintrag einer Menütafel höchstens 40 Zeichen lang sein. Überstehendes wird abgeschnitten. (Wenn nötig, müssen Sie diese Vereinbarungen ändern.)

Das Menü kann nur angezeigt oder aktiviert werden: In beiden Fällen ist die Hauptmenüleiste sichtbar, im zweiten Falle ein Kopf markiert. Die Aktivierung eines Hauptmenüeintrages und das Öffnen und Schließen einer Menütafel besorgt eine Funktion (Menu.AktivPunkt).

Das Menü läßt sich über die Tastatur steuern und damit lassen sich auch einzelne Menüeinträge aktivieren. (Genaueres erfahren Sie weiter unten bei der Beschreibung der Funktion.) Nach Aktivierung eines Eintrages wird die Methode beendet und die Nummer des Eintrages zurückgegeben. Diese Nummer läßt sich dann z.B. in einer "Case..Of"-Abfrage weiterverwerten. Nun zu den Erläuterungen der Elemente der UNIT Menus.

Der Objekttyp MENU

Nachfolgend finden Sie den Quellcode und die Beschreibung der Elemente des Objekttyps MENU.

Quellcode:
```
TYPE
  Menu = OBJECT (Box)
    Kopf,
    Vorn,
    Hinten    : LZeiger;
    Eintrag,
    Oben,
    Unten     : TZeiger;
    Aktuell,
    KopfNr,
    KopfPos,
    TafelAnfang,

    Spanne    : Byte;
    EintragNr : Word;
    Aktiviert,
    Direkt,
    TafelBild,
    Abbild    : Boolean;
    Datei     : Text;

    {Externe Methoden:}
    Constructor Info;
    Constructor definieren (x,y: Integer; DateiName:
          String80; Zwischen: Byte; Modus: Boolean);
```

```
Procedure    Leiste_zeigen; Virtual;
Function     AktivPunkt (Akut: Byte; Aktiv:
             Boolean): Byte; Virtual;
Function     KopfText: String20;
Function     EintragText: String40;
Destructor   entfernen; Virtual;

{Interne Methoden:}
Procedure    aufbauen;
Procedure    Tafel_fuellen;
Procedure    Tafel_positionieren;
Procedure    Tafelbreite_ermitteln;
Procedure    Tafelbreite_anpassen;
Procedure    Darstellung_waehlen (Modus: Boolean);
Procedure    Kopf_markieren (Modus: Boolean);
Procedure    Eintrag_zeigen (Zeile: Byte;
             Modus: Boolean);
Procedure    Tasten_abfragen;
Function     TafelTaste: Byte;
Procedure    Tafel_oeffnen;
Procedure    Tafel_schliessen;
END;
```

Die Datenfelder von MENU

Auf diese Felder darf kein direkter Zugriff erfolgen! Benötigte Werte müssen über entsprechende externe Funktionen "besorgt" werden. Von BOX ererbte Datenfelder werden nicht nochmals aufgeführt.

Menu.Kopf/Menu.Vorn/Menu.Hinten   UNIT Menus

Dies sind Zeiger auf eine Struktur für die Texteinträge der Hauptmenüleiste sowie verschiedene Werte (Nummer des jeweiligen Kopfeintrages, Breite und Höhe der zugehörigen Menütafel) und Verknüpfungszeiger. *Menu.Kopf* ist der aktuelle Zeiger, während *Menu.Vorn* und *Menu.Hinten* auf Anfang und Ende der Menüleiste zeigen.

Datentyp: *LZeiger*: Zeiger auf Struktur Leiste

```
TYPE
  Leiste = RECORD
    Inhalt                      : String20;
    Nr, Weite, Tiefe, Stelle : Byte;
    Rechts, Links               : LZeiger;
    Runter                      : TZeiger;
  END;
```

Die Bedeutung der einzelnen Datenfelder von Leiste:

Inhalt   Text für einen Hauptmenüeintrag (Kopf)

Nr   Nummer eines Kopfes

Weite   Breite der zugehörigen Menütafel

Tiefe   Tiefe (bzw. Höhe) der zugehörigen Menütafel

Stelle   Anfangsspalte (x-Wert) eines Kopfes

Rechts   Verknüpfungszeiger zum rechten Kopf

Links   Verknüpfungszeiger zum linken Kopf

Runter   Verknüpfungszeiger zur Menütafel

Menu.Eintrag/Menu.Oben/Menu.Unten   UNIT Menus

Dies sind Zeiger auf eine Struktur für die Texteinträge einer Menütafel sowie die
Nummer des jeweiligen Tafeleintrages und Verknüpfungszeiger. Menu.Eintrag ist der
aktuelle Zeiger, während Menu.Oben und Menu.Unten auf Anfang und Ende der
Menütafel zeigen.

Datentyp: *TZeiger*: Zeiger auf Struktur Tafel

```
TYPE
  Tafel = RECORD
          Inhalt        : String40;
          Nr            : Byte;
          Rauf, Runter  : TZeiger;
        END;
```

Die Bedeutung der einzelnen Datenfelder von Tafel:

Inhalt   Text für einen Eintrag der Menütafel

Nr   Nummer eines Eintrages

Rauf   Verknüpfungszeiger zum oberen Eintrag

Runter   Verknüpfungszeiger zum unteren Eintrag

Menu.Aktuell   **UNIT Menus**

Nummer des aktuellen Kopfes in der Hauptmenüleiste. (Nur dieser Kopf kann gerade aktiviert werden.)

Datentyp: `Byte`

Menu.KopfNr   **UNIT Menus**

Enthält die Anzahl aller Einträge der Hauptmenüleiste (Köpfe).

Datentyp: `Byte`

Menu.KopfPos   **UNIT Menus**

Anfangsspalte der Einträge für die Hauptmenüleiste.

Datentyp: `Byte`

Menu.TafelAnfang   **UNIT Menus**

Anfangszeile für alle Menütafeln.

Datentyp: `Byte`

Menu.Spanne   **UNIT Menus**

Abstand (Leerzeichen) zwischen den Köpfen der Hauptmenüleiste.

Datentyp: `Byte`

Menu.EintragNr   **UNIT Menus**

Anzahl (Gesamtzahl) der Einträge aller Menütafeln.

Datentyp: `Word`

Menu.Aktiviert   UNIT Menus

Status des aktuellen Kopfes der Hauptmenüleiste. Vordefiniert sind zwei Konstanten:

```
IstAktiv   = True;
NichtAktiv = False;
```

Datentyp: Boolean

Menu.Direkt   UNIT Menus

Hier ist angegeben, ob ein Kopf eine Menütafel hat. Ist das nicht der Fall, gilt der Kopf
als direkter Menüeintrag:

```
Keine Tafel        -> True;    {Direkt = IstAktiv}
Tafel vorhanden    -> False;   {Direkt = NichtAktiv}
```

Beispiel: Der Menükopf Edit von Turbo Pascal.

Datentyp: Boolean

Menu.TafelBild   UNIT Menus

Status einer Menütafel:

```
Tafel geöffnet        -> True;    {TafelBild = IstAktiv}
Tafel geschlossen     -> False;   {TafelBild = NichtAktiv}
```

Datentyp: Boolean

Menu.Abbild   UNIT Menus

Darstellungsmodus von Hauptmenüleiste und Menütafeln.

Vordefiniert sind diese Konstanten:

```
Normal = True;
Invers = False;
```

Datentyp: Boolean

Menu.Datei   UNIT Menus

Die Datei, in der sich die Texte für die Köpfe der Hauptmenüleiste und die Einträge der Menütafeln befinden. Sie wird von der Diskette oder Festplatte geladen und entsprechend den Trennzeichen zu einem Menü verknüpft. Dabei bedeuten:

\#   Abschluß für Kopf und Einträge einer Menütafel

\$ Abschluß des Gesamttextes

Der jeweils erste Eintrag ist der Kopf der Menütafel. Hat ein Kopf keine Tafel, so muß (!) eine Leerzeile folgen!

Die Datei kann mit dem Turbo-Editor erstellt werden. Möglich wäre auch ein Textverarbeitungsprogramm, wenn die Datei als ASCII-Text (!) abgespeichert wird.

Datentyp: `Text; {= File Of Char}`

Die externen Methoden von MENU

Diese Methoden dürfen in einem Programm aufgerufen werden, das den Objekttyp MENU verwendet. Die ererbten Methoden von BOX werden hier nicht mehr alle aufgeführt. (Schauen Sie dazu bitte unter den Erläuterung für BOX nach!)

Menu.Info   UNIT Menus

Diese Methode ersetzt die gleichnamige von Mutter BOX. Sie listet in einer Box alle "erlaubten" Methoden auf, die dem Programmierer zur Verfügung stehen, wenn er den Objekttyp MENU verwendet. Zuvor wird MENU mit der Virtuellen Methodentabelle (VMT) verknüpft.

Syntax: `Constructor Info;`

Ergebnis: Alle erlaubten Methoden werden aufgelistet.

Beispiel: `VAR TestMenue : Menu;`
                  `...`
                  `TestMenue.Info;`

Siehe auch Datei *InfoTest.Pas.*

Quelltext:
```
CONSTRUCTOR Menu.Info;
BEGIN
  Box.definieren (1,1,xMax,12,1);
  oeffnen;
  TextColor (White);
  WriteLn ('Zulässige Bearbeitungsmethoden für
                                    MENU:');
  TextColor (LightGray);
  Write   ('Prozedur definieren (x,y: Integer; ');
  WriteLn ('DateiName: String[80];');
  WriteLn ('          Zwischen: Byte; Modus:
                                    Boolean);');
  WriteLn ('Prozedur Leiste_zeigen;');
  Write   ('Funktion AktivPunkt (Aktuell: Byte; ');
  WriteLn ('Aktiviert: Boolean): Byte;');
  WriteLn ('Funktion KopfText: String[20];');
  WriteLn ('Funktion EintragText: String[40];');
  Write   (' ->      TastenModus: Normal (True),
                                    Steuer');
  WriteLn (' (False).');
  WriteLn ('Prozedur Cursor_setzen (Modus:
                                    Boolean);');
  Write   ('Prozedur entfernen;');
  ReadLn;
  Box.entfernen;
END;
```

Menu.definieren   UNIT Menus

MENU wird mit der Virtuellen Methodentabelle (VMT) verknüpft. Alle von BOX
ererbten Felder werden initialisiert, für Untergrund^ Platz auf dem Heap reserviert
(Box.definieren) und die aktuelle Cursorform gesichert. Auch die Datenfelder, die keine
Zeiger sind, bekommen Startwerte. Bei zu großen Werten von x und y wird die Menü-
position entsprechend korrigiert.

Die über DateiName angegebene Datei wird zum Lesen vorbereitet. Ist keine Datei mit
dem definierten Namen vorhanden, wird das ausführende Programm abgebrochen.

Der Text für die Köpfe und Tafeleinträge wird eingelesen und zu einer Menüstruktur
verknüpft. Hat ein Kopf keine Menütafel, so wird er auch als Tafeleintrag gezählt. Anschließend wird die Hauptmenüleiste angezeigt und der Cursor ausgeschaltet.

Syntax: ```
Constructor definieren (x, y: Integer; DateiName:
                                        String80;
Zwischen: Byte; Modus: Boolean);
```

**Parameter:**    *x*: Anfangsspalte für die Hauptmenüleiste

                  *y*: Anfangszeile für alle Menütafeln

                  *DateiName*: Name der Textdatei für die Menüeinträge

                  *Zwischen*: Leerzeichen zwischen den einzelnen Kopfeinträgen

                  *Modus*: Darstellung (Normal = True; Invers = False)

**Ergebnis:**     Das Menü ist initialisiert: Die Einträge für Hauptmenüleiste und Menü-
                  tafeln sind abrufbereit.

**Beispiel:**     ```
VAR TestMenue : Menu; NochEins : ^Menu;
...
TestMenue.definieren (5,3,'Versuch.Mnu',1,Invers);
New (NochEins, definieren (5,12,'Versuch.Mnu',1,
                                        Normal));
```

                  Die Datei Versuch.Mnu wird eingelesen und "verwertet". Oberer linker
                  Fixpunkt für das ganze Menü ist x=5 und y=3 bzw. y=12. Der Abstand
                  zwischen den Kopfeinträgen ist ein Leerzeichen. Das erste Menü wird
                  nach dem Öffnen invers dargestellt, das zweite normal.

Quelltext: ```
CONSTRUCTOR Menu.definieren (x,y: Integer; DateiName:
              String80; Zwischen: Byte; Modus: Boolean);
VAR
  Vorhanden: Boolean;
BEGIN
 {Alle Box-Werte initialisieren}
 Box.definieren (1,1, xMax,yMax, Ohne);
 {Startwerte setzen}
 Aktuell   := 1;
 KopfNr   := 0;
 EintragNr := 0;
 If x > 1 Then KopfPos   := x Else KopfPos   := 2;
 If y > 3 Then TafelAnfang := y Else TafelAnfang:= 3;
 Spanne   := Zwischen;
 Aktiviert := NichtAktiv;
 Direkt   := NichtAktiv;
```
```

```
    TafelBild := NichtAktiv;
    Abbild    := Modus;
   {Menüdatei zum Lesen öffnen}
    Assign (Datei, DateiName);
   {$I-} ReSet (Datei); {$I}
   {Programmabbruch wenn Menüdatei nicht vorhanden}
    Vorhanden := (IOResult = 0);
    If Not Vorhanden Then
    Begin
       WriteLn (#10, 'Abbruch: MenüText nicht
                                      gefunden!');
       Halt;
    End;
   {Text für Köpfe und Einträge einlesen und alles
    miteinander verknüpfen}
    aufbauen;
   {Textdatei schließen}
    Close (Datei);
  END;
```

Menu.Leiste_zeigen   **UNIT Menus**

Die Einträge der Hauptmenüleiste werden im definierten Darstellungsmodus gezeigt.
Eine zuvor aktivierte Tafel wird geschlossen, der Cursor unsichtbar gemacht.

Syntax: `Procedure Leiste_zeigen; Virtual;`

Ergebnis: Die (nicht aktivierte) Hauptmenüleiste wird angezeigt.

Beispiel: `VAR TestMenue : Menu;`
                    `TestMenue.Leiste_zeigen;`

Quelltext:
```
PROCEDURE Menu.Leiste_zeigen;
BEGIN
 {ggf. geöffnete Tafel schließen}
  If TafelBild = IstAktiv Then
    Tafel_schliessen;
  GotoXY (KopfPos-1,TafelAnfang-2);
  Darstellung_waehlen (Abbild);
  Kopf := Vorn;  {Kopf auf Leistenanfang}
  Repeat
    GotoXY (Kopf^.Stelle, TafelAnfang-2);
    If Kopf^.Inhalt <> '' Then
        Write (Kopf^.Inhalt, ' ':Spanne);
```

```
    Kopf := Kopf^.Rechts;
  Until Kopf = Vorn;
 {Cursor unsichtbar machen}
  Cursor_setzen (Aus);
END;
```

Menu.AktivPunkt   **UNIT Menus**

Ist der übergebene Wert für Akut <> 0, wird nach dem entsprechenden Eintrag im
Hauptmenü (Kopf) gesucht: Er ist nun der aktuelle und wird markiert dargestellt. Nun
wird die Tastatur abgefragt. Für die Köpfe haben die einzelnen Tasten diese Bedeutung:

<Home>   Der erste Kopf ist aktuell.

<End>   Der letzte Kopf ist aktuell.

<←>   Der linke Nachbarkopf ist aktuell.

<→>   Der rechte Nachbarkopf ist aktuell.

<↓>   Die zugehörige Menütafel wird geöffnet.

<Return> Die zugehörige Menütafel wird geöffnet. (Falls keine Tafel vorhanden ist,
         wird der aktuelle Kopf aktiviert und die Methode mit der Rückgabe der
         Nummer beendet.)

<Esc>   Die Methode wird beendet; der Rückgabewert ist 0.

Nachdem eine Tafel geöffnet ist, gilt:

<←>   Der linke Nachbarkopf ist aktuell.

<→>   Der rechte Nachbarkopf ist aktuell.

<Home>   Der erste Tafeleintrag ist aktuell.

<End>   Der letzte Tafeleintrag ist aktuell.

<↓>   Der nächste untere Eintrag ist aktuell.

<↑>   Der nächste obere Eintrag ist aktuell.

<Return> Der Tafeleintrag wird aktiviert und die Methode beendet; der Rückgabewert ist gleich *EintragNr*.

<Esc>   Die Methode wird beendet; der Rückgabewert ist 0.

Weil Köpfe und Tafeleinträge jeweils zu einem Ring verknüpft sind, gibt es immer einen Nachbarn!

Syntax:
```
Function AktivPunkt (Akut: Byte; Aktiv: Boolean):
                                            Byte;
       Virtual;
```

Parameter: *Akut*: Nummer des Eintrages (Kopf) im Hauptmenü, der als aktuell gelten soll; bei Akut=0 ist das der bereits aktuelle Kopf.

Aktiv: Zustand des aktuellen Kopfes

Vordefiniert sind:

```
IstAktiv   = True;
NichtAktiv = False;
```

Ergebnis: Die Nummer des aktivierten Menütafeleintrages wird zurückgegeben. Ist kein Eintrag aktiviert, so ist der Rückgabewert 0.

Beispiel:
```
VAR TestMenue : Menu; Wahl : Byte;
Wahl := TestMenue.AktivPunkt (1,IstAktiv);
If Wahl = 0 Then WriteLn ('Wahllos');
```

Die Tafel zum ersten Menükopf (Hauptmenüeintrag) wird geöffnet: Es kann gewählt werden.

Quelltext:
```
FUNCTION Menu.AktivPunkt (Akut: Byte; Aktiv: Boolean):
         Byte;
VAR
  x: Byte;
BEGIN
 {Die Hauptmenüleiste sichtbar machen}
  Leiste_zeigen;

 {Übergabewerte übernehmen}
  If Akut <> 0 Then
    Aktuell := Akut;
```

```
Aktiviert := Aktiv;
{Aktuellen Kopf ansteuern}
 If Aktuell < Kopf^.Nr Then
    For x := Kopf^.Nr DownTo Aktuell+1 Do
       Kopf := Kopf^.Links;
 If Aktuell > Kopf^.Nr Then
    For x := Kopf^.Nr To Aktuell-1 Do
       Kopf := Kopf^.Rechts;

{Aktuellen Kopf markiert darstellen}
 Kopf_markieren (Not Abbild);

{Tasten für Köpfe der Menüleiste abfragen}
 If Not Aktiviert Then
    Tasten_abfragen;

{Bei Aktivierung eines Kopfes zugehörige Tafel öffnen
 und Tasten für Einträge abfragen}
 If Aktiviert Then

 Begin
    If Not Direkt Then
    Begin
       Tafel_oeffnen;
       AktivPunkt := Tafeltaste;

    End
    Else
    Begin
       Eintrag    := Kopf^.Runter;
       AktivPunkt := Eintrag^.Nr;
    End;
 End
 Else
 Begin
    Eintrag    := Kopf^.Runter;
    AktivPunkt := 0;
    Leiste_zeigen;
 End;
 Window (1,1,80,25);
END;
```

METHODEN Menu.KopfText, Menu.EintragText   UNIT Menus

Der Text des aktuellen Menükopfes (KopfText) bzw. des aktivierten Eintrages (EintragText) wird ermittelt.

Syntax:
```
Function KopfText: String20;
Function EintragText: String40;
```

Ergebnis: Der Text des aktuellen Menükopfes (KopfText) bzw. der des aktivierten Eintrages (EintragText) wird zurückgegeben. Hat ein Menükopf keine Tafel, so wird für EintragText der entsprechende Kopftext zurückgegeben.

Beispiel:
```
VAR TestMenue : Menu;
WriteLn (TestMenue.KopfText,':
                         ',TestMenue.EintragText);
```

Quelltext:
```
FUNCTION Menu.KopfText: String20;
VAR
  x: Byte;

BEGIN
  Kopf := Vorn;
  For x := 1 To Aktuell-1 Do
    Kopf := Kopf^.Rechts;
  KopfText := Kopf^.Inhalt;
END;

FUNCTION Menu.EintragText: String40;
BEGIN
  EintragText := Eintrag^.Inhalt
END;
```

Menu.entfernen   UNIT Menus

Alle Elemente der Menüstruktur werden nacheinander entfernt, der belegte Platz auf dem Heap wieder freigegeben. Abschließend wird der Darstellungsmodus auf normal geschaltet und der Cursor wieder in der alten Form sichtbar gemacht.

Falls MENU für ein polymorphes dynamisches Objekt verwendet wurde, kann mit Hilfe des Destruktors der korrekte Speicherplatz freigegeben werden.

Syntax:
```
Destructor entfernen; Virtual;
```

Ergebnis: Das gesamte Menü ist "verschwunden", der belegte Platz auf dem Heap ist wieder anderweitig verfügbar.

Beispiel:
```
VAR TestMenue : Menu; NochEins : ^Menu;
TestMenue.entfernen;
Dispose (NochEins, entfernen);
```

Quelltext:
```
DESTRUCTOR Menu.entfernen;
VAR
  x, y: Byte;

BEGIN
 {Erster Kopf der Hauptmenüleiste}
 Kopf := Vorn;

 {Zugehörige Tafel abbauen}
 For x := 1 To KopfNr Do
 Begin
   Eintrag := Kopf^.Runter;
   If Kopf^.Tiefe > 0 Then

     For y := 1 To Kopf^.Tiefe Do
     Begin
      {Nächster Eintrag}
       Eintrag := Eintrag^.Runter;
      {Vorigen Eintrag entfernen}
       Dispose (Eintrag^.Rauf);
     End
   Else
     {Einzigen Eintrag entfernen}
     Dispose (Eintrag);
   {Nächster Kopf}

   Kopf := Kopf^.Rechts;
   {Vorigen Kopf entfernen}
   Dispose (Kopf^.Links);
 End;

 {letzte Box-Konserve entfernen}
 Dispose (Untergrund);
 {Bildschirm 'klarmachen'}
 Darstellung_waehlen (Normal);
 Cursor_setzen (An);
```

```
Window (1,1,80,25);
ClrScr;
END;
```

Die internen Methoden von MENU

Diese Methoden werden nur intern vom Objekttyp MENU genutzt. Sie sind also nicht
für den direkten Zugriff durch den Programmierer gedacht. Daher fehlen auch hier die
Beispiele. (Die Erläuterungen zu von BOX ererbten internen Methoden schauen Sie
bitte dort nach!)

Menu.aufbauen   UNIT Menus

Die Zeilen einer Textdatei werden eingelesen und verarbeitet, bis das Textendekennzei-
chen, ein Dollarzeichen ("$"), erreicht ist. Jede Tafeleinheit wird von der anderen durch
ein abschließendes Doppelkreuz ("#") getrennt. Für die jeweils erste Zeile wird Kopf^
erzeugt. Dann werden die Position und Breite ermittelt. Gibt es eine Tafel, so wird diese
erstellt und mit dem Kopf verknüpft.

Bei der Verkettung von Köpfen und Tafeleinträgen wird mit beiden Nachbarn eine Verbindung hergestellt. Am Ende erfolgt ein Ringschluß: Das jeweils erste und letzte Element jeder Kette werden miteinander (ebenfalls doppelt) verknüpft.

Syntax: `Procedure aufbauen;`

Ergebnis: Das Menügerüst steht bereit: Es kann geöffnet werden.

Quelltext:
```
PROCEDURE Menu.aufbauen;
VAR
  MenuZeile: String;

BEGIN
  {Schlußzeiger für Köpfe auf NIL setzen}
  Hinten := NIL;

  {Einlesen des ersten Kopfeintrages}
  ReadLn (Datei, MenuZeile);
  Repeat
    {Neuen Kopf erzeugen, aktuelle Nr. und Text
                                  zuweisen}
```

```
New (Kopf);
Inc (KopfNr);
Kopf^.Nr     := KopfNr;
Kopf^.Inhalt := MenuZeile;
{Kopfbreite und aktuelle Spalte für Ausgabe
                                  ermitteln}
Tafel_positionieren;

{Wenn erster Kopf, Anfangszeiger setzen}
If Hinten = NIL Then
  Vorn := Kopf
Else  {sonst mit rechtem Nachbarn verknüpfen}
  Hinten^.Rechts := Kopf;

{Mit linkem Nachbarn verknüpfen}
Kopf^.Links := Hinten;

{Schlußzeiger für Köpfe neu setzen}
Hinten := Kopf;

{Startwert für Tafellänge}
Kopf^.Tiefe := 0;

{Zugehörige Menütafelwerte einlesen und verknüpfen}
Tafel_fuellen;

{Nächste Textkette für Hauptmenüleiste einlesen}
ReadLn (Datei, MenuZeile);

Until MenuZeile = '$';  {Schlußmarke
                         Hauptmenüleiste}

{Ringschluß von Anfang und Ende der Menüleiste}
Hinten^.Rechts := Vorn;
Vorn^.Links    := Hinten;
END;
```

Menu.Tafel_fuellen   UNIT Menus

Für jede einzelne Menütafel werden die Textzeilen eingelesen und die Einträge miteinander verknüpft, bis die Trennmarke, das Doppelkreuz ("#"), erscheint. Die Verkettung geschieht nach demselben Prinzip wie bei den Menüköpfen. Auch die jeweilige Breite und Tiefe der geöffneten Tafel werden festgelegt.

Auch hier werden das jeweils erste und letzte Tafelelement miteinander (doppelt) verknüpft. Besteht eine Tafel nur aus einem Leereintrag (Leerzeile in der Datei), so wird
ihre Tiefe auf Null gesetzt. Dann gilt der Kopf als einziger aktivierbarer Eintrag. Zuletzt
werden alle Einträge der Tafel auf die gleiche Stringlänge gebracht.

Syntax: `Procedure Tafel_fuellen;`

Ergebnis: Eine Menütafel ist mit Einträgen gefüllt und die Tafelbreite festgelegt.

Quelltext:
```
PROCEDURE Menu.Tafel_fuellen;
VAR
  MenuZeile: String; Zaehler: Byte;
BEGIN
  {Schlußzeiger für Einträge auf NIL; Startwert für
                                            Zähler}
  Unten    := NIL;
  Zaehler := 0;
  {Einlesen des ersten Tafeleintrages}
  ReadLn (Datei, MenuZeile);
  Repeat
    {Zaehler kontrolliert, ob nicht zu viele Einträge}
    If Zaehler < TafelMax Then
    Begin
      Inc (Zaehler);
      {Neuen Eintrag erzeugen, aktuelle Nr. und Text
      zuweisen}
      New (Eintrag);
      Inc (EintragNr);
      Eintrag^.Nr      := EintragNr;
      Eintrag^.Inhalt := ' ' + MenuZeile + ' ';
      {Werte für Tafellänge und -breite ermitteln}
      Inc (Kopf^.Tiefe);
      Tafelbreite_ermitteln;
      {Wenn erster Eintrag, Anfangszeiger setzen;
       außerdem mit zugehörigem Kopf verknüpfen}
      If Unten = NIL Then
      Begin
        Oben       := Eintrag;
        Kopf^.Runter := Eintrag;
      End
      Else  {sonst mit unterem Nachbarn verknüpfen}
        Unten^.Runter := Eintrag;
      {Mit oberem Nachbarn verknüpfen}
      Eintrag^.Rauf := Unten;
      {Schlußzeiger für Einträge neu setzen}
```

```
      Unten := Eintrag;
     End;
     {Nächste Textkette für Menütafel einlesen}
      ReadLn (Datei, MenuZeile);
    Until (MenuZeile = '#');   {Schlußmarke Menütafel}
  {Ringschluß von Anfang und Ende einer Menütafel}
  Unten^.Runter := Oben;
  Oben^.Rauf   := Unten;
  {Falls nur Leereintrag in Tafel, Länge auf Null
                                        setzen}
  If (Kopf^.Tiefe = 1) And (Oben^.Inhalt = '  ') Then
  Begin
    Oben^.Inhalt := Kopf^.Inhalt;
    Kopf^.Tiefe  := 0;
  End
  Else
    {Die Länge aller Einträge auf Tafelbreite bringen}
    Tafelbreite_anpassen;
END;
```

Menu.Tafel_positionieren   UNIT Menus

Die Position und die Breite eines Menükopfes werden ermittelt. Zusätzlich wird das
Datenfeld KopfPos aktualisiert.

Syntax: `Procedure Tafel_positionieren;`

Ergebnis: Die obere linke Ecke der Tafel ist fixiert, die Breite des zugehörigen
                  Kopfes ermittelt.

Quelltext:
```
PROCEDURE Menu.Tafel_positionieren;
BEGIN
 {Breite = Wortlänge + 1 Leerzeichen}
  Kopf^.Weite  := Length (Kopf^.Inhalt);
  Kopf^.Stelle := KopfPos;
  KopfPos := KopfPos + Kopf^.Weite + Spanne;
END;
```

Menu.Tafelbreite_ermitteln   UNIT Menus

Die Maximalbreite einer Tafel wird ermittelt, wobei das Maß der längste Eintrag ist.

Syntax: `Procedure Tafelbreite_ermitteln;`

Ergebnis: Die Tafel ist auf eine bestimmte Breite festgelegt.

Quelltext:
```
PROCEDURE Menu.Tafelbreite_ermitteln;
VAR
  Laenge: Byte;

BEGIN
  Laenge := Length (Eintrag^.Inhalt);
  If Kopf^.Weite < Laenge Then
    Kopf^.Weite := Laenge;
END;
```

Menu.Tafelbreite_anpassen   **UNIT Menus**

Die kürzeren Einträge einer Tafel werden um Leerzeichen ergänzt, damit alle Einträge die gleiche Textlänge haben.

Syntax: `Procedure Menu.Tafelbreite_anpassen;`

Ergebnis: Alle Tafeleinträge haben die gleiche Länge.

Quelltext:
```
PROCEDURE Menu.Tafelbreite_anpassen;
VAR
  Rest, x: Byte;

BEGIN
  Eintrag := Oben;
  Repeat
    Rest := Kopf^.Weite - Length (Eintrag^.Inhalt);
    If Rest > 0 Then
      For x := 1 To Rest Do
        Eintrag^.Inhalt := Eintrag^.Inhalt + ' ';
    Eintrag := Eintrag^.Runter;
  Until Eintrag = Oben;
END;
```

Menu.Darstellung_waehlen   **UNIT Menus**

Der Darstellungsmodus wird gewählt. Möglich sind

```
Normal = True;    { Helle Schrift auf dunklem Grund }
Invers = False;   { Dunkle Schrift auf hellem Grund }
```

Werden mehr als nur zwei Darstellungsmodi benötigt, muß der Typ des Parameters geändert und die Methode entsprechend erweitert werden.

Syntax: `Procedure Darstellung_waehlen (Modus: Boolean);`

Parameter: *Modus*: Art der Darstellung auf dem Bildschirm

Ergebnis: Die Darstellung ist normal oder invers – was was ist, hängt u.a. vom
                     Monitor ab: Ausprobieren!

Quelltext:
```
PROCEDURE Menu.Darstellung_waehlen (Modus: Boolean);
BEGIN
  Case Modus Of
    Normal :
    Begin
      TextColor (LightGray); TextBackground (Black);
    End;
    Invers :
    Begin
      TextColor (Black); TextBackground (LightGray);
    End;
  End;
END;
```

Menu.Kopf_markieren   **UNIT Menus**

Der aktuelle Menükopf wird markiert dargestellt. Anschließend wird der Darstellungsmodus zurückgesetzt.

Werden mehr Darstellungsmodi benötigt, muß der Typ des Parameters geändert und die
Methode entsprechend erweitert werden.

Syntax: `Procedure Kopf_markieren (Modus: Boolean);`

Parameter: *Modus*: Darstellungsmodus (Normal/Invers)

Ergebnis: Der aktuelle Kopf wird zur sonstigen Darstellung invertiert gezeigt.

Quelltext:
```
PROCEDURE Menu.Kopf_markieren (Modus: Boolean);
BEGIN
  Darstellung_waehlen (Modus);
```

```
      GotoXY (Kopf^.Stelle,TafelAnfang-2);
      Write  (Kopf^.Inhalt);
      Darstellung_waehlen (Not Modus);
   END;
```

Menu.Eintrag_zeigen   **UNIT Menus**

Die Zeichen jedes Eintrages werden direkt in den Videospeicher geschrieben. Das ist
nötig, damit beim Zeichnen in die letzte Zeile, letzte Spalte in der Tafel nicht gescrollt
wird. Außerdem geht's flotter. (Auch der Darstellungsmodus wird direkt im Videospeicher gesetzt.)

Syntax: Procedure Eintrag_zeigen (Zeile: Byte; Modus:
                                                Boolean);

Parameter: *Zeile*: Bildschirmzeile, in der sich der Eintrag befindet

                Modus: Darstellungsmodus (Normal/Invers)

Ergebnis: Der aktuelle Tafeleintrag wird zur sonstigen Darstellung invertiert ge-
                zeigt.

Quelltext: PROCEDURE Menu.Eintrag_zeigen (Zeile: Byte; Modus:
                        Boolean);
                VAR
                  Spalte, Stelle: Integer; x,Farbe: Byte;

                BEGIN
                  For x := 1 To Kopf^.Weite Do
                  Begin
                    Spalte := xLinks + x;
                    Stelle := Offset (Spalte, Zeile);
                    Mem [Segment:Stelle] := Ord (Eintrag^.Inhalt[x]);
                    Inc (Stelle);
                    If Modus = Normal Then Farbe := $07
                                      Else Farbe := $70;
                    Mem [Segment:Stelle] := Farbe;
                  End;
                END;
```
```

Menu.Tasten_abfragen   **UNIT Menus**

Über die Tasten <→> und <←> bzw. <Home> und <End> werden die Menüköpfe angesteuert und markiert. Mit der Taste <↓> oder <Return> läßt sich ein Menükopf aktivieren und die zugehörige Tafel öffnen. Hat ein Kopf keine Menütafel, gilt bei
<Return> der Kopf als direkt aktiv. Damit oder mit der Abbruchtaste <Esc> wird diese
Methode auch beendet.

Syntax: Procedure Tasten_abfragen; Virtual;

Ergebnis: Ein Kopf in der Hauptmenüleiste wurde aktiviert, oder die Auswahl
                 wurde abgebrochen. (Das Datenfeld Aktiviert erhält den Wert *True* oder
                 False.)

Quelltext:
```
PROCEDURE Menu.Tasten_abfragen;
VAR
   Taste: Char; Zusatz: Boolean;

BEGIN
  Repeat
    Zusatz := NichtAktiv;
    Direkt := NichtAktiv;
    Taste  := ReadKey;
    If Taste = Steuertaste Then
    Begin
      Taste := ReadKey;

     {Steuertasten auswerten}
     Case Taste Of

        HomeTaste :
        Begin
         Kopf_markieren (Abbild);
         Kopf    := Vorn;
         Aktuell := Kopf^.Nr;
         Kopf_markieren (Not Abbild);
        End;

        EndTaste :
        Begin
         Kopf_markieren (Abbild);
         Kopf    := Hinten;
         Aktuell := Kopf^.Nr;
         Kopf_markieren (Not Abbild);
        End;
```

```
      PfeilRechts :
      Begin
        Kopf_markieren (Abbild);
        Kopf     := Kopf^.Rechts;
        Aktuell := Kopf^.Nr;
        Kopf_markieren (Not Abbild);
      End;

      PfeilLinks :
      Begin
        Kopf_markieren (Abbild);
        Kopf     := Kopf^.Links;
        Aktuell := Kopf^.Nr;
        Kopf_markieren (Not Abbild);
      End;

      PfeilRunter :
        Aktiviert := IstAktiv;
    End;
  End

  Else
  Begin
   {Normaltasten abfragen}
   Case Taste Of
     RTN :
     Begin
       Aktiviert := IstAktiv;
       If Kopf^.Tiefe = 0 Then
          Direkt := IstAktiv;
     End;
       ESC :
       Aktiviert := NichtAktiv;
    End;
  End;

 Until ((Taste = PfeilRunter) And (Kopf^.Tiefe > 0))
    Or (Taste = RTN) Or (Taste = ESC) Or Zusatz;
END;
```

Menu.TafelTaste   UNIT Menus

Über die Tasten <↓> und <↑> bzw. <Home> und <End> werden die Einträge einer
Menütafel angesteuert und markiert. Außerdem kann man mit den Tasten <→> und

<←> in der Hauptmenüleiste weiterwandern: Die aktuelle Menütafel schließt sich, eine neue wird geöffnet. Aktivieren läßt sich ein Eintrag über <Return>. Damit oder mit der Abbruchtaste <Esc> wird die Methode auch beendet.

Syntax: `Function TafelTaste: Byte; Virtual;`

Ergebnis: Nach <Return> wird die Nummer des aktivierten Eintrages, nach <Esc> der Wert 0 zurückgegeben.

Quelltext:

```
FUNCTION Menu.TafelTaste: Byte;
VAR
   Zeile: Byte; Taste: Char;

BEGIN
  Zeile := TafelAnfang;
  Repeat
    Taste := ReadKey;
    If Taste = Steuertaste Then
    Begin
      Taste := ReadKey;

     {Steuertasten abfragen}
      Case Taste Of

       PfeilRechts :
      {Alte Tafel schließen, nächste öffnen,
       ersten Eintrag markieren}
       Begin
         Zeile := TafelAnfang;
         If Kopf^.Tiefe > 0 Then
           Tafel_schliessen;
         Kopf_markieren (Abbild);
         Kopf    := Kopf^.Rechts;
         Aktuell := Kopf^.Nr;
         Kopf_markieren (Not Abbild);
         If Kopf^.Tiefe > 0 Then
           Tafel_oeffnen
         Else
           Eintrag := Kopf^.Runter;
       End;

       PfeilLinks :
      {Alte Tafel schließen, nächste öffnen,
       ersten Eintrag markieren}
       Begin
```

```
      Zeile := TafelAnfang;
      If Kopf^.Tiefe > 0 Then
        Tafel_schliessen;
      Kopf_markieren (Abbild);
      Kopf    := Kopf^.Links;
      Aktuell := Kopf^.Nr;
      Kopf_markieren (Not Abbild);
      If Kopf^.Tiefe > 0 Then
        Tafel_oeffnen
      Else
        Eintrag := Kopf^.Runter;
    End;

HomeTaste :
If Kopf^.Tiefe > 0 Then
Begin
  Eintrag_zeigen (Zeile, Abbild);
  Eintrag := Kopf^.Runter;
  Zeile := TafelAnfang;
  Eintrag_zeigen (Zeile, Not Abbild);
End;

EndTaste :
If Kopf^.Tiefe > 0 Then
Begin
  Eintrag_zeigen (Zeile, Abbild);
  Eintrag := Kopf^.Runter;
  Eintrag := Eintrag^.Rauf;
  Zeile := Kopf^.Tiefe + TafelAnfang - 1;
  Eintrag_zeigen (Zeile, Not Abbild);
End;

PfeilRunter :
If Kopf^.Tiefe > 0 Then
Begin
  Eintrag_zeigen (Zeile, Abbild);
  Eintrag := Eintrag^.Runter;
  Inc (Zeile);
  If Zeile-TafelAnfang >= Kopf^.Tiefe Then
    Zeile := TafelAnfang;
  Eintrag_zeigen (Zeile, Not Abbild);
End;

PfeilRauf :
If Kopf^.Tiefe > 0 Then
Begin
```

```
              Eintrag_zeigen (Zeile, Abbild);
              Eintrag := Eintrag^.Rauf;
              Dec (Zeile);
              If Zeile < TafelAnfang Then
                 Zeile := Kopf^.Tiefe + TafelAnfang - 1;
              Eintrag_zeigen (Zeile, Not Abbild);
           End;
         End;
       End

       Else
       Begin
        {Normaltasten abfragen}
        Case Taste Of
           RTN :
             TafelTaste := Eintrag^.Nr;
           ESC :
             TafelTaste := 0;
        End;
       End;
     Until (Taste = RTN) Or (Taste = ESC);

    {Bei Abbruch geöffnete Tafel schließen}
     If (Taste = ESC) And (Kopf^.Tiefe > 0) Then
        Tafel_schliessen;
  END;
```

Menu.Tafel_oeffnen   **UNIT Menus**

Zuerst werden die Eckwerte für eine Box gesetzt. Falls diese die rechte Bildschirm-grenze zu überschreiten droht, wird sie entsprechend zurechtgerückt. Dann wird die Ta-felbox geöffnet, und die Einträge werden ausgegeben. Der oberste Eintrag gilt nach dem Öffnen als aktuell und wird markiert.

Syntax: ```Procedure Tafel_oeffnen;```

Ergebnis: Die Tafel zum aktivierten Menükopf ist geöffnet.

Quelltext:
```
PROCEDURE Menu.Tafel_oeffnen;
VAR
  Zeile, Schub: Byte;

BEGIN
 {Eckwerte für Tafelbox}
```

```
xLinks   := Kopf^.Stelle - 1;
yOben    := TafelAnfang - 1;
xRechts  := xLinks + Kopf^.Weite + 1;
yUnten   := Kopf^.Tiefe + TafelAnfang;
Rahmen   := 1;  {einfache Linien}

{Tafel zurechtrücken, falls über rechten
                              Bildschirmrand}
 If xRechts > xMax Then
 Begin
   Schub    := xRechts - xMax;
   xLinks   := xLinks  - Schub;
   xRechts  := xMax;
 End;

{Box öffnen und Einträge zeigen}
 Box.oeffnen;
 Zeile   := TafelAnfang;
 Eintrag := Kopf^.Runter;
 Repeat
   Eintrag_zeigen (Zeile, Abbild);
   Eintrag := Eintrag^.Runter;
   Inc (Zeile);
 Until Eintrag = Kopf^.Runter;
 Eintrag_zeigen (TafelAnfang, Not Abbild);
 TafelBild := IstAktiv;
END;
```

Menu.Tafel_schliessen   **UNIT Menus**

Diese Methode ist das Gegenstück zu Tafel_oeffnen: Durch Aufruf der Methode
Box.entfernen wird die Menütafel vom Bildschirm entfernt, der Untergrund wiederhergestellt.

Syntax: `Procedure Tafel_schliessen;`

Ergebnis: Die betreffende Tafel ist geschlossen (die Box entfernt).

Quelltext:
```
PROCEDURE Menu.Tafel_schliessen;
BEGIN
  Box.schliessen;
  TafelBild := NichtAktiv;
END;
```

Zur Unit Menus gehört noch eine weitere kleine Unit Tasten, in der alle benötigten Tastencodes als Konstanten definiert sind.

```
CONST

    RTN          = #13;       {Return oder Enter}
    ESC          = #27;       {Escape}

    Steuertaste = #0;         {'Vorläufercode'}

    PfeilRauf   = #72;    PfeilRunter  = #80;
    PfeilLinks  = #75;    PfeilRechts  = #77;
    HomeTaste   = #71;    EndTaste     = #79;
```

Beispielprogramme

Damit Sie sich davon überzeugen können, ob und wie Instanzen von MENU funktionieren, folgen auch hier zwei Beispielprogramme.

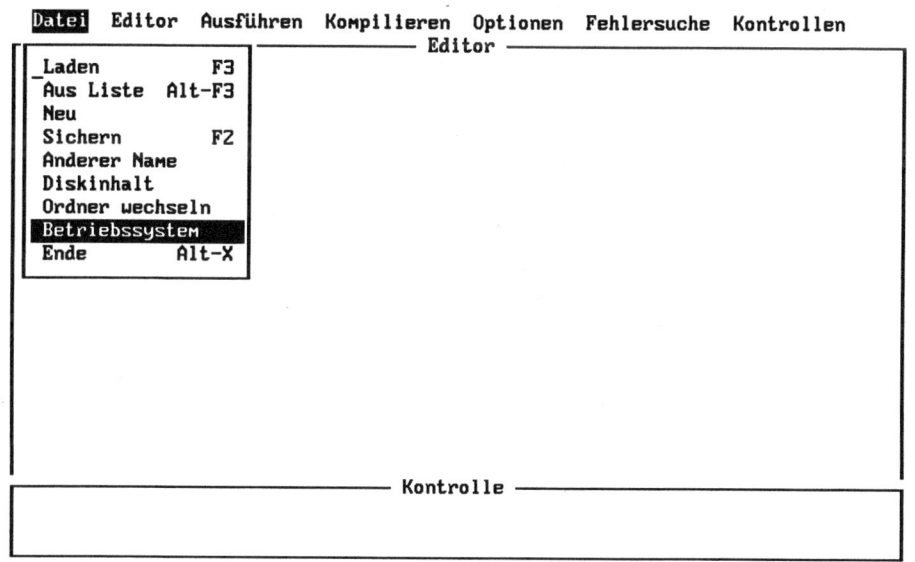

Abb. 2.2: Turbo Pascal in deutsch

Das erste zeigt Ihnen Möglichkeiten und Wirkung des Objekttyps MENU direkt an einem Menüsystem, das Ihnen als Programmierer in Turbo Pascal wohlvertraut ist.

Das zweite Programm öffnet ein Pop-up-Menü irgendwo mitten auf dem Bildschirm. Es soll zeigen, daß nicht nur Pull-down-Menüs à la MS Works, Quick oder Turbo Pascal möglich sind, sondern sich mit Hilfe eines Objekts vom Typ MENU auch selbständige Kleinmenüs mit Pop-up-Verfahren erstellen lassen.

So kann man auch weitere Untermenüs definieren, die durch einen Tafeleintrag geöffnet werden. Eine Textdatei mit dem Namen Imbiss.Pop finden Sie ebenso wie die Menüdatei Turbo.Mnu auf Diskette.

```
 _Bratwurst            1,90
 ‾Currywurst            2,20
  Kartoffelsalat        1,10
  Pommes Frites groß    1,80
  Pommes Frites klein   1,00
  Gummiadler/halb       4,30
  Tintenfischringe      5,40
  Seelachsbrötchen      2,20
  Hamburger             4,10
  Cheeseburger          4,50
  Fishburger            4,50
  Brötchen              0,40
  Ketchup Extra         0,70
  Mayonese Extra        0,70
  Coca Cola             1,50
  Sinalco               1,50
  Einfach Wasser        0,50
```

Abb. 2.3: Pop-Up-Fenster

Quelltext:

```
PROGRAM TurboMenuTest;

USES CRT, Boxes, Menus;

VAR
  Edit,
  Watch   : Fenster;
  Turbo   : Menu;
  Meldung : Box;
  Wahl    : Byte;    {Hauptprogramm}

BEGIN
  ClrScr;
  Edit.definieren  (1, 2,80,21,1,' Edit ','');
  Watch.definieren (1,21,80,24,1,' Watch ','');
  Edit.oeffnen;
  Watch.oeffnen;
  Window (1,1,80,25);
  Turbo.definieren (3,3,'Turbo.Mnu',4,Normal);
  Wahl := Turbo.AktivPunkt (1,NichtAktiv);
  Meldung.definieren (22,9,55,15,4);
  Meldung.oeffnen;
  Window (24,11,54,14);
  If Wahl <> 0 Then
  Begin
    WriteLn (' Sie haben gewählt:');
    WriteLn (Turbo.EintragText);
    Write   (' im Menü ',Turbo.KopfText);
  End
  Else
  Begin
    WriteLn (' Sie können sich offenbar');
    Write   (' nicht entschließen!');
  End;
  ReadLn;
  Meldung.entfernen;
  Watch.entfernen;
  Edit.entfernen;
  Turbo.entfernen;
END.

PROGRAM PopUpTest;
USES
  CRT, Boxes, Menus;
VAR
  PopUp   : Menu;
```

```
        Meldung : Box;
        Wahl    : Byte;

    BEGIN
      ClrScr;
      PopUp.definieren (25,3,'Imbiss.Pop',0,Normal);
      Wahl := PopUp.AktivPunkt (1,IstAktiv);
      Meldung.definieren (15,22,65,24,3);
      Meldung.oeffnen;
      If Wahl <> 0 Then
        Write (' ',PopUp.EintragText, ' ...kommt sofort!')
      Else
        Write (' Das ist hier kein Wartesaal: '
             + 'Hauen Sie bloß ab!');
      ReadLn;
      Meldung.entfernen;
      PopUp.entfernen;
    END.
```

Teil II

Turbo Pascal und die Grafikprogrammierung

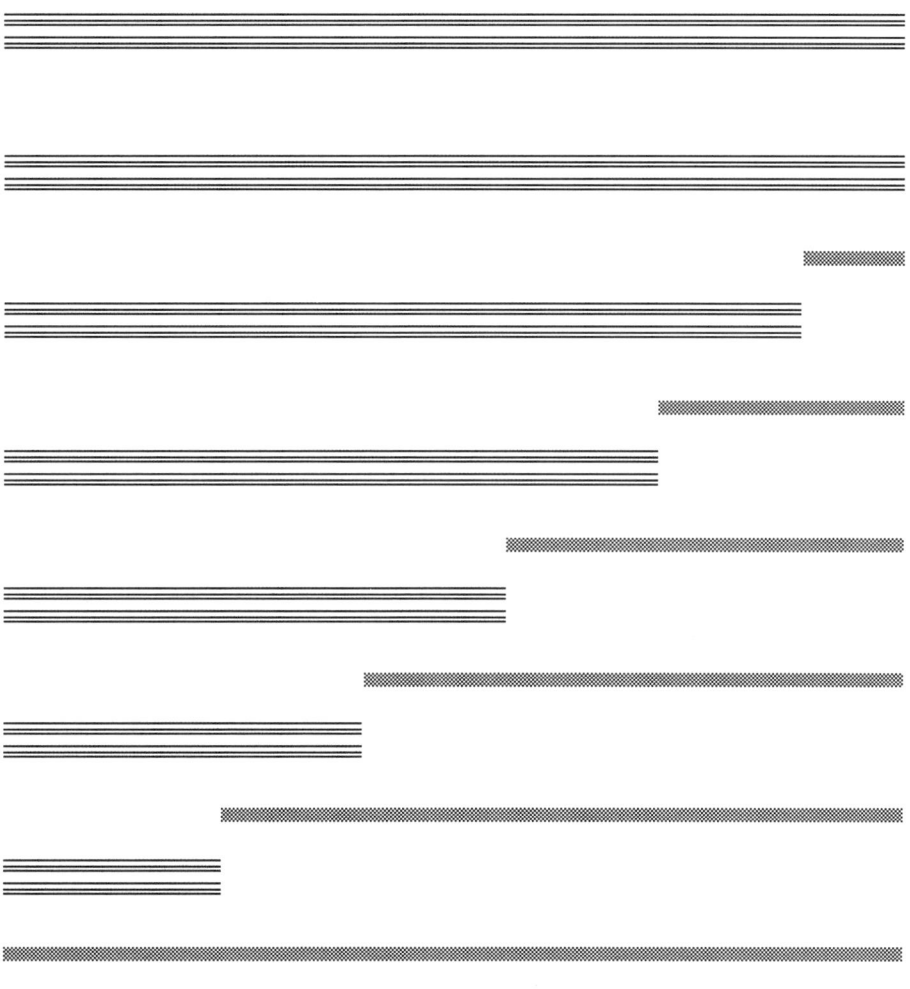

Kapitel 3

Aufbau und Unterschiede der Grafikkarten

Dieses Kapitel beschäftigt sich mit den unterschiedlichen Grafikkarten, die für PC- und PS/2-Systeme verfügbar sind. Es beschreibt ihren Aufbau, ihre interne Funktion (soweit diese für die Programmierung relevant ist) sowie ihre Unterschiede.

Die Arbeitsweise einer Grafikkarte

Grafikkarten sorgen als Steuereinheiten dafür, daß die Befehle zur Darstellung von Text- oder Grafikinformationen auch tatsächlich auf dem Monitor erscheinen. Mindestens ebenso wichtig ist aber die Rolle der Grafikkarte bei der Bildwiederholung.

Die Bildschirme, die zur Darstellung von Computer-Informationen (oder auch Fernsehbildern) verwendet werden (Raster-Bildschirme), sind flüchtige Bildschirme. Wird ein Bild dargestellt, so verschwindet es nach Bruchteilen von Sekunden wieder, wenn der Computer bzw. der Bildschirmadapter es nicht wieder auffrischt. Je nach Qualität der Grafikkarte wird das gesamte Computer-Bild mindestens fünfzigmal in der Sekunde aufgefrischt. Hochauflösende CAD-Systeme arbeiten sogar mit Auffrischungszyklen von bis zu einhundert Einzelbildern in der Sekunde.

Damit der Rechner bzw. der Bildschirmadapter in der Lage ist, das Bild aufzufrischen, muß er auch immer "wissen", welche Information sich auf dem Bildschirm befindet. Es reicht also nicht aus, daß der Adapter das Signal zur Ausgabe eines Zeichens so umwandelt, daß der Bildschirm es "verstehen" kann. Vielmehr muß sich der Adapter auch noch "merken", welches Bild auf dem Bildschirm gerade zu sehen ist, damit er es wieder auffrischen kann (würde der Bildschirminhalt nicht gemerkt, "wüßte" der Adapter nicht, was er auffrischen müßte).

Hierzu legt er den Bildschirminhalt im Bildschirmspeicher ab, der zusammen mit der Steuerlogik auf der Adapter-Karte untergebracht ist. Der Bildschirmspeicher wird vom System genauso adressiert wie "normaler" Speicher; er befindet sich allerdings in einem Speicherbereich, der ihn zweifelsfrei als Bildschirmspeicher ausweist.

Der Bildschirmadapter benutzt den Bildschirmspeicher immer, wenn der Bildschirm aufgefrischt werden muß. Bei der Auffrischung des Bildschirmsignals werden alle Informationen dargestellt, die sich momentan im Bildschirmspeicher befinden.

Die Steuerlogik eines Bildschirmadapters läßt sich demnach grundsätzlich in zwei unterschiedliche Funktionen einteilen: in die Veränderung des Bildschirmspeichers, die immer dann erfolgt, wenn ein Kommando zur Darstellung von Grafik, Farbe oder Text ausgelöst wird, und in die ständige Darstellung dieses Bildschirmspeichers als Monitorbild.

Die erste Funktion, die Veränderung des Bildschirmspeichers je nach ausgelöstem Kommando zur Bildwiedergabe, ist kartenspezifisch. Das liegt daran, daß die unterschiedlichen Grafikkarten in ihren Modi den Bildschirmspeicher unterschiedlich organisieren.

Die zweite Funktion jedoch, die permanente Darstellung des Bildschirmspeichers als Monitorbild, funktioniert bei allen Karten nach dem gleichen Prinzip.

Die Bilder von Rasterschirmen werden mit Hilfe eines Kathodenstrahles erstellt. Dieser Kathodenstrahl tastet das Bild Reihe für Reihe ab und setzt oder löscht Punkte innerhalb einer Reihe (Rasterzeile). Abbildung 3.1 gibt dieses Verfahren wieder.

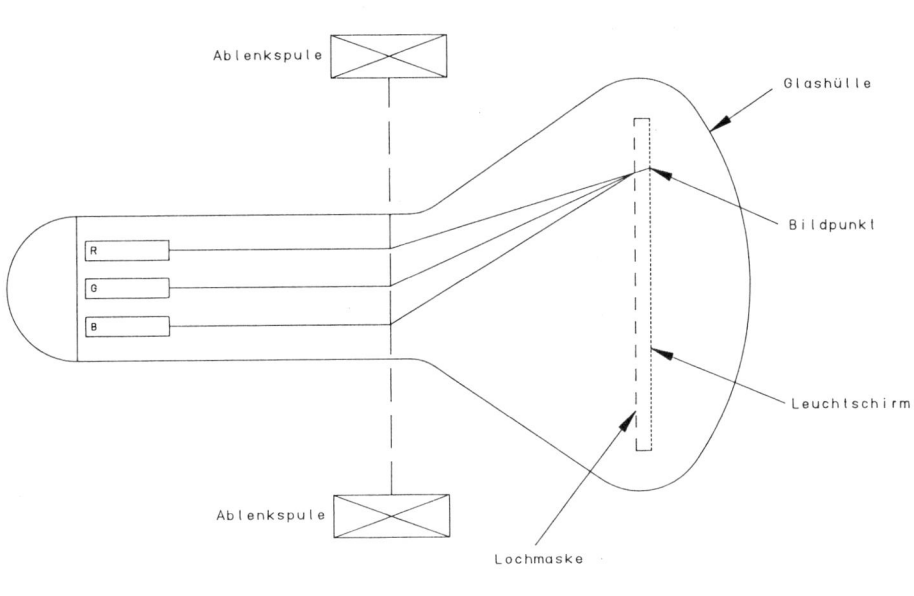

Abb. 3.1: Das Prinzip der Kathodenstrahlröhre

Die Information, ob ein Punkt innerhalb einer Rasterzeile gesetzt werden soll oder nicht, wird dabei mit Hilfe eines digitalen oder analogen Signals (je nach verwendeter Grafikkarte bzw. Monitortyp) ermittelt, das vom Signalgenerator innerhalb des Bild-

schirmadapters geliefert wird. Der Signalgenerator gibt das Signal an den Monitor weiter, der Monitor erstellt daraus das Videobild.

Der Signalgenerator wiederum ermittelt das Signal, das er an den Monitor ausgibt, anhand der Informationen des Schieberegisters. Dieses Schieberegister "schiebt" die
Punkte des Bildschirmspeichers bzw. des Zeichensatzes in der vom Signalgenerator
benötigten Reihenfolge in die Signaleinheit.

Die Signalweitergabe an den Signalgenerator und den Monitor geschieht mit einer
atemberaubenden Geschwindigkeit. So kann der CGA 640 x 200 Bildpunkte, also insgesamt 128.000 Punkte adressieren. Bei einer Frequenz von 50 Einzelbildern in der Sekunde ergeben sich damit schon über sechs Millionen Punkte, die pro Sekunde übertragen werden. Von dieser Zeit müssen noch die Zeiten abgezogen werden, in denen der
Kathodenstrahl des Bildschirms neu ausgerichtet werden muß. Beachtet man auch diesen Zeitverlust, so kommt man auf Werte von über acht Millionen übertragenen Punkten in der Sekunde!

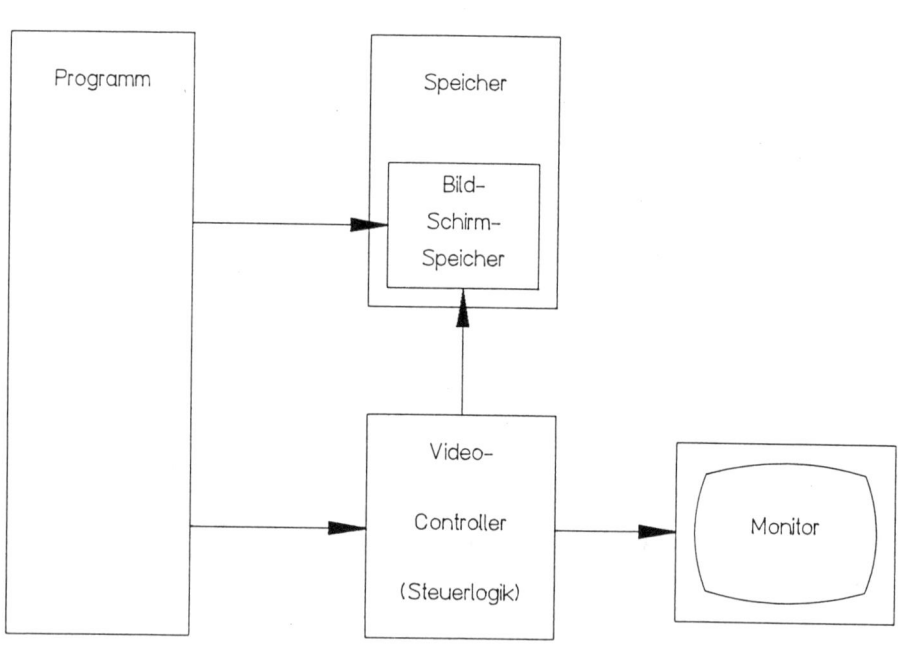

Abb. 3.2: Die prinzipielle Darstellung von Informationen

Das Schieberegister benutzt Informationen aus dem Bildschirmspeicher für seine "Schiebeoperationen". Bei reinen Textkarten, die die Textinformationen symbolisch im Bildschirmspeicher ablegen (z.B. MDA), wird vorher der Zeichensatz für das Ermitteln der Punkte genutzt, bei Grafikkarten, die Grafik und Text als Matrix im Bildschirmspeicher ablegen, werden die Punkte direkt aus dem Bildschirmspeicher gelesen. Hier wird der Zeichensatz beim Schreiben von Zeichen in den Bildschirmspeicher benutzt. Die Unterschiede in der Ansteuerung werden in den kartenspezifischen Abschnitten dieses Kapitels näher erläutert.

Grundsätzlich gesehen, kann man das Prinzip der Darstellung von Grafik/Text-Informationen auf dem Bildschirm so schematisieren, wie es in Abbildung 3.2 wiedergegeben ist.

Man kann zwischen der Ansteuerung von reinen Textbildschirmen und Grafikbildschirmen unterscheiden.

Der Aufbau eines Bildschirms im Textmodus

Wie schon im obigen Abschnitt erläutert, wurden die ersten PCs mit dem MDA ausgerüstet, der lediglich Text darstellen kann.

Um überhaupt Text darstellen zu können, wird ein Zeichensatz benötigt. Der Zeichensatz enthält für jedes Zeichen die Information, aus welchen Punkten es zusammengesetzt ist. Die Punkte sind dabei als Matrix abgelegt und Bit-weise verschlüsselt. Über spezielle Zeichencodes (beim PC/XT/AT und PS/2 über den erweiterten ASCII-Code) ermittelt die Steuerlogik des Bildschirmadapters die Position, an der sich die Daten eines einzelnen Zeichens innerhalb des Zeichensatzes befinden.

So hat zum Beispiel der Buchstabe "A" den ASCII-Code 65 (41h). Wird der Befehl zur Ausgabe eines "A" an den Videoadapter gegeben, so schreibt eine reine Textkarte an die aktuelle Position in den Bildschirmspeicher den symbolischen Code für den gewünschten Buchstaben, in unserem Falle also eine 65 (41h). Bei der Auffrischung des Bildschirmes "stößt" die Steuerlogik nun auf diesen Code 65. Aus dem Wert des Codes wird die Adresse innerhalb des Zeichensatzes ermittelt, an der sich die Bildinformationen des "A" befinden. Die einzelnen Bildinformationen des Zeichenmusters werden dann vom Schieberegister an den Signalgeber in der richtigen Reihenfolge ausgegeben; dieser wandelt die Daten in Signale an den Bildschirm um. Bei reinen Textkarten wird also auf den Zeichensatz nur bei der Bildwiedergabe zugegriffen, nicht beim Ablegen der Textinformation im Bildschirmspeicher. Abbildung 3.3 gibt die Arbeitsweise dieser Bildschirmsteuerung wieder.

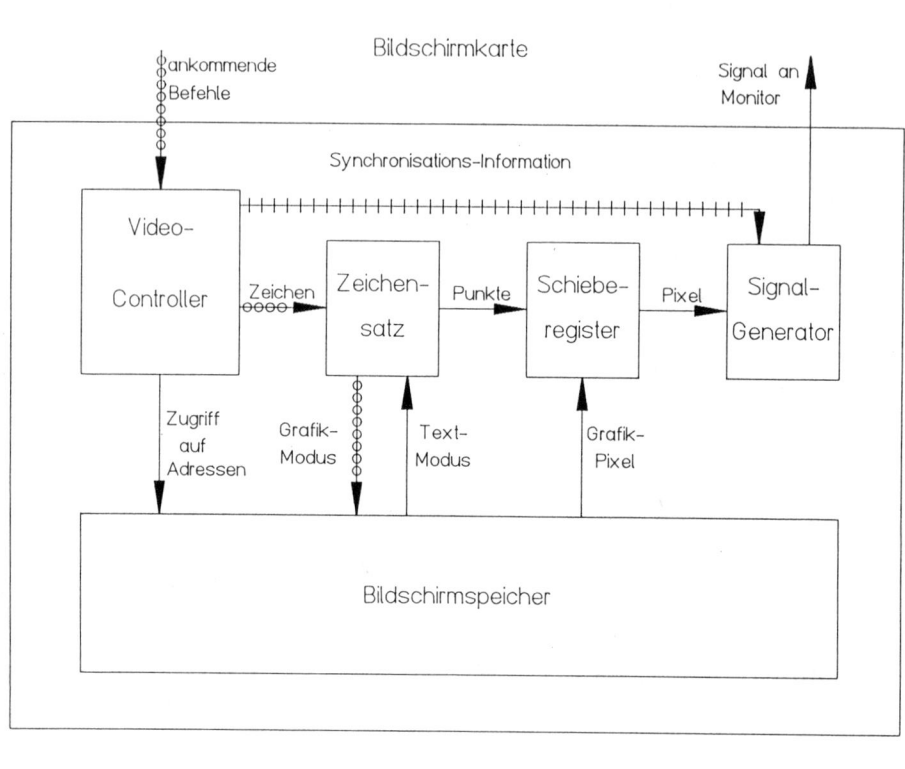

Abb. 3.3: Die Arbeitsweise einer Bildschirmsteuerung

Durch das symbolische Ablegen der Zeichen mit Hilfe von Zeichencodes kommen reine Textkarten in der Regel mit sehr wenig Speicherplatz für jedes dargestellte Bild aus. Beim MDA werden für die 80 Spalten und 25 Zeilen Text lediglich 80 x 25 = 2000 Bytes Speicherplatz benötigt. Hinzu kommen weitere 2000 Bytes, weil zu jedem Zei-

chen noch ein sogenanntes Attribut abgelegt wird, das angibt, ob das Zeichen hell, un-
terstrichen oder sonstwie besonders darzustellen ist. Der Aufbau des Bildschirmspeichers und seine Beziehung zum tatsächlichen Videobild bei reinen Textadaptern sind in
Abbildung 3.4 dargestellt.

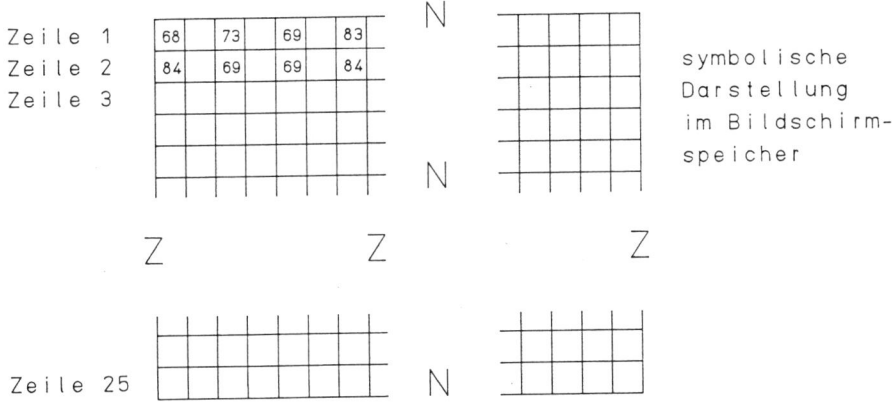

Abb. 3.4: Die Darstellung von Textinformation

Rechnet man den vom Zeichensatz belegten Platz dazu (der abhängig von der verwendeten Karte ist), so erhält man zusätzlich z.B. 256 x 8 = 2048 Bytes (beim erweiterten ASCII-Code mit 256 darstellbaren Zeichen). Insgesamt belegen die zum Bildschirmaufbau notwendigen Informationen in diesem Falle also 2048 + 4000 = 6048 Bytes.

Der Aufbau eines Bildschirms im Grafikmodus

Grafikkarten unterscheiden sich in ihrer Arbeitsweise grundsätzlich von reinen Textkarten. Dabei liegt der Unterschied weniger in den einzelnen Arbeitsschritten der Steuerlogik selbst als vielmehr in der Reihenfolge dieser Arbeitsschritte.

Der wesentlichste Unterschied zwischen reinen Textkarten und Grafik-/Textkarten liegt in der Organisation des Bildschirmspeichers. Bei Textkarten gibt es eine begrenzte Zahl der darstellbaren Objekte (nämlich nur die Zeichen des Zeichensatzes), bei Grafikkarten sind die darstellbaren Objekte überhaupt nicht reglementiert. Deshalb lassen sich bei Textkarten die Informationen über das Videobild symbolisch ablegen, bei Grafikkarten jedoch nicht. Bei Textkarten können in der Tat nur die 256 Zeichen von ASCII 0 bis ASCII 255 dargestellt werden, bei Grafikkarten ist die Form der Information nur durch die Phantasie des Anwenders begrenzt. Es ist sehr viel schwieriger, Grafikinformationen symbolisch abzuspeichern, wie das bei Textinformationen der Fall ist.

Bei Systemen mit einer sehr hohen Bildauflösung (etwa hochwertigen CAD-Anlagen) werden die grafischen Informationen meist symbolisch abgelegt. Befindet sich auf dem Bildschirm z.B. ein Kreis, so werden der Mittelpunkt des Kreises und sein Radius abgespeichert. Außerdem wird diese Speicherinformation noch mit dem Flag versehen, daß es sich um einen Kreis handelt. Diese Form der Informationsablage wird aber nur aus zwei Gründen gewählt: Zum einen benötigen extrem hochauflösende Bildschirme auch einen extrem großen Speicher, wenn die Daten nicht symbolisch abgelegt sind, und zum anderen erhält man durch das symbolische Ablegen der Bildinformationen die Möglichkeit, Objekte leicht verschieben, vergrößern, verkleinern oder verändern zu können. Allerdings verlangen solche symbolisch arbeitenden Bildsysteme extrem geringe Rechenzeiten, damit das Bild flimmerfrei dargestellt werden kann (denn die einzelnen Punkte müssen ja anhand der symbolischen Definition noch relativ aufwendig errechnet werden).

Bei kleineren Systemen wie dem PC/XT/AT oder der PS/2-Reihe werden die Bildinformationen in Form einer Videomatrix abgelegt. Zu jedem Punkt auf dem Bildschirm gibt es ein oder mehrere Bits im Bildschirmspeicher, die angeben, ob der Punkt gesetzt oder nicht gesetzt ist. Zusätzlich zu diesen Punkt-Bits werden bei farbfähigen Karten noch Werte für die zu verwendende Farbe des Punktes abgespeichert. Der Bildschirmspeicher einer Grafikkarte ist deshalb im Prinzip ein direktes Abbild des tatsächlichen

Videobildes und nicht – wie bei reinen Textkarten – ein symbolisches Abbild. Abbildung 3.5 gibt diesen Zusammenhang zwischen dem Bildschirmspeicher einer Grafik-/Textkarte und dem tatsächlichen Videobild wieder.

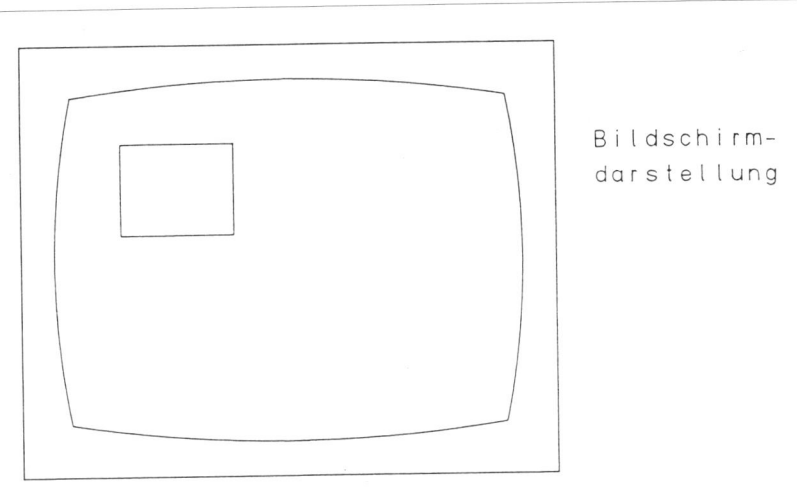

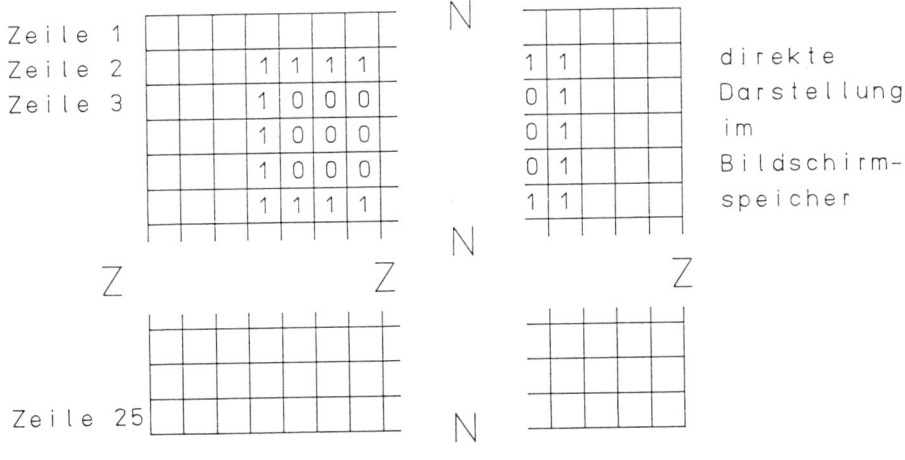

Abb. 3.5: Die Darstellung von Grafikinformation

Natürlich kann auch im Grafikmodus Text auf dem Bildschirm dargestellt werden. Aufgrund der unterschiedlichen Organisation des Bildschirmspeichers verlangt die Steuerlogik bei Grafik-/Textkarten allerdings einen Zugriff in einer anderen Reihenfolge, als das bei Textkarten der Fall ist.

Soll ein Zeichen (z.B. ein "A") auf einer Grafik-/Textkarte im Grafikmodus dargestellt werden, werden an den Adapter ebenfalls das Kommando zur Zeichendarstellung und der Zeichencode aus der erweiterten ASCII-Tabelle ausgegeben, wie es auch bei der Ansteuerung von reinen Textkarten der Fall war. Dieser ASCII-Code (in unserem Beispiel also 65 oder 41h) wird aber jetzt nicht sofort im Bildschirmspeicher abgelegt, sondern erst mit Hilfe des Zugriffs auf den Zeichensatz in eine Punkt-Matrix umgewandelt. Diese Matrix wird dann an den entsprechenden Stellen in den Bildschirmspeicher geschrieben. Bei der Auffrischung des Videobildes kann das Schieberegister dann direkt die Daten aus dem Bildschirmspeicher übernehmen und an den Signalgeber weiterleiten, während bei reinen Textkarten erst bei der Auffrischung des Bildes der Zugriff auf den Zeichensatz realisiert wird.

Ein Unterschied zwischen reinen Textkarten und solchen, die sowohl Text als auch Grafik gleichzeitig darstellen können, liegt demnach in der Reihenfolge des Zugriffs auf die einzelnen Komponenten des Bildschirmadapters. Bei Grafik-/Textkarten wird auf den Zeichensatz zugegriffen, bevor der Bildschirmspeicher beschrieben wird, bei reinen Textkarten hingegen erfolgt der Zugriff auf den Zeichensatz, nachdem der Bildschirmspeicher beschrieben wurde (bei der Auffrischung des Videobildes).

Das Koordinatensystem einer Grafikkarte

Damit Punkte, Linien, Kreise und andere grafische Objekte auf dem Bildschirm dargestellt werden können, haben sich unterschiedliche Konventionen eingebürgert, um Punkte auf dem Bildschirm zu benennen und zu lokalisieren. Es werden verschiedene Koordinatensysteme verwendet. Das wichtigste und verbreiteteste ist das kartesische Koordinatensystem.

Möglicherweise haben Sie diesen Begriff schon gehört, auch in der Schule wird bei mathematischen Zeichnungen meist mit dem kartesischen Koordinatensystem gearbeitet. Erinnern Sie sich: Als Sie in der Schule Funktionsgraphen zeichnen mußten, haben Sie zunächst zwei Achsen auf ein Blatt Papier gemalt: Die eine wurde als X-Achse, die andere als Y-Achse und der Schnittpunkt zwischen beiden Achsen als "Koordinatenursprung" bezeichnet. Um einzelne Punkte des Funktionsgraphen zu ermitteln, wird zu bestimmten X-Werten, also zu festen Punkten auf der X-Achse, je ein Y-Wert errechnet. Dieser Wert wird auf der Y-Achse abgetragen und "über" oder "unter" dem X-Wert plaziert. Ein jeder Punkt hat zwei Koordinaten, einen X-Wert und einen Y-Wert. Mit diesem System läßt sich jeder Punkt in der Ebene adressieren und lokalisieren.

Es ist einfach, dieses System auf einen Bildschirm zu übertragen. So kann man sich den Koordinatenursprung links unten in der Bildschirmecke vorstellen. Die Y-Achse verläuft parallel zur Bildschirmunterseite, die Y-Achse parallel zur linken Bildschirmseite. Abbildung 3.6 zeigt diese Aufteilung.

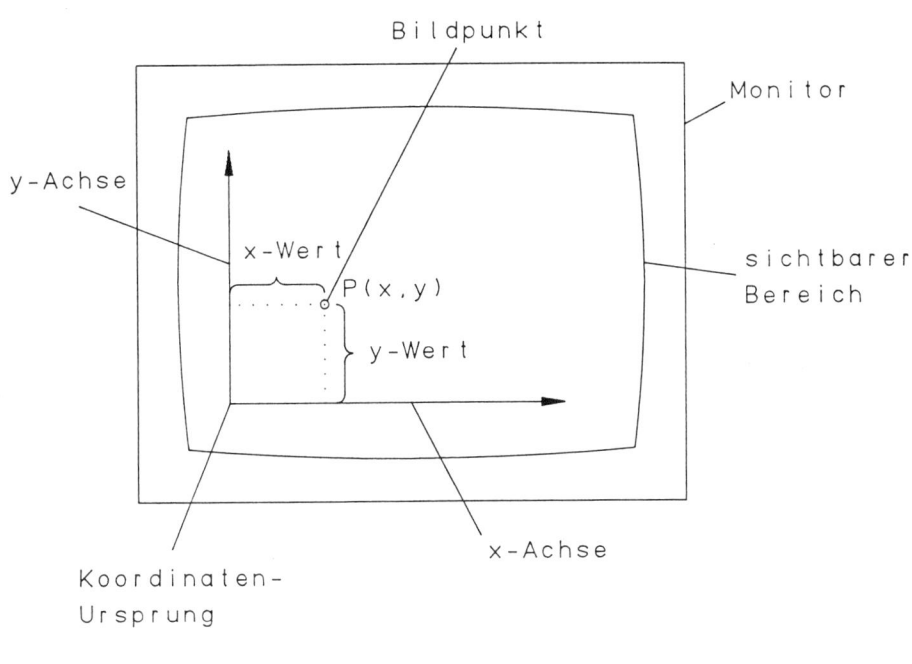

Abb. 3.6: Der Bildschirm mit einem Koordinatensystem

In diesem Koordinatensystem kann jeder Punkt auf dem Bildschirm eindeutig durch einen X- und einen Y-Wert identifiziert werden, die man gemeinsam als "Koordinaten" des Punktes bezeichnet. Je nach Auflösung des Bildschirms existieren unterschiedlich viele Punkte in X- und in Y-Richtung.

In unserem Beispiel in Abbildung 3.6 liegt der Koordinatenursprung in der linken unteren Bildschirmecke. Das hat den Vorteil, daß alle Bildschirmkoordinaten immer positiv sind, negative Koordinaten können somit nicht auftreten. Es gibt auch andere Möglichkeiten, den Koordinatenursprung zu plazieren. Üblich ist es beispielsweise, den Koordinatenursprung in die Bildschirmmitte zu legen. Dann können sowohl für die X- als auch für die Y-Koordinate negative Werte auftreten, dafür werden die einzelnen Koordinaten aber nicht so groß.

Eine andere Möglichkeit liegt darin, den Koordinatenursprung in die linke obere Ecke des Bildschirms zu legen. Dadurch erhält man ausschließlich negative Koordinaten. Viele grafische Zusatzgeräte, z.B. Plotter, verlangen genau solche Koordinaten.

Wichtig zu erkennen ist, daß es sich bei der Festlegung des Koordinatenursprungs lediglich um eine Konvention handelt. Es ist sehr leicht, von einem Koordinatensystem mit Ursprung in der Mitte z.B. auf ein System mit Ursprung links unten umzurechnen. Je nachdem, welche grafische Software entwickelt werden soll, sollte man untersuchen, welches Koordinatensystem für die spezielle Problemstellung die optimale Lösung darstellt.

Wie Sie wahrscheinlich schon bemerkt haben, ist es mit dem beschriebenen Koordinatensystem nur möglich, grafische Objekte in der Ebene zu beschreiben. Das ist ja auch das einzige, was physisch darstellbar ist. Mit einem Bildschirm kann man eben nur eine Ebene ansprechen, weil ein Bildschirm eine (angenäherte) Ebene ist.

Dennoch ist es ja in vielen Fällen wünschenswert, einen räumlichen Gegenstand darzustellen. Dazu ist das beschriebene Koordinatensystem jedoch nicht in der Lage, da es nur Punkte in der Ebene beschreiben kann. Der Trick liegt darin, neben den beschriebenen zwei Koordinaten eine weitere Achse zu verwenden, die "Z-Achse" genannt wird. Diese Achse gibt die Richtung eines Punktes in der "Tiefe" an, läuft also "in den Bildschirm" hinein, und zwar von der Bildschirm-Frontseite zur Monitor-Rückwand. Wie auch die anderen Achsen steht sie senkrecht auf der X-Achse und der Y-Achse.

Mit diesen drei Achsen kann man dann dreidimensionale Objekte beschreiben. Jeder Punkt erhält einen X-, einen Y- und einen Z-Wert. Um diese Objekte auf dem Bildschirm darzustellen, werden die drei Koordinaten in die Ebene projiziert und mit nur zwei Koordinaten auf dem Bildschirm dargestellt.

Die Ansteuerung des Bildschirms durch die Grafikkarte

Wer Grafikkarten programmieren möchte, muß über deren interne Funktionen sehr genau Bescheid wissen. Der Grund dafür ist, daß man mit der direkten Programmierung der Kartenregister fast alle Parameter für die Bilddarstellung gezielt beeinflussen und modifizieren kann. Man hat dadurch die Kontrolle über den Darstellungszyklus, die Synchronisation und andere fundamentale Prinzipien eines Bildschirmes.

Der Bilddarstellungszyklus

Um den Bildschirm effektiv zu kontrollieren, muß man zunächst wissen, wie er anzusteuern ist. Im ersten Abschnitt dieses Kapitels wurde das bereits einmal angerissen. Das Videobild wird – ähnlich wie beim Fernseher – mit einem Kathodenstrahl erzeugt. Dieser Strahl wird von Ablenkspulen über den Bildschirm bewegt und setzt gezielt Punkte auf dem Bildschirm, indem er die betreffende Stelle auf der Fluoreszenzschicht mit Elektronen "beschießt". Fünfzig- oder sechzigmal in der Sekunde (je nach verwendeter Grafikkarte) wird so ein gesamtes Videobild aufgebaut. Dabei muß die Steuerlogik des Computers dem Kathodenstrahl genau mitteilen, in welchem Intervall er sich wo zu bewegen hat. Die Darstellung der Informationen muß mit dem Kathodenstrahl "synchronisiert" werden.

Das Videobild wird dabei in einzelne Zeilen, die sogenannten *Rasterzeilen*, unterteilt. Jede dieser Rasterzeilen kann eine bestimmte Punktmenge enthalten, aus denen das Videobild zusammengesetzt wird. Der Kathodenstrahl des Bildschirms tastet diese Zeilen viele Male in der Sekunde ab, um durch viele Einzelbilder den Eindruck eines stehenden Bildes beim Betrachter zu erzeugen.

Der Kathodenstrahl beginnt in der linken oberen Ecke, nach rechts die erste Rasterzeile des Bildschirms abzutasten. Diesen Vorgang bezeichnet man als *Scannen*. Während des Scannens liest die Bildschirmsteuerung die Daten aus dem Bildschirmspeicher und aktiviert bzw. deaktiviert gesetzte bzw. gelöschte Punkte. Ist das Ende einer Rasterzeile erreicht, wird der Kathodenstrahl abgeschaltet und ein Signal zur horizontalen Synchronisation erzeugt. Daraufhin bewegt sich der Kathodenstrahl diagonal nach links zum Anfang der nächsten Rasterzeile zurück. Während dieser Zeit liest der Controller die Daten der nächsten Zeile aus dem Bildschirmspeicher. Da dieser Vorgang länger dauert, als der Kathodenstrahl benötigt, um zum Beginn der nächsten Zeile zu gelangen, werden links und rechts des sichtbaren Videobildes zusätzliche Bereiche abgetastet, in denen nichts dargestellt wird. Man nennt das *horizontalen Overscan*. Ist er am Beginn der nächsten Rasterzeile angelangt, wird der Kathodenstrahl wieder eingeschaltet. Dann tastet er diese Zeile bis zum Ende ab, bewegt sich wieder an den Anfang der nächsten Zeile usw., bis die letzte Rasterzeile abgetastet ist. Hier wird der Kathodenstrahl ebenfalls abgeschaltet. Von der Steuerlogik wird dann ein vertikales Synchronisationssignal erzeugt. Daraufhin wird der Kathodenstrahl wieder in die linke obere Ecke bewegt.

Da auch diese Bewegung weniger Zeit benötigt, als die Steuerlogik für das Auslesen der nächsten Daten aus dem Bildschirmspeicher braucht, wird ober- und unterhalb des Bildschirms vertikaler Overscan generiert. Abbildung 3.7 stellt den Weg des Kathodenstrahls grafisch dar.

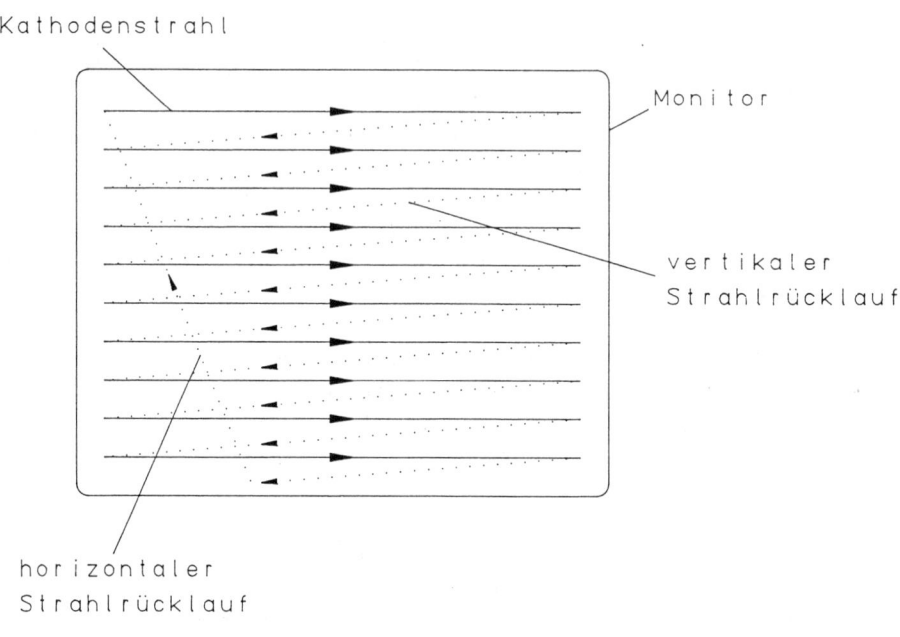

Abb. 3.7: Der Weg des Kathodenstrahls

Damit man auf dem Bildschirm ein fehlerfreies Bild erhält, müssen alle beschriebenen Parameter, also die Größe des Overscans, die Anzahl der tatsächlich darstellbaren Zeilen usw., die richtigen Werte erhalten. Dazu müssen die einzelnen Werte miteinander synchronisiert werden.

Die Synchronisation

Durch die Auswahl richtiger Werte für die Parameter der Grafikkarte wird ein Video-modus eingeschaltet. Dazu müssen eine ganze Reihe von Signalen für die Bilddarstellung zueinander in Übereinstimmung gebracht werden. Man kann auf diese Weise die unterschiedlichen Bereiche eines Videobildes verändern (siehe auch Abbildung 3.8).

Zur Auswahl der Werte für die Synchronisation werden die internen Register der einzelnen Grafikkarten verwendet.

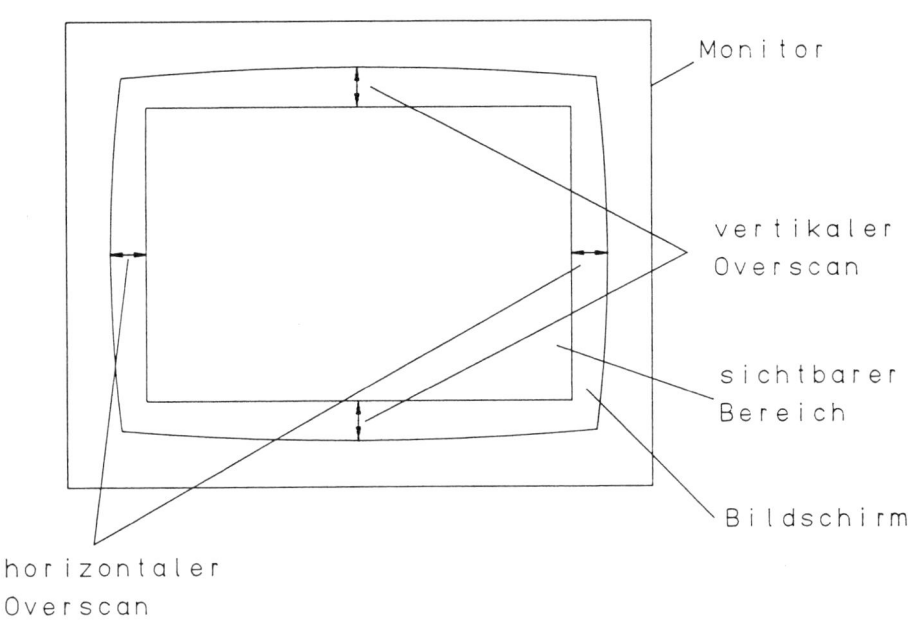

Abb. 3.8: Die unterschiedlichen Bereiche eines Videobildes

Da ist zunächst die Anzahl der tatsächlich darzustellenden Zeichen innerhalb einer Zeile. Als zweiten Wert muß man die Größe des horizontalen Overscans einstellen. Entweder programmiert man dazu den tatsächlichen Wert in eines der Register, oder es wird ein Wert für die Anzahl der Zeichen einer Zeile inklusive des horizontalen Overscans programmiert. Dann ergibt sich der tatsächliche Overscan aus der Differenz dieses Wertes mit der Anzahl der sichtbaren Zeichen pro Zeile.

Gleiches gilt für die Zeilen. Hier wird die Anzahl der sichtbaren Zeilen und die Anzahl der Zeilen, die vom vertikalen Overscan belegt werden, programmiert.

Darüber hinaus werden die Startwerte für die Synchronisationszyklen programmiert, je einer für die horizontale und vertikale Synchronisation.

Die genauen Belegungen der Register der einzelnen Grafikkarten unterschieden sich je nach verwendetem Kartentyp. Sie werden in den folgenden Abschnitten erläutert.

Die Grafikkarten für PC- und PS/2-Computer

Mit der Weiterentwicklung des Ur-PC zum XT, zum XT-286 zum AT, zum AT-386 und anderen konzeptionellen Nuancen wurde auch die Technik der Grafikdarstellung beständig verbessert und erweitert.

Auf PCs findet man daher unterschiedliche Grafikkarten vor. Je nach Zielsetzung des Anwenders wird ein unterschiedlicher Standard gewählt.

Unterschiede der Grafikkarten

Die erste Bildschirmkarte für PCs war der Monochrome Display Adapter (MDA). Der MDA ist lediglich in der Lage, Text darzustellen, kann jedoch keine Grafiken erzeugen. Dafür bietet er im Textmodus eine gute, augenschonende Auflösung.

Das Manko der mangelnden Grafikdarstellung wurde durch den Color Graphics Adapter (CGA) gelöst. Der CGA bietet zwei unterschiedliche Grafikauflösungen und einen Textmodus, in dem die Zeichen allerdings nur eine geringe Auflösung besitzen.

Von einem Fremdanbieter, der Firma Hercules Computer Technology, wird die Hercules Graphics Card angeboten. Sie hält sich an keinen Standard von IBM und bietet einfarbige Grafik mit hoher Auflösung und einen sehr guten Textmodus. Obwohl die HGC vom Betriebssystem nicht unterstützt wird, hat sie sich aufgrund ihrer Leistungsfähigkeit vor allem in Europa auf breiter Front durchgesetzt.

Der Enhanced Graphics Adapter (EGA) ist die Weiterentwicklung des CGA. Der EGA bietet neben den CGA-Modi neue hochauflösende Grafikmodi und beseitigt einen Schwachpunkt des CGA, indem er einen Textmodus zur Verfügung stellt, in dem die Zeichenqualität ausreichend ist. (Sie entspricht der des MDA.) Das Video Graphics Array (VGA) stellt neben allen EGA-Modi einige zusätzliche Grafikmodi bereit, in denen sehr hohe Auflösungen in vielen Farben erreicht werden.

Eine "abgespeckte" Version des VGA ist das Multi Color Graphics Array (MCGA), das ausschließlich auf dem PS/2 Modell 30 eingesetzt wird. Das MCGA bietet bis auf eine Betriebsart alle VGA-Modi.

Für den professionellen Einsatz wurde der 8514/A-Adapter konzipiert. Er erlaubt sehr hohe Auflösungen von über 1000 Punkten und ist mit einer Befehlslogik zur Ausführung von grafischen Unterprogrammen ausgerüstet.

Die augenfälligsten Unterschiede zwischen MDA, CGA, HGC, EGA, MCGA, VGA und 8514/A liegen in den Videomodi, die von diesen Karten unterstützt werden. Hier sind die Anzahl der Farben und die Punktauflösung von Interesse. Bis auf das CGA bieten ansonsten alle Karten einen guten, leserlichen Textmodus.

Tabelle 3.1 faßt die unterschiedlichen Modi der Karten zusammen.

Karte	Text/Grafik	Auflösung	Anzahl Farben
MDA	Text	80 x 25	2 Farben
CGA	Text	80 x 25	2 Farben
		80 x 25	16 Farben
		40 x 25	16 Farben
	Grafik	320 x 200	4 Farben
		640 x 200	2 Farben
HGC	Text	80 x 25	2 Farben
	Grafik	720 x 348	2 Farben
EGA	Text	80 x 25	2 Farben
		80 x 25	16 Farben
		40 x 25	16 Farben
	Grafik	320 x 200	4 Farben
		320 x 200	16 Farben
		640 x 200	2 Farben
		640 x 200	16 Farben
		640 x 350	2 Farben
		640 x 350	16 Farben
MCGA	Text	80 x 25	2 Farben
		80 x 25	16 Farben
		40 x 25	16 Farben
	Grafik	320 x 200	4 Farben
		320 x 200	256 Farben
		640 x 200	2 Farben
		640 x 480	2 Farben
VGA	Text	80 x 25	2 Farben
		80 x 25	16 Farben
		40 x 25	16 Farben
	Grafik	320 x 200	4 Farben
		320 x 200	16 Farben
		320 x 200	256 Farben
		640 x 200	2 Farben
		640 x 200	16 Farben
		640 x 350	2 Farben
		640 x 350	16 Farben
		640 x 480	2 Farben
		640 x 480	16 Farben

Tab. 3.1: Die unterschiedlichen Auflösungen der Grafikkarten

Der Monochrome Display Adapter (MDA)

Der Monochrome Display Adapter MDA (zu deutsch "einfarbige Darstellungskarte") war die erste Bildschirmkarte, die mit PCs ausgeliefert wurde. Der MDA bietet 25 Zeilen Text in 80 Spalten und besitzt keinerlei Grafikmöglichkeiten.

Das mag vom heutigen Standpunkt aus unverständlich erscheinen, bei der Vorstellung des PCs im Jahre 1981 waren jedoch im wesentlichen die Bereiche Textverarbeitung, Tabellenkalkulation und Datenbank als Anwendungsgebiete vorgesehen.

Die Qualität des Bildes ist sehr gut. Der Grund dafür liegt in der hohen Zeichenauflösung von 14 x 8 Punkten pro Zeichen.

Der Aufbau des Bildschirmspeichers des MDA

Der MDA wird über den Bildschirmsteuerungs-Chip 6845 der Firma Motorola verwaltet. Er wird mit der Funktion 00h von Interrupt 10h des BIOS initialisiert. Modus 7 steht für den MDA zur Verfügung.

Der MDA belegt für die 80 x 25 = 2000 Zeichen insgesamt 4000 Zeichen Bildschirmspeicher, da zu jedem Zeichen des Bildschirms ein sogenanntes Attribut abgelegt wird. Dieses Attribut gibt an, auf welche Weise die Zeichen auf dem Bildschirm erscheinen sollen. Möglich ist unterstrichene, inverse, intensive, blinkende oder normale Anzeige. Diese Attribute werden über Bits im Attribut-Byte codiert. Ein Attribut-Byte hat das in Tabelle 3.2 dargestellte Format.

Bit	Bedeutung
7	Indikator für blinkende Darstellung
6-4	Hintergrund-Angabe
3	Indikator für intensive Darstellung
2-0	Vordergrund-Angabe

Tab. 3.2: Formate für das Attribut-Byte des MDA

Die Handhabung der Bits 7 und 3 ist sehr einfach: Ein gesetztes Bit zeigt eine blinkende bzw. intensive Darstellung an, während ein gelöschtes Bit angibt, daß die entsprechende

Darstellung nicht gewählt wurde. Etwas komplizierter sind die Auswirkungen der Bits 6 bis 4 und 2 bis 0.

Diese je drei Bits dienen bei anderen Bildschirmadaptern dazu, die Farbkombinationen mit Hilfe eines RGB-Rasters für den Hintergrund oder den Vordergrund auszuwählen.

Jede der drei Grundfarben Rot, Grün und Blau (deshalb "RGB") wird durch ein Bit repräsentiert. Ein gesetztes Bit zeigt an, daß der jeweilige Farbanteil eingemischt werden soll.

Da der MDA nicht in der Lage ist, Farben darzustellen, haben die Bits eine andere Funktion. Die beiden 3-Bit-Gruppen des Attribut-Bytes enthalten hier die Daten für den Hinter- bzw. Vordergrund. Es gibt einige sinnvolle Kombinationen für den Vorder- und Hintergrund, die aus Tabelle 3.3 ersichtlich sind.

Hintergrund	Vordergrund	Bedeutung
000	000	schwarzes Rechteck
000	001	Zeichen wird unterstrichen
000	111	Normalanzeige
111	000	Inversanzeige
111	111	weißes Rechteck

Tab. 3.3: Bit-Kombinationen für Hinter- und Vordergrund

Normalerweise erscheinen die Zeichen auf weißem Hintergrund in schwarzer Schrift. Von Inversdarstellung spricht man, wenn das Zeichen selbst schwarz und der Hintergrund direkt hinter dem Zeichen weiß ist.

Der Bildschirmspeicher des MDA beginnt ab Adresse B000:0000h. Zeichen und Zeichen-Attribut einer jeden Bildschirmposition sind jeweils hintereinander (also in fortlaufenden Speicherstellen) abgelegt. Daher ist der Bildschirmspeicher sehr "geradlinig" organisiert. Abbildung 3.9 zeigt die Aufteilung des Bildschirmspeichers beim MDA.

Mit 80 in einer Zeile darstellbaren Zeichen und zwei Bytes pro Zeichen, die im Bildschirmspeicher belegt werden (ein Zeichencode und ein Attribut), ergibt sich ein Platzbedarf von 160 Zeichen für eine Textzeile auf dem MDA.

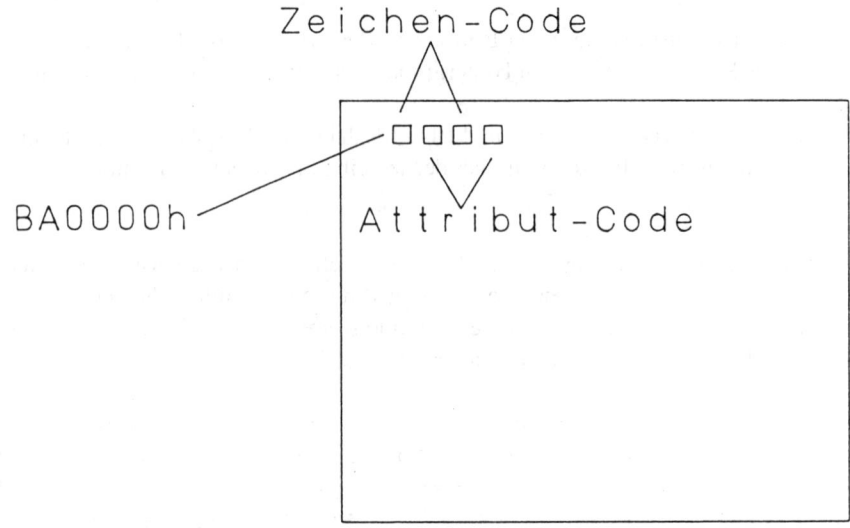

Abb. 3.9: Der Bildschirmspeicher des MDA

Die Register des MDA

Der MDA wird über 18 Register des Bausteins 6845 gesteuert, die von 0 bis 17 numeriert sind. Der Zugriff auf die einzelnen Register geschieht durch einen Index- und einen Daten-Port. Um auf ein Register zuzugreifen, wird zunächst die Nummer des Registers in das Indexregister an Port-Adresse 3B4h geschrieben. Dadurch wird der 6845 angewiesen, beim folgenden Zugriff auf das Datenregister das korrekte interne Register zu adressieren.

Dieses gewünschte Register wird dann durch einen Lese- oder Schreibzugriff auf das Datenregister ausgelesen oder mit einem neuen Wert versorgt. Insgesamt lassen sich nur vier Register des MDA überhaupt auslesen, so daß der Zugriff meist auf

Schreiboperationen beschränkt ist. Tabelle 3.4 faßt die Belegung der 18 internen MDA-Register zusammen.

Nr	Bedeutung
00h	Anzahl der insgesamt in einer Zeile darstellbaren Zeichen, inklusive horizontalem Overscan. Der programmierte Wert ist um eins kleiner als der tatsächliche Wert.
01h	Anzahl der tatsächlich in einer Zeile dargestellten Zeichen.
02h	Zeichenposition, an der die horizontale Synchronisation beginnt. Der programmierte Wert ist um eins kleiner als der tatsächliche Wert.
03h	Die Anzahl der Zeichen, die ein horizontaler Synchronisationsimpuls dauert.
04h	Die Anzahl der Buchstabenzeilen in einem Refresh-Zyklus einschließlich dem vertikalem Strahlrücklauf. Der programmierte Wert ist um eins kleiner als der tatsächliche Wert.
05h	Die Anzahl der Rasterzeilen, die zu der Anzahl der Buchstabenzeilen (Register 4) addiert wird. Sie wird benutzt, um die exakte Länge des vertikalen Abtastens zu bestimmen.
06h	Die Anzahl der Zeilen auf dem Bildschirm, die tatsächlich dargestellt werden.
07h	Vertikale Synchronisationsposition. Bestimmt die Zeichenzeile, in der der vertikale Strahlrücklauf beginnt. Der programmierte Wert ist um eins kleiner als der tatsächliche Wert.
08h	Interlace und Skew. Muß beim MDA immer zwei enthalten.
09h	Die Anzahl der Rasterzeilen pro dargestelltem Zeichen. Der programmierte Wert ist um eins kleiner als der tatsächliche Wert.
0Ah	Nummer der Rasterzeile innerhalb eines Zeichens, in der die Darstellung des Cursors beginnt.
0Bh	Nummer der Rasterzeile innerhalb eines Zeichens, in der die Darstellung des Cursors endet.
0Ch	High-Byte der 14-Bit-Adresse im Bildschirmspeicher, an der begonnen wird, die Daten für die Bilddarstellung auszulesen.
0Dh	Low-Byte der 14-Bit-Adresse im Bildschirmspeicher, an der begonnen wird, die Daten für die Bilddarstellung auszulesen.
0Eh	High-Byte eines 14-Bit-Zeigers auf die aktuelle Position des Cursors innerhalb des Bildschirmspeichers.
0Fh	Low-Byte eines 14-Bit-Zeigers auf die aktuelle Position des Cursors innerhalb des Bildschirmspeichers.
10h	High-Byte eines 14-Bit-Zeigers auf eine Position im Bildschirmspeicher, an der ein Impuls vom Lichtgriffel auftrat.
11h	High-Byte eines 14-Bit-Zeigers auf eine Position im Bildschirmspeicher, an der ein Impuls vom Lichtgriffel auftrat.

Tab. 3.4: Die Belegung der 18 internen MDA-Register

Die ersten 13 Register lassen sich nur schreiben, ein Auslesen der Werte ist nicht möglich. Mit ihnen wird der Kathodenstrahl und die Synchronisation gesteuert.

Die beiden folgenden Register, Nummer 0Eh und 0Fh, lassen sich sowohl schreiben als auch lesen. Sie bestimmen die Position des Cursors auf dem Bildschirm.

Die beiden letzten Register schließlich lassen sich nur auslesen. Mit ihnen kann bei einem angeschlossenen Lichtgriffel bestimmt werden, an welcher Position ein Impuls des Griffels auftritt.

Um den MDA in den 80x25-Zeichen-Textmodus zu setzen (das ist der einzige Modus, den dieser Adapter bietet), werden die oben beschriebenen Register mit den in Tabelle 3.5 aufgeführten Werten versehen.

Register	Wert
00h	61h
01h	50h
02h	52h
03h	0Fh
04h	19h
05h	02h
06h	19h
07h	19h
08h	02h
09h	0Dh

Tab. 3.5: Die Werte für die ersten zehn Register des CRTC

Neben den internen Register des MDA, die über das Index- und Datenregister adressiert werden und im wesentlichen die Parameter der Synchronisation des Videobildes mit dem Kathodenstrahl steuern, verfügt die Karte über einige weitere Register.

Das Status-Register dient dem Programmierer zur Feststellung, welcher Prozeß vom CRTC zur Zeit ausgeführt wird. Es kann nur gelesen werden. Beim MDA liegt das Status-Register an Port-Adresse 03BAh. Zwei Bits dieses Registers sind belegt. Tabelle 3.6 stellt ihre Funktion dar.

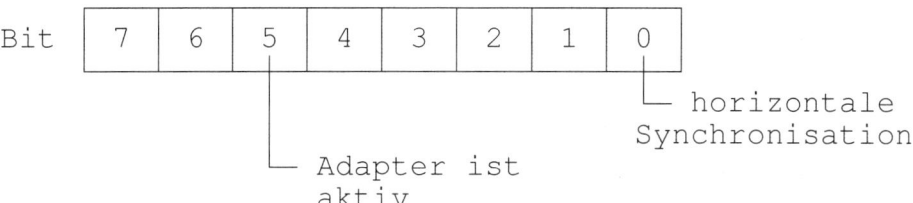

Tab. 3.6: Das Status-Register des MDA

In der Programmier-Praxis ist hier lediglich das Bit 7 wichtig, mit dem sich feststellen läßt, ob der Kathodenstrahl zurückläuft. Wenn Bit 7 gesetzt ist, wird im Moment horizontal synchronisiert.

Das Steuer-Register für die Initialisierung des Videomodus befindet sich beim MDA an Port-Adresse 3B8h. Tabelle 3.7 stellt dar, welche Bits in diesem Register Funktionen übernehmen.

Bit	Bedeutung
7-6	nicht benutzt (immer 0)
5	wenn 0: Blinken nicht möglich
	1: Blinken möglich
4	nicht benutzt (immer 0)
3	wenn 0: Bildschirm ausgeschaltet
	1: Bildschirm eingeschaltet
2-1	nicht benutzt (immer 0)
0	wenn 0: Karte aktiv
	1: Karte nicht aktiv

Tab. 3.7: Das Modus-Register des MDA

Die nicht benutzten Bits sollten immer den Wert eins erhalten. Das Gegenteil gilt für Bit 0. Wenn dieses Bit einen Wert von eins erhält, kann der gesamte Adapter ausgeschaltet werden. Daher sollte hier immer ein Wert von Null benutzt werden. Über Bit 3 läßt sich steuern, ob ein Bild dargestellt wird oder nicht. Erhält dieses Bit einen Wert von Null, wird der Kathodenstrahl ausgeschaltet. Als Resultat bleibt der Bildschirm dunkel. Alle Daten des Bildschirms bleiben jedoch erhalten und werden wieder sichtbar, sobald Bit 3 einen Wert von Eins erhält. Über die Veränderung von Bit 3 kann der Bildschirm problemlos ein- und ausgeschaltet werden. Über Bit 5 kann gesteuert werden, ob blinkende Zeichen erlaubt sind oder nicht. Das Blinken selbst wird über das Attribut-Byte zu jedem Zeichen im Bildschirmspeicher gesteuert. Das BIOS initialisiert das MDA-Modus-Register mit einem Wert von 00101001b (also 29h).

Der Color Graphics Adapter (CGA)

Der Color Graphics Adapter CGA (Farbgrafik-Adapter) stellt eine Weiterentwicklung des MDA dar. Bei dem einfarbigen Adapter hatte sich vor allem die mangelnde Grafikfähigkeit als besonders hinderlich herausgestellt. IBM hatte den PC ursprünglich nur für "ernsthafte" Business-Anwendungen konzipiert. Dabei gingen die Entwickler davon aus, daß für solche Problemstellungen keine Grafikfähigkeiten erforderlich seien. Die Praxis sah vielfach anders aus. Getreu dem Motto "Ein Bild sagt mehr als tausend Worte" hatten viele Anwender die mangelnde Grafikfähigkeit des PC angeprangert und dabei auf "ernsthafte" Grafikanwendungen verwiesen.

Diesem Mißstand wurde mit dem CGA abgeholfen. Der CGA ist in der Lage, sowohl Text als auch Grafik darzustellen. Dazu stehen verschiedene Modi mit unterschiedlichen Grafikauflösungen zur Verfügung. Intern arbeitet der CGA mit derselben Steuereinheit wie der MDA. Er benutzt den CRTC-6845 der Firma Motorola für die Steuerung des Bildschirms.

Der CGA besitzt einen Bildschirmspeicher von 16 KByte, der ab Segmentadresse B800h ansprechbar ist. Schon durch den Bildschirmspeicher ist der CGA vom MDA abgegrenzt. Aus diesem Grunde kann der MDA parallel zu einem CGA betrieben werden.

Die Videomodi des CGA

Die 16 KByte des Bildschirmspeichers können entweder für reine Textdarstellungen in den Modi 0 bis drei oder für Grafikdarstellungen in den Modi 4 bis 6 verwendet werden. Daraus ergibt sich eine unterschiedliche Belegung des Bildschirmspeichers, die im nachfolgenden Abschnitt dargestellt wird.

Im alphanumerischen Modus stehen auf dem CGA zwei unterschiedliche Formate zur Verfügung: Es können entweder 8 x 25 (wie beim MDA) oder 40 x 25 Zeichen auf dem Bildschirm dargestellt werden. Die Zeichenmatrix belegt 8 x 8 Punkte. Ähnlich wie beim MDA wird jedes Zeichen durch einen Zeichencode aus dem erweiterten ASCII-Zeichensatz und ein Attribut-Byte beschrieben. Textseiten belegen hierbei den gleichen Speicherplatz wie Textseiten bei der Verwendung des MDA. Bei dem Kleinformat von 80 x 25 ergeben sich 4000 Bytes, bei dem 40 x 25 Großformat 2000 Bytes Speicherplatz. Da der CGA einen Gesamt-Bildschirmspeicher von 16 KByte besitzt, können entweder vier (im Kleinformat) oder acht Seiten (im Großformat) Text im CGA abgelegt werden. Mittels spezieller BIOS-Interrupts oder durch direkten Zugriff auf die Karten-Register kann zwischen diesen Seiten umgeschaltet werden.

Der Unterschied des CGA zum MDA liegt darin, daß mit dem Attribut-Byte jedes Zeichens Farbangaben über die jeweilige Bildschirmposition abgelegt werden können. Entweder kann der CGA im Schwarzweiß-Modus (Modi 0 und 2) oder im Farbmodus (Modi 1 und 3) verwendet werden. Im Schwarzweiß-Betrieb stehen bis auf das Unterstreichen alle Darstellungsmöglichkeiten des MDA zur Verfügung.

Im farbigen Textmodus können einzelne Buchstaben mit Farben versehen werden. Dazu steht dem Benutzer eine IRGB-Farbpalette zur Verfügung. Die Bits, die auch bei der Verwendung des MDA benutzt werden, werden dann mit anderen Bedeutungen belegt. Die grundsätzliche Aufteilung der Bits eines Attributes ist in Tabelle 3.8 dargestellt.

Bit	Bedeutung
7	Indikator für blinkende Darstellung
6-4	Hintergrund-Angabe
3	Indikator für intensive Darstellung
2-0	Vordergrund-Angabe

Tab. 3.8: Die Belegung des Attribut-Bytes beim CGA

Mit diesen Bits können acht Vordergrund- und acht Hintergrundfarben, also insgesamt 16 Zeichenfarben realisiert werden. Dazu werden für den Vordergrund die drei "normalen" RGB-Bits 2 bis 0 mit Bit 3 für die intensive Darstellung gemeinsam zur Farbcodierung benutzt. Die möglichen Werte bezeichnet man deshalb als IRGB-Werte. Mögliche Werte für das IRGB-Muster sind in Tabelle 3.9 dargestellt.

Farbnummer	I	R	G	B	Farbe
0	0	0	0	0	Schwarz
1	0	0	0	1	Blau
2	0	0	1	0	Grün
3	0	0	1	1	Kobaltblau
4	0	1	0	0	Rot
5	0	1	0	1	Violett
6	0	1	1	0	Braun
7	0	1	1	1	Hellgrau
8	1	0	0	0	Dunkelgrau
9	1	0	0	1	Hellblau
10	1	0	1	0	Hellgrün
11	1	0	1	1	Hellkobaltblau
12	1	1	0	0	Hellrot
13	1	1	0	1	Hellviolett
14	1	1	1	0	Gelb
15	1	1	1	1	Weiß

Tab. 3.9: Die möglichen Werte für das IRGB-Muster

Für die Hintergrund-Darstellung werden nur die RGB-Bits verwendet. Es kann aus zwei Paletten à acht Farben ausgewählt werden, je nachdem, ob das I-Bit intern gesetzt ist oder nicht.

Die Bit-Kombinationen der Zeichen- und Hintergrundfarben werden aufgrund logischer Gesetzmäßigkeiten entwickelt. Die Buchstaben "R", "G" und "B" repräsentieren die Grundfarben Rot, Grün und Blau, aus deren "Mischung" sich alle anderen Farben zusammensetzen. Bei der IRGB-Darstellung werden diese Kombinationen noch mit einem Intensitäts-Bit erweitert. So kann man die Bits der Farbnummer neun auch so lesen: "intensive Darstellung (1), kein Rot (0), kein Grün (0), aber Blau (1)". Intensives Blau ist Hellblau! Bei Farbnummer 0 ergibt sich analog: "keine intensive Darstellung (0), kein Rot (0), kein Grün (0), kein Blau (0), also keine Farbe bzw. schwarz".

Der Grafikmodus ist das eigentlich Neue und Besondere am CGA. Dem CGA stehen zwei verschiedene Grafikauflösungen zur Verfügung: die mittlere Auflösung von 320 x 200 Punkten (Modus 4 und 5) und die hohe Auflösung von 640 x 200 Punkten (Modus 6).

Die einzelnen Bildschirmpunkte werden dabei als Bits im Bildschirmspeicher verschlüsselt. Je nach Modus repräsentiert eine unterschiedliche Anzahl von Bits einen Punkt. Bei der hohen Auflösung im Modus 6 benötigt ein einzelnes Videobild 640 x 200 = 128000 Punkte oder 16000 Byte.

Es wird also nahezu der gesamte Bildschirmspeicher von 16 KByte mit einem einzigen Bild ausgenutzt. Aus diesem Grunde sind im hochauflösenden Modus keine Farbpunkte darstellbar; denn wo sollten die Farbinformationen der Pixel abgelegt werden, wenn kein ausreichender Platz im Bildschirmspeicher mehr frei ist?

Im Grafik-Modus der mittleren Auflösung braucht ein komplettes Grafikbild aufgrund der halben Punktanzahl in vertikaler Richtung nur die Hälfte des Speicherplatzes, nämlich 8000 Bytes. Es stehen für jeden Bildpunkt nicht nur ein Bit, sondern zwei Bits im Bildschirmspeicher zur Verfügung. Da mit zwei Bits insgesamt vier (zwei hoch zwei) unterschiedliche Werte darstellbar sind, kann jeder Punkt des Grafikbildes in mittlerer Auflösung mit einer von vier Farben dargestellt werden.

Der Aufbau des Bildschirmspeichers des CGA

Der Bildschirmspeicher des CGA ist in zwei sogenannte *Banks* unterteilt. Die erste Bank beginnt ab Segment-Adresse B800h, die zweite ab Segment-Adresse BA00h.

In den Grafik-Modi werden die Punkt-Informationen auf diese beiden Banks verteilt. Die erste Bank enthält alle Grafikzeilen mit gerader Nummer, die zweite Bank alle Grafikzeilen mit ungerader Nummer. Vom Start des CGA-Bildschirmspeichers an folgt also auf Reihe 0 im Bildschirmspeicher (die ersten 80 Bytes) Reihe 2, auf Reihe 2 folgt Reihe 4 usw.

Damit wird von den geradzahligen Pixel-Reihen genau die Hälfte des Bildschirmspeichers des Gesamtbildes belegt. Die Reihen mit ungerader Reihennummer folgen in der zweiten Hälfte des Speichers ab 0BA000h (B000:A000h).

Jeweils 80 Bytes repräsentieren dabei eine Reihe an Grafikpunkten. Im 320x200-Modus entfallen auf jeden Punkt zwei Bits; es werden also jeweils vier Punkte in einem Byte zusammengefaßt. Die ersten beiden Bits des Bildschirmspeichers bestimmen Pixel 0, die nächsten beiden Bits Pixel 1 usw. Im 640x200-Modus entfällt auf jeden Punkt nur noch ein Bit, also sind die Informationen zu acht Bildschirmpunkten in einem Byte codiert.

Abbildung 3.10 stellt die Aufteilung des CGA-Bildschirmspeichers grafisch dar.

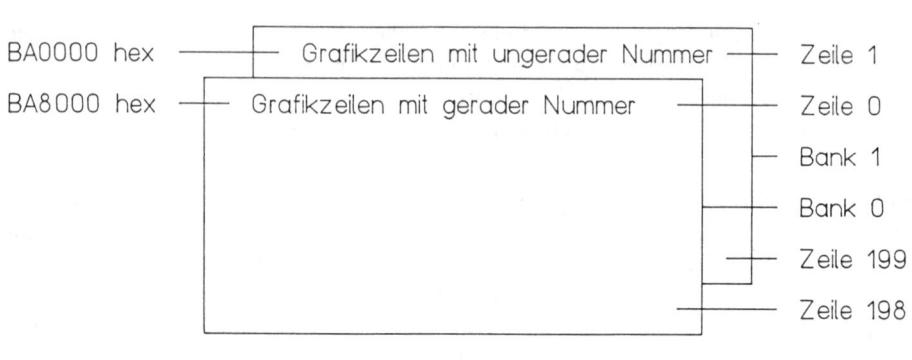

Abb. 3.10: Die Aufteilung des CGA-Bildschirmspeichers

Die Register des CGA

Bei der Programmierung wird der CGA mit Hilfe von I/O-Ports angesprochen. Über diese Ports können die internen Register des im CGA enthaltenen Bausteins 6845 verändert werden.

Der CRTC-6845 wird mit Hilfe der beiden I/O-Ports an den Adressen 3D4h und 3D5h geschrieben und gelesen. 3D4h arbeitet als Adreß-, 3D5h als Datenregister. Um eines der Register des Ports anzusprechen, wird die Nummer des internen Registers nach 3D4h gebracht.

Danach kann auf Port 3D5h ein Schreib- oder Lesezugriff ausgeführt werden. Der Baustein sorgt intern dafür, daß die Daten an den richtigen Platz gelangen bzw. vom richtigen Platz kommen.

Mit den Registern des CRTC-6845 ist eine effektive, direkte Programmierung des CGA möglich. Tabelle 3.10 faßt die 18 internen CGA-Register und ihre Bedeutung zusammen.

Nr	Bedeutung
00h	Anzahl der insgesamt in einer Zeile darstellbaren Zeichen, inklusive horizontalem Overscan. Der programmierte Wert ist um eins kleiner als der tatsächliche Wert.
01h	Anzahl der tatsächlich in einer Zeile dargestellten Zeichen.
02h	Zeichenposition, an der die horizontale Synchronisation beginnt. Der programmierte Wert ist um eins kleiner als der tatsächliche Wert.
03h	Die Anzahl der Zeichen, die ein horizontaler Synchronisationsimpuls dauert.
04h	Die Anzahl der Buchstabenzeilen in einem Refresh-Zyklus einschließlich vertikalem Strahlrücklauf. Der programmierte Wert ist um eins kleiner als der tatsächliche Wert.
05h	Die Anzahl der Rasterzeilen, die zu der Anzahl der Buchstabenzeilen (Register 4) addiert wird. Sie wird benutzt, um die exakte Länge des vertikalen Abtastens zu bestimmen.
06h	Die Anzahl der Zeilen auf dem Bildschirm, die tatsächlich dargestellt werden.
07h	Vertikale Synchronisationsposition. Bestimmt die Zeichenzeile, in der der vertikale Strahlrücklauf beginnt. Der programmierte Wert ist um eins kleiner als der tatsächliche Wert.
08h	Interlace und Skew.
09h	Die Anzahl der Rasterzeilen pro dargestelltem Zeichen. Der programmierte Wert ist um eins kleiner als der tatsächliche Wert.
0Ah	Nummer der Rasterzeile innerhalb eines Zeichens, in der die Darstellung des Cursors beginnt.
0Bh	Nummer der Rasterzeile innerhalb eines Zeichens, in der die Darstellung des Cursors endet.
0Ch	High-Byte der 14-Bit-Adresse im Bildschirmspeicher, an der begonnen wird, die Daten für die Bilddarstellung auszulesen.
0Dh	Low-Byte der 14-Bit-Adresse im Bildschirmspeicher, an der begonnen wird, die Daten für die Bilddarstellung auszulesen.
0Eh	High-Byte eines 14-Bit-Zeigers auf die aktuelle Position des Cursors innerhalb des Bildschirmspeichers.
0Fh	Low-Byte eines 14-Bit-Zeigers auf die aktuelle Position des Cursors innerhalb des Bildschirmspeichers.
10h	High-Byte eines 14-Bit-Zeigers auf eine Position im Bildschirmspeicher, an der ein Impuls vom Lichtgriffel auftrat.
11h	High-Byte eines 14-Bit-Zeigers auf eine Position im Bildschirmspeicher, an der ein Impuls vom Lichtgriffel auftrat.

Tab. 3.10: Die internen Register des CGA

Zur Vielseitigkeit des Bausteins CRTC-6845 sei hier nur ein Beispiel dargestellt. Mit den beiden Registern für die Startadresse innerhalb des Bildschirmspeichers kann eine 14 Bit breite Adresse erzeugt werden. Diese Adresse gibt an, bei welcher Adresse innerhalb des Bildschirmspeichers der CRTC davon ausgehen soll, daß sie das erste Zeichen der aktuellen Seite darstellt. Mit diesen Registern ist ein Hardware-Scrolling des Bildschirms sehr einfach möglich. Man setzt die Register um 160 (0A0h) herauf, und schon wird der Bildschirm um eine Zeile nach oben "gerollt". Der CRTC nimmt nun an, daß die "alte" Zeile 2 die Zeile 1 der neuen Darstellung ist. Ebenso kann man durch Dekrementieren des Adreßregisters des CRTC den Bildschirm "herabrollen". Wenn beispielsweise der gesamte Bildschirmspeicher des CGA mit Textinformationen vollgeschrieben ist, kann man durch Verändern der Adreßregister im gesamten Text "herumrollen". Aufwendige Software-Scroll-Routinen werden damit für manche Anwendungen überflüssig.

Bit	Inhalt	Bedeutung
0	0 1	Text in 80 Zeichen Text in 40 Zeichen
1	0 1	keine Grafik mit 320 Punkten Grafik mit 320 Punkten
2	0 1	Farbbruch möglich Farbbruch nicht möglich
3	0 1	Bildschirm ausgeschaltet Bildschirm eingeschaltet
4	0 1	keine Grafik mit 640 Punkten Grafik mit 640 Punkten
5	0 1	Blinken ausgeschaltet Blinken eingeschaltet
6	0	nicht benutzt
7	0	nicht benutzt

Tab. 3.11: Das Modus-Register des CGA

Neben den beschriebenen internen Registern des CGA gibt es weitere Port-Adressen, die vom CGA belegt sind: das Modus-Register an Port 3D8h, das Farbauswahl-Register an Port 3D9h und das Status-Register an Port 3DAh.

Über das Modus-Register wird die Betriebsart des CGA programmiert. Tabelle 3.11 gibt die Bit-Belegung dieses Registers wieder.

Das Modus-Register ist ein reines Schreib-Register. Die Werte können nicht ausgelesen werden! Eine besondere Bedeutung im Modus-Register hat das Bit 2. Hier kann – ein angeschlossener Composite-Monitor vorausgesetzt – gesteuert werden, ob Farbbrüche möglich sind oder unterdrückt werden sollen. Dieses Bit ist also speziell für den Einsatz von Composite-Monitoren interessant. Man kann damit – je nach Monitortyp – die Bilddarstellung verbessern, indem die Farbabstufungen wegfallen und durch unterschiedliche Graustufen ersetzt werden. Bei anderen angeschlossenen Monitoren (was der Regelfall ist), sollte das Bit immer auf eins gesetzt werden, damit eine farbige Darstellung möglich ist.

Mit der Programmierung des Modus-Registers kann man den Video-Modus des CGA direkt setzen. Allerdings verlangt das Setzen der Bits im Modus-Register auch eine unmittelbar folgende Neu-Programmierung der Werte für die Synchronisation des Bildes. Tabelle 3.12 faßt die Inhalte des Modus-Registers für die unterschiedlichen CGA-Modi zusammen.

Modus-Nr.	Modus	Wert für das Modus-Register
0	Text, 40 x 25	00101100b
1	Text, 40 x 25	00101000b
2	Text, 80 x 25	00101101b
3	Text, 80 x 25	00101001b
4	Grafik, 320 x 200	00101110b
5	Grafik, 320 x 200	00101010b
6	Grafik, 640 x 200	00011100b

Tab. 3.12: Die Werte für das Modus-Register in den CGA-Modi

Diese Werte für das Modus-Register sind für spezielle Anwendungsfälle sehr interessant. Der Grund liegt in der Tatsache, daß das Modus-Register des CGA sich nur schreiben, nicht aber auslesen läßt. Möchte man also z.B. den Bildschirm ausschalten, indem man Bit 3 des Modus-Registers löscht, kann man nicht den aktuellen Inhalt des Registers auslesen, das Bit mit einem logischen "und" herausschalten und den neuen Wert zurückschreiben. Für solche Fälle kann man mit der obigen Tabelle den voreingestellten Wert des Modus-Registers ermitteln und dann die jeweilige Operation durchführen (z.B. Bit 3 löschen).

Die Farbdarstellung des CGA wird über das Farbauswahl-Register programmiert. Im 640x200-Punkte-Modus läßt sich nur eine Farbe darstellen; sie wird in den Bits 0 bis 3 des Farbauswahl-Registers programmiert. Tabelle 3.13 zeigt die Belegung dieses internen CGA-Registers.

Bit	Inhalt	Bedeutung
0	0 1	Blau wird nicht eingemischt Blau wird eingemischt
1	0 1	Grün wird nicht eingemischt Grün wird eingemischt
2	0 1	Rot wird nicht eingemischt Rot wird eingemischt
3	0 1	Intensitätssignal aus Intensitätssignal ein
4	0	nicht benutzt
5	0 1	Farbpalette 0 Farbpalette 1
6	0	nicht benutzt
7	0	nicht benutzt

Tab. 3.13: Das Farbauswahl-Register des CGA

Durch Programmierung der Bits 0 bis 3 kann gezielt eine Farbe ausgewählt werden, die auf dem Bildschirm verwendet werden soll. Diese Farbe wird im 640x200-Punkte-Modus als Punktfarbe verwendet. Ein gesetztes Bit für einen Bildpunkt im Bildschirmspeicher zeigt an, daß der entsprechende Punkt die gewünschte Farbe erhalten soll, während ein gelöschtes Bit für nicht sichtbare Punkte verwendet wird.

Im 320x200-Punkte-Modus wird ein Bildschirmpunkt durch zwei Bits repräsentiert; ein Punkt kann daher vier unterschiedliche Farben annehmen. Für Farbe 0 (also die Bitkombination 00b) wird die Farbe aus den Bits 0 bis 3 des Farbauswahl-Registers verwendet. Diese Bits kontrollieren gleichzeitig die Hintergrundfarbe. Haben die Pixel-Bits Werte ungleich null, richtet sich die Farbe nach der durch Bit 5 im Farbauswahl-Register angegebenen Farbpalette. Tabelle 3.14 faßt die beiden Paletten und die jeweiligen Farben zusammen.

Palette	Punkt-Bits	Farbe
0	01b 10b 11b	grün rot gelb
1	01b 10b 11b	türkis violett weiß

Tab. 3.14: Die Farbpaletten des CGA

Beim Einsatz von Composite-Monitoren sollte man beachten, daß gegebenenfalls das Farbbruch-Bit im Modus-Register gesetzt ist. In diesem Fall ist nur Palette 1 darstellbar.

Das letzte der drei zusätzlichen Register des CGA ist das Status-Register. Hier findet der Programmierer Informationen über den Zustand des CGA. Tabelle 3.15 faßt die Belegung des Status-Registers des CGA zusammen.

Von Interesse sind dabei vor allem die Bits 0 und 3, da die anderen beiden belegten Bits sich auf einen Lichtgriffel beziehen, der nur von sehr wenigen Anwendern benutzt wird. Mit der Abfrage von Bit 0 kann der Programmierer herausfinden, ob der Bildschirm zur Zeit aus- oder eingeschaltet ist, mit Bit 3 kann man den Zeitpunkt bestimmen, zu dem ein vertikaler Strahlrücklauf des Kathodenstrahls beginnt. Das ist vor allem für die Vermeidung von "Schnee" auf dem CGA eine sehr wichtige Information.

Bit	Inhalt	Bedeutung
0	0 1	Bildschirm ist eingeschaltet Bildschirm ist ausgeschaltet
1	0 1	Lichtgriffel-Knopf nicht gedrückt Lichtgriffel-Knopf gedrückt
2	0 1	Lichtgriffel-Impuls passiv Lichtgriffel-Impuls aktiv
3	0 1	zur Zeit kein vertikaler Strahlrücklauf zur Zeit vertikaler Strahlrücklauf
4	0	nicht benutzt
5	0	nicht benutzt
6	0	nicht benutzt
7	0	nicht benutzt

Tab. 3.15: Das Status-Register des CGA

Der CGA ist so organisiert, daß entweder die Steuerlogik der Grafikkarte oder der Adreßbus des Prozessors zu einer Zeit auf den CGA-Bildschirmspeicher zugreifen kann. Man spricht hier von "single-ported" RAM. Wenn der CGA-Bildschirmspeicher von einem Programm aus verändert wird, während der CRTC des CGA zur Auffrischung des Videobildes darauf zugreift (und das ist fast immer der Fall), kollidiert der Adreßbus des Prozessors (über den ein Programm auf den Bildschirmspeicher zugreift) mit der Steuerlogik des CGA. Als Resultat wird das Bild unkenntlich; es erscheint "Schnee" auf dem Bildschirm.

Obwohl diese Kollision in der Regel nur bei älteren CGA-Karten auftritt, muß man vor dem direkten Zugriff auf den CGA-Bildschirmspeicher sorgfältig prüfen, ob die verwendete Karte mit Schnee antwortet oder nicht. Treten keine Probleme auf, kann der Bildschirmspeicher wie gewöhnlicher Speicher adressiert werden; in diesem Fall handelt es sich um eine neuere CGA-Karte mit dual-ported RAM.

Falls die Karte allerdings mit Schnee antwortet, gibt es einen Weg, dies zu verhindern. Dazu muß für den Zugriff auf den CGA-Bildschirmspeicher das Intervall ausgesucht werden, in dem der Kathodenstrahl vertikal zum Beginn des Bildes zurückläuft. Während dieser Zeit werden keine Daten dargestellt, daher greift der CGA nicht auf den Bildschirmspeicher zu. Dieses Intervall kann bestimmt werden, indem Bit 3 des CGA-Status-Registers untersucht wird. Sobald es gesetzt ist, können Zeichen in den Bildschirmspeicher geschrieben werden.

Die Hercules Graphics Card (HGC)

Die Hercules-Karte (oder kurz HGC) der amerikanischen Firma Hercules Computer Technology bietet neben einem MDA-kompatiblen Textmodus einen einfarbigen Grafikmodus mit 720 x 348 Bildpunkten. Damit erreicht sie eine erheblich höhere Auflösung als der CGA, der im hochauflösenden Modus ebenfalls einfarbig arbeitet und lediglich 640 x 200 Punkte zur Verfügung stellt. Damit kommt die HGC vor allem für Besitzer des Original-IBM-PCs in Frage, der serienmäßig nicht mit einer grafikfähigen Bildschirmkarte ausgestattet ist. Hinzu kommt, daß die HGC häufig als Multifunktionskarte vertrieben wird. Neben der Logik für die Bildschirmsteuerung findet man in diesen Fällen eine zusätzliche parallele Schnittstelle auf der Steckkarte.

Auch für Benutzer von Kompatiblen, die schon sowohl mit einem Druckerausgang als auch mit einer Grafikkarte (z.B. CGA) ausgerüstet sind, hat der überhaupt nicht antike Held Hercules einiges zu bieten.

Vor allem die maximale Auflösung von bis zu 720 x 348 Bildpunkten erlaubt Grafikanwendungen, die mit anderen Karten unrealisierbar sind. Außerdem ist der HGC-Textmodus mit einer Textauflösung von 14 x 9 Punkten pro Zeichen erheblich augenschonender als der CGA-Textmodus mit 8 x 8 Zeichen Auflösung.

Die Videomodi der HGC

Im alphanumerischen Modus ist die HGC weitgehend kompatibel mit der Monochromkarte MDA. Ein Zeichen wird durch den symbolischen ASCII-Code und ein dazugehöriges Attribut-Byte definiert. Die Speicheraufteilung der Hercules ist im Textmodus

völlig identisch mit der des MDA. Wie auch bei der MDA, wird der Textmodus durch
den Aufruf von Funktion 00h von Interrupt 10h gesetzt, Modus 7 ist für den HGC-
Textmodus zuständig.

Etwas differenzierter sieht es mit dem HGC-Grafikmodus aus, der auf dem MDA nicht
zur Verfügung steht. In dieser Betriebsart zeigt die HGC ihre Stärken. Die maximal 720
x 348 Punkte Auflösung werden nur noch von der VGA-Karte übertroffen. Die Anordnung der Grafikinformationen der HGC im Speicher ist allerdings komplizierter, als
man zunächst annehmen könnte.

Leider kann man den Grafikmodus der HGC nicht mit einem BIOS-Interrupt setzen.
Der Grund dafür liegt darin, daß der Hersteller der HGC ein "Fremdanbieter" für Grafikkarten ist. Da IBM nicht möchte, daß sich neben ihren Karten andere Karten zum
Standard etablieren, wird die HGC nicht unterstützt. Auch viele Programmiersprachen
verweigern der HGC ihre Unterstützung. Anders sieht es da mit den Anwendungsprogrammen aus. Hier sind die Firmen rein kundenorientiert. Da die HGC schon eine weite
Verbreitung genießt, wird sie auch von den meisten Anwendungsprogrammen unterstützt.

Um den Grafikmodus der HGC zu benutzen, kann man aus den beschriebenen Gründen
nicht das BIOS verwenden. Daher muß man die Register und den Bildschirmspeicher
der HGC direkt programmieren.

Der Aufbau des Bildschirmspeichers der HGC

Der Bildschirmspeicher der HGC von 32 KByte wird intern in vier unterschiedliche Bereiche von je acht KByte aufgeteilt. Die Startadressen dieser vier Banks lauten:
B000:0000h für Bank 0, B200:0000h für Bank 1, B400:0000h für Bank 2 und
B600:0000h für Bank 3. Die Hercules-Steuerlogik legt die Pixelinformationen nicht –
wie man es vielleicht erwarten würde – Zeile für Zeile hintereinander im Speicher ab,
sondern "zerschnibbelt" das Videobild in die vier unterschiedlichen Banks.

Grafikzeile 0 liegt ab Offset 0 in Bank 0, Grafikzeile 1 liegt ab Offset 0 in Bank 1, Grafikzeile 2 liegt ab Offset 0 in Bank 2 und Grafikzeile 3 schließlich liegt ab Offset 0 in
Bank 3. Jede dieser Zeilen belegt 90 Bytes (90 x 8 = 720 Pixel waagerechte Auflösung).
Grafikreihe 4 liegt deshalb ab Offset 90 in Bank 0, Grafikreihe 5 ab Offset 90 in Bank 1
usw. Bank 0 enthält also die Grafikreihen 0, 4, 8, 12 usw., Bank 1 die Reihen 1, 5, 9, 13
usw., Bank 2 die Reihen 2, 6, 10, 14 usw. und Bank 3 die Reihen 3, 7, 11, 15 usw. Abbildung 3.11 zeigt die Aufteilung des HGC-Bildschirmspeichers.

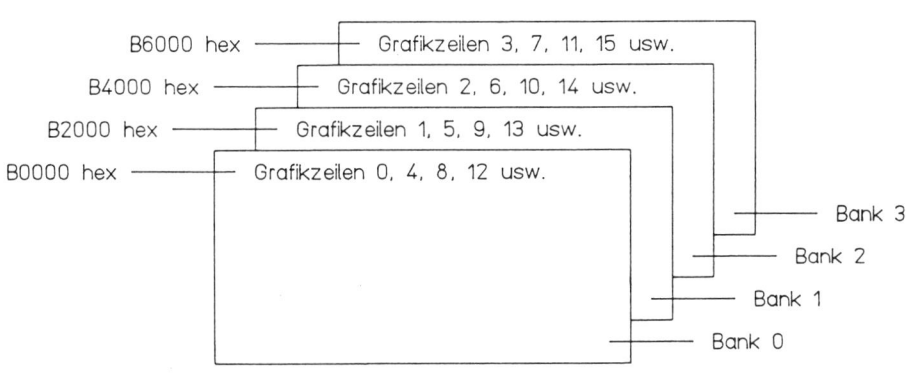

Abb. 3.11: Die Aufteilung des HGC-Bildschirmspeichers

Auch wenn diese Methode der Speicherung der Bildinformationen auf den ersten Blick chaotisch erscheint und man vermuten könnte, daß die Daten nur deshalb so kompliziert gespeichert werden, damit keiner direkt auf den Bildschirmspeicher zugreift, so hat dieses Verfahren gegenüber der direkten Speicherung aller Grafikzeilen hintereinander einige immense Vorteile. Denn der Controller der Bildschirmkarte muß die Daten aus dem Bildschirmspeicher wieder herausholen, wenn das Bild aufgefrischt werden muß. Für die Übermittlung eines einzigen Zeichens ist pro Rasterzeile ein Zugriff auf den Bildschirmspeicher notwendig. Bei 14 Zeilen pro Zeichen ergeben sich also 14 Zugriffe für ein Zeichen.

Wenn die Zeichenreihen "hintereinander" im Speicher zu finden wären, kämen pro darzustellendem Zeichen nochmals 13 Inkrementationen des Zeigers, den der Controller zum Lesen von Daten aus dem Bildschirmspeicher verwendet, hinzu. Bei der tatsächlich verwendeten Methode kann der Zeiger viermal verwendet werden, ehe er erhöht werden muß: einmal als Offset zu Bank 0, einmal als Offset zu Bank 1, einmal als Offset zu Bank 2 und ein viertes Mal als Offset zu Bank 3. Mit dieser Methode muß der Zeiger nur dreimal erhöht werden, um mit wiederum 14 Zugriffen alle Daten eines Zeichens auszulesen.

Durch die "eigentümliche" Anordnung der Daten im Bildschirmspeicher spart der Controller also beträchtliche Rechenzeit.

Die Register der HGC

Die HGC wird wie CGA und MDA über den CRTC-6845 von Motorola gesteuert. Dazu stehen die in Tabelle 3.16 zusammengefaßten Port-Adressen zur Verfügung.

Port	Register
03B4	Index
03B5	Daten
03B8	Darstellungsmodus
03B9	Lichtgriffel-Flipflop
03BA	Darstellungsstatus
03BB	Lichtgriffel-Flipflop
03BF	Konfigurationsschalter

Tab. 3.16: Die belegten Ports der HGC

Neben den Registern für den Lichtgriffel, dessen Programmierung aufgrund der geringen Verbreitung nicht besprochen wird, sind dabei vor allem die drei Register Darstellungsmodus, Darstellungs-Status und Konfigurationsschalter von Bedeutung. Über sie läßt sich der Grafikmodus bei der HGC ein- und ausschalten. Die drei Register sind wie folgt belegt:

Konfigurationsregister (Port 3BFh, les- und schreibbar)

Dieses Register steuert die Zugriffsmöglichkeiten auf die HGC. Mit den drei Kombinationsmöglichkeiten der beiden unteren Bits können drei unterschiedliche Konfigurationen für die HGC eingeschaltet werden.

Bitkombination 00: Dies ist der Zustand der HGC nach dem Einschalten des Rechners. Nur Textdarstellung ist möglich; der Bildschirmspeicher ist nur im Bereich von B0000h (B000:0000h) bis B0FFF (B000:FFFFh) ansprechbar.

Bitkombination 01: In dieser Konfiguration können zwar sowohl der Grafik- als auch der Textmodus gewählt werden, der Speicherzugriff ist jedoch auf Seite 0 begrenzt. Diese Konfiguration ist dann nützlich, wenn die HGC gemeinsam mit einer CGA-Karte betrieben werden soll, da sich die Bereiche des Bildschirmspeichers nicht überlappen.

Bitkombination 11: Diese Konfiguration erlaubt den vollen Zugriff auf die HGC. Grafik- oder Textmodus sind wahlweise ansprechbar, und der gesamte Bildschirmspeicher kann adressiert werden. Diese Konfiguration sollte gewählt werden, wenn die HGC auch im Grafikmodus betrieben werden und nicht neben einem CGA arbeiten soll.

Modusregister (Port 03B8h, nur lesbar)

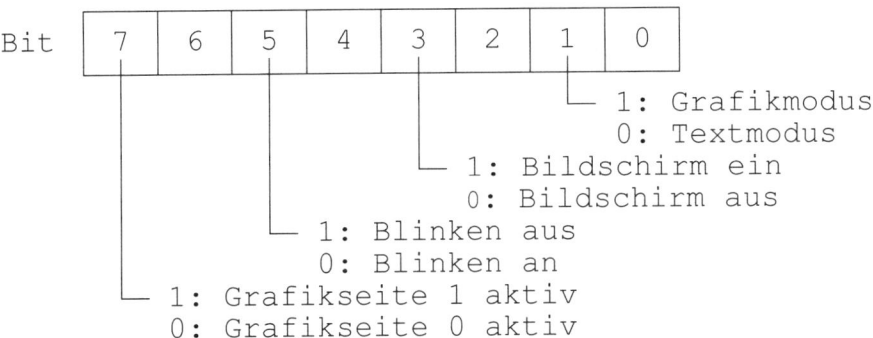

Mit diesem Register kann man die HGC in den Text- oder Grafikmodus setzen. Der Grafikmodus ist verfügbar, wenn er im Konfigurationsregister erlaubt wurde. Soll die HGC in den Grafikmodus gesetzt werden, so müssen die Werte für das Timing des Kathodenstrahls unmittelbar nach der Auswahl des Grafikmodus neu gesetzt werden. Dazu werden die internen Register des CRTC-6845 neu programmiert.

Soll bei der Auswahl des Modus der Bildschirm eingeschaltet bleiben, verwendet man als Wert für das Register 10 (für Grafikmodus) soll der Bildschirm ausgeschaltet werden, benutzt man 2 (für Grafikmodus).

Über Bit 7 dieses Registers kann man außerdem die aktive Grafikseite auswählen.

Status-Register (Port 03BAh – nur lesbar)

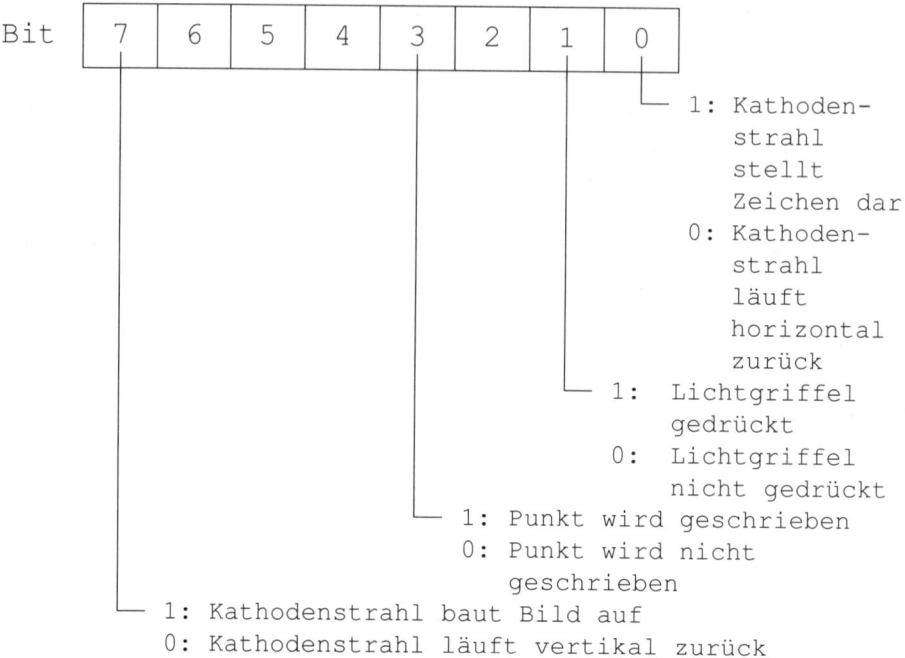

Das Status-Register der HGC hat nicht die Bedeutung des Status-Registers des CGA, da bei der HGC der Zugriff auf den Bildschirmspeicher nicht mit dem Kathodenstrahl synchronisiert werden muß.

Mit Kenntnis der drei Register kann man die HGC in den Text- oder den Grafikmodus versetzen. Zuerst muß man dazu die entsprechende Konfiguration im Konfigurationsregister auswählen. Dann muß der gewünschte Modus im Modusregister ausgewählt werden. Dabei sollte man den Bildschirm gleichzeitig ausblenden (über Bit 3 im Modusregister). Als dritten Schritt müssen sofort die Timing-Werte für den Kathodenstrahl neu gesetzt werden. Schließlich kann der Bildschirmspeicher gelöscht und der Bildschirm über Bit 3 des Modusregisters wieder eingeschaltet werden. Das Problematischste an dieser Vorgehensweise ist die Initialisierung der Timing-Werte des Kathodenstrahls.

Für die Steuerung dieses Kathodenstrahls hält die HGC (bzw. der CRTC-6845 auf ihr) 18 interne Register bereit, die die Grenzwerte für die Steuerung des Kathodenstrahls angeben. Die Belegung der Register ist in Tabelle 3.17 dargestellt.

Nummer	Bedeutung
0	Anzahl der insgesamt in einer Zeile darstellbaren Zeichen, inklusive horizontalem Overscan. Der programmierte Wert ist um eins kleiner als der tatsächliche Wert.
1	Anzahl der tatsächlich in einer Zeile dargestellten Zeichen.
2	Zeichenposition, an der die horizontale Synchronisation beginnt. Der programmierte Wert ist um eins kleiner als der tatsächliche Wert.
3	Die Anzahl der Zeichen, die ein horizontaler Synchronisationsimpuls dauert.
4	Die Anzahl der Buchstabenzeilen in einem Refresh-Zyklus einschließlich vertikalem Strahlrücklauf. Der programmierte Wert ist um eins kleiner als der tatsächliche Wert.
5	Die Anzahl der Rasterzeilen, die zu der Anzahl der Buchstabenzeilen (Register 4) addiert wird. Sie wird benutzt, um die exakte Länge des vertikalen Abtastens zu bestimmen.
6	Die Anzahl der Zeilen auf dem Bildschirm, die tatsächlich dargestellt werden.
7	Vertikale Synchronisationsposition. Bestimmt die Zeichenzeile, in der der vertikale Strahlrücklauf beginnt. Der programmierte Wert ist um eins kleiner als der tatsächliche Wert.
8	Interlace und Skew. Muß bei der HGC immer zwei enthalten.
9	Die Anzahl der Rasterzeilen pro dargestelltem Zeichen. Der programmierte Wert ist um eins kleiner als der tatsächliche Wert.
10	Nummer der Rasterzeile innerhalb eines Zeichens, in der die Darstellung des Cursors beginnt.
11	Nummer der Rasterzeile innerhalb eines Zeichens, in der die Darstellung des Cursors endet.
12	High-Byte der 14-Bit-Adresse im Bildschirmspeicher, an der begonnen wird, die Daten für die Bilddarstellung auszulesen.
13	Low-Byte der 14-Bit-Adresse im Bildschirmspeicher, an der begonnen wird, die Daten für die Bilddarstellung auszulesen.
14	High-Byte eines 14-Bit-Zeigers auf die aktuelle Position des Cursors innerhalb des Bildschirmspeichers.
15	Low-Byte eines 14-Bit-Zeigers auf die aktuelle Position des Cursors innerhalb des Bildschirmspeichers.
16	High-Byte eines 14-Bit-Zeigers auf eine Position im Bildschirmspeicher, an der ein Impuls vom Lichtgriffel auftrat.
17	High-Byte eines 14-Bit-Zeigers auf eine Position im Bildschirmspeicher, an der ein Impuls vom Lichtgriffel auftrat.

Tab. 3.17: Die Belegung der 6845-Register auf der HGC

Sie werden über das Indexregister (Port-Adresse 03B4h) und das Datenregister (Port-Adresse 03B5h) der HGC gesetzt. Dazu wird zuerst die Nummer des gewünschten Registers in das Indexregister und der Wert für das Register danach im Datenregister eingetragen. Die interne Logik des CRTC-6845 überträgt den Wert dann in das korrekte interne Register. Für das ordnungsgemäße Initialisieren des Text- und des Grafikmodus ist es wichtig, die ersten neun dieser Register unmittelbar nach der Auswahl des Modus mit den korrekten Werten für den Text- bzw. Grafikmodus zu versorgen. Dazu kann man die beiden Tabellen 3.18 und 3.19 verwenden.

Register	Wert
0	97
1	80
2	82
3	15
4	25
5	6
6	25
7	25
8	2
9	13

Tab. 3.18: Registerwerte für den Textmodus

Register	Wert
0	53
1	45
2	46
3	7
4	91
5	2
6	87
7	87
8	2
9	3

Tab. 3.19: Registerwerte für den Grafikmodus

Über diese beiden Tabellen kann man die Modi der HGC korrekt initialisieren.

Über die beiden oben aufgeführten Tabellen ist es leicht, die HGC in den Grafik- oder Textmodus zu setzen. Man kann diesen Zugriff von unterschiedlichen Programmiersprachen aus realisieren.

Der Enhanced Graphics Adapter (EGA)

Die EGA-Karte bietet gegenüber der CGA-Karte eine maximale Auflösung von 650 * 350 Punkten bei 16 Farben aus einer Palette von 64. Außerdem ist die EGA-Karte zur CGA-Karte kompatibel. Für den EGA-Standard ist ein EGA-Monitor erforderlich, der eine vertikale Ablenkfrequenz von 21,85 KHz und eine Bildwiederholfrequenz von 60 Hz besitzt. Monitore, die sich selbständig auf verschiedene Ablenkfrequenzen einstellen können (Multiscan-Monitore), können selbstverständlich auch an eine EGA-Karte angeschlossen werden.

Die Videomodi der EGA-Karte

Die EGA-Karte enthält alle Modi, die auch bei der MDA- oder der CGA-Karte zur Verfügung stehen, und zusätzlich noch die Videomodi 13 bis 16. Alle Modi können mit der Funktion 00h des BIOS-Interrupts 10h eingeschaltet werden.

Modus	Text/Grafik	Auflösung	Zeichen	Anz. Farben	Art
0	Text	320 * 200	40 * 25	2	CGA
1	Text	320 * 200	40 * 25	16	CGA
2	Text	640 * 200	80 * 25	2	CGA
3	Text	640 * 200	80 * 25	16	CGA
4	Grafik	320 * 200	40 * 25	2	CGA
5	Grafik	320 * 200	40 * 25	4	CGA
6	Grafik	640 * 200	80 * 25	2	CGA
7	Text	720 * 350	80 * 25	2	MDA/HGC
13	Grafik	320 * 200	40 * 25	16	EGA
14	Grafik	640 * 200	80 * 25	16	EGA
15	Grafik	640 * 350	80 * 25	2	EGA
16	Grafik	640 * 350	80 * 25	16/64	EGA

Die EGA-Karte verhält sich in allen Textmodi wie eine CGA- oder MDA-Karte. Die Zeichen- und Hintergrundfarben werden über ein Attributbyte festgelegt, wobei Vorder- und Hintergrundfarbe durch je vier Bits festgelegt werden.

Die Vorteile der EGA-Karte liegen in den Grafikmodi. Abgesehen von den CGA- und MDA-kompatiblen Modi, stellt die EGA-Karte weitere leistungsfähige Bildschirmmodi zur Verfügung.

Bedingt durch die höhere Auflösung wird mehr Bildschirmspeicher benötigt. Die einzelnen Bildschirmmodi der EGA-Karte unterscheiden sich außer in der Auflösung durch die Anzahl der nutzbaren Bildschirmseiten. Im Modus 13 lassen sich mindestens zwei Grafikseiten im Bildschirmspeicher halten, da ein Bild ca. 32 KByte benötigt und die EGA-Karte in der Grundausstattung über 64 KByte Speicher verfügt. Im Modus 14 dagegen belegt ein einzelnes Grafikbild allein schon 64 KByte.

Die Organisation des Bildschirmspeichers

Die EGA-Karte besitzt 256 KByte Bildschirmspeicher. Dieser Speicher besteht aus *Dual Ported RAM*, das es ermöglicht, den Bildschirmspeicher durch den Rechner gleichzeitig zu beschreiben, während der Grafikkontroller ihn ausliest. Dadurch "schneit" die EGA-Karte nicht (wie das bei der CGA-Karte der Fall ist).

Der Bildschirmspeicher der EGA-Karte belegt im Rechner den Adreßbereich von A0000 (A000:0000h) bis B8000h (B800:0000h). Je nach Text- oder Grafikmodi wird dieser Bildschirmspeicher anders angesprochen. Schaltet man CGA-kompatible Grafikmodi ein (4 bis 6), werden die Bilddaten wie bei der CGA-Karte erst ab der Adresse B8000h (B800:0000h) in den Bildschirmspeicher geschrieben. Schaltet man dagegen den monochromen Textmodus ein (MDA- oder HGC-kompatibel), so wird der Bildschirmspeicher ab der Adresse B0000h (B000:0000h) mit Daten gefüllt. Wenn Sie allerdings einen EGA-Modus einschalten, wird aus Gründen des erhöhten Speicherplatzbedarfs der Anfang des Bildschirmspeichers an die Adresse A0000h (A000:0000h) gelegt. Dieser Bildschirmspeicher ist dann ziemlich groß. Bei einer Auflösung von 640 * 350 Punkten bei 16 Farben teilen sich zwei Bildpunkte ein Byte des Bildschirmspeichers. (Weil man mit vier Bit 16 Kombinationsmöglichkeiten, also Farben darstellen kann.)

Da der Bildschirm in diesem Modus 224.000 Punkte enthält (640 * 350) und sich zwei Punkte ein Byte teilen, benötigt eine Grafikseite in dieser Auflösung 112.000 Byte, bzw. 110 KByte. Weil die EGA-Karte über 256 KByte Speicher verfügt, kann man in die verbleibenden 145 KByte bis zu vier verschiedene Zeichensätze mit je 255 Zeichen laden, wobei ein Zeichen aus einer Matrix von bis zu 32 * 8 Punkten bestehen kann.

Texte oder Grafiken werden im Bildschirmspeicher abgelegt. Dieser ist in vier *Planes* (engl. für *Ebenen*) eingeteilt. Da alle Planes gleich groß sind, besteht jede Plane bei einem Gesamtspeicher von 256 KByte aus 64 KByte. Die vier Planes werden je nach gewähltem Bildschirmmodus anders angesprochen. Wie schon erwähnt, ist die EGA-Karte in den Modi 0 bis 7 zu der CGA- bzw. MDA/HGC-Karte kompatibel. Da sich die Art der Speicherung von Texten oder Grafiken in den einzelnen Modi von der Art der Speicherung bei den dazu kompatiblen Grafikkarten nicht unterscheidet, besteht für eine Software kein Unterschied, ob es sich zum Beispiel um eine "echte" CGA-Karte oder nur um einen CGA-kompatiblen Modus einer EGA-Karte handelt.

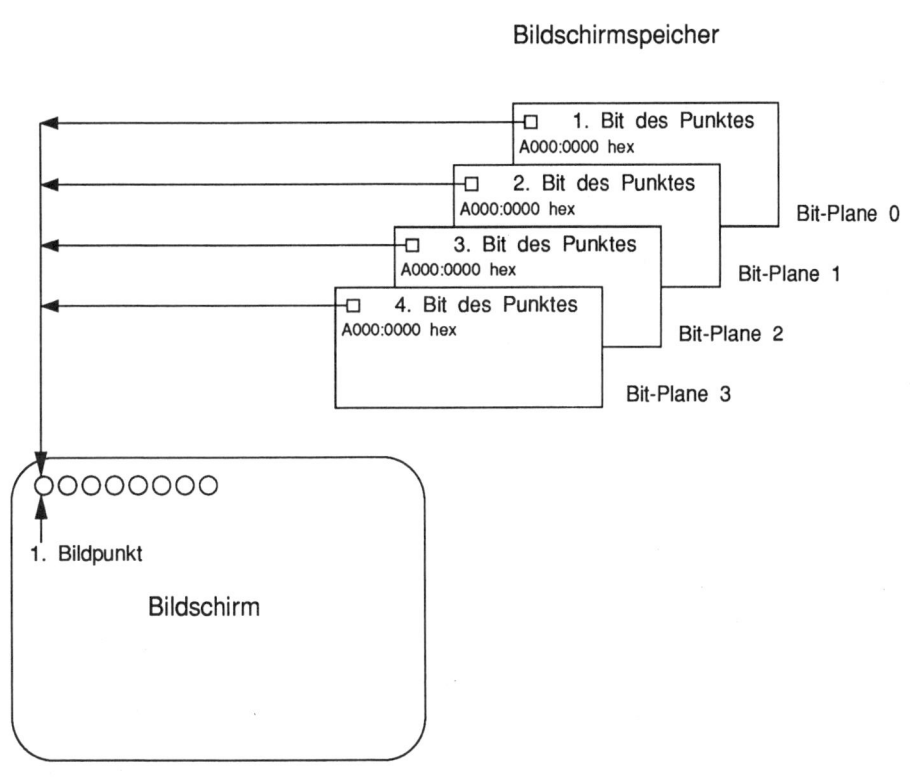

Abb. 3.12: Die Bit-Planes der EGA-Karte

Wenn Sie allerdings einen echten EGA-Modus wählen (Modi 13 bis 16), unterscheidet sich der Aufbau des Bildschirmspeichers erheblich von den bisher bekannten CGA-,

MDA- oder HGC-Karten. In diesen Modi wird die Aufteilung des Bildschirmspeichers in die vier Planes aktiv (siehe auch Abbildung 3.12). Das besondere an diesen vier Planes ist, daß sie sich sozusagen nebeneinander im Speicher befinden. Jede Plane beginnt bei Adresse A0000h (A000:0000h). Dadurch legt eine einzige Adresse im Bildschirmspeicher die Position von vier Bytes fest (eines in jeder Plane). Da ein Bildpunkt durch vier Bits repräsentiert wird, enthält jede Plane ein Bit eines Bildpunkts.

Jeder Plane ist eine Farbe zugeordnet, aus der sich die Farben der Bildpunkte kombinieren lassen. Plane 0 repräsentiert die Farbe Blau, Plane 1 die Farbe Grün und Plane 2 die Farbe Rot. Plane 3 steht für die Intensität, da es jede Farbe in zwei Helligkeitsstufen gibt. Aus den dadurch möglichen Kombinationen lassen sich die folgenden 16 Farben darstellen:

Farbwert	Farbe
0	Schwarz
1	Blau
2	Grün
3	Kobaltblau (Cyan)
4	Rot
5	Violett (Magenta)
6	Braun
7	Weiß
8	Grau
9	Hellblau
10	Hellgrün
11	Hellkobaltblau
12	Hellrot
13	Hellviolett
14	Gelb (Hellbraun)
15	Hellweiß

Jeder Schreib- oder Lesezugriff auf den Bildschirmspeicher einer EGA-Karte bezieht sich nicht auf ein Byte, sondern immer auf vier Byte (ein Byte pro Plane). Daher ist es auch nicht so einfach, diese Vorgänge zu verstehen. Beim Lesen aus dem Bildschirmspeicher muß man demnach immer alle vier Planes auslesen. Dies übernimmt der Video-Controller der EGA-Karte. Bei einem Lesezugriff liest der Video-Controller ein Bit aus jeder der vier Planes und speichert diese Bits in vier speziellen Registern, *Latches* (engl. für *Zwischenspeicher*) genannt.

Ebenso funktioniert ein Schreibzugriff auf den Bildschirmspeicher. Die CPU schreibt die vier Bits (ein *Nibble*) in die Latches, die dann vom Video-Controller in die vier Bit-Planes übertragen werden. Etwas anders verhält es sich bei EGA-Karten, die nur mit 64

KByte Bildschirmspeicher ausgestattet sind. Da diese Karten kaum noch angeboten werden, soll auch hier nicht näher darauf eingegangen werden.

Widmen wir uns nun dem nächsten Problem: der pixelorientierten Bildmanipulation. Zum gezielten Ansteuern und Verändern einzelner Bildpunkte besitzt die EGA-Karte verschiedene interne Register.

Die internen Register der EGA-Karte

Die EGA-Karte besteht aus verschiedenen hochintegrierten Schaltkreisen, die alle ihre internen Register besitzen. Es lassen sich bei der EGA-Karte die allgemeinen Ausgabe-Register, die Register des Sequenzers, die Register zur Kathodenstrahlsteuerung, die Attribut-Register und die Register des Video-Controllers einzeln programmieren. Sie als Programmierer werden sich lediglich für die Register des Video-Controllers interessieren, da damit eine hardwarenahe Programmierung bzw. Manipulation des Bildschirmspeichers möglich ist.

Wie Sie wissen, werden beim Schreiben eines Bytes (8 Bit) in den Bildschirmspeicher vier Bytes (32 Bit) in den unterschiedlichen Planes verändert. Ebenso muß beim Lesen aus dem Bildschirmspeicher die Datenmenge von 32 Bit auf 8 Bit reduziert werden. Dazu müssen Sie als Programmierer die entsprechenden Daten aus den Latches lesen oder die Daten in diese Latches schreiben. Dazu stehen Ihnen neun Register des EGA-Video-Controllers zur Verfügung (siehe Tabelle 3.1).

Register	Funktion
0	Setzen/Rücksetzen (Set/Reset)
1	Setzen/Rücksetzen ermöglichen (Enable Set/Reset)
2	Farbvergleich (Color Compare)
3	Funktionsauswahl (Function Select)
4	Leseauswahl (Read Map Select)
5	Modusauswahl (Mode)
6	Verschiedenes (Miscellaneous)
7	Farbignorierung (Color Don't Care)
8	Bit-Maskierung (Bit Mask)

Tab. 3.20: Die neun Register der EGA-Karte

Durch diese Register können Sie als Programmierer direkt auf die einzelnen Latches der EGA-Karte zugreifen. Zur Festlegung des verwendeten Registers dient die Port-Adresse

03CEh. Der Inhalt dieser Adresse bestimmt, in welches Register beim nächsten Zugriff etwas geschrieben wird bzw. aus welchem Register etwas gelesen wird. Für die Aufnahme bzw. Bereitstellung der Daten ist die Port-Adresse 03CFh gedacht. Durch diese Port-Adresse kann man Werte in das gewählte Register der EGA-Karte schreiben oder aus diesem Register Werte lesen. Wie Sie sicher bemerkt haben, liegt der Daten-Port ein Byte hinter dem Adreß-Port. Sie haben also auch die Möglichkeit, Adresse und Datenwert mit einem (16-Bit-) "Out"-Befehl in das Register zu schreiben. Dabei wird das AH-Register mit dem Datenwert und das AL-Register mit der Registeradresse des gewünschten Registers aufgesetzt. Jedes Bit der neun EGA-Register hat eine eigene Bedeutung, die im nächsten Abschnitt erklärt werden soll.

Register 0 (Set/Reset)

Bit	Funktion
7-4	nicht belegt
3	Bit zur Verknüpfung mit Latch 3
2	Bit zur Verknüpfung mit Latch 2
1	Bit zur Verknüpfung mit Latch 1
0	Bit zur Verknüpfung mit Latch 0

Register 1 (Enable Set/Reset)

Bit	Funktion	
7-4	nicht belegt	
3	wenn 0:	Latch 3 wird mit CPU-Register verknüpft
	wenn 1:	Latch 3 wird mit EGA-Register 0 verknüpft
2	wenn 0:	Latch 2 wird mit CPU-Register verknüpft
	wenn 1:	Latch 2 wird mit EGA-Register 0 verknüpft
1	wenn 0:	Latch 1 wird mit CPU-Register verknüpft
	wenn 1:	Latch 1 wird mit EGA-Register 0 verknüpft
0	wenn 0:	Latch 0 wird mit CPU-Register verknüpft
	wenn 1:	Latch 0 wird mit EGA-Register 0 verknüpft

Register 2 (Color Compare)

Bit	Funktion
7-4	nicht belegt
3-0	zu vergleichendes Bitmuster für die vier Bit-Planes

Register 3 (Function Select)

Bit	Funktion
7-5	nicht belegt
4-3	wenn 00: Bits beim Schreiben ersetzen
	wenn 01: Bits beim Schreiben UND-verknüpfen
	wenn 10: Bits beim Schreiben ODER-verknüpfen
	wenn 11: Bits beim Schreiben EXKLUSIV-ODER-verknüpfen
2-0	Anzahl Bits, um die das CPU-Byte nach rechts verschoben wird, bevor es mit den Latches verknüpft wird

Register 4 (Read Map Select)

Bit	Funktion
7-2	nicht belegt
1-0	wenn 00: Bit-Plane 0 lesen
	wenn 01: Bit-Plane 1 lesen
	wenn 10: Bit-Plane 2 lesen
	wenn 11: Bit-Plane 3 lesen

Register 5 (Mode)

Bit	Funktion
7-4	nicht belegt
3	wenn 0: Lese-Modus 0
	wenn 1: Lese-Modus 1
2	nicht belegt
1-0	wenn 00: Schreib-Modus 0
	wenn 01: Schreib-Modus 1
	wenn 11: Schreib-Modus 2

Register 7 (Color Don't Care)

Bit	Funktion
7-4	nicht belegt
3	wenn 0: beim Farbvergleich Plane 3 ignorieren
	wenn 1: beim Farbvergleich Plane 3 berücksichtigen
2	wenn 0: beim Farbvergleich Plane 2 ignorieren
	wenn 1: beim Farbvergleich Plane 2 berücksichtigen
1	wenn 0: beim Farbvergleich Plane 1 ignorieren

Bit	Funktion	
	wenn 1:	beim Farbvergleich Plane 1 berücksichtigen
0	wenn 0:	beim Farbvergleich Plane 0 ignorieren
	wenn 1:	beim Farbvergleich Plane 0 berücksichtigen

Register 8 (Bit Mask)

Bit	Funktion	
7	wenn 0:	Bit 7 beim Schreiben unverändert übernehmen
	wenn 1:	Bit 7 beim Schreiben verknüpfen
6	wenn 0:	Bit 6 beim Schreiben unverändert übernehmen
	wenn 1:	Bit 6 beim Schreiben verknüpfen
5	wenn 0:	Bit 5 beim Schreiben unverändert übernehmen
	wenn 1:	Bit 5 beim Schreiben verknüpfen
4	wenn 0:	Bit 4 beim Schreiben unverändert übernehmen
	wenn 1:	Bit 4 beim Schreiben verknüpfen
3	wenn 0:	Bit 3 beim Schreiben unverändert übernehmen
	wenn 1:	Bit 3 beim Schreiben verknüpfen
2	wenn 0:	Bit 2 beim Schreiben unverändert übernehmen
	wenn 1:	Bit 2 beim Schreiben verknüpfen
1	wenn 0:	Bit 1 beim Schreiben unverändert übernehmen
	wenn 1:	Bit 1 beim Schreiben verknüpfen
0	wenn 0:	Bit 0 beim Schreiben unverändert übernehmen
	wenn 1:	Bit 0 beim Schreiben verknüpfen

In dieser Auflistung der einzelnen Register fehlt, wie Sie sicher schon bemerkt haben, das Register 6 (Miscellaneous). Dieses Register hat je nach gewünschter Funktion verschiedene Bedeutungen.

Der Zugriff auf die EGA-Karte

Die EGA-Karte verfügt über ein eigenes BIOS. Sie kann in jeden PC, XT oder AT eingesetzt werden. Beim PS/2 kann nur im Modell 30 eine EGA-Karte eingesetzt werden, da alle anderen Modelle von Hause aus über einen VGA-Adapter verfügen. In diesem BIOS finden sich Funktionen zum Setzen eines Videomodus oder zum Verändern des Cursors. Bei solchen "zeitunkritischen" Funktionen sollte man als Programmierer immer auf das BIOS zurückgreifen. Anders bei der Manipulation einzelner Bildpunkte. Hier kann es bei der Verwendung der BIOS-Routinen zu Zeitproblemen kommen. Deshalb sollte man hierbei direkt in den Bildschirmspeicher schreiben.

Die EGA-Karte stellt zwei Lese- und drei Schreibmodi zur Verfügung. Die Auswahl eines Modus legt fest, wie die CPU beim Schreiben oder Lesen eines Bytes (repräsentativ für acht Bildpunkte) mit dem Latch verknüpft. Die Modi sind über das interne "Mode"-Register (Register 5) wählbar. Durch Schreiben einer Bitkombination in dieses Register kann man den gewünschten Modus einschalten. In Assembler schaltet man zum Beispiel den Lese-Modus 0 folgendermaßen ein:

```
Lese_Modus_0: mov dx,3ceh  ; Port-Adresse der EGA-Karte
              mov ah,0     ; Lese-Modus 0 wählen
              mov al,5     ; Wert für Register 5
              out dx,ax    ; in die Register schreiben
```

Wie Sie sehen, wird in diesem Beispiel nur die Port-Adresse zur Registerauswahl gesetzt. Da die Port-Adresse zur Datenaufnahme direkt danach folgt, wird durch den (16-Bit-) "Out"-Befehl das Datenregister automatisch gesetzt. Sie wissen nun, wie Sie die einzelnen Modi einschalten. Bleibt noch zu klären, wo die Unterschiede der Modi liegen.

Lese-Modus 0

In diesem Modus wird immer ein Byte einer Plane über das Latch an die CPU übergeben. Deshalb erhalten Sie bei einem Lesezugriff in diesem Modus immer die Bits acht aufeinander folgender Bildpunkte der entsprechenden Plane. Dazu müssen Sie im "Read Map Select"-Register (Register 4) die Plane angeben, aus der Sie ein Byte lesen möchten. In diesem Register werden nur die unteren beiden Bits verwendet. Die Bitkombination 00 vereinbart für den Lesezugriff die Plane 0, 01 die Plane 1 und so weiter. Wenn Sie zum Beispiel die ersten acht Bits der Plane 0 auslesen möchten, so können Sie dies folgendermaßen erledigen:

```
Lese_Plane: mov dx,3ceh   ; Port-Adresse der EGA-Karte
            mov ax,0a000  ; Startadresse des Bildschirmspeichers
            mov es,ax     ; Adresse ins Extrasegment
            mov ax,5      ; Lese-Modus 0 ins Register 5
            out dx,ax     ; in die Register schreiben
            mov ax,4      ; Bit-Plane 0 wählen
            out dx,ax     ; in die Register schreiben
            mov si,0      ; Offsetadresse wählen (0)
            mov al,es:[si]; Byte in Register AL laden
```

Lese-Modus 1

In diesem Modus ist ein "vergleichendes" Lesen von Bitmustern möglich. Dadurch kann man recht einfach überprüfen, ob ein bestimmter Bildpunkt eine vorgegebene Farbe besitzt oder nicht. Dazu muß das zu überprüfende Bitmuster (die Farbe) in das

"Color Compare"-Register (Register 2) geladen werden (Bits 0 bis 3). Durch die unteren vier Bits des "Color Don't Care"-Registers (Register 7) kann man einzelne Planes "ausblenden", das heißt, sie werden beim Farbvergleich ignoriert. Der (binäre) Wert 1111 in diesem Register legt fest, daß alle Planes beachtet werden sollen. Ein nicht gesetztes Bit an einer der vier Positionen schließt die entsprechende Plane vom Farbvergleich aus.

Wenn diese beiden Register ("Color Compare" und "Color Don't Care") gesetzt sind, kann der Lesezugriff auf den Bildschirmspeicher der EGA-Karte stattfinden. Das gelesene Byte (das nun in einem CPU-Register steht) enthält das Ergebnis des Farbvergleichs. Ein gesetztes Bit in diesem Byte zeigt an, daß für den entsprechenden Bildpunkt die Planes und die Maske im "Color Compare"-Register übereinstimmen. Ein gelöschtes Bit weist auf das Gegenteil hin. Das nun folgende Beispiel vergleicht die ersten acht Bildpunkte des Bildschirmspeichers mit dem Bitmuster 0101 (entspricht der Farbe Violett):

```
Violett: mov dx,3ceh    ; Port-Adresse der EGA-Karte
         mov ax,0a000   ; Startadresse des Bildschirmspeichers
         mov es,ax      ; Adresse ins Extrasegment
         mov ax,0405h   ; Lese-Modus 1 ins Register 5
         out dx,ax      ; in die Register schreiben
         mov ax,0502h   ; Bitmuster 0101 für Violett
         out dx,ax      ; ins Register 2 schreiben
         mov ax,0f07h   ; alle Bit-Planes vergleichen
         out dx,ax      ; ins Register 7 schreiben
         mov si,0       ; Offsetadresse wählen (0)
         mov al,es:[si] ; Byte in Register AL laden
```

Schreib-Modus 0

In diesem Modus können Sie einzelne Bits aus dem Bildschirmspeicher direkt manipulieren oder mit diesen Bits logische Verknüpfungen durchführen. Wenn Sie in diesem Modus auf den Bildschirmspeicher der EGA-Karte zugreifen, werden zuerst vier Bytes (der entsprechenden Planes an der angegebenen Adresse) in die vier Latches geladen, dann gemäß den Einstellungen der Register verändert und anschließend wieder in ihre Planes zurückgeschrieben. Die Art der Veränderung hängt vom Wert ab, den man in das "Enable Set/Reset"-Register (Register 1) schreibt.

Der Wert 0 in diesem Register legt fest, daß alle acht Bits der vier Latches mit dem Byte im CPU-Register logisch verknüpft werden. Die Art der logischen Verknüpfung wird dabei im "Function Select"-Register (Register 3) festgelegt. Hierbei stehen die logischen Verknüpfungen UND, ODER und EXKLUSIV-ODER zur Verfügung. Durch das "Bit Mask"-Register (Register 8) ist die Möglichkeit gegeben, bestimmte Bits von diesen logischen Verknüpfungen zu "verschonen". Nur wenn für ein Bit das entsprechende Bit im "Bit-Mask"-Register (Register 8) gesetzt ist, wird das Bit logisch verknüpft. Somit ist es möglich, nur einzelne Bits der Latches logisch zu verknüpfen.

Eine weitere Methode, einzelne Bits der Latches zu verknüpfen, besteht darin, einen Wert ungleich 0 in das "Enable Set/Reset"-Register (Register 1) zu schreiben. Der gebräuchliche Wert hierfür ist 15 (0fh). Damit werden die unteren vier Bits des Registers gesetzt. Dadurch wird festgelegt, daß die vier Bits eines Bildpunktes nicht mit dem CPU-Register, sondern mit den unteren vier Bits des "Set/Reset"-Registers (Register 0) verknüpft werden. Die Verknüpfungsfunktion wird wieder im "Function Select"-Register (Register 3) angegeben. Auch ist es möglich, durch das "Bit Mask"-Register (Register 8) bestimmte Bits von der Verknüpfung auszunehmen.

Mit den unteren drei Bits des "Function Select"-Registers (Register 3) kann man festlegen, um wie viele Bits das Byte von der CPU nach rechts verschoben werden soll, bevor es verknüpft wird. Von dieser Vorgehensweise sollte Sie allerdings keinen Gebrauch machen, da das Rotieren eines Bytes von der CPU schneller durchgeführt wird als vom Grafik-Chip.

Zur Verdeutlichung der beschriebenen Verknüpfungsfunktion folgt nun ein Beispiel, in dem die Bits aller vier Latches mit dem Wert 10101010b UND-verknüpft werden:

```
UND:   mov dx,3ceh       ; Port-Adresse der EGA-Karte
       mov ax,0a000      ; Startadresse des Bildschirmspeichers
       mov es,ax         ; Adresse ins Extrasegment
       mov ax,0005h      ; Schreib-Modus 0 wählen
       out dx,ax         ; ins Register 5 schreiben
       mov ax,0001h      ; Enable Set/Reset auf 0 setzen
       out dx,ax         ; ins Register 1 schreiben
       mov ax,0803h      ; logisches UND wählen
       out dx,ax         ; ins Register 3 schreiben
       mov ax0ff08h      ; Alle Bits werden verwendet.
       out dx,ax         ; ins Register 8 schreiben
       mov si,0          ; Offsetadresse wählen (0)
       mov al,10101010b  ; Bitmuster setzen
       mov es:[si],al    ; Bitmuster schreiben
```

Schreib-Modus 1

Der Schreib-Modus 1 ist bei der EGA-Karte erheblich einfacher zu programmieren als der Modus 0. Hierbei ist der Wert, der durch die CPU in den Bildschirmspeicher geschrieben werden soll, ohne Bedeutung. Es kommt bei diesem Vorgang lediglich auf die Adresse der Speicherstelle des Bildschirmspeichers an. Bei dem Schreibvorgang werden dann die Werte, die sich in den Latches befinden, in die entsprechenden Adressen der Bit-Planes geladen. Hierbei wird ein von der CPU übertragener Wert nicht beachtet.

Sie können diesen Modus also immer dann anwenden, wenn Sie schon wissen, was sich in den einzelnen Latches befindet. Sollten Sie sich über diesen Inhalt nicht bewußt sein, können Sie ja vorher die Latches einmal auslesen und die Werte kontrollieren. Sie werden sich nun bestimmt fragen, wozu das alles gut ist. Stellen Sie sich vor, Sie möchten einen Teil des Bildschirmspeichers an eine andere Stelle kopieren. Dazu ist es ja nicht nötig, den zu verschiebenden Wert in die CPU zu laden und ihn dann an einer anderen Stelle wieder in den Bildschirmspeicher zu schreiben. Sie können schließlich auch die Latches als Zwischenspeicher verwenden. Im nächsten Beispiel sollen die ersten acht Bildpunkte der EGA-Karte an die Position der nächsten acht Punkte verschoben (in diesem Fall kopiert) werden:

```
Punkte:   mov dx,3ceh     ; Port-Adresse der EGA-Karte
          mov ax,0a000    ; Startadresse des Bildschirmspeichers
          mov es,ax       ; Adresse ins Extrasegment
          mov ax,0005h    ; Lese-Modus 0 wählen
          out dx,ax       ; in das Register 5 schreiben
          mov si,0        ; Offsetadresse wählen (0)
          mov al,es:[si]; Latches lesen
          mov ax,0105h    ; Schreib-Modus 1 wählen
          out dx,ax       ; ins Register 5 schreiben
          inc si          ; Offsetadresse um 1 erhöhen
          mov es:[si],al; Wert wieder zurückschreiben
```

Schreib-Modus 2

Der Schreib-Modus 2 wird verwendet, wenn man die Bits der vier Latches mit den vier unteren Bits des CPU-Registers verknüpfen will. Diese Funktion ähnelt sehr stark dem Schreib-Modus 0. Die logische Verknüpfung ist wieder im "Function Select"-Register (Register 3) anzugeben. Wie auch im Schreib-Modus 0 lassen sich hier einzelne Bits durch das "Bit Mask"-Register (Register 8) von der Verknüpfung ausnehmen.

Durch diese Funktion ist im Schreib-Modus 2 eine gute Möglichkeit gegeben, die Farben einzelner Bildpunkte zu manipulieren. Zunächst werden die gewünschten Bildpunkte durch den Wert im "Bit-Mask"-Register ausgewählt. Nun wird die gewünschte (neue) Farbe in den unteren Teil des CPU-Registers geladen und anschließend mit den Bits des aktiven Bildpunktes verknüpft. Die Art der Verknüpfung wird wieder im "Function Select"-Register (Register 3) festgelegt. Der Wert 0 in diesem Register wählt den Modus "Wert ersetzen". Dadurch wird in unserem Falle dem Bildpunkt die neue Farbe zugeordnet. Beim folgenden Schreibzugriff werden die Bits "ersetzt", und die angesprochenen Bildpunkte erscheinen in der neuen Farbe. Natürlich kann anstatt "ersetzen" auch eine logische Funktion zur Verknüpfung gewählt werden.

Das folgende kleine Beispiel ändert die Farbe der ersten vier Bildpunkte am oberen linken Bildschirmrand auf 1001 (hellblau). Vier weitere Punkte werden dann gelöscht, also als Farbe 0 eingesetzt:

```
aendere:   mov dx,3ceh     ; Port-Adresse der EGA-Karte
           mov ax,0a000    ; Startadresse des Bildschirmspeichers
           mov es,ax       ; Adresse ins Extrasegment
           mov ax,0205h    ; Schreib-Modus 2 wählen
           out dx,ax       ; in das Register 5 schreiben
           mov ax,0003h    ; Funktion "ersetzen" wählen
           out dx,ax       ; in das Register 3 schreiben
           mov ax,0F008    ; die ersten vier Bits verändern
           out dx,ax       ; in das Register 8 schreiben
           mov al,09       ; Farbe einstellen
           mov es:[si],al; Farbe vereinbaren
           mov ax,0f08h    ; die zweiten vier Bits verändern
           out dx,ax       ; in das Register 8 schreiben
           mov al,0        ; Farbe vereinbaren
           mov es:[si],al; Farbe einstellen
```

Sie haben nun die zwei Lese- und die drei Schreib-Modi kennengelernt. Damit ist es möglich, die EGA-Karte hardwarenah und sehr schnell zu programmieren. Die Farbwerte, die Sie dabei vereinbaren, sind die Positionen der Register in der Farbpalette. Diese Farbpalette können Sie mit Hilfe von BIOS-Funktionen setzen.

Nun wissen Sie, wie man gezielt Bildpunkte verändert. Doch alle unsere Beispiele bezogen sich lediglich auf die ersten Bildpunkte. Was, wenn man einen Punkt mitten auf dem Bildschirm verändern will? Im Grafikmodus mit einer Zeilenauflösung von 640 Bildpunkten errechnet sich der Zeilenoffset (das ist der Wert, der zur Anfangsadresse der Zeile hinzuaddiert werden muß) wie folgt:

Gewünschte X-Koordinate/8

Der ganzzahlige Anteil dieser Berechnung wird zu dem Ergebnis der folgenden Berechnung hinzuaddiert:

(Y-Koordinate -1) * 80

Aus dieser Berechnung erhält man eine Offsetadresse, die die Position des gewünschten Bildpunktes im Bildschirmspeicher (der bei A000:0000h anfängt) angibt. Dieser Offset müßte bei den vorgestellten Beispielen ins SI-Register gesetzt werden. Eine Pascal-Routine, die eine Bildschirmspeicheradresse berechnet, müßte wie folgt aussehen:

```
Function GET_ADRESSE(X,Y : Word): Word;

begin
  GET_ADRESSE := (Y-1) * 80 + (X DIV 8);
end;
```

Nun muß man lediglich noch wissen, welches Bit aus dem Byte verändert werden muß. Dazu führt man eine Division von X MODULO 8 durch. Das Ergebnis ist als Exponent zur Basis 2 einzusetzen und die Potenz zu berechnen. Damit hat man nun den Wert, der in die entsprechenden Maskierungsregister geschrieben werden muß, damit lediglich der gewünschte Punkt geändert wird.

Mit diesem Wissen sind Sie nun in der Lage, jeden Bildpunkt der EGA-Karte auf Registerebene zu verändern, zu löschen oder zu setzen. Der nächste Abschnitt behandelt einen Modus der VGA-Karte, der es wert ist, gesondert aufgeführt zu werden. Es handelt sich dabei um den MCGA-Modus, der eine Auflösung von 320 * 200 Bildpunkten bei maximal 256 (!) Farben aus einer Palette von 262.144 zur Verfügung stellt.

Das Multi-Color Graphics Array (MCGA)

Das MCGA ist eigentlich keine Grafikkarte, sondern eher ein Bildschirmsubsystem und wird in den Modellen 25 und 30 des PS/2 verwendet. Allerdings stellt jede moderne VGA-Karte das MCGA als Modus zur Verfügung. Das MCGA ähnelt in vielerlei Hinsicht der CGA-Karte, liefert allerdings eine höhere Auflösung (640 * 350 Bildpunkte bei 2 Farben) und eine höhere Farbauswahl (320 * 200 Bildpunkte in 256 Farben).

Im Gegensatz zu allen bisher vorgestellten Grafikkarten liefert das MCGA ein analoges RGB-Signal zur Ansteuerung des Bildschirms. Dadurch ist es möglich, wesentlich mehr Farben auf dem Bildschirm darzustellen. Aus diesem Grund kann an das MCGA auch nur ein analoger Monitor angeschlossen werden. Analoge Multiscan- oder VGA-Monitore sind geeignet, die Signale des MCGA darzustellen.

Die Videomodi des MCGA

Das MCGA stellt alle Text- und Grafikmodi der CGA-Karte zur Verfügung. Im Textmodus erscheinen die Buchstaben schärfer auf dem Bildschirm, da bei der CGA-Karte ein Buchstabe mit einer Matrix von 8 * 8 Bildpunkten und beim MCGA mit einer 8 * 16 Matrix dargestellt wird.

Im CGA-Modus mit 320 * 200 Bildpunkten erscheint das Bild beim MCGA schärfer als bei der CGA-Karte. Das liegt am *Double Scan*. Hierbei wird jede Zeile vom MCGA zweimal dargestellt. Dadurch entfallen die Lücken zwischen den einzelnen Zeilen.

Abgesehen von den bekannten CGA-Modi, stellt das MCGA auch zwei neue Videomodi zur Verfügung. Modus 11h liefert 640 * 480 Bildpunkte in zwei Farben. Durch den Digital-Analogwandler (DAC) des MCGA erhält man noch den Modus 13h, der es erlaubt, 320 * 200 Bildpunkte in 256 aus einer Palette von 262.144 Farben darzustellen.

Die Organisation des Bildschirmspeichers

Das MCGA belegt den Adreßraum A000:0000h bis A000:FFFFh zur Speicherung der Bilddaten. Er umfaßt also 64 KByte. Die zweiten 32 KByte des Bildschirmspeichers (Bereich A000:8000h bis A000:FFFFh) sind aus Kompatibilitätsgründen auch unter dem Speicherbereich B800:0000h bis B800:7FFF zu erreichen. Damit wird die speichermäßige Kompatibilität mit der CGA-Karte hergestellt. Bei der Organisation des Bildschirmspeichers ergeben sich damit bei allen CGA-kompatiblen Modi keine Unterschiede zu einer Original-CGA-Karte.

Im Modus 11h (640 * 480 Bildpunkte in zwei Farben) ist der Bildschirmspeicher denkbar einfach organisiert. Da es nur zwei Farben gibt (Schwarz und Weiß), wird jeder Bildpunkt durch ein Pixel repräsentiert. Der Bildschirmspeicher beginnt dabei ab der Adresse A000:0000h. Da eine Zeile 640 Punkte hat, läßt sich die Information einer Bildschirmzeile in 80 Bytes unterbringen.

Zur Berechnung der Offsetadresse eines bestimmten Bildpunktes im Bildschirmspeicher wenden Sie folgende Formel an:

Offset = 80 * Y-Koordinate + X-Koordinate

Möchten Sie zusätzlich den Offset im eben berechneten Byte festlegen, dann kommt wieder die schon bekannte Division zum Einsatz:

X-Koordinate MODULO 8

Eine Pascal-Routine, die eine Bildschirmspeicheradresse berechnet, müßte wie folgt aussehen:

```
Function GET_ADRESSE(X,Y : Word): Word;

begin
  GET_ADRESSE := Y * 80 + X;
end;
```

Im Modus 13h, der 320 * 200 Bildpunkte in 256 Farben zur Verfügung stellt, ist der Bildschirmspeicher ebenso einfach angelegt wie im eben beschriebenen Modus. Hier müssen allerdings für einen Bildpunkt 8 Bit (also ein Byte) verwendet werden, da es 256 Kombinationen der Farbwahl gibt. Der Bildschirmspeicher beginnt in diesem Modus ebenfalls bei der Adresse A000:0000h.

In einer Zeile werden hier 320 Bildpunkte dargestellt. Das heißt, pro Zeile werden 320 Byte im Bildschirmspeicher belegt. Die bekannte Pascal-Routine zur Berechnung der Adresse eines beliebigen Bildpunktes sieht in diesem Modus wie folgt aus:

```
Function GET_ADRESSE(X,Y : Word): Word;

begin
  GET_ADRESSE := Y * 320 + X;
end;
```

Dieses Ergebnis braucht nicht weiter verändert zu werden, da ein Bildpunkt in diesem Modus ein ganzes Byte belegt. Man könnte theoretisch das "DAC Mask"-Register mit einem Wert ungleich FFh beschreiben, um eine Verknüpfung der Bytes im Bildschirmspeicher mit dem Wert zu erreichen. Da dadurch aber nur Nachteile entstehen (Verringerung der Farbvielfalt), soll hier nicht näher auf diese Methode eingegangen werden.

Die internen Register des MCGA

Da das MCGA zur CGA-Karte kompatibel ist, enthält es auch dessen Register. Beim MCGA stehen darüber hinaus zwei zusätzliche Moduskontrollregister zur Verfügung: das Register des Memory-Controllers und ein erweitertes Register (Extended Mode Control-Register). Das zweite hat nur beim Hochfahren (Kaltstart) des Rechners eine Bedeutung und wird aus diesen Gründen an dieser Stelle nicht näher besprochen.

Das erste, das Moduskontroll-Register (Register 10h), ist über den Auswahl-Port 3d8h erreichbar. Insgesamt stehen 64 interne Register zur Verfügung, die über den Auswahl-Port 3d8h angewählt werden können. Die einzelnen Register werden nun zusammen mit ihren Funktionen aufgelistet:

Nr	Funktion
00h	Anzahl darstellbarer Zeichen in einer Zeile; der tatsächliche Wert ist um Eins kleiner.
01h	Anzahl tatsächlich dargestellter Zeichen in einer Zeile.
02h	Zeichenposition, an der die horizontale Synchronisation beginnt; der tatsächliche Wert ist um Eins kleiner.
03h	Länge des Synchronimpulses in Zeichen.
04h	Anzahl der Zeichenzeilen in einem Refresh-Zyklus einschließlich des vertikalen Strahlrücklaufs. Der tatsächliche Wert ist um Eins kleiner.
05h	Anzahl Zeilen, die zum Inhalt des Registers 04h addiert werden. Wird zur Korrektur der vertikalen Abtastung verwendet.
06h	Anzahl der tatsächlich dargestellten Zeilen
07h	Vertikale Synchronisationsposition; legt die Zeile fest, in der der vertikale Strahlrücklauf beginnt. Der tatsächliche Wert ist um Eins kleiner.
08h	Reserviert
09h	Anzahl Zeilen pro Zeichen; der tatsächliche Wert ist um Eins kleiner. Der Wert wird intern mit Zwei multipliziert, um bei höherer Auflösung CGA-kompatibel zu bleiben.
0Ah	Zeilennummer, in der die Darstellung des Cursors beginnt; der Wert wird intern mit Zwei multipliziert, um bei höherer Auflösung CGA-kompatibel zu bleiben.
0Bh	Zeilennummer, in der die Darstellung des Cursors endet; der Wert wird intern mit Zwei multipliziert, um bei höherer Auflösung CGA-kompatibel zu bleiben.
0Ch	Höherwertiges Byte der 14-Bit-Adresse, die im Bildschirmspeicher den Startpunkt der Bilddarstellung festlegt.
0Dh	Niederwertiges Byte der 14-Bit-Adresse, die im Bildschirmspeicher den Startpunkt der Bilddarstellung festlegt.
0Eh	Höherwertiges Byte des 14-Bit-Zeigers, der auf die aktuelle Position im Bildschirmspeicher zeigt.
0Fh	Niederwertiges Byte des 14-Bit-Zeigers, der auf die aktuelle Position im Bildschirmspeicher zeigt.
10h	Moduskontrollregister
11h	Interrupt-Register
12h	Synchronisationsrichtung des Zeichensatzes
13h	Zeiger auf Zeichen im Zeichensatz
14h	Zeichenzähler für Zeichensatz
15h-3Fh	Reserviert

Im Gegensatz zur CGA-Karte lassen sich beim MCGA alle Register beschreiben und auslesen. Das Beschreiben der Register 00h bis 07h kann man aber auch durch das Setzen des Bits 7 im Moduskontrollregister (Register 10h) unterbinden. Dadurch wird verhindert, daß die Werte für die Kathodenstrahlsynchronisation verändert werden. Eines der wichtigsten Register des MCGA wird als nächstes mit den Funktionen der einzelnen Bits dargestellt:

Bit	Funktion	
0	wenn 0:	80-Zeichen-Textmodus
	wenn 1:	40-Zeichen-Textmodus
1	wenn 0:	alle Grafikmodi außer die mit 320 Bildpunkten pro Zeile
	wenn 1:	320-Bildpunkte-Grafikmodus
2	wenn 0:	Zeichenfarbe aus Palettenregister
	wenn 1:	Zeichenfarbe aus DAC-Register 7
3	wenn 0:	Bildschirm-Refresh ausgeschaltet (Bildschirm wird gelöscht)
	wenn 1:	Bildschirm-Refresh eingeschaltet
4	wenn 0:	alle Grafikmodi außer die mit 640 Bildpunkten pro Zeile
	wenn 1:	640-Bildpunkte-Grafikmodus
5	wenn 0:	Blink-Attribut ausgeschaltet
	wenn 1:	Blink-Attribut eingeschaltet
6	unbenutzt (sollte 0 sein)	
7	unbenutzt (sollte 0 sein)	

Bei diesem Register gibt es noch einen weiteren Unterschied zwischen dem MCGA und der CGA-Karte. Bit 2 des Registers legt beim MCGA die Quelle der Zeichenfarbe fest. Bei der CGA-Karte konnte man durch Setzen des Bits 2 den Farb-Burst des Composite-Video-Signals ausschalten. Dadurch erreichte man auf Grün- oder Bernstein-Monitoren ein besseres Bild. Das MCGA verfügt neben den internen Registern noch über drei erweiterte Register:

— das Moduskontrollregister (Port-Adresse 3d8h)

— das "DAC Mask"-Register (Port-Adresse 3c6h)

— das Status-Register (Port-Adresse 3dah)

Das "DAC Mask"-Register dient in allen Modi mit weniger als 256 möglichen Farben zum Berechnen der Farben. Dazu wird der Wert des Bildpunktes mit dem Inhalt des "DAC Mask"-Registers UND-verknüpft. Das Ergebnis wird als Zeiger auf eines der 256 Farb-Register verwendet.

Das dritte Register des MCGA, das Status-Register, kann man nur auslesen. Es folgt nun eine Auflistung der Bits und deren Funktion des Status-Registers:

Bit Funktion

0	wenn 0: Bildschirm ist eingeschaltet.
	wenn 1: Bildschirm ist ausgeschaltet.
1	nicht benutzt (immer 0)
2	nicht benutzt (immer 0)
3	wenn 0: momentan kein vertikaler Strahlrücklauf
	wenn 1: momentan vertikaler Strahlrücklauf
4	nicht benutzt
5	nicht benutzt
6	nicht benutzt
7	nicht benutzt

Der Zugriff auf das MCGA

Da der Modus 13h des MCGA lediglich eine Auflösung von 320 * 200 Bildpunkten zur Verfügung stellt, ist der Zeitbedarf für Pixelmanipulationen über das BIOS sehr gering. In vielen Fällen können Sie also beim Programmieren die unkomplizierten Funktionen des BIOS "genießen". Sollte es trotzdem erforderlich sein, den Bildschirmspeicher direkt zu beschreiben, ist dies auch kein Problem.

Im Textmodus ist der Bildschirmspeicher standardmäßig organisiert, das heißt, zuerst steht das Byte für den Zeichencode und danach das Attributbyte des Zeichens im Bildschirmspeicher. Sie können also das MCGA im Textmodus wie den Textmodus aller anderen Grafikkarten programmieren. Beim MCGA brauchen Sie sich auch nicht wie bei älteren CGA-Karten um das "Schneien" zu kümmern. Diese "Bildstörung" tritt beim MCGA nicht mehr auf.

Die Programmierung der CGA-kompatiblen Grafikmodi geschieht ebenfalls (daher kompatibel) wie bei einer CGA-Karte. In den beiden neuen Modi (640 * 480 Punkte in zwei Farben und 320 * 200 Punkte in 256 Farben) ist der Bildschirmspeicher erfreulicherweise "linear" organisiert. Im "640 * 480"-Modus wird für einen Bildpunkt ein Bit und im "320 * 200"-Modus für einen Bildpunkt ein Byte Speicherplatz benötigt.

Die Funktionen und Formeln zur Berechnung der Adressen im Bildschirmspeicher bei gegebenen Bildschirmkoordinaten haben Sie schon früher in diesem Abschnitt kennengelernt. Im nächsten Abschnitt besprechen wir eine Grafikkarte, die momentan zur leistungsfähigsten im unteren Preisbereich gehört: die VGA-Karte.

Das Video Graphics Array (VGA)

Die VGA-Karte (einst für die größeren Modelle der PS/2-Gruppe entwickelt) mausert sich immer mehr zur Standardausrüstung. Außer Ihrer Kompatibilität zu den meisten vorherigen Grafikkarten bietet die VGA-Karte zwei neue Videomodi an: 640 * 480 Bildpunkte in 16 und 320 * 200 Bildpunkte in 256 aus 262.144 Farben.

Für die VGA-Karte wurde wieder ein neuer Monitor entwickelt. Der VGA-Monitor besitzt eine horizontale Ablenkfrequenz von 31,5 KHz und eine Bildwechselfrequenz von 70 Hz. Dadurch ist beim VGA-Monitor (im VGA-Modus) das Flimmern noch weiter eingeschränkt worden. Analoge Multiscan-Monitore lassen sich ebenfalls an eine VGA-Karte anschließen.

Die Videomodi der VGA-Karte

Die VGA-Karte stellt alle bereits vorgestellten Textmodi zur Verfügung. Es besteht also Software-Kompatibilität mit den Videomodi 00h bis 03h und 07h. Weiterhin ist die VGA-Karte zur EGA-Karte registerkompatibel, das heißt, die VGA-Karte kann in allen Modi wie eine EGA-Karte angesprochen werden. Die VGA-Karte stellt darüber hinaus zwei neue Videomodi zur Verfügung: die Modi 12h und 13h.

Modus	Text/Grafik	Auflösung	Anzahl Farben
12h	Grafik	640 * 480	16
13h	Grafik	320 * 200	256

Der Modus 13h kommt Ihnen irgendwie bekannt vor? Richtig, es ist ein MCGA-kompatibler Grafikmodus, der bereits im letzten Abschnitt beschrieben wurde. Das heißt mit anderen Worten, lediglich der Modus 12h ist neu hinzugekommen.

Die Organisation des Bildschirmspeichers

Der Bildschirmspeicher der VGA-Karte umfaßt insgesamt 256 KByte. Dieser ist im Adreßbereich A0000h (A000:0000h) bis B8000h (B000:8000h) zu finden. In allen CGA-kompatiblen Modi wird der Bildschirmspeicher erst ab B0000h (B000:0000h) beschrieben, da bei der CGA-Karte der Bildschirmspeicher ab dieser Adresse beginnt. Wird dagegen ein EGA- oder VGA-Modus eingeschaltet, dann wird auch der Bildschirmspeicher ab A0000h (A000:0000h) beschrieben.

Der Bildschirmspeicher ist in vier *Planes* (engl. für *Ebenen*) eingeteilt. Da alle Planes gleich groß sind, besteht jede Plane bei einem Gesamtspeicher von 256 KByte aus 64 KByte. Diese vier Planes werden je nach gewähltem Bildschirmmodus anders angesprochen.

Die VGA-Karte ist in den Modi 0 bis 7 zu der CGA- bzw. MDA/HGC-Karte kompatibel. Da sich die Art der Speicherung von Texten oder Grafiken in den einzelnen Modi von der Art der Speicherung bei den dazu kompatiblen Grafikkarten nicht unterscheidet, besteht für eine Software kein Unterschied, ob es sich zum Beispiel um eine "echte" CGA-Karte oder nur um einen CGA-kompatiblen Modus einer VGA-Karte handelt. Nur bei der Registerprogrammierung ergeben sich einige Unterschiede.

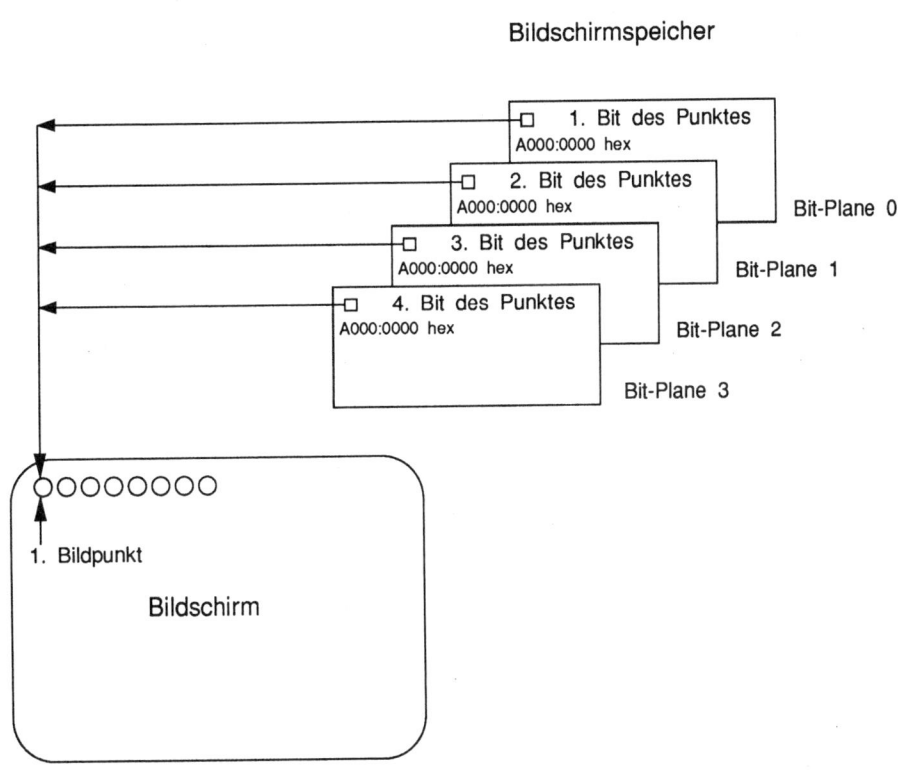

Abb. 3.13: Die Bit-Planes der VGA-Karte

Wenn Sie allerdings einen echten EGA- oder VGA-Modus wählen (Modi 13 bis 16 und
19), unterscheidet sich der Aufbau des Bildschirmspeichers erheblich von den bisher
bekannten CGA-, MDA- oder HGC-Karten. In diesen Modi wird die Aufteilung des
Bildschirmspeichers in die vier Planes aktiv (siehe auch Abbildung 3.13). Das besondere an diesen vier Planes ist, daß sie sich sozusagen nebeneinander im Speicher befinden. Jede Plane hat ihren Anfang bei der Adresse A0000h (A000:0000h). Dadurch legt
eine einzige Adresse im Bildschirmspeicher die Position von vier Bytes fest (eines in
jeder Plane). Da ein Bildpunkt durch vier Bits repräsentiert wird, enthält jede Plane ein
Bit eines Bildpunkts.

Jeder Plane ist eine Farbe zugeordnet aus der sich die Farben der Bildpunkte kombinieren lassen. Plane 0 repräsentiert die Farbe Blau, Plane 1 die Farbe Grün und Plane 2 die
Farbe Rot. Plane 3 steht für die Intensität, da es jede Farbe in zwei Helligkeitsstufen
gibt. Aus den dadurch möglichen Kombinationen lassen sich die folgenden 16 Farben
darstellen:

Farbwert	Farbe
0	Schwarz
1	Blau
2	Grün
3	Kobaltblau (Cyan)
4	Rot
5	Violett (Magenta)
6	Braun
7	Weiß
8	Grau
9	Hellblau
10	Hellgrün
11	Hellkobaltblau
12	Hellrot
13	Hellviolett
14	Gelb (Hellbraun)
15	Hellweiß

Jeder Schreib- oder Lesezugriff auf den Bildschirmspeicher einer VGA-Karte bezieht
sich nicht auf ein Byte, sondern immer auf vier Byte (ein Byte pro Plane). Daher ist es
auch nicht so einfach, diese Vorgänge zu verstehen. Beim Lesen aus dem Bildschirmspeicher muß man demnach immer alle vier Planes auslesen. Dies übernimmt der Video-Controller der VGA-Karte. Bei einem Lesezugriff liest der Video-Controller ein Bit
aus jeder der vier Planes und speichert diese Bits in vier speziellen Registern, *Latches*
(engl. für Zwischenspeicher) genannt.

Ebenso funktioniert ein Schreibzugriff auf den Bildschirmspeicher. Die CPU schreibt die vier Bit (ein Nibble) in die Latches, die dann vom Video-Controller in die vier Bit-Planes übertragen werden. Zum gezielten Ansteuern und Verändern einzelner Bildpunkte besitzt die VGA-Karte verschiedene interne Register.

Die internen Register der VGA-Karte

Die VGA-Karte besteht aus verschiedenen hochintegrierten Schaltkreisen, die alle ihre internen Register besitzen. Es lassen sich bei der VGA-Karte die allgemeinen Ausgabe-Register, die Register des Sequenzers, die Register zur Kathodenstrahlsteuerung, die Attribut-Register und die Register des Video-Controllers einzelnen programmieren. Sie als Programmierer werden sich lediglich für die Register des Video-Controllers interessieren, da damit eine hardwarenahe Programmierung bzw. Manipulation des Bildschirmspeichers möglich ist.

Beim Schreiben eines Bytes (8 Bit) in den Bildschirmspeicher werden vier Bytes (32 Bit) in den unterschiedlichen Planes verändert. Ebenso muß beim Lesen aus dem Bildschirmspeicher die Datenmenge von 32 Bit auf 8 Bit reduziert werden. Dazu müssen Sie als Programmierer die entsprechenden Daten aus den Latches lesen oder die Daten in diese Latches schreiben. Zu diesem Zweck stehen Ihnen neun Register des VGA-Video-Controllers zur Verfügung.

Register	Funktion
0	Setzen/Rücksetzen (Set/Reset)
1	Setzen/Rücksetzen ermöglichen (Enable Set/Reset)
2	Farbvergleich (Color Compare)
3	Funktionsauswahl (Function Select)
4	Leseauswahl (Read Map Select)
5	Modusauswahl (Mode)
6	Verschiedenes (Miscellaneous)
7	Farbignorierung (Color Don't Care)
8	Bit-Maskierung (Bit Mask)

Tab. 3.21: Die neun Register der VGA-Karte

Durch diese Register können Sie als Programmierer direkt auf die einzelnen Latches der VGA-Karte zugreifen. Zur Festlegung des verwendeten Registers dient die Port-Adresse 03CEh. Der Inhalt dieser Adresse bestimmt, in welches Register beim nächsten Zugriff etwas geschrieben bzw. aus welchem Register etwas gelesen wird. Für die Aufnahme bzw. Bereitstellung der Daten ist die Port-Adresse 03CFh gedacht. Durch diese Port-Adresse kann man Werte in das gewählte Register der VGA-Karte schreiben oder aus diesem Register Werte lesen. Wie Sie sicher bemerkt haben, liegt der Daten-Port ein Byte hinter dem Adreß-Port. Sie haben also auch die Möglichkeit, Adresse und Datenwert mit einem (16-Bit-) "Out"-Befehl in das Register zu schreiben. Dabei wird das AH-Register mit dem Datenwert und das AL-Register mit der Registeradresse des gewünschten Registers aufgesetzt. Jedes Bit der neun VGA-Register hat eine eigene Bedeutung, die im nächsten Abschnitt erklärt werden soll.

Register 0 (Set/Reset)

Bit	Funktion
7-4	nicht belegt
3	Bit zur Verknüpfung mit Latch 3
2	Bit zur Verknüpfung mit Latch 2
1	Bit zur Verknüpfung mit Latch 1
0	Bit zur Verknüpfung mit Latch 0

Register 1 (Enable Set/Reset)

Bit	Funktion	
7-4	nicht belegt	
3	wenn 0:	Latch 3 wird mit CPU-Register verknüpft
	wenn 1:	Latch 3 wird mit VGA-Register 0 verknüpft
2	wenn 0:	Latch 2 wird mit CPU-Register verknüpft
	wenn 1:	Latch 2 wird mit VGA-Register 0 verknüpft
1	wenn 0:	Latch 1 wird mit CPU-Register verknüpft
	wenn 1:	Latch 1 wird mit VGA-Register 0 verknüpft
0	wenn 0:	Latch 0 wird mit CPU-Register verknüpft
	wenn 1:	Latch 0 wird mit VGA-Register 0 verknüpft

Register 2 (Color Compare)

Bit	Funktion
7-4	nicht belegt
3-0	zu vergleichendes Bitmuster für die vier Bit-Planes

Register 3 (Function Select)

Bit	Funktion	
7-5	nicht belegt	
4-3	wenn 00:	Bits beim Schreiben ersetzen
	wenn 01:	Bits beim Schreiben UND-verknüpfen

Bit	Funktion
	wenn 10: Bits beim Schreiben ODER-verknüpfen
	wenn 11: Bits beim Schreiben EXKLUSIV-ODER-verknüpfen
2-0	Anzahl Bits, um die das CPU-Byte nach rechts verschoben wird, bevor es mit den Latches verknüpft wird

Register 4 (Read Map Select)

Bit	Funktion	
7-2	nicht belegt	
1-0	wenn 00:	Bit-Plane 0 lesen
	wenn 01:	Bit-Plane 1 lesen
	wenn 10:	Bit-Plane 2 lesen
	wenn 11:	Bit-Plane 3 lesen

Register 5 (Mode)

Bit	Funktion	
7-4	nicht belegt	
3	wenn 0:	Lese-Modus 0
	wenn 1:	Lese-Modus 1
1-0	wenn 00:	Schreib-Modus 0
	wenn 01:	Schreib-Modus 1
	wenn 11:	Schreib-Modus 2

Register 7 (Color Don't Care)

Bit	Funktion	
7-4	nicht belegt	
3	wenn 0:	beim Farbvergleich Plane 3 ignorieren
	wenn 1:	beim Farbvergleich Plane 3 berücksichtigen
2	wenn 0:	beim Farbvergleich Plane 2 ignorieren
	wenn 1:	beim Farbvergleich Plane 2 berücksichtigen
1	wenn 0:	beim Farbvergleich Plane 1 ignorieren
	wenn 1:	beim Farbvergleich Plane 1 berücksichtigen
0	wenn 0:	beim Farbvergleich Plane 0 ignorieren
	wenn 1:	beim Farbvergleich Plane 0 berücksichtigen

Register 8 (Bit Mask)

Bit   *Funktion*

7   wenn 0:   Bit 7 beim Schreiben unverändert übernehmen
               wenn 1:   Bit 7 beim Schreiben verknüpfen
6   wenn 0:   Bit 6 beim Schreiben unverändert übernehmen
               wenn 1:   Bit 6 beim Schreiben verknüpfen
5   wenn 0:   Bit 5 beim Schreiben unverändert übernehmen
               wenn 1:   Bit 5 beim Schreiben verknüpfen
4   wenn 0:   Bit 4 beim Schreiben unverändert übernehmen
               wenn 1:   Bit 4 beim Schreiben verknüpfen
3   wenn 0:   Bit 3 beim Schreiben unverändert übernehmen
               wenn 1:   Bit 3 beim Schreiben verknüpfen
2   wenn 0:   Bit 2 beim Schreiben unverändert übernehmen
               wenn 1:   Bit 2 beim Schreiben verknüpfen
1   wenn 0:   Bit 1 beim Schreiben unverändert übernehmen
               wenn 1:   Bit 1 beim Schreiben verknüpfen
0   wenn 0:   Bit 0 beim Schreiben unverändert übernehmen
               wenn 1:   Bit 0 beim Schreiben verknüpfen

In dieser Auflistung der einzelnen Register fehlt, wie Sie sicher schon bemerkt haben, das Register 6 (Miscellaneous). Dieses Register hat je nach gewünschter Funktion verschiedene Bedeutungen.

Der Zugriff auf die VGA-Karte

Die VGA-Karte verfügt über ein eigenes BIOS. Sie kann in jeden PC, XT oder AT eingesetzt werden. Beim PS/2 kann nur im Modell 30 eine VGA-Karte eingesetzt werden, da alle anderen Modelle von Hause aus über einen VGA-Adapter verfügen.

In diesem BIOS finden sich Funktionen zum Setzen eines Videomodus oder zum Verändern des Cursors. Bei solchen "zeitunkritischen" Funktionen sollte man als Programmierer immer auf das BIOS zurückgreifen. Anders bei der Manipulation einzelner Bildpunkte. Hier kann es bei der Verwendung der BIOS-Routinen zu Zeitproblemen kommen. Deshalb sollte man hierbei direkt in den Bildschirmspeicher schreiben.

Die VGA-Karte stellt zwei Lese- und vier Schreibmodi zur Verfügung. Die Auswahl eines Modus legt fest, wie die CPU beim Schreiben oder Lesen eines Bytes (repräsentativ für acht Bildpunkte) mit dem Latch verknüpft. Die Modi sind über das interne "Mode"-Register (Register 5) wählbar. Durch Schreiben einer Bitkombination in dieses Register kann man den gewünschten Modus einschalten. In Assembler schaltet man zum Beispiel den Lese-Modus 0 folgendermaßen ein:

```
Lese_Modus_0: mov dx,3ceh  ; Port-Adresse der VGA-Karte
              mov ah,0     ; Lese-Modus 0 wählen
              mov al,5     ; Wert für Register 5
              out dx,ax    ; in die Register schreiben
```

Wie Sie sehen, wird in diesem Beispiel nur die Port-Adresse zur Registerauswahl gesetzt. Da die Port-Adresse zur Datenaufnahme direkt danach folgt, wird durch den (16-Bit-) "Out"-Befehl das Datenregister automatisch gesetzt.

Wie Sie die einzelnen Modi einschalten, wissen Sie nun. Bleibt noch zu klären, wo die Unterschiede der Modi liegen.

Lese-Modus 0

In diesem Modus wird immer ein Byte einer Plane über das Latch an die CPU übergeben. Deshalb erhalten Sie bei einem Lesezugriff in diesem Modus immer die Bits der entsprechenden Plane acht aufeinander folgender Bildpunkte. Dazu müssen Sie im "Read Map Select"-Register (Register 4) die Plane angeben, aus der Sie ein Byte lesen möchten. In diesem Register werden nur die unteren beiden Bits verwendet. Die Bitkombination 00 vereinbart für den Lesezugriff die Plane 0, 01 die Plane 1 und so weiter. Wenn Sie zum Beispiel die ersten acht Bits der Plane 0 auslesen möchten, so können Sie dies folgendermaßen erledigen:

```
Lese_Plane: mov dx,3ceh    ; Port-Adresse der VGA-Karte
            mov ax,0a000   ; Startadresse des Bildschirmspeichers
            mov es,ax      ; Adresse ins Extrasegment
            mov ax,5       ; Lese-Modus 0 ins Register 5
            out dx,ax      ; in die Register schreiben
            mov ax,4       ; Bit-Plane 0 wählen
            out dx,ax      ; in die Register schreiben
            mov si,0       ; Offsetadresse wählen (0)
            mov al,es:[si]; Byte in Register AL laden
```

Lese-Modus 1

In diesem Modus ist ein "vergleichendes" Lesen von Bitmustern möglich. Dadurch kann man recht einfach überprüfen, ob ein bestimmter Bildpunkt eine vorgegebene Farbe besitzt oder nicht. Dazu muß das zu überprüfende Bitmuster (die Farbe) in das "Color Compare"-Register (Register 2) geladen werden (Bits 0 bis 3). Durch die unteren vier Bits des "Color Don't Care"-Registers (Register 7) kann man einzelne Planes "ausblenden", das heißt, sie werden beim Farbvergleich ignoriert. Der (binäre) Wert 1111 in diesem Register legt fest, daß alle Planes beachtet werden sollen. Ein nicht gesetztes Bit an einer der vier Positionen schließt die entsprechende Plane vom Farbvergleich aus.

Wenn diese beiden Register (Color Compare und Color Don't Care) gesetzt sind, kann der Lesezugriff auf den Bildschirmspeicher der VGA-Karte stattfinden. Das gelesene Byte (das nun in einem CPU-Register steht) enthält das Ergebnis des Farbvergleichs. Ein gesetztes Bit in diesem Byte zeigt an, daß für den entsprechenden Bildpunkt die Planes und die Maske im "Color Compare"-Register übereinstimmen. Ein gelöschtes Bit weist auf das Gegenteil hin. Das nun folgende Beispiel vergleicht die ersten acht Bildpunkte des Bildschirmspeichers mit dem Bitmuster 0101 (entspricht der Farbe Violett):

```
Violett: mov dx,3ceh    ; Port-Adresse der VGA-Karte
         mov ax,0a000   ; Startadresse des Bildschirmspeichers
         mov es,ax      ; Adresse ins Extrasegment
         mov ax,0405h   ; Lese-Modus 1 ins Register 5
         out dx,ax      ; in die Register schreiben
         mov ax,0502h   ; Bitmuster 0101 für Violett
         out dx,ax      ; ins Register 2 schreiben
         mov ax,0f07h   ; alle Bit-Planes vergleichen
         out dx,ax      ; ins Register 7 schreiben
         mov si,0       ; Offsetadresse wählen (0)
         mov al,es:[si]; Byte in Register AL laden
```

Schreib-Modus 0

In diesem Modus können Sie einzelne Bits aus dem Bildschirmspeicher direkt manipulieren oder mit diesen Bits logische Verknüpfungen durchführen. Wenn Sie in diesem Modus auf den Bildschirmspeicher der VGA-Karte zugreifen, werden zuerst vier Bytes (der entsprechenden Planes an der angegebenen Adresse) in die vier Latches geladen, dann gemäß den Einstellungen der Register verändert und anschließend wieder in ihre Planes zurückgeschrieben. Die Art der Veränderung hängt vom Wert ab, den man in das "Enable Set/Reset"-Register (Register 1) schreibt.

Der Wert 0 in diesem Register legt fest, daß alle acht Bits der vier Latches mit dem Byte im CPU-Register logisch verknüpft werden. Die Art der logischen Verknüpfung wird dabei im "Function Select"-Register (Register 3) festgelegt. Hierbei stehen die logischen Verknüpfungen UND, ODER und EXKLUSIV-ODER zur Verfügung. Durch das "Bit Mask"-Register (Register 8) ist die Möglichkeit gegeben, bestimmte Bits von diesen logischen Verknüpfungen zu "verschonen". Nur wenn für ein Bit das entspre-

chende Bit im "Bit-Mask"-Register (Register 8) gesetzt ist, wird das Bit logisch verknüpft. Somit ist es möglich, nur einzelne Bits der Latches logisch zu verknüpfen.

Eine weitere Methode, einzelne Bits der Latches zu verknüpfen, ist, einen Wert ungleich 0 in das "Enable Set/Reset"-Register (Register 1) zu schreiben. Der gebräuchliche Wert hierfür ist 15 (0Fh). Damit werden die unteren vier Bits des Registers gesetzt.
Dies legt fest, daß die vier Bits eines Bildpunktes nicht mit dem CPU-Register, sondern
mit den unteren vier Bits des "Set/Reset"-Registers (Register 0) verknüpft werden. Die
Verknüpfungsfunktion wird wieder im "Function Select"-Register (Register 3) angegeben. Auch ist es möglich, durch das "Bit Mask"-Register (Register 8) bestimmte Bits
von der Verknüpfung auszunehmen.

Mit den unteren drei Bits des "Function Select"-Registers (Register 3) kann man festlegen, um wie viele Bits das Byte von der CPU nach rechts verschoben werden soll, bevor es verknüpft wird. Von dieser Vorgehensweise sollten Sie allerdings keinen Gebrauch machen, da das Rotieren eines Bytes von der CPU schneller durchgeführt wird
als vom Grafik-Chip.

Zur Verdeutlichung der beschriebenen Verknüpfungsfunktion folgt nun ein Beispiel, in
dem die Bits aller vier Latches mit dem Wert 10101010b UND-verknüpft werden:

```
UND:   mov dx,3ceh        ; Port-Adresse der VGA-Karte
       mov ax,0a000       ; Startadresse des Bildschirmspeichers
       mov es,ax          ; Adresse ins Extrasegment
       mov ax,0005h       ; Schreib-Modus 0 wählen
       out dx,ax          ; in das Register 5 schreiben
       mov ax,0001h       ; Enable Set/Reset auf 0 setzen
       out dx,ax          ; ins Register 1 schreiben
       mov ax,0803h       ; logisches UND wählen
       out dx,ax          ; ins Register 3 schreiben
       mov ax0ff08h       ; Alle Bits werden verwendet.
       out dx,ax          ; ins Register 8 schreiben
       mov si,0           ; Offsetadresse wählen (0)
       mov al,10101010b   ; Bitmuster setzen
       mov es:[si],al     ; Bitmuster schreiben
```

Schreib-Modus 1

Der Schreib-Modus 1 ist bei der VGA-Karte erheblich einfacher zu programmieren als
der Modus 0. Hierbei ist der Wert, der durch die CPU in den Bildschirmspeicher geschrieben werden soll, ohne Bedeutung. Es kommt bei diesem Vorgang lediglich auf die
Adresse der Speicherstelle des Bildschirmspeichers an. Beim Schreibvorgang werden

dann die Werte, die sich in den Latches befinden, in die entsprechenden Adressen der Bit-Planes geladen. Hierbei wird ein von der CPU übertragener Wert nicht beachtet.

Sie können diesen Modus also immer dann anwenden, wenn Sie schon wissen, was sich in den einzelnen Latches befindet. Sollten Sie sich über diesen Inhalt nicht bewußt sein, können Sie ja vorher die Latches einmal auslesen und die Werte kontrollieren. Sie werden sich nun bestimmt fragen, wozu das alles gut ist. Stellen Sie sich vor, Sie möchten einen Teil des Bildschirmspeichers an eine andere Stelle kopieren. Dazu ist es ja nicht nötig, den zu verschiebenden Wert in die CPU zu laden und ihn dann an einer anderen Stelle wieder in den Bildschirmspeicher zu schreiben. Sie können schließlich auch die Latches als Zwischenspeicher verwenden. Im nächsten Beispiel sollen die ersten acht Bildpunkte der VGA-Karte an die Position der nächsten acht Punkte verschoben (in diesem Fall kopiert) werden:

```
Punkte:  mov dx,3ceh     ; Port-Adresse der VGA-Karte
         mov ax,0a000    ; Startadresse des Bildschirmspeichers
         mov es,ax       ; Adresse ins Extrasegment
         mov ax,0005h    ; Lese-Modus 0 wählen
         out dx,ax       ; in das Register 5 schreiben
         mov si,0        ; Offsetadresse wählen (0)
         mov al,es:[si]; Latches lesen
         mov ax,0105h    ; Schreib-Modus 1 wählen
         out dx,ax       ; ins Register 5 schreiben
         inc si          ; Offsetadresse um 1 erhöhen
         mov es:[si],al; Wert wieder zurückschreiben
```

Schreib-Modus 2

Der Schreib-Modus 2 wird verwendet, wenn man die Bits der vier Latches mit den vier unteren Bits des CPU-Registers verknüpfen will. Diese Funktion ähnelt sehr stark dem Schreib-Modus 0. Die logische Verknüpfung ist wieder im "Function Select"-Register (Register 3) anzugeben. Wie auch im Schreib-Modus 0 lassen sich hier einzelne Bits durch das "Bit Mask"-Register (Register 8) von der Verknüpfung ausnehmen.

Durch diese Funktion ist im Schreib-Modus 2 eine gute Möglichkeit gegeben, die Farben einzelner Bildpunkte zu manipulieren. Zunächst werden die gewünschten Bildpunkte durch den Wert im "Bit-Mask"-Register ausgewählt. Nun wird die gewünschte (neue) Farbe in den unteren Teil des CPU-Registers geladen und anschließend mit den Bits des aktiven Bildpunktes verknüpft. Die Art der Verknüpfung wird wieder im "Function Select"-Register (Register 3) festgelegt. Der Wert 0 in diesem Register wählt den Modus "Wert ersetzen". Dadurch wird in unserem Falle dem Bildpunkt die neue Farbe zugeordnet. Beim folgenden Schreibzugriff werden die Bits "ersetzt", und die angesprochenen Bildpunkte erscheinen in der neuen Farbe. Natürlich kann anstatt "ersetzen" auch eine logische Funktion zur Verknüpfung gewählt werden.

Das folgende kleine Beispiel ändert die Farbe der ersten vier Bildpunkte am oberen linken Bildschirmrand auf 1001 (Hellblau). Die vier weiteren Punkte werden dann gelöscht, also als Farbe 0 eingesetzt:

```
aendere:  mov dx,3ceh    ; Port-Adresse der VGA-Karte
          mov ax,0a000   ; Startadresse des Bildschirmspeichers
          mov es,ax      ; Adresse ins Extrasegment
          mov ax,0205h   ; Schreib-Modus 2 wählen
          out dx,ax      ; in das Register 5 schreiben
          mov ax,0003h   ; Funktion "ersetzen" wählen
          out dx,ax      ; in das Register 3 schreiben
          mov ax,0F008   ; die ersten vier Bits verändern
          out dx,ax      ; in das Register 8 schreiben
          mov al,09      ; Farbe einstellen
          mov es:[si],al; Farbe vereinbaren
          mov ax,0f08h   ; die zweiten vier Bits verändern
          out dx,ax      ; in das Register 8 schreiben
          mov al,0       ; Farbe vereinbaren
          mov es:[si],al; Farbe einstellen
```

Schreib-Modus 3

Dieser neue Modus ist nur in der VGA-Karte implementiert. In ihm werden die Bits der Bildpunkte aus den Latches mit den unteren vier Bits des "Set/Reset"-Registers (Register 0) verknüpft. Wie auch in den anderen Schreibmodi können Sie im "Function Select"-Register (Register 3) angeben, nach welcher logischen Funktion die Bits verknüpft werden und ob das Datenbyte vorher rotiert werden soll. Auch das "Bit Mask"-Register (Register 8) kann genau wie in den Schreibmodi 0 und 2 verwendet werden, um bestimmte Bits von dieser Verknüpfung auszunehmen.

Sie haben nun die zwei Lese- und die drei Schreib-Modi kennengelernt. Damit ist es möglich, die VGA-Karte hardwarenah und sehr schnell zu programmieren. Die Farbwerte, die Sie dabei vereinbaren, sind die Positionen der Register in der Farbpalette. Diese Farbpalette können Sie mit Hilfe von BIOS-Funktionen setzen.

Nun wissen Sie, wie man gezielt Bildpunkte verändert. Doch alle unsere Beispiele bezogen sich lediglich auf die ersten Bildpunkte. Was, wenn man einen Punkt mitten auf dem Bildschirm verändern will? Im Grafikmodus mit einer Zeilenauflösung von 640 Bildpunkten errechnet sich der Zeilenoffset (das ist der Wert, der zur Anfangsadresse der Zeile hinzuaddiert werden muß) wie folgt:

Gewünschte X-Koordinate/8

Der ganzzahlige Anteil dieser Berechnung wird zum Ergebnis der folgenden Berechnung hinzuaddiert:

(Y-Koordinate –1) * 80

Aus dieser Berechnung erhält man eine Offsetadresse, die die Position des gewünschten Bildpunktes im Bildschirmspeicher (der bei A000:0000h anfängt) angibt. Dieser Offset müßte bei den vorgestellten Beispielen ins SI-Register gesetzt werden. Eine Pascal-Routine, die eine Bildschirmspeicheradresse berechnet, müßte wie folgt aussehen:

```
Function GET_ADRESSE(X,Y : Word): Word;

begin
  GET_ADRESSE := (Y-1) * 80 + (X DIV 8);
end;
```

Nun muß man lediglich noch wissen, welches Bit aus dem Byte verändert werden muß. Dazu führt man eine Division von X MODULO 8 durch. Das Ergebnis ist als Exponent zur Basis 2 einzusetzen und die Potenz zu berechnen. Damit hat man nun den Wert, der in die entsprechenden Maskierungsregister geschrieben werden muß, damit lediglich der gewünschte Punkt geändert wird.

Mit diesem Wissen sind Sie nun in der Lage, jeden Bildpunkt der VGA-Karte auf Registerebene zu verändern, zu löschen oder zu setzen.

Andere Grafikkarten

Die bisher beschriebenen Grafikkarten sind wohl die bekanntesten. Es gibt aber auch weitere Grafikkarten auf dem Markt, bei denen sich ein Blick auf die Funktionen lohnt.

Die AGA-Karte

Bei der AGA-Karte sind die Modi der HGC- und CGA-Karte verknüpft worden. Ziel war es, im Textmodus die Qualität der Zeichen einer HGC-Karte und im Grafikmodus die "Farbvielfalt" einer CGA-Karte zu erhalten. Mittlerweile dürfte die AGA-Karte kaum mehr eine Chance am Markt haben, da die EGA-Karte schon mehr Funktionen und Modi als die AGA-Karte zur Verfügung stellt.

Die 8514/A

Die 8514/A (der Name ist die interne Bestellnummer bei IBM!) ist ein weiterer Schritt von IBM in Richtung hochauflösende Grafik mit bestechender Farbvielfalt. Außer der Kompatibilität zur MDA-, CGA-, EGA-, MCGA- und VGA-Karte stellt die 8514/A neue Videomodi zur Verfügung. Bei ihr sind Auflösungen bis zu 1024 * 768 Bildpunkten in 256 aus 262.144 Farben realisierbar. Bei diesen Auflösungen würde eine konventionelle Ansteuerung und Programmierung der Grafik viel zu viel Zeit in Anspruch nehmen. Deshalb werden Funktionen wie zum Beispiel das Ziehen einer Linie von speziellen Chips auf diesem Grafikadapter übernommen. In diesen Chips ist eine eigene Bibliothek an grafischen Funktionen implementiert worden.

Die Hercules Graphics Station Card

Die Firma Hercules (die damals schon mit ihrer HGC-Karte berühmt wurde) versucht nun wieder, einen Meilenstein in der Geschichte der Grafikkarten zu setzen. Die HGSC-Karte enthält einen Intel-VGA-Chip, um zur VGA-Karte kompatibel zu bleiben. Weiterhin ist sie mit einem TMS-34010-Grafikprozessor der Firma Texas Instruments ausgestattet. Dieser übernimmt wie bei der 8514/A verschiedene Routinen zur Grafikbearbeitung. Bei der HGSC-Karte aber sind diese Routinen nicht "hardwaremäßig", sondern auf Softwarebasis realisiert. Außer den *Core Primitives* (bedeutet *Kernroutinen*) kann der Anwender auch eigene *User Primitives* (*Anwenderroutinen*) in den optionalen, 2 Megabyte großen Programmspeicher laden. *Primitives* sind Routinen zur Grafikbearbeitung).

Weiterhin stellt die HGSC-Karte neue Videomodi zur Verfügung. Im "Photo Realistic"-Modus stellt die HGSC-Karte eine Auflösung von 640 * 480 Bildpunkten mit einer Farbvielfalt von 32.768 gleichzeitig darstellbaren Farben aus einer Palette von 16,7 Millionen dar. Im "True Color"-Modus sind theoretisch sogar alle 16,7 Millionen Farben gleichzeitig darstellbar, und zwar bei einer Auflösung von 512 * 480 Bildpunkten. (Da keine 16,7 Millionen, sondern nur knapp 250.000 Bildpunkte in diesem Modus vorhanden sind, kann man logischerweise auch nur ebensoviele Farben gleichzeitig darstellen.) Zur Aufnahme solch riesiger Datenmengen steht der HGSC-Karte 1 Megabyte Videospeicher zur Seite.

Diese Karte wird ihren Anwendungsbereich in der Grafik- und Bildbearbeitung und in den Bereichen der Computergrafik finden, bei denen hohe Auflösung und schneller Bildaufbau gefragt sind. Hercules liefert diese Karte auch zusammen mit einer speziell auf die HGSC-Karte abgestimmten Version des Profi-Programms *Lumena* aus, das die Farbvielfalt der HGSC-Karte ausnutzt.

Kapitel 4

Programmierung der Grafikkarten

In diesem Kapitel erfahren Sie, wie Sie Ihre Grafikkarte in Turbo Pascal programmieren. Obwohl mit dem Borland Graphic Interface (BGI) ein sehr leistungsfähiges Paket zur Bildschirmsteuerung im Grafikmodus existiert, gibt es noch andere Methoden, Grafiken aufzubauen:

–   Verwendung der BIOS-Funktionen

–   direkter Register- und Speicherzugriff

Die meisten EGA- und VGA-Karten besitzen Grafikmodi, die über die Standards von IBM hinausgehen. Fast jede EGA-Karte verfügt heute über einen erweiterten Grafikmodus, in dem 640 x 480 Punkte in 16 aus 64 Farben dargestellt werden können. Das BGI unterstützt diese speziellen Grafikmodi nicht, ebensowenig erweiterte Modi der meisten VGA-Karten, zum Beispiel 640 x 480 Punkte in 256 Farben oder 800 x 600 Punkte in 256 Farben. Wenn Sie diese Grafikmodi in Turbo Pascal benutzen möchten, bietet das BIOS der jeweiligen Grafikkarte alle notwendigen Funktionen an, um den Grafikbetrieb zu ermöglichen.

Die zweite Alternative zum BGI stellt die direkte Registerprogrammierung dar. Die Ausführungsgeschwindigkeit steigt dadurch gegenüber den BIOS-Funktionen zwar erheblich an, die Programmierung selbst ist aber sehr komplex, reichlich unübersichtlich und mit vielen Fallen gespickt und wird hier nicht weiter behandelt.

Verwendung des Grafik-BIOS – Unit BiosGraf

Während MDA-, CGA- und HGC-Karten kein eigenes BIOS besitzen, sondern über das BIOS des Computers angesteuert werden, verfügen EGA- und VGA-Karten über eine eigene Sammlung von Funktionen, die in einem ROM auf der Grafikkarte untergebracht sind. Beim Selbsttest des Computers wird das EGA- oder VGA-BIOS erkannt und an das bestehende BIOS angebunden.

Alle Funktionsaufrufe für Text oder Grafik werden somit an das BIOS der Grafikkarte umgeleitet.

Für die Bildschirmausgabe ist der Interrupt 10h (16 dez.) reserviert. Wie bei DOS-Funktionen wird im AH-Register eine Nummer übergeben, die die auszuführende Funktion festlegt. In den anderen Registern werden die erforderlichen Parameter übergeben.

Alle der hier vorgestellten Prozeduren und Funktionen sind für den Einsatz in einer Unit gedacht und deshalb alleine nicht funktionsfähig. Auf den Disketten zum Buch befindet sich die vollständige Unit mit dem Namen BIOSGRAF.PAS.

Wenn Sie das BGI kennen, werden Sie feststellen, daß die Namen der Routinen an die der Turbo Pascal-Unit GRAPH angelehnt sind. Dies gibt Ihnen die Möglichkeit, bereits erstellte Programme durch Einsatz der Unit BIOSGRAF an Grafikkarten anzupassen, die von Turbo Pascal sonst nicht unterstützt werden.

Auflösungen, Farben und Seiten

Bevor auf die BIOS-Funktionen im einzelnen eingegangen wird, gibt Ihnen Tabelle 4.1 eine Übersicht, welche Fähigkeiten die hier besprochenen Grafikkarten haben.

Grafikkarte	max. Auflösung	Farben	Seiten
CGA	320 x 200	4/16	1
CGA	640 x 200	2/16	1
HGC	720 x 348	2	2
EGA	320 x 200	16/64	8
EGA	640 x 200	16/64	4
EGA	640 x 350	16/64	2
MCGA	320 x 200	256/256k	1
MCGA/VGA	640 x 480	16/256k	1
(256K = 262144)			

Tab. 4.1: Die Eigenschaften der Grafikkarten

Verfügt Ihre Grafikkarte im Grafikmodus über mehrere Seiten, haben Sie die Möglichkeit, auf einem verdeckten Bildschirm eine neue Grafik aufzubauen, während auf dem Monitor noch eine andere Grafik zu sehen ist.

Mit einem Funktionsaufruf werden dann die sichtbare und die verdeckte Grafikseite blitzschnell vertauscht. Diese Möglichkeit bieten nur EGA- oder VGA-Karten und die HGC.

Leider unterstützt das BIOS in Ihrem IBM- oder kompatiblen Computer die HGC nicht im Grafikmodus. Aus diesem Grund können Sie die Unit *BiosGraf* nicht für eine HGC verwenden.

Grafikmodus einschalten – BiosSetGraphMode

Eine Auflistung der Text- und Grafikmodi finden Sie in der nachfolgenden Tabelle 4.2.

Nr.	Grafik/Text	Auflösung	Farben	Karte
0	Text	40 x 25	16	CGA,MCGA,EGA,VGA
1	Text	40 x 25	16	CGA,MCGA,EGA,VGA
2	Text	80 x 25	16	CGA,MCGA,EGA,VGA
3	Text	80 x 25	16	CGA,MCGA,EGA,VGA
4	Grafik	320 x 200	4	CGA,MCGA,EGA,VGA
5	Grafik	320 x 200	4	CGA,MCGA,EGA,VGA
6	Grafik	640 x 200	2	CGA,MCGA,EGA,VGA
0Dh	Grafik	320 x 200	16	MCGA,EGA,VGA
0Eh	Grafik	640 x 200	16	MCGA,EGA,VGA
0Fh	Grafik	640 x 350	4	EGA,VGA mit Monochrom-Monitor
10h	Grafik	640 x 350	16	EGA,VGA
11h	Grafik	640 x 480	Mono	VGA mit Monochrom-Monitor
12h	Grafik	640 x 480	16	MCGA,VGA
13h	Grafik	320 x 200	256	MCGA,VGA

Tab. 4.2: Text- und Grafikmodi

Wenn Sie eine erweiterte EGA- oder VGA-Karte verwenden, gibt Ihnen das Handbuch zur Grafikkarte Informationen über weitere Grafikmodi.

Das Einschalten des gewünschten Grafikmodus erfolgt mit der Funktion 0 des Interrupts 10h. Im AL-Register ist dazu die Nummer des gewünschten Modus anzugeben:

```
PROCEDURE BiosSetGraphMode(Mode:BYTE);
BEGIN
  IF NOT InGraph THEN BEGIN
    Reg.AH:=$0F;
    Intr($10,Reg);     { Video-Status lesen }
    OldMode:=Reg.AL;   { aktuellen Video-Modus merken }
```

```
  END;
  Reg.AH:=0;
  Reg.AL:=Mode;
  Intr($10,Reg);        { neuen Videomodus setzen }
  InGraph:=TRUE;        { und Grafikzustand merken }
  ActPage:=0;
  VisPage:=0;
  ActColor:=15;
END;
```

Wie Sie sehen, beschränkt sich diese Prozedur nicht auf den ·Aufruf der Funktion
Nummer Null, vielmehr wird zunächst der aktuelle Videomodus ermittelt und in der
Variablen *OldMode* gespeichert.

Die nachfolgend beschriebene Prozedur *BiosCloseGraph* verwendet diesen Wert, um in
den ursprünglichen Textmodus zurückzuschalten. In der Variablen *InGraph* wird vermerkt, daß sich der Computer im Grafikmodus befindet. Dies ist erforderlich, um bei
einem erneuten Aufruf von *BiosSetGraphMode* nicht den bis dahin aktuellen Grafikmodus in *OldMode* abzuspeichern.

Grafik ausschalten – BiosCloseGraph

Das Abschalten der Grafik ist identisch mit dem Einschalten eines Textmodus. Das AH-
Register muß den Wert 0 haben, das AL-Register die Nummer des gewünschten Textmodus.

```
PROCEDURE BiosCloseGraph;
BEGIN
  IF InGraph THEN BEGIN
    InGraph:=FALSE;
    Reg.AH:=0;
    Reg.AL:=OldMode;
    Intr($10,Reg);
  END;
END;
```

Die Prozedur *BiosCloseGraph* verwendet den Inhalt der Variablen *OldMode*, um in den
Textmodus zu schalten. *OldMode* wird beim Aufrufen der oben beschriebenen Prozedur
BiosSetGraphMode ermittelt. Wenn *InGraph* bereits den Wert *FALSE* enthält, ist entweder die Grafik noch nicht eingeschaltet, oder *BiosCloseGraph* wurde mehrfach aufgerufen. In beiden Fällen führt der Aufruf zu keiner Reaktion.

Grafikpunkt setzen – BiosPutPixel

Das Setzen eines Grafikpunktes in einer bestimmten Farbe geschieht mit der Funktion 0Ch (12 dez.). In den Registern CX und DX stehen jeweils X- und Y-Koordinate des gewünschten Bildpunktes. Die Farbe, mit der der Punkt erscheinen soll, wird im AL-Register übergeben, der Wert Null bewirkt das Löschen des Punktes. Zusätzlich zu Koordinaten und Farbe muß im BH-Register die Nummer der Grafikseite übergeben werden, auf der der Punkt gesetzt werden soll:

```
PROCEDURE BiosPutPixel(x,y:WORD; Color:BYTE);
BEGIN
  Reg.AH:=$0C;
  Reg.BH:=ActPage;
  Reg.CX:=x;
  Reg.DX:=y;
  Reg.AL:=Color;
  Intr($10,Reg);
END;
```

BiosPutPixel entnimmt der Variablen *ActPage* die Nummer der aktiven Grafikseite. Wenn Sie auf einer anderen als der voreingestellten Grafikseite Null zeichnen wollen, rufen Sie vorher die Prozedur *BiosSetActivePage* auf.

Für manche Anwendungen ist es erforderlich, einen oder mehrere Bildpunkte zu setzen und anschließend den ursprünglichen Zustand wiederherzustellen. Ein typisches Beispiel hierfür ist der Mauszeiger: Der Mauszeiger kann über den Bildschirm bewegt werden, ohne daß dabei der "Hintergrund" zerstört wird. Dies geschieht durch Invertieren der entsprechenden Bildpunkte. *BiosPutPixel* führt die Invertierung durch, wenn das höchste Bit in der Farbnummer gesetzt ist:

```
BiosPutPixel(160,100,$80 OR 9);
```

In diesem Beispiel wird an der Stelle (160,100) ein hellblauer Bildpunkt gesetzt. Ein erneuter Aufruf mit exakt denselben Parametern löscht diesen Punkt wieder!

Beachten Sie bitte, daß im Modus 13h (320 x 200 Punkte, 256 Farben) keine XOR-Möglichkeit zur Verfügung steht. Wenn Sie diese Funktion jedoch benötigen, können Sie mit

```
BiosPutPixel(160,100,BiosGetPixel(160,100) XOR 9))
```

den gleichen Effekt hervorrufen.

Farbe eines Bildpunktes ermitteln – BiosGetPixel

Um die Farbe eines bestimmten Bildpunktes abzufragen, wird die Funktion 0Dh (13 dez.) des Grafik-BIOS verwendet. Wie schon beim Setzen eines Bildpunktes werden in den Registern CX und DX die X- und Y-Koordinaten übergeben. Das BH-Register muß die Nummer der Grafikseite enthalten, von der der Bildpunkt gelesen wird. Nach dem Aufruf des Interrupts 10h enthält das AL-Register den Farbcode des angesprochenen Bildpunktes.

```
FUNCTION BiosGetPixel(x,y:WORD):BYTE;
BEGIN
  Reg.AH:=$0D;
  Reg.BH:=ActPage;
  Reg.CX:=x;
  Reg.DX:=y;
  Intr($10,Reg);
  BiosGetPixel:=Reg.AL;
END;
```

BiosGetPixel entnimmt der globalen Variablen *ActPage* die Nummer der aktiven Grafikseite. Wenn Sie von einer anderen als der voreingestellten Grafikseite Null einen Bildpunkt lesen wollen, rufen Sie vorher die Prozedur *BiosSetActivePage* auf.

Aktive Grafikseite auswählen – BiosSetActivePage

Mit den Prozeduren *BiosSetActivePage* und *BiosSetVisualPage* können Grafikoperationen auf einem versteckten Bildschirm durchgeführt werden. *BiosSetActivePage* stellt die Grafikseite ein, auf der nachfolgende Zeichenoperationen durchgeführt werden sollen. *BiosSetVisualPage* wählt die Grafikseite, die angezeigt werden soll. Nach Einschalten eines Grafikmodus mit *BiosSetGraphMode* wird die Seite Null als aktive und sichtbare Seite gewählt, das bedeutet, daß alle Zeichenoperationen sofort auf dem Bildschirm zu sehen sind.

```
PROCEDURE BiosSetActivePage(Page:BYTE);
BEGIN
  ActPage:=Page;
END;
```

BiosSetActivePage ruft keine Funktion im Grafik-BIOS auf, sondern speichert die Nummer der gewünschten Grafikseite in der globalen Variablen *ActPage* ab. Nachfolgende Aufrufe von *BiosPutPixel* oder *BiosGetPixel* verwenden diese Variable. Diese –

auf den ersten Blick umständliche – Vorgehensweise wurde nur gewählt, um zur Turbo Pascal-Unit *Graph* kompatibel zu bleiben.

Sichtbare Grafikseite auswählen – BiosSetVisualPage

Mit der Prozedur *BiosSetVisualPage* wird die Grafikseite ausgewählt, die auf dem Monitor angezeigt werden soll. Im Gegensatz zu *BiosSetActivePage* wird hier wieder eine Funktion des Grafik-BIOS verwendet. Im AL-Register wird die Nummer der gewünschten Grafikseite angegeben, das AH-Register hat den Wert fünf. Zusätzlich wird in der globalen Variablen *VisPage* die Nummer der sichtbaren Grafikseite festgehalten.

```
PROCEDURE BiosSetVisualPage(Page:BYTE);
BEGIN
  Reg.AH:=5;
  Reg.AL:=Page;
  Intr($10,Reg);
  VisPage:=Page;
END;
```

Zeichnen einer Linie – BiosLine

Prinzipiell hat diese Prozedur hier nichts verloren; denn sie gehört nicht mehr zu den grundlegenden Grafikfunktionen. Da aber das Setzen und Löschen einzelner Bildpunkte auf die Dauer ziemlich langweilig ist, soll hier eine Routine zum Zeichnen einer Linie vorgestellt werden. Wie die Prozedur *Line* aus der Turbo Pascal-Unit *Graph* erwartet *BiosLine* vier Parameter: In *x1* und *y1* werden die Koordinaten des Startpunktes, in *x2* und *y2* die Koordinaten des Endpunktes übergeben. Die Farbe, mit der die Linie gezeichnet wird, muß vorher durch Aufrufen der Prozedur *BiosSetColor* festgelegt werden.

```
PROCEDURE BiosLine(x1,y1,x2,y2:INTEGER);
VAR
  Step,delta,dx,dy,Xdir,Ydir : INTEGER;
BEGIN
  IF (x1<x2) THEN
    Xdir:=1
  ELSE
    Xdir:=-1;
  IF (y1<y2) THEN
    Ydir:=1
  ELSE
```

```
    Ydir:=-1;
  dx:=Abs(x1-x2); dy:=Abs(y1-y2);
  IF (dx>=dy) THEN BEGIN
    dy:=2*dy;
    delta:=dy-dx;
    dx:=2*dx;
    FOR Step:=0 TO (dx DIV 2) DO BEGIN
      BiosPutPixel(x1,y1,ActColor);
      IF Delta>0 THEN BEGIN
        y1:=y1+Ydir;
        Dec(Delta,dx);
      END;
      Inc(Delta,dy);
      Inc(x1,Xdir);
    END;
  END
  ELSE BEGIN
    dx:=2*dx;
    Delta:=dx-dy;
    dy:=2*dy;
    FOR Step:=0 TO (dx DIV 2) DO BEGIN
      BiosPutPixel(x1,y1,ActColor);
      IF (delta>0) THEN BEGIN
        x1:=x1+Xdir;
        Dec(Delta,dy);
      END;
      Inc(Delta,dx);
      Inc(y1,Ydir);
    END;
  END;
END;
```

Auf die Wirkungsweise dieser Routine wird hier nicht weiter eingegangen, es sei nur gesagt, daß dieser Algorithmus mit reinen Ganzzahlen (INTEGER) auskommt und deshalb recht schnell ist. Gebremst wird er jedoch vom BIOS, das merkwürdigerweise jede Menge Zeit verplempert, bis ein Punkt auf dem Bildschirm erscheint!

Aufbauend auf der Prozedur *BiosLine* können nun Routinen für Dreiecke, Rechtecke, Balken, Polygone oder Kreise und Ellipsen geschrieben werden. Ja, auch Kreise! Ein Kreis ist theoretisch ein n-Eck, bei dem n unendlich ist. In der Praxis ist bei Kreisen mit großem Radius aber ein 360-Eck durchaus brauchbar. Als Faustformel kann *n:=2*Radius* verwendet werden.

Festlegen der Zeichenfarbe – BiosSetColor

In Anlehnung an die Turbo Pascal-Unit *Graph* wurde diese Prozedur ins Leben gerufen. Ihre einzige Aufgabe besteht darin, die von Ihnen gewünschte Zeichenfarbe in der globalen Variablen *ActColor* abzulegen. Die oben vorgestellte Prozedur *BiosLine* verwendet diese Variable, um eine Linie zu zeichnen.

```
PROCEDURE BiosSetColor(Color:BYTE);
BEGIN
  ActColor:=Color;
END;
```

Textausgabe im Grafikmodus – BiosGotoXY und BiosWrite

Ein Bild sagt zwar mehr als tausend Worte, trotzdem sind zum Beispiel Beschriftungen von Koordinatenachsen sehr sinnvoll. Mit den Prozeduren *BiosGotoXY* und *BiosWrite* haben Sie die Möglichkeit, Grafiken mit Text zu kombinieren.

```
PROCEDURE BiosGotoXY(x,y:BYTE);
BEGIN
  Reg.AH:=2;
  Reg.BH:=ActPage;
  Reg.DL:=x;
  Reg.DH:=y;
  Intr($10,Reg);
END;
```

Diese Prozedur entspricht *GotoXY* aus der Turbo Pascal-Unit *CRT*. Als Parameter sind X- und Y-Koordinaten des – im Grafikmodus unsichtbaren – Textcursors zu übergeben. Beachten Sie bitte, daß nicht Grafikkoordinaten, sondern Textkoordinaten verwendet werden. In den Standard-Grafikmodi ist ein Textbildschirm 80 x 25 bzw. 40 x 25 Zeichen groß, wobei die linke obere Ecke die Position 0,0 hat (Unit CRT: 1,1). Dies schließt zwar eine pixelweise Positionierung des Textes aus, ist aber für viele Anwendungen durchaus brauchbar.

Verwendet wird die Funktion zwei des Grafik-BIOS. Genau genommen, handelt es sich um eine Funktion, die für den Textmodus konzipiert ist – und auch dort verwendet werden kann –, sie arbeitet jedoch auch im Grafikmodus einwandfrei.

Im Register BH wird die Seite ausgewählt, auf der der Cursor positioniert werden soll. *BiosGotoXY* liest die Nummer der aktiven Grafikseite aus der globalen Variablen *ActPage*. Sie können mit *BiosSetActivePage* die aktive Seite ändern. In den Registern DL und DH werden X- und Y-Koordinaten übergeben. Beachten Sie bitte, daß die linke obere Ecke des Bildschirms die Koordinaten 0,0 hat.

Mit der Prozedur *BiosWrite* können Sie eine Zeichenkette ausgeben. Dabei spielt es keine Rolle, ob gerade ein Text- oder Grafikmodus aktiv ist. Der Text erscheint ab der aktuellen Cursorposition, die Sie mit *BiosGotoXY* festlegen können. Für die Textausgabe wird die Funktion 0Ah (10 dez.) des Grafik-BIOS verwendet. Im AL-Register wird der Zeichencode angegeben, die Register BL und BH bestimmen Zeichenfarbe und Grafikseite. Die Zeichenfarbe wird durch die globale Variable *ActColor* bestimmt; mit der oben beschriebenen Prozedur *BiosSetColor* können Sie diese ändern.

Beachten Sie bitte, daß die verwendete BIOS-Funktion grundsätzlich Steuerzeichen wie RETURN (0Dh), BELL (07h) oder LINEFEED (0Ah) nicht interpretiert, sondern als Symbol ausgibt. Der gesamte IBM-Zeichensatz läßt sich somit auf dem Bildschirm darstellen. Wenn Sie eine CGA-Karte verwenden, sind Zeichen mit einem ASCII-Code größer als 128 nur dann sichtbar, wenn Sie zuvor das DOS-Programm *GRAFTABL.COM* geladen haben. Dieses speicherresidente Programm definiert die oberen 128 Zeichen für den Grafikmodus. Als Besitzer einer EGA- oder VGA-Karte können Sie sich diesen Speicher sparen, da diese Karten bereits einen eigenen Zeichensatz (und ein eigenes BIOS) für den Grafikmodus besitzen.

```
PROCEDURE BiosWrite(St:STRING);
VAR
  i : INTEGER;
BEGIN
  FOR i:=1 TO Length(St) DO BEGIN
    Reg.AH:=$0A;
    Reg.AL:=Ord(St[i]);
    Reg.BL:=ActColor;
    Reg.BH:=ActPage;
    Reg.CX:=1;                { ein Zeichen }
    Intr($10,Reg);            { Zeichen schreiben }
    Reg.AH:=3;
    Reg.BH:=ActPage;
    Intr($10,Reg);            { Cursorposition lesen }
    Inc(Reg.DX);              { eine Position weiter }
    Reg.AH:=2;
    Reg.BH:=ActPage;
    Intr($10,Reg);            { Cursorposition setzen }
  END;
END;
```

Wie bereits beschrieben, verwendet *BiosWrite* die Funktion 0Ah, um ein einzelnes Zeichen auszugeben. Allerdings wird nach der Ausgabe der Cursor nicht weiterbewegt;

dies muß extern erledigt werden. Zu diesem Zweck wird nach jedem Zeichen die aktuelle Cursorposition mit der Funktion drei gelesen, die X-Koordinate um eins erhöht und
mit der Funktion zwei wieder neu gesetzt. Ein eventueller Zeilenumbruch oder Hoch-
scrollen des Bildschirms wird nicht durchgeführt. Aus diesem Grund sollte die darzu-
stellende Zeichenkette nicht länger sein, als Positionen vom Cursor bis zum Zeilenende
zur Verfügung stehen. Ist die Zeichenkette zu lang, können recht merkwürdige Muster
auf dem Bildschirm erscheinen – das ist der harmloseste Fall –, oder ein Rechnerabsturz
(durch Überschreiben des BIOS-Shadow) ist die Folge.

Farbpalette wählen – BiosSetPalette

Bis jetzt haben wir uns darauf beschränkt, für Grafiken die 16 vordefinierten CGA-Far-
ben zu verwenden. Wenn Sie eine EGA- oder VGA-Karte besitzen, können Sie diese
Farben nach Herzenslust (oder Anwendungsfall) ändern. Bei der EGA-Karte können
Sie jeder der 16 möglichen Farbnummern eine von 64 Farben zuordnen. Besitzer einer
VGA-Karte haben eine deutlich reichhaltigere Auswahl von 256 vordefinierten Farben,
die wiederum aus 262144 Farben ausgewählt werden können.

```
PROCEDURE BiosSetPalette(ColorNum, PalNum:BYTE);
BEGIN
  Reg.AH:=$10;
  Reg.AL:=0;
  Reg.BL:=ColorNum;
  Reg.BH:=PalNum;
  Intr($10,Reg);
END;
```

Mit der Prozedur *BiosSetPalette* können Sie einer der Farbnummern 0 bis 15 bzw. 0 bis
255 einen anderen Paletteneintrag zuweisen. Bei EGA-Karten umfaßt die Palette 64
Farben, die nicht geändert werden können, bei VGA-Karten beinhaltet die Palette 256
Farben, die mit der nachfolgenden Prozedur *BiosSetRGBPalette* frei aus 262144 Farben
zusammengestellt werden können.

Verwendet wird die Funktion 10h (16 dez.), Unterfunktion Null des Grafik-BIOS. Im
BL-Register wird die Farbnummer angegeben, der Sie einen anderen Paletteneintrag
zuweisen wollen, im BH-Register wird die Nummer des neuen Paletteneintrages angegeben.

Wenn Sie ein wenig mit *BiosSetPalette* experimentieren, werden Sie feststellen, daß bei
einer EGA-Karte die Farben 0 bis 15 keinesfalls mit den ersten 16 Farben der Palette
übereinstimmen. Die tatsächliche Belegung zeigt Tabelle 4.3.

Farbnummer	Palettennummer
0	0
1	1
2	2
3	3
4	4
5	5
6	20
7	7
8	56
9	57
10	58
11	59
12	60
13	61
14	62
15	63

Tab. 4.3: Tatsächliche Belegung der Farben bei einer EGA-Karte

Bei der MCGA-/VGA-Karte sind den Farben 0 bis 15 ebenfalls diese Palettennummern zugeordnet, wobei diese wiederum mit den entsprechenden CGA-Farben belegt sind.

Mit der Prozedur *BiosSetRGBPalette* können Sie bei MCGA- oder VGA-Karten die Farbe eines Paletteneintrages ändern.

```
PROCEDURE BiosSetRGBPalette(ColorNum,Red,Gree,Blue:BYTE);
BEGIN
  Reg.AH:=$10;
  Reg.AL:=$10;
  Reg.BX:=ColorNum;
  Reg.DH:=Red;
  Reg.CH:=Green;
  Reg.CL:=Blue;
END;
```

Verwendet wird die Funktion 10h (16 dez.), Unterfunktion 10h (16 dez.) des Grafik-BIOS. Im BX-Register wird die Nummer des zu ändernden Paletteneintrages angegeben. Die Register DH, CH und CL nehmen den Rot-, Grün- und Blauanteil der Farbe auf. Obwohl die Register 8 Bit umfassen, werden von der MCGA-/VGA-Karte nur die sechs niederwertigsten Bits verwendet. Daraus ergibt sich ein Bereich von Null bis 63 für jede Grundfarbe.

Wenn Sie alle drei Grundfarben auf Null setzen, ist das Ergebnis schwarz; ist *Red=Green=Blue*=63, bekommen Sie die Farbe Weiß.

Sie können verschiedene Graustufen erzeugen, wenn die drei Grundfarben zu jeweils gleichen Teilen gemischt werden, das bedeutet *Red=Green=Blue*.

Aber auch gängige Modefarben wie "Messing", "Flieder" oder "Hummer" lassen sich so erzeugen:

Farbe	Rot	Grün	Blau
Messing	54	45	0
Flieder	63	29	63
Hummer	63	0	27

Wenn diese Farben auf Ihrem Bildschirm etwas anders aussehen, als Sie es erwartet haben: Die Farbdarstellung ist stark von der Stellung der Helligkeits- und Kontrastregler am Monitor abhängig. Auch die Raumbeleuchtung (Sonnen- oder Kunstlicht) kann die Farbwiedergabe verfälschen.

Das Borland Graphic Interface (BGI)

Nachdem im vorangegangenen Abschnitt einige Funktionen des Grafik-BIOS vorgestellt wurden, erfahren Sie in diesem Kapitel, wie Sie mit dem Borland Graphic Interface, kurz BGI, Ihre Grafikkarte einfach ansteuern können. Zusammen mit der nachfolgend beschriebenen Unit *BGI* können Sie Programme schreiben, die nahezu unabhängig von der verwendeten Grafikkarte arbeiten.

Die Turbo Pascal-Unit *GRAPH* stellt über 50 Routinen zur Grafikprogrammierung zur Verfügung. Durch die Verwendung von Grafiktreibern kann die Programmierung unabhängig von der verwendeten Grafikkarte erfolgen, außerdem arbeiten die Routinen der Treiber um ein vielfaches schneller als die entsprechenden Funktionen des Grafik-BIOS. Für die wichtigsten geometrischen Figuren gibt es in der Turbo Pascal-Unit *Graph* fertige Prozeduren, während mit den BIOS-Funktionen lediglich einzelne Bildpunkte gesetzt oder gelöscht werden können. Weiterhin sind mit den Vektorzeichensätzen (stroked fonts) Möglichkeiten gegeben, Grafiken zu beschriften. Hier sollen jedoch nicht die einzelnen Routinen der *Graph*-Unit beschrieben werden – die integrierte

Hilfefunktion von Turbo Pascal leistet da sehr gute Dienste –, sondern einige Verbesserungen und Erweiterungen vorgestellt werden. Sie erfahren, wie Sie die Vektorzeichensätze auf eine von Ihnen gewünschte Punktgröße skalieren, wie Grafikbildschirme abgespeichert und eingeladen werden können und wie Sie Ihre Maus im Grafikmodus einsetzen.

Die Unit BGI

Das Ein- und Ausschalten eines Grafikmodus mit der Turbo Pascal-Unit *Graph* geschieht normalerweise mit der Prozedur *InitGraph*. Diese Prozedur erwartet als Parameter die Nummern von Grafiktreiber und Modus sowie den vollständigen Verzeichnisnamen, in dem sich die Grafiktreiber und Vektorzeichensätze befinden. Das nachfolgende Beispielprogramm zeigt die Verwendung dieser Prozedur, indem der Grafikmodus mit der höchsten Auflösung automatisch bestimmt wird, eine primitive Grafik aufgebaut und Treibername und Modusname angezeigt werden:

```
PROGRAM BGIdemo1;
{ Beispielprogramm OHNE die UNIT BGI }
USES
  Crt, Graph;

CONST
  PathToDriver = 'C:\TP\BGI';

VAR
  GraphDriver,
  GraphMode,
  GrResult     : INTEGER;

BEGIN
  GraphDriver:=DETECT;
  InitGraph(GraphDriver, GraphMode, PathToDriver);
  GrResult:=GraphResult;
  IF GrResult<>GrOk THEN BEGIN { Fehler ?? }
    Writeln(GraphErrorMsg(GrResult)); { Fehlermeldung ausgeben }
    Halt(1);                          { und Programm abbrechen }
  END;
  { --- etwas tun --- }
  Rectangle(0,0,GetMaxX,GetMaxY);
  Line(0,0,GetMaxX,GetMaxY);
  Line(0,GetMaxY,GetMaxX,0);
  Circle(GetMaxX DIV 2, GetMaxY DIV 2,GetMaxY DIV 4);
  { --- Treibername und Modus anzeigen --- }
```

```
SetTextStyle(DefaultFont,HorizDir,1);
SetTextJustify(CenterText,TopText);
OutTextXY(GetMaxX DIV 2,10,'Treiber: '+GetDriverName);
OutTextXY(GetMaxX DIV 2,20,'Modus: '+GetModeName(GraphMode));
REPEAT
UNTIL ReadKey=#27;   { auf Escape-Taste warten }
CloseGraph;          { und Grafikmodus verlassen }
END.
```

Die Zuweisung GraphDriver:=DETECT veranlaßt Turbo Pascal, *zur Laufzeit* die Grafikkarte zu ermitteln und dementsprechend den passenden BGI-Treiber einzuladen. Das Problem dabei ist folgendes:

Der Verzeichnisname, in dem sich die BGI-Treiber befinden, muß zum Zeitpunkt der *Programmerstellung* bereits bekannt sein! Solange das von Ihnen geschriebene Programm nur auf Ihrem Computer laufen soll, ist dies kein Problem; der Verzeichnisname wird wie im obigen Beispiel als Konstante im Quelltext abgelegt. Wenn das Ergebnis Ihrer Arbeit aber auch auf anderen Computern sichtbar werden soll, auf denen das BGI-Treiberverzeichnis einen anderen Namen hat oder noch nicht existiert, haben Sie mehrere Möglichkeiten:

—   Sie passen das Programm an den jeweiligen Computer an.

—   Nach Programmstart wird das BGI-Verzeichnis erfragt (BGIDEMO.PAS).

—   Ihr Programm liefert alle möglichen Treiber mit und kopiert diese ins aktuelle Verzeichnis.

—   Alle Treiber und Zeichensätze werden in das Programm eingebunden (GRLINK.MAK).

Die erste Möglichkeit ist gleichzeitig auch die schlechteste; denn bei zehn verschiedenen Computern haben Sie zehn verschiedene Quelltexte für ein und dasselbe Programm!

Die zweite Möglichkeit wird zum Beispiel vom Turbo Pascal-Beispielprogramm *BGIDEMO.PAS* verwendet. Findet *BGIDEMO* den erforderlichen Treiber nicht im aktuellen Verzeichnis, so wird der Anwender aufgefordert, den Verzeichnisnamen einzugeben. Als Erweiterung dazu könnte ein Programm den neuen Pfadnamen in einer Konfigurationsdatei speichern.

Die dritte Methode hat den Nachteil, daß bei mehreren Programmen die BGI-Treiber mehrfach auf der Festplatte existieren. Bei einem Treiber-Update beginnt dann die große Suchaktion.

Bei der vierten Möglichkeit gibt es keine Probleme mit dem Verzeichnisnamen. Alle BGI-Treiber werden in Objektdateien umgewandelt und zu einer Unit zusammengebastelt. Beim Programmstart erkennt die Funktion *RegisterBGIdriver* die BGI-Treiber im Programm. Die Zeichensätze werden mit *RegisterBGIfont erkannt*. Die Make-Datei *GRLINK.MAK* von Turbo Pascal zeigt diesen Vorgang. Die Nachteile lassen sich aber nicht übersehen:

Die fünf Standard-Treiber *CGA*, *Herc*, *EGAVGA*, *PC3270* und *IBM8514* verschlingen zusammen mit den Zeichensätzen als Unit fast 81 KByte Speicher, und es wird immer nur einer der Treiber benötigt! Als weiterer Schwachpunkt stellt sich heraus, daß *RegisterBGIdriver* und *RegisterBGIfont* nur eben die Standard-Treiber bzw. -Zeichensätze erkennen können. Zusätzliche Treiber, wie sie mittlerweile von einigen Grafikkarten-Herstellern mitgeliefert werden, können nicht eingesetzt werden.

All diese Probleme werden mit der hier vorgestellten Unit *BGI* auf einmal gelöst:

Ähnlich wie DOS die Environment-Variable PATH auswertet, um Programme zu starten, können Ihre Programme die neue Environment-Variable BGIPATH auswerten, um die BGI-Treiber und Zeichensätze zu finden! Zusätzlich können Sie mit zwei weiteren Variablen im Environment die automatische Erkennung der Grafikkarten abschalten und einen bestimmten Grafikmodus vorgeben, ohne das Programm zu ändern! Für die Überprüfung von *GraphResult* und Ausgabe der entsprechenden Fehlermeldung ist die Prozedur *TestGraphError* vorhanden. Als weiteres "Schmankerl" ist eine Funktion implementiert, die Farbnummern in EGA-Palettennummern umsetzt.

Einsatz der Unit BGI

Der Einsatz der Unit *BGI* gestaltet sich sehr einfach. In der "Uses"-Zeile wird nach *Graph* die Unit *BGI* angegeben. Außerdem entfällt die Deklaration der Variablen *GraphDriver* und *GraphMode*; sie sind nun in der Unit *BGI* enthalten und werden beim Programmstart initialisiert. An Stelle der Konstanten *PathToDriver* tritt die Funktion *BGIpath*, welche die gleichnamige Variable aus dem Environment ausliest. Nach Aufruf von *InitGraph* prüft die Prozedur *TestGraphError*, ob das Einschalten des Grafikmodus erfolgreich durchgeführt wurde.

Im Fehlerfall wird das Programm mit der entsprechenden Fehlermeldung abgebrochen. Die Fehlermeldungen sind in der Turbo Pascal-Unit *Graph* enthalten und erfolgen in englischer Sprache.

Das oben aufgeführte Beispielprogramm sieht nun so aus:

```
PROGRAM BGIdemo2;
{ Beispielprogramm MIT der UNIT BGI }
USES
  Crt, Graph, BGI;

BEGIN
  InitGraph(GraphDriver, GraphMode, BGIpath);
  { --- Fehler ? --- }
  TestGraphError;
  { --- etwas tun --- }
  Rectangle(0,0,GetMaxX,GetMaxY);
  Line(0,0,GetMaxX,GetMaxY);
  Line(0,GetMaxY,GetMaxX,0);
  Circle(GetMaxX DIV 2, GetMaxY DIV 2,GetMaxY DIV 4);
  { --- Treibername und Modus anzeigen --- }
  SetTextStyle(DefaultFont,HorizDir,1);
  SetTextJustify(CenterText,TopText);
  OutTextXY(GetMaxX DIV 2,10,'Treiber: '+GetDriverName);
  OutTextXY(GetMaxX DIV 2,20,'Modus: '+GetModeName
                                    (GraphMode));
  REPEAT
  UNTIL ReadKey=#27;   { auf Escape-Taste warten }
  CloseGraph;          { und Grafikmodus verlassen }
END.
```

Wenn Sie die Environment-Variable BGIPATH noch nicht definiert haben, erhalten Sie eine entsprechende Fehlermeldung. Geben Sie dann auf DOS-Ebene ein:

```
SET BGIPATH=C:\GRAFIK\TREIBER
```

bzw. den vollständigen Namen des Verzeichnisses, in dem sich die BGI-Treiber (*.BGI) und -Zeichensätze (*.CHR) befinden. Am besten erweitern Sie die Datei AUTOEXEC.BAT um diese Zeile.

Mit den Kommandos SET BGIDRIVER=*Treibername* und SET BGIMODE=*Modusname* können Sie die automatische Erkennung der Grafikkarte abschalten und einen bestimmten Modus vorgeben. Wenn Ihr System zum Beispiel über eine EGA-Karte verfügt, das obige Beispielprogramm aber im CGA-Modus arbeiten soll, so geben Sie auf DOS-Ebene ein:

```
SET BGIDRIVER=CGA
SET BGIMODE=CGAHi
```

Die Namen für Treiber und Modi sind mit den Konstanten aus der Turbo Pascal-Unit *Graph* identisch und können dem nachfolgenden Listing oder der integrierten Hilfe-funktion von Turbo Pascal entnommen werden. Wenn Sie einen ungültigen Namen für Treiber oder Modus angeben, wird wieder die Grundeinstellung DETECT angenommen.

Um eine der obigen Zuweisungen im Environment wieder aufzuheben, geben Sie ein:

```
SET BGIDRIVER=
```

DOS löscht dann die Variablen aus dem Environment.

Quelltext der Unit BGI

```
{
=============================================================
Datei    : BGI.PAS
Zweck    : Unit für vereinfachte BGI-Anwendung
Datum    : 09.04.1990
Version  : V2.01
Autor    : Achim Kalwa
Compiler : TURBO-PASCAL V5.5
=============================================================
}
{$A+,B-,D-,E-,F-,I+,L-,N-,O-,R-,S-,V-}

UNIT BGI;

INTERFACE

USES
  Dos,Graph;

CONST
  BGIPath    : STRING  = '';
  GraphDriver : INTEGER = 0; { DETECT }
  GraphMode   : INTEGER = 0;
  ScriptFont          = 5; {erweiterte Vektor-Zeichensätze   }
  SimpleFont          = 6; {aus dem Borland BGI-Driver Toolkit}
  TriplexScriptFont   = 7;
  ComplexFont         = 8;
  EuroStyleFont       = 9;

FUNCTION GetBGIpath:INTEGER;
FUNCTION EGAcolor(Color:BYTE):BYTE;
```

```
IMPLEMENTATION

FUNCTION EGAcolor(Color:BYTE):BYTE;
{ --- Konvertierung Farbnummer -> Palettennummer (EGA) --- }
BEGIN
  CASE Color OF
    Black        : EGAcolor:=EGABlack;
    Blue         : EGAcolor:=EGABlue;
    Green        : EGAcolor:=EGAGreen;
    Cyan         : EGAcolor:=EGACyan;
    Red          : EGAcolor:=EGARed;
    Magenta      : EGAcolor:=EGAMagenta;
    Brown        : EGAcolor:=EGABrown;
    LightGray    : EGAcolor:=EGALightGray;
    DarkGray     : EGAcolor:=EGADarkGray;
    LightBlue    : EGAcolor:=EGALightBlue;
    LightGreen   : EGAcolor:=EGALightGreen;
    LightCyan    : EGAcolor:=EGALightCyan;
    LightRed     : EGAcolor:=EGALightRed;
    LightMagenta : EGAcolor:=EGALightMagenta;
    Yellow       : EGAcolor:=EGAYellow;
    White        : EGAcolor:=EGAWhite;
    ELSE           EGAcolor:=Color;
  END;
END;

FUNCTION StUpCase(s:STRING):STRING;
VAR i:INTEGER;
BEGIN
  FOR i:=1 TO Length(s) DO
    s[i]:=UpCase(s[i]);
  StUpCase:=s;
END;

FUNCTION GetBGIpath:INTEGER;
{ liefert Fehlercode:
  0 - kein Fehler
  1 - Variable BGIPATH nicht definiert
  2 - Verzeichnis nicht gefunden
}
VAR
  i,Drive: BYTE;
  AktDir : STRING;
  OldDir : STRING;
  Err    : INTEGER;
BEGIN
```

```
BGIPath:=GetEnv('BGIPATH');        {Environment-String lesen  }
REPEAT                              {alle Leerzeichen entfernen}
  i:=Pos(' ',BGIpath);
  IF i>0 THEN Delete(BGIpath,i,1);
UNTIL i=0;
IF BGIpath='' THEN BEGIN            {Leerstring? Dann Abbruch   }
  GetBGIpath:=1;
  Exit;
END;
BGIpath:=StUpCase(BGIpath);
IF (BGIpath[length(BGIpath)]='\') AND
                                   {letzten Backslash entfernen}
   (Length(BGIpath)>3) THEN
  Delete(BGIpath,Length(BGIpath),1);
GetDir(0,AktDir);                  {aktuelles Verzeichnis merken}
Drive:=Ord(BGIPath[1])-64;
GetDir(Drive,OldDir);              {aktuelles Verzeichnis merken}
{$I-} ChDir(BGIpath); {$I-}        {in BGI-Verzeichnis wechseln }
Err:=IoResult;                     {und Fehlercode merken       }
ChDir(OldDir);                     {zurück ins aktuelle Verz.   }
ChDir(AktDir);                     {zurück ins aktuelle Verz.   }
IF Err<>0 THEN                     {Wechsel in BGI-Verz. OK ?   }
  GetBGIpath:=2                    {Nein, dann Fehler           }
ELSE
  GetBGIpath:=0;                   {alles OK                    }
END;

FUNCTION GetBGIdriver:INTEGER;
CONST
  MaxDriver  = 10;
  DriverName : ARRAY[0..MaxDriver] OF STRING[8] = (
              'DETECT',  { 0 }
              'CGA',     { 1 }
              'MCGA',    { 2 }
              'EGA',     { 3 }
              'EGA64',   { 4 }
              'EGAMONO', { 5 }
              'IBM8514', { 6 }
              'HERCMONO',{ 7 }
              'ATT400',  { 8 }
              'VGA',     { 9 }
              'PC3270'); { 10 }
VAR
  Driver : STRING;
  i      : INTEGER;
  Found  : INTEGER;
```

```
BEGIN
  Driver:=StUpCase(GetEnv('BGIdriver'));
  REPEAT                              {alle Leerzeichen entfernen  }
    i:=Pos(' ',Driver);
    IF i>0 THEN Delete(Driver,i,1);
  UNTIL i=0;
  Found:=-1;
  FOR i:=0 TO MaxDriver DO BEGIN
    IF Driver=DriverName[i] THEN
      IF Found<0 THEN Found:=i;
  END;
  IF Found<0 THEN
    GetBGIdriver:=DETECT
  ELSE
    GetBGIdriver:=Found;
END;

FUNCTION  GetBGImode:INTEGER;
TYPE
  ModeEntry = RECORD
    Name : STRING[10];
    Num  : BYTE;
  END;
CONST
  MaxMode = 29;
  ModeInfo : ARRAY[1..MaxMode] OF ModeEntry = (
                (Name: 'CGAC0';     Num: 0),
                (Name: 'CGAC1';     Num: 1),
                (Name: 'CGAC2';     Num: 2),
                (Name: 'CGAC3';     Num: 3),
                (Name: 'CGAHI';     Num: 4),
                (Name: 'MCGAC0';    Num: 0),
                (Name: 'MCGAC1';    Num: 1),
                (Name: 'MCGAC2';    Num: 2),
                (Name: 'MCGAC3';    Num: 3),
                (Name: 'MCGAMED';   Num: 4),
                (Name: 'MCGAHI';    Num: 5),
                (Name: 'EGALO';     Num: 0),
                (Name: 'EGAHI';     Num: 1),
                (Name: 'EGA64LO';   Num: 0),
                (Name: 'EGA64HI';   Num: 1),
                (Name: 'EGAMONOHI'; Num: 3),
                (Name: 'HERCMONOHI';Num: 0),
                (Name: 'ATT400C0';  Num: 0),
                (Name: 'ATT400C1';  Num: 1),
                (Name: 'ATT400C2';  Num: 2),
```

```
                    (Name: 'ATT400C3';   Num: 3),
                    (Name: 'ATT400MED';  Num: 4),
                    (Name: 'ATT400HI';   Num: 5),
                    (Name: 'VGALO';      Num: 0),
                    (Name: 'VGAMED';     Num: 1),
                    (Name: 'VGAHI';      Num: 2),
                    (Name: 'PC3270HI';   Num: 0),
                    (Name: 'IBM8540LO';  Num: 0),
                    (Name: 'IBM8540HI';  Num: 1));

VAR
  Mode : STRING;
  i    : INTEGER;
  Found: INTEGER;
BEGIN
  Mode:=StUpCase(GetEnv('BGImode'));
  REPEAT                            {alle Leerzeichen entfernen  }
    i:=Pos(' ',Mode);
    IF i>0 THEN Delete(Mode,i,1);
  UNTIL i=0;
  Found:=-1;
  FOR i:=0 TO MaxMode DO BEGIN
    IF Mode=ModeInfo[i].Name THEN
      IF Found<0 THEN Found:=ModeInfo[i].Num;
  END;
  GetBGImode:=Found;
END;


PROCEDURE InitBGI;
VAR
  Err,
  LoMode,
  HiMode : INTEGER;
BEGIN
  Err:=GetBGIPath;
  IF Err>0 THEN BEGIN
    Writeln;
    Write('Fehler:');
    CASE Err OF
      1 : Write('Environment-Variable BGIPATH nicht definiert');
      2 : Write('Verzeichnis nicht gefunden: "',BGIpath,'"');
    END;
    Writeln(#7);
    Halt(Err);
  END;
  Graphdriver:=GetBGIdriver;
```

```
IF Graphdriver>0 THEN BEGIN
  GraphMode:=GetBGImode;
  IF GraphMode<0 THEN BEGIN
    GetModeRange(GraphDriver,LoMode,HiMode);
    Graphmode:=HiMode;
  END;
  END;
END;

BEGIN { UNIT BGI }
  InitBGI;
END.
```

Skalieren von Vektor-Zeichensätzen

Die Turbo Pascal-Unit *Graph* ermöglicht die Grafikprogrammierung unabhängig von der verwendeten Grafikkarte. Mit den Funktionen *GetMaxX* und *GetMaxY* werden die maximalen Bildschirmkoordinaten abgefragt und dienen als Bezug für weitere Grafikoperationen. So liefern zum Beispiel die folgenden Zeilen ein die ganze Bildfläche umfassendes Rechteck, das in der Mitte durch je eine waagerechte und senkrechte Linie in vier kleinere Rechtecke zerteilt ist:

```
Rectangle(0, 0, GetMaxX, GetMaxY);
Line(GetMaxX DIV 2,0,GetMaxX DIV 2, GetMaxY);
Line(0,GetMaxY DIV 2, GetMaxX, GetMaxY DIV 2);
```

Dies gilt für jede der unterstützten Grafikkarten in allen Grafikmodi. Die Vektorzeichensätze von Borland machen jedoch eine Ausnahme: Die tatsächliche Schriftgröße ist nicht nur vom Wert *CharSize* beim Aufruf von *SetTextStyle* und den Parametern von *SetUserCharSize* abhängig, sondern auch von der Auflösung der verwendeten Grafikkarte. Wenn Sie eine EGA-Karte verwenden und zum Beispiel Koordinatenachsen beschriften, erscheinen die Buchstaben auf einer HGC wesentlich kleiner. Mit der nachfolgend beschriebenen Prozedur *SelectFont* haben Sie die Möglichkeit, die Vektorzeichensätze auf eine bestimmte Zeichengröße zu skalieren.

Quelltext der Prozedur SelectFont

```
PROCEDURE SelectFont(Font,Direction,CharSize:WORD);
VAR
  FontMul : WORD;
  Size    : WORD;
BEGIN
  SetTextStyle(Font,Direction,4);
```

```
    SetTextJustify(LeftText,TopText);
    Size:=TextHeight('Eg');
    FontMul:=Round(30.0*CharSize/Size);
    SetUserCharSize(FontMul,30,FontMul,30);
END;
```

SelectFont ersetzt die Prozedur *SetTextStyle* aus der Turbo Pascal-Unit *Graph*; die Syntax und die Verwendung bleiben bis auf den Parameter *CharSize* gleich. Während bei *SetTextStyle* der Parameter *CharSize* nur einen Faktor darstellt, mit dem die Standardschriftgröße geändert wird, gibt dieser Wert nun die Zeichengröße in Bildpunkten an. Das folgende Beispiel wählt die Schriftart "Triplex" und vergrößert sie auf 50 Bildpunkte:

```
SelectFont(TriplexFont,HorizDir,50);
```

Für eine Sans-Serif-Schrift, die ein Zehntel der vertikalen Grafikauflösung groß ist, lautet der Aufruf:

```
SelectFont(SansSerifFont,HorizDir,(1+GetMaxY) DIV 10);
```

Auf den Disketten zum Buch befindet sich das Programm FONTDEMO.PAS, das die fünf Standardschriften "Triplex", "Sans-Serif", "Small", "Gothic" und "Default" in jeweils 40 Punkten Zeichengröße auf dem Bildschirm darstellt.

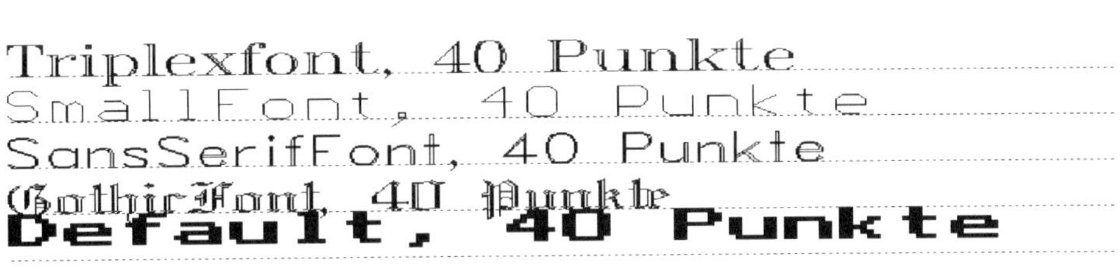

Triplexfont, 40 Punkte
SmallFont, 40 Punkte
SansSerifFont, 40 Punkte
GothicFont, 40 Punkte
Default, 40 Punkte

Abb. 4.1: Mit "SelectFont" skalierte Schriften

Grafiken speichern und laden mit GetImage/PutImage

Für einige Anwendungen ist es sinnvoll, bereits angefertigte oder berechnete Grafiken abzuspeichern und zu einem späteren Zeitpunkt wieder einzuladen. Mit den beiden hier vorgestellten Prozeduren *LoadPic* und *SavePic* können Sie komplette Grafikbildschirme auf Datenträgern speichern und wieder einladen. Zusammen mit den Prozeduren *SetActivePage* und *SetVisualPage* können Sie auch Bilder auf eine verdeckte Grafikseite einladen, während auf dem Bildschirm noch eine andere Grafik zu sehen ist.

Grafikbildschirm speichern – SavePic

Die Prozedur *SavePic* verwendet die Prozedur *GetImage* aus der Turbo Pascal-Unit *Graph*, um einen Teil der Grafik in die Puffervariable *PicBuff* zu kopieren. Damit der dafür erfoderliche Speicherplatz nicht ständig belegt ist, wird der Puffer mit *GetMem* auf dem Heap erzeugt. Die Konstante *MaxSize* stellt den größten Block dar, der auf einmal auf dem Heap erzeugt werden kann. In der inneren *REPEAT*-Schleife wird die Variable *Y2* so lange erhöht, bis der Bildausschnitt (0,y1)–(GetMaxX,y2) eben noch im Puffer abgelegt werden kann. Bevor der mit *GetImage* gewonnene Puffer abgespeichert wird, werden die Variablen für Startzeile *Y1* und verwendete Puffergröße *Size* gespeichert. Die äußere *REPEAT*-Schleife wiederholt den Vorgang, bis der komplette Bildschirm abgespeichert ist. Abschließend wird die Datei geschlossen und der vom Puffer belegte Speicherbereich wieder freigegeben.

Quelltext der Prozedur SavePic

```
PROCEDURE SavePic(Name:STRING);
CONST
  MaxSize = $FFF0;
VAR
  PicDat  : FILE;
  PicBuff : POINTER;
  Size    : WORD;
  Y1,Y2   : INTEGER;
BEGIN
  GetMem(PicBuff,MaxSize);
  Assign(PicDat,Name);
  Rewrite(PicDat,1);
  Y1:=0; Y2:=0;
  REPEAT
    REPEAT
      Inc(Y2);
      Size:=ImageSize(0,Y1,GetMaxX,Y2);
    UNTIL (Y2>=GetMaxY) OR (Size>MaxSize-$0600);
    GetImage(0,Y1,GetMaxX,Y2,PicBuff^);
```

```
      BlockWrite(PicDat,Y1,SizeOf(Y1));      { Startzeile  }
      BlockWrite(PicDat,Size,SizeOf(Size)); { Puffergröße }
      BlockWrite(PicDat,PicBuff^,Size);      { Bilddaten   }
      Y1:=Y2+1;
    UNTIL Y2>=GetMaxY;
    Close(PicDat);
    FreeMem(PicBuff,MaxSize);
END;
```

Grafikbildschirm einladen – LoadPic

Die Prozedur *LoadPic* ist das Gegenstück zu *SavePic*. Der Zwischenspeicher für die
Bilddaten wird ebenfalls auf dem Heap erzeugt und nach dem Einladen wieder entfernt.
Vor jedem Datenblock hat die Prozdur *SavePic* die Startzeile und die Blockgröße abge-
speichert. Diese Daten werden nun zu Beginn jedes Blocks gelesen und in den Varia-
blen *Y1* und *Size* abgelegt. Die mit *BlockRead* gelesenen Bilddaten werden dann mit
PutImage an die ursprüngliche Stelle auf den Bildschirm kopiert.

Beachten Sie bitte, daß *LoadPic* nicht überprüft, ob die angegebene Datei überhaupt
existiert. Fehlt die Datei oder handelt es sich um einen ungültigen Dateinamen, so bricht
das Programm mit einer Laufzeitfehlermeldung ab.

Quelltext der Prozedur LoadPic

```
PROCEDURE LoadPic(Name:STRING);
CONST
  MaxSize = $FFF0;
VAR
  PicDat : FILE;
  PicBuff: POINTER;
  Y1     : INTEGER;
  Size   : WORD;
BEGIN
  GetMem(PicBuff,MaxSize);
  Assign(PicDat,Name);
  Reset(PicDat,1);
  WHILE NOT Eof(PicDat) DO BEGIN
    BlockRead(PicDat,Y1,SizeOf(Y1));      { Startzeile  }
    BlockRead(PicDat,Size,SizeOf(Size)); { Puffergröße }
    BlockRead(PicDat,PicBuff^,Size);      { Bilddaten   }
    PutImage(0,Y1,PicBuff^,NormalPut);
  END;
  Close(PicDat);
  FreeMem(PicBuff,MaxSize);
END;
```

Beispielprogramm für die Verwendung von LoadPic und SavePic

Das nachfolgende Beispielprogramm zeigt den Einsatz der beiden obigen Prozeduren *LoadPic* und *SavePic* an einem kleinen Beispiel-Bild. Beachten Sie bitte, daß die bereits vorgestellte Unit *BGI* verwendet wird, um Grafiktreiber und -Karte zu ermitteln und den Grafikmodus einzuschalten.

Mit der Prozedur *MakePic* wird das Beispielbild gezeichnet (erwarten Sie bitte keinen Rembrandt oder ähnliches). Das fertige "Kunstwerk" wird unter dem Namen DEMO-BILD.PIC gespeichert, der Bildschirm gelöscht und das Bild wieder eingeladen. Ein Druck auf die <Esc>-Taste beendet das Programm.

Quelltext des Beispielprogramms – PICDEMO.PAS

```
PROGRAM PicDemo;
USES
  Crt,Graph,BGI;

{$I LOADSAVE.PAS } { <- LoadPic / SavePic }

PROCEDURE MakePic;
VAR
  X,Y,Color : INTEGER;
BEGIN
  ClearDevice;
  Rectangle(0,0,GetMaxX,GetMaxY);
  X:=GetMaxX;
  SetColor(GetMaxColor);
  WHILE x>=0 DO BEGIN
    Line(0,0,x,GetMaxY);
    Line(GetMaxX,0,GetMaxX-x,GetMaxY);
    Dec(x,4);
  END;
  SetLineStyle(SolidLn,0,ThickWidth);
  FOR Color:=1 TO 15 DO BEGIN
    SetColor(Color);
    Circle(GetMaxX DIV 2, GetMaxY DIV 2,10*Color);
  END;
  SetLineStyle(SolidLn,0,NormWidth);
  SetColor(GetMaxColor);
  SetTextStyle(SansSerifFont,HorizDir,0);
  SetTextJustify(CenterText,TopText);
  OutTextXY(GetMaxX DIV 2,0,'Beispiel-Bild');
  Y:=TextHeight('')*3 DIV 2;
  Line(0,y,GetMaxX,y);
END;
```

```
CONST
  ESC = #27;

BEGIN
  InitGraph(GraphDriver, GraphMode, BGIpath);
  TestGraphError;              { Fehler? }
  MakePic;                     { Beispielbild zeichnen  }
  SavePic('DEMOBILD.PIC');     { und speichern          }
  ClearDevice;                 { Bildschirm löschen     }
  LoadPic('DEMOBILD.PIC');     { und wieder einladen    }
  REPEAT
  UNTIL ReadKey=ESC;           { auf Escape-Taste warten }
  CloseGraph;                  { und fertig             }
END.
```

Wie oben bereits erwähnt, können Sie in den Grafikmodi, die mehr als eine Grafikseite anbieten, Bilder auf eine verdeckte Grafikseite einladen. Dazu muß vor dem Aufruf von *LoadPic* die *aktive* Grafikseite ausgewählt werden. Der folgende Programmausschnitt zeigt diesen Vorgang:

```
SetVisualPage(0);  { sichtbare Seite: 0 }
SetActivePage(1);  { aktive Seite: 1 }
LoadPic('XYZ.PIC');{ Bild auf verdeckte Seite laden }
SetVisualPage(1);  { und anzeigen }
```

Die Unit MOUSE

Die Maus führt unter Turbo Pascal ein Schattendasein. Nachdem die integrierte Entwicklungsumgebung den elektronischen Nager nicht unterstützt, finden Sie hier eine Unit, die zumindest Ihren eigenen Programmen die Mausbenutzung ermöglicht.

Die Kommunikation mit einer Maus findet über den Interrupt 33 Hex (51 dez.) statt. Dabei spielt es keine Rolle, ob die Maus Microsoft-kompatibel ist oder mehr den "Mouse Systems"-Modus bevorzugt. Dieser Interrupt ist beim Systemstart noch nicht belegt, der Maustreiber richtet ihn bei seiner Installation ein. Über Funktionsnummern lassen sich verschiedene Daten ermitteln und auch Befehle an den Maustreiber weiterleiten. Während BIOS- und DOS-Routinen einheitlich die Funktionsnummer im AH-Register erwarten, macht der Maustreiber eine Ausnahme: Die Funktionsnummer steht im AX-Register.

Nachfolgend sind einige Prozeduren und Funktionen aufgeführt, die den Umgang mit der Maus unter Turbo Pascal ermöglichen. Alle Routinen sind für den Einsatz in einer Unit gedacht und alleine nicht voll funktionsfähig.

Auf den Disketten zum Buch finden Sie den vollständigen Quelltext der Unit *MOUSE*.

Konstanten

Die Konstanten *MouseButtonLeft*, *MouseButtonRight* und *MouseButtonMid* dienen
dazu, mit der später beschriebenen Funktion *MouseButton* die gedrückte Maustaste zu
kennzeichnen. Die Konstanten *MouseHardCursor* und *MouseSoftCursor* dienen der
Prozedur *MouseSetTextCursor* dazu, den Cursortyp zu kennzeichnen.

Datentypen

Der Datentyp *SCMaskType* nimmt jeweils 16 Words Screen- und Cursormaske für die
Definition eines eigenen Mauszeigers auf. Das Beispielprogramm *MAUSDEMO.PAS*
zeigt die Definition eigener Mauszeiger.

Prozeduren und Funktionen

MouseInstalled   MOUSE.PAS

Funktion: Diese Funktion stellt fest, ob ein Maustreiber installiert ist. Dies geschieht durch Initialisieren des Treibers mit der Funktion Null. Der Wert
TRUE zeigt an, daß ein Maustreiber erfolgreich angesprochen wurde, im
Fehlerfall liefert *MouseInstalled* den Wert *FALSE* zurück. Das Hauptprogramm kann dann zum Beispiel eine Fehlermeldung ausgeben oder
einfach auf die Maussteuerung verzichten.

Syntax: `FUNCTION MouseInstalled:BOOLEAN`

Parameter: Keine

Querverweis: *MouseInit*

Beispiel:
```
IF NOT MouseInstalled THEN
    Writeln('Laden Sie bitte zuerst einen
            Maustreiber');
```

Quelltext:
```
FUNCTION  MouseInstalled:BOOLEAN;
BEGIN
  Reg.AX:=0;
  Intr($33,Reg);
  MouseInstalled:=(Reg.AX<>0);
END;
```

MouseInit   MOUSE.PAS

Funktion: Bevor Sie mit der Maus arbeiten können, muß der Maustreiber initialisiert werden. Dies geschieht mit der Prozedur *MouseInit*. Wenn zu diesem Zeitpunkt kein Maustreiber installiert ist, bricht das Programm mit einer Fehlermeldung ab. Die Initialisierung erfolgt mit der Funktion Null des Maustreibers.

Syntax: PROCEDURE MouseInit

Parameter: Keine

Querverweis: *MouseInstalled*

Beispiel: Siehe Beispielprogramm MAUSDEMO.PAS.

Quelltext:
```
PROCEDURE MouseInit;
BEGIN
  Reg.AX:=0;
  Intr($33,Reg);
  IF Reg.AX=0 THEN BEGIN
    Writeln('Maustreiber nicht geladen, Programm
                          abgebrochen',#7);
  Halt(1);
END;
```

MouseShow   MOUSE.PAS

Funktion: Diese Prozedur läßt den Mauszeiger auf dem Bildschirm erscheinen. Voraussetzung ist jedoch, daß zuvor der Maustreiber mit *MouseInit* initialisiert wurde. Von diesem Zeitpunkt an folgt der Mauszeiger den Bewegungen der Maus. Die aktuellen Koordinaten der Maus lassen sich mit den weiter unten beschriebenen Funktionen *MouseXpos* und *MouseYpos* abfragen.

Syntax: PROCEDURE MouseShow

Parameter: Keine

Querverweis: *MouseInit, MouseHide*

Beispiel: Siehe Beispielprogramm MAUSDEMO.PAS.

Quelltext:
```
PROCEDURE MouseShow;
BEGIN
  Reg.AX:=1;
  Intr($33,Reg);
END;
```

MouseHide   MOUSE.PAS

Funktion: Mit dieser Prozedur wird der Mauszeiger wieder abgeschaltet. Dies ist immer dann erforderlich, wenn auf dem Bildschirm etwas gezeichnet wird. Wenn Sie die Maus während des Zeichnens nicht abschalten, führt eine nachfolgende Bewegung der Maus zu einem Wischeffekt; der Bildschirm kann mit der Maus "ausradiert" werden.

Dies liegt daran, daß der Maustreiber den Bildschirm "hinter" dem Mauszeiger zwischenspeichert, bis die Maus an eine neue Position bewegt wird. Falls sich aber der Hintergrund ändert, bevor der Maustreiber seinen Zwischenspeicher aktualisiert hat, kommt es zu dem oben erwähnten Effekt.

Syntax: `PROCEDURE MouseHide`

Parameter: Keine

Querverweis: *MouseShow*

Beispiel: Siehe Beispielprogramm MAUSDEMO.PAS.

MouseButton   MOUSE.PAS

Funktion: Mit der Funktion *MouseButton* wird der Status der Maustasten ermittelt. Die Bits des Funktionsergebnisses haben die folgende Bedeutung:

gesetztes Bit   – Taste ist gedrückt

gelöschtes Bit – Taste ist nicht gedrückt

Bit   Taste

0   linke Maustaste
1   rechte Maustaste
2   mittlere Maustaste

Bei der Abfrage von Maustasten sollten Sie die Konstanten *MouseButtonLeft*, *MouseButtonRight* und *MouseButtonMid* verwenden, Ihr Quelltext wird dadurch klarer und einfacher verständlich.

Syntax: FUNCTION MouseButton:BYTE

Parameter: Keine

Querverweis: *MouseButtonLeft*, *MouseButtonRight*, *MouseButtonMid*, *MouseXpos*, *MouseYpos*

Beispiel:
```
CASE MouseButton OF
   MouseButtonLeft  : Write('linke Taste');
   MouseButtonRight : Write('rechte Taste');
   MouseButtonMid   : Write('mittlere Taste');
   else               Write('Ich warte...');
END;
```

Quelltext:
```
FUNCTION MouseButton:BYTE;
BEGIN
   Reg.AX:=3;
   Intr($33,Reg);
   MouseButton:=Reg.BL;
END;
```

MouseXpos   MOUSE.PAS

Funktion: Die Funktion *MouseXpos* liefert die aktuelle X-Koordinate des Mauszeigers. Beachten Sie bitte, daß die Koordinaten des Mauszeigers im Textmodus nicht im Bereich 1..80 liegen, sondern der Grafikauflösung entsprechen. Mit anderen Worten: Im Textmodus liefert *MouseXpos* die Werte 0 bis 632 in Achterschritten. Die tatsächliche Zeichenposition errechnet sich dann aus

```
X:=1+MouseXpos DIV 8;
```

Syntax: `FUNCTION MouseXpos:WORD`

Parameter: Keine

Querverweis: *MouseYpos, MouseButton*

Beispiel: `WHILE MouseButton=0 DO Write(MouseXpos);`

Quelltext:
```
FUNCTION MouseXpos:WORD;
BEGIN
  Reg.AX:=3;
  Intr($33,Reg);
  MouseXpos:=Reg.CX;
END;
```

MouseYpos   **MOUSE.PAS**

Funktion: Die Funktion *MouseYpos* ist die Ergänzung zur vorherigen Funktion
MouseXpos. Sie liefert die aktuelle Y-Koordinate des Mauszeigers. Im
Textmodus liefert *MouseYpos* ebenfalls keine Text-, sondern Grafikko-
ordinaten. Die Umrechnung in Textkoordinaten erfolgt mit

```
Y:=1+MouseYpos DIV 8;
```

Syntax: `FUNCTION MouseYpos:WORD`

Parameter: Keine

Querverweis: *MouseXpos, MouseButton*

Beispiel: `WHILE MouseButton=0 DO Write(MouseYpos);`

Quelltext:
```
FUNCTION MouseYpos:WORD;
BEGIN
  Reg.AX:=3;
  Intr($33,Reg);
  MouseYpos:=Reg.DX;
END;
```

MouseGotoXY   MOUSE.PAS

Funktion: Ähnlich wie die Prozedur *GotoXY* aus der Unit *CRT* den Textcursor positioniert oder *MoveTo* aus der Unit *Graph* den (unsichtbaren) Grafikcursor bewegt, setzt *MouseGotoXY* den Mauszeiger auf eine bestimmte Position.

Syntax: PROCEDURE MouseGotoXY(x,y:WORD)

Parameter: Die Parameter *x* und *y* stellen die neuen Koordinaten des Mauszeigers dar. Beachten Sie bitte, daß der Mauszeiger im Textmodus trotzdem mit Grafikkoordinaten arbeitet (siehe *MouseXpos* und *MouseYpos*). Auch wenn Sie mit *MouseWindow* einen Arbeitsbereich definiert haben, beziehen sich die Koordinaten immer auf die ganze Bildfläche!

Querverweis: *MouseWindow*, *MouseInWindow*

Beispiel: MouseGotoXY(100,50);

Quelltext:
```
PROCEDURE MouseGotoXY(x,y:WORD);
BEGIN
  Reg.AX:=4;
  Reg.CX:=x;
  Reg.DX:=y;
  Intr($33,Reg);
END;
```

MouseWindow   MOUSE.PAS

Funktion: Diese Prozedur definiert einen rechteckigen Bildschirmausschnitt als Arbeitsbereich für die Maus und positioniert den Mauszeiger in dieses Fenster. Der Mauszeiger kann nur noch innerhalb dieses Fensters bewegt werden.

Syntax: PROCEDURE MouseWindow(x1, y1, x2, y2:WORD)

Parameter: Die Parameter beschreiben die linke obere und die rechte untere Ecke des neuen Arbeitsfensters:

x1	– X-Koordinate der linken oberen Ecke
y1	– Y-Koordinate der linken oberen Ecke
x2	– X-Koordinate der rechten unteren Ecke
y2	– Y-Koordinate der rechten unteren Ecke

Querverweis: *MouseGotoXY, MouseInWindow*

Beispiel: `MouseWindow(20,20,620,310);`

Quelltext:

```
PROCEDURE MouseWindow(x1,y1,x2,y2:WORD);
BEGIN
  Reg.AX:=7;
  Reg.CX:=x1;
  Reg.DX:=x2;
  Intr($33,Reg);
  Reg.AX:=8;
  Reg.CX:=y1;
  Reg.DX:=y2;
  Intr($33,Reg);
END;
```

MouseInWindow   **MOUSE.PAS**

Funktion: Mit dieser Funktion können Sie überprüfen, ob sich der Mauszeiger innerhalb eines bestimmten rechteckigen Bildschirmbereiches befindet. Ein typischer Anwendungsfall ist das Anklicken eines sogenannten *Buttons*, wie es von *GEM* oder *Windows* her bekannt ist. Die Funktion liefert den Wert *TRUE*, wenn sich der Mauszeiger innerhalb der angegebenen Fläche befindet, sonst den Wert *FALSE*.

Syntax: `FUNCTION MouseInWindow(x1,y1,x2,y2:WORD):BOOLEAN;`

Parameter: Die Parameter beschreiben das abzufragende Rechteck:

x1	– X-Koordinate der linken oberen Ecke
y1	– Y-Koordinate der linken oberen Ecke
x2	– X-Koordinate der rechten unteren Ecke
y2	– Y-Koordinate der rechten unteren Ecke

Querverweis: *MouseWindow, MouseGotoXY*

Beispiel:
```
IF MouseInWindow(10,10,60,30) THEN BEGIN
   Sound(1000); Delay(100); NoSound;
END;
```

(Siehe auch Beispielprogramm *MAUSDEMO.PAS.*)

MouseSetTextCursor   MOUSE.PAS

Funktion: Diese Prozedur ist für den Einsatz der Maus im Textmodus gedacht. Sie können hier festlegen, ob das Bewegen der Maus den normalen, blinkenden Textcursor bewegt oder ein zweiter, vom Maustreiber gesteuerter Cursor erscheinen soll.

Syntax:
```
PROCEDURE MouseSetTextCursor(Art:BYTE; Smask,
                                 Cmask:WORD)
```

Parameter: In der Variablen *Art* geben Sie an, ob der vom Bildschirmadapter erzeugte Cursor oder ein zusätzlicher, vom Maustreiber erzeugter Cursor den Mausbewegungen folgen soll. Der Wert eins wählt den Hardware-Cursor, Null schaltet den Software-Cursor ein.

Die Funktion der beiden Parameter *Smask* und *Cmask* ist vom gewählten Cursortyp abhängig.

In Verbindung mit dem Hardware-Cursor legen sie die Größe des blinkenden Cursors in Rasterzeilen fest. Wenn der Software-Cursor eingeschaltet wird, bestimmen *Smask* und *Cmask* Zeichen und Farbe für den Mauscursor:

Smask – "Screen-Mask"
Cmask – "Cursor-Mask"

Querverweis: *MouseSetGraphCursor*

Beispiel: 1. Hardware-Cursor:

Die Parameter *Smask* und *Cmask* stellen Start- und Endrasterzeile für den Textcursor ein. In der folgenden Tabelle sind die Werte für Normal- und Blockcursor für die gängigen Bildschirmadapter aufgeführt:

Bild-schirm-adapter:	Cursorform			
	Normal		Block	
	Smask	Cmask	Smask	Cmask
CGA, EGA, VGA	6	7	0	7
MDA, HGC	11	12	0	12

Abb. 4.2: Smask und Cmask bei verschiedenen Bildschirmadaptern

2. Software-Cursor:

Wenn Sie den Software-Cursor verwenden, bekommen die Parameter *Smask* und *Cmask* andere Bedeutungen. Um die gewünschte Cursorform zu erhalten, ist ein kleiner Ausflug in die Arbeitsweise des Maustreibers erforderlich:

Um den Mauscursor auf dem Bildschirm anzuzeigen, werden Zeichen und Attribut an der entsprechenden Bildposition ausgelesen und zwischengespeichert. Anschließend wird der Cursor "gemalt". Beim Bewegen der Maus werden zuerst die gespeicherten Daten an die alte Position zurückgeschrieben, und mit der neuen Position wird wieder genauso verfahren.

Der Cursor selbst entsteht durch geschicktes Manipulieren von Zeichen-code und Attributbyte, die vom Maustreiber als ein 16-Bit-Wort angesprochen werden. Die einzelnen Bits dieses Wortes haben dabei die folgende Bedeutung:

Bit	Bedeutung
15	Blink
14..12	Hintergrund
11	Intensität
10..8	Zeichenfarbe
7..0	Zeichencode

Das Wort wird zuerst mit dem Parameter *Smask* bitweise AND-verknüpft. Dann erfolgt ein bitweises XOR (exklusiv-oder) mit dem Ergebnis und dem Parameter *Cmask*. Das Resultat wird wieder in den Bildspeicher geschrieben. In Pascal sähe die Berechnung so aus:

```
Wort:=(Wort AND Smask) XOR Cmask;
```

Die folgende Wahrheitstabelle zeigt den Zusammenhang von *Smask*, *Cmask* und dem resultierenden Bit:

Screen-Mask-Bit	Cursor-Mask-Bit	Ergebnis
0	0	0
0	1	1
1	0	keine Änderung
1	1	Invertierung

Auf die Theorie folgt nun die Praxis in Form eines Beispiels:

Der Software-Cursor soll das Zeichen "*" (2A hex = 00101010 bin.) sein. Die Farbe des Zeichens soll immer hellweiß sein, der Zeichenhintergrund soll invertiert werden, das Attribut für blinkende Zeichen unverändert bleiben.

Mit diesen Informationen werden zunächst die Bits des Ergebniswortes bestimmt:

K I I I 1 1 1 1 0 0 1 0 1 0 1 0 (K = keine Änderung, I = Invertierung)

Aus der obigen Tabelle werden nun die entsprechenden Bits für Screen- und Cursor-Mask ermittelt:

Screen: 1 1 1 1 0 0 0 0 0 0 0 0 0 0 0 0 = F000 hex

Cursor: 0 1 1 1 1 1 1 1 0 0 1 0 1 0 1 0 = 7F2A hex

Das war's auch schon. Der vollständige Aufruf sieht dann so aus:

```
MouseSetTextCursor(MouseSoftCursor, $F000, $7F2A);
```

Quelltext:
```
PROCEDURE SetMouseTextCursor(Art:BYTE; Smask,
                                      Cmask:WORD);
BEGIN
  Reg.AX:=10;
  Reg.BX:=Art;  { Software / Hardware }
  Reg.CX:=Smask;
  Reg.DX:=Cmask;
  Intr($33,Reg);
END;
```

MouseSetGraphCursor   MOUSE.PAS

Funktion: Ähnlich wie *MouseSetTextCursor* den Mauscursor für den Textmodus definiert, hat *MouseSetGraphCursor* die Aufgabe, den Mauszeiger für den Grafikmodus zu verändern.

Syntax:
```
PROCEDURE MouseSetGraphCursor(HotX, HotY:INTEGER;
                             VAR SCmask:SCmaskType)
```

Parameter: Die Parameter *HotX* und *HotY* definieren den "Hot-spot" des Mauszeigers. Dies ist der Bezugspunkt innerhalb des Mauszeigers, dessen Koordinaten von *MouseXpos* und *MouseYpos* übergeben werden. *HotX* und *HotY* dürfen im Bereich von -16 bis 16 liegen.

Der Mauszeiger ist immer 16 x 16 Punkte groß. Im Parameter *SCmask* sind jeweils 16 Worte für Screen- und Cursor-Mask anzugeben. Die einzelnen Bits haben die gleiche Funktion und Wirkung bei der Definition eines Mauscursors im Textmode (siehe *MouseSetTextCursor*), beziehen sich jedoch auf je einen Bildpunkt.

Querverweis: *MouseSetTextCursor*

Beispiel: Um die Vorgehensweise von *MouseSetGraphCursor* zu verdeutlichen, wird nun ein neuer Mauszeiger entworfen (siehe Abbildung 4.3).

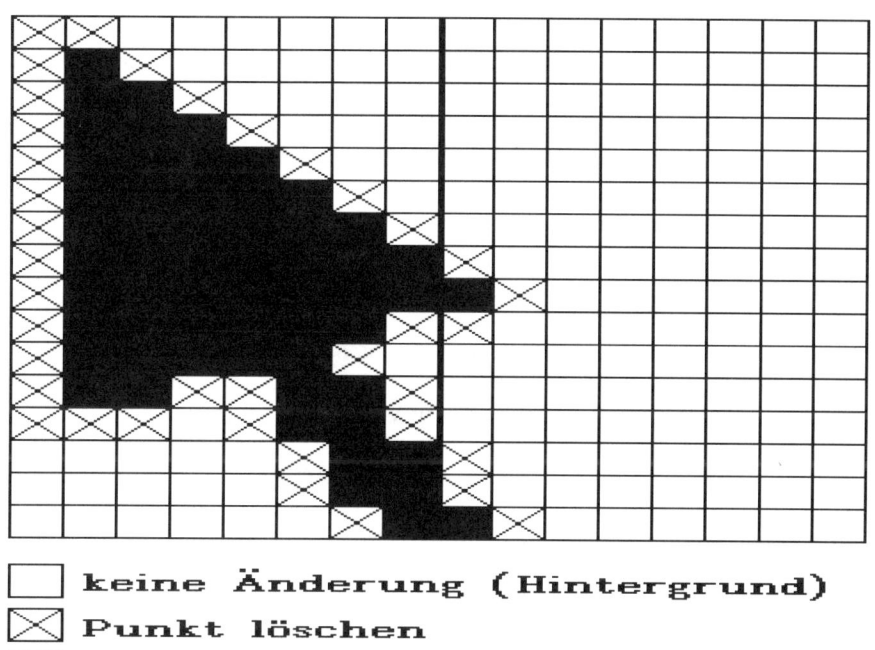

Abb. 4.3: Entwurf eines eigenen Mauszeigers

Anhand der obigen Wahrheitstabelle werden nun zeilenweise die Werte für Screen- und Cursor-Mask ermittelt. Das Beispielprogramm *MAUS-DEMO.PAS* zeigt die Definition und Anwendung von verschiedenen Mauszeigern.

Die Maus und die Hercules-Grafikkarte

Wenn Sie mit einer HGC arbeiten und die Unit *MOUSE* nun sofort ausprobieren, werden Sie im Grafikmodus keinen Mauszeiger sehen, sondern nur ein paar kurze Striche, die über den Bildschirm verstreut auftauchen. Die Ursache für dieses Verhalten liegt in der Konstruktion der HGC.

Normalerweise erfolgt die Umschaltung in einen Grafikmodus über eine Routine im Grafik-BIOS. Das BIOS legt die neue Modusnummer in der Speicherstelle 0040:0049 hex ab. Der Maustreiber liest diese Speicherstelle aus und ist damit immer über den aktuellen Videomodus informiert. Der Grafikmodus der HGC wird jedoch nicht vom BIOS unterstützt, die Umschaltung erfolgt durch direkten Zugriff auf die Register des Grafikcontrollers, die Modusnummer im BIOS-Datenbereich bleibt unverändert. Wenn Sie nun mit *InitGraph* den Grafikmodus der HGC einschalten, wird der Maustreiber über diese neue Situation nicht informiert und stellt den Mauscursor weiterhin im Textmodus dar.

Um dem Maustreiber mitzuteilen, daß sich das System nun im Grafikmodus befindet, wird nun einfach die Speicherstelle mit dem Videomodus auf den Wert für CGA-Grafik 640 x 200 Punkte = Modus 6 geändert und der Maustreiber neu initialisiert. Das Beispielprogramm *MAUSDEMO.PAS* zeigt diesen Vorgang.

Beispielprogramm für Mausbenutzung: MAUSDEMO.PAS

Das Beispielprogramm zeigt am oberen Bildrand fünf Auswahlfelder: Ende, Standard, Kreuz, Hand und Uhr. Durch Anklicken der Felder (linke Maustaste) wird der Mauszeiger geändert. Anklicken des Feldes *Ende* beendet das Programm. Beachten Sie bitte, daß die Unit *BGI* verwendet wird.

Konstanten

Die Konstanten *KreuzCursor*, *HandCursor* und *UhrCursor* beinhalten die Daten für Screen- und Cursor-Mask der neuen Mauszeiger.

Variablen

Die Variable *VideoMode* ist besonders wichtig, wenn Sie in Ihrem Computersystem eine HGC verwenden. Die Anweisung *absolute* legt diese Variable in den BIOS-Datenbereich. Wenn nach dem Einschalten der Grafik eine HGC erkannt wird, schreibt das Programm den Wert sechs (CGA 640 x 200 Punkte, 2 Farben) in diese Variable; der Maustreiber wird überlistet.

Der Quelltext

```
{
================================================================
Datei     : MOUSETST.PAS
Zweck     : Anwendung der UNIT MOUSE
Datum     : 09.04.1990
Version   : V1.00
Autor     : Achim Kalwa
Compiler  : TURBO-PASCAL V5.5
================================================================
}
{$A+,B-,D-,E-,F-,I+,L-,N-,O-,R-,S-,V-}
{$M 16384,0,655360}

PROGRAM MouseTst;
USES
  Crt,Graph,BGI,Mouse;

CONST
  BoxCount = 5;                         { Zahl der Rechtecke    }
  BoxMsg   : ARRAY[1..BoxCount] OF STRING =
    ('Ende','Standard','Kreuz','Hand','Uhr');
                                        { Texte }
  y1=40;                                { obere Rahmenposition }
  y2=70;                                { untere Rahmenposition}
  KreuzCursor : SCMaskType = (
    SMask: ($FEFF,$FC7F,$FC7F,$FC7F,$FC7F,$FC7F,$8383,$0381,
            $8383,$FC7F,$FC7F,$FC7F,$FC7F,$FC7F,$FEFF,$FFFF);
    CMask: ($0000,$0100,$0100,$0100,$0100,$0100,$0000,$7C7C,
            $0000,$0100,$0100,$0100,$0100,$0100,$0000,$0000));

  HandCursor  : SCMaskType = (
    SMask: ($87FF,$003F,$0007,$6003,$E001,$F001,$C000,$8000,
            $8000,$F000,$FC00,$FF00,$FFC0,$FFF0,$FFFF,$FFFF);
    CMask: ($2000,$5200,$9140,$0928,$08A4,$0494,$0414,$3202,
            $0E01,$0301,$00C0,$0030,$000C,$0000,$0000,$0000));

  UhrCursor   : SCMaskType = (
    SMask: ($E007,$C003,$8001,$0000,$0000,$0000,$0000,$0000,
            $0000,$0000,$0000,$0000,$0000,$8001,$C003,$E007);
    CMask: ($07E0,$1818,$2184,$4182,$4182,$8181,$8181,$8181,
            $81FD,$8001,$8001,$4002,$4002,$2004,$1818,$07E0));

VAR
  VideoMode : BYTE ABSOLUTE $0040:$0049;
```

```
  MaxX,MaxY : INTEGER;
  BoxSize    : WORD;
  BoxPos     : ARRAY[1..BoxCount] OF WORD;
  Func,i     : INTEGER;
  lx,ly      : WORD;

PROCEDURE InitBox; { Koordinaten der Rechtecke berechnen }
VAR
  i : INTEGER;
  x : WORD;
BEGIN
  BoxSize:=MaxX DIV BoxCount;
  X:=0;
  FOR i:=1 TO BoxCount DO BEGIN
    BoxPos[i]:=x;
    x:=x+BoxSize;
  END;
END;

PROCEDURE ShowBox; { alle Rechtecke anzeigen }
VAR
  i : INTEGER;
BEGIN
  SetTextJustify(LeftText,TopText);
  FOR i:=1 TO BoxCount DO BEGIN
    RecTangle(BoxPos[i],y1,BoxPos[i]+BoxSize,y2);
    OutTextXY(BoxPos[i]+5,y1+5,BoxMsg[i]);
  END;
END;

PROCEDURE ErrBeep;
BEGIN
  NoSound;
  Sound(220); Delay(100); NoSound;
END;

PROCEDURE OkBeep;
BEGIN
  NoSound;
  Sound(2200); Delay(70); NoSound;
END;

PROCEDURE DisplayCoordinates;
VAR
  x,y : WORD;
  xs,ys: STRING;
```

```
BEGIN
  x:=MouseXpos; y:=MouseYpos;   { aktuelle Mauskoordinaten lesen}
  IF (lx<>x) OR (ly<>y) THEN BEGIN  { Änderung ? }
    Str(x:3,xs); Str(y:3,ys);   { Koordinaten IN STRING wandeln }
    SetFillStyle(SolidFill,0);
    MouseHide;                        { Mauszeiger abschalten  }
    Bar(0,0,87,10);                   { letzten TEXT löschen   }
    OutTextXY(1,1,'X:'+XS+' Y:'+YS);  { und neuen TEXT anzeigen}
    MouseShow;                        { Mauszeiger einschalten }
    lx:=x; ly:=y;                     { aktuelle Koordinaten merken}
  END;
END;


BEGIN
  InitGraph(GraphDriver, GraphMode, BGIpath);
  TestGraphError;
  DirectVideo:=FALSE;
  { --- bei HGC den Maustreiber foppen! --- }
  IF VideoMode=7 THEN VideoMode:=6;
  { --- Maustreiber OK? --- }
  IF NOT MouseInstalled THEN BEGIN
    CloseGraph;
    Writeln('Maustreiber ist nicht installiert',#7);
    Halt(1);
  END;
  MaxX:=GetMaxX; MaxY:=GetMaxY;       { Grafikauflösung ermitteln}
  SetTextStyle(DefaultFont, HorizDir, 1);   { Schrift auswählen }
  SetTextJustify(CenterText,TopText);
  OutTextXY(MaxX DIV 2,0,'Wählen Sie eine Cursorform:');
  OutTextXY(MaxX DIV 2,MaxY-8,'Demoprogramm für Unit MOUSE.PAS');
  SetColor(GetMaxColor);
  InitBox;
  ShowBox;
  MouseInit;
  MouseShow;
  REPEAT
    REPEAT
      DisplayCoordinates;           { Koordinaten der Maus anzeigen}
    UNTIL (MouseButton=1) OR KeyPressed; {Auf Tastendruck warten}
    Func:=0;
    FOR i:=1 TO BoxCount DO BEGIN    { welche Box ist angewählt?}
      IF MouseInWindow(BoxPos[i],y1,BoxPos[i]+BoxSize,y2) THEN
        Func:=i;
    END;
    CASE Func OF
      1 : OkBeep;
```

```
      2 : BEGIN
            OkBeep;
            MouseInit;
            MouseShow;
          END;
      3 : BEGIN
            MouseSetGraphCursor(7,7,KreuzCursor);
            OkBeep;
          END;
      4 : BEGIN
            MouseSetGraphCursor(0,2,HandCursor);
            OkBeep;
          END;
      5 : BEGIN
            MouseSetGraphCursor(8,7,UhrCursor);
            OkBeep;
          END;
      ELSE ErrBeep;
    END;
    REPEAT
    UNTIL MouseButton=0;  { warten, bis Taste losgelassen }
  UNTIL (Func=1) OR (KeyPressed AND (ReadKey=#27));
  MouseHide;
  CloseGraph;
END.
```

Das Borland BGI-Driver Toolkit

Als Ergänzung zu den Grafiktreibern und Vektorzeichensätzen, die mit Turbo Pascal, Turbo C und Turbo Basic mitgeliefert werden, ist von Borland das "BGI Driver Toolkit" erhältlich. Mit diesem Toolkit können eigene BGI-Treiber programmiert werden, zum Beispiel für Grafikkarten oder -modi, die bisher nicht unterstützt worden sind.

Zwei neue BGI-Treiber liegen dem Toolkit schon bei: Der neue Treiber HERC.BGI unterstützt nun auch die Hercules-In-Color-Karte, VGA256.BGI unterstützt den MCGA/VGA-Modus 320 x 200 Punkte in 256 Farben.

Mit einem mausgesteuerten Font-Editor können eigene Vektorzeichensätze erstellt oder die bisherigen Zeichensätze geändert werden. Außerdem werden die vollständigen Standardzeichensätze (incl. Sonderzeichen und deutschen Umlauten) sowie fünf weitere neue Zeichensätze mitgeliefert (siehe Tabelle 4.4).

Neue Versionen der bisherigen Zeichensätze

TRIP.CHR   – TriplexFont
SANS.CHR   – SansSerifFont
LITT.CHR   – SmallFont
GOTH.CHR   – GothicFont

Neue Zeichensätze

EURO.CHR   – EuroStyleFont
COMP.CHR   – ComplexFont
SIMP.CHR   – SimplexFont
SCRI.CHR   – ScriptFont
TSCR.CHR   – TriplexScriptFont

Tab. 4.4: Die Zeichensätze

Leider gibt es mit diesen neuen Zeichensätzen ein kleines Problem: Die Turbo Pascal-Unit *Graph* testet beim Einladen von Zeichensätzen die Dateilänge. Ist sie größer als 15360 Byte, bricht *Graph* den Vorgang ab.

Auf dem Bildschirm erscheint dann lediglich der Pixelzeichensatz *DefaultFont*.

Durch eine kleine Änderung in der Datei *GRAPH.TPU*, die Sie mit dem Dienstprogramm *DEBUG* von DOS durchführen können, läßt sich dieses Problem beseitigen. Wechseln Sie in das Verzeichnis, in dem sich die Datei *GRAPH.TPU* befindet, und geben Sie die nachfolgenden Zeilen ein:

```
COPY GRAPH.TPU OLDGRAPH.TPU
DEBUG GRAPH.TPU
S 100 L0 26 81 3D 00 3C
```

Bitte merken Sie sich den angezeigten Wert.

```
E ssss:oooo 26 81 3D FF 4C
```

Für ssss:oooo setzen Sie den oben angezeigten Wert ein.

```
W
Q
```

Diese Schritte haben die Assemblerzeile

```
CMP WORD PTR [DI],3C00
```

durch die Anweisung

```
CMP WORD PTR [DI],4FFF
```

ersetzt. Alle Vektorzeichensätze werden nun von der Unit *GRAPH* korrekt eingeladen.

Teil III

Turbo Pascal und die Maschinensprache

Kapitel 5

Einführung in die Maschinensprache

Einleitung – Was erwartet Sie in diesem Kapitel?

In diesem und den nächsten drei Kapiteln geht es um die Verknüpfung von Turbo Pascal-Programmen mit Maschinensprache. Diese Verknüpfung kann auf zwei prinzipiell verschiedene Weisen durchgeführt werden. Zum einen kann man über die Turbo Pascal-Anweisung Inline kleinere Maschinenroutinen direkt in das Turbo Pascal-Programm einbinden. Zum anderen kann man aber auch Maschinenprogramme zunächst mit einem Assembler wie dem Turbo Assembler erstellen und diese dann mit dem Turbo Pascal-Programm über den Linker verknüpfen.

Da beide Verfahren in der Praxis sehr häufig zum Einsatz kommen, werden auch beide Methoden vorgestellt.

Welche Vorkenntnisse werden für dieses Kapitel benötigt? Nun, da sich das Sammelhandbuch in erster Linie mit der Turbo Pascal-Programmierung beschäftigt, kann hier aus Platzgründen leider keine komplette Einführung in die Maschinensprache-Programmierung gegeben werden. Dennoch werden elementare Grundlagen wie z.B. die Arbeitsweise eines Assemblers oder der Aufbau der 8086/88-CPU behandelt, so daß auch Leser ohne Vorkenntnisse der Maschinensprache-Programmierung dieses Kapitel durcharbeiten können. Aufgrund des begrenzten Platzes können aber manche Dinge nur oberflächlich erklärt werden. Dies betrifft besonders die Befehle und Anweisungen der 8086/88-CPU bzw. des Turbo Assemblers. Hier ist es unter Umständen ratsam, auf das Turbo Assembler-Handbuch, auf ein Maschinensprachebuch oder zumindestens die Befehlstabelle der 8086/88-CPU zurückzugreifen.

Was ist Assembler?

Als Turbo Pascal-Programmierer haben Sie sicher bereits eine ungefähre Vorstellung über Assemblerprogrammierung oder über die Arbeitsweise eines Assemblers. Unter Umständen ist Ihnen aber noch der eine oder andere Begriff unklar. In diesem Kapitel werden so elementare Dinge wie zum Beispiel der Unterschied zwischen einem Assembler- und einem Maschinenprogramm, die Register der 8088/86-CPU oder die Adressierung des Arbeitsspeichers besprochen. Sie können diesen Abschnitt daher ohne weiteres überspringen, wenn Sie diese Dinge (noch) nicht interessieren und/oder wenn Sie gleich mit der praktischen Umsetzung beginnen möchten.

Ein paar Begriffsklärungen

Maschinensprache-Programmierung bedeutet, die CPU direkt zu programmieren. Da eine CPU Befehle und Daten nur in binärer Form verarbeiten kann, hätte ein Maschinenprogramm im Prinzip folgendes Aussehen:

```
0   0   0   1   1   0   1   0
1   0   0   1   1   0   0   1
0   1   1   0   1   0   1   0 usw.
```

Ein solches Programm besteht aus einer Folge von Maschinenbefehlen bzw. Operationscodes (oder kurz Opcodes) und wird deswegen als Maschinensprache-Programm (oder kurz Maschinenprogramm) bezeichnet. Da diese Art zu programmieren aus verschiedenen Gründen nicht sehr attraktiv und vor allem effektiv ist, hat man sich schon ziemlich bald nach der Entwicklung der ersten Computer praktikablere Alternativen überlegt. Der erste Schritt einer Vereinfachung bestand darin, die binären Opcodes in hexadezimaler Form zu schreiben. Obiges Programm hätte dann folgendes Aussehen:

```
1A
99
6A usw.
```

Damit war aber noch nicht sehr viel gewonnen; denn auch die Bedeutung eines Maschinenbefehls in hexadezimaler Schreibweise läßt sich nicht unbedingt auf den ersten Blick erkennen. Die nächste Verbesserung bestand darin, jeden Opcode durch eine Buchstabenabkürzung zu ersetzen. Mit Hilfe dieser Abkürzungen, die auch als Mnemonics (ausgesprochen wie nemonic) bezeichnet werden, ließ sich die Programmerstellung und vor allem die Fehlersuche bereits erheblich vereinfachen. Zwar war ein Maschinenprogramm für einen Nichtkundigen immer noch kaum lesbar, doch hatte es immerhin schon wesentlich mehr mit dem Ähnlichkeit, was man heute als Programm bezeichnen würde. Anstatt einer Folge mehr oder weniger nichtssagender binärer oder hexadezimaler Opcodes konnte man nun schreiben:

```
LDA X
ADD Y
STO 10
```

Obwohl durch die Einführung von Mnemonics das Programmieren vereinfacht wurde, kam nun ein neues Problem hinzu. Es wurde ein Übersetzerprogramm benötigt, um die Mnemonics wieder in die binären Befehle der CPU zu übersetzen. Dieses Übersetzerprogramm wurde als Assembler (to assemble, engl. zusammensetzen) bezeichnet und entspricht bezüglich seiner grundsätzlichen Funktion jenem Assembler, der heute auch auf einem PC eingesetzt wird. Allerdings besaßen die ersten Assembler noch recht wenig Komfort. Ihre Aufgabe bestand lediglich darin, die Mnemonics eines Maschinenprogramms Schritt für Schritt in die entsprechenden Opcodes zu übersetzen. Die damaligen Assembler waren damit die – allerdings sehr primitiven – Vorläufer der FORTRAN-Compiler, die Mitte der 50er Jahre entwickelt wurden.

Halten wir zwischendurch einmal kurz fest: Ein Assembler ist ein Programm, das Mnemonics in Maschinenbefehle, d.h. in binäre Opcodes übersetzt. Ein Assemblerprogramm und ein Maschinenprogramm sind damit streng genommen nicht das gleiche. Ersteres ist lediglich ein Programmtext, während letzteres eine Folge binärer Codes darstellt. Etwas irreführend ist weiterhin, daß manchmal auch von Assembler als Sprache die Rede ist (tatsächlich gibt es auf Großrechnern eine Sprache mit dem Namen ASSEMBLER).

Gemeint ist allerdings in diesem Fall der Befehlswortschatz, den ein Assembler zur Verfügung stellt. Für die PC-Programmierung hat diese Unterscheidung zwar keine Bedeutung, sie ist aber für Einsteiger häufig verwirrend. Dennoch stellt sich die berechtigte Frage, warum überhaupt zwischen einem Assembler- und einem Maschinenprogramm ein Unterschied gemacht wird? Nun, ein Assemblerprogramm enthält neben den CPU-Befehlen auch noch Befehle, die lediglich den Assemblierungsprozeß steuern. Dazu gehören z.B. Befehle, die festlegen, ob eine Datei des Programmlistings erstellt wird, oder Befehle, mit denen man Konstanten und Variablen definieren kann. Um diese Befehle von den Befehlen der CPU zu unterscheiden, werden erstere auch als Pseudo-Opcodes, Pseudo-Anweisungen oder kurz als Anweisungen bezeichnet. Eine Anweisung in einem Assemblerprogramm ist daher ein Befehl an den Assembler, während ein (CPU-)Befehl vom Assembler in den entsprechenden Opcode übersetzt wird. Ein kleiner Ausschnitt aus einem Turbo Assembler-Programm soll diesen Unterschied deutlich machen:

```
COMMENT % Ein kleines Beispiel %
MOV DX,0
DIV AX
```

Während durch die COMMENT-Anweisung lediglich ein Kommentar innerhalb des Quelltextes eingeleitet wird, handelt es sich bei den folgenden Befehlen MOV und DIV um CPU-Befehle, die vom Assembler in die entsprechenden Opcodes umgesetzt werden. Da der Befehlssatz einer CPU in den meisten Fällen hardware-mäßig festgelegt ist, unterscheiden sich die für eine bestimmte CPU erhältlichen Assembler in erster Linie durch ihre Anweisungen. Als Standard in der PC-Welt gilt der Microsoft Makroassembler (MASM), zu dem der Turbo Assembler (außer im Ideal-Modus) fast 100% kompatibel ist.

Die Arbeitsweise eines Assemblers

Nachdem die Aufgabe eines Assemblers bereits geklärt wurde, geht es in diesem Abschnitt um die Funktionsweise des Turbo Assemblers (TASM). Zwar kann für die Verknüpfung von Turbo Pascal-Programmen mit TASM-Programmen im Prinzip auch der Microsoft Makroassembler verwendet werden, doch ist für Turbo Pascal-Programmierer TASM wahrscheinlich die bessere Wahl, da hier die Schnittstelle zwischen einem Turbo Pascal-Programm und einem Assemblerprogramm sehr einfach realisiert werden kann.

Anders als die übrigen Turbo-Sprachen gibt es TASM (bislang) nur in einer schlichten Kommandozeilenversion. TASM erwartet, daß sich das zu assemblierende Programm in einer Textdatei (der sogenannten Quelltextdatei) befindet. In der Regel wird das Assemblerprogramm mit einem kleinen Editor, einem Textverarbeitungsprogramm oder innerhalb der Entwicklungsoberfläche von Turbo Pascal erstellt und in einer Datei abgespeichert, die üblicherweise die Endung .ASM trägt. Dies ist zwar nicht obligatorisch, hilft aber, Mißverständnisse zu vermeiden.

Der Assembler macht aus der Quelltext- eine Objektdatei, die den gleichen Namen wie die Quelltextdatei trägt, aber die Endung .OBJ erhält. Obwohl eine Objektdatei bereits den übersetzten Maschinencode enthält, ist sie noch nicht ausführbar. Sie ist vielmehr dafür ausgelegt, mit anderen (Objekt-)Modulen verknüpft zu werden. Aus diesem Grund enthält eine Objektdatei zum Beispiel noch keine endgültigen Adreßangaben. Sie muß vielmehr noch von einem weiteren Programm, dem Linker, in eine ausführbare Programmdatei umgewandelt werden. Soll das Maschinenprogramm mit einem Turbo Pascal-Programm verknüpft werden, sind keine weiteren Schritte erforderlich; denn der integrierte Linker der Entwicklungsumgebung kann diese Objektdatei direkt in das Turbo Pascal-Programm einbinden. Soll dagegen ein eigenständiges Assemblerprogramm erstellt werden, muß anschließend ein Linker, wie zum Beispiel der Turbo Linker TLINK, bemüht werden, der die Objektdatei in eine ausführbare Programmdatei vom Typ EXE oder COM umwandelt. Dieser Vorgang wird als "Linken" (to link, engl. binden) bezeichnet, da der Linker auch mehrere Objektdateien zu einer einzigen Programmdatei "binden" bzw. linken kann.

Neben einer Objektdatei kann TASM auch eine Programmlistingdatei erstellen. In dieser Datei ist neben einem Protokoll des erzeugten Maschinencodes unter anderem auch eine Liste aller im Assemblerprogramm verwendeten Symbole enthalten. Eine Programmlistingdatei, die beim Aufruf des Turbo Assemblers am einfachsten über die Option /L erzeugt werden kann, ist daher ein nützliches Hilfsmittel bei der Fehlersuche. Soviel erst einmal zum Turbo Assembler. Wie man TASM aufruft, wird später in diesem Teil gezeigt, wenn es um die Verknüpfung eines Assemblerprogramms mit einem Turbo Pascal-Programm geht.

Warum überhaupt Maschinensprache?

Nachdem im letzten Abschnitt kurz die Arbeitsweise eines Assemblers besprochen wurde, soll nun die sicher berechtigte Frage beantwortet werden, welche Vorteile sich durch die Einbeziehung von Maschinenroutinen in ein Pascal-Programm ergeben können.

Der Hauptgrund, warum man sich für die Maschinensprache entscheidet, ist in fast allen Fällen die Ausführungsgeschwindigkeit. Obwohl vom Turbo Pascal-Compiler erzeugte Programme bereits sehr schnell sind (dies ist natürlich eine relative Angabe), sind in der Regel noch Verbesserungen bezüglich des Laufzeitverhaltens, d.h. in diesem Fall der Ausführungszeit des compilierten Programms, möglich. Dies liegt daran, daß der Turbo Pascal-Compiler nicht immer den effektivsten Code erzeugen und vor allem nicht alle Tricks eines erfahrenen Maschinensprache-Programmierers kennen kann. Insbesondere die spezielle Struktur der 80x86-CPUs – dies wird im nächsten Abschnitt noch ein wenig deutlicher werden – macht es dem Compiler schwer, effektiven Code zu erzeugen, und bietet dem Programmierer gleichzeitig zahlreiche Möglichkeiten der Codeoptimierung.

Fazit: Trotz eines leistungsfähigen Compilers bietet die direkte Programmierung in Maschinensprache immer noch die Möglichkeit, das meiste an Geschwindigkeit aus einem Programm herauszuholen. Eine Garantie dafür kann die Verwendung von Maschinensprache alleine aber nicht bieten; denn auch in Maschinensprache läßt sich uneffektiv programmieren. Eine anderes Argument, das häufig für die Verwendung von Maschinensprache angeführt wird, ist die Hardware-Nähe. Zwar ist in Turbo Pascal mit seinen zahlreichen Möglichkeiten, direkt auf Betriebssystemroutinen, Ein-/Ausgabeports oder gar CPU-Register zugreifen zu können, eine systemnahe Programmierung auch ohne Maschinensprache möglich, doch wenn es um knifflige Probleme wie zum Beispiel speicherresidente Programme, Interruphandler oder Gerätetreiber geht, ist die Programmierung in Maschinensprache oft der Weg, der schneller und auch effektiver zum Ziel führt.

Und noch ein Grund kann für die Verwendung von Maschinensprache aufgeführt werden: der Codeumfang. Wenngleich in den meisten Fällen die Größe der erzeugten EXE-Datei keine wichtige Rolle spielt, so gibt es dennoch Situationen, in denen ein möglichst geringer Umfang gewünscht wird. Ein zugegeben nicht sehr alltägliches Beispiel sind Microcontroller-Anwendungen.

Bei einem Microcontroller handelt es sich im Prinzip um eine normale CPU, die aber um spezielle Eigenschaften (wie zum Beispiel Ein-/Ausgabeports oder Analog-Digital-Wandler) erweitert worden ist. Microcontroller werden überall dort eingesetzt, wo es etwas zu steuern oder zu regeln gibt. Da ein Microcontroller meistens nur über einen begrenzten Arbeitsspeicher (< 64 KByte) verfügt, dürfen Programme für Microcontroller nicht allzu groß werden.

Was hat das mit Turbo Pascal zu tun? Nun, da manche Controller-CPUs wie zum Beispiel der V25 von NEC hundertprozentig softwarekompatibel zur 8088/86-CPU sind, kommt im Prinzip auch Turbo Pascal als Entwicklungssprache für Microcontroller-Anwendungen in Frage. Nun löst aber ein Compiler grundsätzlich viele Dinge durch die Einbindung relativ umfangreicher Laufzeitbibliotheken. Daher kann es unter Umständen sinnvoll sein, einzelne Funktionen dieser Laufzeitbibliotheken durch kompakte Maschinenroutinen zu ersetzen.

Neben diesen praktischen Gründen gibt es auch einen ideellen Grund. Die Beschäftigung mit der Maschinensprache-Programmierung vermittelt dem Programmierer Einblicke in den Aufbau und die Funktion eines PCs, die ihm bei reiner Hochsprachenprogrammierung meist verborgen bleiben. Wer also verstehen möchte, wie ein PC im Inneren funktioniert, sollte sich ein wenig mit der Maschinensprache beschäftigen. Es lohnt sich in jedem Fall.

Wie geht es weiter?

Hat man erst einmal den Vorsatz gefaßt, Maschinensprache erlernen zu wollen, stellt sich als nächstes die Frage, wo man mit dem Einstieg beginnen soll. Soll man sich zunächst mit dem Aufbau der CPU beschäftigen oder mit dem Befehlssatz des Assemblers? Nun, die Antwort lautet diplomatisch: Lernen Sie von beiden etwas. Im weiteren Verlauf dieses Kapitels wird zunächst der allgemeine Aufbau der 8088- bzw. 8086-CPU vorgestellt, wobei es allerdings nur um die für die Programmierung relevanten Fakten wie CPU-Register und Speicheradressierung geht.

Nachdem dieser Pflichtteil abgehandelt worden ist, geht es dann mit der Programmierung los. Zunächst wird gezeigt, wie ein Turbo Pascal-Programm durch Inline-Code um kleinere Maschinenroutinen erweitert werden kann. Da die Möglichkeiten von Inline-Code naturgemäß begrenzt sind, geht es als nächstes darum, wie Assemblerprogramme, die mit Hilfe des Turbo Assemblers erstellt werden, in ein Turbo Pascal-Programm integriert werden können.

Und damit es nicht nur bei der trockenen Theorie bleibt, wird im letzten Kapitel auch ein umfangreicheres Beispiel für die Verknüpfung eines Turbo Pascal- mit einem Turbo Assembler-Programm vorgestellt.

Die 8086/88-CPU

Auch wenn es sich bei einer CPU um einen relativ komplexen technischen Gegenstand handelt, reicht es für die Programmierung aus, wenn man sich mit den CPU-Registern und dem Prinzip besschäftigt, wie die CPU den Arbeitsspeicher adressiert. Bei dieser Gelegenheit wird auch der Segmentbegriff geklärt, der für die Programmierung in Maschinensprache eine sehr wichtige Rolle spielt. Zunächst aber sollen die einzelnen Mitglieder der Intel-Familie kurz vorgestellt werden.

Eine Übersicht über die Intel 80x86-Familie

Mit der 8086-CPU kam 1978 (!) das erste Mitglied der 80x86-Familie auf den Markt. Kurz darauf folgte die 8088-CPU, die heute in der überwiegenden Mehrheit der PCs bzw. XTs zu finden ist. Beide CPUs besitzen den gleichen Befehlssatz und unterscheiden sich in erster Linie durch die Anzahl ihrer Datenleitungen. Während die 8088-CPU lediglich acht Datenleitungen besitzt und somit auch nur acht Bits pro Lese- bzw. Schreiboperation transportieren kann, sind es bei der 8086-CPU 16 Datenleitungen. Die 8086-CPU ist damit schneller als die 8088-CPU, da sie im gleichen Zeitraum aufgrund des größeren Datenbusses (ein Bus ist eine Gruppe von Leitungen, die die einzelnen Komponenten in einem PC verbinden) mehr Daten transportieren kann. Beide CPUs besitzen 20 Adreßleitungen und können daher einen Arbeitsspeicher von $2^{20} = 1048576$ Bytes oder 1 MByte adressieren. Da sich bezüglich ihrer Programmierung aber so gut wie keine Unterschiede ergeben und beide CPUs von den folgenden Ausführungen gleichermaßen betroffen sind, soll im weiteren Verlauf dieses Kapitels die Bezeichnung 8086/88-CPU verwendet werden. Mittlerweile hat Intels 8086/88-CPU von NEC Konkurrenz bekommen. Deren V20- bzw. V30-CPUs sind softwarekompatibel zur 8088/8086-CPU, führen viele Befehle wesentlich schneller aus und bieten darüber hinaus zusätzliche Befehle.

Der Nachfolger der 8086/88-CPU ist der 80286. Auch hier handelt es sich noch um eine 16-Bit-CPU mit einem 16-Bit-Datenbus und 16-Bit-Registern. Der wesentlichste Unterschied zur 8086/88-CPU besteht darin, daß die 80286-CPU in zwei grundsätzlich verschiedenen Betriebszuständen arbeiten kann. Im sogenannten Real-Modus verhält sich die CPU wie eine schnelle 8086/88-CPU mit einigen neuen Befehlen. Im sogenannten Protected-Modus besitzt sie dagegen Eigenschaften, die weit über die der 8086/88-CPU hinausgehen. Dazu gehört u.a. ein adressierbarer Arbeitsspeicher von $2^{24} = 1677216$ Bytes bzw. 16 MByte sowie Befehlen, die Multitasking-Betriebssysteme unterstützen.

Auf die 80286-CPU folgte mit der 80386-CPU die erste 32-Bit-CPU der 80x86-Familie. Beim 80386 handelt es sich um eine echte 32-Bit-CPU mit einem 32-Bit-Datenbus und internen 32-Bit-Registern. Die 32-Bit-Register können auch im Real-Modus, d.h. unter MS-DOS, genutzt werden, so daß dem Maschinensprache-Programmierer auch ohne OS/2 eine Vielzahl zusätzlicher Möglichkeiten zur Verfügung stehen.

Wenn man die Möglichkeiten der 80286- bzw. 80386-CPU betrachtet, sollte man annehmen, daß sich die Maschinensprache-Programmierung dieser CPUs erheblich von der ihrer Vorgängerinnen unterscheidet. Dem ist aber nicht so, da diese CPUs in mehr als 90 Prozent aller Anwendungen lediglich im Real-Modus betrieben und die zusätzlichen Möglichkeiten des Protected-Modus nicht genutzt werden. Zwar wäre es durchaus möglich, die 80286/386/486-CPU auch unter DOS in den Protected-Modus zu schalten, doch lassen sich die meisten Maschinenbefehle ohne eine Multitasking-Betriebssystemumgebung nicht sinnvoll nutzen. Mit der zunehmenden Verbreitung von OS/2 wird sich dieser Zustand sicher in absehbarer Zeit ändern, allerdings wird die Maschinensprache-Programmierung unter OS/2 keine so große Rolle mehr spielen wie unter MS-DOS, da man in einer so komplexen Umgebung wie der von OS/2 bzw. dem Presentation Manager in der Regel auf Sprachen wie C oder Pascal zurückgreifen wird.

Jüngstes Mitglied der 80x86-Familie ist der 80486. Diese CPU unterscheidet sich in erster Linie dadurch, daß auf dem gleichen Chip auch die Fließkomma-CPU 80387 und ein sogenannter Cache-Speicher integriert wurden, was eine zusätzliche Leistungssteigerung bedeutet. Auch der Befehlssatz wurde erweitert, allerdings nur um sechs Befehle, die in erster Linie die Verwaltung des Cache-Speichers unterstützen. Bei einem Cache-Speicher handelt es sich um einen sehr schnellen, in der Regel aber kleinen Speicher, in dem häufig verwendete Befehle bzw. Daten gespeichert werden. Beim Lesen eines Befehls prüft die CPU zunächst, ob der Befehl in dem Cache-Speicher enthalten ist. Nur wenn das nicht der Fall ist, wird ein zeitaufwendigerer Lesezyklus durchgeführt.

Im weiteren Verlauf dieses Kapitels wird die Maschinensprache-Programmierung im Real-Modus der 80x86-CPUs besprochen. Wenn nicht besonders darauf hingewiesen wird, umfaßt die Bezeichnung 8086/88-CPU neben der 8088- bzw. 8086-CPU nun auch die CPUs 80286, 80386 und 80486 im Real-Modus. Allen CPUs der 80x86-Familie ist gemeinsam, daß sie aufwärtskompatibel sind. So laufen alle Programme, die zum Beispiel für die 8088-CPU geschrieben wurden, auch auf allen größeren CPUs bis hin zum 80486. Auch die NEC-CPUs V20 und V30, die in einigen PCs zu finden sind, sind in der Bezeichnung 80x86 eingeschlossen; denn auch diese CPUs sind, darauf wurde ja bereits hingewiesen, hundertprozentig softwarekompatibel.

Der allgemeine Aufbau der 8086/88-CPU

Wenngleich man den allgemeinen Aufbau der 8086/88-CPU für die Programmierung nicht unbedingt kennen muß, ist er für das grundlegende Verständnis bei der Ausführung eines Maschinenprogramms doch ganz nützlich. Abbildung 5.1 zeigt den schematischen Aufbau der 8086/88-CPU mit ihren wichtigsten Komponenten. Es fällt auf, daß die CPU aus zwei Hauptkomponenten besteht. Beide Komponenten, die Busschnittstelleneinheit (BSE) und die Ausführungseinheit (AE), arbeiten größtenteils unabhängig voneinander. Die BSE ist für die Adressierung des Arbeitsspeichers zuständig, während die AE die Ausführung eines Maschinenbefehls übernimmt. In der AE sind auch die internen CPU-Register (mit Ausnahme der Segmentregister und des IP-Registers) untergebracht, die im nächsten Abschnitt vorgestellt werden.

Die BSE ist für die Adressierung des Arbeitsspeichers zuständig. Sie sorgt dafür, daß, wann immer die CPU auf den Arbeitsspeicher zugreifen muß, an den 20 Adreßleitungen die sogenannte physikalische Adresse erscheint, durch die eine der maximal 1048576 verschiedenen Speicherzellen angesprochen wird. Wie im übernächsten Abschnitt noch ausführlich dargelegt wird, wird die 20 Bit breite physikalische Adresse aus zwei 16-Bit-Komponenten (einem Segmentanteil und einem Offsetanteil) gebildet. Diese Berechnung findet in der BSE statt. Doch wozu benötigt die CPU überhaupt eine Speicheradresse? Bei der Ausführung eines Programms muß die CPU in drei Fällen auf den Arbeitsspeicher zugreifen:

–   um einen Befehl zu lesen

–   um den oder die Operanden eines Befehls zu lesen

–   um das Ergebnis einer Operation in den Arbeitsspeicher zurückzuschreiben

In jedem der drei Fälle benötigt die CPU eine Adresse um die entsprechende Speicherzelle des Arbeitsspeichers adressieren zu können. Auf welche Weise das geschieht, wird im nächsten Abschnitt besprochen. Zunächst soll das Prinzip kurz vorgestellt werden, nach dem ein Befehl verarbeitet wird. Ein aus dem Arbeitsspeicher gelesener Befehl wird zunächst in die sogenannte Warteschlange der CPU eingereiht. Dabei handelt es sich um einen internen vier Byte umfassenden Speicher (beim 8086 sind es sechs Bytes, beim 80486 sogar 32 Bytes). Die EA, die ja für die Ausführung eines Befehls zuständig ist, holt sich den nächsten auszuführenden Befehl nicht direkt aus dem Arbeitsspeicher, sondern aus der Warteschlange. Sollte die Warteschlange leer sein, muß die AE warten, bis die BSE einen neuen Befehl gelesen und in die Warteschlange gebracht hat. Durch das Warteschlangen-Konzept soll bei den 80x86-CPUs eine gewisse Parallelität bei der Programmausführung erreicht werden.

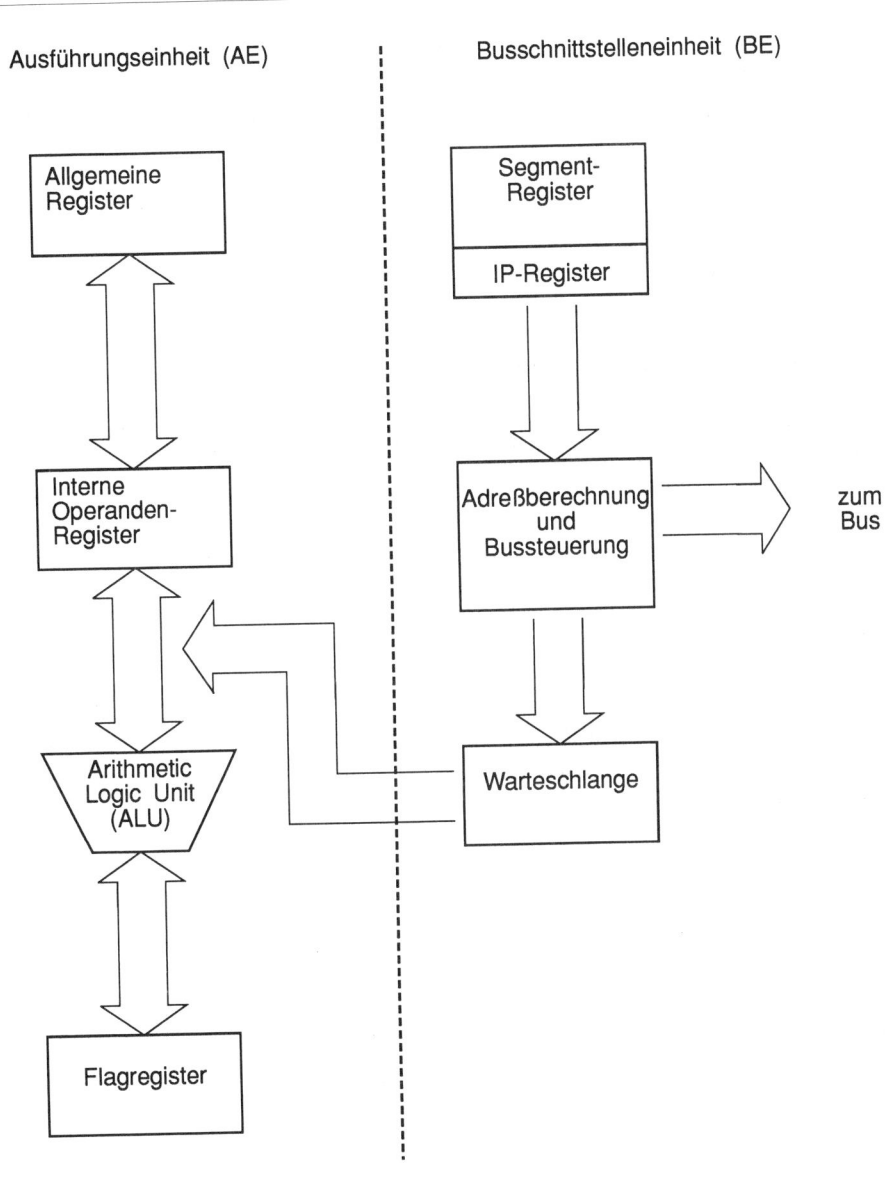

Abb. 5.1: Schematischer Aufbau der 8086/88-CPU

Wenn nämlich die EA einen Befehl ausführt, kann die BSE bereits den nächsten Befehl in die Warteschlange einreihen, so daß rein theoretisch die für einen Speicherzugriff benötigte Zeit die Programmausführungszeit nicht mehr beeinflußt. In der Praxis sieht das jedoch oft anders aus. So tritt ein Zeitgewinn nur bei Befehlen ein, bei denen die Ausführungszeit länger dauert als das Lesen aus dem Arbeitsspeicher. Tatsächlich ist bei der Programmausführung die Warteschlange häufig leer, so daß sie – wenn überhaupt – nur einen minimalen Vorteil bietet.

Die CPU-Register

Die CPU-Register muß man sich als interne Speicherzellen der CPU vorstellen, die über einen Namen (und nicht über eine Adresse) angesprochen werden.

In den Registern werden die Daten abgelegt, die von den Maschinenbefehlen verarbeitet werden. So wird man etwa bei einer Addition die beiden beteiligten Operanden zunächst in CPU-Registern ablegen und dann den Additionsbefehl ausführen lassen, wobei das Ergebnis in der Regel wieder in einem CPU-Register abgelegt wird (man könnte es alternativ auch in einer Speicherzelle des Arbeitsspeichers ablegen). Die 8086/88-CPU verfügt über insgesamt 14 Register (s. Abbildung 5.2).

Beim 8088/86 bzw. beim 80286 handelt es sich ausschließlich um 16-Bit Register, d.h., in jedem Register können Zahlenwerte zwischen 0 und 65536 gespeichert werden. Einen gewissen Sonderfall stellen die allgemeinen Register (AX, BX, CX und DX) dar, die auch jeweils als zwei 8-Bit-Register angesprochen werden können. Die 80386/486-CPU verfügt dagegen über 32-Bit-Register. Hier stehen mit den Registern FS und GS auch zwei zusätzliche (Segment-) Register zur Verfügung.

Wie bereits erwähnt, werden die einzelnen Register in einem Maschinenbefehl über Namen angesprochen. So könnte man eine Addition zweier Registerwerte wie folgt durchführen:

```
ADD AX,BX
```

wobei der ADD-Befehl den Inhalt des BX-Registers zum AX-Register addiert und das Ergebnis im AX-Register ablegt. Nicht jedes Register kann in jedem Befehl verwendet werden. So können zum Beispiel keine Rechenoperationen mit den Segmentregistern durchgeführt werden. Ein Befehl wie etwa

```
ADD DS,BX
```

ist daher nicht erlaubt.

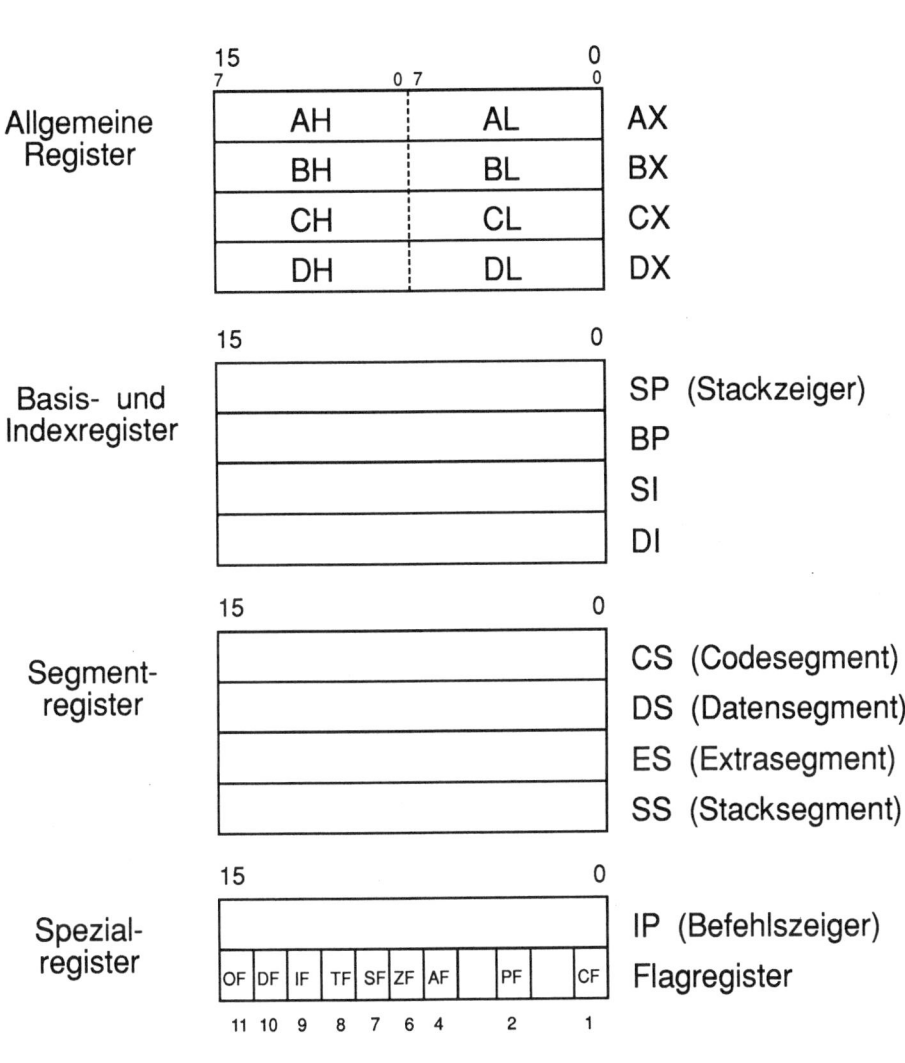

Abb. 5.2: Die Register der 8086/88-CPU

Auch wenn es auf den ersten Blick nicht den Anschein hat, handelt es sich bei den CPU-Registern um vierzehn verschiedene Register mit unterschiedlichen Aufgaben.

Aus Gründen der Übersichtlichkeit ist es sinnvoll, die zur Verfügung stehenden Register in Gruppen zu unterteilen:

–   Segmentregister: CS, DS, ES und SS

–   Allgemeine Register: AX, CX und DX

–   Basisregister: BP und BX

–   Indexregister: DI und SI

–   Spezialregister: SP, IP und das Flagregister

Segmentregister

Die Segmentregister enthalten immer den Segmentanteil der physikalischen Adresse, die für Adressierung des Arbeitsspeichers benutzt wird. Da dieser Aspekt erst im nächsten Abschnitt ausführlicher besprochen wird, soll auf die Segmentregister an dieser Stelle nicht näher eingegangen werden. Aufgrund ihrer speziellen Funktion (und der Tatsache, daß die Segmentregister anders als die allgemeinen Register in der BSE untergebracht sind) ist das Arbeiten mit den Segmentregistern zahlreichen Beschränkungen unterworfen. So lassen sich mit Segmentregistern keine arithmetischen oder logischen Operationen durchführen. Des weiteren können Segmentregister nicht direkt mit einem Wert geladen werden. Um einen Wert, in der Regel eine Adresse, in ein Segmentregister zu laden, muß dieser Wert zunächst in ein allgemeines Register geladen und von dort in das entsprechende Segmentregister transportiert werden.

Die allgemeinen Register

Das AX-Register

Dieses Register übernimmt die Aufgabe des Akkumulators, über den die meisten 8-Bit Mikroprozessoren wie zum Beispiel der Z80 oder der 6502 verfügen. Der Akkumulator ist das Register, in dem alle Rechenaufgaben durchgeführt werden. Bei der 8086/88-CPU ist die Durchführung von Rechenaufgaben allerdings nicht mehr allein auf das AX-Register beschränkt, wenngleich immer noch einige Operationen ausschließlich mit dem AX-Register arbeiten. In den meisten Fällen können Operationen mit dem AX-Register schneller ausgeführt werden als mit anderen allgemeinen Registern, da es für diese Operationen Befehle gibt, die sich speziell auf das AX-Register beziehen.

Das BX-Register

Dieses Register gehört eigentlich zur Gruppe der Basisregister. Da es aber wie die übrigen allgemeinen Register in Form einer niederwertigen und einer höherwertigen Hälfte angesprochen werden kann, soll es bereits jetzt behandelt werden. Als Basisregister kann es innerhalb einer indirekten Adressierung verwendet werden. So wird zum Beispiel durch den Befehl MOV AX,[BX] das AX-Register mit dem Inhalt der Speicherstelle geladen, deren (Offset-) Adresse sich im BX-Register befindet.

Das CX-Register

Dieses Register übernimmt bei dem Schleifenbefehl LOOP und bei den sogenannten Stringbefehlen, wie zum Beispiel SCAS oder MOVS, die Aufgabe des Zählregisters, welches durch seinen Inhalt die Anzahl der Durchläufe festlegt. Ansonsten steht es zur freien Verfügung.

Das DX-Register

Die einzige besondere Verwendung dieses Register besteht darin, daß es bei Operationen mit 32-Bit-Zahlen (Division und Multiplikationen) die höherwertigen 16 Bit des Operanden aufnimmt. Außerdem enthält es bei der indirekten Adressierung eines E/A-Ports über einen Befehl wie IN oder OUT die Adresse des anzusprechenden E/A-Ports.

Allen allgemeinen Registern ist gemeinsam, daß die niederwertigen bzw. höherwertigen Registerhälften wahlweise auch getrennt angesprochen werden können. Man kann sich die vier allgemeinen Register AX, BX, CX und DX daher auch als acht 8-Bit-Register AL, AH, BL, BH, CL, CH, DL und DH vorstellen. So lädt zum Beispiel der Befehl MOV AL,77 den Wert 77 in das AL-Register bzw. in die untere Hälfte des AX-Registers. Die obere Hälfte des AX-Registers, also das AH-Register, wird von dieser Operation nicht berührt.

Die Basisregister

Diese Register verdanken ihrem Namen dem Umstand, daß sie für bestimmte Arten der Speicheradressierung verwendet werden. Da das BX-Register bereits besprochen wurde, bliebe noch die Funktion des BP-Registers zu klären.

Das BP-Register

Das BP-Register wird in erster Linie im Zusammenhang mit der Basisindizierten bzw. Basis-Adressierung verwendet. In diesem Fall enthält es den Offsetanteil der physikalischen Adresse, die sogenannte Effektive Adresse (kurz EA). Anders als bei der Verwendung des BX-Registers befindet sich der Segmentanteil der physikalischen Adresse nicht im DS-Register, sondern im SS-Register. Das BP-Register wird in manchen Fällen, zum Beispiel, um auf Prozedurparameter zuzugreifen, auch für die Adressierung des Stackbereichs verwendet.

Die Indexregister

Die Indexregister DI und SI haben drei verschiedene Funktionen. Zum einen werden sie bei der indirekten bzw. indizierten Adressierung als Basisregister verwendet. Zum anderen dienen sie den sogenannten Stringbefehlen dazu, den Quell- bzw. Zielstring zu adressieren. Schließlich können sie auch als allgemeine Register verwendet werden.

Das DI-Register

Die Abkürzung DI steht für Destination Index (zu deutsch: Zielindex). Diese Bezeichnung verdankt das DI-Register dem Umstand, daß es bei einem Stringbefehl die Offsetadresse des Zielstrings enthält. Mit einem Stringbefehl kann nämlich zusammen mit einem Wiederholungsoperator eine Operation, wie zum Beispiel das Vergleichen zweier Bytes auf einen Speicherbereich von max. 64 KByte Größe, der in diesem Zusammenhang als String bezeichnet wird, angewendet werden.

Das SI-Register

Die Abkürzung SI steht für Source Index (zu deutsch: Quellindex). Diese Bezeichnung bedeutet, daß das SI-Register bei Stringoperationen die Offsetadresse des Zielstrings enthält.

Spezialregister

Das SP-Register

Dieses Register dient ausschließlich zur Adressierung des Stackbereichs. Auch der Stackbereich wird in einem der nächsten Abschnitte noch ausführlicher vorgestellt.

Das IP-Register

Das IP-Register ist das wichtigste CPU-Register. Es enthält die Offsetadresse des nächsten aus dem Arbeitsspeicher zu holenden Befehls. Zusammen mit dem CS-Register bildet das IP-Register die physikalische Adresse dieses Befehls. Das IP-Register entspricht nicht unbedingt dem Programmzähler-Register anderer, vor allem älterer 8-Bit-

CPUs. Zum einen, weil das IP-Register nur einen Teil der Adresse enthält, zum anderen, weil der gelesene Befehl zunächst in der Warteschlange der 8086/88-CPU abgelegt wird und nicht direkt zur Ausführung gelangt.

Das Flag-Register

Dies ist ein besonderes Register. Zwar handelt es sich auch hier um ein 16-Bit-Register, allerdings müssen alle 16 Bits als einzelne, nicht zusammenhängende Bits betrachtet werden (s. Abbildung 5.3). Jedes dieser Bits spielt die Rolle eines Flags (zu deutsch: Signalmarke), welches einen bestimmten Zustand in der CPU signalisiert. Ein Beispiel ist das Nullflag (Zeroflag, Bit 6), welches immer dann gesetzt wird, wenn bei einer Operation das Ergebnis Null ist. Beim 8086/88 haben aber nur neun Bits eine Funktion. Die nicht belegten Flags werden teilweise aber bei den höheren CPUs, wie zum Beispiel beim 80286, benutzt.

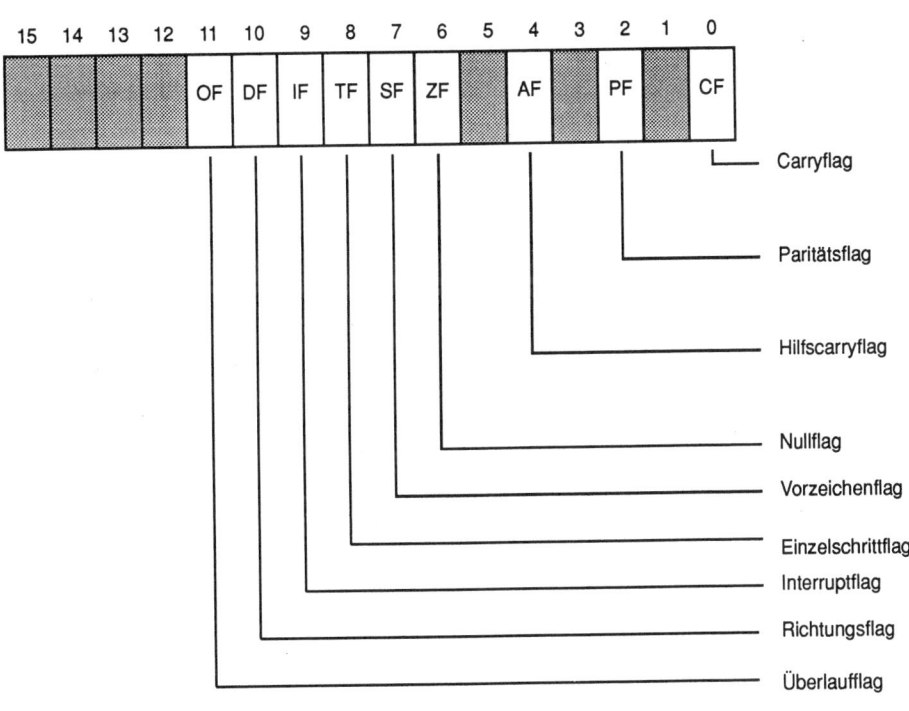

Abb. 5.3: Der Aufbau des 8086/88-Flagregisters

Die neun Flags der 8086/88-CPU lassen sich in zwei Gruppen einteilen: in die arithmetischen Flags und die Kontrollflags. Während die arithmetischen Flags das Ergebnis einer arithmetischen oder logischen Operation anzeigen, läßt sich mit Hilfe der Kontrollflags der Arbeitsmodus der CPU beeinflussen.

Die arithmetischen Flags

Das Überlaufflag (Overflow)

Dieses Flag zeigt bei arithmetischen Operationen mit vorzeichenbehafteten Zahlen eine Bereichsüberschreitung an. Konkret heißt das, daß bei einer Addition oder einer Subtraktion das Ergebnis nicht mehr im Bereich des Zweierkomplements liegt. Negative Zahlen werden nämlich im Arbeitsspeicher in Form ihres Zweierkomplements abgelegt (das Zweierkomplement einer Zahl erhält man, wenn man alle Bits dieser Zahl invertiert und anschließend eins addiert). Durch die Zweierkomplement-Darstellung wird der Darstellungsbereich der Zahlen zwangsläufig eingeschränkt. So lassen sich zum Beispiel in einer 8-Bit-Speicherzelle nur Zahlen im Bereich von − 128 bis +127 darstellen; denn hier steht das höchstwertige Bit (in diesem Fall Bit 7) für das Vorzeichen. Daher kommt es bei der Verwendung von vorzeichenbehafteten Zahlen auch schnell zu einem Überlauf, wie das folgende Beispiel zeigt:

```
100
+
120
---
220
```

Auf dem Blatt Papier gibt es mit dieser Operation keine Schwierigkeiten. Da es sich aber um vorzeichenbehaftete Zahlen handelt, muß auch das Ergebnis als vorzeichenbehaftete Zahl interpretiert werden. Bei 8-Bit-Zahlen mit Vorzeichen liegt der Darstellungsbereich aus den eben erwähnten Gründen nur zwischen −128 und +127. Das Ergebnis 220 ist also zu groß, ein Überlauf ist die Folge. Dieser Überlauf wird durch Setzen des Überlaufflags angezeigt. Wie bei allen arithmetischen Flags hat dies aber keine direkte Folge auf die Programmausführung. Es liegt beim Programmierer, diesen Zustand abzufragen und in einer geeigneten Form zu verarbeiten oder ihn einfach zu ignorieren.

Die Unterscheidung zwischen vorzeichenlosen und vorzeichenbehafteten Zahlen ist bei der Maschinensprache-Programmierung in vielen Fällen von grundlegender Bedeutung. Falls Sie mit der Binärarithmetik noch nicht so vertraut sind, sollten Sie sich vielleicht irgendwann einmal Zeit und Muße nehmen und dies nachholen. Auch wenn man kleinere Maschinenprogramme auch ohne diese Kenntnisse erfolgreich erstellen kann, sind sie für den effektiven Einsatz der Maschinensprache unbedingt notwendig.

Das Vorzeichenflag (Sign)

Dieses Flag zeigt an, ob bei der zuletzt durchgeführten arithmetischen Operation ein positives (Vorzeichenflag nicht gesetzt) oder ein negatives (Vorzeichenflag gesetzt) Ergebnis herauskam. Eine Null als Ergebnis zählt in diesem Fall als positives Ergebnis, da dieser Zustand durch das Nullflag noch einmal getrennt gekennzeichnet wird. Dem Vorzeichenflag entspricht stets das höchstwertige Bit des Ergebnisses der zuletzt durchgeführten Operation.

Die Aussage, die ein gesetztes Vorzeichenflag liefert, muß allerdings in bestimmten Fällen kritisch beurteilt werden, wie das folgende Beispiel zeigt:

```
110  0      1   1   0   1   1   1   0
   +
 90  0      1   0   1   1   0   1   0
----    --------------------------------
200  1      1   0   0   1   0   0   0
```

Betrachtet man alle Zahlen als vorzeichenlos, ist das Ergebnis korrekt. Obwohl es sich um eine positive Zahl handelt, wird aber das Vorzeichenflag gesetzt, da das höchstwertige Bit des Ergebnisses gesetzt ist. Wie kann man aber innerhalb des Programms eindeutig feststellen, ob das Ergebnis nun tatsächlich als negativ zu interpretieren ist? Die Antwort liefert das Überlaufflag, welches in diesem Fall ebenfalls gesetzt wird, da ja ein Überlauf im Bereich der vorzeichenbehafteten Zahlen (200 ist als vorzeichenbehaftete 8-Bit-Zahl zu groß) vorliegt.

Dieses Beispiel zeigt sehr gut die Grundzüge der Maschinenlogik. Die CPU setzt nach einer Operation die einzelnen Flags stets stur nach einem bestimmten Schema. Den jeweiligen Zusammenhang, also ob Sie zum Beispiel gerade mit vorzeichenlosen Zahlen arbeiten und das Setzen des Vorzeichenflags daher gar keinen Sinn macht, kann die CPU nicht erkennen. Hier ist der Programmierer gefordert, der die Information, die die CPU in Form der Flags liefert, richtig auswerten muß.

Das Übertragsflag (Carry)

Dieses Flag zeigt an, ob bei einer Addition ein Übertrag (Carry) bzw. bei einer Subtraktion ein Borgen auftrat. Da die Bezeichnung "Carry" sehr häufig verwendet wird, soll die Bezeichnung "Carryflag" anstelle der Bezeichnung "Übertragsflag" beibehalten werden. Das Beispiel einer Addition zweier 16-Bit-Zahlen macht die Funktion des Carryflags schnell deutlich:

```
40000
+
50000
--------
90000
```

Das Ergebnis ist eine 17-Bit-Zahl, da sich mit 17 Bit Zahlen bis max. 131071 darstellen lassen. Für ein 16-Bit-Register ist das Ergebnis aber zu groß, wie auch die binäre Darstellung der eben durchgeführten Rechenoperation beweist:

```
      0 1 0 1 1 1 0 0 0 1 0 0 0 0 0 0  40000
+
      1 1 0 0 0 0 1 1 0 1 0 1 0 0 0 0  50000
      ------------------------------------------
(1)   0 1 0 1 1 1 1 1 1 0 0 1 0 0 0 0  24464
```

Bei der Durchführung dieser Addition innerhalb der CPU über einen ADD-Befehl würde man als Ergebnis den Wert 24464 erhalten, da die CPU in ihren 16-Bit-Registern nur die ersten 16 Bits speichern kann. Betrachtet man das Ergebnis dagegen mit dem Carryflag als höchstwertigstes Bit, ist es in Ordnung; denn das Carryflag spielt hier die Rolle des 17. Bit (es steht für den Betrag 65536, der zu 24464 addiert 90000 ergibt). Man wird das Carryflag daher auch in Routinen verwenden, die mit höherer Genauigkeit, d.h. mit 32- oder 64-Bit-Zahlen, arbeiten. Das Carryflag kann als einziges arithmetisches Flag mit den Befehlen STC (Set Carry) bzw. CLC (Clear Carry) gezielt gesetzt bzw. rückgesetzt werden.

Das Hilfscarryflag (Auxiliary-Carry)

Während das Carryflag einen Übertrag von der 16. auf die 17. Stelle anzeigt, zeigt das Hilfscarryflag einen Übertrag von der dritten auf die vierte Stelle an. Das Hilfscarryflag wird demnach ausschließlich beim Arbeiten mit BCD-Zahlen verwendet, da eine BCD-Zahl nur durch vier Bits dargestellt wird und dementsprechend ein möglicher Übertrag auch an einer anderen Stelle stattfindet. Auch die Befehle AAA, AAS, DAA und DAS, die zur Umrechnung von BCD-Zahlen in binäre Zahlen dienen, machen von dem Hilfscarryflag Gebrauch.

Das Nullflag (Zero)

Die Bedeutung dieses Flags ist schnell erklärt. Es wird immer dann gesetzt, wenn beim Ergebnis einer Operation eine Null herauskam. Das Nullflag ist eines der wichtigsten und am häufigsten abgefragten Flags. So wird es zum Beispiel innerhalb von Programmschleifen verwendet, um festzustellen, ob der Schleifenzähler Null (Nullflag = 1) ist und die Schleife verlassen werden kann oder ob der Schleifenzähler noch nicht Null (Nullflag = 0) ist und die Schleife ein weiteres Mal durchlaufen werden muß.

Das Paritätsflag (Parity)

Dieses Flag wird innerhalb von Maschinenprogrammen nur sehr selten eingesetzt. Unter Parität wird in diesem Zusammenhang die Anzahl der gesetzten Bits in einem Byte oder Wort verstanden. Beim 8086/88 gibt das Paritätsflag darüber Auskunft, ob das Ergebnis einer Operation eine gerade oder ungerade Anzahl an gesetzen Bits enthält. Ist das Paritätsflag gesetzt, ist die Anzahl gesetzter Bits gerade, ansonsten ist sie ungerade.

Die Kontrollflags

Neben den arithmetischen Flags, die stets als das Ergebnis einer arithmetischen oder logischen Operation gesetzt oder nicht gesetzt werden, gibt es noch eine weitere Gruppe von Flags. Diese Flags können vom Programmierer gezielt gesetzt werden, um das Verhalten der CPU zu steuern.

Das Richtungsflag (Direction)

Dieses Flag ist nur im Zusammenhang mit den Stringbefehlen von Bedeutung. Es legt die Richtung fest, in der innerhalb des Speichers der betreffende Stringbefehl arbeitet. Ist das Richtungsflag gesetzt, werden das DI- bzw. SI-Register nach jeder Stringoperation um eins (Byte-Operation) bzw. zwei (Wort-Operation) erniedrigt: Ist das Richtungsflag nicht gesetzt (was normalerweise der Fall ist), werden die beiden Register entsprechend erhöht. Das Richtungsflag kann durch die Maschinenbefehle STD gesetzt bzw. CLD zurückgesetzt werden.

Das Unterbrechungsflag (Interrupt Enable)

Dieses Flag entscheidet darüber, ob sogenannte maskierbare Interrupts von der CPU bearbeitet werden oder nicht. Ist das Interruptflag gelöscht, werden Interruptanforderungen (mit Ausnahme des nicht maskierbaren Interrupts NMI) ignoriert. Dies ist zum Beispiel notwendig, wenn die CPU Programmteile (wie zum Beispiel das Laden bestimmter Segment:Offsets-Adressen, für die ja zwei MOV-Befehle benötigt werden) nicht unterbrechen darf. Normalerweise ist das Interruptflag gesetzt, so daß jederzeit Interruptanforderungen bearbeitet werden können. Auch bei diesem Flag ist die Bezeichnung Interruptflag geläufiger als die deutsche Übersetzung.

Das Einzelschrittflag (Trap)

Durch Setzen dieses Flags wird die CPU in den Einzelschritt-Modus geschaltet. In diesem Modus wird nach jeder Ausführung eines Befehls eine spezielle Routine (über den Interrupt 1) aufgerufen. Diese Routine kann vom Benutzer festgelegt werden (zum Beispiel, um die Registerinhalte der CPU auszugeben). Dieser Modus wird von Programmen wie DEBUG genutzt, um ein Maschinenprogramm Schritt für Schritt ausführen zu können.

Die Adressierung des Speichers

Für die Maschinensprache-Programmierung ist die Art und Weise, wie die CPU den Arbeitsspeicher adressiert, von grundlegender Bedeutung; denn der Maschinensprache-Programmierer ist in der Regel für den Zugriff auf den Arbeitsspeicher selbst verantwortlich. Diese Thematik ist aber für einen Einsteiger ohne entsprechende Vorkenntnisse erfahrungsgemäß nicht immer auf Anhieb verständlich. Inbesondere der Segmentbegriff bereitet Maschinensprache-Einsteigern erfahrungsgemäß erhebliche Schwierigkeiten. Sie sollten diesen Abschnitt daher zunächst einmal sehr unbefangen lesen, um einen groben Überblick zu bekommen. Mit zunehmender Programmierpraxis sollten Sie diesen Abschnitt dann noch einmal (oder besser mehrmals) in Ruhe durchlesen.

Wie groß ist der adressierbare Arbeitsspeicher?

Für die Größe des adressierbaren Arbeitsspeichers ist in der Regel die Anzahl an Adreßleitungen der CPU entscheidend. Die 8086/88-CPU verfügt über 20 Adreßleitungen, die über den Adreßbus mit dem Arbeitsspeicher verbunden sind. Mit 20 Adreßleitungen lassen sich insgesamt 2^{20} = 1048576 Bytes bzw. ein MByte adressieren. Wie bereits erwähnt, sind die Register der 8086/88-CPU, wie zum Beispiel das IP-Register, aber ausnahmslos nur 16 Bits breit.

Würde man zur Adreßberechnung lediglich ein Register zugrunde legen, ließe sich nur ein Arbeitsspeicher von 2^{16} = 65536 Bytes adressieren. Um dennoch den gesamten Arbeitsspeicher adressieren zu können, benutzt die 8086/88-CPU ein besonderes Verfahren zur Adreßberechnung, d.h. zur Bildung der benötigten 20-Bit-Adresse, die zur Adressierung des Arbeitsspeichers verwendet wird. Diese Adresse, die auch als physikalische Adresse bezeichnet wird, wird stets aus zwei Komponenten zusammengesetzt:

- einem Segmentanteil
- und einem Offsetanteil

Sowohl der Segment- als auch der Offsetanteil sind 16 Bit breit. Lassen Sie sich durch die Bezeichnungen Segment- und Offsetanteil nicht irritieren. Es handelt sich lediglich um zwei Adreßkomponenten, die bei jeder Adreßbildung nach einer bestimmten Formel verknüpft werden. Der Segmentanteil befindet sich dabei stets in einem der vier Segmentregister CS, DS, ES oder SS, während es sich bei dem Offset zum Beispiel um eine 16-Bit-Konstante oder um den Inhalt eines Basis- oder Indexregisters (zum Beispiel des DI-Registers) handeln kann.

Die Bildung der physikalischen Adresse

Es sei noch einmal darauf hingewiesen, daß jede Speicherzelle des Arbeitsspeichers über eine physikalische Adresse angesprochen wird. Bei der physikalischen Adresse handelt es sich um eine 20-Bit-Adresse, die aus der Segment- und der Offsetkomponente gebildet wird. Immer wenn eine physikalische Adresse gebildet werden muß, multipliziert die CPU, genauer gesagt die BSE, zunächst den Segmentanteil mit 16.

Dies ergibt bereits ein 20-Bit-Ergebnis (die Multiplikation einer Dualzahl mit 2 entspricht bekanntlich dem Verschieben der gesamten Zahl um eine Stelle nach links), wobei die vier rechts stehenden Bits zu Null werden. Eine Multiplikation mit 16 kommt daher einem viermaligen Verschieben nach links gleich.

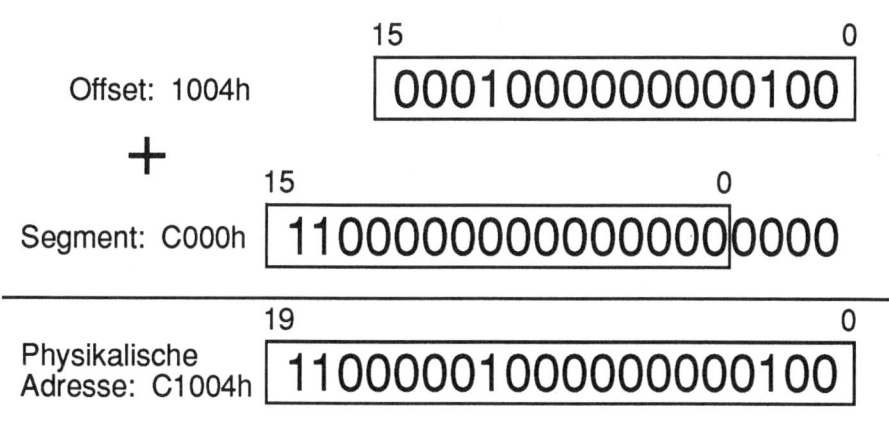

Abb. 5.4: Bildung der physikalischen Adresse

Als nächstes wird der 16-Bit-Offset zu dem Ergebnis der Multiplikation addiert, wodurch die endgültige 20-Bit-Adresse resultiert. Diese Adresse dient nun dazu, eine Speicherzelle (der maximal 1048576 verschiedenen Speicherzellen) des Arbeitsspeichers zu adressieren. Dieses Prinzip der Adreßbildung wird auch durch das Beispiel in Abbildung 5.4 noch einmal veranschaulicht.

Konsequenz der Adressierung: Segmente

Diese spezielle Art der Adreßberechnung hat einige direkte und indirekte Konsequenzen. Die offensichtlichste Konsequenz ist, daß durch diese Adressierung der gesamte Arbeitsspeicherbereich zwangsläufig in Untereinheiten, die Segmente genannt werden, aufgeteilt wird. Denn bedingt durch die Beschränkung der CPU-Register auf 16 Bits kann die CPU bei einem feststehenden Inhalt eines Segmentregisters nur einen maximal 64 KByte großen Speicherbereich, nämlich ein Segment, adressieren. Um einen größeren Bereich zu adressieren, muß die CPU auch den Inhalt des Segmentregisters verändern. Physikalisch gesehen, handelt es sich bei dem Arbeitsspeicher zwar um einen durchgehenden Speicherbereich, für die CPU stellt er sich jedoch in einzelne Segmente aufgeteilt dar (die Tatsache, daß sich unter MS-DOS normalerweise nicht mehr als 640 KByte adressieren lassen, hat damit jedoch nur indirekt etwas zu tun). Ein Segment ist daher nichts anderes als ein bestimmter Bereich des Arbeitsspeichers, dessen Startadresse stets durch den Inhalt eines der vier Segmentregister festgelegt wird. Jedes Byte innerhalb dieses Segments wird über einen Offset adressiert. Da es sich bei dem Offset immer um eine 16-Bit-Zahl handelt, ist die Größe eines Segments auf 65536 Bytes begrenzt. Eine weitere Konsequenz ist, daß ein Segment nur bei einer Adresse beginnen kann, die glatt durch 16 teilbar ist (einer sogenannten Paragraphenadresse). Die Erklärung ist simpel. Stellen Sie sich in einem Segmentregister eine beliebige 16-Bit-Zahl vor. Multiplizieren Sie diese Zahl mit 16, ergibt sich eine 20-Bit-Zahl mit vier Nullen am rechten Ende. Dies bedeutet, daß die Startadresse eines Segments in jedem Fall glatt durch 16 teilbar ist.

Schließlich wird auch die Darstellungsweise einer Adresse durch die Aufteilung einer Adresse in Segment- und Offsetanteil beeinflußt. Adressen werden allgemein im Format Segment:Offset angegeben. So bedeutet zum Beispiel C000:1004, daß die Adresse aus dem Segmentanteil C000h und dem Offsetanteil 1004h (das kleine h deutet an, daß es sich um eine Hexadezimalzahl handelt) besteht. Für die Adresse C000:1004 hätte man genausogut auch C1004h schreiben können (C000h x 16 + 1004h), allerdings ist diese Darstellungsweise unüblich.

Wieviel Segmente lassen sich denn beim 8086/88 maximal definieren? Da ein Segment an jeder 16. Adresse beginnen kann, kann es maximal 1048576 / 16 = 65536 verschiedene Segmente geben. Die Größe eines Segments spielt dabei aber keine Rolle;

denn es können sich durchaus mehrere Segmente überlappen. Allerdings kann die 8086/88-CPU nur maximal vier Segmente (bei der 80386/486-CPU sind es sechs) gleichzeitig adressieren, da es ja nur vier Segmentregister gibt.

Nach soviel Theorie soll im folgenden anhand einiger Beispiele gezeigt werden, wie die Bildung der physikalischen Adresse in der Praxis erfolgt. Dazu wird aber vorausgesetzt, daß Sie bereits mit dem Befehlssatz der 8086/88-CPU ein wenig vertraut sind. In diesem Kapitel geht es in erster Linie um die Verknüpfung von Turbo Pascal mit Assembler. Eine vollständige Einführung in die Maschinensprache-Programmierung ist aufgrund des begrenzt zur Verfügung stehenden Platzes leider nicht möglich. Dennoch werden in einem der nächsten Abschnitte die wichtigsten CPU-Befehle in einem Überblick dargestellt, so daß Sie die hier beschriebenen Grundlagen auch ohne ein zusätzliches Maschinensprachebuch umsetzen können. Machen Sie sich auch bitte keine Gedanken, wenn Sie beim ersten Lesen des nächsten Abschnitts noch gewisse Verständnisschwierigkeiten haben sollten. Unter Umständen sollten Sie auf diesen Abschnitt noch einmal zurückkommen, nachdem Sie die folgenden Abschnitte durchgearbeitet haben.

Betrachten Sie zur Einstimmung den folgenden Maschinenbefehl:

```
MOV AX,DX
```

welcher den Inhalt des DX-Registers in das AX-Register kopiert. Bei der Ausführung des Befehls wird nicht auf den Arbeitsspeicher zugegriffen, also spielt die Adreßberechnung hier keine Rolle. Ganz anders sieht es bei dem nächsten Befehl aus, der den Wert einer Variablen in ein Register lädt. Zuvor muß diese Variable, sie soll den Namen ZAHL tragen, im Datensegment definiert werden:

```
.DATA
  ZAHL DW 1000
```

Der symbolische Name ZAHL steht für die Offsetadresse einer Wort-Speicherzelle innerhalb des Datensegments (welches durch die Anweisung .DATA definiert wird). Diese Speicherzelle wird zudem mit dem dezimalen Wert 1000 initialisiert. Aus diesem Grund kann man ZAHL als Variable auffassen, da der Inhalt der Speicherzellen ja veränderbar ist. Mit dem nächsten Befehl wird der Inhalt der Variablen ZAHL in das AX-Register geladen:

```
MOV AX,ZAHL
```

Wie bereits erwähnt, steht ZAHL nur für den Offset einer Speicherzelle. Wie sieht es aber mit dem Segmentanteil aus? Dazu muß man wissen, daß bei dieser Art des Speicherzugriffs die CPU davon ausgeht, daß sich der Segmentanteil im DS-Register befindet. Genaugenommen wird also der Inhalt der Speicherzelle mit der Adresse DS:ZAHL in das AX-Register geladen. Damit diese Art der Adreßberechnung funktioniert, muß aber sichergestellt sein, daß im DS-Register der richtige Wert enthalten ist. Dies kann zum Beispiel durch die Befehlssequenz

```
MOV DX,@DATA
MOV DS,DX
```

erfolgen, durch die das DS-Register mit der Adresse des Datensegments geladen wird. Das DS-Register zeigt nun auf den Beginn des Datensegments, während sich über einen Offset, wie zum Beispiel ZAHL, jedes Byte innerhalb des Datensegments ansprechen läßt. @DATA ist eine Textkonstante, die der Turbo Assembler zur Verfügung stellt, um die Adresse des Datensegments innerhalb eines Programms verwenden zu können. Der Umweg über das DX-Register (bzw. ein anderes allgemeines Register) ist nur deswegen erforderlich, weil Segmentregister nicht direkt geladen werden können. Übrigens ist bei COM-Dateien eine Initialisierung des DS-Registers nicht notwendig, da beim Laden einer COM-Datei die Adresse des (einzigen) Segments automatisch in das DS-Register eingetragen wird. Denken Sie auch daran, daß Segmentadressen innerhalb eines Assemblerprogramms nur symbolische Größen darstellen. Absolute Adressen werden weder vom Assembler noch vom Linker vergeben, sondern werden erst beim Laden des Programms in den Arbeitsspeicher festgelegt.

Natürlich kann man über einen Befehl wie MOV AX,ZAHL auch Daten ansprechen, die über das ES-Register adressiert werden. In diesem Fall muß aber der Quelladresse ein sogenannter Segment-Override-Operator ":" vorangehen:

```
MOV AX,ES:ZAHL
```

Dieser Assembler-Operator sorgt zusammen mit der Angabe des Segmentregisters dafür, daß vor den Opcode des MOV-Befehls das passende *Segment-Override-Präfix*, in diesem Fall ES:, assembliert wird. Beim Segment-Override-Präfix handelt es sich um ein einzelnes Byte, das dem Maschinenbefehl, auf den es sich bezieht, vorangeht (daher die Bezeichnung Präfix). An diesem Byte erkennt die CPU, daß für den folgenden Befehl die normale Segmentzuordnung außer Kraft tritt und statt dessen das angegebene Segmentregister zur Adreßberechnung verwendet wird.

Trifft die CPU bei der Programmausführung auf das Präfix ES:, "weiß" sie, daß sich der Segmentanteil der Speicheradresse nicht im DS-Register, sondern diesmal im ES-Register befindet. Der Segment-Override-Operator dient allgemein dazu, Standardsegmentzuordnungen bei Bedarf aufzuheben. Allerdings gibt es bei der Auswahl der Segmentregister bestimmte Einschränkungen (siehe Tabelle 5.1).

Speicherzugriff	*Zuordnung*	*Alternativen*
Lesen eines Befehls	CS	Keine
Zugriff auf den Stack	SS	Keine
Zugriff auf Daten	DS	CS,ES,SS
BP als Basisregister	SS	CS,DS,ES
BX als Basisregister	DS	CS,ES,SS
Zugriff auf Quellstring	DS	CS,ES,SS
Zugriff auf Zielstring	ES	Keine

Tab. 5.1: Standardzuordnung der Segmentregister

Nicht nur bei den MOV-Befehlen spielt die implizite Registerzuordnung eine Rolle. Generell gibt es für jeden Befehl, der auf den Speicher zugreift, ein Segmentregister, welches im Standardfall, d.h., wenn nicht anders vereinbart ist, den Segmentanteil zur Verfügung stellt. Dazu gehören zum Beispiel auch die Befehle PUSH und POP, die einen Zugriff auf den Stackbereich durchführen. Ein Befehl wie

```
PUSH AX
```

transportiert den Inhalt des AX-Registers auf den Stack. Da es sich bei dem Stack aber um einen Teil des Arbeitsspeichers handelt, wird auch hier eine Speicheradressierung benötigt. Anders als bei den MOV-Befehlen ist der Offset für die Zieladresse im SP-Register enthalten, während sich der Segmentanteil im SS-Register befindet. Da sich Befehle wie PUSH oder POP ausnahmslos auf den Stackbereich beziehen, kann hier kein Segment-Override-Operator verwendet werden.

Adreßberechnung bei der Programmausführung

Bislang wurde lediglich der Zugriff auf Daten im Arbeitsspeicher betrachtet. Aber auch bei der Programmausführung muß die CPU auf Daten, in diesem Fall auf die Opcodes der Maschinenbefehle, zugreifen. Der nächste, aus dem Speicher zu lesende Befehl wird stets durch das Registerpaar CS:IP adressiert, wobei das CS-Register den Segment- und das IP-Register den Offsetanteil zur Verfügung stellt.

Die Adressierungsarten der 8086/88-CPU

Nachdem das allgemeine Prinzip der Adressierung erläutert wurde, sollen zum Abschluß dieses Abschnittes die einzelnen Adressierungsarten vorgestellt werden. Die

Adressierungsart legt fest, auf welche Weise ein Operand adressiert wird, oder genauer gesagt, auf welche Weise die effektive Adresse (durch die der Offsetanteil der Adresse festgelegt wird) des Operanden gebildet wird. Bei der 8086/88-CPU stehen folgende Adressierungsarten zur Verfügung:

–   Registeradressierung

–   unmittelbare Adressierung

–   direkte Adressierung

–   indirekte Adressierung

–   Basis-Adressierung

–   indizierte Adressierung

–   Basis-indizierte Adressierung

Die Adressierungsarten lassen sich grob in zwei Gruppen einteilen (dies wird auch durch den Absatz deutlich): Speicheradressierung und Nicht-Speicheradressierung. Zur letzten Gruppe gehört die Registeradressierung und die unmittelbare Adressierung. Die Registeradressierung haben Sie ja bereits kennengelernt. Hier befindet sich der Operand in einem CPU-Register, der Arbeitsspeicher muß nicht angesprochen werden. Dies gilt auch für die unmittelbare Adressierung. Der Befehl MOV AX,100, der das AX-Register mit dem unmittelbaren Operanden 100 lädt, fällt in diese Kategorie. Die zweite Gruppe der Adressierungsarten ist die Speicheradressierung. Hier spielt die effektive Adresse eine wichtige Rolle. Sie entspricht dem Offsetanteil der physikalischen Adresse, es handelt sich also um eine vorzeichenlose 16-Bit-Zahl. Die einzelnen Speicheradressierungsarten unterscheiden sich einzig und allein dadurch, auf welche Weise die effektive Adresse gebildet wird.

Direkte Adressierung

Der einfachste Fall liegt vor, wenn ein Register mit dem Inhalt einer Speicherzelle geladen werden soll:

```
MOV AX,SUMME
```

Die effektive Adresse wird durch den Offset der Speicherstelle mit dem symbolischen Namen SUMME gebildet. Da die Adresse bereits in dem Befehl, genauer gesagt in des-

sen Opcode, enthalten ist, wird diese Art der Adressierung als direkte Adressierung bezeichnet.

Indirekte Adressierung

Bei der indirekten Adressierung befindet sich die effektive Adresse dagegen in einem
der Register BX, BP, SI oder SI. Hier ein kleines Beispiel:

```
MOV AX,[BX]
```

Dieser Befehl lädt den Inhalt einer Speicherzelle in das AX-Register, die durch den Inhalt des BX-Registers adressiert wird. Beachten Sie, daß die effektive Adresse bei der
Assemblierung des Programms noch gar nicht bekannt ist.

Basis-Adressierung

Ein wenig komfortabler ist die Basis-Adressierung, da hier zusätzlich zu dem Inhalt eines Registers noch eine Konstante, das sogenannte Displacement, angegeben werden
darf. Auf diese Weise lassen sich Felder oder Tabellen innerhalb einer Schleife mit
einem einzigen MOV-Befehl adressieren. Im folgenden Beispiel wird zuerst ein kleines
Feld mit zehn Elementen angelegt:

```
FELD DB 10 DUP (?)
```

Anschließend wird jedes Element mit einem Wert geladen:

```
MOV AL,32
MOV BX,9
SCHLEIFE:
MOV FELD[BX],AL
DEC BX
JNZ SCHLEIFE
```

Bei jedem Durchlauf der Schleife wird die effektive Adresse aus der Summe des Offsets von FELD und dem Inhalt des BX-Registers gebildet, welches wiederum bei jedem
Durchlauf durch den DEC-Befehl um eins erniedrigt wird. Der Inhalt des BX-Registers
wird dadurch nach neun Durchläufen Null. Dieser Zustand wird durch ein gesetztes
Nullflag angezeigt, was dazu führt, daß der bedingte Sprungbefehl JNZ nicht mehr ausgeführt und die Schleife verlassen wird. Zur Basis-Adressierung kann entweder das BX-
oder das BP-Register verwendet werden. Beachten Sie, daß sich bei Verwendung des
BX-Registers der Segmentanteil standardmäßig im DS-Register bzw. bei Verwendung
des BP-Registers dagegen im SS-Register befindet.

Indizierte Adressierung

Die indizierte Adressierung entspricht im Prinzip der Basis-Adressierung. Einziger Unterschied: Anstelle der Register BX bzw. BP werden hier die Register DI bzw. SI verwendet.

Basis-indizierte Adressierung

Die komfortabelste Adressierungsart der 80x86-CPU stellt die Basis-indizierte Adressierung dar. Hier wird die effektive Adresse aus drei Komponenten gebildet: einem Basisregister (BX oder BP), einem Indexregister (DI oder SI) und schließlich einem Displacement in Form einer konstanten 16-Bit-Zahl, wobei letztere auch entfallen kann. Auch dazu ein Beispiel:

```
MOV AX,[BX][DI]100
```

Der Offset der angesprochenen Speicherzelle (die effektive Adresse) berechnet sich so:

```
Inhalt des BX-Registers + Inhalt des DI-Registers + 100
```

Die Basis-indizierte Adressierung kann zum Beispiel zur Adressierung zweidimensionaler Tabellen verwendet werden.

Vor- und Nachteile von Segmenten

Auf den ersten Blick sieht es so aus, als wird durch die Segmentierung des Arbeitsspeichers die Maschinensprache-Programmierung auf einer 8086/88-CPU unnötig verkompliziert. Dennoch ergeben sich auch Vorteile. So werden für Sprungbefehle innerhalb des Segments nur zwei Bytes für die Sprungadresse benötigt, da in diesem Fall nur der Offset angegeben werden muß. Desweiteren, und hier liegt der entscheidende Vorteil, sind Programme, die lediglich relative Offsets verwenden, vollkommen positionsunabhängig. Man kann ein Programm also beliebig im Speicher verschieben, ohne irgendwelche Adressen anpassen zu müssen.

Zum Abschluß noch eine kurze Wiederholung. Zwei Dinge sind für das Verständnis der Speicheradressierung bei den 80x86-Prozessoren wichtig:

1. Jede Adresse besteht aus einem Segment- und einem Offsetanteil. Der Segmentanteil befindet sich immer in einem der vier Segmentregister. Der Offsetanteil, d.h. die effektive Adresse, kann auf verschiedene Weise gebildet werden. Er kann in einem Basis- oder Indexregister enthalten sein, er kann aber auch direkt als Konstante aufgeführt werden. Die physikalische Adresse bildet die CPU, indem sie den Segmentanteil der Adresse mit 16 multipliziert und den Offsetanteil dazu addiert.

2. Absolute Adressen kommen innerhalb eines Assemblerprogramms so gut wie nie vor. In den allermeisten Fällen wird der Segmentanteil nur symbolisch über vordefinierte Textkonstanten wie zum Beispiel @Code oder @Data verwaltet. Eine konkrete Adresse steht sowieso erst beim Laden des Programms fest. Lediglich um den Offsetanteil müssen Sie sich in manchen Fällen selbst kümmern. Doch in der Regel wird auch dieser symbolisch, zum Beispiel über einen Variablennamen, angesprochen.

Interrupts

Interrupts sind Programmunterbrechungen, die im Prinzip jederzeit während der Ausführung eines Maschinenprogramms auftreten können. Insgesamt kann die CPU 256 verschiedene Interrupts verwalten. In einem PC sind nicht alle der 256 möglichen Interrupts belegt (s. Tabelle 5.2).

Interrupt Nr. (hex)	*Bedeutung*
0	Divisionsüberlauf
1	Einzelschritt
2	NMI
3	Breakpoint
4	Überlaufflag gesetzt
8	Timer 0
9	Tastaturinterrupt
BC	Serielle Schnittstelle
D	Festplatte
E	Diskette
F	Parallelport

Interrupts 10h bis 1Fh sind BIOS-Interrupts

10	Video-Interrupt
13	Diskette- bzw. Festplatte
14	Serielle Schnittstelle
16	Tastatur
17	Drucker
19	Warmstart
21	DOS-Funktionsaufrufe
67	EMS-Service

Tab. 5.2: Die wichtigsten Interrupts in einem PC

Interrupts können grundsätzlich in zwei Gruppen eingeteilt werden: Hard- und Software-Interrupts. Während Software-Interrupts lediglich eine spezielle Art des Prozeduraufrufs darstellen, entsprechen Hardware-Interrupts der eingangs gegebenen Definition und sollen auch als erstes besprochen werden. Auch wenn es für die Programmierung nicht unbedingt wichtig ist, soll kurz beschrieben werden, wie ein (externer) Hardware-Interrupt die Aufmerksamkeit der CPU erlangt. Die 8086/88-CPU verfügt einen speziellen Eingang mit dem Namen INTR. Erscheint an diesem Eingang ein Signal, so wird das laufende Programm unterbrochen und eine spezielle Routine, die Interruptroutine, aufgerufen. In der Regel gibt es in einem PC mehrere Interruptquellen, aber nur einen Interrupteingang. Die CPU benötigt für die Interruptverarbeitung daher noch einen zusätzlichen Baustein, den Interruptkontroller, der die Interruptmeldungen zunächst in Empfang nimmt und dann an die CPU weiterleitet. In einem PC wird der Interruptkontroller 8259A verwendet, der in der Lage ist, maximal acht Interruptquellen zu verarbeiten. Doch der Interruptkontroller macht noch mehr. Das Schöne an diesem Baustein ist nämlich, daß man ihn programmieren kann. So kann man den einzelnen Interruptquellen verschiedene Prioritäten zuordnen. Auf diese Weise ist der Interruptkontroller in der Lage, beim Eintreffen mehrerer Interrupts zur gleichen Zeit zu entscheiden, welcher Interrupt als erster behandelt wird. Gleichzeitig teilt er der CPU mit, wie diese auf den Interrupt reagieren soll. So sind innerhalb eines PCs den acht Interruptquellen die Nummern 8 bis 15 zugeordnet. Tritt nun ein Interrupt mit einer bestimmten Priorität auf, stellt der Interruptkontroller zunächst fest, ob ein Interrupt mit dieser Priorität bearbeitet werden darf. Ist dies der Fall, übermittelt er die Interruptnummer an die CPU. Diese multipliziert die erhaltene Nummer mit vier und berechnet so die Adresse innerhalb der Interruptvektortabelle, unter der sich die Adresse der auszuführenden Interruptroutine befindet, und bringt diese Routine zur Ausführung.

Was passiert beim Auftreten eines Interrupts?

Der interne Ablauf in der CPU bei der Ausführung eines Interrupts ist stets gleich und vom Interrupttyp unabhängig. Als erstes wird das Flagregister, dann das IP- und schließlich das CS-Register auf dem Stack gerettet. Dadurch ist gewährleistet, daß das unterbrochene Programm nach Beendigung der Interruptroutine normal fortgesetzt werden kann. Als nächstes muß die CPU die Adresse der aufzurufenden Interruptroutine ermitteln. Dazu muß vorangestellt werden, daß die ersten 1024 Bytes des Arbeitsspeichers von der sogenannten *Interruptvektortabelle* belegt sind. Diese Tabelle kann maximal 256 verschiedene Adressen (2 Bytes für den Segment- und zwei Bytes für den Offsetanteil) aufnehmen, so daß für jeden der 256 möglichen Interrupts in der Tabelle eine Adresse (ein Vektor) enthalten ist. Die CPU berechnet nun aus der Interruptnummer die Adresse innerhalb der Interruptvektortabelle, unter der die Adresse der auszuführenden Interruptroutine zu finden ist, indem sie die Interruptnummer mit vier multipliziert. Unter dieser Adresse befindet sich der neue Wert des IP-Registers bzw. unter der Adresse + 2 der neue Wert des CS-Registers. Diese Werte werden in die entsprechenden Register geladen, so daß die CPU zu der Interruptroutine verzweigen kann. Nun wird die Interruptroutine abgearbeitet, bis die CPU auf einen IRET-Befehl trifft, der die Interruptroutine beendet. Dieser Befehl holt die alten Registerwerte vom Stack und lädt sie in die einzelnen Register zurück. Dadurch ist gewährleistet, daß die Programmausführung genau an der Stelle fortgesetzt wird, an der sie zuvor durch den Interrupt unterbrochen wurde.

Welche Vorteile bieten Interrupts?

In einem PC gibt es einige Komponenten, die in nicht regelmäßigen Abständen die Aufmerksamkeit der CPU beanspruchen. Ein Beispiel ist die Tastatur; denn Tastureingaben erfolgen in der Regel alles andere als regelmäßig. Immer wenn eine Taste betätigt wurde, muß die CPU ihre aktuelle Tätigkeit unterbrechen und Zeichen vom Eingabeport in den Tastaturpuffer übertragen. Auch das Diskettenlaufwerk und die Festplatte sind Geräte, die in unregelmäßigen Abständen bedient werden müssen. Würde die CPU diese Vorgänge nun aber periodisch überwachen, ginge viel kostbare CPU-Zeit unnötig verloren. In diesem Fall würde die CPU sehr wahrscheinlich einen großen Teil ihrer Zeit mit Warten verbringen oder aber unter Umständen das Auftreten eines Ereignisses verpassen. Wesentlich effektiver ist es, wenn die CPU erst dann ein Gerät wahrnimmt, wenn es wirklich etwas zu tun gibt. Wenn also zum Beispiel ein Zeichen am Tastaturport abzuholen ist oder wenn der Diskettenkontroller einen Block Daten gelesen hat. Um die Aufmerksamkeit der beschäftigten CPU zu gewinnen, lösen die jeweiligen Geräte am Interruptkontroller-Baustein einen Interrupt aus. Die CPU unterbricht dann ihre Tätigkeit (den momentanen Maschinenbefehl führt sie aber noch aus), rettet das CS-, das IP- und das Flagregister auf den Stack und verzweigt zur Interruptroutine. Die Adresse der Interruptroutine berechnet sie über die Interruptnummer, die der Interruptkontroller auf den Datenbus legt. Irgendwann wird diese Routine durch den Befehl IRET beendet, die CPU holt den alten Inhalt der Register CS, IP und des Flagregisters vom Stack und fährt mit dem unterbrochenen Programm fort, so als wäre nichts geschehen. Tatsächlich wurden aber lebenswichtige Vorgänge innerhalb des PCs mit minimaler Verzögerung und minimalem Zeitaufwand erledigt.

Software-Interrupts

Wie bereits kurz angedeutet wurde, handelt es sich bei "Software-Interrupts" um eine besondere Art des Prozeduraufrufs. Ein Software-Interrupt wird durch den Befehl INT ausgeführt, wobei durch die auf den INT-Befehl folgende Zahl eine der 256 möglichen Interruptroutinen aufgerufen wird. Sobald die CPU auf einen INT-Befehl trifft, laufen zunächst die gleichen Vorgänge ab, die zuvor bei den Hardware-Interrupts beschrieben

wurden. Allerdings wird die Adresse der Interruptroutine diesmal nicht durch die
Hardware, sondern durch die auf den INT-Befehl folgende Zahl festgelegt, die
zwangsläufig im Bereich 0 bis 255 liegen muß.

Interrupts rufen BIOS- und DOS-Funktionen auf

Für den Programmierer sind die Software-Interrupts von großer Bedeutung, da ein
Großteil der Routinen, die das Betriebssystem MS-DOS zur Verfügung stellt, über den
INT-Befehl aufgerufen werden. Ein Beispiel ist die Ausgabefunktion zur Ausgabe eines
Zeichens auf dem Bildschirm. In einer Hochsprache wie Turbo Pascal muß man sich
um dererlei Dinge keine Gedanken machen, auf Maschinenebene würden aber selbst so
triviale Tätigkeiten wie die Zeichenausgabe auf dem Bildschirm den Programmierer vor
Probleme stellen, wenn es nicht die BIOS- bzw. DOS-Routinen gäbe. Diese Routinen
übernehmen so lebenswichtige Funktionen wie zum Beispiel die Bildschirmausgabe,
die Tastatureingabe oder den Zugriff auf den Festplattenspeicher. Für die Ausgabe eines
Zeichens kann zum Beispiel die DOS-Funktion 02 verwendet werden.

Da die meisten DOS-Funktionen über den Interrupt 21h aufgerufen werden, wird die
DOS-Funktion über den Befehl INT-21h aufgerufen. Zuvor muß im AH-Register die
Nummer der aufzurufenden Funktion und im DL-Register der ASCII-Code des auszugebenden Zeichens abgelegt werden, so daß insgesamt folgende Befehlssequenz ausgeführt werden muß:

```
MOV DL,'A'
MOV AH,02
INT 21h
```

So lassen sich durch drei Maschinenbefehle Dinge erledigen, die normalerweise Hun-
derte von Maschinenbefehlen erfordern würden.

Der Stack

Bei dem Stack handelt es sich um einen bestimmten Teil des Arbeitsspeichers, der in
erster Linie zur Zwischenspeicherung von Daten und Adressen verwendet wird. Das
Besondere an dem Stack ist das Prinzip, nach dem er verwaltet wird. Dieses Prinzip
wird wahlweise als "Zuletzt abgespeichert – als erstes heruntergenommen"-Prinzip, ein
wenig eleganter als "Last In – First Out"-Prinzip oder kurz und knapp als LIFO-Prinzip
bezeichnet und beschreibt, wie auf den Stack normalerweise zugegriffen wird. Der
Stackzugriff wird in Maschinensprache über die Befehle PUSH und POP durchgeführt.
Während durch den PUSH-Befehl ein 16-Bit-Wert auf dem Stack abgelegt wird, wird

durch den POP-Befehl ein 16-Bit-Wert vom Stack geholt. In beiden Fällen ist von der Stackoperation das oberste Stackelement betroffen, welches durch den PUSH-Befehl auf den Stack gebracht bzw. durch den POP-Befehl vom Stack genommen wird. Betrachten Sie als Beispiel den Befehl PUSH AX, der den Inhalt des AX-Registers auf den Stack bringt. Der Inhalt dieses Registers wird nun an oberster Stelle auf dem Stack abgelegt. Der nächste POP-Befehl wird genau diesen Wert holen und an das festgelegte Ziel transportieren. Wird etwa der Befehl POP BX ausgeführt, so wird dieser Wert statt dessen in das BX-Register transportiert.

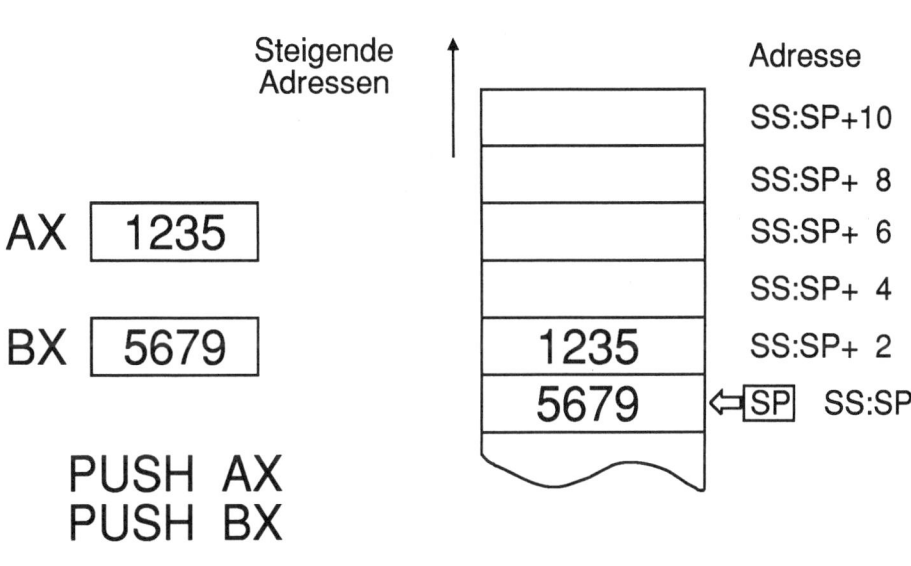

Abb. 5.5: Verwaltung des Stacks

Das Prinzip, nach dem der Stack verwaltet wird, ist simpel, aber sehr effektiv. Das oberste Element des Stacks wird stets durch das Registerpaar SS:SP adressiert. Wie Sie aus dem vorletzten Abschnitt wissen, werden für die Adressierung des Arbeitsspeichers immer zwei Komponenten, ein Segment- und ein Offsetanteil benötigt. In diesem speziellen Fall stellt das SS-Register den Segmentanteil und das SP-Register den Offsetanteil zur Verfügung. Dabei legt der Inhalt des SS-Registers den Beginn des Stackbereichs fest, während über das SP-Register das jeweilige oberste Element des Stacks adressiert wird. Auf den meisten Systemen "wächst" ein Stack in Richtung kleiner werdender Adressen, d.h. jedes neu hinzukommende Element wird unter einer kleineren Adresse abgelegt. Der zuletzt auf dem Stack abgelegte Wert befindet sich also immer an der niedrigsten Adresse innerhalb des Stacksegments. Dementsprechend muß, bevor ein Wert auf dem Stack abgelegt werden kann, der Stackzeiger im SP-Register durch den PUSH-Befehl erst um zwei (es handelt sich ja um 16-Bit-Werte) erniedrigt werden. Damit steht die Adresse fest, unter der der auf dem Stack abzulegende Wert gespeichert wird. Der POP-Befehl arbeitet entsprechend umgekehrt. Dieser Befehl holt stets den obersten Wert vom Stack, welcher durch das Registerpaar SS:SP adressiert wird. Da dieser Wert danach aber vom Stack genommen werden soll, muß zwangsläufig nach dem Transportvorgang der Stackzeiger wieder um zwei erhöht werden. Der vom Stack genommene Wert ist damit zwar noch im Speicher vorhanden, er wird aber durch den nächsten PUSH-Befehl wieder überschrieben. Das Prinzip, nach dem der Stack verwaltet wird, wird noch einmal durch Abbildung 5.5 illustriert.

Obwohl man in der Regel nur über die Befehle PUSH oder POP auf den Stack zugreifen wird, ist dies natürlich nicht die einzige Möglichkeit. Da der Stackbereich durch das SS- und das SP-Register adressiert wird, kann man zum Beispiel über die Basis-indizierte Adressierung auf den Stackbereich zugreifen. Zuvor muß allerdings der Inhalt des SP-Registers in das BP-Register geladen werden, da mit dem SP-Register grundsätzlich keine indirekte Adressierung möglich ist:

```
PUSH BP         ; Alten Inhalt von BP retten
MOV BP,SP       ; BP mit Inhalt von SP laden
MOV AX,[BP]     ; Laden des obersten Stackelements
```

Der Ein-/Ausgabebereich

Ein sehr wichtige Rolle für die Funktionsabläufe in einem PC spielt die Kommunikation der CPU mit den einzelnen Peripheriebausteinen wie dem Videokontroller oder den Zeitgeberbausteinen. Die CPUs der 80x86-Familie ordnen den internen Registern der Peripheriebausteine Speicheradressen in einem speziellen 64-KByte-Adreßraum der CPU zu, welcher auch als Ein/Ausgabe-Bereich oder kurz als E/A-Bereich und die einzelnen Register in diesem Bereich als Ports bezeichnet werden. Bei einem PC werden allerdings nur die untersten 1024 Bytes dieses Bereichs genutzt. Der Zugriff auf den E/A-Bereich erfolgt ausschließlich über die Befehle IN und OUT, wobei der IN-Befehl ein Byte bzw. Wort (8086 bzw. 80286) von einem E/A-Port in das AL- bzw. AX-Register liest, während der OUT-Befehl entsprechend den Inhalt des AL- bzw. AX-Registers (8086 bzw. 80286) auf einem E/A-Port ausgibt. In beiden Fällen wird die Adresse des

E/A-Ports entweder direkt aufgeführt (sofern sie im Bereich 0..255 liegt) oder im DX-Register enthalten.

Um zum Beispiel den Inhalt des Ports 40h zu lesen, wäre der Befehl

```
IN AL,40h
```

erforderlich. Mit dem Befehl

```
MOV DX,0400h
OUT DX,AL
```

wird dagegen der Inhalt des AL-Registers auf dem Port mit der Adresse 400h ausgegeben. Bei der 8088-CPU kann durch einen Befehl nur ein einzelnes Byte transportiert werden, während bei den übrigen CPUs der 80x86-Familie auch Worte und sogar Strings (über die Befehls INS und OUTS) transportiert werden können.

Übersicht über den Befehlssatz

Der gesamte Befehlssatz der 8086/88 CPU besteht aus 92 Maschinenbefehlen (s. Tabelle 5.3). Da aber viele Befehle in verschiedenen Adressierungsarten eingesetzt werden können, ergeben sich insgesamt über tausend verschiedene Befehlskombinationen. Um einen Überblick über den Befehlssatz zu erhalten, ist es sinnvoll, diesen in Gruppen einzuteilen:

–   Datentransportbefehle

–   arithmetische und logische Befehle

–   Sprungbefehle

–   Stringbefehle

–   sonstige Befehle

Jedes Befehlsmnemonic wird durch den Assembler in den dazugehörigen Opcode übersetzt. Die Größe des Opcodes richtet sich vor allem nach der Anzahl der Operanden. So steht ein Befehl, wie zum Beispiel AAA, der keinen Operanden benötigt, für einen 1-Byte-Opcode. Ein Befehl, wie zum Beispiel MOV AX,WERT, der das AX-Register mit dem Inhalt einer Speicherzelle lädt, benötigt dagegen drei Bytes. Die Befehlsopcodes weisen einen charakteristischen und im übrigen auch sehr systematischen Aufbau auf. Ein Assembler, dessen Aufgabe es ja ist, die CPU-Mnemonics in Opcodes umzuwandeln, hat es dann auch relativ einfach. Da in diesem Kapitel nicht alle 92 CPU-Befehle vorgestellt werden können, sollen zumindest die wichtigsten Befehle kurz erwähnt werden. Mit diesem "harten" Kern an Maschinenbefehlen werden Sie für den Einstieg und inbesondere auch für die Erweiterung von Pascal-Programmen in der Regel zunächst auskommen. Auch die in den nächsten Abschnitten vorgestellten Beispielprogramme werden im wesentlichen auf diesen Befehlen aufbauen.

Befehl	Bedeutung
AAA	ASCII-Justieren nach Addition
AAD	ASCII-Justieren nach Division
AAM	ASCII-Justieren nach Multiplikation
AAS	ASCII-Justieren nach Subtraktion
ADC	Addition mit Übertrag
ADD	Addition ohne Übertrag
AND	UND-Verknüpfung
CALL	Prozeduraufruf
CBW	Byte in Wort umwandeln
CLC	Carryflag löschen
CLD	Richtungsflag löschen
CLI	Interruptflag löschen
CMC	Carryflag invertieren
CMP	Vergleich
CMPS	Stringvergleich
CWD	Wort in Doppelwort umwandeln
DAA	Dezimal-Justieren nach Addition
DAS	Dezimal-Justieren nach Subtraktion
DEC	Erniedrigen um eins
DIV	Division
ESC	Escape für Coprozessor
HLT	CPU anhalten
IDIV	Division mit Vorzeichen
IMUL	Multiplikation mit Vorzeichen
IN	Eingabe von Port
INC	Erhöhen um eins
INT	Software-Interrupt
INTO	Interrupt bei Überlauf
IRET	Rückkehr von Interruptroutine
JA	Sprung, wenn darüber
JAE	Sprung, wenn darüber/gleich

Befehl	Bedeutung
JB	Sprung, wenn darunter
JBE	Sprung, wenn darunter/gleich
JCXZ	Sprung, wenn CX Null
JE	Sprung, wenn gleich
JG	Sprung, wenn größer
JGE	Sprung, wenn größer/gleich
JL	Sprung, wenn kleiner
JLE	Sprung, wenn kleiner/gleich
JMP	Unbedingter Sprung
JNE	Sprung, wenn ungleich
JNO	Sprung, wenn kein Überlauf
JNP	Sprung, wenn keine Parität
JNS	Sprung, wenn nicht negativ
JO	Sprung, wenn Überlauf
JP	Sprung, wenn Parität
JS	Sprung, wenn negativ
LAHF	AH mit Flags laden
LDS	Lade 32-Bit-Adresse mit DS
LEA	Lade effektive Adresse
LES	Lade 32-Bit-Adresse mit ES
LOCK	Bus sperren
LODS	Aus String laden·
LOOP	Schleifenbefehl
LOOPE	Schleifenbefehl mit Nullflag
LOOPNE	Schleifenbefehl mit Nullflag
MOV	Transportbefehl
MOVS	String verschieben
MUL	Multiplikation
NEG	Zweierkomplement bilden
NOP	Keine Operation
NOT	Einerkomplement bilden
OR	ODER-Verknüpfung
OUT	Port-Ausgabe
POP	Von Stack holen
POPF	Flags von Stack holen
PUSH	Auf Stack bringen
PUSHF	Flags auf Stack bringen
RCL	Links rotieren mit Übertrag
RCR	Rechts rotieren mit Übertrag
REP	Wiederholungspräfix

Befehl	Bedeutung
REPE	Wiederholungspräfix
REPNE	Wiederholungspräfix
RET	Rückkehr von Prozedur
ROL	Rotieren nach links
ROR	Rotieren nach rechts
SAHF	AH in Flagregister
SAL	Nach links schieben arithmetisch
SHL	Nach links schieben
SAR	Nach rechts schieben arithmetisch
SBB	Subtraktion mit Übertrag
SHR	Nach rechts schieben
STC	Carryflag setzen
STD	Richtungsflag setzen
STI	Interruptflag setzen
STOS	In String speichern
SUB	Subtraktion ohne Übertrag
TEST	Einzelne Bits testen
WAIT	Warten (auf Coprozessor)
XCHG	Operanden vertauschen
XLAT	Aus Tabelle laden
XOR	EXOR-Verknüpfung

Tab. 5.3: Der Befehlsatz des 8086/88

Datentransportbefehle

Die Datentransportbefehle gehören sicherlich zu den am häufigsten eingesetzten Befehlen. Ihre Aufgabe ist es, Daten von Ort A nach Ort B zu transportieren. Dabei kann es sich bei "Ort A" bzw. "Ort B" um ein CPU-Register oder um eine Speicherzelle handeln. Der universellste Datentransportbefehl ist der MOV-Befehl. Seine Syntax lautet:

```
MOV <Zieloperand>,<Quelloperand>
```

Wie aus der Syntax ersichtlich ist, wird zuerst der Ziel- und dann der Quelloperand aufgeführt. So transportiert der Befehl

```
MOV AX,BX
```

den Inhalt des BX-Registers in das AX-Register. Genauso ist aber auch der Zugriff auf Speicherzellen möglich. Hier muß aber die effektive Adresse entweder direkt

```
MOV WERT,AX
```

oder indirekt

```
MOV [BX],AX
```

im MOV-Befehl enthalten sein. Im ersten Fall wird die effektive Adresse durch das Symbol WERT repräsentiert. Dieses muß zuvor, in der Regel innerhalb des Datensegments, definiert worden sein:

```
.DATA
WERT DW 1000
```

Durch die DW-Anweisung des Assemblers werden zwei Bytes im Datensegment reserviert, diese mit dem Wert 1000 initialisiert und dem symbolischen Namen WERT die effektive Adresse der reservierten Speicherzelle zugewiesen. Schließlich erhält die Variable WERT noch den Datentyp WORD, da es sich ja um eine 16-Bit-Speicherzelle handelt. Beim zweiten MOV-Befehl ist die effektive Adresse nicht in dem Befehl enthalten. Hier wird der Inhalt des AX-Registers in eine Speicherzelle geladen, deren effektive Adresse im BX-Register enthalten ist. Wohin der Inhalt von AX transportiert wird, richtet sich also nach dem momentanen Inhalt des BX-Registers.

In beiden Fällen findet eine Speicheradressierung statt, in beiden Fällen wird daher auch ein Segmentanteil benötigt; denn die effektive Adresse legt nur die Offsetadresse fest. Doch wo kommt der Segmentanteil her? Wie in dem Abschnitt über Speicheradressierung erläutert wurde, befindet sich der Segmentanteil stets in einem der vier Segmentregister. Bei (fast) allen Adressierungsarten, bei denen Daten verschoben werden, ist das DS-Register beteiligt. So wird auch bei den beiden vorgestellten MOV-Befehlen die physikalische Adresse aus der effektiven Adresse (Offsetanteil) und dem Inhalt des DS-Registers (Segmentanteil) gebildet. Damit die CPU bei einem solchen MOV-Befehl die Adresse korrekt berechnet, muß also zunächst dafür gesorgt werden, daß das DS-Register auch die Adresse des Datensegments enthält. Dies kann normalerweise zu Beginn des Programms über die Befehlssequenz

```
MOV DX,@DATA
MOV DS,DX
```

erreicht werden, wobei die Textkonstante @DATA für die Adresse des Datensegments steht. In COM-Dateien ist diese Initialisierung nicht erforderlich, da das DS-Register bereits nach dem Laden des Programms die Adresse des Programm Segment Präfix

(PSP) und damit des (einzigen) Segments enthält, in dem sich auch die Daten befinden. Auch bei Assemblerprogrammen, die mit einem Turbo Pascal-Programm verknüpft werden, ist diese Initialisierung nicht erfoderlich, da sie vom Turbo Pascal-Programm übernommen wird.

Ein spezieller Datentransportbefehl ist der LEA-Befehl. Seine Syntax lautet:

```
LEA <Zieloperand>,<Quelloperand>
```

Dieser Befehl lädt nicht den Inhalt, sondern die effektive Adresse des Quelloperanden in den Zieloperanden. Dementsprechend kommen als Quelloperanden auch nur Speicheroperanden in Frage. So lädt der Befehl

```
LEA AX,WERT
```

die effektive Adresse der Speichervariablen WERT (und nicht deren Inhalt) in das AX-Register. Der LEA-Befehl ist also immer dann praktisch, wenn man auf die Adresse eines Speicheroperanden zugreifen möchte. Zwar kann man im obigen Beispiel den gleichen Effekt auch über einen MOV-Befehl zusammen mit dem OFFSET-Operator des Assemblers erreichen:

```
MOV AX,OFFSET WERT
```

wobei der OFFSET-Operator die effektive Adresse von WERT berechnet. Allerdings findet diese Berechnung bereits bei der Assemblierung statt, während der LEA-Befehl die effektive Adresse erst bei der Ausführung des Programms berechnet. Mit dem LEA-Befehl lassen sich demnach auch die Adressen von Speicheroperanden berechnen, bei denen eine Adreßkomponente variabel gehalten wird:

```
LEA AX,TABELLE[DI]
```

Hier wird die effektive Adresse aus dem Offset der Speichervariablen TABELLE und dem Inhalt des DI-Registers gebildet und in das AX-Register geladen. Mit dem OFFSET-Operator wäre das nicht möglich, da der Inhalt des DI-Registers bei der Assemblierung unbestimmt ist.

Arithmetische Befehle

Die 8086/88-CPU verfügt über eine Vielzahl von Befehlen, mit denen sich arithmetische Operationen oder logische Verknüpfungen durchführen lassen. Die einzelnen Funktionen dieser Befehle müssen hier nicht ausführlich besprochen werden, da es zu allen Befehlen entsprechende Turbo Pascal-Operatoren gibt. Interessant ist aber die

Frage des Rechenbereichs, die am Beispiel des Additionsbefehls ADD untersucht werden soll. Der Rechenbereich richtet sich zwangsläufig nach der Größe der beteiligten Operanden. So lassen sich in dem Befehl

```
ADD AL,BH
```

nur 8-Bit-Operanden addieren, da es sich bei den Registern AL und BH auch nur um 8-Bit-Register handelt. Das Ergebnis im AL-Register kann demnach im Bereich 0 bis 255 liegen. Auch bei 16-Bit-Zahlen gibt es eine Obergrenze. Das Ergebnis des Befehls

```
ADD AX,BX
```

kann im Bereich 0 bis 65535 liegen, da es sich um 16-Bit-Operanden handelt. Was aber passiert, wenn die Summe beider Operanden größer als 65535 wird? Dies ist ohne weiteres möglich, wie das folgende Beispiel zeigt:

```
MOV AX,20000
ADD AX,50000
```

Dieser Fall wurde bereits im Abschnitt über die Statusflags der CPU besprochen. Obwohl es sich um ein 17-Bit-Ergebnis handelt, können nur die niederwertigen 16 Bits im AX-Register gespeichert werden. Das 17. Bit wird durch das Carryflag repräsentiert, welches in diesem Fall gesetzt wird. Um dieses Bit, etwa bei einer Addition von 32-Bit-Zahlen, berücksichtigen zu können, stellt die CPU einen Additionsbefehl mit dem Namen ADC zur Verfügung. Dieser Befehl entspricht dem ADD-Befehl mit dem Unterschied, daß auch das Carryflag zu dem Zieloperanden addiert wird.

Ein wenig aus dem Rahmen fallen die Befehle MUL bzw. DIV, mit denen sich eine Multiplikation bzw. eine Division durchführen läßt. Hier befindet sich nämlich ein Operand stets im AX-Register bzw. im Registerpaar AX:DX. So multipliziert der Befehl

```
MUL BX
```

den Inhalt des BX-Register mit dem Inhalt des AX-Registers und legt das 32-Bit-Ergebnis im Registerpaar AX:DX ab. Auch der DIV-Befehl arbeitet implizit mit dem AX-Register. Der Befehl

```
DIV BX
```

teilt den Inhalt des BX-Registers durch den Inhalt des Registerpaars DX:AX und legt das Ergebnis dieser Division im AX-Register bzw. den Rest dieser Division im DX-Register ab. Da es sich bei der Division wie bei allen übrigen Operationen um Integer-Operationen handelt, entstehen hier auch ein ganzzahliges Ergebnis und ein ganzzahliger Rest.

Sprungbefehle

Die Sprungbefehle lassen sich in zwei grundsätzlich verschiedene Kategorien einteilen:

– unbedingte Sprungbefehle

– bedingte Sprungbefehle

Während ein unbedingter Sprung in jedem Fall durchgeführt wird, prüft ein bedingter Sprung zunächst den Zustand eines Statusflags und führt den Sprung in Abhängigkeit vom geprüften Flag durch. Das Sprungziel ist in beiden Fällen ein symbolisches Label.

Unbedingte Sprünge

Diese Sprünge werden über den JMP-Befehl durchgeführt. Der JMP-Befehl führt einen Sprung zu dem angegebenen Label durch:

```
JMP ZIEL
...
ZIEL:
```

Das Sprungziel wird durch das Label ZIEL festgelegt. Auf den Labelnamen muß ein Doppelpunkt folgen, da es sich um ein sogenanntes Near-Label handelt. Natürlich kann die CPU mit einem symbolischen Label wie ZIEL nicht viel anfangen. Der Assembler berechnet daher die Entfernung zwischen dem Sprungbefehl und dem angegebenen Label und trägt diese Differenz in den Befehlsopcode des Sprungbefehls ein. Es handelt sich also um einen Sprung vom Typ "Springe um n Bytes nach vorne bzw. zurück", wobei es sich bei n um eine 16-Bit-Zahl mit Vorzeichen handelt. Dementsprechend können mit dieser Art von Sprungbefehl nur Sprünge innerhalb eines Segments durchgeführt werden. Falls in ein anderes Segment gesprungen werden soll (dieser Fall tritt relativ selten auf), muß ein sogenannter Far-Sprung durchgeführt werden. Hier benötigt die CPU sowohl die Segment- als auch die Offset-Adresse des anzuspringenden Labels. Als Entfernungsangabe wird nun ein 32-Bit-Wert benötigt.

Bedingte Sprünge

Solche Sprünge machen, wie bereits erwähnt, die Entscheidung "Springen oder nicht springen" von dem Zustand eines der Statusflags abhängig. So prüft der Befehl

```
JZ IST_NULL
```

den Zustand des Nullflags und führt einen Sprung zu dem Label IST_NULL nur dann aus, wenn das Nullflag gesetzt ist. Bekanntlich setzen alle arithmetischen und logischen Befehle der CPU die Flags entsprechend dem resultierenden Ergebnis, so daß die bedingten Sprungbefehle sehr häufig direkt auf eine solche Operation folgen:

```
ADD AX,BX
JC EIN_FEHLER
MOV AX,BX
...
```

Der JC-Befehl (Springe, wenn Carryflag gesetzt) prüft den Zustand des Carryflags und führt einen Sprung zu dem Label EIN_FEHLER nur dann aus, wenn das Carryflag gesetzt ist. Ansonsten wird mit dem MOV-Befehl fortgefahren. Es ist zu beachten, daß es für die bedingten Sprungbefehle keine Rolle spielt, wodurch die zu prüfenden Flags gesetzt wurden. So wird durch die folgende Konstruktion in jedem Fall ein Sprung durchgeführt:

```
ADD AX,BX
STC
JC EIN_FEHLER
```

da durch den STC-Befehl (Set Carry) das Carryflag in jedem Fall gesetzt wird. Diese Konstruktion macht sicher in der Praxis keinen Sinn und soll lediglich verdeutlichen, daß sich die bedingten Sprungbefehle nicht speziell auf bestimmte arithmetische Befehle beziehen, sondern lediglich ganz stupide den Zustand bestimmter Flags prüfen. Mit den bedingten Sprungbefehlen lassen sich auch Programmschleifen realisieren:

```
    MOV AX,10
L1:
    DEC AX
    JNZ L1
```

Zuerst wird das AX-Register mit dem Wert 10 geladen. Anschließend wird durch den DEC-Befehl (Dekrementiere) der Inhalt des AX-Registers um eins erniedrigt. Der folgende JNZ-Befehl (Springe, wenn nicht Null) führt so lange einen Sprung zu dem Label L1 durch, wie der Inhalt des AX-Registers nicht Null ist. Erst wenn beim zehnten Durchlauf der Inhalt des AX-Registers Null wird, wird das Nullflag gesetzt, und die Bedingung für den JNZ-Befehl trifft nicht mehr zu. Die Folge ist, daß kein Sprung durchgeführt wird.

Das Sprungziel eines bedingten Sprungbefehls muß stets innerhalb einer Entfernung von −128 bis +127 Bytes liegen, da für die Entfernungsangabe nur ein Byte zur Verfügung steht (beim 80386/486 sind es dagegen zwei Bytes). Dies gilt auch für den

Schleifenbefehl LOOP, mit dem sich die eben vorgestellte Schleife noch ein wenig einfacher realisieren läßt:

```
      MOV CX,10
L1:
      LOOP L1
```

Der LOOP-Befehl führt zwei Tätigkeiten durch:

1. Der Inhalt des CX-Registers wird um eins erniedrigt.

2. Ist der Inhalt des CX-Registers ungleich Null, wird ein Sprung zu dem angegebenen Label durchgeführt.

Mit dem LOOP-Befehl lassen sich Programmschleifen einfacher aufbauen, allerdings muß sich hier der Schleifenzähler stets im CX-Register befinden.

Prozeduren

Eine Variation des Sprungbefehls stellt der Prozeduraufruf dar. Ein Prozeduraufruf wird durch den CALL-Befehl durchgeführt. Anders als bei einem Sprungbefehl wird hier die Adresse, von der der Sprung aus erfolgt, d.h. der momentane Inhalt des Registerpaars CS:IP, auf den Stack gerettet. Dadurch kann die Programmausführung nach Beendigung der Prozedur an der Stelle fortgesetzt werden, an der Prozeduraufruf erfolgt ist. Eine Prozedur muß daher durch den RET-Befehl beendet werden, der die auf dem Stack abgelegte Rückkehradresse verwendet, um einen Rücksprung durchzuführen. Ein Prozeduraufruf wird stets durch das Befehlspaar CALL/RET durchgeführt:

```
CALL PRINT_FILE

...

PRINT_FILE:

...

RET
```

Der CALL-Befehl führt einen Sprung zur Prozedur PRINT_FILE durch. Die Prozedur wird durch den RET-Befehl beendet, der über die auf dem Stack gespeicherte Rückkehradresse bewirkt, daß die Programmausführung nach dem CALL-Befehl fortgesetzt wird. Im obigen Beispiel wurde die Prozedur durch ein normales Near-Label markiert. Üblicher ist es, eine Prozedur über die Anweisungen PROC bzw. ENDP zu definieren:

```
CALL PRINT_FILE

...

PRINT_FILE PROC

...

RET
PRINT_FILE ENDP
```

Bei diesen Anweisungen handelt es sich nicht um CPU-Befehle, sondern um Anweisungen des Assemblers, die den Beginn und das Ende einer Prozedur markieren. Die Verwendung dieses Anweisungspaars bringt zwei Vorteile:

1. Es lassen sich automatische Variablen für übergebene Prozedurparameter definieren.

2. Je nach Entfernungstyp der Prozedur wird ein RETN- bzw. ein RETF-Befehl assembliert.

Da auf die Übergabe von Prozedurparametern und die Definition automatischer Variablen noch in einem der nächsten Abschnitte, wenn es um die Verknüpfung von Turbo-Pascal-Programmen mit Assemblerprogrammen geht, eingegangen wird, soll lediglich die Frage geklärt werden, was es mit dem Entfernungstyp der Prozedur auf sich hat.

Wie bei den unbedingten Sprungbefehlen kann auch bei den Proceduraufrufen das Sprungziel entweder im gleichen Segment wie der CALL-Befehl oder in einem anderen Segment liegen. Im ersten Fall liegt ein sogenannter Near-CALL vor. Hier muß lediglich die Offsetadresse auf den Stack gebracht werden, da sich die Segmentadresse nicht ändert. Liegt das Sprungziel jedoch in einem anderen Segment, handelt es sich um einen Far-CALL, bei dem entsprechend sowohl die Segment- als auch die Offsetadresse der Stelle im Programm, an der der CALL-Befehl ausgeführt wurde, auf den Stack gerettet wird. Nach der Art des CALL-Befehls muß sich auch der RET-Befehl richten; denn dieser nimmt ja die durch den CALL-Befehl auf dem Stack abgelegte Rücksprungadresse wieder vom Stack. So holt ein RETN-Befehl lediglich eine Offsetadresse vom Stack, während ein RETF-Befehl sowohl eine Offset- als auch eine Segmentadresse vom Stack holt. Da eine Prozedur in der Regel durch einen neutralen RET-Befehl beendet wird, muß der Assembler wissen, ob er hierfür einen RETN- oder einen RETF-Befehl assemblieren soll. (Einen RET-Befehl gibt es strenggenommen als CPU-

Befehl nämlich nicht.) Diese Entscheidung wird, und nun kommt der entscheidende
Punkt, über den Entfernungstyp der Prozedur festgelegt. Normalerweise richtet sich der
Entfernungstyp einer Prozedur nach dem im Assemblerprogramm vereinbarten Speichermodell. So wird im Speichermodell Small, in dem alle Zeiger und Adressen 16 Bits
groß sind, der Entfernungstyp Near angenommen. Der Entfernungstyp kann aber auch
explizit über die Entfernungsattribute NEAR oder FAR, die auf die PROC-Anweisung
folgen können, festgelegt werden. So wird im folgenden eine Prozedur mit dem Entfernungstyp FAR definiert, was zur Folge hat, daß für den RET-Befehl ein RETF-Befehl
assembliert wird:

```
WEIT_WEG PROC FAR

...

RET
WEIT_WEG ENDP
```

Auch für die Verknüpfung eines Turbo-Pascal-Programms mit einem Assemblerprogramm, das über einen Prozedur- oder Funktionsaufruf aufgerufen wird, spielt der Entfernungstyp der beteiligten Prozeduren eine wichtige Rolle; denn das Assemblerprogramm, das vom Pascal-Programm über einen CALL-Befehl aufgerufen wird, muß ja
durch einen passenden RET-Befehl beendet werden, damit die Rückkehr zu dem aufrufenden Turbo Pascal-Programm gewährleistet ist.

Kapitel 6

Inline-Code

Um Maschinenroutinen in Turbo-Pascal-Programme einzubinden, muß nicht unbedingt ein Assembler bemüht werden. Kleinere Maschinenroutinen lassen sich in manchen Fällen vorteilhafter mit Hilfe der Inline-Anweisung einbinden. Wie die Inline-Anweisung eingesetzt wird, was bei Verwendung dieser Anweisung unbedingt zu beachten ist und welche Vor- und Nachteile der Inline-Code bietet, wird in diesem Kapitel besprochen.

Die Inline-Anweisung

Über die Inline-Anweisung lassen sich Maschinenbefehle, im folgenden als Inline-Code bezeichnet, in ein Pascal-Programm integrieren. Die Inline-Anweisung ist recht primitiv und bewirkt im Grunde nichts anderes, als daß die nachfolgenden Bytes bzw. Worte in das Programm eingetragen werden. Bei den Bytes bzw. Worten kann es sich um Maschinenopcodes, Konstanten oder Adressen handeln. Einschränkungen gibt es dabei keine, mit anderen Worten, dem Programmierer steht es vollkommen frei, welche Maschinenbefehle er innerhalb einer Inline-Anweisung ausführen läßt. Damit wird bereits ein Nachteil von Inline-Code deutlich: Da es keine Kontrolle durch den Compiler gibt, können etwaige Fehler auch nicht erkannt werden. Bevor allerdings auf die Vor- und Nachteile des Inline-Codes ausführlicher eingegangen wird, soll zunächst die Anwendung der Inline-Anweisung besprochen werden. Diese läßt sich problemlos einsetzen, wie auch die Syntaxbeschreibung zeigt:

```
Inline(
        Inline-Element/
        Inline-Element/

        ...

        Inline-Element
                )
```

Bei einem Inline-Element kann es sich, wie bereits erwähnt, um den Opcode eines Maschinenbefehls, um einen Bezeichner oder um eine numerische Konstante handeln. Jedes Inline-Element wird durch einen Schrägstrich von seinem Nachfolger getrennt. Der Opcode eines Maschinenbefehls muß entweder in dezimaler oder hexadezimaler Form aufgeführt werden, womit ein weiterer Nachteil der Inline-Anweisung zu Tage tritt.

Jeder Maschinenbefehl muß nämlich zunächst vom Programmierer in seinen Opcode umgewandelt werden. Da dies auf die Dauer recht mühselig werden kann, ist es empfehlenswert, die Opcodes mit Hilfe eines Debuggers wie dem Turbo Debugger (ein einfacher Debugger wie DEBUG.EXE tut es aber auch) zu ermitteln. Da jeder Debugger auch einen kleinen Assembler enthält, kann man so die gesuchten Opcodes leicht herausbekommen. Zwar muß man die Opcodes auch dann immer noch per Hand eingeben (es gibt auch Utility-Programme, die einem diese Arbeit abnehmen), doch hat man zumindestens schon einmal die recht umständliche und vor allem fehleranfällige Umwandlung gespart.

Eine Alternative zur Verwendung eines Debuggers besteht darin, die Umwandlung von einem Assembler übernehmen zu lassen, denn schließlich ist dies ja die Hauptaufgabe eines Assemblers. Da man diesmal aber nicht an dem Objektcode, sondern an den Opcodes (ein kleiner, aber feiner Unterschied) interessiert ist, muß man sich ein Programmlisting erstellen lassen, in dem die Opcodes (in ASCII-Form) aufgeführt sind. Vielleicht haben die Entwickler des Turbo Assemblers daran bereits gedacht, als sie ihn mit der Möglichkeit versahen, über die Angabe der NUL-Datei die Erzeugung einer Objektdatei zu unterdrücken. Wird TASM in der Form

```
A>TASM NUL,TEST
```

aufgerufen, so wird die Datei TEST.ASM zwar assembliert, es wird aber lediglich eine Programmlistingdatei mit dem Namen TEST.LST und keine Objektdatei erstellt. Über das Block-Read-Kommando der Entwicklungsumgebung kann der Inhalt der Programmlistingdatei nun in das Pascal-Programm übernommen werden, wobei bis auf die Opcodes der Rest des Listings natürlich wieder entfernt werden muß. Sehr komfortabel ist diese Methode zwar auch nicht, aber zumindest können sich hier keine Tippfehler mehr einschleichen. Doch nun zu unserem ersten Beispiel.

Dieses Beispiel ist extrem einfach gehalten und dennoch in manchen Fällen ganz nützlich. Es geht hier vor allem darum, den grundsätzlichen Einsatz der Inline-Anweisung zu verdeutlichen. Durch die erste Inline-Anweisung wird der Maschinenbefehl CLI (Opcode $FA) in ein Pascal-Programm eingetragen. Dieser Befehl setzt das Interruptflag im Statusregister der CPU zurück und bewirkt so, daß alle danach folgenden Hardware-Interrupts von der CPU ignoriert werden. Davon sind unter anderem der Tastatur-Interrupt, der ein Zeichen von der Tastatur in den Tastaturpuffer überträgt, und der Timer-Interrupt, der die interne BIOS-Uhr aktualisiert, betroffen.

Einzige Ausnahme ist der NMI-Interrupt (NMI steht für *Nicht maskierbaren Interrupt*), der für schwerwiegende Systemfehler vorbehalten ist und auch bei gelöschtem Interrupt-Flag bedient wird. Um das System nicht in diesem Zustand zu belassen, wird gleich anschließend über eine weitere Inline-Anweisung der Maschinenbefehl STI (Opcode $FB) in das Programm eingetragen, der das Interruptflag wieder setzt.

```
program test0;

begin
  inline(
          $FA        { CLI }
          );
  inline(
          $FB        { STI }
          );
end.
```

Das war auch schon alles. Über die beiden Inline-Anweisungen werden die Opcodes
$FA und $FB direkt in das Programm eingetragen. Dies bewirkt, daß bei der Ausführung der beiden Inline-Anweisungen die Maschinenbefehle CLI bzw. STI ausgeführt
werden. Die geschweiften Klammern haben übrigens für das Programm keine Funktion;
denn es handelt sich ja um Kommentarklammern. Sie stellen lediglich eine kleine Hilfe
dar, indem sie daran erinnern, um welche Maschinenbefehle es sich handelt.

Bei dieser Gelegenheit soll auch gleich auf zwei typische Fehlerquellen im Zusammenhang mit den Kommentarklammern einer Inline-Anweisung hingewiesen werden: Zum
einen ist es aus Gründen der besseren Lesbarkeit sinnvoll, bei Änderung der Opcodes
auch die Kommentare entsprechend anzupassen.

Auch darf man nicht, und das ist die zweite Fehlermöglichkeit, der Illusion erliegen,
daß eine Änderung der Kommentarklammern auch eine Änderung der Opcodes zur
Folge hat (schön wär's, aber soweit ist Turbo Pascal noch nicht).

Innerhalb der Inline-Anweisung kann auch auf Bezeichner des Pascal-Programms Bezug genommen werden. Im nächsten Beispiel wird ein Variablenbezeichner in eine Inline-Anweisung eingebaut. Der 8086/88-Maschinenbefehl

```
INC ZAHL
```

der den Inhalt der Variablen Zahl um eins erhöht, soll über einen Inline-Befehl realisiert
werden. Der Opcode des INC-Befehls lautet:

```
FF 06 xxxx
```

wobei xxxx für die Offsetadresse der Variablen steht. Normalerweise müßte man diese
Offsetadresse berechnen und in den Opcode eintragen. Innerhalb eines Pascal-Programms ist dies jedoch nicht nötig, da der Compiler diese Berechnung übernimmt. Hier
kann der Name der betreffenden Variable direkt aufgeführt werden:

```
program test1;
var
   Zahl : integer;
begin
   Zahl:= 1;
   inline(
    $FF/$06/Zahl      { INC Zahl  }
    );
   writeln('Der neue Wert ist: ',Zahl);
end.
```

Dieses Beispiel zeigt, daß auch *Variablen* (bzw. allgemein *Bezeichner*) in einer Inline-Anweisung aufgeführt werden können, wobei der Compiler die 16-Bit-Offsetadresse des Bezeichners im Intel-Format (mit dem niederwertigen Byte zuerst) ablegt. Eine Ausnahme stellen lokale Variablen oder Funktions- bzw. Prozedurparameter dar. Da diese Variablen nicht im Datensegment, sondern im Stacksegment abgelegt werden, erzeugt der Compiler hier keinen Offset, sondern einen Ausdruck vom Typ [BP+n], wobei es sich bei n um einen relativen Stackoffset handelt. Damit wird die betreffende Variable indirekt über das BP-Register adressiert, was natürlich nur funktionieren kann, wenn das BP-Register zuvor mit dem Wert des Stackzeigers geladen wurde. Wir werden auf diesen Aspekt später noch einmal zurückkommen.

Fassen wir zwischendurch zusammen: Innerhalb einer Inline-Anweisung können im Prinzip beliebige Maschinenopcodes, Daten oder Adressen aufgeführt werden. Für jeden Opcode wird ein Byte, für ein Datenelement werden je nach Größe ein oder zwei Bytes und für eine Adresse zwei Bytes reserviert.

Bei Datenelementen kann es manchmal wünschenswert sein, auf die Anzahl der eingetragenen Bytes einen Einfluß nehmen zu können. Turbo Pascal stellt hierfür die Operatoren < und > zur Verfügung:

<   Speichert nur das niederwertige Byte einer 16-Bit-Zahl.

>   Erweitert ein Byte als eine 16-Bit-Zahl, wobei die höherwertige Hälfte auf Null gesetzt wird.

Welche Register dürfen benutzt werden?

Ein über eine Inline-Anweisung eingebundener Inline-Code muß natürlich auch auf CPU-Register zugreifen können. Dabei muß generell beachtet werden, daß die Register BP, SP, SS und DS durch den Inline-Code nicht verändert werden dürfen. Sollte eine Inline-Routine den Inhalt dieser Register dennoch verändern, so müssen diese zuvor

durch entsprechende PUSH-Befehle gerettet und am Ende über POP-Befehle
wiederhergestellt werden.

Ein kleines Beispiel zur Optimierung

Das erste "richtige" Beispielprogramm soll andeuten, welche Optimierungsmöglich-
keiten dem Turbo Pascal-Programmierer durch die Einbeziehung von Inline-Code zur
Verfügung stehen. Die Optimierung von Programmen ist ein sehr weitgefaßter Bereich,
von dem das folgende Beispiel folglich nur einen sehr kleinen Ausschnitt anspricht. Ein
Bereich, in dem eine Optimierung bezüglich der Ausführungsgeschwindigkeit häufig
sinnvoll ist, sind umfangreiche arithmetische Operationen. Aufgrund der begrenzten
Anzahl an CPU-Registern muß der Compiler zwangsläufig beteiligte Variablen im
Speicher halten. Da Speicherzugriffe grundsätzlich mehr Zeit kosten als ein Zugriff auf
ein CPU-Register, lassen sich durch geschickte Umstellungen arithmetischer Ausdrücke
oftmals wertvolle Mikro- oder Millisekunden einsparen. Betrachten Sie zunächst den
folgenden Programmausschnitt, in dem die Multiplikation einer Variablen mit 10
durchgeführt wird:

```
Zahl := 3;
Zahl := Zahl * 10;
```

Normalerweise wird die Ausführungszeit eines solch simplen Befehls keine Rolle spielen. In komplizierteren Berechnungen, z.B., wenn es um komplexere Grafikoperationen
wie der Rotation dreidimensionaler Körper geht, summieren sich derartige Operationen
sehr schnell zu beträchtlichen Zeitfaktoren auf. Unter Umständen kann es daher sinnvoll sein, einzelne Operationen nachträglich zu optimieren. Schauen wir zunächst einmal mit Hilfe eines Debuggers (am optimalsten läßt sich dazu der Turbo Debugger einsetzen), wie der Compiler diesen Befehl übersetzt hat:

```
MOV WORD PTR [003E],0003
MOV AX,[003E]
MOV CX,000A
IMUL CX
MOV [003E],AX
```

Zuerst wird der Inhalt der Variablen Zahl durch den Befehl

```
MOV WORD PTR [003E],0003
```

mit dem Wert 3 geladen. Bei 003Eh handelt es sich um die Offsetadresse der Variablen
und bei WORD PTR um einen Hinweis des (Turbo-) Debuggers, daß es sich um eine
Wortoperation handelt. Während der nächste MOV-Befehl den Inhalt der Variablen in

das AX-Register überträgt, lädt der darauffolgende MOV-Befehl das CX-Register mit 10. Nun wird durch den IMUL-Befehl die Multiplikation zweier vorzeichenbehafteter Zahlen durchgeführt und das Ergebnis, das sich im AX-Register befindet, anschließend wieder in der Variablen Zahl abgespeichert.

Ein Blick in eine 8086/88-Befehlstabelle zeigt, daß der IMUL-Befehl ca. 130 Takt-zyklen benötigt (die Dauer eines Taktzyklus hängt direkt mit der Taktfrequenz des PCs zusammen und beträgt bei einem 4,77-MHz-PC 1/4,77*106 = ca. 200 Nanosekunden). Der IMUL-Befehl ist damit einer der langsamsten 8086/88-Befehle überhaupt und in zeitkritischen Anwendungen sicher nicht die beste Lösung. Aber wie könnte man die Multiplikation mit 10 noch durchführen?

Eine Alternative bieten die Schiebebefehle der 8086/88-CPU. Verschiebt man nämlich einen Operanden um eine Position nach links, so entspricht dies einer Multiplikation mit 2. Verschiebt man ihn um drei Stellen nach links, kommt dies einer Multiplikation mit 8gleich. Nun muß noch zweimal der ursprüngliche Operand addiert werden, und die Multiplikation mit 10 ist fertig. Damit könnte eine Maschinenroutine, die die Variable Zahl mit 10 multipliziert, wie folgt aussehen:

```
MOV AX,Zahl ; Operand nach AX
MOV BX,AX        ; Operand zwischenspeichern
MOV CL,3         ; Anzahl der Verschiebungen
SHL AX,CL        ; Multiplikation mit 8
ADD BX,AX        ; Und zweimal den ursprünglichen
ADD BX,AX        ; Wert addieren
MOV Zahl,AX ; Ergebnis zurück in Variable
```

Diese Maschinenroutine soll nun in Inline-Code umgewandelt werden. Dazu muß, wie zu Beginn dieses Kapitels bereits erwähnt, ein Debugger wie der Turbo Debugger oder DEBUG bemüht werden.

Falls Sie den Turbo Debugger besitzen, rufen Sie diesen zunächst auf:

```
A>TD
```

Nachdem die Arbeitsoberfläche erschienen ist, können Sie die oben aufgeführten Be-fehle direkt eingeben. Der Variablenname Zahl muß aber durch den Ausdruck WORD PTR [0000] ersetzt werden, da der Turbo Debugger die Variable Zahl nicht kennt. Der Debugger macht aus dem Befehl

```
MOV AX,WORD PTR [0000]
```

die Opcodes

```
A1  00      00
```

wobei es sich bei 0000 um die Offset-Adresse handelt. Wenn Sie den Opcode in die Inline-Anweisung übertragen, müssen Sie die 0000 wieder durch den Variablennamen
Zahl ersetzen:

```
$A1/Zahl/
```

Mit den übrigen Befehlen muß entsprechend verfahren werden. Auch der kleine Debugger DEBUG kann für die Umwandlung verwendet werden. Rufen Sie DEBUG
zunächst auf, und schalten Sie ihn in den Assembler-Modus:

```
A>DEBUG
-A  <Return>
CS:0100 MOV AX,[0000]
CS:0103 MOV BX,AX
CS:0105 MOV CL,3
CS:0107 SHL AX,CL
CS:0109 ADD AX,BX
CS:010B ADD AX,BX
CS:010D MOV [0000],AX <Return>
CS:0110 <Return>
-
```

Nachdem alle Befehle eingegeben wurden, muß die Eingabe durch nochmaliges Betäti-
gen der <Return>-Taste abgebrochen werden. Anschließend können durch den DE-
BUG-Befehl

```
-U 100 L 10
```

die Opcodes des assemblierten Programms aufgelistet werden. Als nächstes sind die
Opcodes in die Inline-Anweisung zu übertragen:

```
program test3;

var
   Zahl : integer;
begin
   zahl:= 3;
   inline(
   $A1/Zahl/        { MOV AX,Zahl }
   $8B/$D8/         { MOV BX,AX   }
```

```
$B1/$03/        { MOV CL,3     }
$D3/$E0/        { SHL AX,CL    }
$03/$C3/        { ADD AX,BX    }
$03/$C3/        { ADD AX,BX    }
$A3/Zahl);      { MOV Zahl,AX  }
writeln('Das Ergebnis ist: ',zahl);
end.
```

Natürlich wird Sie jetzt die Frage interessieren, ob denn die Multiplikation nun tatsächlich schneller geworden ist. Die genaueste Antwort erhält man, wenn man beide Operationen mit einer entsprechenden Timer-Funktion mißt. Aber auch ein Blick in eine Befehlstabelle liefert zumindestens einen ungefähren Wert. Zwar darf man die dort angegebenen Taktzyklen nicht einfach zusammenzählen, denn dann wird die Speicherzugriffszeit, die bei einem 8088-System pro Byte bzw. bei einem 8086-System pro Wort immerhin vier Taktzyklen beträgt, nicht berücksichtigt. Auf der anderen Seite spielt diese Zugriffszeit nur dann eine Rolle, wenn sich der Befehl noch nicht in der vier Bytes umfassenden (sechs Bytes beim 8086) Warteschlange befindet, was der Fall sein kann, aber nicht sein muß. Ohne hier auf Detailfragen eingehen zu wollen, lassen sich für beide Versionen folgende Angaben machen:

—   Normale Multiplikation: ca. 132 Taktzyklen

—   Optimierte Version 1:   ca. 46 Taktzyklen

Damit ist die optimierte Version in etwa um den Faktor 3 schneller als die nicht optimierte. Mit einer derartigen Steigerung kann man mehr als zufrieden sein; denn normalerweise bewegen sich die aus einer Optimierung resultierenden Zeitgewinne in kleineren Dimensionen.

Übrigens muß man für eine Geschwindigkeitsoptimierung in Turbo Pascal nicht unbedingt auf Maschinensprache zurückgreifen. Bezogen auf das letzte Beispiel, erhält man eine ähnliche Geschwindigkeitsverbesserung, wenn man auf die Schiebeoperatoren SHL und SHR zurückgreift. Obige Multiplikation mit 30 könnte in Pascal also auch so aussehen:

```
Zahl:= (Zahl SHL 3) + (Zahl SHL 1)
```

Schauen wir auch hier einmal, wie der Compiler diesen Befehl übersetzt hat:

```
MOV AX,[003E]   ; Wert von ZAHL laden
SHL AX,1        ; Zahl * 2
MOV DX,AX       ; Ergebnis zwischenspeichern
MOV AX,[003E]   ; Wert von Zahl laden
```

```
MOV CX,3           ; Zahl * 8
SHL AX,CL
ADD AX,DX          ; Zwischenergebnisse addieren
MOV [003E],AX      ; Ergebnis abspeichern
```

Auch wenn es vielleicht nur Mikrosekunden sind, so ist die handoptimierte Version doch ein wenig schneller und effektiver. Insbesondere der (überflüssige) zweite Befehl MOV AX,[003E] kostet Zeit, da hier ein Speicherzugriff durchgeführt werden muß.

Eigentlich könnte man es bei diesem Ergebnis belassen, doch wenn es um wirkliche Optimierung geht, lohnt es sich in der Regel, das Programm noch einmal zu überprüfen. Im Falle einer Multiplikation mit 10 ist noch eine weitere Optimierung denkbar:

```
MOV BX,AX          ; Operand laden
ADD AX,AX          ; Operand * 2
ADD AX,AX          ; Operand * 4
ADD AX,BX          ; Operand * 5
ADD AX,AX          ; Operand * 10
```

Wie schnell mag wohl diese Version ausgeführt werden? Zählt man einfach die Angaben aus der Befehlstabelle zusammen, ergeben sich 14 Taktzyklen. Berücksichtigt man aber die Zeit, die für das Laden eines Befehlsbytes (vier Taktzyklen beim 8088) benötigt wird, und addiert diese Zahl immer dann dazu, wenn die Ausführungszeit eines Befehls kleiner oder gleich vier Taktzyklen ist, so erhält man ganze 40 Taktzyklen, also beinahe den dreifachen Wert! (Diesen Wert kann man in der Regel, d.h., wenn die Mehrheit der Befehle in vier oder weniger Taktzyklen ausgeführt wird, auch einfacher erhalten, indem man die Anzahl der beteiligten Bytes mit 4 multipliziert!) Eine Messung mit einem hochauflösenden Timer bestätigt diesen Wert, so daß dank der weiteren Optimierung folgendes Ergebnis entsteht:

–   Optimierte Version 3:   41 Taktzyklen

An diesem Beispiel können Sie zwei wichtige Dinge lernen:

–   Geben Sie sich nie mit der ersten Optimierung zufrieden, wenn Sie an einer wirklichen Optimierung interessiert sind.

–   Die Ausführungszeit eines Maschinenbefehls erfahren Sie nur in Ausnahmefällen (d.h. bei relativ langsamen Befehlen, da hier die Ladezeit kaum ins Gewicht fällt) aus dem Datenbuch. Sie muß vielmehr mit einem Timer-Modul gemessen werden.

Zum Abschluß dieses hoffentlich aufschlußreichen Abschnitts muß darauf hingewiesen werden, daß sich alle hier gemachten Taktzyklenangaben auf die 8088-CPU beziehen.

Bei den übrigen CPUs der 80x86-Familie und auch bei der ansonsten voll kompatiblen V20-CPU gelten unter Umständen vollkommen andere Rahmenbedingungen.

Parameterübergabe an Inline-Funktionen

Auch die Parameterübergabe an eine Inline-Funktion bzw. die Rückgabe eines Wertes von einer Inline-Funktion an das Pascal-Programm ist möglich, wenn man die Inline-Anweisung in eine Prozedur bzw. Funktion einbindet. Wie üblich kann ein Parameter entweder als Wert oder als Zeiger übergeben werden. Um auf übergebene Parameter zugreifen zu können, muß man natürlich wissen, auf welche Weise diese übergeben werden. Obwohl dieses Thema im nächsten Kapitel, wenn es um die Verknüpfung von Pascal-Modulen mit Assembler-Modulen geht, ausführlicher besprochen wird, sollen aber dennoch zumindest die Grundlagen umrissen werden. Jede Pascal-Prozedur bzw. Pascal-Funktion legt ihre Parameter auf dem Stack ab. Wird beispielsweise die folgende Prozedur aufgerufen

```
TestProc (A, B);
```

so werden (ein wenig vereinfacht) folgende Maschinenbefehle vom Compiler erzeugt:

```
PUSH A
PUSH B
CALL TestProc
```

Die beiden Prozedurvariablen A und B werden vor dem Aufruf der Prozedur auf den Stack gebracht. Doch wie kann man innerhalb der Prozedur auf diese Parameter zugreifen? Sie wissen bereits aus dem letzten Kapitel, daß der Stack über das Registerpaar SS:SP adressiert wird. Im Prinzip müßte man also für den Zugriff auf die Parameter das SP-Register verwenden, das den Offsetanteil der Adresse zur Verfügung stellt. Da aber das SP-Register nicht für die indirekte Adressierung verwendet werden kann (diese Möglichkeit ist in der Hardware der CPU nicht vorgesehen), muß ein anderes Register einspringen. Naheliegend ist das BP-Register, da bei einer indirekten Speicheradressierung mit dem BP-Register auch hier das SS-Register den Segmentanteil liefert. Alles was zu tun ist, ist den Inhalt des SP-Registers in das BP-Register zu kopieren. Da aber das BP-Register nicht verändert werden darf, muß dessen Inhalt zuvor auf den Stack gerettet werden. Eine Prozedur oder Funktion, die auf übergebene Parameter zugreifen muß, wird daher stets durch folgende Befehlssequenz eingeleitet:

```
PUSH BP     ; Sichern von BP auf dem Stack
MOV BP,SP   ; Kopieren von SP nach BP
```

Auf diese Befehlssequenz werden Sie übrigens auch sehr oft stoßen, wenn Sie den vom Turbo Pascal-Compiler erzeugten Maschinencode inspizieren. Nun steht einem Zugriff auf die Stackparameter nichts mehr im Wege. Doch ein kleines Problem muß noch gelöst werden.

Wo befinden sich denn die Parameter auf dem Stack? Oder anders gefragt, auf welchen Wert zeigt nun das BP-Register? Auch diese Frage läßt sich mit ein bißchen Nachdenken lösen. Im obigen Beispiel wurden zunächst zwei PUSH-Befehle ausgeführt, um die beiden Parameter auf den Stack zu bringen. Anschließend wurde ein CALL-Befehl ausgeführt, der ebenfalls einen Wert, nämlich die Rückkehradresse des aufrufenden Programms, auf den Stack abgelegt hat. War das schon alles? Nein, auch der Befehl PUSH BP, der den Inhalt des BP-Registers auf den Stack bringt, muß berücksichtigt werden. Damit das Ganze nicht zu unübersichtlich wird, ist es sinnvoll, eine kleine Skizze der Stackbelegung anzufertigen. Abbildung 6.1 zeigt die Belegung des Stacks, nachdem das BP-Register mit dem Inhalt des SP-Registers geladen wurde.

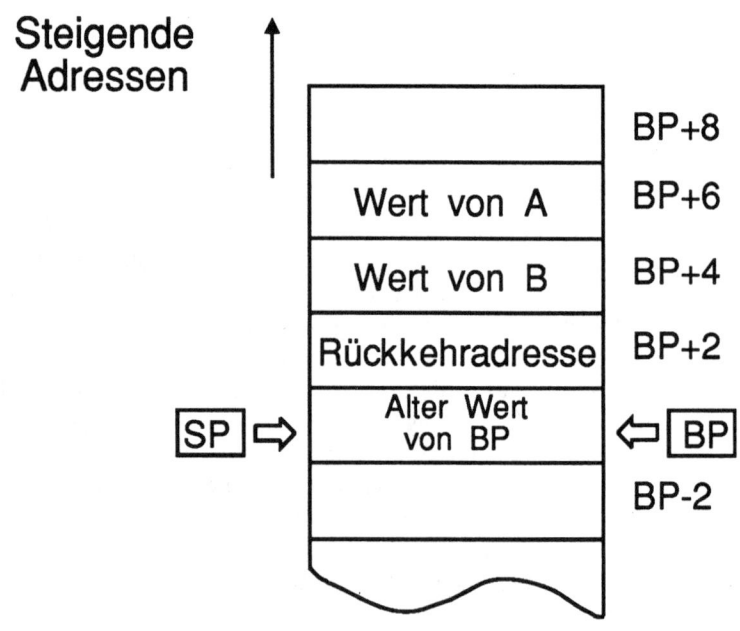

Abb. 6.1: Stackbelegung

Wie aus der Abbildung 6.1 ersichtlich ist, zeigt der Inhalt des BP-Registers auf den alten Wert des BP-Registers, der dort durch den PUSH-Befehl abgelegt wurde. Uns interessieren aber die Parameter A und B. Um auf diese Werte zugreifen zu können, muß zum Inhalt des BP-Registers ein positiver Wert addiert werden. Warum positiv? Nun, weil der Stack in Richtung kleiner werdender Adressen wächst, d.h., ein älterer Stackwert immer eine höhere Adresse besitzt als ein neu hinzugekommener. Da für den Parameter A der Abstand zum aktuellen Inhalt des BP-Registers – diese Differenz wird auch als Stackoffset bezeichnet – +6 beträgt, kann durch den Befehl

```
MOV AX,[BP+06]
```

der Parameter A in das AX-Register geladen werden. Noch einmal zur Wiederholung: Dieser Befehl lädt den Inhalt der Speicherzelle, deren Offset durch die Formel Inhalt von BP + 6 berechnet wird, in das AX-Register. Und was ist mit dem Segmentanteil? Dieser kommt, darauf wurde ja bereits hingewiesen, aus dem SS-Register. Darum brauchen wir uns aber nicht zu kümmern, da es bereits vom Turbo Pascal-Programm initialisiert wurde. Entsprechend kann auf den zweiten Parameter über einen Befehl wie

```
MOV AX,[BP+04]
```

zugegriffen werden. Diesmal ist der Stackoffset 4, da der Parameter B nach dem Parameter A auf den Stack gebracht wurde und, das ist ebenfalls sehr wichtig, der Parameter B zwei Bytes auf dem Stack belegt.

Beachten Sie, daß die Prozedur TestProc über einen Near-CALL aufgerufen wurde. (Diese Tatsache geht allerdings aus dem Aufruf nicht direkt hervor.) In diesem Fall wird nämlich nur der Offset-Anteil der Rückkehradresse auf dem Stack abgelegt. Würde die Prozedur über einen Far-CALL aufgerufen werden (auch das ist in Turbo Pascal möglich), wird auch der Segmentanteil der Rückkehradresse auf dem Stack abgelegt. Dadurch werden zwangsläufig aber auch alle Stackoffsets um zwei größer.

Natürlich sind die eben beschriebenen Offsetberechnungen für einen Anfänger nicht so leicht. Glücklicherweise nimmt der Turbo Pascal-Compiler dem Programmierer diese Arbeit ab, indem er innerhalb einer Inline-Anweisung automatisch die Prozedurvariable durch den Ausdruck [BP+n] ersetzt, wobei es sich bei n um den relativen Stackoffset handelt, durch den die betreffende Variable adressiert werden kann. Diese Eigeninitiative des Compilers kann allerdings auch zu Problemen führen, doch davon später mehr. Das folgende Beispiel zeigt, wie man innerhalb einer Inline-Anweisung auf übergebene Prozedurparameter zugreifen kann. Der (Inline-) Prozedur PRINT_ASCIIS wird eine Zahl übergeben, die dann als Schleifenzähler eingesetzt wird und die Anzahl der auszugebenden ASCII-Zeichen, die über die Funktion 02 des Interrupts 21h ausgegeben werden, festlegt.

Hier zunächst das Pascal-Programm:

```
program test4;

var
   n : integer;
   procedure PRINT_ASCIIS(Anzahl: integer);
   begin
    inline(
      $8B/$8E/Anzahl/    { MOV CX,Anzahl }
      $B4/$02/           { MOV AH,02     }
      $8A/$D1/           { MOV DL,CL     }
      $80/$C2/$30/       { ADD DL,48     }
      $CD/$21/           { INT 21h       }
      $E2/$F7 )          { LOOP $F7 d.h. 9 Bytes zurück }
   end;
begin
     n:=9;
     PRINT_ASCIIS(n);
end.
```

Wenn man sich den vom Compiler erzeugten Maschinencode betrachtet, wird deutlich, auf welche Weise der Prozedurparameter n an die Prozedur PRINT_ASCIIS übergeben wird:

```
PUSH [003E]
```

Bei 003E handelt es sich um die Offsetadresse der Variablen n. Durch den PUSH-Befehl wird der Inhalt dieser Variablen auf dem Stack abgelegt. Anschließend wird die Prozedur über einen CALL-Befehl aufgerufen:

```
CALL 0000
```

Durch diesen CALL-Befehl wird das Pascal-Programm aufgerufen, das in einem Codesegment bei der (Offset-) Adresse 0000 beginnt. Innerhalb der Prozedur wird, wie bereits beschrieben, zunächst das BP-Register für den Zugriff auf den Stack vorbereitet:

```
PUSH BP
MOV BP,SP
```

Als nächstes erfolgt, das wurde ja durch den ersten Befehl innerhalb der Inline-Anweisung festgelegt, der Zugriff auf die übergebene Variable. Der Befehl

```
MOV CX,Anzahl
```

wird vom Compiler durch den Befehl

```
MOV CX,[BP+0004]
```

ersetzt, wobei es sich bei 0004 um den Stackoffset der übergebenen Prozedurvariablen handelt. Wissen Sie noch, wie die "4" zustande kommt? Nun, da die Rückkehradresse und der alte Wert des BP-Registers jeweils zwei Bytes auf dem Stack belegen, beginnt der erste übergebene Parameter mit dem vierten Byte. Es hängt von der Größe dieses Parameters ab, bei welchem Offset ein etwaiger weiterer Parameter beginnt. Übrigens ändert sich auch bei Byte-Parametern (z.B. Datenelementen vom Typ Char) der Offset in Zweierschritten, da auf den Stack immer nur wortweise zugegriffen werden kann.

Zu den übrigen Maschinenbefehlen gibt es nicht viel zu sagen, da sie der Compiler so umgesetzt hat, wie es innerhalb der Inline-Anweisung festgelegt wurde. Beendet wird die Prozedur durch die Befehlssequenz

```
MOV SP,BP       ; Alten Wert von SP wiederholen
POP BP          ; Alten Wert von BP wiederholen
```

welche die ursprünglichen Inhalte der Register SP und BP wiederherstellt. Auch diese Befehlssequenz ist typisch für die Beendigung einer Pascal-Prozedur und damit das Pendant zur eingangs vorgestellten Befehlssequenz. Die Rückkehr zum Hauptprogramm wird über den Befehl

```
RET 02
```

durchgeführt. Dabei handelt es sich um einen Near-Rücksprung, der lediglich eine Offsetadresse vom Stack holt. Was hat aber die "2" nach dem RET-Befehl zu bedeuten? In Turbo Pascal ist es üblich, daß die aufgerufene Prozedur vor ihrer Rückkehr zu dem Hauptprogramm alle übergebenen Parameter wieder vom Stack entfernt. Dies läßt sich am einfachsten bewerkstelligen, indem man zum Inhalt des SP-Registers einen Betrag addiert, der der Anzahl Bytes entspricht, die die übergebenen Parameter auf dem Stack belegt haben. Warum das so ist, soll ein kurzes Beispiel demonstrieren. Angenommen ein Parameter wird durch den Befehl

```
PUSH AX
```

auf den Stack gebracht. Der PUSH-Befehl bewirkt, daß der Stackzeiger, d.h. der Inhalt des SP-Registers, um zwei erniedrigt wird. Wird der Inhalt des SP-Registers dagegen durch einen ADD-Befehl wieder um zwei erhöht

```
ADD SP,2
```

so wird dadurch der (oberste) Parameter vom Stack "entfernt". Zwar wird der Wert dadurch nicht gelöscht, er wird aber durch den nächsten PUSH-Befehl überschrieben, was auf das gleiche hinausläuft. Jetzt dürfte auch klar sein, welche Funktion die auf den RET-Befehl folgende Zahl hat. Sie legt fest, um wieviel der Stackzeiger nach oben korrigiert werden muß, damit alle übergebenen Prozedurparameter vom Stack entfernt werden. Im obigen Beispiel muß der Stackzeiger lediglich um zwei nach oben korrigiert werden, da auch nur ein 2-Byte-Wert, genauer gesagt der Inhalt einer 16-Bit-Variablen, übergeben wurde.

Rückgabe von Parametern

Natürlich kann eine Inline-Funktion auch Parameter zurückgeben. Da auch diese Thematik im nächsten Kapitel ausführlicher behandelt wird, soll an dieser Stelle lediglich der einfachste Fall, nämlich die Rückgabe eines 16-Bit-Wertes (oder eines Near-Zeigers), betrachtet werden. Generell werden 16-Bit-Werte im AX-Register an das Hauptprogramm übergeben. Unsere nächste Beispielroutine ermittelt den aktuellen Zustand eines am Parallelport LPT1 angeschlossenen Druckers über die Funktion 02 des BIOS-Interrupts 17h, die das Druckerstatus-Byte im AH-Register ablegt.

Hier wieder zunächst die "normale" Maschinenroutine:

```
MOV AH,02        ; Funktionsnummer: Statusabfrage
MOV DX,0         ; LPT1 auswählen
INT 17h          ; Druckerstatus in AH ablegen
```

Und nun die Umsetzung in Inline-Code:

```
inline(
      $B4/$02/        { MOV AH,02      }
      $BA/$00/$00/    { MOV DX,0000    }
      $CD/$17/        { INT 17         }
      $89/$86/$FE     { MOV [BP-02],AX }
      );
```

Zur Umsetzung düfte es bis auf den letzten MOV-Befehl keine Fragen geben. Was hat dieser Befehl zu bedeuten? Die Antwort liegt in der Art und Weise begründet, wie der Compiler Rückgabewerte von Funktionen speichert.

Zunächst soll das gesamte Pascal-Programm vorgestellt und anschließend betrachtet werden, wie der Compiler den Funktionsaufruf übersetzt hat:

```
program test5;

var
    status : integer;

function check_printer:integer;
begin
    inline(
    $B4/$02/        { MOV AH,02       }
    $BA/$00/$00/    { MOV DX,0000     }
    $CD/$17/        { INT 17          }
    $89/$86/$FE     { MOV [BP-02],AX  }
    );
end;

begin
    writeln('Druckerstatus: ',check_printer);
    status := (check_printer div 256) and 16;
    if status = 16 then
     writeln('Drucker ON LINE')
    else
     writeln('Drucker OFF LINE');
end.
```

Auch zu diesem Pascal-Programm gibt es sicher nicht viel zu sagen. Über die Funktion check_printer und den darin enthaltenen Inline-Code wird das Statusbyte des Druckers (Abbildung 6.2) ermittelt.

In diesem Byte ist lediglich Bit 4 von Interesse, das den Zustand des Druckers signalisiert. Ist dieses Bit gesetzt, liegt der Zustand "Drucker ON LINE", ansonsten der Zustand "Drucker OFF LINE" vor.

Betrachtet man den Funktionsaufruf mit dem Debugger, so findet man folgende Befehlssequenz, die direkt nach dem Aufruf der Funktion check_printer ausgeführt wird:

```
PUSH BP      ; BP auf den Stack retten
MOV BP,SP    ; BP mit Stackzeiger laden
SUB SP,0002 ; Platz für lokale Variable einrichten
MOV AH,02    ; Funktionsnummer laden
MOV DX,0000 ; LPT1 auswählen
INT 17
MOV [BP-02],AX ; AX in lokaler Variable speichern
MOV AX,[BP-02]  ; und gleich wieder zurück
RET              ; Ende der Funktion
```

Bit Nr.	Bedeutung
0	1 = Time out
1	Nicht belegt
2	Nicht belegt
3	1 = Übertragungsfehler
4	0 = OFF LINE, 1 = ON LINE
5	1 = Kein Papier mehr da
6	1 = Empfangsbestätigung
7	0 = Drucker ist beschäftigt

Tab. 6.1: Statusbyte des Druckers

In der abgebildeten Maschinenroutine werden Sie sicher einiges Bekanntes wiederentdecken. So dient die Befehlssequenz

```
PUSH BP
MOV BP,SP
```

zur Adressierung des Stacks. Der nächste Befehl ist dagegen neu:

```
SUB SP,0002
```

Dieser Befehl subtrahiert zur Zwischenspeicherung des Funktionswertes der Funktion check_printer zwei vom Stackzeiger (SP-Register). Durch das Erniedrigen des Stackzeigers um zwei schafft der Compiler Platz für zwei Bytes, die von eventuell folgenden PUSH-/POP-Befehlen nicht mehr überschrieben werden können. Zwar wird ein 16-Bit-Funktionswert stets im AX-Register zurückgegeben, doch da der Compiler nicht wissen kann, wann innerhalb der Funktion die Zuweisung des Funktionswertes erfolgt, muß ein sicherer Speicherplatz zur Verfügung stehen. Hier wird das Funktionsergebnis zunächst zwischengespeichert und von dort am Ende der Funktion wieder in das AX-Register geladen. Da die Funktion daher automatisch durch die Anweisung

```
MOV AX,[BP-02] ; Übergebe Funktionswert nach AX
```

beendet wird, die den Wert der Funktion in das AX-Register überträgt, muß unsere In-line-Sequenz zwangsläufig den (im Prinzip überflüssigen) Befehl

```
MOV [BP-02],AX
```

ausführen, der den Inhalt des AX-Registers dort hinbringt, von wo er wieder in das AX-Register zurückgeladen wird. Ohne diesen Befehl würde der Inhalt des AX-Registers, der zwar bereits den Statuscode enthält, durch den zufälligen Inhalt der Speicherzelle mit der Adresse SS:[BP-02] überschrieben werden.

Vorsicht bei der Parameterübergabe!

Leider gibt es im Zusammenhang mit der Inline-Anweisung eine recht hinterhältige Fehlermöglichkeit, deren Existenz man auf alle Fälle kennen sollte. Betrachten Sie sich dazu die folgende, im Prinzip bereits bekannte Programmsequenz:

```
function malzehn(Wert:integer):integer;
begin
    inline(
    $8B/$46/Wert/   { MOV AX,Wert }
    $8B/$D8/        { MOV BX,AX   }
    $B1/$03/        { MOV CL,3    }
    $D3/$E0/        { SHL AX,CL   }
    $03/$C3/        { ADD AX,BX   }
    $03/$C3/        { ADD AX,BX   }
    $89/$46/$FE);   { MOV [BP-02],AX }
end;
```

Die Opcodes der einzelnen Maschinenbefehle wurden, und das ist in diesem Zusammenhang entscheidend, mit Hilfe eines Debuggers gewonnen. Auf den ersten Blick sieht es so aus, als hätte alles seine Ordnung. Doch wenn man sich den vom Compiler erzeugten Code mit einem Debugger anschaut, erlebt man eine kleine Überraschung:

```
55          PUSH BP
89 E5       MOV BP,SP
83 EC 02    SUB SP,0002
8B 46 04    MOV AX,[BP+04]
```

Bis hier ist noch alles in Ordnung, doch dafür kommt es nun um so dicker:

```
00 8B D8 D1 ADD [BP+DI-4E28],CL
03 D3       ADD DX,BX
E0 03       LOOP 001C
C3 RET
03 C3       ADD AX,BX
89 46 FE    MOV [BP-02],AX
8B 46 FE    MOV AX,[BP-02]
5D POP BP
...
```

Wie um alles in der Welt kommen diese Befehle zustande? Um es nicht zu spannend zu machen, hier die Antwort: Verantwortlich für dieses Desaster ist der Befehl MOV AX,[BP+04] oder genauer gesagt jener Opcode, der für diesen Befehl eingesetzt wurde. Ermittelt man diesen Opcode nämlich über einen Debugger, erhält man folgende Bytefolge:

```
MOV AX,[BP+04]  ->  8B 46 04
```

Was aus dieser Bytesequenz nicht unbedingt ersichtlich ist, ist die Tatsache, daß sich dieser MOV-Befehl auf einen Byte-Operanden und nicht, wie es eigentlich sein sollte, auf einen Wort-Operanden bezieht. Verantwortlich für diese Unterscheidung ist das zweite Opcode-Byte $46. Hierin bilden die Bits 7 und 6 das sogenannte mod-Feld. Dieses Feld legt unter anderem fest, ob ein indirekter Speicheroperand über ein 8-Bit-Displacement (Bit 7 = 0, Bit 6 = 1) oder ein 16-Bit-Displacement (Bit 7 = 1, Bit 6 = 0) adressiert wird. (Bei einem Displacement handelt es sich um eine Konstante, die zum Inhalt eines Registers addiert wird, um die effektive Adresse zu bilden.) Da wir dem Debugger den Befehl

```
MOV AX,[BP+04]
```

zum Übersetzen gegeben haben, ging dieser wider besseren Wissens von einem 8-Bit-Displacement aus. Hätten wir dagegen den Befehl

```
MOV AX,[BP+0004]
```

eingegeben, wäre eine andere Bytefolge erzeugt worden:

```
8B 86 04 00
```

Diese Bytefolge unterscheidet sich, wenn Sie einmal genau hinschauen, durch das mod-Feld im zweiten Opcode-Byte und natürlich durch das folgende 16-Bit-Displacement. Damit dürfte auch ungefähr klar sein, woher die skurilen Maschinenbefehle aus dem letzten Beispiel stammen. Da wir einen MOV-Befehl versehentlich mit einem 8-Bit-Displacement eingetragen haben, der Compiler für den Variablenoffset von Wert aber zwei Bytes eingesetzt hat, wurde das zweite Byte, in diesem Fall die Null, als Opcodebyte des folgenden Befehls und nicht als Adreßbyte interpretiert. Die Folge ist offensichtlich. Durch das eingeschobene Befehlsbyte wurden auch alle folgenden Befehlsbytes verschoben, was den Befehlssalat zur Folge hatte. Beendet wird diese Verschiebung (zufällig) durch den Umstand, daß $C3, der zweite Teil des Befehls ADD AX,BX, der Opcode des RET-Befehls ist und durch diesen Ein-Byte-Befehl der darauffolgende Opcode wieder richtig zugeordnet wird.

Wie kann man Abhilfe schaffen? Dazu sei vorausgestellt, daß dieser Fehler nur dann auftreten kann, wenn man die Opcodes per Hand umwandelt. Bei Utility-Programmen, die diese Umwandlung automatisch durchführen, sollte dieser Fehler nicht auftreten. Vermeiden kann man ihn am einfachsten, wenn man Offsets, wie gezeigt, grundsätzlich als 16-Bit-Werte angibt. Zwar könnte man auch den "<"-Operator verwenden, der nur das niederwertige Byte des folgenden 16-Bit-Wertes einträgt:

```
$8B/$46/<Wert
```

doch funktioniert diese Methode nur dann, wenn der Stackoffset der Variablen Wert im Bereich von –128 bis +127 liegt.

Auch beim Befehl MOV [BP-02],AX gilt es, ähnliches zu berücksichtigen. Auch hier sind nämlich grundsätzlich zwei Variationen möglich:

```
MOV [BP-02],AX  ->  89 46 FE
```

oder

```
MOV [BP-0002],AX   ->  89 86 FE FF
```

Setzt man nun anstelle des Ausdrucks [BP-02] etwa eine lokale Variable ein und verwendet versehentlich die erste Variante, so tritt wieder der gleiche Effekt auf: Der Compiler setzt für die Adresse der lokalen Variablen eine 16-Bit-Zahl ein.

Das gleiche gilt auch für Konstanten, die über die Pascal-Anweisung const deklariert wurden. Da hier der Compiler stets das kleinstmögliche Speicherformat verwendet, muß dieser Umstand bei der Wahl des Opcodes berücksichtigt werden. Da es sich hier aber um eine Konstante handelt, können nun die Operatoren < und > gefahrlos eingesetzt werden, um die Größe des Operanden entsprechend anzupassen.

Inline-Deklarationen

Das vorletzte Beispiel hat gezeigt, daß der vom Compiler erzeugte Start- und Endcode manchmal ein kleines Problem unnötig kompliziert, zumal im letzten Beispiel der Druckerabfrage dieser zusätzliche Code überhaupt nicht benötigt wird. Man kann diesen Start- bzw. Endcode vermeiden, wenn man die betreffende Prozedur oder Funktion als Inline deklariert. Die Syntax der Inline-Deklaration entspricht der der Inline-Anweisung, die Sie bereits kennengelernt haben. Allerdings wird innerhalb einer Prozedur oder Funktion kein Startcode erzeugt. Betrachten wir noch einmal das letzte Beispiel, diesmal aber mit einer Inline-Deklaration:

```
program test6;
{ Inline-Deklaration }

var
    status : integer;

function check_printer:integer;
    inline(
    $B4/$02/        { MOV AH,02      }
    $BA/$00/$00/    { MOV DX,0000    }
    $CD/$17         { INT 17         }
    );

begin
    writeln('Druckerstatus: ',check_printer);
    status := (check_printer div 256) and 16;
    if status = 16 then
      writeln('Drucker ON LINE')
    else
      writeln('Drucker OFF LINE');
end.
```

Der Compiler unterscheidet eine Inline-Anweisung von einer Inline-Deklaration durch das fehlende begin/end-Paar. Wie sich mit Hilfe eines Debuggers überprüfen läßt, hat der Compiler diesmal keinen CALL-Befehl erzeugt, sondern den Inline-Code direkt in das Programm eingetragen. Die Funktion check_printer spielt in diesem Fall die Rolle eines Makros, die der Compiler durch den über die Inline-Deklaration festgelegten Maschinencode ersetzt.

Parameterübergabe

Da bei einer Inline-Deklaration kein Start- bzw. Endcode erzeugt wird, gilt es, bei der Parameterübergabe vorsichtig zu sein. Auch bei einer Inline-Deklaration können an die Prozedur bzw. Funktion Parameter übergeben werden. Auch hier werden diese Parameter auf dem Stack abgelegt, so daß der Zugriff nach dem bereits beschriebenen Verfahren erfolgen müßte. Allerdings ist eine symbolische Bezugnahme auf Prozedur- bzw. Funktionsparameter nicht so ohne weiteres möglich, da der Compiler aufgrund des fehlenden Startcodes (das BP-Register wird nicht mit dem Stackzeiger geladen) keine Stackoffsets zuordnen kann. Entweder führt man den Start- bzw. Endcode innerhalb der Inline-Anweisung selbst auf oder man überlegt sich eine alternative Parameterübergabe. Hier erst einmal eine kurze Zusammenstellung der wichtigsten Besonderheiten einer Inline-Deklaration.

Die Namen lokaler Parameter werden vom Compiler ignoriert. Die folgende Funktions-deklaration führt daher zu einem Fehler

```
function malzehn(Wert:Integer):Integer;
inline(
$8B/$46/Wert/   { MOV AX,Wert }
```

da der Funktionsparameter Wert als nicht deklariert gilt. Viel schlimmer noch: Sollte eine globale Variable mit dem gleichen Namen existieren, so setzt der Compiler statt-dessen die Adresse dieser Variablen ein, was natürlich zu schwer zu lokalisierenden Fehlern führen kann.

Der Inline-Code wird direkt eingesetzt und nicht über einen CALL-Befehl aufgerufen. Das hat mindestens zwei direkte Konsequenzen:

1. Es wird kein Speicherplatz für die Rückgabe des Funktionswertes auf dem Stack reserviert.

2. Etwaige Prozedur- oder Funktionsparameter müssen durch das Inline-Programm vom Stack entfernt werden, da der Compiler diesmal keine entsprechenden Be-fehle einfügt.

Falls Funktions- oder Prozedurparameter deklariert wurden, werden diese dennoch auf den Stack gebracht. Dieser Umstand muß beim Zugriff auf diese Parameter natürlich berücksichtigt werden. Am einfachsten greift man auf diese Parameter zu, wenn man sie über POP-Befehle in die gewünschten Register lädt:

```
function malzehn(Wert:integer):integer;
  inline(
        $58/            { POP AX       }
        $8B/$D8/        { MOV BX,AX    }
        $B1/$03/        { MOV CL,3     }
        $D3/$E0/        { SHL AX,CL    }
        $03/$C3/        { ADD AX,BX    }
        $03/$C3);       { ADD AX,BX    }

  begin
    Zahl := 3;
    Zahl := malzehn(Zahl);
    writeln('Das Ergebnis ist: ',Zahl);
  end.
```

Positiv fällt hier auf, daß das Ergebnis im AX-Register belassen werden kann, da das Funktionsergebnis im AX-Register zurückgegeben werden muß und eine lokale Variable, in der dieser Rückgabewert normalerweise zwischengespeichert wird, diesmal nicht existiert. Auch muß dank des POP-Befehls, der zu Beginn des Programms den Funktionsparameter in das AX-Register lädt, der Funktionsparameter Wert am Ende der Funktion nicht mehr vom Stack entfernt werden; denn auch dies entfällt bei Inline-Deklarationen, da es ja keinen RET-Befehl gibt.

Fazit: Trotz dieser potentiellen Falltüren stellt die Verwendung von Inline-Deklarationen oftmals den effektiveren Weg dar, um Inline-Code mit Parameterübergabe zu realisieren.

Wann ist Inline-Code sinnvoll?

Die vorgeführten Beispiele haben hoffentlich einen Eindruck davon vermittelt, wann die Verwendung von Inline-Code sinnvoll ist und wann nicht. Zusammenfassend läßt sich feststellen, daß die Verwendung von Inline-Code in der Regel nur bei sehr kleinen Maschinenroutinen praktikabel ist. Die Nachteile von Inline-Code, allen voran die Notwendigkeit, die Opcodes jedes einzelnen Befehls ermitteln zu müssen, erhöhen den Entwicklungsaufwand bei größeren Routinen drastisch und bieten vor allem Gelegenheit für vielfältige Fehlermöglichkeiten. Bei größeren Programmen (in der Regel mehr als 20 bis 30 Maschinenbefehle) ist es auf alle Fälle sinnvoller, die Maschinenroutine mit Hilfe eines Assemblers zu erstellen. Auch wenn es vielleicht zunächst den Eindruck erwecken mag, als sei dieses Verfahren um einiges komplizierter, stellt es sich bei näherer Betrachtung heraus, daß eher das Gegenteil der Fall ist. Zudem wird im nächsten Abschnitt ein "Kochrezept" für die Einbindung von Assemblerroutinen in Turbo Pascal-Programme vorgestellt, das in der überwiegenden Mehrzahl der Anwendungen direkt übernommen werden kann.

Wie geht es weiter?

Nachdem in diesem Kapitel mit der Inline-Anweisung eine der beiden Alternativen für die Verknüpfung von Pascal-Programmen mit Maschinenroutinen vorgestellt wurde, geht es im nächsten Kapitel um die zweite Alternative. Dann wird gezeigt, wie ein Turbo Pascal-Programm mit einem vom Turbo Assembler erstellten Assemblerprogramm verknüpft wird. Damit lassen sich dann alle Möglichkeiten der Maschinenspracheprogrammierung nutzen und wesentlich leistungsfähigere Maschinenspracheprogramme erstellen, als es über die Inline-Anweisung möglich ist.

Die Schnittstelle zum Turbo Assembler

Nicht immer ist die Verwendung von Inline-Code in einem Pascal-Programm eine befriedigende Lösung. Möchte man größere Assemblerroutinen einbinden oder gar auf bereits existierende Assemblermodule zurückgreifen, müssen die Assemblerroutinen als externe Prozeduren aufgerufen werden. Dazu wird das Assemblerprogramm zunächst von einem Assembler in eine Objektdatei übersetzt und anschließend von einem Linker mit der vom Pascal-Compiler erzeugten Objektdatei zu einer ausführbaren Programmdatei verknüpft. Diese Art der Programmierung wird als *gemischtsprachige Programmierung* bezeichnet. Welche Formalitäten dazu auf Seiten des Pascal- bzw. des Assemblerprogramms eingehalten werden müssen, wird in diesem Kapitel gezeigt.

Warum gemischtsprachig programmieren?

Software-Profis entwickeln nicht selten mit mehr als einer einzigen Sprache. Oft bietet es sich an, die Vorteile verschiedener Sprachen miteinander zu kombinieren. Ein Grund für den Einsatz gemischtsprachiger Programmierung ist die Einbindung von Bibliotheksfunktionen, die für eine bestimmte Sprache zur Verfügung stehen und von einer anderen Sprache aus aufgerufen werden sollen. So ist es durchaus denkbar, Turbo Pascal-Programme mit Turbo C-Programmen zu verknüpfen und dabei spezielle Bibliotheksfunktionen des Turbo C-Compilers aufzurufen. Diese gemischtsprachige Programmierung funktioniert aber nur, wenn gewisse Formalitäten wie z.B. gleiche Segmentnamen oder bestimmte Parameterübergabekonventionen eingehalten werden. Vor allem aber müssen die Objektdateien das gleiche Format aufweisen, damit sie der Linker zu einer Programmdatei verknüpfen kann. Auch die Verknüpfung eines Turbo Pascal-Programms mit einem (oder mehreren) Assemblermodul(en) fällt in die Kategorie *gemischtsprachige Programmierung*. Zur Erstellung des Assemblerprogramms ist aber, anders als bei der Verwendung von Inline-Code, ein separater Assembler erforderlich. Obwohl zur Erstellung des Assemblermoduls (es wird bewußt die Bezeichnung "Modul" verwendet, da es sich nicht um ein eigenständiges Assemblerprogramm handelt) im Prinzip jeder PC-Assembler eingesetzt werden kann, empfiehlt sich die Verwendung des Turbo Assemblers (ab Version 1.0), da sich die erwähnten notwendigen Formalitäten so auf ein Minimum reduzieren lassen.

Und warum Assembler?

Die Gründe für den Einsatz von Assembler liegen auf der Hand und wurden bereits in Kapitel 5 aufgeführt. Da mancher Leser dieses Kapitel unter Umständen übersprungen haben mag, sollen die Gründe noch einmal kurz genannt werden. Wie auch bei der Verwendung von Inline-Code sind es in erster Linie Geschwindigkeit und Hardware-

Nähe. Obwohl sicher die meisten Turbo Pascal-Anwender mit der Ausführungsgeschwindigkeit ihrer Compilate zufrieden sein dürften, gehört der Turbo Pascal-Compiler nicht gerade zu den schnellsten seiner Zunft. Wie Benchmark-Tests beweisen, produzieren viele C- oder Modula-2-Compiler einen schnelleren, weil effizienteren Code. Doch auch dem Turbo Pascal-Programmierer bleibt der programmierte Geschwindigkeitsrausch nicht verschlossen, wenn er die Schwachstellen seines Programms mit Assemblerroutinen aufpeppt. Das liest sich natürlich auf dem Papier wunderschön. In der Praxis gilt es zunächst, jene Programmstellen herauszufinden, bei denen eine Optimierung sinnvollerweise ansetzen könnte. Hier leistet ein *Profiler* sehr gute Dienste.

Bei einem Profiler handelt es sich um ein Programm, das die Ausführungszeit eines anderen Programms mißt und dann anzeigt, wieviel Prozent der Ausführungszeit für eine bestimmte Prozedur oder Funktion benötigt wird. Ein Profiler gibt ferner an, wie oft eine Prozedur oder Funktion aufgerufen wird, und ermittelt so Funktionen bzw. Prozeduren, die als aussichtsreiche Kandidaten für eine Optimierung in Frage kommen oder gar vollständig entfernt werden können. Für UNIX-Profis ist ein Profiler eine Selbstverständlichkeit. Auch dem "normalsterblichen" Programmierer, sprich dem MS-DOS-Programmierer, steht dieses "Wunderprogramm" seit kurzem entweder in Form des neuen Turbo Profilers oder des ebenfalls sehr leistungsfähigen Profilers mit dem Namen Inside von Paradigm Systems zur Verfügung.

Während der Turbo Profiler interaktiv die Messung beliebiger Sequenzen innerhalb eines Programms ermöglicht, wird Inside auf ein gesamtes Programm angewendet und ermittelt z.B., wieviel Prozent der Gesamtausführungszeit in einem Programm auf die einzelnen Funktionen oder Prozeduren verwendet wird. Profiler wie Inside oder der Turbo Profiler sind z.B. auch in der Lage, die Zeit zu messen, die ein Programm innerhalb von DOS-Funktionen verbringt, und können so eine Hilfe bei der Entscheidung bieten, wann die Verwendung von BIOS-Funktionen oder der direkte Zugriff auf die Hardware des PCs sinnvoll wird. In beiden Fällen muß das zu messende Programm nicht modifiziert werden, da beide Profiler die Debugging-Information der EXE-Datei auswerten. Auf diese Weise kann jedes beliebige Turbo-Programm (Inside ist übrigens auch für Compiler anderer Hersteller erhältlich) gemessen werden. Ein Profiler gibt allerdings nur Hinweise, wo mit einer Optimierung sinnvollerweise angesetzt werden kann; eine Optimierung durchführen kann der Profiler nicht. Hier sind die Fähigkeiten des Programmierers, insbesondere natürlich die des Maschinensprache-Programmierers, gefragt.

Neben der verbesserten Ausführungsgeschwindigkeit spielt auch die System- bzw. Hardware-Nähe eine gewisse, allerdings weniger wichtige Rolle. Manche Anwendungen, wie z.B. die Programmierung einiger Spezialfunktionen einer VGA-Karte, erfordern eine direkte Programmierung der Hardware, die zwar in Turbo Pascal prinzipiell möglich ist, jedoch innerhalb einer Assemblerroutine in der Regel leichter durchgeführt werden kann. Neben der Zugriffsmöglichkeit auf die Hardware ist der direkte Zugriff auf das Betriebssystem ein weiterer Vorteil der Assemblerprogrammierung. So lassen sich z.B. Interrupthandler, d.h. Routinen, die beim Auftreten eines Interrupts ausgeführt werden müssen, am einfachsten in Assembler realisieren.

Und schließlich spielt manchmal auch das Argument der Dateigröße eine Rolle. So belegt selbst das legendäre "Hallo Welt"-Programm compiliert schon um die 1800 Bytes, da der Compiler eine Reihe von allgemeinen Laufzeitroutinen einbinden muß, die das ganze Programm unnötig aufblähen. Ein reines Maschinenprogramm, das exakt die gleiche Funktion erfüllt, belegt dagegen deutlich weniger als 100 Bytes!

Natürlich sollen auch gewisse Nachteile der Assemblerprogrammierung nicht verschwiegen werden. So sind Assemblerprogramme in der Regel etwas schwieriger zu entwickeln als vergleichbare Pascal-Programme. Dies liegt zum einen daran, daß die Sprache Pascal wesentlich leichter zu erlernen ist als die Assembler- bzw. Maschinensprache, zum anderen aber auch daran, daß in Assembler in vielen Fällen ein wesentlich größerer Aufwand betrieben werden muß, um ein bestimmtes Problem zu lösen. Während es in Turbo Pascal für nahezu jedes Problem eine entsprechende Bibliotheksfunktion gibt bzw. eine fertige Routine aus irgendeiner Toolbox eingebunden werden kann, muß eine Assemblerprozedur in der Regel erst relativ umständlich selbst programmiert werden. Gerade für Einsteiger ist der anfängliche Lernaufwand relativ hoch. Trotzdem lohnt sich dieser Aufwand in vielfältiger Hinsicht. Neben einem praktischen Nutzen ist ein Grundverständnis der Maschinensprache-Programmierung auch notwendig, um die internen Abläufe des Turbo Pascal-Compilers zu verstehen.

Die Handhabung des Turbo Assemblers

Wie eingangs schon angedeutet, ist für das Erstellen eines Assemblermoduls ein separater Assembler notwendig. Wie ebenfalls bereits erwähnt wurde, empfiehlt sich für Turbo Pascal-Programmierer der Turbo Assembler. Zwar kann genausogut auch der Microsoft Makroassembler oder auch ein Shareware-Assembler wie z.B. A86 eingesetzt werden, allerdings sind dann einige Abweichungen zu berücksichtigen, auf die aus Platzgründen in diesem Buch leider nicht eingegangen werden kann. Im folgenden wird der Umgang mit dem Turbo Assembler (TASM) und der grundsätzliche Aufbau eines Assemblerprogramms besprochen. Da es hier in erster Linie um die Pascal-Programmierung geht, kann die Besprechung des TASM nicht so ausführlich erfolgen, wie es vielleicht notwendig sein könnte. Daher sei auf alle Fälle auf das sehr ausführliche TASM-Handbuch verwiesen, in dem übrigens in Kapitel 7 auch die Schnittstelle zwischen Turbo Pascal und Assembler besprochen wird.

Der Aufruf des Assemblers

Bei TASM handelt es sich um ein Programm mit dem Namen TASM.EXE. TASM existiert bislang nur in einer Kommandozeilenversion. In der nächsten auf die Version 5.5 folgenden Turbo Pascal-Version, die mit der *Programmers Platform*, einer leistungsfähigen Entwicklungsumgebung, ausgerüstet ist, ist es jedoch möglich, ein- und dieselbe Oberfläche sowohl für die Pascal- als auch die Assemblerentwicklung (natürlich schließt das auch Turbo C mit ein) zu verwenden, so daß auch Assemblerprogrammierer in den Genuß einer grafischen, mausorientierten SAA-Oberfläche kommen.

Beim Aufruf von TASM muß lediglich der Name der Quelltextdatei, also jener Datei, die das Assemblerprogramm enthält, angegeben werden:

```
A>TASM MEINASM
```

Dieser Aufruf assembliert den Inhalt der Quelltextdatei MEINASM.ASM und erzeugt eine *Objektdatei* mit dem Namen MEINASM.OBJ. TASM geht dabei stets von der Endung .ASM aus, wenn keine andere Endung vereinbart wird. Bei einer Objektdatei handelt es sich noch nicht um eine ausführbare Programmdatei. Zwar wurden bereits alle Assembler-Mnemonics (siehe Kapitel 5) in die entsprechenden Maschinenbefehle übersetzt, unter Umständen wurden aber einige Symbole noch nicht aufgelöst, d.h., ihnen wurde keine endgültige (Offset-)Adresse gegeben.

Der Aufruf des Linkers

Erst ein *Linker* wandelt eine Objektdatei in eine ausführbare Programmdatei um. Der Linker verdankt seinen Namen der Tatsache, daß er in der Lage ist, mehrere Objektdateien zu einer einzigen Programmdatei zu verknüpfen. (Das englische Verb "to link" bedeutet soviel wie verknüpfen bzw. verbinden.) Dabei spielt es keine Rolle, ob die Objektdateien nun durch einen Compiler oder durch einen Assembler erzeugt wurden. Wichtig ist nur, daß die Objektdateien den gleichen Aufbau aufweisen. Bei Turbo Pascal wird dieser Ablauf ein wenig abgewandelt. Hier muß der Befehl zur Einbindung einer externen Objektdatei bereits im Pascal-Programm aufgeführt werden, da hier bekanntlich Compilierung und Linken in einem Schritt durchgeführt werden. Ein separater Aufruf eines Linkers ist hier also nicht notwendig.

Da der Turbo Assembler in erster Linie zur Erstellung eigenständiger Assemblerprogramme, d.h. von Programmen, die nicht von einer Hochsprache aufgerufen werden, verwendet wird, benötigt man zusätzlich einen Linker. Im TASM-Entwicklungspaket ist der Turbo Linker TLINK.EXE enthalten, es kann aber auch ein anderer MS-DOS-

Linker wie z.B. LINK.EXE verwendet werden. Dieses Programm wandelt die Objektdatei in eine ausführbare Programmdatei, genauer gesagt, in eine EXE-Datei um:

```
A>TLINK MEINASM
```

Auch beim Aufruf von TLINK muß keine Endung aufgeführt werden, da TLINK automatisch von der Endung .OBJ ausgeht. Wahlweise kann auch eine COM-Datei erstellt
werden. Dazu muß entweder die Linker-Option /t gesetzt oder das MS-DOS-Hilfspro-
gramm EXE2BIN bemüht werden. Damit anstelle einer EXE- eine COM-Datei erstellt
wird, müssen aber im Programm gewisse Voraussetzungen erfüllt sein, auf die an dieser
Stelle aber nicht eingegangen werden kann.

Der Aufbau eines Assemblerprogramms

Ein "richtiger" Assemblerprogrammierer muß über den Aufbau eines Assemblerprogramms, d.h. die zur Verfügung stehenden Anweisungen und deren Anwendung, gut
Bescheid wissen. Wer seine Pascal-Programme zunächst lediglich um kleinere externe
Assemblerroutinen erweitern möchte, kommt zunächst mit einem "Schmalspur-Wissen"
aus, das man dann bei Bedarf Schritt für Schritt erweitern kann.

```
.MODEL  TPASCAL
.DATA

                    ; Hier erfolgen Datendefinitionen.

.CODE

PUBLIC      NAME    ; NAME ist der Name der Prozedur.

NAME        PROC    [Prozedurparameter]

                    ; Hier wird das Assemblerprogramm aufgeführt.

      RET           ; Rückkehr zum Pascal-Programm
NAME        ENDP    ; Ende der Prozedur
END
```

Abb. 7.1: Allgemeiner Aufbau eines Assemblerprogramms

Aus Platzgründen und um manche Leser nicht über Gebühr zu langweilen, werden in diesem Abschnitt auch nur jene Fakten besprochen, die für die gemischtsprachige Programmierung von Bedeutung sind. Jedes der in diesem Kapitel vorgestellten Assemblermodule und gut 95 Prozent der in der Praxis eingesetzten Assemblermodule besitzen einen allgemeinen Aufbau, wie er in Abbildung 7.1 zu sehen ist.

Das Speichermodell

Ein Assemblerprogramm beginnt meist mit einer .MODEL-Anweisung. (Dies ist keine zwingende Notwendigkeit, wird aber in rund 95 Prozent der Fälle so gemacht.) Über die .MODEL-Anweisung wird das *Speichermodell* vereinbart. Das Speichermodell legt in erster Linie fest, ob Zeiger und Sprungadresse vom Typ NEAR oder vom Typ FAR sind (siehe Kapitel 5). Über das Speichermodell werden indirekt aber auch die Namen und die Attribute der im Assemblerprogramm verwendeten Segmente festgelegt. Die im Programm aufgeführten Segmentnamen .CODE und .DATA sind nur Platzhalter für die tatsächlichen Segmentnamen, die bei der Assemblierung vom Assembler eingesetzt werden und vom Speichermodell abhängen.

Normalerweise verwendet man in einem Assemblerprogramm eines der Speichermodelle *Small* oder *Large*. Speziell für die Einbindung eines Assemblermoduls in ein Pascal-Programm stellt der Turbo Assembler (andere Assembler allerdings nicht) das Speichermodell *TPASCAL* zur Verfügung. Die Vereinbarung dieses Speichermodells ist die Grundvoraussetzung für die Verknüpfung eines Pascal-Programms mit einem Assemblermodul. Warum das so ist, soll im folgenden erläutert werden.

Damit ein Linker überhaupt zwei Objektmodule oder – genauer gesagt – die einzelnen Segmente, die in diesen Objektmodulen enthalten sind, verknüpfen kann, müssen die Segmentnamen und deren Attribute übereinstimmen. Nur wenn zwei Segmente verknüpft, d.h. zu einem einzigen Segment kombiniert werden, ist es möglich, Sprünge vom Typ NEAR zwischen diesen beiden Segmenten durchzuführen oder Daten in einem anderen Segment über einen NEAR-Zeiger anzusprechen. Um welche Namen und Attribute es sich dabei im einzelnen handelt, soll an dieser Stelle nicht interessieren.

Wichtig ist lediglich, daß die Vereinbarung des Speichermodells TPASCAL dafür sorgt, daß diese formalen Voraussetzungen erfüllt sind und der Programmierer sich auf das eigentliche Programm konzentrieren kann. Was durch das Speichermodell TPASCAL im einzelnen bewirkt wird, wird in einem der folgenden Abschnitte noch erläutert werden.

Das Assemblerprogramm selbst besteht aus einem Daten- und einem Codesegment. Während im Datensegment etwaige Datendefinitionen (z.B. Variablendefinitionen) untergebracht werden, kommt im Codesegment das eigentliche Programm unter. Im Gegensatz zu den Datendefinitionen, die nicht in jedem Fall benötigt werden, muß das Codesegment stets vorhanden sein. Ein Stacksegment ist übrigens nicht erforderlich, da der Compiler bereits ein eigenes Stacksegment definiert, das von der Assemblerroutine mitbenutzt werden darf.

Definition von Assemblerprozeduren

Innerhalb des Codesegments wird die Prozedur definiert, die später vom Pascal-Programm aus aufgerufen werden soll. Eine *Prozedur* wird in Assembler stets durch die Anweisung PROC eingeleitet und durch die Anweisung ENDP beendet, wobei beiden Anweisungen der Name der Prozedur vorausgehen muß. Der Name kann frei gewählt werden. Da es sich sozusagen um eine lokale Prozedur handelt, kann der Name auch mit dem Namen einer bereits existierenden Pascal-Prozedur übereinstimmen:

```
TEST_PROC    PROC
    . . .

    RET

TEST_PROC    ENDP
```

Eine Assemblerprozedur wird in der Regel über einen RET-Befehl beendet. Dies ist ein Befehl, der die Rückkehr einer Prozedur zum aufrufenden (Pascal-)Programm durchführt. Der RET-Befehl macht dabei nichts anderes, als die Rückkehradresse, die durch einen CALL-Befehl vor dem Aufruf der Prozedur auf dem Stack abgelegt wurde, wieder vom Stack zu holen und in das IP- (bzw. ggf. bei einer FAR-Prozedur auch in das CS-Register) zu laden, damit die Programmausführung genau nach jener Stelle fortgesetzt werden kann, bei der der CALL-Aufruf erfolgte.

Der Prozedurname muß öffentlich sein

Normalerweise wird der Name einer Prozedur vom Assembler nicht in die Objektdatei übertragen. Dies ist aber die Voraussetzung dafür, daß der Linker die Prozedur "finden" und korrekt zuordnen kann. Abhilfe schafft die Assembleranweisung PUBLIC, die alle folgenden Symbole als "öffentlich", d.h. als global im Sinne eines aus mehreren Modulen bestehenden Programms, deklariert. Da globale Symbole in die Objektdatei übertragen werden, steht die benötigte Information nun dem Linker zur Verfügung. In einem Assemblerprogramm gilt es zu beachten, daß es in der Regel eine Rolle spielt, an welcher Stelle im Programm die PUBLIC-Anweisung aufgeführt wird.

Am sichersten verfährt man, indem man die PUBLIC-Anweisung innerhalb jenes Segments aufführt, in dem die als global zu deklarierenden Symbole enthalten sind.

Parameterübergabe bei PROC

Auf die PROC-Anweisung kann eine Liste von Parametern folgen. Allerdings haben die hier aufgeführten Parameter nicht die Bedeutung von Prozedurparametern einer Pascal-Prozedur. Es handelt sich vielmehr um Textmakros, über die die auf dem Stack befindlichen Prozedurparameter leichter angesprochen werden können. Zumindest bezüglich des Typs sollten die Parameter mit jenen Parametern übereinstimmen, die beim Aufruf der Prozedur innerhalb des Pascal-Programms übergeben werden. Eine Namensgleichheit ist nicht erforderlich, da es sich bei den auf die PROC-Anweisung folgenden Parametern, wie bereits erwähnt, um keine echten Prozedurvariablen handelt. Auch die Parameterübergabe wird noch ausführlicher vorgestellt.

Ein erstes Beispiel

Genug der langen Vorreden. Das folgende Beispiel soll zeigen, wie eine Verknüpfung grundsätzlich vor sich geht. Dabei werden zwangsläufig noch einige Fragen offen bleiben, doch es geht zunächst nur um das allgemeine Prinzip. Als erstes wird das Pascal-Programm vorgestellt. Es ist extrem einfach gehalten und besteht lediglich aus dem Aufruf der externen Assemblerprozedur.

```
Program Test01;

{$F+}
procedure P1;external;
{L TEST01.OBJ}
{$F-}

begin
    P1;
end.
```

Abb. 7.2: Das erste Beispielprogramm

Das erste Beispielprogramm in Abbildung 7.2 ist schnell erklärt. Zunächst wird die Prozedur P1 als extern deklariert. Dies ist notwendig, damit der Compiler das Fehlen dieser Prozedur innerhalb des Pascal-Programms nicht als Fehler beanstandet. Die Deklaration der Prozedur wird durch die Compiler-Schalter $F+ bzw. $F- eingerahmt. Der Schalter $F+ bewirkt, daß die Prozedur P1 über einen FAR-CALL aufgerufen wird.

Dies ist die Voraussetzung dafür, daß das Speichermodell TPASCAL erfolgreich eingesetzt werden kann. Letzteres erzeugt nämlich grundsätzlich einen FAR-RET-Befehl zur Rückkehr zum aufrufenden Pascal-Programm, so daß eine Assemblerprozedur, die das Speichermodell TPASCAL verwendet, stets auch über einen FAR-CALL aufgerufen werden muß. Normalerweise werden Prozeduren innerhalb eines Pascal-Programms immer über einen FAR-CALL aufgerufen.

Eine Ausnahme stellen Prozeduren dar, die im Hauptprogramm deklariert werden oder nur im Implementationsabschnitt einer Unit erscheinen. Es muß unbedingt beachtet werden, daß der Pascal-Compiler diesbezüglich keinerlei Überprüfungen vornimmt. Der Programmierer muß daher dafür sorgen, daß innerhalb der Assemblerprozedur der korrekte Entfernungstyp verwendet wird.

Die Assemblerprozedur muß über das Schlüsselwort *external* als extern deklariert werden. Jetzt kann die Assemblerprozedur genauso aufgerufen werden, als würde es sich um eine "normale" Pascal-Prozedur handeln. Das Einbinden der Assemblerprozedur geschieht beim Linken durch den integrierten Linker. Über die Compiler-Anweisung $L wird der Linker angewiesen, die Datei TEST01.OBJ einzubinden.

Damit wären alle notwendigen Formalitäten erledigt, und die Assemblerprozedur kann aufgerufen werden, was im Hauptprogramm durchgeführt wird. Da noch keine Parameter übergeben werden, kann man es mit einem einfachen Aufruf der Form

```
begin
  P1;
end.
```

belassen. Dieses einfache Beispiel macht deutlich, daß innerhalb des Pascal-Programms nur sehr wenige zusätzliche Anweisungen erforderlich sind. Auch das Assemblermodul ist sehr einfach gehalten und entspricht im wesentlichen dem bereits vorgestellten allgemeinen Aufbau (siehe Abbildung 7.3).

Innerhalb der Prozedur passiert überhaupt nichts, die Assemblerprozedur erfüllt also keinerlei Funktion. Das ist auch nicht weiter schlimm, da es im Moment einzig und allein darauf ankommt, das allgemeine Prinzip zu verdeutlichen. Bislang liegt das Assemblerprogramm aber noch lediglich auf dem Papier vor.

```
.MODEL TPASCAL
.CODE
    PUBLIC P1
P1  PROC

    RET
P1  ENDP
END
```

Abb. 7.3: Die Assemblerprozedur P1

Mit Hilfe eines Editors (oder auch über die Turbo Pascal-Entwicklungsumgebung) muß das Programm zunächst in einer Datei mit dem Namen TEST01.ASM abgelegt werden. Anschließend tritt der Assembler in Aktion, der die Datei in eine Objektdatei mit dem Namen TEST01.OBJ umwandelt:

```
A>TASM TEST01
```

Jetzt liegt das Assemblermodul in der Form vor, in der es vom Pascal-Linker eingebunden werden kann. Dies kann wahlweise innerhalb der Entwicklungsumgebung, aber auch über die Kommandozeilenversion des Compilers geschehen:

```
A>TPC PAS_PRG1.PAS
```

Das Ergebnis ist eine Programmdatei mit dem Namen PAS_PRG1.EXE. Bei der Ausführung dieses Programms passiert natürlich nichts, da weder das Pascal- noch das Assemblerprogramm irgendwelche ausführbaren Befehle enthalten. Das soll sich im folgenden ändern.

Parameterübergabe

Dank des TPASCAL-Speichermodells wird die Schnittstelle, d.h. die zur erfolgreichen Verknüpfung erforderlichen Formalitäten, auf ein Minimum reduziert. Das betrifft auch die Parameterübergabe an das Assemblermodul bzw. die Rückgabe eines Funktionswertes an das aufrufende Pascal-Programm. Bekanntlich übergibt eine Pascal-Prozedur

bzw. -Funktion alle übergebenen Parameter auf dem Stack. Diese Art der Parameterübergabe, die man in der Regel bei allen Compilersprachen findet, muß natürlich vom
Assemblerprogramm entsprechend berücksichtigt werden. In welcher Weise Prozedur-
bzw. Funktionsparameter übergeben werden, soll am Beispiel des folgenden Prozeduraufrufs veranschaulicht werden:

```
procedure P2(X1,X2,X3:word);
```

Beim Aufruf der Prozedur P2 werden die drei Prozedurparameter X1, X2 und X3 von
links nach rechts auf dem Stack abgelegt. (Dies wird über entsprechende PUSH-Befehle
durchgeführt, die vom Compiler erzeugt werden.) In diesem Fall bedeutet das, daß zuerst der Wert von X1, dann der Wert von X2 und schließlich der von X3 auf den Stack
gelangen. (Über die Art und Weise der Parameterübergabe – so wäre es auch denkbar,
einen Zeiger auf die übergebenen Objekte zu übergeben – wird noch zu sprechen sein.)
Da der Stack bekanntlich (siehe Kapitel 5) in Richtung kleiner werdender Adressen
wächst, erhält der Parameter X3 die größte und der Parameter X1 entsprechend die
kleinste Adresse.

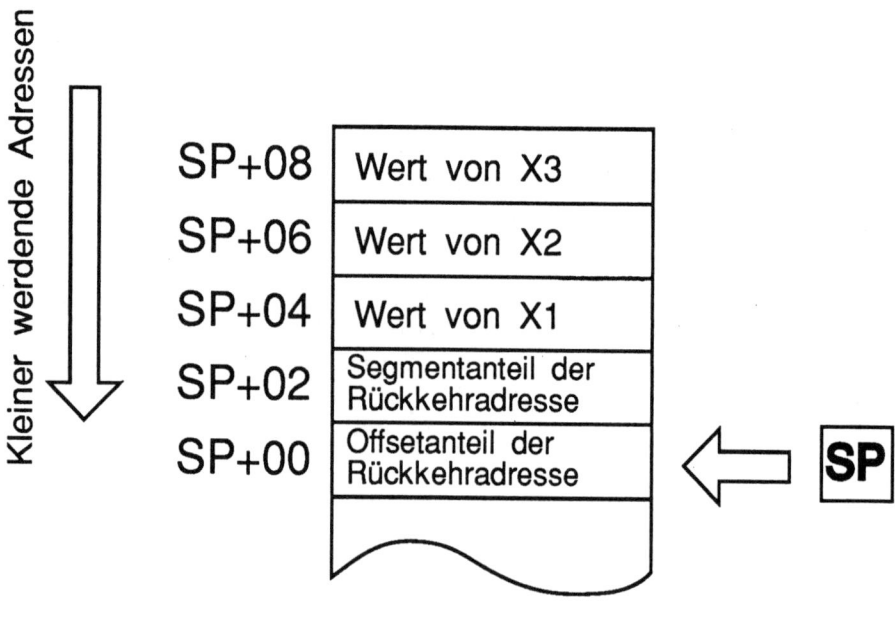

Abb. 7.4: Stackbelegung nach dem Aufruf von P2

Da ein Bild bekanntlich am aussagekräftigsten ist, wird durch Abbildung 7.4 die Stackbelegung nach dem Aufruf der Prozedur P2 wiedergegeben. Es muß natürlich berücksichtigt werden, daß auch die Rückkehradresse durch den CALL-Befehl ebenfalls auf dem Stack abgelegt wird. Da, bedingt durch den Compilerschalter $F+, ein FAR-CALL erzwungen wurde, werden sowohl eine Offset- als auch eine Segmentadresse auf den Stack gerettet.

Nach der Ausführung des CALL-Befehls ist nun das Assemblerprogramm an der Reihe. Mit anderen Worten, es liegt in der Verantwortung des Assemblerprogrammierers, auf diese Parameter zuzugreifen. Naheliegend wäre es, auf den Stack über das SP-Register zuzugreifen; denn wie in Kapitel 5 erläutert wurde, wird der Stack stets durch das Registerpaar SS:SP adressiert. Leider scheidet das SP-Register aber aus, da mit dem SP-Register keine indirekte Speicheradressierung möglich ist. Als Alternative bietet es sich an, das BP-Register zu verwenden, da auch bei der indirekten Adressierung mit dem BP-Register der Segmentanteil aus dem SS-Register geholt wird. Dazu muß lediglich der Inhalt des SP-Registers, d.h. der Stackzeiger, in das BP-Register kopiert werden. Kein Problem, denn mehr als ein MOV-Befehl ist dazu nicht notwendig. Zuvor sollte aber noch der alte Inhalt des BP-Registers gerettet werden; denn dessen Inhalt wird in der Regel vom Pascal-Programm benötigt:

```
PUSH BP
MOV BP,SP
```

Durch diese beiden Befehle wird ein *Stackrahmen* aufgebaut, über den die Adressierung der Stackparameter durchgeführt wird. Bei einer der auf die 8086-CPU folgenden CPUs (z.B. der 80286-CPU) oder der V20- bzw. V30-CPU kann anstelle dieser beiden Befehle auch der ENTER-Befehl verwendet werden. In zeitkritischen Anwendungen sollte man allerdings auf diesen Befehl verzichten, da er relativ langsam ist. Es darf natürlich nicht vergessen werden, daß durch den PUSH-Befehl ein zusätzlicher Wert auf den Stack gelangt. Daher ist es sicher sinnvoll, noch einmal die Stackbelegung zu betrachten, die in Abbildung 7.5 zu finden ist.

Nun steht dem Zugriff auf die Stackparameter im Prinzip nichts mehr im Weg. Allerdings müssen die Offsets, d.h. die Adressen der einzelnen Elemente auf dem Stack, bekannt sein. Doch diese kann man leicht ausrechnen. Da zuerst die Rückkehradresse (4 Bytes) und anschließend der alte Inhalt des BP-Registers (2 Bytes) auf den Stack gelangt sind, ist der erste Parameter mit einem relativen Offset (relativ zum aktuellen Inhalt des BP-Registers) von +6 auf dem Stack zu finden. So wird z.B. durch den Befehl

```
MOV AX,[BP+06]
```

der Wert des Parameters X1, der sich mit dem relativen Offset +6 auf dem Stack befindet, in das AX-Register geladen. Wo befindet sich der zweite Parameter? Nun, da es sich ausschließlich um Parameter vom Typ WORD handelt, die bekanntlich 2 Bytes belegen, besitzt der nächste Parameter einen relativen Offset von +8. Entsprechend kann durch einen Befehl wie

```
MOV AX,[BP+08]
```

auf den Parameter X2 und entsprechend durch folgenden Befehl auf den Parameter X3 zugegriffen werden:

```
MOV AX,[BP+10]
```

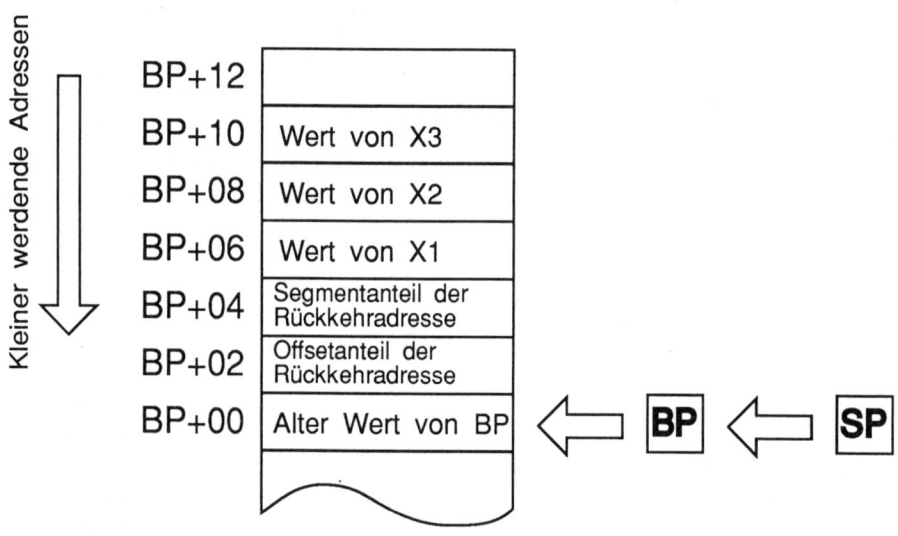

Abb. 7.5: Stackbelegung nach Aufbau des Stackrahmens

Entfernen des Stackrahmens

Natürlich darf nicht vergessen werden, daß der Stackrahmen am Ende der Assembler-prozedur auch wieder entfernt werden muß. Dies geschieht ganz einfach durch folgen-den Befehl:

```
POP BP
```

Dieser Befehl stellt den alten Inhalt des BP-Registers, der sich noch auf dem Stack be-finden sollte, wieder her. Das SP-Register muß hier nicht berücksichtigt werden, da es nicht verändert wurde. Das ist allerdings nicht immer der Fall. Werden innerhalb der Assemblerprozedur lokale Variablen definiert, wird der Stackzeiger im SP-Register um die Anzahl der zu reservierenden Bytes erniedrigt, das SP-Register muß daher am Ende wieder auf seinen alten Wert gebracht werden. Auch davon später mehr. Zunächst muß noch die Frage geklärt werden, auf welche Weise das Assemblerprogramm zum aufrufenden Pascal-Programm zurückkehrt und vor allem, wie das Speichermodell TPASCAL die eben beschriebene Adressierung des Stacks vereinfacht.

Rückkehr zum Pascal-Programm

Eine aufgerufene Assemblerprozedur kehrt stets über einen RET-Befehl zum aufrufenden Pascal-Programm zurück. Da externe Assemblerprozeduren in der Regel über einen FAR-CALL-Befehl aufgerufen werden, muß die Rückkehr entsprechend durch einen FAR-RET-Befehl durchgeführt erfolgen. Ferner ist die Assemblerprozedur, anders als in C, dafür verantwortlich, etwaige Prozedurparameter wieder vom Stack zu entfernen. Wie kann man das anstellen? Naheliegend wäre es, genausoviele POP-Befehle ausführen zu lassen, wie vor dem Aufruf der Prozedur PUSH-Befehle ausgeführt worden sind. Es geht aber noch einfacher. Da der Stackzeiger festlegt, welches Element sich auf dem Stack befindet und welches nicht, und in Richtung kleiner werdender Adressen wächst, kann man über ein Erhöhen des Stackzeigers Parameter vom Stack "entfernen".

Diese Parameter werden zwar nicht richtig gelöscht, sie sind aber so gut wie verschwunden, da sie durch den nächsten PUSH-Befehl überschrieben werden. Da diese Addition zum SP-Register häufig vorkommt, bietet der RET-Befehl eine entsprechende Option. Folgt auf den RET-Befehl ein (geradzahliger) Wert, wird der Inhalt des SP-Registers um diesen Betrag erhöht. Im letzten Beispiel gilt es, drei Parameter vom Stack zu entfernen. Da es sich um Parameter vom Typ WORD handelt, belegen diese insgesamt sechs Bytes. Die Prozedur P2 aus dem letzten Beispiel muß daher durch folgenden RET-Befehl beendet werden:

```
RET 6
```

Dieser Befehl hat zur Folge, daß der Stackzeiger nach (!) der Rückkehr zum Pascal-Programm um sechs erhöht wird und die zuvor übergebenen Parameter dadurch vom Stack entfernt werden.

Wird durch die .MODEL-Anweisung das Speichermodell TPASCAL vereinbart, wird der RET-Befehl automatisch mit dem korrekten Wert versehen, der notwendig ist, um die hinter der PROC- oder ARG-Anweisung aufgeführten Prozedurparameter wieder zu entfernen. Dabei verläßt sich der Turbo Assembler zwangsläufig auf die dort gemachten Angaben; denn er kann nicht nachprüfen, ob die aufgeführten Parameter auch tatsächlich übergeben wurden.

TPASCAL baut einen Stackrahmen auf

Es wurde sicher überdeutlich, daß der Aufbau des für die Adressierung der Stackparameter benötigten Stackrahmens leicht standardisiert werden kann. Und genau das bewirkt das Speichermodell TPASCAL. Wird dieses Speichermodell vereinbart und werden zusätzlich entweder über die PROC-oder die ARG-Anweisung (die noch nicht vorgestellt wurde) Prozedurparameter definiert, dann werden die zum Aufbau eines Stackrahmens notwendigen Befehle vom Turbo Assembler automatisch erzeugt. Da es ganz nützlich, in manchen Fällen sogar notwendig sein kann zu wissen, was im einzelnen durch das Speichermodell TPASCAL bewirkt wird, hier die Übersicht:

–   Es werden Befehle für den Aufbau eines Stackrahmens assembliert, über den der Zugriff auf übergebene Stackparameter erfolgt. Um diese Befehle nicht umsonst zu assemblieren, geschieht dies bei der TASM-Version 1.01 nur, wenn entweder bei einer PROC-Anweisung Parameter deklariert werden oder eine ARG-Anweisung mit nachfolgenden Parametern verwendet wird. Bei der TASM-Version 1.0 wird dagegen ein Stackrahmen immer dann erzeugt, wenn die Prozedur Maschinenbefehle enthält.

–   Falls eine LOCAL-Anweisung verwendet wird, wird ein entsprechender "SUB SP,n"-Befehl assembliert, der durch Subtraktion vom Stackzeiger vorübergehend Platz für n Bytes auf dem Platz schafft.

–   Die Offsets für die übergebenen Prozedurparameter werden von links nach rechts und nicht wie sonst üblich von rechts nach links verteilt. Wichtig: Dies betrifft nicht die Reihenfolge der Parameterübergabe. Diese wird ja durch den Pascal-Compiler vorgegeben.

–   Falls ein Stackrahmen aufgebaut wurde, wird ein RET-Befehl vom Typ "RETF n" erzeugt, wobei der Stackzeiger um n erhöht wird, um die übergebenen Prozedurparameter zu entfernen.

Auch wenn es indirekt bereits erwähnt wurde, soll noch einmal darauf hingewiesen werden, daß die Verwendung des TPASCAL-Speichermodells keine Notwendigkeit darstellt. Sie erleichtert lediglich die Einhaltung gewisser Formalitäten.

Vorsicht bei TPASCAL!

Bei Verwendung des Speichermodells TPASCAL ist eine gewisse Vorsicht geboten, da zwischen der Version 1.0 und der Version 1.01 in dieser Beziehung einige Unterschiede bestehen. Dies ist insofern ärgerlich, als daß auf diese Unterschiede von Borland nirgendwo hingewiesen wird. Die bestehenden Unterschiede betreffen in erster Linie die Frage, wann ein Stackrahmen für eine Prozedur aufgebaut wird. In der Version 1.0 werden die Befehle für einen Stackrahmen nur assembliert, wenn die betreffende Prozedur mindestens einen Maschinenbefehl enthält. In der Version 1.01 wird dagegen ein Stackrahmen nur dann assembliert, wenn über die PROC-Anweisung Parameter deklariert werden oder eine ARG-Anweisung verwendet wird. Überträgt man daher ein Programm, das eine Prozedur ohne Parameterdeklarationen enthält, dem aber trotzdem Parameter übergeben werden und das für die Version 1.0 entwickelt wurde, auf die Version 1.01, so wird auf einmal kein Stackrahmen mehr assembliert, und das Programm stürzt sehr wahrscheinlich ab, da das BP-Register auf den falschen Bereich zeigt. Abhilfe schafft ein kleiner Programmzusatz, der die Versionsnummer des Assemblers über die vordefinierte Textkonstante ??VERSION bereits bei der Assemblierung abfragt:

```
IF LOW ??VERSION
  PUSH BP
  MOV BP,SP
ENDIF
```

Durch diese Abfrage wird erreicht, daß nur dann ein Stackrahmen assembliert wird, wenn die niederwertigen Bytes, die durch den LOW-Operator ermittelt werden, der Versionsnummer ungleich Null sind, es sich also um eine Versionsnummer ungleich x.0 handelt. Eine entsprechende Abfrage muß auch am Ende der Prozedur aufgeführt werden, um bei Bedarf den Befehl POP BP zu assemblieren.

Wie werden Parameter übergeben?

Turbo Pascal unterscheidet grundsätzlich zwischen Wert- und Variablenparametern. *Wertparameter* werden, wie der Name bereits sagt, in Form ihres Wertes auf dem Stack abgelegt, während bei *Variablenparametern* ein FAR-Zeiger auf das betreffende Objekt übergeben wird. Die meisten Parameter werden bei Turbo Pascal (wie auch bei Turbo C) als Wertparameter übergeben. Variablenparameter werden dann verwendet, wenn der Prozedur- bzw. Funktionsparameter als Var deklariert wird. Zu den Wertparametern gehören z.B. die skalaren Datentypen BOOLEAN, CHAR, SHORTINT, BYTE, INTEGER, WORD und LONGINT. Hierbei gilt zu beachten, daß auch Byte-Werte als 16-Bit-Zahl auf dem Stack abgelegt werden, da über die Befehle PUSH und POP nur wortweise auf den Stack zugegriffen werden kann. Allerdings enthält hier das höherwertige Byte keine signifikante Information. (Es ist aber nicht zwingend Null!) Ein Wortwert wird direkt auf den Stack gepuscht, während bei einem Doppelwortwert (32 Bit) entprechend der Intel-Konvention das höherwertige Wort zuerst auf den Stack geschoben wird und daher auch die höhere Adresse auf dem Stack erhält. Wertparameter vom Typ REAL werden in Form eines 6-Byte-Feldes auf dem Stack übergeben. Eine

gewisse Ausnahme stellen Strings dar. Hier wird generell ein FAR-Zeiger auf den betreffenden String übergeben. Es liegt damit in der Verantwortung des Assemblerprogramms (bzw. allgemein des aufgerufenen Programms), auf welche Weise der String
verarbeitet wird. Änderungen an einem String haben, anders als z.B. bei den skalaren
Datentypen, daher auch Auswirkungen auf das Pascal-Programm. Die verschiedenen
Übergabeformen, die auch in Band II des Turbo Pascal-Handbuchs sehr ausführlich beschrieben werden, sind noch einmal in Tabelle 7.1 zusammengefaßt.

Datentyp	*Übergabeform*
BOOLEAN	WORD
CHAR	WORD
SHORTINT	WORD
BYTE	WORD
INTEGER	WORD
WORD	WORD
LONGINT	WORD
Unterbereichs- und Aufzählungstypen	DWORD
REAL	6 Bytes
SINGLE	DWORD
DOUBLE	8 Bytes
EXTENDED	10 Bytes
COMP	8 Bytes
Zeiger	4-Byte-Zeiger
Strings	4-Byte-Zeiger
Records und Arrays 1, 2 bzw. 4 Bytes	WORD bzw. DWORD
andere Größe	4-Byte-Zeiger
Mengen	4-Byte-Zeiger

Tab. 7.1: Parameterübergabe bei Turbo Pascal

Übergabe von Zeigern

Zeiger, dazu gehören auch Var-Parameter, werden stets als FAR-Zeiger übergeben.
Hier wird zuerst der Segment- und dann der Offsetanteil auf dem Stack abgelegt. Auf
übergebene Zeiger kann innerhalb des Assemblerprogramms recht bequem mit den Befehlen LDS und LES zugegriffen werden. Hier ist ein Beispiel:

```
.MODEL TPASCAL
.CODE
P3 PROC
   ARG ZEIGER:FAR
   ...
   LDS DX,DWORD PTR ZEIGER
```

Zuerst wird über die ARG-Anweisung ein Textmakro mit dem Wert [BP+06] definiert.
Dieses Textmakro wird dann innerhalb des LDS-Befehls benutzt, um auf den auf dem
Stack befindlichen Zeiger zuzugreifen. Durch den LDS-Befehl wird der Segmentanteil
unter der Adresse [BP+08] in das DS-Register und der Offsetanteil unter der Adresse
[BP+06] in das DX-Register geladen.

Rückgabe von Funktionswerten

Genauso wichtig wie die Übergabe von Parametern ist die Rückgabe eines Funktionswertes an das aufrufende Pascal-Programm. Der Übergabeort ist hier allerdings nicht
der Stack, sondern vielmehr das AX- bzw. in manchen Fällen auch das DX-Register.
Generell werden skalare Byte-Werte im AL-Register, Wort-Werte im AX-Register und
Doppelwort-Werte im Registerpaar DX:AX übergeben, wobei die höherwertige Hälfte
im DX-Register abgelegt wird.

Lokale Variablen

Wie auch in einer Pascal-Prozedur müssen in einer Assemblerprozedur gegebenenfalls
lokale Variablen definiert werden. Die Definition lokaler Variablen innerhalb einer Assemblerprozedur ist eine Alternative zur Definition statischer Variablen in einem separaten Datensegment. Obwohl lokale Variablen mit übergebenen Prozedurparametern direkt nichts zu tun haben, besteht doch eine gewisse Verbindung; denn auch lokale Variablen werden auf dem Stack abgelegt und nach Beendigung der Prozedur durch die
Korrektur des Stackzeigers wieder "gelöscht". Damit durch die Definition lokaler Variablen der Zugriff auf die Prozedurparameter nicht zu umständlich wird, werden lokale
Variablen erst nach dem Aufbau des Stackrahmens auf dem Stack abgelegt. Das folgende Mini-Beispiel veranschaulicht den Zugriff auf lokale Variablen. Es wird eine
Prozedur mit dem Namen P4 aufgerufen, der zuvor ein Parameter übergeben wird:

```
PUSH AX
CALL P4

...

P4 PROC
   ...
```

Nach dem Aufruf der Prozedur durch den CALL-Befehl befinden sich auf dem Stack der übergebene Parameter und die Rückkehradresse (in dieser Reihenfolge). Nun wird der bereits bekannte Stackrahmen aufgebaut:

```
PUSH BP
MOV BP,SP
```

Durch den Befehl MOV BP,SP wird der momentane Wert des Stackzeigers sozusagen eingefroren. Alle Werte, die danach auf den Stack gebracht werden, müssen zwangsläufig über einen negativen Offset (relativ zum Inhalt des BP-Registers) angesprochen werden. So auch die lokalen Variablen, für die als erstes der benötigte Speicherplatz auf dem Stack reserviert werden muß:

```
SUB SP,4   ; Vier Bytes auf dem Stack reservieren
```

Durch Subtraktion von 4 vom Stackzeiger im SP-Register wird auf dem Stack Platz für vier Bytes geschaffen. Dieser Bereich wird durch folgende PUSH- oder POP-Befehle nicht berührt, da der Stack in Richtung kleiner werdender Adressen wächst. In dem für lokale Variablen reservierten Bereich können beliebige Werte gespeichert werden:

```
MOV [BP-2],AX
```

Dieser MOV-Befehl speichert den Inhalt des AX-Registers in den unteren zwei Bytes ab, die für lokale Variablen reserviert wurden. Damit die Verhältnisse auf dem Stack nicht zu unübersichtlich werden, zeigt Abbildung 7.6 die aktuelle Stackbelegung.

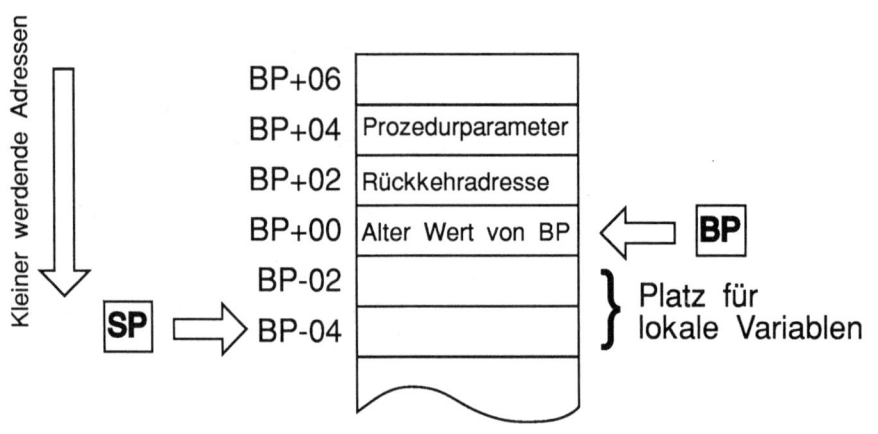

Abb. 7.6: Lokale Variablen auf dem Stack

Natürlich müssen lokale Variablen wie auch die Prozedurparameter nach Beendigung der Prozedur wieder vom Stack "verschwinden". Dies geschieht am einfachsten durch ein entsprechendes Erhöhen des Stackzeigers um die Anzahl an Bytes, um die er zu Beginn der Prozedur durch den SUB-Befehl erniedrigt wurde. Damit werden die lokalen Variablen zwar nicht gelöscht, sie werden aber durch nachfolgende PUSH-Befehle überschrieben.

Die LOCAL-Anweisung

Um die Definition lokaler Variablen zu vereinfachen, steht beim Turbo Assembler die LOCAL-Anweisung zur Verfügung. Der Hauptvorteil dieser Anweisung besteht darin, daß hier allen aufgeführten Symbolnamen entsprechend des angegebenen Typs der korrekte Stackoffset zugewiesen wird. Die Syntax dafür ist folgende:

```
LOCAL Definition, [Definition] ... [=Symbol]
```

Jede Definition erzeugt ein Textmakro für den Zugriff auf einen entsprechenden Stackbereich, in dem eine lokale Variable abgelegt werden kann. Durch die LOCAL-Anweisung wird auf dem Stack aber noch nicht automatisch Speicherplatz reserviert. Wenn nicht das Speichermodell TPASCAL verwendet wird, muß dies explizit über einen entsprechenden SUB-Befehl durchgeführt werden. Ansonsten wird der SUB-Befehl automatisch vom Assembler erzeugt.

Wird die Definitionsliste mit einem Gleichheitszeichen und einem Symbol abgeschlossen, enthält dieses Symbol die Gesamtzahl an Bytes, die durch die erfolgten Definitionen auf dem Stack belegt werden. Diese Konstante kann dann auf einen SUB-Befehl folgen, falls das Speichermodell TPASCAL nicht verwendet werden sollte. Jede Definition einer lokalen Variable hat folgenden Aufbau:

```
Name:[[Distanz] PTR ] Typ [:Anzahl]
```

Bei Name handelt es sich um den Namen und bei Typ um den Typ der lokalen Variablen. Es stehen wieder die üblichen Typenbezeichner zur Auswahl. Für Zeiger sind dies: NEAR, FAR und PROC.

PROC ist ein variabler Zeigertyp, der vom verwendeten Speichermodell abhängt. Er ist NEAR bei den Speichermodellen Tiny, Small und Compact und FAR bei den Speichermodellen Medium, Large, Huge und TPASCAL.

Für Daten stehen folgende Typen zur Auswahl: BYTE, WORD, DWORD, FWORD, PWORD, QWORD, TBYTE oder eine Strukturbezeichnung.

Wird kein Typ angegeben, verwendet der Assembler den Standardtyp WORD. Durch den Parameter Anzahl wird die Anzahl der Elemente des angegebenen Typs festgelegt. Auf diese Weise lassen sich also auch Felder auf dem Stack definieren. Bliebe noch die Bedeutung der optionalen Parameter Distanz und PTR zu klären. Beide dienen dazu, dem Turbo Debugger die benötigte Information über den Typ der definierten Stackvariable zur Verfügung zu stellen, so daß auch lokale Variablen beim Debuggen über ihren Namen angesprochen werden können.

Trotz der recht imposanten Syntax sollte man die Bedeutung der LOCAL-Anweisung nicht überbewerten. Durch diese Anweisung werden lediglich Textmakros definiert, die den Zugriff auf den Stack erleichtern. Alles, was die LOCAL-Anweisung leistet, läßt sich auch mit Hilfe entsprechender EQU-Anweisungen "per Hand" durchführen, allerdings ein wenig umständlicher.

```
.MODEL SMALL
.CODE
MINI_PROC PROC
          LOCAL WERT1:WORD,WERT2:WORD,FELD:WORD:10=ANZAHL
          PUSH BP              ; Stackrahmen aufbauen
          MOV SP,BP
          SUB SP,ANZAHL         ; SP um Anzahl der reservierten
                               ; Bytes erniedrigen
          MOV WERT1,100        ; 100 in WERT1 abspeichern
          MOV WERT2,200        ; 200 in WERT2 abspeichern
          MOV FELD[1],1        ; 1 in FELD + 2 abspeichern
          ADD SP,ANZAHL        ; Lokale Variablen entfernen
          POP BP               ; Stackrahmen löschen
          RET               ; Rückkehr zum Hauptprogramm
MINI_PROC ENDP
END
```

Abb. 7.7: Ein Beispiel für die LOCAL-Anweisung

Im Beispiel in Abbildung 7.7 wurden über die LOCAL-Anweisung drei lokale Variablen definiert. Bei den ersten beiden handelt es sich um WERT1 und WERT2, beide vom Typ WORD. Beide Variablen hätten auch alternativ mit einer EQU-Anweisung definiert werden können:

```
WERT1    EQU    [BP-2]
WERT2    EQU    [BP-4]
```

Auch die dritte Variable FELD ist vom Typ WORD. Der unscheinbare Doppelpunkt, der auf die Typenangabe folgt, bewirkt allerdings, daß für diese Variable mehrfach Platz reserviert wird. In diesem Fall zehnmal, d.h., es werden insgesamt zwanzig Bytes reserviert.

Die Auswirkung der LOCAL-Anweisung läßt sich am einfachsten durch einen Blick in das Programmlisting, genauer gesagt, in die Symboltabelle überprüfen. Dort sind die über die LOCAL-Anweisung definierten Symbole aufgeführt. Ein Programmlisting wird durch Aufruf des Turbo Assemblers mit der Option /L erstellt und in einer Datei abgespeichert, die den gleichen Namen wie die Quelltextdatei, aber die Endung .LST trägt:

```
A>TASM TESTASM/L
```

In manchen Fällen wird man auf die Option /LA zurückgreifen, die ebenfalls ein Programmlisting erstellt, in dem aber zusätzlich jene Maschinenbefehle eingetragen werden, die z.B. durch das Speichermodell TPASCAL assembliert werden.

```
Turbo Assembler Version 1.0     02.01.80 01.04.30      Page 2
Symbol Table

Symbol Name                     Type    Value

ANZAHL                          Number  0018
FELD                            Number  [DGROUP:BP-0018]
MINI_PROC                       Near    _TEXT:0000
WERT1                           Number  [DGROUP:BP-0002]
WERT2                           Number  [DGROUP:BP-0004]
```

Abb. 7.8: Auszug aus einem Programmlisting

Bei allen vier Symbolen handelt es sich um numerische Textkonstanten mit einem bestimmten Wert. Der Wert von ANZAHL beträgt 18h, da insgesamt 18h bzw. 24 Bytes auf dem Stack reserviert wurden. Der Wert der übrigen Symbole beträgt stets

[DGROUP:BP-00xx], wobei xx für den relativen Stackoffset steht. Die Adreßangabe erfolgt im bekannten Format Segment:Offset. Der Segmentanteil wird durch DGROUP festgelegt. Dies ist der Name einer Segmentgruppe, zu der auch das Datensegment gehört (vorausgesetzt, es werden die vereinfachten Segmentanweisungen verwendet, was aber normalerweise der Fall ist). Der Offsetanteil wird durch den Ausdruck BP-00xx festgelegt und besagt, daß sich der Offset aus dem Inhalt des BP-Registers und einer negativen Konstanten xx zusammensetzt. Für das Symbol WERT1 beträgt diese Konstante −2, für WERT2 beträgt sie −4 und schließlich für FELD −24, da der Beginn von FELD 24 Bytes vom Inhalt des BP-Registers entfernt liegt.

Falls lokale Variablen auf dem Stack angelegt werden, wird zwangsläufig auch der Inhalt des SP-Registers verändert. Damit dieses Register vor der Rückkehr zum Hauptprogramm wieder seinen ursprünglichen Wert erhält (ansonsten könnte der Rücksprung nicht durchgeführt werden), muß der zu Beginn der Prozedur im BP-Register gespeicherte Wert des Stackzeigers einfach wieder zurückgeladen werden:

```
MOV SP,BP
```

Auch dieser MOV-Befehl wird am Ende der Prozedur automatisch assembliert, wenn das Speichermodell TPASCAL verwendet wird.

Die ARG-Anweisung

Der letzte Abschnitt hat gezeigt, daß die LOCAL-Anweisung lediglich eine Programmierhilfe bietet. Alles, was die LOCAL-Anweisung leistet, kann im Prinzip auch über einzelne EQU-Anweisungen durchgeführt werden, allerdings in der Regel umständlicher. Auch für den Zugriff auf übergebene Prozedurparameter stellt der Turbo Assembler mit der ARG-Anweisung eine entsprechende Möglichkeit zur Verfügung. Die ARG-Anweisung macht allerdings noch eine Menge mehr, als nur Textmakros für den Zugriff auf den Stack zu definieren. So wird der an die einzelnen Parameter zugewiesene Offset in Abhängigkeit vom verwendeten Speichermodell berechnet. Des weiteren kann die Gesamtzahl der auf dem Stack reservierten Bytes einem Symbol zugewiesen werden, das am Ende der Prozedur als Argument des RET-Befehls aufgeführt werden kann, um den Stack wieder aufzuräumen. Schließlich können über die Angabe RETURNS Rückgabeparameter festgelegt werden, die am Ende der Prozedur nicht vom Stack genommen werden:

```
ARG Argument [,Argument] ... [=Symbol] [RETURNS Argument
                                              [,Argument] ]
```

Bei Argument handelt es sich um einen übergebenen Prozedurparameter, für den folgende Syntax gilt:

```
ArgName[:[Distanz] PTR] Typ]
```

Bei ArgName handelt es sich ganz einfach um den Namen des übergebenen Parameters. Alle übrigen Angaben sind, wie die eckigen Klammern andeuten, optional, können also auch weggelassen werden. Falls es sich bei dem übergebenen Parameter um einen Zeiger handelt, kann der Typ des Zeigers (NEAR oder FAR) über die Angabe Distanz festgelegt werden. Über die Angabe Typ kann der Datentyp des Parameters festgelegt werden. Zur Auswahl stehen WORD, DWORD, FWORD, PWORD, QWORD, TBYTE oder eine Strukturbezeichnung. Wird kein Datentyp angegeben, wird der Datentyp WORD angenommen. Die Angabe PTR ist dann notwendig, wenn es sich bei dem Parameter um einen Zeiger auf einen Datentyp handelt. In diesem Fall ändert sich zwar nichts an der Art und Weise der Parameterübergabe, allerdings wird so dem Turbo Debugger mitgeteilt, um welche Art von Datentyp es sich handelt. Wird PTR ohne einen Entfernungstyp verwendet, hängt die Zeigergröße vom verwendeten Speichermodell ab.

```
.MODEL SMALL
.CODE
        MOV AX,1111h
        PUSH AX
        MOV AX,2222h
        PUSH AX
        CALL MINI_PROC

        MOV AH,4Ch
        INT 21h

MINI_PROC PROC
        ARG WERT1,WERT2
        PUSH BP
        MOV BP,SP

        ...

        POP BP
        RET
MINI_PROC ENDP
END
```

Abb. 7.9: Ein Beispiel für die ARG-Anweisung

Für die Speichermodelle Tiny, Small und Medium wird der Datentyp WORD gewählt, während er für die übrigen Speichermodelle DWORD ist, da hier 32-Bit-Zeiger verwendet werden. Der ARG-Anweisung können neben den bislang vorgestellten Parametern noch zusätzliche Parameter übergeben werden. Doch zunächst wieder ein Beispiel (siehe Abbildung 7.9). ⸗

Durch die ARG-Anweisung werden zwei Textmakros mit den Namen WERT1 und WERT2 definiert. WERT1 enthält den Wert [DGROUP:BP+0004] bzw. WERT2 den Wert [DGROUP:BP+0006]. Anders als bei den lokalen Variablen wird hier wieder ein positiver Offset verwendet, da die Prozedurparameter bereits vor dem Aufbau des Stackrahmens übergeben wurden.

Es ist ferner zu beachten, daß WERT1 in diesem Fall den Offset +4 erhält, da die ARG-Anweisung davon ausgeht, daß sich auf dem Stack bereits die Rückkehradresse (welche dort durch den NEAR-CALL-Befehl – die Prozedur wurde ja innerhalb des Assemblerprogramms, das das Speichermodell Small verwendet, aufgerufen – abgelegt wurde) als auch der auf dem Stack gerettete Inhalt des BP-Registers befinden. Diese Vorgaben sind in der Regel erfüllt, sie müssen es aber nicht sein, womit die ARG-Anweisung nicht immer eingesetzt werden kann.

Der Offset, der einem Parameter zugewiesen wird, hängt zudem vom Entfernungstyp der Prozedur, genauer vom Typ des CALL-Befehls ab. Handelt es sich um eine NEAR-Prozedur werden für die Rückkehradresse zwei Bytes reserviert, bei einer FAR-Prozedur sind es entsprechend vier Bytes. Dies ist einer der besonderen Vorteile der ARG-Anweisung. Der Benutzer muß sich nicht um die Berechnung der Offsets kümmern. Unabhängig vom Speichermodell und dem Entfernungstyp der Prozedur werden stets die korrekten Offsets erzeugt. Aus diesem Grund sollte die ARG-Anweisung stets innerhalb einer PROC/ENDP-Anweisung eingesetzt werden, da nur so der Entfernungstyp entsprechend berücksichtigt werden kann.

Auch wenn es auf den ersten Blick nicht unbedingt den Anschein hat, bietet die ARG-Anweisung auch Nachteile und kann daher nicht in jedem Fall unbesehen eingesetzt werden. Die ARG-Anweisung wurde für Standardsituationen konzipiert. In der Regel wird sie dann eingesetzt, wenn eine Prozedur von einem externen Modul (meistens wird es sich um ein Hochsprachenmodul handeln) aufgerufen wird und der Aufwand für den Zugriff auf die übergebenen Parameter auf ein Minimum reduziert werden soll. Allerdings geht die ARG-Anweisung stets davon aus, daß der übliche Stackrahmen aufgebaut worden ist; denn bei den Offsets der einzelnen Parameter werden stets zwei Bytes für den Inhalt des BP-Registers und zwei (bei NEAR-Prozeduren) bzw. vier (bei FAR-Prozeduren) Bytes für die Rückkehradresse berücksichtigt.

Zusätzliche Möglichkeiten

Folgt auf die Argumentsliste der ARG-Anweisung ein Gleichheitszeichen ("="), gefolgt von einem Symbolnamen, wird dem Symbol wie bei der PROC-Anweisung die Gesamtzahl der reservierten Bytes zugewiesen. Diese Variable kann dann als Argument des RET-Befehls verwendet werden, um den Stack nach Beendigung der Prozedur wieder "aufzuräumen":

```
...
ARG qX:WORD,Y:DWORD,Z:NEAR = GESAMT
PUSH BP
MOV SP,BP

...

POP BP
RET GESAMT
```

In diesem Beispiel wird dem Symbol GESAMT der Wert 8 zugeordnet, da durch die drei Prozedurparameter X (2 Bytes), Y (4 Bytes) und Z (2 Bytes) insgesamt 8 Bytes auf dem Stack belegt werden. Durch den Befehl RET 8 wird vor der Rückkehr zum aufrufenden Programm der Stackzeiger, d.h. das SP-Register, um 8 erhöht, so daß die übergebenen Parameter vom Stack entfernt werden. Diese Option wird allerdings nur benötigt, wenn das Speichermodell TPASCAL nicht verwendet wird, da ansonsten der benötigte Befehl RET n automatisch erzeugt wird.

Ein weiteres Beispiel

Im nächsten Beispiel soll die in diesem Abschnitt vorgestellte Theorie noch einmal zusammengefaßt werden. Es handelt sich um eine kleine Assemblerroutine, der eine Integer-Zahl übergeben wird und die prüft, ob es sich bei dieser Zahl um eine Primzahl handelt. In Abbildung 7.10 finden Sie das Turbo Pascal-Programm.

Das Pascal-Programm enthält ausschließlich bekannte Elemente. Zunächst wird die Funktion PRIM_CHECK als extern deklariert. Der Rückgabewert der Funktion ist ein Boolescher Wert, der wahr ist, wenn es sich um eine Primzahl handelt. Durch den Compiler-Schalter $L wird der Linker angewiesen, die Objektdatei TEST02.OBJ einzubinden, die durch den Turbo Assembler erstellt wurde. Zuvor muß aber noch das Assemblerprogramm vorgestellt werden (vgl. Abbildung 7.11).

```
PROGRAM ASS01;

VAR
    PRIM: INTEGER;
    ERGEBNIS: BOOLEAN;

{$f+}
FUNCTION PRIM_CHECK(PRIM: INTEGER):BOOLEAN;EXTERNAL;
{$f-}

{$L TEST02.OBJ}

BEGIN
    WRITELN('Geben Sie eine Primzahl ein:');
    READ(PRIM);
    ERGEBNIS := PRIM_CHECK(PRIM);
    IF ERGEBNIS = FALSE THEN
        WRITELN('Es ist keine Primzahl!')
    ELSE
        WRITELN('Es ist eine Primzahl!');
END.
```

Abb. 7.10: Das Pascal-Hauptprogramm Primzahltester

Das Assemblerprogramm besteht im wesentlichen aus der Assemblerprozedur
PRIM_CHECK, die über die PUBLIC-Anweisung als global deklariert wird, um sie
dem Linker zugänglich zu machen. Über die PROC-Anweisung wird der Prozedurparameter PRIMZAHL deklariert, der ja vom Pascal-Programm übergeben wird. (Eine
Namensgleichheit ist nicht erforderlich, da es sich lediglich um eine Prozedurvariable
handelt.) PRIMZAHL ist nichts anderes als ein Textmakro mit dem Wert [BP+06].

Über den Befehl MOV AX,PRIMZAHL wird die übergebene Primzahl in das AX-Register geladen. Dieser Wert wird anschließend in das CX-Register geladen und fortlau-
fend um Eins erniedrigt. Bei jedem Durchlauf wird die übergebene Primzahl durch den
Inhalt des CX-Registers geteilt. Dabei muß aber beachtet werden, daß es sich um eine
32-Bit-Division handelt, an der auch das DX-Register beteiligt ist. Um ein korrektes
Ergebnis zu erhalten, muß dieses Register vor jeder Division auf Null gesetzt werden.
Vor der Division muß zusätzlich die Primzahl im AX-Register gerettet und nach der

Division wieder zurückgeholt werden, da das Ergebnis der Division sich nach der Ausführung des DIV-Befehls im AX-Register befindet. Dazu wird eigens eine lokale Variable mit dem Namen SAVE_AX auf dem Stack definiert. Die Definition der lokalen Variable erfolgt lediglich aus Gründen der besseren Anschaulichkeit.

```
.MODEL TPASCAL
.CODE
PUBLIC PRIM_CHECK

PRIM_CHECK  PROC    PRIMZAHL:WORD
                LOCAL SAVE_AX:WORD

                MOV AX,PRIMZAHL   ; Übergebene Primzahl laden
                CMP AX,1          ; Ist es eine 1?
                JE L2             ; Ja, dann Schluß
                MOV CX,AX         ; Primzahl als Schleifenzähler
                XOR BX,BX         ; BX auf Null
                DEC CX            ; Schleifenzähler minus 1
L1:
                XOR DX,DX         ; DX auf Null für Division
                MOV SAVE_AX,AX    ; AX kurz zwischenspeichern
                DIV CX            ; Division durchführen
                MOV AX,SAVE_AX    ; AX wieder zurück
                OR DX,DX          ; Ist der Rest Null?
                JE L2             ; Ja, dann keine Primzahl
                DEC CX            ; Schleifenzähler minus eins
                CMP CX,1          ; Schleifenzähler 1?
                JG L1             ; Wenn größer, dann zu L1.
                INC BX            ; Zahl ist eine Primzahl.
L2:
                MOV AX,BX         ; Flag in AX übergeben
                RET               ; Rückkehr zum Pascal-Programm
PRIM_CHECK      ENDP              ; Ende der Prozedur
END                               ; Ende des Programms
```

Abb. 7.11: Die Assemblerprozedur PRIM_CHECK

Wenn es auf eine effektive Lösung ankommt, sollte entweder das AX-Register in einem anderen Register zwischengespeichert oder die übergebene Primzahl in einem anderen

Register untergebracht werden, so daß das AX-Register verändert werden kann. Doch zurück zur Division.

Nach der Ausführung des DIV-Befehls enthält das DX-Register den Rest der Division. Sobald dieser gleich Null ist, handelt es sich bei der übergebenen Zahl um keine Primzahl. Dies wird durch den Befehl OR DX,DX festgestellt, der zwar das Nullflag entsprechend dem Inhalt des DX-Registers setzt, den Inhalt des Registers selbst aber nicht verändert. Der nachfolgende bedingte Sprungbefehl JE (Springe, wenn gleich) beendet die Schleife mit einem Sprung zu L2, wenn das Nullflag gesetzt wurde, es sich also ein Rest von Null ergeben hat.

Zum Abschluß wird der Inhalt des BX-Registers in das AX-Register kopiert, jenem Register, in dem das Pascal-Programm den Funktionswert erwartet. Das BX-Register wurde zu Beginn der Prozedur über den Befehl XOR BX,BX auf Null gesetzt. Nur wenn die Schleife ohne Abbruch durchläuft, d.h., wenn bei keiner der Divisionen ein Rest von Null entsteht und es sich also um eine Primzahl handelt, wird der Inhalt des BX-Registers über einen INC-Befehl um Eins erhöht. Wird die Schleife vorzeitig abgebrochen, wird der INC-Befehl dagegen übersprungen. Durch diesen kleinen "Trick" wird eine zusätzliche Abfrage vermieden.

Der eben beschriebene Ablauf klingt sicher einleuchtend. Mit ein bißchen Nachdenken läßt er sich jedoch noch ein wenig vereinfachen. Ein kleiner Tip: Das BX-Register kann eingespart werden. Haben Sie die Lösung gefunden? Nun, auch das DX-Register enthält stets zwei verschiedene Werte. Es ist Null, wenn es sich um keine Primzahl handelt, es ist dagegen am Ende der Schleife nicht Null, wenn es eine Primzahl ist. Kopiert man einfach das DX-Register in das AX-Register, kann auch das DX-Register als Indikator für die Frage "Primzahl oder nicht" herangezogen werden. Ist das BX-Register nun frei, kann hier z.B. die übergebene Primzahl untergebracht werden, so daß das AX-Register nicht mehr zwischengespeichert werden muß und die lokale Variable SAVE_AX überflüssig wird.

Dieses Beispiel zeigt ganz gut, daß selbst, wenn eine Lösung in Maschinensprache funktioniert, diese noch lange nicht die effektivste Lösung sein muß. Wem solche Tüfteleien Spaß machen, der findet in der Maschinensprache-Programmierung ein ideales Betätigungsfeld.

Um die Performance zu erhöhen, ist es in jedem Fall empfehlenswert, die Abfrage des CX-Registers zu verändern. Bekanntlich müssen die Teiler einer vermeintlichen Primzahl nur bis zu deren Wurzel laufen, da sie sich danach wiederholen. Entweder nähert man die Wurzel durch einen kleinen Algorithmus an, oder man bildet durch den Befehl SHR CX,1, der den Inhalt des CX-Registers um eine Stelle nach rechts verschiebt, die Hälfte des CX-Registers, was zumindest einen gewissen Fortschritt darstellt. In diesem

Fall muß aber entweder der Inhalt des CX-Registers zwischengespeichert oder ein anderes Register für die "Division" verwendet werden.

Datenbereiche im Assemblerprogramm

In manchen Fällen ist es erforderlich, auch innerhalb des Assemblerprogramms Datenbereiche zu definieren. Dafür gibt es grundsätzlich zwei Möglichkeiten. Zum einen lassen sich, wie eben gezeigt, mit Hilfe der LOCAL-Anweisung des Assemblers lokale Variablen auf dem Stack definieren. Die Alternative stellt die Definition sogenannter statischer Datenbereiche dar, die, anders als über die LOCAL-Anweisung definierte Datenbereiche, auch noch nach Beendigung der Prozedur existieren. Sofern es sich um uninitialisierte Daten handelt, können diese in einem separaten Datensegment untergebracht werden. Dieses Datensegment trägt den Namen DATA und kann (beim Speichermodell TPASCAL) am einfachsten über eine vereinfachte Segmentanweisung

```
.DATA
```

aber auch mit Hilfe einer Standardsegmentanweisung (die in diesem Buch nicht vorgestellt wird, da sie nur relativ selten zum Einsatz kommt) definiert werden:

```
DATA SEGMENT WORD PUBLIC
```

Es wurde bereits erwähnt, daß innerhalb des Datensegments nur uninitialisierte Daten definiert werden können. So sind z.B. folgende Definitionen erlaubt:

```
.DATA
WERT1 DW ?
WERT2 DW ?
```

Die nächste Definition ist dagegen nicht erlaubt:

```
.DATA
X_POS DB 0
```

Würde man die obige Definition bei Verwendung des TPASCAL-Speichermodells assemblieren, wäre die Fehlermeldung "Directive ignored in Turbo Pascal model" die Folge. Ohne das Speichermodell TPASCAL erscheint diese Fehlermeldung zwar nicht, der Wert der Variablen wird aber vom Linker ignoriert. Initialisierte Daten können aber im Codesegment (welches übrigens den Namen CODE trägt) definiert werden. Hierbei gilt es aber zu beachten, daß nun nicht mehr das DS-Register (dieses zeigt ja noch auf das globale Datensegment DATA), sondern das CS-Register für den Segmentanteil zuständig ist. Entweder rettet man das DS-Register zwischenzeitlich auf den Stack und lädt das CS-Register in das DS-Register, oder man behilft sich mit einem *Segment-Override-Operator* (siehe Kapitel 5). Abbildung 7.12 zeigt einen Fall, bei dem letztere Methode angewendet wird.

```
.MODEL TPASCAL
.DATA
      ERGEBNIS DB ?
.CODE
      FELD DB 11h,22h,33h,44h,55h
SUMME PROC
      PUBLIC SUMME
      MOV DI,0
      MOV ERGEBNIS,0
      MOV CX,5
L1:
      MOV AL,CS:FELD[DI]
      ADD ERGEBNIS,AL
      INC DI
      LOOP L1
      XOR AX,AX
      MOV AL,ERGEBNIS
      RET
SUMME ENDP
END
```

Abb. 7.12: Datenbereiche in einem Assemblerprogramm

In diesem kleinen Beispiel finden zwei Zugriffe auf Datenbereiche statt. Zuerst wird durch den Befehl

```
MOV ERGEBNIS,0
```

in die Speichervariable ERGEBNIS eine 0 eingetragen. Hier liefert das DS-Register den Segmentanteil. Das DS-Register muß nicht initialisiert werden, da dies bereits innerhalb des Turbo Pascal-Programms geschehen ist. Der nächste Zugriff auf ein Datenelement wird durch den Befehl

```
MOV AL,CS:FELD[DI]
```

durchgeführt, der das AL-Register mit dem Inhalt der Speicherstelle lädt, die durch den Inhalt des DI-Registers und den Offset der Speichervariablen FELD adressiert wird. Würde auch hier das DS-Register herangezogen, wäre eine falsche Offsetberechnung die Folge, da FELD im Codesegment definiert wurde. Also muß der Segment-Override-Operator einspringen, der bewirkt, daß diesmal der Inhalt des CS-Registers für den Segmentanteil verwendet wird.

Strings

Eine Ausnahme stellt die Übergabe von Strings an eine Funktion dar. Das Ergebnis einer String-Funktion wird in einem vom Turbo Pascal-Programm vor dem Aufruf der Funktion angelegten Speicherbereich zurückgegeben. Vor dem Aufruf der Funktion wird vom Pascal-Programm als erstes ein FAR-Zeiger auf diesen Bereich übergeben. (Dieser Zeiger gehört aber nicht zur Parameterliste, sofern überhaupt eine existiert.) In diesem speziell angelegten Speicherbereich wird der String im typischen Pascal-Format, d.h. mit einem vorausgehenden Längenbyte, das die Anzahl der Zeichen enthält, abgelegt. Hier kann der String durch das Assemblerprogramm bei Bedarf verändert werden. Turbo Pascal erwartet aber am Ende der Funktion, daß sich der Stringzeiger immer noch auf dem Stack befindet.

Falls daher die übergebenen Parameter mit Hilfe der ARG-Anweisung deklariert wurden, kann es zu Problemen kommen. Die ARG-Anweisung sorgt nämlich dafür, daß am Ende der Prozedur ein "RETF n"-Befehl assembliert wird, wobei n für die Gesamtgröße der durch die ARG-Anweisung deklarierten Parameter steht. Um aber den Stringzeiger von dieser Stackkorrektur auszunehmen, muß die RETURNS-Option der ARG-Anweisung verwendet werden:

```
ARG WERT1:BYTE:2,WERT2:WORD RETURNS STRING_ADR:DWORD
```

Durch diese Anweisung wird der Stackzeiger am Ende der Prozedur durch den "RETF n"-Befehl nur um Vier erhöht, d.h., es wird der Befehl RETF 4 assembliert. Der Stringzeiger, der durch das aufrufende Turbo Pascal-Programm auf dem Stack abgelegt wurde, wird durch das Symbol STRING_ADR mit dem Wert [BP+000A] adressiert und bleibt auch nach der Rückkehr zum Pascal-Programm auf dem Stack erhalten. Erst das Pascal-Programm nimmt diesen Zeiger wieder vom Stack. Im Grunde bewirkt der Zusatz RETURNS nichts anderes, als daß ebenfalls ein Textmakro à la [BP+00xx] mit einem entsprechenden Wert definiert wird. Allerdings geht die Größe des Datenobjekts nicht in die Berechnung der Gesamtgröße der Stackparameter ein, die am Ende der Prozedur dazu benutzt wird, den Wert n zu berechnen, der dann zum SP-Register addiert wird.

Welche Register dürfen benutzt werden?

Natürlich muß auch die Frage geklärt sein, welche Register von der aufgerufenen Assemblerroutine frei benutzt werden dürfen bzw. welche Register gegebenenfalls auf
dem Stack gerettet werden müssen. Von den Segmentregistern kann das ES-Register
frei verwendet werden, während das DS-Register auf dem Stack zwischengespeichert
werden muß, falls es mit einem neuen Wert belegt werden soll. Das SS-Register darf
ebenfalls nicht verändert werden, da es zur Adressierung des Stacks benutzt wird. Von
den übrigen Registern können, mit Ausnahme des BP-Registers, in der Regel alle frei
verwendet werden. Um das BP-Register brauchen Sie sich jedoch keine Gedanken zu
machen, da bei Verwendung des Speichermodells TPASCAL ja eine Befehlssequenz
assembliert wird, die das BP-Register auf den Stack rettet bzw. wieder vom Stack holt.
In manchen Fällen kann es notwendig sein, auch das DI- und SI-Register zwischenzu-
speichern. Für diesen Fall ist es nützlich, auf eine Option der PROC-Anweisung zurückzugreifen. Folgt nämlich auf die PROC-Anweisung der Parameter USES, können
hier Register aufgeführt werden, die dann automatisch, d.h. ohne Zutun des Programmierers auf dem Stack gerettet werden. So wird z.B. durch die Anweisung

```
PIX PROC USES DI SI
```

zu Beginn der Prozedur die Befehlssequenz

```
PUSH SI
PUSH DI
```

und am Ende der Prozedur die Befehlssequenz

```
POP DI
POP SI
```

assembliert. Da die PUSH-Befehle nach dem Aufbau des Stackrahmens assembliert
werden, spielen die zusätzlichen Registerwerte auf dem Stack für die Adressierung etwaiger Prozedurparameter keine Rolle. Warum? Nun, weil über das BP-Register die Parameter oberhalb des SP-Registers adressiert werden. Jeder weitere PUSH-Befehl legt
jedoch Werte unterhalb dieses Bereichs ab, da der Stackzeiger ja vor der Ausführung
eines PUSH-Befehls um Zwei erniedrigt wird. Auch für die Reservierung lokaler Variablen hat das zusätzliche Speichern irgendwelcher Register auf dem Stack keine Bedeutung, da durch die LOCAL-Anweisung entweder automatisch oder explizit durch einen
SUB-Befehl der Stackzeiger im SP-Register um die Gesamtzahl der auf dem Stack reservierten Bytes erniedrigt wird. Zu einer Überschneidung kann es daher nicht kommen.

Ein Kochrezept für Turbo Pascal-Programme

Die vorausgegangenen Abschnitte haben gezeigt, daß für die Einbindung einer Assemblerroutine in ein Pascal-Programm stets die gleichen Schritte durchgeführt werden müssen. Es liegt daher nahe, ein allgemeines "Kochrezept" zusammenzustellen. Dieses Kochrezept kann in den allermeisten Fällen direkt übernommen werden. Ein solcher Rahmen entbindet den Programmierer von lästigen Formalitäten und erlaubt ihm, sich auf das zu konzentrieren, worauf es eigentlich ankommt, nämlich die Lösung eines Problems. Es müssen die nachfolgend beschriebenen Schritte zur Einbindung einer Assemblerroutine in ein Turbo Pascal-Programm durchgeführt werden.

Im Turbo Pascal-Programm

Die Assemblerprozedur bzw. -funktion muß deklariert werden. Das folgende Beispiel soll dies zeigen:

```
{$F+}
procedure ASS_NAME(n:word);external;
{$L X.OBJ}
{$F-}
```

beziehungsweise

```
{$F+}
function ASS_NAME(n:word):word;external;
{$L X.OBJ}
{$F-}
```

Über den Compiler-Schalter $F+ wird ein FAR-Aufruf der externen Assembler-Prozedur bzw. -Funktion ASS_NAME erzwungen, während der Compiler-Schalter $L die Einbindung der Objektdatei X.OBJ bewirkt.

Im Assemblerprogramm

Im Assemblerprogramm sind mehrere Schritte durchzuführen:

1. Die Verwendung des Speichermodells TPASCAL entbindet den Programmierer von allen erforderlichen Formalitäten und vereinfacht den Aufbau des Assemblerprogramms:

```
.MODEL TPASCAL
```

2. Diese Anweisung definiert bei Verwendung des Speichermodells TPASCAL ein Segment mit dem Namen CODE:

```
.CODE
```

3. Damit der Pascal-Linker auf die Prozedur zugreifen, also deren Adresse berechnen und in den CALL-Befehl des Pascal-Programms eintragen kann, muß der Prozedurname über die PUBLIC-Anweisung als global deklariert werden:

```
PUBLIC ASS_NAME
```

4. Durch die PROC/ENDP-Anweisung wird die Prozedur ASS_NAME, die später vom Pascal-Programm aufgerufen werden soll, definiert:

```
ASS_NAME     PROC

...

ASS_NAME     ENDP
```

5. Alle Prozedur- bzw. Funktionsparameter, die vom Pascal-Programm übergeben werden, sollten hier aufgeführt werden, damit der Assembler die entsprechenden Textmakros mit den korrekten Offsets für die Adressierung auf dem Stack berechnen kann:

```
ARG P1:WORD
```

Die Namensgebung der auf die PROC-Anweisung folgenden Symbole muß nicht mit den Namen der Prozedur- bzw. Funktionsparameter im Pascal-Programm übereinstimmen.

6. Falls innerhalb der Assemblerprozedur lokale Variablen verwendet werden, müssen diese über die LOCAL-Anweisung deklariert werden, zum Beispiel:

```
LOCAL W1:WORD,W2=DWORD
```

7. Der RET-Befehl führt einen Rücksprung zum aufrufenden Pascal-Programm durch:

```
RET
```

Falls Parameter übergeben wurden, wird bei Verwendung des Speichermodells TPASCAL automatisch ein Befehl vom Typ RET n assembliert, wobei der Stackzeiger um n erhöht wird, um die Parameter wieder vom Stack zu entfernen. Ohne das Speichermodell TPASCAL muß dieser Zusatz manuell durchgeführt werden.

8.   Die ENDP-Anweisung beendet die Assembler-Prozedur:

```
ASS_NAME ENDP
```

9.   Die END-Anweisung beendet das Assemblerprogramm und teilt dem Assembler mit, wo die Assemblierung aufhören kann:

```
END
```

Eine Bedeutung für die Programmausführung hat diese Anweisung nicht.

Kapitel 8

Der Turbo-Timer

Bereits im letzten Abschnitt wurde die Notwendigkeit eines Profilers für die Laufzeit-Optimierung von Turbo Pascal-Programmen angesprochen. Ein richtiger Profiler wie z.B. der Turbo Profiler muß die Struktur des Programms kennen, um den Start und das Ende der zu messenden Prozedur oder Funktion zu erkennen. Diese Informationen können zum Beispiel der Debug-Information der EXE-Datei entnommen werden.

Da der Profiler die Struktur des Programms kennt, kann er statistische Angaben über die Häufigkeit eines Aufrufs und den prozentualen Anteil einer Prozedur oder Funktion an der Gesamtausführungszeit des Programms machen. Wenn es aber lediglich darum geht, die Ausführungszeit einer einzelnen Prozedur oder Funktion zu ermitteln, reicht auch eine einfache "Stoppuhr" aus. Der in diesem Kapitel vorgestellte Timer ist in der Lage, die Ausführungsgeschwindigkeit von Funktionen bzw. Prozeduren auf einige Mikrosekunden genau zu messen.

Ein kurzer Überblick

Der Turbo Timer soll zwei wesentliche Funktionen erfüllen. Zum einen soll er die Ausführungszeit von Prozeduren und Funktionen ermitteln können. Dies ist eine Voraussetzung, um entscheiden zu können, bei welchen Funktionen bzw. Prozeduren eine Optimierung sinnvoll ist und bei welchen nicht. Zum anderen soll er ein praktisches Beispiel für die im letzten Kapitel beschriebene Verknüpfung von Turbo Pascal-Programmen mit Assemblerroutinen bieten.

Für genaue Zeitmessungen ist die Uhr, die vom BIOS zur Verfügung gestellt wird und über den Interrupt 1Ah ausgelesen werden kann, nicht ausreichend. Gerade bei sehr kurzen Routinen oder bei Inline-Code wird eine Genauigkeit im Mikro- oder Millisekundenbereich gefordert. Da die BIOS-Uhr nur alle 55 ms um Eins erhöht wird, muß eine Alternative gefunden werden. Diese Alternative steht in jedem PC durch die direkte Programmierung des Timer-Bausteins 8253 zur Verfügung.

Die Programmierung des Timers 8253

Der Timer 8253, der in allen PCs und XTs und in Form des kompatiblen 8254 in allen ATs zu finden ist, wird in einem PC für verschiedene Aufgaben eingesetzt. Intern besitzt dieser Baustein drei voneinander unabhängige 16-Bit-Zähler. (In der Literatur werden diese auch als Kanäle bezeichnet.) Jeder dieser Timer wird in einem PC mit der gleichen Frequenz, 1,19 MHz, betrieben.

Durch die an den Timer anliegende Frequenz wird festlegt, wie schnell die Timer zählen können. Aufgrund der anliegenden Frequenz von 1,19 MHz ergibt sich folgende Berechnung für die Zeitspanne, nach der einer dieser Timer jeweils um einen Wert erhöht
wird:

$$1 / 1,19 * 10^6 \text{ s} = 840 * 10^{-9} \text{ s}$$

Alle 840 ns wird der Timer also um Eins erhöht. Da ein einzelner Timer von 0 bis
65535 (16-Bit-Timer) zählen kann, macht jeder Timer alle 65536mal, d.h. alle

$$840 \text{ ns} * 65536 = 55 \text{ ms}$$

einen Nulldurchlauf. Oder anders ausgedrückt, ein Nulldurchlauf findet 18,2mal pro
Sekunde statt. Diese Frequenz dürfte Systemprogrammierern bekannt vorkommen,
denn mit ihr wird unter MS-DOS der (Timer-)Interrupt 8 erzeugt. Damit wird bereits
klar, daß der 8253, genauer gesagt Timer 0, auch einen Interrupt auslösen kann. Da der
Timer programmierbar ist, kann man z.B. einen bestimmten Wert vorgeben und so nach
festen Zeitspannen einen Interrupt auslösen lassen.

Aufgrund der internen Beschaltung des Timerbausteins in einem PC kann jedoch nur
Timer 0 einen Interrupt auslösen. Timer 1 dient in den meisten PCs zur Erzeugung des
Refresh-Signals für die dynamischen RAMs. Das Refresh-Signal muß in regelmäßigen
Abständen erfolgen, damit diese RAMs ihren Inhalt nicht verlieren. Timer 2 wird im
Zusammenspiel mit Port B0 des 8255-Ein-/Ausgabebausteins zur Erzeugung von Tönen
"mißbraucht". Für Zeitmessungen kommen im Prinzip nur Timer 0 und Timer 1 in
Frage, wobei für Zeitmessungen im allgemeinen auf Timer 0 zurückgegriffen wird, um
Probleme mit dem Refresh-Impuls zu vermeiden. Da dieser Timer aber auch hauptbe-
ruflich für die DOS-Systemzeit zuständig ist, kann es bei zu intensiver Nutzung dieses
Timers zu geringfügigen Abweichungen bei der Systemzeit kommen. Durch erneutes
Booten lassen sich diese Ungenauigkeiten jedoch wieder beheben.

Die Strategie für die Realisation des Timer-Moduls dürfte somit klar sein. Um die Ausführungszeit einer Pascal-Routine zu messen, muß eine kleine Routine aufgerufen werden, die den Timer initialisiert und auf Null setzt. Nach Beendigung dieser Routine wird
eine Routine aufgerufen, die den aktuellen Timerstand abliest. Aus der Differenz kann
nach einer simplen Umrechnungsformel die verstrichene Zeitspanne errechnet werden.
Ein kleines Problem gilt es aber noch zu lösen. Da der Timer alle 55 ms auf Null geht,
lassen sich mit dem Timer allein nur Zeitintervalle messen, die kleiner als 55 ms sind.
Obwohl sich in dieser Zeitspanne viele tausend Maschinenbefehle ausführen lassen, ist
sie für die Messung von Pascal-Routinen in den meisten Fällen zu kurz.

Der Aufbau des Steuerregisters:

7	6	5	4	3	2	1	0
SC1	SC0	RL1	RL0	M2	M1	M0	BCD

Bit 6 und 7 wählen den Zähler aus:

SC1	SC0	Bedeutung
0	0	Zähler 0
0	1	Zähler 1
1	0	Zähler 2
1	1	Read Back (nur 8254)

Bit 4 und 5 legen den Lese- bzw. Schreibmodus fest:

RL1	RL0	Lesen/Schreiben
0	0	aktuellen Zählerstand zum Lesen zwischenspeichern
0	1	nur das niederwertige Byte
1	0	nur das höherwertige Byte
1	1	erst das niederwertige, dann das höherwertige Byte

Bit 1, 2 und 3 legen die Betriebsart fest. Bei RL0,1 = 0 sind die Bits 0 bis 3 ohne Bedeutung.

M2	M1	M0	Betriebsart
0	0	0	0
0	0	1	1
x	1	0	2
x	1	1	3
1	0	0	4
1	0	1	5

x = ohne Bedeutung

Ob ein ausgewählter Zähler als Binär- oder BCD-Zähler zählt, wird über Bit 0 festgelegt:

BCD = 0   Binärzähler (16 Bit)
BCD = 1   Dezimalzähler

Abb. 8.1: Steuerregister des 8253

Eine Lösung liegt jedoch nahe: Da der Timer 0 alle 55 ms den BIOS-Zähler, bei dem es sich um einen 32-Bit-Zähler handelt, um Eins erhöht, steht insgesamt ein 48-Bit-Zähler zur Verfügung. Mit diesem Zähler lassen sich theoretisch Zeitspannen bis zu 7,5 Jahren (840 ns * 2^{32}) messen, was für die meisten Programme ausreichen sollte.

Die Programmierung des 8253 ist denkbar unproblematisch. Für den Programmierer ist lediglich das Daten- und das Kontrollregister interessant (siehe Abbildung 8.1). Beide werden über die E/A-Ports des PCs und damit von einem Pascal-Programm über das vordefinierte Array Port[Adresse] bzw. von einem Maschinenprogramm über die Maschinenbefehle IN und OUT angesprochen.

Während über das Kontrollregister (Portadresse 43h) unter anderem der Arbeitsmodus des Timers (jeder der drei Timer kann in sechs verschiedenen Betriebsarten arbeiten – siehe Abbildung 8.1) eingestellt bzw. der Timer zwecks Ablesen "eingefroren" wird, wird über das Datenregister (Portadresse 40h) der ausgewählte Timer abgelesen. Zwar läuft der Timer beim Ablesen weiter, doch da der aktuelle Stand des Zählers, der dazu in einem internen Register zwischengespeichert wird, festgehalten wird, kann der Zähler in Ruhe ausgelesen werden.

Für das Auslesen sind allerdings zwei aufeinanderfolgende Lesebefehle erforderlich, da es sich ja um einen 16-Bit-Zähler handelt, der 8253 aber nur über 8-Bit-Ein-/Ausgänge verfügt. Gemäß der Intel-Konvention wird zuerst das Low-Byte und dann das High-Byte gelesen. Unter Umständen muß zwischen zwei Leseoperationen eine kurze Verzögerung eingelegt werden, die in Maschinensprache z.B. durch NOP-Befehle oder einen Leersprung erreicht werden kann. Diese Verzögerung ist jedoch nur bei sehr schnellen PC-Systemen notwendig, da laut Datenbuch ein Delay von etwa 200 ns zwischen zwei Lesezugriffen erforderlich ist.

Bei der Initialisierung wird Timer 0 durch das BIOS in den Betriebsmodus 3 geschaltet. Da der Timer in diesem Modus jedoch in Zweierschritten heruntergezählt wird, muß der Timer vor dem Betrieb in den Modus 2 und danach, in erster Linie der guten Ordnung halber (Modus 3 hat anscheinend keine sinnvolle Funktion innerhalb des BIOS) wieder in den Modus 3 zurückgeschaltet werden.

Ein Wort zum Programm

Das Assemblermodul ist in Abbildung 8.2 zu finden. Im Prinzip hätte das gesamte Programm auch in Turbo Pascal geschrieben werden können, doch da es in diesem Kapitel ja in erster Linie um die Maschinensprache-Programmierung geht, wurde diese Gelegenheit genutzt und eine praktische Anwendung für maschinennahes Programmieren gegeben.

```
; Hochauflösender 32-Bit-Timer
; 4/05/90
;
; Die einzelnen Module werden von Turbo Pascal wie folgt
; aufgerufen:
;
;        TIMER_START()
;        TIMER_STOP()
;        TIMER_READ(MESSFELD)

    CONTROL_PORT   EQU 043h
    DATA_PORT      EQU 040h
    BIOS_TIME_ADR  EQU DS:[006Ch]

    MIKRO          EQU 04
    MILLI          EQU 02
    SEKUNDEN       EQU 00

.MODEL TPASCAL
.DATA
    TIMER_COUNT       DW ?      ; Anzahl der Timer-Ticks
    BIOS_COUNT        DW ?      ; Anzahl der BIOS-Ticks
    TIMER_8253        DW ?      ; Timer-Ticks für Meßvorgang
    TIMER_BIOS        DW ?      ; Timer-Ticks für Meßvorgang
    REF_WERT          DW ?      ; Referenztimer-Wert
    MILLI_SEKUNDEN    DW ?      ; Anzahl der Millisekunden

.CODE
    PUBLIC TIMER_START,TIMER_STOP,TIMER_READ
    K1000             DW 1000   ; Konstanten für Umrechnungen
    K8380             DW 8380
    K10000            DW 10000
    K54295            DW 54295

TIMER_START PROC
    PUSH AX
    PUSH DX
    PUSH DS
```

Abb. 8.2: Das Timer-Modul in Assembler

```
; Initialisierung des Timers, d.h. Modus 2 aktivieren
;
    MOV AL,34h                  ; Modus 2 aktivieren
    OUT CONTROL_PORT,AL
    XOR AX,AX                   ; Timer zurücksetzen (?)
    OUT DATA_PORT,AL
    OUT DATA_PORT,AL

    MOV DX,0040h                ; Adresse des BIOS-Datensegments
    MOV DS,DX                   ; nach DS
    MOV AX,BIOS_TIME_ADR        ; BIOS-Zeit bei 006Ch nach AX
    MOV DX,@DATA
    MOV DS,DX                   ; DS zeigt wieder auf Datensegment
    MOV BIOS_COUNT,AX           ; BIOS-Zeit speichern

    POP DS
    POP DX
    POP AX
    RET                         ; Zurück zum Turbo Pascal-Programm
TIMER_START ENDP

TIMER_STOP PROC
    PUSH AX
    PUSH DX
    PUSH DS
;
; Aktuellen Timerstand ablesen
;
    XOR AX,AX
    CLI                         ; Keine Interrupts bitte
    OUT CONTROL_PORT,AL         ; Timer einfrieren
    IN AL,DATA_PORT             ; Erst das Low-Byte lesen
    MOV AH,AL
    IN AL,DATA_PORT             ; und dann das High-Byte
    XCHG AH,AL
    NEG AX                      ; 65535 - Zählerwert
    MOV TIMER_COUNT,AX          ; Timerwert abspeichern

    MOV DX,0040h                ; BIOS-Zeit ablesen
```

Abb. 8.2: Das Timer-Modul in Assembler (Fortsetzung)

```
    MOV DS,DX
    MOV AX,BIOS_TIME_ADR
    STI                         ; Interrupts wieder erlaubt
    MOV DX,@DATA
    MOV DS,DX
    XCHG AX,BIOS_COUNT          ; Größeren Wert in den Speicher
    SUB BIOS_COUNT,AX           ; und kleineren davon abziehen
;
; Timer wieder zurück in Modus 3
;
    MOV AL,036h
    OUT CONTROL_PORT,AL
    XOR AX,AX
    OUT DATA_PORT,AL
    OUT DATA_PORT,AL

    POP DS
    POP DX
    POP AX
    RET
TIMER_STOP ENDP

TIMER_READ PROC
        ARG MESSFELD_ADR:FAR PTR
;
    PUSH AX
    PUSH DX
    PUSH DI
    PUSH DS

    LDS DI,MESSFELD_ADR

    MOV WORD PTR [DI].MILLI,0     ; Millisekunden-Wert und auch
    MOV WORD PTR [DI].SEKUNDEN,0 ; Sekunden-Wert auf Null

    MOV AX,TIMER_COUNT          ; Gemessene Zeit laden
    MUL CS:K8380                ; und in Mikrosekunden umrechnen
    DIV CS:K10000
    MOV TIMER_8253,AX           ; Erneut speichern
```

Abb. 8.2: Das Timer-Modul in Assembler (Fortsetzung)

```
    CMP DX,5000                    ; Ergebnis runden
    JB TI1
    INC TIMER_8253
TI1:
;
; Dann muß eine Kalibrierung durchgeführt werden.
;
    MOV AX,BIOS_COUNT    ; Wert des BIOS-Zählers
                        ; zwischenspeichern
    MOV TIMER_BIOS,AX

    MOV REF_WERT,0
    MOV CX,16
L1:
    CALL TIMER_START
    CALL TIMER_STOP
    MOV AX,TIMER_COUNT
    ADD REF_WERT,AX
    LOOP L1

    MOV AX,REF_WERT
    ADD AX,8
    MOV CL,4

    SHR AX,CL

    MUL CS:K8380         ; Auch der Ref-Wert muß in Mikrosekunden
    DIV CS:K10000        ; umgerechnet werden.
    MOV REF_WERT,AX      ; AX = Mikrosekunden DX =
                        ; Nanosekunden
    CMP DX,5000          ; Runden
    JB TI6
    INC REF_WERT
TI6:
    MOV AX,TIMER_BIOS        ; BIOS-Zeit in Milli-/Mikrosekunden
    MUL CS:K54295           ; umrechnen
    DIV CS:K1000            ; AX = Millisekunden DX =
                           ; Mikrosekunden
    MOV MILLI_SEKUNDEN,AX   ; Millisekunden-Anteil und
    ADD DX,TIMER_8253       ; Mikrosekunden des Timers addieren
```

Abb. 8.2: Das Timer-Modul in Assembler (Fortsetzung)

```
       CMP DX,REF_WERT            ; Mit Referenz-Wert vergleichen

       JAE TI2                    ; Größer als Referenz
       DEC MILLI_SEKUNDEN         ; Kleiner, dann Millisekunden - 1
       ADD DX,1000                ; und Mikrosekunden + 1000
TI2:
       SUB DX,REF_WERT            ; Referenz-Wert abziehen
       MOV [DI].MIKRO,DX          ; Rückgabewert : Mikrosekunden
       CMP DX,1000                ; Auf Überlauf prüfen
       JB TI3                     ; Kein Überlauf, dann weiter
       MOV AX,DX                  ; Ansonsten durch 1000 teilen
       XOR DX,DX
       DIV CS:K1000               ; AX = Millisekunden DX =
                                  ; Mikrosekunden
       MOV [DI].MILLI,AX          ; Rückgabewert : Millisekunden
       MOV [DI].MIKRO,DX          ; Rückgabewert : Mikrosekunden
TI3:
       MOV AX,MILLI_SEKUNDEN      ; Millisekunden zu dem Wert addieren,
                                  ; der aus den Mikrosekunden entstand
       ADD [DI].MILLI,AX          ; Rückgabewert: Millisekunden
       CMP [DI].MILLI,1000        ; Mehr als 1000 Millisekunden ?
       JB TI4                     ; Nein, dann weiter
       MOV AX,[DI].MILLI          ; Millisekunden wieder zurück
       XOR DX,DX
       DIV CS:K1000               ; AX = Sekunden DX = Millisekunden
       MOV [DI].SEKUNDEN,AX       ; Rückgabewert : Sekunden
       MOV [DI].MILLI,DX          ; Rückgabewert : Millisekunden
TI4:
       POP DS
       POP DI
       POP DX
       POP AX
       RET
TIMER_READ ENDP
END
```

Abb. 8.2: Das Timer-Modul in Assembler (Fortsetzung)

Das Programm besteht aus den drei Assemblerprozeduren TIMER_START, TI-MER_STOP und TIMER_READ. Während die Prozedur TIMER_START Timer 0 initialisiert und den aktuellen Stand des BIOS-Timers in einer Variablen speichert, liest die Prozedur TIMER_STOP den aktuellen Zählerstand ab, holt die BIOS-Zeit aus den Speicherzellen im BIOS-Datenbereich, bildet die Differenz mit dem gespeicherten Wert und speichert wiederum das Ergebnis ab, das allerdings noch in Timer-Einheiten und noch nicht in Mikrosekunden vorliegt. Die Variablen wurden in einem statischen Datensegment definiert, da sie später von der Prozedur TIMER_READ benötigt werden. (Lokale Variablen werden nach Beendigung der Prozedur wieder vom Stack entfernt.)

Die Aufgabe dieser Routine ist es, eine Umrechnung der Zählerdifferenz in Sekunden, Millisekunden und Mikrosekunden durchzuführen. Dabei muß aber auch jene Zeitspanne berücksichtigt werden, die die Routinen TIMER_START und TIMER_STOP zur Ausführung benötigen. Damit diese Zeit das Ergebnis nicht verfälscht, werden in einer Kalibrierschleife beide Prozeduren sechzehnmal aufgerufen. Von der gemessenen Zeit wird der Mittelwert gebildet und der so errechnete Korrekturfaktor von dem gemessenen Wert abgezogen. Es muß dabei aber der Spezialfall berücksichtigt werden, daß der Korrekturfaktor größer als der gemessene Wert werden kann. Diese und weitere "Kleinigkeiten" (viele sind es allerdings nicht) können am besten dem kommentierten Listing entnommen werden.

Erwähnenswert ist vielleicht noch der Umstand, daß die zur Umrechnung der Zählerdifferenz in Mikrosekunden, Millisekunden und Sekunden benötigten Konstanten als Speichervariablen definiert wurden. Die Definition dieser Variablen wurde in das Codesegment verlegt, da initialisierte Variablen bei Turbo Pascal nicht innerhalb des statischen Datensegments definiert werden können. In diesem Fall muß aber, wie bereits im letzten Kapitel erläutert wurde, der Segment-Override-Operator CS: zum Einsatz kommen, damit bei einem Datenzugriff nicht auf den Inhalt des DS-Registers, sondern statt dessen auf den Inhalt des CS-Registers zugegriffen wird.

Warum wurden überhaupt Variablen für die Umrechnungskonstanten definiert? Nun, auf diese Weise wurde ein zusätzliches CPU-Register eingespart. Um etwa den Inhalt des AX-Registers mit 54295 zu multiplizieren (zur Umrechnung des BIOS-Zählers, der alle 54,295 ms erhöht wird, in Millisekunden), wäre normalerweise folgende Befehlssequenz erforderlich, wobei zur Zwischenspeicherung der Konstanten das BX-Register verwendet wird:

```
MOV BX,54295
MUL BX
```

Die Zwischenspeicherung kann man sich jedoch sparen, wenn man die Multiplikation mit dem Inhalt einer Speicherzelle durchführt:

```
MUL K54295
```

Zwar hat dieses Verfahren den Nachteil, daß es etwas länger dauert, doch spielt dieser Faktor in diesem Fall keine Rolle.

```
PROGRAM TIMER;

TYPE
    MESSFELD_TYP = RECORD
                    SEKUNDEN  : INTEGER;
                    MILLI     : INTEGER;
                    MIKRO     : INTEGER;
                    END;
VAR
   MESSFELD: MESSFELD_TYP;
   X,Y,Z1,Z2,Z3: WORD;

{$f+}
PROCEDURE TIMER_START;EXTERNAL;
PROCEDURE TIMER_STOP; EXTERNAL;
PROCEDURE TIMER_READ(MESSFELD: MESSFELD_TYP);EXTERNAL;
{$f-}

{$L \TASM\TIMERP.OBJ}

BEGIN
     TIMER_START;
{ Hier beginnt der zu messende Programmteil. }

     FOR X:= 0 TO 5000 DO
     BEGIN
      FOR Y:= 0 TO 100 DO
      Z1 := Z1 * 11;
      FOR Y:= 0 TO 100 DO
      Z2 := Z1 * Z2 * 111;
      FOR Y:= 0 TO 100 DO
      Z3 := Z1 * Z2 * Z3 * 1111;
     END;

{ Hier endet der zu messende Programmteil. }

     TIMER_STOP;
     TIMER_READ(MESSFELD);

     WRITELN('Die gemessene Zeit:');
     WRITELN('Sekunden      : ',MESSFELD.SEKUNDEN);
     WRITELN('Millisekunden : ',MESSFELD.MILLI);
     WRITELN('Mikrosekunden : ',MESSFELD.MIKRO);
END.
```

Abb. 8.3: Das Pascal-Hauptprogramm

In Abbildung 8.3 ist das Turbo Pascal-Programm zu sehen, das die Timer-Prozeduren aufruft. Innerhalb des Pascal-Programms wird eine Datenstruktur in Form eines Records mit dem Namen MESSFELD definiert. Die Datenstruktur wird der Assemblerprozedur TIMER_READ übergeben und dient zur Aufnahme der gemessenen Zeitwerte. Dieses Beispiel zeigt sehr schön, daß auch komplexere Datenstrukturen an ein Assemblerprogramm übergeben werden können. Da der Record in Form eines FAR-Zeigers übergeben wird, hat das Maschinenprogramm einen direkten Zugriff auf diese Datenstruktur und kann sie entsprechend auch verändern.

Anwendung

Natürlich muß der Turbo Timer auch zum Einsatz kommen. Wie eingangs erwähnt wurde, wird eine solche elektronische Stoppuhr immer dann benötigt, wenn ein Programmabschnitt optimiert werden soll. Im obigen Beispiel würde es sich z.B. anbieten, die Multiplikation mit Zehn entweder durch entsprechende SHL-Operatoren, durch In-line-Code oder gar durch eine externe Assemblerroutine zu ersetzen. Einsatzmöglichkeiten für Optimierungen gibt es eine ganze Menge, man muß sich nur die Mühe machen, die verschiedenen Variationen durchzuspielen. Der Turbo Timer stellt dazu ein zwar einfaches, aber dennoch nützliches Werkzeug zur Verfügung.

Teil IV

Die UNITS-Bibliothek

Kapitel 9

Turbo Pascal-Tuning

Turbo Pascal ist in der neuesten Version so leistungsfähig, daß es kaum noch etwas zu verbessern gibt: Der Wegfall der 64-KB-Grenze für Programme, das Bibliothekskonzept mit den Units und die objektorientierte Programmierung lassen kaum noch Wünsche unerfüllt. Doch in der Praxis zeigt sich, daß auch Turbo Pascal noch Grenzen hat, die im Einzelfall überwunden werden müssen. Daher haben wir als Herausgeber Borland gefragt, wie man Turbo Pascal noch "tunen" kann, und sie haben uns die folgenden beiden Units als Antwort geschickt. Jetzt können Sie auch im laufenden Programm den Heap ändern, und Sie können so viele Dateien gleichzeitig offen halten, wie Sie benötigen.

Verändern der Heap-Größe im laufenden Programm

Die Procedure Exec, die von Pascal zur Verfügung gestellt wird, ist ein direktes Abbild des MS-DOS-Interrupts. Da Turbo Pascal zu Beginn eines jeden Programmlaufs den gesamten Hauptspeicher allokiert, ist man gezwungen, die entsprechende Heap-Größe mittels Compiler-Schalter zu verstellen. Diese Lösung ist natürlich sehr unflexibel. Die folgende Prozedur löst das Problem.

Funktion: MS-DOS stellt mit der Funktion 4Ah (Modify Memory Blocks) eine wichtige Schnittstelle zur Speicherverwaltung zur Verfügung. Genau diese wird auch von Pascal benutzt. ExecOnHeap modifiziert den Speicherbedarf von Turbo, so daß Programme den gesamten nicht benutzten Speicher oberhalb von HeapPtr zur Verfügung haben. **Vorsicht:** An der Speicherobergrenze befindet sich die sogenannte Freilistenverwaltung von Pascal. Diese muß natürlich vorher gesichert werden.

Quelltext:
```
PROCEDURE ExecOnHeap ( Prog, Arg : STRING);
   VAR
      NoBytes: WORD;
      Free: POINTER;
      Regs: Registers;

   BEGIN
      { Zunächst wird die Freilistenverwaltung }
      { gesichert. }
      NoBytes := $FFFF - Ofs(FreePtr^) + 1;
      GetMem(Free, NoBytes);
      Move(FreePtr^, Free^, NoBytes);
```

```
          { Nun wird der Speicher oberhalb des }
          { HeapPtr freigegeben. }
          WITH Regs DO BEGIN
            AH := $4A;
            ES := PrefixSeg;
            BX := Seg(HeapPtr^) + 1 - PrefixSeg;
          END;
          { Dann kann der eigentliche Exec-Aufruf }
          { erfolgen. }
          MsDos(Regs);
          SwapVectors;
          Exec(Prog, Arg);
          SwapVectors;
          { Nun stellen wir fest, wieviel Speicher }
          { noch da ist. }
          WITH Regs DO BEGIN
            AH := $4A;
            ES := PrefixSeg;
            BX := $FFFF;
          END;
          MsDos(Regs);
          { ... und diesen Speicher holen wir uns }
          { wieder }
          WITH Regs DO BEGIN
            AH := $4A;
            ES := PrefixSeg;
          END;
          MsDos(Regs);
          { Nun kommt noch die Freilistenverwaltung }
          { an den alten Platz zurück. }
          Move(Free^, FreePtr^, NoBytes);
          FreeMem(Free, NoBytes);
        END;
```

Maximale Anzahl Dateien öffnen

Viele Pascal-Programme verwalten Datenbanken, und dort stößt man sehr schnell auf ein Problem. Turbo Pascal kann anscheinend nicht mehr als 15 Dateien gleichzeitig geöffnet halten. Dieses Problem wird mit der folgenden Unit gelöst.

Funktion: Mit jedem Programm, das von Turbo Pascal erzeugt und dann geladen wird, wird zu Beginn zunächst der Programmvorspann belegt (PSP=program segment prefix). Dieser Bereich beginnt an einer Segmentgrenze und ist in Pascal durch die Variable PrefixSeg adressierbar. In diesem Bereich belegt die Laufzeitbibliothek von Pascal 20 Bytes, in denen der Zustand der einzelnen Devices (Ein/Ausgabegeräte) vermerkt ist. Davon sind die ersten drei immer belegt (Standardinput, Standardoutput, Standardfehler) sowie meistens ein weiteres für den Drucker.

In der Unit wird dieser Bereich in einen neuen Puffer kopiert und anschließend der Zeiger auf diesen Puffer gelenkt.

Es muß sichergestellt sein, daß vor dem Ablauf dieser Unit keine Ein-/Ausgabe erfolgt ist, d.h., wenn Ihre Programme die Unit Printer nutzen oder Ihr Programm eröffnet Dateien im Initialisierungsteil Ihrer Units, so muß dies unbedingt nach dem Ablauf der Unit MAXFILES erfolgen. Selbstverständlich darf die Unit selbst nicht als Overlay übersetzt werden.

Weiterhin müssen Sie die Datei CONFIG.SYS Ihres Rechners abändern oder – falls nicht vorhanden – neu erstellen. Dort muß der Eintrag

```
FILES=250
```

vorhanden sein. (Unbedingt nach der Änderung den Rechner neu starten, damit die CONFIG.SYS-Einstellung wirken kann.)

Beispiel:
```
PROGRAM TestMaxFiles;

USES
  MaxFiles;
  VAR
  Index     : INTEGER;
  DateiName : STRING;
  Datei     : TEXT;

BEGIN
  FOR Index := 1 TO 250
    DO BEGIN
  Str(Index, DateiName);
  Writeln(Index);
  Assign(Datei, 'Test'+DateiName);
```

```
      Rewrite(Datei);
    END;
    END.
```

Quelltext:
```
UNIT MaxFiles;
(* Autor    : RaM/Borland (Deutschland) GmbH,
              München
   Datum    : 14.02.89
   Tätigkeit: Erstellung der UNIT
*)

INTERFACE
(* keine Schnittstellen *)

IMPLEMENTATION
  CONST
    MaxFile = 255;      (* entspricht 250 offenen
                           Dateien *)
  VAR
    Index: INTEGER;
    Puffer: ARRAY[1..MaxFile] OF BYTE;
  BEGIN
    FOR Index := 1 TO MaxFile
                       (* Initialisieren *)
     DO Puffer[Index] := $FF;
    FOR Index := 1 TO 5
     DO Puffer[Index] :=
Mem[PrefixSeg:$18+Pred(Index)];
    MemW[PrefixSeg:$32] := MaxFile;
    MemW[PrefixSeg:$34] := Ofs(Puffer);
    MemW[PrefixSeg:$36] := Seg(Puffer);
  END.
```

Kapitel 10

Zeichenketten

Haben Sie sich schon einmal geärgert, daß Strings in Turbo Pascal nur 255 Zeichen lang sein dürfen? Oder hätten Sie etwas dagegen, wenn man auch längere Textstücke in einem einzigen String unterbringen könnte?

Strings länger als 255 Zeichen

"Nein", sagen Sie, "wenn ich nicht auf die Prozeduren und Funktionen zur String-Manipulation verzichten muß und wenn es nicht allzu kompliziert ist, mit solch langen Strings umzugehen".

Technische Daten

Der hier vorgestellte neue Typ LongStr (LongString) bietet Platz für bis zu 65520 Zeichen. Die zugehörigen Daten und Bearbeitungsmethoden sind in einem Objekttyp zusammengefaßt. Dieser befindet sich mit allem "Zubehör" in der Unit LString. Diese Unit kann nur ab Turbo Pascal 5.5 eingesetzt werden, da sie objektorientiert programmiert ist. Nach der Einbindung durch

```
USES CRT, LString;
```

und der Vereinbarung der benötigten LongString-Variablen können Sie in Ihrem Programm über Zeichenketten fast beliebiger Länge verfügen.

Ein Zugriff auf die Objekt-Daten und zusätzlichen internen Methoden ist zwar rein programmtechnisch möglich, aber keineswegs nötig! Gemäß der Philosophie der objektorientierten Programmierung werden Objekten nur Botschaften mitgeteilt (Aufruf einer Methode) und ggf. Daten als Argumente übergeben.

Alle nötigen Prozesse wie z.B. auch die Zeigeroperationen laufen intern ab. Manipulationen von außen sind unerwünscht. Und wenn eine Prozedur oder Funktion nicht genehm ist, so läßt sich ein erweiterter Typ als Kind von LongStr (z.B. ein Objekt Editor) mit neuen oder verbesserten Methoden vereinbaren. Deshalb sind alle öffentlichen Methoden virtuell vereinbart.

Prozeduren und Funktionen

Und das sind die "erlaubten" Methoden (Prozeduren und Funktionen) für die Arbeit mit dem Typ LongStr:

Adapt	String in LongString übernehmen
Assign	LongString initialisieren und Text aus Datei laden
Change	LongString an String zuweisen (falls nicht zu lang)
Compare	Mit anderem LongString vergleichen
Concat	Mit anderem LongString verknüpfen
Copy	Anderen LongString zuweisen
Delete	Teil aus LongString entfernen
Dup	LongString initialisieren und Text zuweisen
Info	Liste der verfügbaren Methoden ausgeben
Init	LongString mit gegebener Länge initialisieren
Insert	Teil aus einem anderen LongString einfügen
Left	Anfangsteil eines anderen LongStrings zuweisen
Length	Tatsächliche Länge des LongStrings ermitteln
Mid	Mittelteil eines anderen LongStrings zuweisen
Pos	LongString nach einem anderen durchsuchen
Print	LongString ausdrucken
Remove	Durch LongString belegten Speicherplatz wieder freigeben
Right	Endteil eines anderen LongStrings zuweisen
Store	LongString in Datei übertragen
Write	LongString bildschirmweise ausgeben
WriteLn	Wie Write, mit abschließendem Zeilenvorschub

und hier die zugehörige Syntax:

```
Constructor Assign (DateiName: String80);
Constructor Dup (Kette:LongStr);
Constructor Init (Platz: Word);
Destructor  Remove;
Function    Change: String;
Function    Compare (Kette: LongStr): Integer;
Function    Length: Word;
Function    Pos (Teil: LongStr): Word;
Procedure   Adapt (Kette: String);
Procedure   Concat (Kette: LongStr);
Procedure   Copy (Kette: LongStr);
Procedure   Delete (Start, Anzahl: Word);
Procedure   Info;
Procedure   Insert (Teil: LongStr; Start: Word);
Procedure   Left (Kette: LongStr; Anzahl: Word);
Procedure   Mid (Kette: LongStr; Start, Anzahl: Word);
Procedure   Print;
Procedure   Right (Kette: LongStr; Anzahl: Word);
Procedure   Store (DateiName: String80);
Procedure   Write;
Procedure   WriteLn;
```

Prozeduren Str und Val

Sie vermissen die Prozeduren Str und Val? Damit Sie auch auf diese Methoden nicht
verzichten müssen, hier ein Vorschlag, wie Sie auch Zahlen in LongStrings und umgekehrt verwandeln können:

```
{Zahl  --->  LongString}
Str (Zahl, String);
LongStr.Adapt (String);
{LongString  --->  Zahl}
If LongStr.Length > SizeOf (String) Then
  LongStr.Left (LongStr, SizeOf (String));
String := LongStr.Change;
Val (String, Zahl, Code);
```

Objekte mit virtuellen Methoden

Objekte mit virtuellen Methoden müssen erst initialisiert werden. Dies ist mit den Konstruktoren Init, Assign und Dup möglich. Damit Sie nicht vergessen, vor jedem Umgang mit einem LongString diesen erst zu initialisieren, wird der Compiler-Schalter

{$R+} gesetzt, der Sie zur Laufzeit warnt, ehe im Speicher irgendwelches Unheil angerichtet werden kann. An das Ende eines LongString-Einsatzes sollte stets der Destruktor Remove gesetzt werden: Damit wird der bisher belegte Platz auf dem Heap wieder frei.

Wollen Sie sämtliche Methoden lieber statisch vereinbaren, so müssen Sie die Bezeichnungen Constructor und Destructor durch Procedure ersetzen und alle Zusätze Virtual streichen.

Syntax und Typ (Prozedur oder Funktion) der Methoden orientieren sich an der Art des Objektes LongStr. Daher ließen sich Abweichungen gegenüber den Standardprozeduren und -funktionen nicht immer vermeiden. Ich denke aber, daß Ihnen die Umgewöhnung nicht allzu schwer fallen wird. (Immerhin bleibt Ihnen der NormalString ja weiterhin erhalten!)

Quelltext

```
UNIT LString;
{$R+}
{ Überprüft, ob alle Objekte initialisiert wurden! }

INTERFACE
  USES
    CRT, DOS, Printer;

{ Fast beliebig lange Strings können verein-
  bart, aus einer Textdatei eingelesen, von
  einem "einfachen" String übernommen, mani-
  puliert und in eine Datei oder (wenn sie
  kurz genug sind) in einen "einfachen" String
  umgewandelt werden. Soweit möglich sind Be-
  zeichnung und Syntax der "normalen" String-
  Prozeduren und -Funktionen übernommen worden. }

CONST
  NULL = 0;  {LongString-Endezeichen}
TYPE
  String80 = String[80];
  LongStr = OBJECT
    Zeiger : Pointer;
    Laenge,
    Segment,
    Offset : Word;
```

```
      Procedure   Info;
      Constructor Init (Platz: Word);
      Constructor Assign (DateiName: String80);
      Constructor Dup (Kette:LongStr);
      Procedure   Adapt (Kette: String); Virtual;
      Function    Change: String; Virtual;
      Function    Compare (Kette: LongStr): Integer; Virtual;
      Procedure   Concat (Kette: LongStr); Virtual;
      Procedure   Copy (Kette: LongStr); Virtual;
      Procedure   Delete (Start, Anzahl: Word); Virtual;
      Procedure   Insert (Teil: LongStr; Start: Word); Virtual;
      Procedure   Left (Kette: LongStr; Anzahl: Word); Virtual;
      Function    Length: Word; Virtual;
      Procedure   Mid (Kette: LongStr; Start, Anzahl: Word);
                  Virtual;
      Function    Pos (Teil: LongStr): Word; Virtual;
      Procedure   Print;
      Procedure   Right (Kette: LongStr; Anzahl: Word); Virtual;
      Procedure   Store (DateiName: String80); Virtual;
      Procedure   Write; Virtual;
      Procedure   WriteLn; Virtual;
      Destructor  Remove; Virtual;            { Interne Methode }
      Procedure   GetSegOfs; Virtual;
      Procedure   ArgSegOfs (VAR Kette: LongStr); Virtual;
      Procedure   Transfer (Kette: LongStr; Anzahl: Word);
                  Virtual;
      Procedure   MemTest (NeuZahl: Word); Virtual;
      Function    SeekChar (VAR Stelle: Word; Ch: Byte):
                  Boolean; Virtual;
      Function    CompChar (Teil: LongStr; Stelle: Word):
                  Boolean; Virtual;
   END;

IMPLEMENTATION
{ Externe Bearbeitungsmethoden für
  LongStrings; Info über alle verfügbaren
  Prozeduren und Funktionen des Objekts
  LongStr }

  PROCEDURE LongStr.Info;
  BEGIN
    ClrScr;
    System.WriteLn        ('Verfügbare Methoden für LongString:');
    System.WriteLn;
    System.WriteLn        ('Konstruktor Init (Platz: Word);');
    System.Write          ('Konstruktor Assign (DateiName: ');
```

```
      System.WriteLn         ('String80);');
      System.WriteLn         ('Konstruktor Dup (Kette: String);');
      System.WriteLn         ('Prozedur Adapt (Kette: String);');
      System.WriteLn         ('Funktion Change: String;');
      System.Write           ('Funktion Compare (Kette: LongStr): ');
      System.WriteLn         ('Byte;');
      System.WriteLn         ('Prozedur Concat (Kette: LongStr);');
      System.WriteLn         ('Prozedur Copy (Kette: LongStr);');
      System.WriteLn       ('Prozedur Delete (Start, Anzahl: Word);');
      System.Write           ('Prozedur Insert (Teil: LongStr; ');
      System.WriteLn         ('Start: Word);');
      System.Write           ('Prozedur Left (Kette: LongStr; ');
      System.WriteLn         ('Anzahl: Word);');
      System.WriteLn         ('Funktion Length: Word;');
      System.Write         ('Prozedur Mid (Kette: LongStr; Start, ');
      System.WriteLn         ('Anzahl: Word);');
      System.WriteLn         ('Funktion Pos (Teil: LongStr): Word;');
      System.Write           ('Funktion Right (Kette: LongStr; ');
      System.WriteLn         ('Anzahl: Word);');
      System.WriteLn        ('Prozedur Store (DateiName: String80);');
      System.WriteLn         ('Prozedur Write;');
      System.WriteLn         ('Prozedur WriteLn;');
      System.WriteLn         ('Destruktor Remove;');
      ReadLn;
      ClrScr;
   END;

{ Initmethoden, von denen eine jeder (!)
  anderen Methode vorausgehen muß! Für einen
  LongString-Zeiger wird eine gewünschte Menge
  Platz auf dem Heap reserviert. Damit ist der
  LongString initialisiert}

CONSTRUCTOR LongStr.Init (Platz: Word);
BEGIN
   Laenge := Platz + 1;
   GetMem (Zeiger, Laenge);
   GetSegOfs;
END;

{ Ein (fast) beliebig langer Text, der über
  den Turbo-Editor eingegeben wurde, wird
  geladen und auf dem Heap abgelegt: Damit
  ist der LongString initialisiert. }

CONSTRUCTOR LongStr.Assign (DateiName: String80);
```

```
VAR
      Platz: Integer; TxtFile: SearchRec;
   TxtKette: Text;
         x: Word; Zeichen: Char;

BEGIN
{ Datei auf Disk/Platte suchen, um
  Dateigröße zu erhalten }
  FindFirst (DateiName, AnyFile, TxtFile);
  While (DosError=0) And (TxtFile.Name <> DateiName) Do
    FindNext (TxtFile);
  Laenge := TxtFile.Size;
  { Speicherplatz auf Heap reservieren,
  Segment/Offset-Wert ermitteln }
  GetMem (Zeiger, Laenge);
  GetSegOfs;
  { Datei zum Lesen öffnen }
  System.Assign (TxtKette, DateiName);
  ReSet (TxtKette);
  { Auslesen und in Speicher schreiben }
  For x := 1 To Laenge-1 Do
      { ohne EOF-Zeichen! }
  BEGIN
    Read (TxtKette, Zeichen);
    Mem[Segment:Offset] := Ord (Zeichen);
    Inc (Offset);
  END;
  { Abschlußzeichen NULL }
  Mem[Segment:Offset] := NULL;
  Close (TxtKette);
END;

{ Ein anderer LongString wird dupliziert:
  Durch die Zeiger-Zuordnung ist der (neue)
  LongString initialisiert. }

  CONSTRUCTOR LongStr.Dup (Kette: LongStr);
  BEGIN
    Zeiger := Kette.Zeiger;
    GetSegOfs;
  END;

{ Die übrigen "erlaubten" Methoden: }

{ Einen "gewöhnlichen" String in einen LongString umwandeln }
  PROCEDURE LongStr.Adapt (Kette: String);
```

```
VAR
  x: Byte;
BEGIN
  GetSegOfs;
  For x := 1 To System.Length (Kette) Do
  Begin
    Mem[Segment:Offset] := Ord (Kette[x]);
    Inc (Offset);
  END;
 { Abschlußzeichen NULL }
  Mem[Segment:Offset] := NULL;
END;


{ Einen LongString in einen String umwandeln, falls er paßt }
FUNCTION LongStr.Change: String;
VAR
  Kette: String; Lang, x: Word;
BEGIN
  Lang := Length;
  GetSegOfs;
  If Lang > 255 Then
    Change := ''  {Keine Umwandlung, Leerstring}
  Else
  Begin
    Kette := '';
    For x := 1 To Lang Do
    Begin
      Kette := Kette +
              Chr(Mem[Segment:Offset]);
      Inc (Offset);
    END;
    Change := Kette;
  END;
END;

{ Mit anderem LongString vergleichen:
  Rückgabewert = 0 bei Gleichheit,
  > 0 größer als Argument, < 0 kleiner als
  Argument }
FUNCTION LongStr.Compare (Kette: LongStr): Integer;
VAR
  Zeichen1, Zeichen2: Byte;
BEGIN
  { Segment/Offset von Self und Argument ermitteln }
  GetSegOfs;
  ArgSegOfs (Kette);
```

```
  { Vergleichen bis Speicherinhalt ungleich }
  Zeichen1 := Mem[Segment:Offset];
  Zeichen2 :=
         Mem[Kette.Segment:Kette.Offset];
  While (Zeichen1 = Zeichen2) Do
  Begin
    Inc (Offset);
    Inc (Kette.Offset);
    Zeichen1 := Mem[Segment:Offset];
    Zeichen2 := Mem[Kette.Segment:Kette.Offset];
  END;
  If (Zeichen1 = NULL) Then
    { Beide LongStrings sind gleich. }
    Compare := 0
  Else
    { LongStrings sind ungleich. }
    Compare := Zeichen1 - Zeichen2;
END;

{ Verknüpfen mit einem anderen LongString:
  Falls Speicherplatz auf dem Heap nicht
  ausreicht, wird neuer Speicherplatz bereit-
  gestellt und der alte wieder freigegeben }
PROCEDURE LongStr.Concat (Kette: LongStr);
VAR
  Lang: Word;
BEGIN
  Lang := Kette.Length + 1;
  MemTest (Lang);
  { Ans Ende des ersten LongStrings }
  GetSegOfs;
  While Mem[Segment:Offset] <> NULL Do
    Inc (Offset);
  { Zweiten LongString übertragen und damit anhängen }
  ArgSegOfs (Kette);
  Transfer (Kette, Lang);
END;

{ Einen anderen LongString zuweisen. Alte Werte werden
  überschrieben }
PROCEDURE LongStr.Copy (Kette: LongStr);
VAR
  Lang: Word;
BEGIN
  Lang := Kette.Length + 1;
```

```
    GetSegOfs;
    ArgSegOfs (Kette);
    Transfer (Kette, Lang);
  END;

{ Teil eines LongStrings entfernen }
PROCEDURE LongStr.Delete (Start, Anzahl: Word);
VAR
  Quelle, Ziel: Pointer;
BEGIN
  If (Start+Anzahl <= Length+1) Then
  Begin
    GetSegOfs;
    { An Startposition: Ab dort soll gelöscht werden. }
    Inc (Offset, Start-1);
    { Dorthin soll der hintere RestString geschoben werden. }
    Ziel := Ptr (Segment, Offset);
    { An Endposition }
    Inc (Offset, Anzahl-1);
    { Von dort an soll der RestString gerettet werden. }
    Quelle := Ptr (Segment, Offset);
    { Zurückschieben und Überschreiben des zu löschenden
      TeilStrings }
    Move (Quelle^, Ziel^, Anzahl+1);
    { Endezeichen anhängen }
    Mem[Segment:Offset+2] := NULL;
  End;
END;

{ Teil in einen LongString einfügen: Falls
  Speicherplatz auf dem Heap nicht ausreicht,
  wird neuer Speicherplatz bereitgestellt
  und der alte wieder freigegeben. }
PROCEDURE LongStr.Insert (Teil: LongStr; Start: Word);
VAR
  Lang: Word; Quelle, Ziel: Pointer;
BEGIN
  Lang := Teil.Length + 1;
  MemTest (Lang);
  GetSegOfs;
  { An Startposition: Ab dort soll eingefügt werden. }
  Inc (Offset, Start-1);
  { Von dort an soll der RestString gerettet werden. }
  Quelle := Ptr (Segment, Offset);
  { An Endposition }
  Inc (Offset, Lang-1);
```

```
  { Dorthin soll der hintere RestString geschoben werden. }
   Ziel := Ptr (Segment, Offset);
   { Vorwärtsschieben des RestStrings }
   Move (Quelle^, Ziel^, Lang);
   Dec (Offset, Lang-1);
   { Zweiten LongString übertragen und damit einfügen }
   ArgSegOfs (Teil);
   Transfer (Teil, Lang-1);
END;


  { Anfangsteil eines anderen LongStrings zuweisen }
  PROCEDURE LongStr.Left (Kette: LongStr; Anzahl: Word);
  BEGIN
    GetSegOfs;
    ArgSegOfs (Kette);
    Transfer (Kette, Anzahl-1);
    Inc (Offset, Anzahl);
    Mem[Segment:Offset] := NULL;
  END;


{ Ermitteln der tatsächlichen Länge des LongStrings -
  bis zum NULL-Zeichen }
  FUNCTION LongStr.Length: Word;
  VAR
    Start: Word;
  BEGIN
    GetSegOfs;
    Start := Offset;
    While Mem[Segment:Offset] <> NULL Do
      Inc (Offset);
    Length := Offset - Start;
  END;


{ Mittelteil eines anderen LongStrings zuweisen }
  PROCEDURE LongStr.Mid (Kette: LongStr; Start, Anzahl: Word);
  BEGIN
    GetSegOfs;
    ArgSegOfs (Kette);
    Inc (Kette.Offset, Start-1);
    Transfer (Kette, Anzahl);
    Inc (Offset, Anzahl);
    Mem[Segment:Offset] := NULL;
  END;


{ Einen TeilString im LongString suchen
  Rückgabewert = 0, wenn nicht gefunden,
```

```
  ansonsten die Stelle, an der der TeilString
  beginnt }
FUNCTION LongStr.Pos (Teil: LongStr): Word;
VAR
  SuchMax, Stelle: Word; OK: Boolean;
  Zeichen: Byte;
BEGIN
  SuchMax := Length;
 { Segment/Offset von Self und Argument ermitteln }
  GetSegOfs;
  ArgSegOfs (Teil);
  Stelle := 0;
  OK    := False;
  While Not OK And (Stelle < SuchMax) Do
  Begin
   { Erste übereinstimmende Stelle suchen }
    Zeichen := Mem[Teil.Segment:Teil.Offset];
    OK := SeekChar (Stelle, Zeichen);
    { Teilstring mit Zeichen ab der Stelle vergleichen }
    OK := CompChar (Teil, Stelle);
  END;
  If OK Then
    Pos := Stelle + 1
  Else
    Pos := 0; {nicht gefunden}
END;

{ Den gesamten LongString inkl. CRLF ausdrucken }
 PROCEDURE LongStr.Print;
 VAR
   Zeichen: Char;
 BEGIN
   GetSegOfs;
  { Text über Drucker ausgeben }
   While Mem[Segment:Offset] <> NULL Do
   Begin
     Zeichen := Chr (Mem[Segment:Offset]);
     System.Write (LST, Zeichen);
     Inc (Offset);
   END;
   System.WriteLn (LST);
 END;

{ Endteil eines anderen LongStrings zuweisen}
 PROCEDURE LongStr.Right (Kette: LongStr; Anzahl: Word);
 VAR
```

```
    Start: Word;
  BEGIN
    Start := Kette.Length - Anzahl;
    GetSegOfs;
    ArgSegOfs (Kette);
    Inc (Kette.Offset, Start);
    Transfer (Kette, Anzahl);
    Inc (Offset, Anzahl);
    Mem[Segment:Offset] := NULL;
  END;


{ LongStr in Datei speichern }
  PROCEDURE LongStr.Store (DateiName: String80);
  VAR
    TxtFile: SearchRec; TxtKette: Text;
  BEGIN
    GetSegOfs;
    System.Assign  (TxtKette, DateiName);
    ReWrite (TxtKette);
   { Aus dem Speicher in Datei schreiben }
    While Mem[Segment:Offset] <> NULL Do
    Begin
      System.Write (TxtKette, Chr (Mem[Segment:Offset]));
      Inc (Offset);
    END;
    Close (TxtKette);
  END;


{ Den gesamten LongString inkl. CRLF auf Bildschirm ausgeben }
  PROCEDURE LongStr.Write;
  VAR
    Zeichen: Char; Zeile: Byte;
  BEGIN
    Zeile := 1;
    GetSegOfs;
   { Text auf Bildschirm ausgeben }
    While Mem[Segment:Offset] <> NULL Do
    Begin
      Zeichen := Chr (Mem[Segment:Offset]);
      System.Write (Zeichen);
      Inc (Offset);
     { Pause, wenn Bildschirm voll }
      If WhereY > 24 Then
      Begin
        ReadLn; ClrScr;
      END;
```

```
    END;
  END;

{ Wie LongStr.Write, nur mit anschließendem Zeilenvorschub }
  PROCEDURE LongStr.WriteLn;
  BEGIN
    Write;
    System.WriteLn;
  END;

{ "Aufräumer": Muß unbedingt nach Gebrauch
  eines LongStrings aufgerufen werden! }
  DESTRUCTOR LongStr.Remove;
  BEGIN
    FreeMem (Zeiger, Laenge);
  END;

{ Interne Methoden, nicht für "öffentlichen"
  Gebrauch in einem Programm gedacht! }

{ Segment- und Offset-Wert des LongString-Zeigers ermitteln }
  PROCEDURE LongStr.GetSegOfs;
  BEGIN
    Segment := Seg (Zeiger^);
    Offset  := Ofs (Zeiger^);
  END;

{ Segment- und Offset-Wert des
  Argument-Zeigers ermitteln }
  PROCEDURE LongStr.ArgSegOfs (VAR Kette: LongStr);
  BEGIN
    Kette.Segment := Seg (Kette.Zeiger^);
    Kette.Offset  := Ofs (Kette.Zeiger^);
  END;

{ Speicherbereich verschieben/übertragen }
  PROCEDURE LongStr.Transfer (Kette: LongStr; Anzahl: Word);
  VAR
    Quelle, Ziel: Pointer;
  BEGIN
    Quelle := Ptr (Kette.Segment, Kette.Offset);
    Ziel   := Ptr (Segment, Offset);
    Move (Quelle^, Ziel^, Anzahl);
  END;

{ Testen, ob genügend Platz auf dem Heap
```

```
   reserviert ist; falls nicht, neuen Platz
  bereitstellen, alten freigeben }
PROCEDURE LongStr.MemTest (Neuzahl: Word);
VAR
   GesamtPlatz: Word; Aktuell: Pointer;
BEGIN
   GesamtPlatz := Length + Neuzahl;
   If GesamtPlatz > Laenge Then
   Begin
    { neuen Platz reservieren }
     GetMem (Aktuell, GesamtPlatz);
    { LongString "verlegen" }
     Move (Zeiger^, Aktuell^, Length+1);
    { alten Platz freigeben, Zeiger und Laenge aktualisieren }
     FreeMem (Zeiger, Laenge);
     Zeiger := Aktuell;
     Laenge := GesamtPlatz;
   END;
END;

{ LongString nach einem Zeichen absuchen }
FUNCTION LongStr.SeekChar (VAR Stelle: Word; Ch: Byte):Boolean;
VAR
   SuchMax: Word; Zeichen: Byte;
BEGIN
   SuchMax := Length;
   GetSegOfs;
   Repeat
     Inc (Stelle);
     Zeichen := Mem[Segment:Offset+Stelle];
   Until (Zeichen = Ch) Or (Stelle >=  SuchMax);
   If Zeichen = Ch Then
     SeekChar := True
   Else
     SeekChar := False;
END;

{ Die Zeichen zweier Teilketten vergleichen }
FUNCTION LongStr.CompChar (Teil: LongStr; Stelle: Word):
                                              Boolean;
VAR
   TeilMax, Zaehler: Word; Zeichen1,
   Zeichen2: Byte;
BEGIN
   TeilMax := Teil.Length;
   GetSegOfs;
```

```
    ArgSegOfs (Teil);
    Zaehler := 1;
    Repeat
      Zeichen1 :=  Mem[Segment:Offset+Stelle+Zaehler];
      Zeichen2 :=  Mem[Teil.Segment:Teil.Offset+Zaehler];
      Inc (Zaehler);
    Until (Zeichen1 <> Zeichen2) Or (Zaehler >= TeilMax);
    If Zaehler >= TeilMax Then
      CompChar := True
    Else
      CompChar := False;
  END;
END. { LString }
```

Kapitel 11

Mathematische Berechnungen

Obwohl Turbo Pascal eine inzwischen recht umfangreiche Laufzeitbibliothek zur Verfügung stellt, ist die Auswahl an grundlegenden mathematischen Funktionen leider doch sehr eingeschränkt.

Die fehlenden mathematischen Ausdrücke lassen sich zwar mit den vorhandenen Routinen theoretisch implementieren, jedoch hat nicht jedermann die notwendigen Kenntnisse und die Zeit dafür. Dies ist besonders traurig, da selbst das sonst so (zu Unrecht) verrufene BASIC in dieser Richtung mehr bietet. Aus diesem Umstand heraus ist die folgende Bibliothek Arithmetik Unit entstanden.

Arithmetik Unit

Versuchen Sie nicht, die Arithmetik Unit mit der Turbo Pascal Mathe Toolbox der Borland GmbH zu vergleichen: Die beiden Programmpakete haben völlig unterschiedliche Anwendungsbereiche. Während dieses Paket sich eher mit den grundlegenden numerischen Operationen beschäftigt, findet man in Borlands Toolbox nur Routinen zur höheren Numerik, wie zum Beispiel eine schnelle Fourier-Transformation.

Technische Daten

Der Quelltext ist 17.477 Zeichen lang, die fertige TPU belegt 12.000 Bytes auf der Festplatte. Die Unit belegt außer ihrem eigenen Programmcode keinen weiteren Speicherplatz bei der Ausführung, jedoch kann es bei tiefen Verschachtelungen zu Problemen mit der Stack-Größe kommen.

Sollten Sie also mehrere Aufrufe ineinander verschachteln, müßte die Stack-Größe über die Compiler-Direktive {$M} heraufgesetzt werden. Es wird eine Compiler-Version ab 5.0 benötigt, da der Datentyp Extended verwendet wird.

Einige Funktionen, die Turbo Pascal bereits bietet, sind noch einmal geschrieben worden. Diese doppelt vorhandenen Routinen sollten Sie nur benutzen, wenn es entweder nicht auf Geschwindigkeit ankommt oder eine sehr hohe Genauigkeit benötigt wird. Bei nicht so rechenintensiven Anwendungen spielt der Geschwindigkeitsunterschied natürlich keine Rolle.

Prozeduren und Funktionen

AU_Gebrochen   Arith_UN.PAS

Diese Funktion ermittelt, ob der Übergabeparameter eine reelle Zahl ist. Das Ergebnis ist wie bei AU_Ganz vom Typ BOOLEAN.

Syntax: `FUNCTION AU_Gebrochen ( x : EXTENDED ) : BOOLEAN;`

Aufruf: `erg := AU_Gebrochen ( 3.245 ); { erg = TRUE }`

Beispiel:
```
PROGRAM Gebrochen;
USES Arith_UN;
VAR x : EXTENDED;
    b : BOOLEAN;
BEGIN
  WRITE ('Zahl ?  = ');
  READLN ( x );
  b := AU_Gebrochen ( x );
  IF b = TRUE THEN WRITELN ('Gebrochen!')
  ELSE WRITELN ('Nicht Gebrochen!');
END.
```

Quelltext:
```
FUNCTION AU_Gebrochen;
BEGIN
  IF TRUNC ( x ) = x THEN AU_gebrochen := FALSE
                     ELSE AU_gebrochen := TRUE
END;
```

AU_Ganz   Arith_UN.PAS

Diese Funktion ermittelt, ob der Übergabeparameter x ganzzahlig ist oder nicht. Das Ergebnis ist vom Typ BOOLEAN. Ist x ganzzahlig, dann erhält AU_Ganz den Wert TRUE, ansonsten den Wert FALSE.

Syntax: `FUNCTION AU_Ganz ( x : EXTENDED ): BOOLEAN;`

Aufruf: `erg := AU_Ganz ( 3.45 ); { erg = FALSE }`

Beispiel:
```
PROGRAM Ganz;
USES Arith_UN;
VAR x : EXTENDED;
    b : BOOLEAN;
BEGIN
  WRITE ('Zahl?');
  READLN ( x );
  b := AU_Ganz ( x );
  IF b = FALSE THEN WRITELN ('Gebrochen !!')
  ELSE WRITELN ('Nicht Gebrochen !! ');
END.
```

Quelltext:
```
FUNCTION AU_Ganz ;
BEGIN
  IF TRUNC ( x ) = x THEN AU_Ganz := TRUE
                     ELSE AU_Ganz := FALSE
END;
```

AU_Neg   Arith_UN.PAS

Diese Funktion negiert den Übergabeparameter und gibt diesen an die Funktion zurück.

Syntax: `FUNCTION AU_Neg ( x : EXTENDED ) : EXTENDED;`

Aufruf: `erg := AU_Neg ( 3.245 ); { erg = - 3.245 }`

Quelltext:
```
FUNCTION AU_Neg ;
BEGIN
  IF x > 0 THEN AU_Neg := -x
           ELSE AU_Neg :=  x
END;
```

AU_Even   Arith_UN.PAS

Diese Funktion ermittelt, ob der Übergabeparameter eine gerade Zahl, wie zum Beispiel 2, 4 oder 6 ist. Die Funktion erhält das Ergebnis TRUE, wenn der Rest aus x/2=0 ist.

Syntax: `FUNCTION AU_Even ( x : EXTENDED ) : BOOLEAN;`

Aufruf: `erg := AU_Even ( 3.23 ); { erg = FALSE }`

Beispiel:
```
PROGRAM Even;
USES Arith_UN;
VAR x : EXTENDED;
    b : BOOLEAN;
BEGIN
  WRITE ('Zahl?');
  READLN ( x );
  b := AU_even ( x );
  IF b = TRUE THEN WRITELN ('Gerade Zahl!')
              ELSE WRITELN ('Ungerade Zahl!');
END.
```

Quelltext:
```
FUNCTION AU_Even ;
BEGIN
  IF FRAC ( x / 2 ) = 0 THEN AU_Even := TRUE
                        ELSE AU_Even := FALSE
END;
```

AU_Minimum   Arith_UN.PAS

Diese Funktion liefert das kleinere Argument der beiden Übergabeparameter.

Syntax:
```
FUNCTION AU_Minimum ( a, b : LONGINT ) : LONGINT;
```

Aufruf:
```
min := AU_Minimum ( 20, 30 );
```

Beispiel:
```
PROGRAM Test_Minimum;
USES Arith_UN;
VAR first, second, min : LONGINT;
BEGIN
  WRITE ('Erste Zahl?');
  READLN ( first );
  WRITE ('Zweite Zahl?');
  READLN ( second );
  min := AU_Minimum ( first, second );
  WRITELN ('Das Minimum von ',first,
  ' und ',second );
  WRITELN (' ist ', min );
END.
```

Quelltext:
```
FUNCTION AU_Minimum ;
BEGIN
  IF a > b THEN AU_Minimum := a
          ELSE AU_Minimum := b
END;
```

AU_Maximum   Arith_UN.PAS

Diese Funktion liefert das größere Argument der beiden Übergabeparameter.

Syntax:
```
FUNCTION AU_Maximum ( a, b : LONGINT ) : LONGINT;
```

Aufruf:
```
max := AU_Maximum ( 20, 30 );
```

Beispiel:
```
PROGRAM Test_Maximum;
USES Arith_UN;
VAR first, second, max : LONGINT;
BEGIN
  WRITE ('Erste Zahl?');
  READLN ( first );
  WRITE ('Zweite Zahl?');
  READLN ( second );
  max := AU_Maximum ( first, second );
  WRITELN ('Das Maximum von ',first,
  ' und  ',second );
  WRITELN (' ist ', max );
END.
```

Quelltext:
```
FUNCTION AU_Maximum ;
BEGIN
  IF a > b THEN AU_Maximum := b
          ELSE AU_Maximum := a
END;
```

AU_GGT   Arith_UN.PAS

Diese Funktion liefert den größten gemeinsamen Teiler der beiden Übergabeparameter.
Das Ergebnis sowie die beiden Übergabeparameter sind vom Datentyp LONGINT.

Syntax:
```
FUNCTION AU_GGT ( a, b : LONGINT ) : LONGINT;
```

Aufruf: `erg := AU_GGT ( 20, 30 );`

Beispiel:
```
PROGRAM Test_GGT;
USES Arith_UN;
VAR first, second, erg : LONGINT;
BEGIN
  WRITE ('Erste Zahl? ');
  READLN ( first );
  WRITE ('Zweite Zahl? ');
  READLN ( second );
  erg := AU_GGT ( first, second );
  WRITELN ('Der GGT von ',first,' und ',
  second );
  WRITELN (' ist ', erg );
END.
```

Quelltext:
```
FUNCTION AU_GGt ;
VAR index : LONGINT; { Laufvariable }
BEGIN
  FOR index := 1 to AU_Minimum (a,b) DO BEGIN
    IF a  MOD index = 0 THEN
      IF b MOD index = 0 THEN AU_GGT := index
  END { FOR } ;
END;
```

AU_KGV   Arith_UN.PAS

Diese Funktion liefert das kleinste gemeinsame Vielfache der beiden Übergabeparameter. Zur Berechnung des KGVs wird die Routine GGT herangezogen. Das Ergebnis sowie die beiden Übergabeparameter sind vom Datentyp LONGINT.

Syntax: `FUNCTION AU_KGV ( a, b :LONGINT ) :LONGINT;`

Aufruf: `erg := AU_KGV ( 20, 30 );`

Beispiel:
```
PROGRAM Test_KGV;
USES Arith_UN;
VAR first, second, erg : LONGINT;
BEGIN
  WRITE ('Erste Zahl?');
  READLN ( first );
```

```
        WRITE ('Zweite Zahl?');
        READLN ( second );
        erg := AU_KGV ( first, second );
        WRITELN ('Das KGV von ',first,' und ',
        second );
        WRITELN (' ist ', erg );
    END.
```

Quelltext:
```
FUNCTION AU_KGV ;
BEGIN
  AU_KGV := (a*b) DIV AU_GGT (a,b);
END;
```

AU_Fak   Arith_UN.PAS

Diese Funktion berechnet die Fakultät des übergebenen Arguments. Eigentlich müßte die Funktion als Ergebnistypen ja einen Integertypen liefern. Das Problem ist nur, daß hierbei relativ schnell extrem große Werte auftreten. Dabei wird der Wertebereich der zur Verfügung stehenden Integertypen leider recht schnell überschritten. Deshalb haben wir uns dafür entschieden, das Funktionsergebnis als Extended zu definieren, da hier ein größerer Wertebereich zur Verfügung steht.

Obwohl eine elegantere, dafür aber langsamere, rekursive Version existiert, haben wir uns für eine einfache Schleife entschieden, in der nur multipliziert wird. Diese Version hat – im Gegensatz zur rekursiven Programmierung – außerdem noch den Vorteil, daß sie den Stack nicht so sehr strapaziert.

Syntax: `FUNCTION AU_Fak ( n : WORD ) :EXTENDED;`

Aufruf: `extend := AU_Fak ( 2000 ) ;`

Beispiel:
```
PROGRAM Fakultät ;
USES Arith_UN ;
VAR x : EXTENDED ;
BEGIN
  WRITE (' Zahl?');
  READLN ( x );
  WRITELN ( AU_Fak ( x ) )
END;
```

Quelltext:

```
FUNCTION AU_Fak ;

{-------------------------------------------------
 Die Funktion AU_Fak liefert als Ergebnis eine
 Extended-Variable, obwohl es sich strengge-
 nommen um eine INTEGER-Variable handeln müßte.
 Da hier aber sehr große Werte auftreten, wird
 der Wertebereich des LONGINT-Typen sehr schnell
 überschritten.
 -------------------------------------------------}

VAR index : WORD ;      { Laufvariable }
    erg   : EXTENDED ; { Temporäres Zwischenergebnis }

BEGIN
 erg := 1 ;              { Laufvariable initialisieren   }
 IF n < 0 THEN RUNERROR ( 207 ) ;
                         { Invalid Floating PointOperation}
 IF n = 0 THEN AU_Fak := 1;      { Ist so definiert }
 IF n > 0 THEN BEGIN
   FOR index := 1 TO n DO BEGIN
     erg := erg * index
   END { FOR }
 END { IF };
 AU_Fak := erg
END { AU_Fak } ;
```

AU_Pot   Arith_UN.PAS

Diese Funktion potenziert eine beliebige Basis mit einem beliebigen Exponenten. Das Ergebnis ist vom Typ EXTENDED. Sie arbeitet mit folgenden Funktionen aus der Bibliothek zusammen: AU_Gebrochen und AU_Even.

Die Funktion arbeitet nach der Rechenvorschrift:

```
a^x = e^( x * Ln ( a ))
```

Daraus ergeben sich folgende Einschränkungen:

a^x ist nicht definiert für:

```
( a | a ∈ R^a < 0 )^( x | x ∈ R ) => RUNERROR ( 207 )
```

Tritt der oben genannte Fall ein, wird Fehler 207 erzeugt, der einer Invalid-Floating-Point-Operation entspricht (siehe auch Turbo Pascal-Dokumentation, Band II, Seite 394). Die Funktion berücksichtigt automatisch einen negativen Exponent und rechnet dann wie folgt:

`a^(-x)=1/(a^x)`

Syntax: FUNCTION AU_Pot (basis, exponent : EXTENDED }
                                                   EXTENDED;

Aufruf: erg := AU_Pot (-2.34, 2.35); { RUNERROR }
               erg := AU_Pot (-2.34, -3);   { erg = - 0.078 }
               erg := AU_Pot (3, 4);   { erg = 81 }

Beispiel: Siehe Demo-Programm.

Quelltext: FUNCTION AU_Pot (basis, exponent : EXTENDED)
                                              :EXTENDED;

```
{ Diese Funktion potenziert die Basis mit einem
  beliebigen Exponenten nach der Formel:
                   b^x := e^( x * ln (b) )
Einschränkung der Formel:    b > 0^| x | < ∞
b^x ist nicht definiert für:
( b | b ∈ R^b < 0 ) ^ ( x | x ∈ R ) => RUNERROR( 207 )
                                                      }

VAR erg : EXTENDED;    { temporäres Zwischenergebnis }

BEGIN
  IF basis <> 0 THEN BEGIN
    IF AU_Gebrochen ( exponent ) THEN
      IF basis > 0 THEN
        erg := EXP ( exponent * ln ( basis ))
      ELSE RUNERROR ( 207 )
                      { Invalid-Floating-Point-Operation }
    ELSE BEGIN          {** ganzzahliger Exponent **}
      IF NOT ( AU_Even ( exponent )) AND ( basis < 0 )
      THEN BEGIN
        erg := EXP ( exponent * ln ( ABS ( basis )));
        erg := - erg
      END { IF }
```

```
                    ELSE erg := EXP ( exponent * ln ( ABS
                                              ( basis )));
                END { IF } ;
                AU_Pot := erg
              END
              ELSE AU_Pot := 0
          END { AU_Pot };
```

AU_Convert_Angle   Arith_UN.PAS

Mit Hilfe dieser Funktion können Sie Winkelmaße verschiedener Maßsysteme ineinander umrechnen. Zur Verfügung stehen Ihnen dabei Grad, Neugrad und das Bogenmaß. Um der Routine mitzuteilen, was Sie ihr übergeben haben beziehungsweise was Sie wünschen, wurde der Aufzählungstyp Winkel_Art eingeführt.

Innerhalb der Funktion werden einige Konstanten definiert, deren Definitionen in Klammern dahinter angegeben sind. Die Winkel werden durch einfache Multiplikation mit den Konstanten umgerechnet.

Syntax:
```
FUNCTION AU_Convert_Angle ( wert    : EXTENDED;
              von,nach : Winkel_Art ) : EXTENDED;
          Winkel_Art  = ( Grad, Neugrad, Radian);
```

Aufruf:
```
bogen := AU_Convert_Angle ( 360 , grad , radian ) ;
```

Beispiel:
```
PROGRAM Winkel ;
        USES Arith_UN ;
        VAR x : EXTENDED ;
        BEGIN
         WRITE (' Zahl ? = ');
         READLN ( x );
         WRITELN ( AU_Convert_Angle
                      ( x , grad , neugrad ) ) ;
        END ;
```

Quelltext:
```
FUNCTION AU_Convert_Angle ;

{-----------------------------------------------------
 Umrechnungsfaktoren als Konstanten deklarieren.
 -----------------------------------------------------}
```

```
CONST grad_rad =   0.0174532925199433; { 2pi/360 }
      grad_gon =   1.1111111111111111; { 400/360 }
      rad_grad = 57.2957795130823;     { 360/2pi }
      rad_gon  = 63.6619772367589;     { 400/2pi }
      gon_grad =   0.9;                 { 360/400 }
      gon_rad  =   0.0157079632679490; { 2pi/400 }


VAR erg : EXTENDED;      { Temporäres Zwischenergebnis }

BEGIN


{-----------------------------------------------------
Argument nach gegebener und gewünschter Winkelart mit
dem entsprechenden Umrechnungsfaktor multiplizieren.
-----------------------------------------------------}

  CASE von OF NEUGRAD:
      CASE nach of GRAD   : erg := wert * gon_grad ;
                   NEUGRAD: erg := wert ;
                   RADIAN : erg := wert * gon_rad
      END { CASE } ;
   RADIAN :
      CASE nach of GRAD   : erg := wert * rad_grad ;
                   NEUGRAD: erg := wert * rad_gon ;
                   RADIAN : erg := wert
      END { CASE } ;
   GRAD   :
      CASE nach of GRAD   : erg := wert ;
                   NEUGRAD: erg := wert * grad_gon ;
                   RADIAN : erg := wert * grad_rad
      END { CASE }
  END { CASE } ;
  AU_CONVERT_ANGLE := erg
END; { AU_Convert_Angle }
```


AU_Round   Arith_UN.PAS

Diese Funktion rundet den Übergabeparameter x vom Typ EXTENDED auf eine count-Stellen große EXTENDED-Zahl. Die zu rundende EXTENDED-Zahl darf den Bereich von $(x \mid x \in R \wedge x > 1E{-}20 \wedge x < 1E20)$ nicht überschreiten. Liegt eine Überschreitung vor, so wird der Laufzeitfehler 207 (Invalid Floating Point Operation) erzeugt.

Syntax: FUNCTION AU_Round (x : EXTENDED; count : BYTE)
:EXTENDED;

Aufruf: erg := AU_Round (23.456778967, 3); { erg = 23.457 }

Quelltext: FUNCTION AU_Round;

```
    VAR   index,   { Laufvariable                      }
          coord,   { Position des Dezimalpunkts im STRING}
          dummy : INTEGER;       { Unbenutzt, nur für VAL }
          st    : STRING { Temporär, enthält die Zahl x};
          help  : EXTENDED; { Temporäres Zwischenergebnis}

    BEGIN
      IF ( x > 1E-20 ) OR ( x < 1E20 ) THEN BEGIN
        STR ( x : 20 : 20, st);
        coord := POS ('.',st) + 1;
        FOR index := LENGTH ( st ) DOWNTO coord + count
        DO BEGIN
         IF copy (st,index,1) < '5' THEN BEGIN
           INSERT ( SUCC ( st [index - 1] ),st,
                                         index - 1);
           DELETE ( st, index , 2 )
         END ELSE BEGIN
           INSERT ( PRED ( st [index - 1] ),st,
                                         index - 1);
           DELETE ( st, index , 2 )
         END
        END
      END ELSE RUNERROR (207);
      VAL ( st, help, dummy  );
      AU_round := help
    END { AU_Round };
```

AU_Sgn   Arith_UN.PAS

Diese Funktion ermittelt das Vorzeichen des Übergabeparameters. Der Ergebnistyp der Funktion ist vom Typ Vorzeichen, der aus folgender Aufzählung besteht:

```
TYPE Vorzeichen = ( Negativ, Null, Positiv )
```

Syntax: FUNCTION AU_Sgn (x : EXTENDED) : Vorzeichen;

Aufruf: vorsgn := AU_Sgn (23.34);

Quelltext: FUNCTION AU_Sgn ;
                 BEGIN
                  IF x < 0 THEN AU_sgn := NEGATIV
                           ELSE IF x = 0 THEN AU_sgn := NULL
                                         ELSE AU_sgn := POSITIV
                 END;

AU_Rcp   Arith_UN.PAS

Diese Funktion errechnet den reziproken Wert von x, das heißt x := 1/x. Der Ergebnistyp ist EXTENDED.

Syntax: FUNCTION AU_Rcp (x : EXTENDED) : EXTENDED;

Aufruf: erg_rcp:= AU_Rcp (34.67); { erg_rcp = 0.028843 }

Quelltext: FUNCTION AU_Rcp ;
                 BEGIN
                   AU_Rcp := 1 / x
                 END;

AU_Rot   Arith_UN.PAS

Diese Funktion berechnet eine beliebige Wurzel aus einem beliebigen Exponenten. Das Ergebnis ist vom Typ EXTENDED. Der Übergabeparameter ast nimmt nur dann auf das Vorzeichen der Wurzel Einfluß, wenn der Exponent ganzrational und gerade ist, so daß zwei Wurzelergebnisse als mögliche Lösungen in Frage kommen (erg = +/–). Die Funktion arbeitet mit folgenden Routinen aus der Bibliothek zusammen: AU_Pot, AU_Gebrochen, AU_Even und AU_Rcp. Für die Funktion ergeben sich folgende Einschränkungen:

$$(r \mid r \in R \char`\^ r < 0; x \mid x \in R)\char`\^(r \mid r \in R \char`\^ r < 0; x \mid x \in G \char`\^ gerade)$$

Diese werden durch die Funktion RUNERROR(207) abgefangen und in einen definierten Fehler überführt.

Syntax: FUNCTION AU_Rot (radiant, exponent : EXTENDED;
                            ast : Vorzeichen) : EXTENDED;

Aufruf: erg := AU_Rot (2.34, 3, negativ); { erg = 1.3276 }
               erg := AU_Rot (-2.34, 3, negativ); { erg = -1.3276 }
               erg := AU_Rot (-4.5, 3, positiv); { RUNERROR }
               erg := AU_Rot (3.45, 2, negativ); { erg = -1.8574 }

Quelltext: FUNCTION AU_Rot ;

```
    {
     Diese Funktion zieht aus einem beliebigen Radianten
    eine beliebige Wurzel.

    Einschränkungen der Funktion :
      1) ( r | r ∈ R ^ r < 0; x | x ∈ R            )
                               => RUNERROR (207)
      2) ( r | r ∈ R ^ r < 0; x | x ∈ G ^ gerade )
                               => RUNERROR (207)


    }

    VAR erg  : EXTENDED;
        flag : BOOLEAN;

    BEGIN
      flag := FALSE;
      IF AU_Gebrochen ( exponent ) THEN
        IF radiant > 0 THEN
          erg := AU_POT ( radiant , AU_RCP ( exponent ))
        ELSE RUNERROR ( 207 )
      ELSE BEGIN
        IF AU_Even ( exponent ) AND  ( radiant < 0 ) THEN
          RUNERROR ( 207 );
        IF NOT ( AU_Even ( exponent )) AND ( radiant < 0 )
        THEN BEGIN
          flag := TRUE;
          erg  := AU_Pot ( ABS ( radiant ), AU_RCP
                                    ( exponent ))
        END { neg. Wurzel ziehen }
        ELSE BEGIN
          erg := AU_Pot ( ABS ( radiant ), AU_RCP
```

```
                                ( exponent ));
                IF AU_Even ( exponent ) THEN
                    IF ast = negativ THEN erg := erg * ( -1 )
                END
            END { ELSE };
            IF flag THEN AU_rot := - erg
                    ELSE AU_rot := erg
        END { rot };
```

AU_Ln   Arith_UN.PAS

Diese Funktion berechnet den Logarithmus Naturalis über eine unendliche Reihe. Für diese gilt die Einschränkung, daß der Übergabeparameter (x | x ∈ R ^ x > 0) sein muß.

Die Formel für die unendliche Reihe lautet:

$$\ln (x) = 2 * \left[\frac{(x - 1)}{(x + 1)} + \frac{(x - 1)^3}{3 * (x + 1)^3} + \ldots \right]$$

und sie gilt für (x | x ∈ R ^ x > 0).

Zur Berechnung wird auf folgende Funktion der Bibliothek zurückgegriffen: AU_Pot.

Syntax: `FUNCTION AU_Ln ( x : EXTENDED ) :EXTENDED;`

Aufruf:
```
erg := AU_Ln ( 0.34526 );  { erg = -1.0635 }
erg := AU_Ln ( 0 );        { erg = RUNERROR ( 207 ) }
erg := AU_Ln ( 1.34E-12 ); { erg = -27.3384 }
```

Beispiel: Siehe Demo-Programm.

Quelltext:
```
FUNCTION AU_Ln ;

VAR erg  : EXTENDED;    { Temporäres Zwischenergebnis }
    lauf : BYTE;        { Laufvariable }

BEGIN
 IF x <= 0 THEN RUNERROR (207)  ;
                    { Invalid Floating Point Operation }
```

```
erg := 0;
lauf := 1;
REPEAT
  erg := erg + AU_Pot ( ( x - 1 ) , lauf ) /
  ( lauf * AU_Pot ( ( x + 1 ) , lauf ) ) ;
  lauf := lauf + 2
UNTIL lauf >= 158;
AU_ln := 2 * erg
END { AU_ln } ;
```

AU_Lg   **Arith_UN.PAS**

Diese Funktion berechnet den Logarithmus zur Basis 10. Die Funktion greift dabei auf den Logarithmus Naturalis der Bibliothek zurück. Das Ergebnis ist vom Typ EXTEN-DED. Die Berechnung erfolgt nach der Formel für einen beliebigen Logarithmus:

$$\log_a \ b \ = \ \frac{Ln \ (\ a \ )}{Ln \ (\ b \ )} \ \wedge \ b = Basis = 10$$

Syntax: `FUNCTION AU_Lg ( x : EXTENDED ) :EXTENDED;`

Aufruf:
```
erg := AU_Lg ( 25 );      { erg =  1.3979 }
erg := AU_Lg ( -2 );      { erg = RUNERROR }
erg := AU_Lg ( 2E-23 ); { erg = - 22.6990 }
```

Beispiel: Siehe Demo-Programm.

Quelltext:
```
FUNCTION AU_Lg ;
BEGIN
  AU_lg := ln ( x ) / ln ( 10 )
END;
```

AU_Log   **Arith_UN.PAS**

Diese Funktion logarithmiert den Übergabeparameter x mit einer beliebigen Basis. Die Formel hierzu lautet wie unter AU_Lg beschrieben. Das Ergebnis ist vom Typ EX-TENDED.

Syntax: `FUNCTION AU_Log ( x, basis : EXTENDED ) :EXTENDED;`

Aufruf: `erg := AU_Log ( 23, 6 ); { erg = 1.75 }`

Beispiel: Siehe Demo-Programm.

Quelltext:
```
FUNCTION AU_Log ;
BEGIN
  AU_log := ln ( x ) / ln ( b )
END;
```

AU_e   **Arith_UN.PAS**

Diese Funktion berechnet die Eulersche Konstante e nach der Formel:

$$\lim_{n \to \infty} \left[1 + \frac{1}{n} \right]^n = e = 2.718281822$$

Die Konstante besitzt als Ergebnistyp EXTENDED.

Syntax: `FUNCTION AU_e: EXTENDED;`

Aufruf: `erg := AU_e;  { erg = 2.71828 }`

Quelltext:
```
FUNCTION AU_e ;
VAR lauf : BYTE ;        { Laufvariable }
    erg : EXTENDED ;  { Temporäres Zwischenergebnis }
BEGIN
  erg := 1;
  FOR lauf := 1 to 17 DO BEGIN
    erg := erg + AU_Rcp ( AU_Fak (lauf))
  END { FOR } ;
  AU_e := erg;
END { AU_e } ;
```

AU_Expo   **Arith_UN.PAS**

Diese Funktion potenziert den Übergabeparameter x zur Basis e (Eulersche Konstante). Das Ergebnis ist vom Typ EXTENDED. Zur Berechnung wird auf die Funktion AU_Pot zurückgegriffen.

Syntax: `FUNCTION AU_Expo ( x : EXTENDED ) : EXTENDED;`

Aufruf: `erg := AU_Expo ( 2.56 );  { erg = 12.9358 }`
               `erg := AU_Expo ( 0 );     { erg = 1 }`

Beispiel: Siehe Demo-Programm.

Quelltext:
```
FUNCTION AU_Expo ;
BEGIN
   AU_Expo := AU_Pot (AU_e, x);
END;
```

AU_Sin/AU_Cos   Arith_UN.PAS

Diese Funktionen liefern zum gegebenen Argument den entsprechenden Wert der Si-
nus- bzw. Cosinus-Funktion. Der Typ des Argumentes ist frei wählbar, denn er muß als
zweiter Parameter mit übergeben werden. Innerhalb der Routine sitzt eine RE-
PEAT...UNTIL-Schleife; über das Abbruchkriterium läßt sich die Genauigkeit einstellen. Falls Sie zum Beispiel für technische Kalkulationen eine höhere Genauigkeit benötigen, können Sie sie durch Abändern der Schleife erhalten. Allerdings brauchen Sie
dann auch einen genaueren Datentyp, um die entsprechenden Nachkommastellen zu
speichern. Der momentan benutzte Wert sorgt für eine optimale Ausnutzung der EX-
TENDED-Variable. Intern arbeiten die Routinen mit einem Taylor-Polynom, das wie
folgt aufgebaut ist:

$$\sin (x) = x - \left[\frac{x^3}{3!} + \frac{x^5}{5!} + \frac{x^7}{7!} + \ldots \right]$$

$$\cos (x) = 1 - \left[\frac{x^2}{2!} + \frac{x^4}{4!} + \frac{x^6}{6!} + \ldots \right]$$

Zur Realisation wurde neben der Potenzierungsfunktion noch die Fakultät aus dieser
Unit verwendet.

Syntax: `FUNCTION AU_Sin ( x : EXTENDED; art : WINKEL_ART )`
                                                    `:EXTENDED;`

               `FUNCTION AU_Cos ( x : EXTENDED; art : WINKEL_ART )`
                                                    `:EXTENDED;`

Aufruf: extend := AU_Sin (45 , grad) ;
                  extend := AU_Cos (1 , radian) ;

Beispiel: Siehe Demo-Programm.

Quelltext: FUNCTION AU_Sin ;

```
VAR erg,v1,v2 : EXTENDED;
                            { Temporäre Zwischenergebnisse }
     lauf      : LONGINT ;  { Laufvariable                 }

BEGIN
  x:= AU_CONVERT_ANGLE (x,art,RADIAN);
                            { Argument anpassen            }

{--------------------------------------------------------
Falls das Argument ein Vielfaches von PI ist, wird es
abgefangen und das Ergebnis explizit zugewiesen,
damit es genau Null ist. Die Genauigkeit schöpft die
Möglichkeiten des EXTENDED-Typs voll aus, kann jedoch
durch das Abbruchkriterium geändert werden.
--------------------------------------------------------}

  IF FRAC ( x / pi ) = 0 THEN AU_Sin := 0
  ELSE BEGIN
    lauf := 1;          { Laufvariablen initialisieren }
    erg := 0;
    REPEAT
      v1   := AU_Pot (x,lauf  ) / AU_Fak (lauf  );
      v2   := AU_Pot (x,lauf+2) / AU_Fak (lauf+2);
      erg  := erg + ( v1 - v2 ) ;
      lauf := lauf + 4
    UNTIL lauf >= 21 ;
    AU_Sin := erg
  END { ELSE }
END { AU_Sin } ;

FUNCTION AU_Cos;

VAR erg,v1,v2 : EXTENDED;
                            { Temporäre Zwischenergebnisse }
     lauf      : LONGINT ;  { Laufvariable                 }
```

```
BEGIN
  x := AU_CONVERT_ANGLE (x,art,RADIAN);


  {------------------------------------------------------
  Falls das Argument ein Vielfaches von PI/2 ist, wird
  es abgefangen und das Ergebnis explizit zugewiesen,
  damit es genau Null ist. Genauigkeit siehe oben.
  ------------------------------------------------------}

IF x = 0 THEN AU_Cos := 1
ELSE BEGIN IF FRAC(x*2/pi) = 0 THEN AU_Cos := 0
  ELSE BEGIN
    lauf := 0;
    erg := 0;
    REPEAT
      v1 := AU_Pot (x,lauf  ) / AU_Fak (lauf  );
      v2 := AU_Pot (x,lauf+2) / AU_Fak (lauf+2);
      erg := erg + ( v1 - v2 ) ;
      lauf := lauf + 4
    UNTIL lauf >= 22 ;
    AU_Cos := erg
    END { ELSE }
  END { ELSE }
END { AU_Cos } ;
```

AU_Tan/AU_Cot   Arith_UN.PAS

Diese Funktionen liefern zum gegebenen Argument den entsprechenden Wert der Tangens- bzw. Cotangens-Funktion. Auch hier ist der Typ des Argumentes frei wählbar, er muß ebenfalls als zweiter Parameter mit übergeben werden. Beim Aufruf müssen Sie beachten, daß diese Funktionen nicht stetig definiert sind, sondern periodische Definitionslücken aufweisen. Wird die Genauigkeit bei der Sinus- bzw. Cosinus-Funktion erhöht, tritt der gleiche Effekt hier auch auf, da diese Funktionen auf die oben genannten Funktionen zurückgreifen. Allerdings gelten hier bezüglich des erforderlichen neuen Datentyps dieselben Anforderungen.

Syntax:
```
FUNCTION AU_Tan ( x : EXTENDED; art : WINKEL_ART )
                                      :EXTENDED;
FUNCTION AU_Cot ( x : EXTENDED; art : WINKEL_ART )
                                      :EXTENDED;
```

Aufruf:

```
extend := AU_Tan ( 45 , grad ) ;
extend := AU_Cot ( 1 , radian ) ;
```

Beispiel: Siehe Demo-Programm.

Quelltext:

```
FUNCTION AU_Tan ;

  {-----------------------------------------------------
    Achtung: Laufzeitfehler, falls AU_Cos = 0 ist !!!
  -----------------------------------------------------}

BEGIN
  AU_Tan := ( AU_Sin ( x , art ) / AU_Cos ( x , art ) )
END ;


FUNCTION AU_Arcoth ;
BEGIN
  AU_Arcoth := (1/2) * ln ( ( x + 1 ) / ( x - 1 ) ) ;
END;
```

AU_Arcsin/AU_Arccos   Arith_UN.PAS

Dies sind die Umkehrfunktionen zu den bereits aufgeführten Sinus- und Cosinus-Funktionen. Zu beachten ist hierbei, daß die Übergabeparameter niemals größer als eins werden dürfen, da die Sinus- bzw. Cosinus-Funktion niemals größere Werte liefern kann. Als weiterer Parameter muß noch angegeben werden, in welchem Maßsystem der Winkel geliefert werden soll.

Auch hier wäre eine Realisation über ein Taylor-Polynom möglich gewesen, jedoch wurde aus Geschwindigkeitsgründen eine Definition über den Arcustangens gewählt.

$$\text{Arcsin} (x) = \text{Arctan} \frac{x}{\sqrt{(1 - x^2)}}$$

$$\text{Arccos} (x) = \frac{\pi}{2} - \text{Arcsin} (x)$$

Bei der Benutzung dieser Rechnungen müssen die Wertebereiche wie folgt beachtet werden:

$$y = \text{Arcsin}\ (\ x\ )\ \ x \in [-1;\ 1]\ \ y \in \left[-\frac{\pi}{2};\ \frac{\pi}{2} \right]$$

$$y = \text{Arccos}\ (\ x\ )\ \ \ x \in [-1;\ 1]\ \ \ \ y \in [0;\ \pi]$$

Zur Berechnung wurde nur die Arcustangensfunktion benötigt.

Syntax:

```
FUNCTION AU_Arcsin ( x : EXTENDED; art : WINKEL_ART )
                                           :EXTENDED;
FUNCTION AU_Arccos ( x : EXTENDED; art : WINKEL_ART )
                                           :EXTENDED;
```

Aufruf:

```
winkel := AU_Arcsin ( 0.7 , grad ) ;
winkel := AU_Arccos ( 0.7 , radian ) ;
```

Beispiel: Siehe Demo-Programm.

Quelltext:

```
FUNCTION AU_Arcsin ;

VAR  erg     : EXTENDED;
                     { Temporäres Zwischenergebnis }

BEGIN
  IF ( ABS ( x ) = 1 ) OR ( x = 0 ) THEN BEGIN

  {----------------------------------------------------
  Besondere Werte werden abgefragt, um
  Rechenungenauigkeiten zu eliminieren.
  ----------------------------------------------------}

      CASE TRUNC ( x ) OF 0 : AU_Arcsin := 0;
                          1 : AU_Arcsin :=
                                    AU_CONVERT_ANGLE
                                    ( ( PI / 2 )
                                    , RADIAN , art );

                         -1 : AU_Arcsin :=
                                    AU_CONVERT_ANGLE
```

```
                                              ( - ( PI / 2 )
                                              , RADIAN , art )
        END { CASE }
      END ELSE BEGIN
          erg      := Arctan ( x / SQRT (1 - SQR (x)));
          AU_Arcsin:= AU_CONVERT_ANGLE(erg,RADIAN, art);
        END { ELSE };
  END { AU_Arcsin };


  FUNCTION AU_Arccos ;

  VAR erg : EXTENDED;     { Temporäres Zwischenergebnis }

  BEGIN

  {-------------------------------------------------------
   Besondere Werte werden abgefragt, um
   Rechenungenauigkeiten zu eliminieren.
   -------------------------------------------------------}

    IF ( ABS ( x ) = 1 ) OR ( x = 0 ) THEN BEGIN
      CASE TRUNC ( x ) OF 0 : AU_Arccos :=
                                   AU_CONVERT_ANGLE
                                   ( ( PI / 2 )
                                   , RADIAN , art );
                         1 : AU_Arccos := 0;
                        -1 : AU_Arccos :=
                                 AU_CONVERT_ANGLE
                                 ( PI , RADIAN , art )
        END { CASE }
      END ELSE BEGIN
              erg        := ( PI / 2 ) - arctan ( x /
                         SQRT (1 - SQR ( x ) ) ) ;

  AU_Arccos:=AU_CONVERT_ANGLE(erg,RADIAN,art);
            END { ELSE };
  END { AU_Arccos };
```

AU_Arctan/AU_Arccot   Arith_UN.PAS

Dies sind die Umkehrfunktionen zu den bereits aufgeführten Tangens- und Cotangens-Funktionen. Zu beachten ist hierbei, daß diese Funktionen nicht stetig definiert sind, sondern Funktionslücken aufweisen. An welchen Stellen Laufzeitfehler auftreten, können Sie aus den Kommentaren im Quelltext entnehmen. Als weiterer Parameter muß noch angegeben werden, in welchem Maßsystem der Winkel geliefert werden soll.

Die Berechnung erfolgt nach folgender Beziehung:

$$\text{arccot} \ (\ x \ ) = \text{arccos} \ \frac{x}{\sqrt{(\ 1 \ + \ x^2 \ )}}$$

Definitionsbereich:

$$y = \text{arccot} \ (\ x \ ) \quad x \in R \quad y \in [\ 0 \ ; \pi \ ]$$

Der Arcustangens benutzt aus Geschwindigkeitsgründen die original Turbo Pascal-Arcustangensfunktion, da zur Berechnung nach einer unendlichen Reihe die Bernoullischen Zahlen benötigt werden, die wiederum sehr umständlich zu bilden sind. Die benötigte Zeit würde in keinem Verhältnis stehen zu den Vorteilen, die eine erneute Implementation bringen würde.

Syntax:
```
FUNCTION AU_Arctan ( x : EXTENDED; art : WINKEL_ART )
                                            :EXTENDED;
FUNCTION AU_Arccot ( x : EXTENDED; art : WINKEL_ART )
                                            :EXTENDED;
```

Aufruf:
```
winkel := AU_Arctan ( 0.7 , grad ) ;
winkel := AU_Arccot ( 0.7 , radian ) ;
```

Beispiel: Siehe Demo-Programm.

Quelltext:
```
FUNCTION AU_Arctan  ;
VAR erg : EXTENDED;      { Temporäres Zwischenergebnis }

BEGIN
  erg    := arctan ( x ) ;
  AU_arctan := AU_CONVERT_ANGLE ( erg , RADIAN , art )
END;
```

```
FUNCTION AU_Arccot ;
VAR erg : EXTENDED ;      { Temporäres Zwischenergebnis }

BEGIN
  erg     := ( PI / 2 ) - arctan ( x ) ;
  AU_arccot := AU_CONVERT_ANGLE ( erg , RADIAN , art )
END;
```

AU_Sinh/AU_Cosh   **Arith_UN.PAS**

Diese Funktionen sind über die e-Funktion definiert. Sie besitzen keine Definitionslük-
ken. Da es sich hier um keine echten Winkelfunktionen handelt, muß auch kein zweiter
Parameter angegeben werden. Die Hyperbolicusfunktionen sind nach der folgenden
Formel zu berechnen:

$$\sinh (x) = \frac{e^x - e^{-x}}{2}$$

$$\cosh (x) = \frac{e^x + e^{-x}}{2}$$

Syntax:
```
FUNCTION AU_Sinh ( x : EXTENDED ) :EXTENDED;
FUNCTION AU_Cosh ( x : EXTENDED ) :EXTENDED;
```

Aufruf:
```
extend := AU_Sinh ( 70 ) ;
extend := AU_Cosh ( 70 ) ;
```

Beispiel: Siehe Demo-Programm.

Quelltext:
```
FUNCTION AU_Sinh ;
BEGIN
  IF x = 0 THEN AU_Sinh := 0
           ELSE AU_Sinh := (EXP ( x ) - EXP ( -x )) /2;
END;

FUNCTION AU_Cosh ;
BEGIN
  IF x = 0 THEN AU_cosh := 0
           ELSE AU_cosh := (EXP ( x ) + EXP ( -x )) /2;
END;
```

AU_Tanh/AU_Coth   Arith_UN.PAS

Diese Funktionen sind definiert über die e-Funktion. Die Hyperbolicus-Cotangens-Funktion ist für Null undefiniert; hier wird ein Laufzeitfehler ausgelöst. Da es sich hier um keine echten Winkelfunktionen handelt, muß auch kein zweiter Parameter angegeben werden.

Definiert sind diese Funktionen folgendermaßen:

$$tanh\ (\ x\ )\ =\ \frac{e^x\ -\ e^{-x}}{e^x\ +\ e^{-x}}$$

$$coth\ (\ x\ )\ =\ \frac{e^x\ -\ e^{-x}}{e^x\ +\ e^{-x}}$$

Definitionsbereich für den Cotangenshyperbolicus:

$$y = coth\ (\ x\ ) \quad x \in R \setminus \{\ 0\ \}$$

Syntax: FUNCTION AU_Tanh (x : EXTENDED) :EXTENDED;
                  FUNCTION AU_Coth (x : EXTENDED) :EXTENDED;

Aufruf: extend := AU_Tanh (70) ;
                  extend := AU_Coth (70) ;

Beispiel: Siehe Demo-Programm.

Quelltext: FUNCTION AU_Tanh ;
                  BEGIN
                    IF x = 0 THEN AU_tanh := 0
                          ELSE AU_tanh := (EXP (x) - EXP (-x)) /
                                          (EXP (x) + EXP (-x));
                  END;

                  FUNCTION AU_Coth ;
                  BEGIN
                    AU_coth := (EXP (x) + EXP (-x)) /
                               (EXP (x) - EXP (-x));
                  END;

AU_Arsinh/AU_Arcosh   **Arith_UN.PAS**

Dies sind die Umkehrfunktionen für die bereits vorgestellten Funktionen Sinushyper-
bolikus und Cosinushyperbolikus. Da es sich bei der Arcus-Hyperbolicus-Cosinus-
Funktion eigentlich um eine Relation handelt, muß noch mit angegeben werden, welcher Ast gefordert ist. Dafür wurde der Aufzählungstyp Vorzeichen eingeführt. Das
Vorzeichen Null ist bei dieser Funktion nicht zulässig.

Folgende mathematischen Beziehungen werden benutzt, um das Ergebnis zu ermitteln:

```
arcsinh ( x ) = ln ( x + √ ( x^2 + 1 )
```

```
arccosh ( x ) = ln ( x ± √ ( x^2 - 1 )
```

Definitionsbereich:

$y = \text{arccosh}(x) \quad x \in [\,1\,;\infty\,] \quad y \in [\,0\,;\infty\,]$

Syntax:	`TYPE Vorzeichen  = ( Negativ, Null, Positiv);`
	`FUNCTION AU_Arsinh ( x : EXTENDED ) :EXTENDED;`
	`FUNCTION AU_Arcosh ( x : EXTENDED; welcher :`
	`                     Vorzeichen ) :EXTENDED;`

Aufruf:	`extend := AU_Arcsinh ( 0.5 ) ;` `extend := AU_Arccosh ( 0.5 , positiv ) ;`
Beispiel:	Siehe Demo-Programm.

Quelltext:	`FUNCTION AU_Arsinh;`
	`BEGIN`
	`  AU_arsinh := ln ( x + SQRT ( SQR ( x ) + 1 ) ) ;`
	`END;`
	` `
	`FUNCTION AU_Arcosh;`
	`BEGIN`
	` `
	`{-------------------------------------------------`
	` Da die Arccosh-Funktion eigentlich eine Relation ist,`
	` muß angegeben werden, welcher Ast gebraucht wird.`
	` -------------------------------------------------}`

```
                    CASE welcher OF
          POSITIV: AU_arcosh := ln ( x + SQRT ( SQR ( x )
                                                 - 1 ) ) ;
          NEGATIV: AU_arcosh := ln ( x - SQRT ( SQR ( x )
                                                 - 1 ) ) ;
       END { CASE } ;
    END;
```

AU_Artanh/AU_Arcoth   Arith_UN.PAS

Dies sind die Umkehrfunktionen für die oben ausgeführten Funktionen. Berechnet werden die Funktionswerte nach diesen Beziehungen:

$$\text{artanh} \ (\ x \ ) \ = \frac{1}{2} * \ln \left[\frac{1 + x}{-1 - x} \right] \quad \text{für} \ |x| < 1$$

$$\text{arcoth} \ (\ x \ ) \ = \frac{1}{2} * \ln \left[\frac{1 + x}{x - 1} \right] \quad \text{für} \ |x| > 1$$

Syntax:
```
FUNCTION AU_Artanh ( x : EXTENDED ) :EXTENDED;
FUNCTION AU_Arcoth ( x : EXTENDED ) :EXTENDED;
```

Aufruf:
```
extend := AU_Artanh ( 5 ) ;
extend := AU_Arcoth ( 5 ) ;
```

Beispiel: Siehe Demo-Programm.

Quelltext:
```
FUNCTION AU_Artanh ;
BEGIN
  AU_Artanh := (1/2) * ln ( ( 1 + x ) / ( 1 - x ) ) ;
END;

FUNCTION AU_Arcoth ;
BEGIN
  AU_Arcoth := (1/2) * ln ( ( x + 1 ) / ( x - 1 ) ) ;
END;
```

Grafik und Zeichensätze

Turbo Pascal ab Version 4.0 und das neue, weitgehend Quelltext-kompatible QuickPascal bieten ein interessantes Konzept der Fensterverwaltung, das jedoch aus der Sicht des Programmierers recht rudimentär ausgefallen ist.

Deswegen wurde mit der Unit TxtWin eine Prozedur- und Funktionssammlung realisiert, die jeden Programmierer von den ansonsten notwendigen Routinearbeiten der Verwaltung dieser Fenster auf dem Bildschirm befreien kann.

Allgemeines über die Unit TxtWin

Um nun einen für den Anwender dieser Textfenster-Toolbox, der Unit TxtWin, optimalen Programmierkomfort sicherzustellen, wurde diese als eine Art "Black Box" erstellt. Dadurch kann man jede in der Unit enthaltene Routine auf jedes von ihr verwaltete Fenster direkt anwenden, ohne darauf achten zu müssen, ob und wie sie ausführbar ist. Es können jedoch auch beliebige Statusinformationen der Toolbox abgefragt werden, wie zum Beispiel, ob ein Fenster sichtbar ist, ob es überhaupt existiert, von welchem anderen Fenster ein bestimmtes Fenster überdeckt wird usw. Die Statusinformationen geben aber keine Informationen zu der internen Realisation dieser Toolbox nach außen weiter. Somit kann man sie beliebig erweitern, ergänzen und verbessern, ohne daß Routinen und Programme, die auf ihr basieren, an diese Änderungen angepaßt werden müßten, solange nur die Schnittstelle nicht verändert wird.

In dieser Unit wurden nun alle Routinen realisiert, die für eine beliebige Anwendung mit Textfenstern denkbar waren. Da die Gesichtspunkte

–   einfache Wartung des Quelltextes

–   die einfache Erweiterbarkeit des Quelltextes

–   eine möglichst geringe Fehleranfälligkeit und nicht zuletzt

–   die leichte Übertragbarkeit auf folgende Versionen von Turbo Pascal und Quelltext-kompatible Compiler wie QuickPascal

einen nicht geringen Einfluß auf die Realisation dieser Unit hatten, blieb nur die Erstellung des kompletten Quelltextes in diesem Pascal-Dialekt als einzig gangbare Möglichkeit.

Es wurden nur zwei besonders zeitkritische und häufig angewandte Prozeduren in Assembler geschrieben. Trotzdem ist die Fensterverwaltung überraschend schnell. (Da es keine Vergleichswerte und/oder Benchmark-Tests in diesem Bereich gibt, kann man dies nur durch Demo-Programme oder die eigene Arbeit mit dieser Unit überprüfen.) Die Länge der Unit blieb ebenfalls im Rahmen. (Das Compilat, nicht Overlay-fähig und ohne die Unterstützung eines mathematischen Co-Prozessors compiliert, ist als TXTWIN.TPU nur ca. 39 KByte und als QuickPascal-Compilat TXTWIN.QPU ca. 42 KByte groß.) Dies wurde durch die Auswahl möglichst passender Datenstrukturen und zu implementierender Algorithmen erreicht. Bei dieser Auswahl war immer eine Abwägung zwischen Arbeitsgeschwindigkeit und benötigter Arbeitsspeicherkapazität durchzuführen, wobei zu guter Letzt hoffentlich der "goldene Mittelweg" zwischen beiden Optima gefunden wurde.

Die nun vorliegende Unit TxtWin bietet also alle Möglichkeiten, die von einer universell einsetzbaren Textfenster-Toolbox zu erwarten sind.

Die technischen Daten zum Einsatz der Unit TxtWin

Hauptspeicher

Soweit für die Verwaltung der Fenster und deren Inhalte nötig, wird der gesamte von der Heap-Verwaltung Turbo Pascals bzw. QuickPascals zur Verfügung gestellte Hauptspeicher ausgenutzt.

Dynamisch werden je nach Text-/Grafik-Adapter zwischen zwei (CGA/MDA/Hercules) und vier KByte (VGA) benötigt. Dies ist der Mindestbedarf ohne den benötigten Speicherplatz für noch anzulegende Informationen über Fenster und deren Pufferspeicher. Die statischen Datenstrukturen der Unit benötigen außerdem noch einmal etwa ein KByte.

Umfang der Unit

Das Compilat ist als .TPU-Datei (Turbo Pascal) 39 und als .QPU-Datei (QuickPascal) 42 KByte groß. Durch den intelligenten Linker Turbo Pascals werden nur die tatsächlich eingesetzten Routinen in das erstellte Programm aufgenommen, so daß das eigentliche Programm durch die Aufnahme dieser Unit normalerweise nicht unverhältnismäßig größer wird. Notfalls kann die Unit bei Turbo Pascal auch Overlay-fähig compiliert werden, wodurch dann bei der Verwendung von TxtWin als Overlay-Unit mehr Arbeitsspeicher frei wird.

Expanded/Extended Memory

Jede Art von erweitertem Speicher, ob dieser nun über EMS oder als erweiterter Speicher bei Rechnern mit den Intel-80286/386/486-Prozessoren zur Verfügung gestellt wird, wird derzeit von dieser Unit nicht direkt unterstützt.

Es ist jedoch möglich, den Inhalt von Fenstern auf Disketten/Festplatten auszulagern, so daß diese Speicherbereiche durch den Einsatz von RAM-Disk-Treibern (VDISK, RAMDRIVE o.ä.) doch indirekt genutzt und der vom Betriebssystem MS-/PC-DOS direkt verwaltete Basisspeicher so entlastet werden kann.

Residente Merkmale

Die Unit stellt selbständig kein residentes Programm dar, jedoch ist die Programmierung solcher Programme (wenigstens theoretisch) möglich, wenngleich der notwendige Speicherbedarf dem entgegensteht.

DOS-Version

In der vorliegenden Form läuft die Unit als Compilat von Turbo Pascal ab der Version 4.0 bzw. QuickPascal ab der Version 1.0 und benötigt selbst auch nur die von diesen Compilern vorausgesetzten DOS-Versionen.

Turbo-Pascal-Version

Die Unit ist für den Einsatz mit Turbo Pascal ab der Version 4.0 bzw. dem zu Turbo Pascal Version 5.0 Quelltext-kompatiblen QuickPascal ab der Version 1.0 ausgelegt. Es besteht jedoch nur eine Quelltext-Kompatibilität, da sich das Format der compilierten Unit (TXTWIN.TPU bzw. TXTWIN.QPU) von Compiler-Version zu Compiler-Version unterscheidet, so daß zum Beispiel eine mit Turbo Pascal 5.0 compilierte Unit weder mit Turbo Pascal 4.0 noch 5.5 verwendet werden kann. Dies gilt insbesondere für QuickPascal, das sein eigenes Bibliotheksformat für compilierte Units einbringt. Deswegen ist immer eine Recompilation des Quelltextes für die Verwendung mit dem jeweiligen Compiler bzw. der jeweiligen Compiler-Version erforderlich.

Das Compilieren des Quelltextes der Unit TxtWin

Der folgende Abschnitt beinhaltet eine kurze Beschreibung der für die Recompilation der Unit TxtWin notwendigen Schritte. Die Beschreibung bezieht sich hier direkt auf Turbo Pascal. Eine für QuickPascal notwendige Ergänzung findet sich weiter unten.

Änderungen der Compiler-Einstellungen können mit einem Editor in der Datei TXTWIN.HE1 vorgenommen werden. Hier kann man die generell für die Unit wirksamen Compiler-Optionen abändern (Standard: {$A+,B-,D-,I-,L-,R-,S+,V-}) bzw. die Einstellungen ändern, die bestimmen, ob die Unit Overlay-fähig compiliert werden soll ($Define/$UnDef NoOvl). Die Anwendung als Overlay ist jedoch nur bei Turbo Pascal ab Version 5.0 möglich. Auch die Unterstützung eines mathematischen Co-Prozessors ($Define/$UnDef No87) kann festgelegt werden. Bei Turbo Pascal bis zur Version 5.0 muß dieser Co-Prozessor in diesem Fall vorhanden sein, damit das Programm funktioniert.

Für die eigentliche Compilation müssen die folgenden Bedingungen erfüllt sein:

–   Die Datei TxtWin.Pas muß geladen oder das Primary-File ([Alt-C]ompile/ [P]rimary file:) sein.

–   Bei der Ausführung der Anweisungsfolge

```
[Alt-C]ompile/[B]uild
```

oder unter Umständen auch bei

```
[Alt-C]ompile/[M]ake
```

für den Quellcode eines selbstentwickelten Programms oder einer selbstentwickelten Unit unter Verwendung der Routinen dieser Toolbox müssen sich die untenstehenden Dateien nur in den entsprechenden Verzeichnissen befinden.

–   Die Datei TxtWin.Pas muß zusätzlich in dem Verzeichnis abgespeichert sein, in dem der Compiler nach den Quelltexten der zu benutzenden Units sucht, da er diese sonst nicht erneut compilieren kann.

–   Wird nur die Unit TxtWin recompiliert, so muß das Ziel die Diskette/Festplatte und nicht der Hauptspeicher sein, damit die Unit auch für andere Anwendungen zur Verfügung steht.

– Die Dateien TxtWin.He1, TxtWin.He2, TxtWin.In1, TxtWin.In2, TxtWin.1-1, TxtWin.1-2, TxtWin.1-3 und TxtWin.1-4 müssen sich in dem Verzeichnis befinden, in dem der Compiler die Include-Dateien erwartet.

– Die Dateien MoveF.Obj, MoveN.Obj, ScrMvF.Obj und ScrMvN.Obj müssen sich in dem Verzeichnis befinden, in dem der Compiler nach den einzubindenen Objekt-Dateien sucht.

QuickPascal-Anwender müssen folgendes beachten:

Weil QuickPascal weitgehend Quelltext-kompatibel zu Turbo Pascal in der Version 5.0 ist, läßt sich diese Toolbox durch eine kleine Ergänzung auch mit ihm verwenden. Die einzige Schwierigkeit besteht darin, daß QuickPascal die Unit Graph der Turbo-Pascal-Compiler nicht direkt unterstützt. Da jedoch nur eine Prozedur und einige wenige Konstanten aus dieser Unit benötigt werden, konnte der Quelltext für die Realisation dieser fehlenden Deklarationen leicht in Form einer Unit erstellt werden. Weil diese wiederum völlig auf die Unit TxtWin abgestimmt ist, kann sie ansonsten kaum verwendet werden. Sie kann bestenfalls als kurze Anregung für die Implementation der bei QuickPascal gegenüber Turbo Pascal fehlenden Routinen dienen. Sie erfüllt jedoch im Rahmen dieser Toolbox ihre Aufgabe; denn man muß nun nur ihren Quelltext (Graph.QP) compilieren und die erzeugte QuickPascal-Unit (Graph.QPU) in ein Verzeichnis kopieren, in dem der QuickPascal-Compiler nach den einzubindenden Units sucht, um anschließend ein fehlerfreies und zu der Turbo-Pascal-Version identisch zu handhabendes Compilat der Unit TxtWin erstellen zu können.

Nun noch eine kurze Übersicht über die Quelltext-Dateien der Unit TxtWin und ihre Inhalte:

– TxtWin.He1 und TxtWin.He2 bilden zusammen den Interface-Teil der Unit TxtWin. Sie enthalten alle notwendigen Informationen, um diese in ihrer vollen Leistungsfähigkeit auszunutzen.

– TxtWin.In1 und TxtWin.In2 enthalten alle intern von der Unit benötigten Datenstrukturen, Prozeduren und Funktionen.

– MoveN.Asm und MoveF.Asm bzw. MoveN.Obj und MoveF.Obj sind die Assembler-Quelltexte und die jeweiligen Objekt-Dateien, die in TxtWin.In1 benötigt werden.

– TxtWin.1-1, TxtWin.1-2, TxtWin.1-3, TxtWin.1-4 und TxtWin.Pas enthalten den eigentlichen Implementationstext der exportierten Prozeduren und Funktionen, wobei TxtWin.1-1 und TxtWin.1-2 den Quelltext der in TxtWin.He1 aufgeführten

Prozeduren und Funktionen und TxtWin.1-3, TxtWin.1-4 und TxtWin.Pas den Quelltext der in TxtWin.He2 aufgeführten Prozeduren und Funktionen enthalten.

Ein Beispiel zur Programmierung mit der Unit TxtWin

Die Quelltext-Datei TstTxt1.Pas zeigt deutlich, daß die Unit TxtWin wirklich fehlerabweisend programmiert wurde. Nur so ist es möglich, daß der Aufruf einer beliebigen Routine aus der Unit mit beliebigen Parametern durchgeführt, nie zu einer Fehlfunktion der Unit oder des sie benutzenden Programms führt.

Die Quelltext-Datei Win-Demo.Pas ist ein Beispiel, an dem die Unabhängigkeit der Codierung des Programms von der internen Realisation der Toolbox, der Fenster und ihrer Datenstrukturen deutlich wird.

Anmerkungen und Erklärungen zu den Prozeduren und Funktionen

Wird der Inhalt eines Fensters durch die Anwendung einer der Prozeduren oder Funktionen verändert, so zieht dies automatisch eine Aktualisierung des Bildschirms nach sich, wenn diese Änderung auch auf ihm sichtbar wird. Eine Veränderung in einem nicht sichtbaren Teil eines Fensters hat keine Aktion auf dem Bildschirm zur Folge. Ausnahmen werden bei der Beschreibung der jeweiligen Funktion ausdrücklich genannt.

Ein Aufruf einer Prozedur oder Funktion mit unkorrekten Parametern führt auf keinen Fall zu einer Fehlfunktion der Unit: Es geschieht einfach nichts. Die Ergebnisse bzw. Rückgabeparameter sind in einem solchen Fall aber normalerweise nicht definiert, also rein zufällig. Ein unkorrekter Parameter wäre zum Beispiel auch die Kennummer (siehe ebenfalls "Wichtige Termini") eines nicht existierenden Fensters, wenn die aufgerufene Routine die Kennummer eines existierenden Fensters erwartet.

Es wurde versucht, an die nun folgenden Prozeduren, Funktionen und ihre Parameter mnemonisch sinnvolle, eindeutige und trotzdem kurze Bezeichner zu vergeben, um die notwendige Einarbeitungszeit gering zu halten und somit eine der Konzeption der Toolbox entsprechende und baldige Anwendung aller zur Verfügung gestellten Routinen zu ermöglichen.

Ein- bzw. Ausgaben und sonstige mit der Toolbox mögliche Operationen sind in jedem beliebigen Fenster zu jeder Zeit möglich, solange das Fenster existiert. Bei den folgenden Routinen der Unit TxtWin ist aber zu beachten, daß bei ihrem Aufruf mit der Kennnummer eines Fensters, dessen Inhalt auf Diskette oder Festplatte ausgelagert wurde, noch genügend Arbeitsspeicher frei sein muß, um diesen Inhalt wieder aufzunehmen. Er wird dann aufgrund der sonst zu langsamen Arbeitsweise der Toolbox bis auf die definitionsgemäßen Ausnahmen bei den Routinen ChgActWin, RestoreWin und ShowWin, bei denen er auch nach dem Ende der Routine im Arbeitsspeicher verbleibt, von der Diskette oder Festplatte temporär in den Arbeitsspeicher verlagert, was bei zu wenig freiem Arbeitsspeicher natürlich zu einem Laufzeitfehler führen müßte. Über die Funktion GetWinFitsIntoRAM kann man aber zuvor eine Abfrage durchführen.

Bei den davon betroffenen Routinen handelt es sich um:

– ChgActWin

– ChgWinAreaTxtBack

– ChgWinAreaTxtColor

– ClrWinAreaWith

– LoadWinCont

– ReadFromWin

– RestoreWin

– SaveWinCont

– ClrEoL

– ClrScr

– DelLine

– Read(Ln)

– Write(Ln)

Die Routine ResizeWin ist ebenfalls davon betroffen, jedoch sind bei ihr zusätzliche Fakten zu beachten. Lesen Sie dazu die Erklärung zu dieser Routine. Ein Zugriff des Programmierers auf die internen Variablen der Unit wurde bewußt nicht vorgesehen, da die Unit in der Art einer "Black Box" konzipiert wurde. So wird die Programmierung vereinfacht, wenn es zunächst auch nicht danach aussehen mag. Es werden jedoch Fehler durch unbeabsichtigte Seiteneffekte, wie das Verändern bestimmter Variablen zu ungünstigen Zeitpunkten oder ähnliches verhindert. In einem gewissen Sinne könnte man diese Unit auch für die Turbo-Pascal- bzw. QuickPascal-Compiler vor der Version 5.5 als eine Art objektorientierte Textfenster-Verwaltung begreifen, wobei die Datenstruktur, die als einzige direkt nach außen bekannt ist, die Kennummer eines Fensters ist, das heißt:

```
Fenster =
  Object
    Kenn_Nummer : Byte;
    ...
    ... (* Sonstige, hier nur intern verfügbare Datenstrukturen *)
    ...
    ... (* die unten angeführten Prozeduren und Funktionen *)
    ...
END;
```

Wichtige Termini

Aktuelles Fenster: das sichtbare Fenster, das von keinem anderen Fenster auch nur teilweise überdeckt wird. Wird für dieses Fenster ein Rahmen angezeigt, so besteht er aus einer doppelten Linie.

Ausgelagertes Fenster: ein Fenster, dessen Inhalte auf Diskette oder Festplatte ausgelagert wurden und das auf dem Bildschirm nicht sichtbar ist. (Siehe auch unter "Verstecktes Fenster".)

Fensterrahmen: Der Fensterrahmen zählt nicht direkt zum eigentlichen Fenster, sondern wird um es herum aufgebaut, wenn das zugehörige Flag für seine Anzeige gesetzt ist.

Fenstertitel: Wenn das Flag für die Anzeige des Titelrahmens gesetzt ist und das Fenster bei der Initialisierung oder über ChgWinTitle einen Titel bekommen hat, so wird dieser zentriert in der oberen Zeile des Rahmens ausgegeben.

Hidden: Siehe unter Verstecktes Fenster.

Kennummer: Jedes Fenster, das mittels MakeNewWin oder LoadWin geöffnet wird, bekommt eine es eindeutig identifizierende Nummer zugeordnet. Der Wertebereich dieser

Kennummer ist der Bereich von 0 bis 255, da der Typ WindowIdentifier in dieser Implementation äquivalent zum Typ Byte ist. So wird auch die Beschränkung auf 255 unterscheidbare Fenster verständlich, da der Wert 0 hier eine weitere Bedeutung hat und deswegen nie ein existierendes Fenster durch ihn identifiziert wird.

Liste der existierenden Fenster: Ausgehend von einem beliebigen existierenden Fenster kann über dessen Kennummer eine doppelt-verkettete Liste aller existierenden Fenster durchlaufen werden. Hierfür existieren die Funktionen GetPredWinNo und GetSuccWinNo. Diese Liste hat die Bedeutung, daß jedes in ihr vor (Pred) einem gegebenen Fenster liegende Fenster, solange es angezeigt wird, den Inhalt und Rahmen des gegebenen Fensters innerhalb des Bildschirmbereichs überdeckt, der von seinem Inhalt und Rahmen benötigt wird. So wird auch verständlich, warum das Fenster mit der über die Funktion GetLastWinNo ermittelten Kennummer immer von allen anderen Fenstern überdeckt wird und das Fenster mit der über die Funktion GetFirstWinNo ermittelten Kennummer immer das aktuelle Fenster sein muß, das alle anderen existierenden und angezeigten Fenster überdeckt. (GetPredWinNo, GetSuccWinNo, GetFirstWinNo und GetLastWinNo sind von der Unit exportierte Funktionen, die weiter unten detailliert erläutert werden.)

LongHidden: Siehe unter *Ausgelagertes Fenster*.

Sichtbares Fenster: Jedes Fenster, von dem alle Teile, die nicht durch andere, es überlagernde Fenster verdeckt sind, auf dem Bildschirm angezeigt werden. Wird für dieses Fenster ein Rahmen angezeigt und handelt es sich nicht um das aktuelle Fenster, so besteht dieser aus Ein-Linien-Blockgrafik-Symbolen.

Verstecktes Fenster: Ein Fenster, das nicht auf dem Bildschirm angezeigt wird. Nach der Erzeugung eines neuen Fensters ist dieses zunächst automatisch versteckt, ebenso wie jedes ausgelagerte Fenster.

Die exportierten Prozeduren der Unit TxtWin

Für die Erklärung der folgenden Prozeduren und der im nächsten Kapitel folgenden Funktionen ist ein Wissen über die folgenden Typ-Deklarationen und ihre Bedeutung erforderlich.

Die von der Unit unterstützten Bildschirmadapter (Hercules=MDA) werden als Aufzählungstyp deklariert:

```
AdapterType = (CGA, EGA, MDA, VGA)
```

Der Typ für Dateiname und -Pfad, um Fenster bzw. Fensterinhalte abzuspeichern oder zu laden, ist folgender:

```
FileAndPathString = String [79];
```

Der Typ zur Bestimmung, welcher Variablentyp bei Read(Ln) eingelesen werden soll, ist bei Compilation ohne Unterstützung des mathematischen Co-Prozessors folgender:

```
KindOfVar = (B, W, SI, I, LI, R, ST);
```

Die Bedeutung der verwendeten Abkürzungen ist:

(B)yte, (W)ord, (S)hort(I)nteger, (I)nteger, (L)ong(I)nteger, (R)eal, (ST)ring.

Bei Compilation mit Unterstützung des mathematischen Co-Prozessors gilt jedoch:

```
KindOfVar = (B, W, SI, I, LI, C, SR, R, DR, ER, ST);
```

Die Bedeutung der verwendeten Abkürzungen ist hierbei:

(B)yte, (W)ord, (S)hort(I)nteger, (I)nteger, (L)ong(I)nteger, (C)omp, (S)ingle(R)eal, (R)eal, .(D)ouble(R)eal, (E)xtended(R)eal, (ST)ring.

Der längste String, der in eine Zeile des größtmöglichen Fensters paßt, ist folgermaßen definiert:

```
MaxWindowString = String [HeadlineMaxX];
```

(HeadlineMaxX ist dabei eine ebenfalls exportierte Konstante mit HeadlineMaxX gleich 80.)

Der Typ für den Pfadnamen ist:

```
PathString = String [66];
```

Der Typ für die Strings, die für die formatierte Ausgabe bei den Write(Ln)..-Anweisungen verwendet werden, ist:

```
ShortString = String [MinLength];
```

(MinLength ist dabei eine ebenfalls exportierte Konstante mit MinLength gleich 7.) Vom folgenden Typ müssen die Kennungen (Kennummern) sein, mittels derer man ein Fenster eindeutig identifizieren kann.

```
WindowIdentifier = Byte;
```

In den Parametern der Funktionen und Prozeduren heißen die Kennummern der Fenster fast ausschließlich WindowNo. Es folgen nun die Prozeduren.

ChgActWin   **Unit TxtWin**

Setzt das aktuelle Fenster.

Syntax: `PROCEDURE ChgActWin ( WindowNo : WindowIdentifier );`

Aufruf: `ChgActWin ( 255 );`

Parameter: *WindowNo*: WindowIdentifier; Kennummer des Fensters

Wenn WindowNo die Kennummer eines existierenden Fensters ist, so wird es gleichzeitig zum aktuellen Fenster angezeigt. Der Inhalt des angesprochenen Fensters wird wie der aller angezeigten Fenster im Arbeitsspeicher gehalten. Gilt WindowNo gleich 0, so werden alle sichtbaren Fenster versteckt, der Bildschirm gelöscht und das Zeichenattribut auf Weiß-auf-Schwarz gesetzt.

Quelltext:

```
PROCEDURE  ChgActWin(WindowNo : WindowIdentifier);
VAR
  Columns     : Byte;
  EndColumn   : Byte;
  EndLine     : Byte;
  StartColumn : Byte;
  StartLine   : Byte;
  Line        : Byte;
BEGIN
 IF WindowNo <> ActualWindow THEN
   BEGIN
    IF WindowNo > 0 THEN
      BEGIN
        WITH WindowBooking [WindowNo] DO
          BEGIN
          IF WindowPtr <> NIL THEN
            BEGIN
              IF WindowPtr^.WindowRAM = NIL THEN
               BEGIN
                 RestoreLongHiddenWindow(WindowNo);
               END
```

```
     ELSE
      BEGIN
      END;
     HiddenWindows [WindowNo] := FALSE;
     IF PredWindow > 0 THEN
      BEGIN
       WindowBooking
                   [FirstWindowInList].PredWindow
                      := WindowNo;
       WindowBooking [PredWindow].NextWindow
                      := NextWindow;
       IF NextWindow > 0 THEN
        BEGIN
         WindowBooking [NextWindow].PredWindow :=
                       PredWindow;
        END
        ELSE
         BEGIN
         END;
       NextWindow        := FirstWindowInList;
       PredWindow        := 0;
       FirstWindowInList := WindowNo;
      END
      ELSE
       BEGIN
       END;
     ActualWindow := WindowNo;
     WITH WindowPtr^ DO
      BEGIN
       EndColumn := PRED(UpperLeftX + MaxX +
                   Byte(Frame));
       IF EndColumn > WindowMaxX THEN
        BEGIN
         EndColumn := WindowMaxX;
        END
        ELSE
         BEGIN
         END;
       EndLine := PRED(UpperLeftY + MaxY +
                  Byte(Frame));
       IF EndLine > WindowMaxY THEN
        BEGIN
```

```
   EndLine := WindowMaxY;
  END
  ELSE
   BEGIN
   END;
 StartColumn := UpperLeftX - Byte(Frame);
 IF StartColumn = 0 THEN
  BEGIN
   StartColumn := 1;
  END
  ELSE
   BEGIN
   END;
 StartLine := UpperLeftY - Byte(Frame);
 IF StartLine = 0 THEN
  BEGIN
   StartLine := 1;
  END
  ELSE
   BEGIN
   END;
 Columns := SUCC(EndColumn - StartColumn);
 FOR Line := PRED(StartLine) TO
                            PRED(EndLine)
 DO
  BEGIN
   FillChar(MaxArray(ScreenBooking^).Byte1
     [Line * WindowMaxX + StartColumn],
     Columns, WindowNo);
  END;
 IF NextWindow > 0 THEN
  BEGIN
   RedrawWindowFrame(NextWindow);
  END
  ELSE
   BEGIN
   END;
 RedrawWindowContents(ActualWindow, 0, 0, 0,
                    0);
 RedrawWindowFrame(WindowNo);
 Crt.WindMin := (PRED(UpperLeftY) Shl 8) +
              PRED(UpperLeftX);
```

```
                    Crt.WindMax := ((UpperLeftY + MaxY - 2)
                            Shl 8) + (UpperLeftX + MaxX - 2);
                    Crt.GotoXY(LastCursorPosX, LastCursorPosY);
                    Crt.TextAttr := TextAttribute
                     END; ;
                 END
                 ELSE
                  BEGIN
                  END;
               END;
             END
             ELSE
              BEGIN
               IF ScreenBooking <> NIL THEN
                BEGIN
                 FillChar(ScreenBooking^, WindowMaxX *
                                                WindowMaxY,
                         0);
                END
                ELSE
                 BEGIN
                 END;
               FillChar(HiddenWindows [1],
                        PRED(SizeOf(HiddenWindows)), TRUE);
               ActualWindow := 0;
               Crt.WindMin  := 0;
               Crt.WindMax  := (PRED(WindowMaxY) Shl 8) +
                                PRED(WindowMaxX);
               Crt.TextAttr := White;
               Crt.ClrScr;
              END;
           END
           ELSE
            BEGIN
            END;
         END;
```

ChgWinAreaTxtBack   Unit TxtWin

Verändert die Hintergrund-Attribute in einem bestimmten Bereich eines Fensters.

Syntax: PROCEDURE ChgWinAreaTxtBack (WindowNo :
                     WindowIdentifier; FromColumn, FromLine,
                     ToColumn, ToLine, Color : Byte);

Aufruf: ChgWinAreaTxtBack (255, 1, 1, 5, 5, Black);

Parameter: *WindowNo*: WindowIdentifier; Kennummer des Fensters

                 FromColumn: Byte; Anfangsspalte des Bereichs

                 FromLine: Byte; Anfangszeile des Bereichs

                 ToColumn: Byte; Endspalte des Bereichs

                 ToLine: Byte; Endzeile des Bereichs

                 Color: Byte; zu setzendes Texthintergrund-Attribut

                 Wenn *WindowNo* die Kennummer eines existierenden Fensters ist, so
                 wird der Bereich des Fensters, der durch die Parameter FromColumn,
                 FromLine, ToColumn und ToLine definiert ist, mit dem Texthinter-
                 grund-Attribut Color versehen. Die Parameter haben folgende Bedeu-
                 tungen und Wertebereiche:

                 FromColumn und *ToColumn* beziehen sich absolut auf die Koordinaten
                 in diesem Fenster und müssen im Bereich von 1 bis GetWinMaxX
                 (WindowNo) liegen. Sind diese jedoch größer, so werden sie auf den
                 entsprechenden Bereich begrenzt.

                 FromLine und *ToLine* beziehen sich ebenfalls absolut auf die Koordi-
                 naten in diesem Fenster; ihr Wertebereich ist jedoch auf 1 bis GetWin
                 MaxY(WindowNo) beschränkt. Sie werden wie die vorgenannten Para-
                 meter nötigenfalls auch auf den entsprechenden Bereich begrenzt.

                 Color muß im Bereich von Schwarz (0) bis Hellgrau (7) liegen und wird
                 bei einer Bereichsüberschreitung wiederum auf diesen begrenzt.

Quelltext: PROCEDURE ChgWinAreaTxtBack(WindowNo :
                                         WindowIdentifier;
                              FromColumn : Byte;
                              FromLine   : Byte;
                              ToColumn   : Byte;
                              ToLine   : Byte;
                              Color   : Byte);

```
VAR
  Address    : Word;
  Column     : Byte;
  Line       : Byte;
  LongHidden : BOOLEAN;
BEGIN
 WITH WindowBooking [WindowNo] DO
  BEGIN
    IF WindowPtr <> NIL THEN
     BEGIN
      WITH WindowPtr^ DO
       BEGIN
        IF (FromColumn <= MaxX)     AND
           (FromLine <= MaxY)       AND
           (ToColumn > 0)           AND
           (ToLine > 0)             AND
           (FromColumn <= ToColumn) AND
           (FromLine <= ToLine)            THEN
         BEGIN
          LongHidden := WindowRAM = NIL;
          IF LongHidden THEN
           BEGIN
            ExtAccess := FALSE;
            RestoreLongHiddenWindow(WindowNo);
           END
           ELSE
            BEGIN
            END;
          IF FromColumn > 0 THEN
           BEGIN
           END
           ELSE
            BEGIN
             FromColumn := 1;
            END;
          IF FromLine = 0 THEN
           BEGIN
            FromLine := 1;
           END
           ELSE
            BEGIN
            END;
```

```
      IF ToColumn > MaxX THEN
       BEGIN
        ToColumn := MaxX;
       END
       ELSE
        BEGIN
        END;
      IF ToLine > MaxY THEN
       BEGIN
        ToLine := MaxY;
       END
       ELSE
        BEGIN
        END;
      Color := (Color AND $07) Shl 4;
      FOR Line := PRED(FromLine) TO PRED(ToLine) DO
       BEGIN
         FOR Column := FromColumn TO ToColumn DO
          BEGIN
            Address := (Line * MaxX + Column) Shl 1;
            MaxArray(WindowRAM^).Byte1 [Address] :=
                    (MaxArray(WindowRAM^).Byte1
                    [Address] AND $8F) OR Color;
          END;
       END;
      IF LongHidden THEN
       BEGIN
        HideWinLong(WindowNo, LongHidden);
       END
       ELSE
        BEGIN
         RedrawWindowContents(WindowNo, FromColumn,
                    FromLine, ToColumn, ToLine);
        END;
    END
    ELSE
     BEGIN
     END;
   END;
 END
 ELSE
  BEGIN
```

```
        END;
      END;
    END;
```

ChgWinAreaTxtColor   **Unit TxtWin**

Verändert die Vordergrund-Attribute in einem bestimmten Bereich eines Fensters.

Syntax:
```
PROCEDURE ChgWinAreaTxtColor ( WindowNo :
            WindowIdentifier; FromColumn, FromLine,
            ToColumn, ToLine, Color : Byte );
```

Aufruf: `ChgWinAreaTxtColor ( 255, 1, 1, 5, 5, White );`

Parameter: *WindowNo*: WindowIdentifier; Kennummer des Fensters

         FromColumn: Byte; Anfangsspalte des Bereichs

         FromLine: Byte; Anfangszeile des Bereichs

         ToColumn: Byte; Endspalte des Bereichs

         ToLine: Byte; Endzeile des Bereichs

         Color: Byte; zu setzendes Textvordergrund-Attribut

Wenn *WindowNo* die Kennummer eines existierenden Fensters ist, so wird der Bereich des Fensters, der durch die Parameter FromColumn, FromLine, ToColumn und ToLine definiert ist, mit dem Textvordergrund-Attribut *Color* versehen.

Die Parameter haben folgende Bedeutungen und Wertebereiche:

FromColumn und *ToColumn* beziehen sich absolut auf die Koordinaten in diesem Fenster und müssen im Bereich von 1 bis GetWinMaxX (WindowNo) liegen. Sind sie jedoch größer, so werden sie auf den entsprechenden Bereich begrenzt.

FromLine und ToLine beziehen sich ebenfalls absolut auf die Koordinaten in diesem Fenster, ihr Wertebereich ist jedoch auf 1 bis GetWin

MaxY(WindowNo) beschränkt. Sie werden wie die vorgenannten Parameter nötigenfalls auch auf den entsprechenden Bereich begrenzt.

Color muß im Bereich von Schwarz (0) bis Weiß (15) liegen. Wenn die Zeichen in diesem Bereich blinken sollen, wird zum Wert 128 hinzuaddiert. Der Wert wird bei einer Bereichsüberschreitung wiederum automatisch begrenzt.

Quelltext:
```
PROCEDURE ChgWinAreaTxtColor(WindowNo :
                                      WindowIdentifier;
                            FromColumn : Byte;
                            FromLine   : Byte;
                            ToColumn   : Byte;
                            ToLine     : Byte;
                            Color      : Byte);
VAR
  Address    : Word;
  Column     : Byte;
  Line       : Byte;
  LongHidden : BOOLEAN;
BEGIN
 WITH WindowBooking [WindowNo] DO
  BEGIN
   IF WindowPtr <> NIL THEN
    BEGIN
     WITH WindowPtr^ DO
      BEGIN
       IF (FromColumn <= MaxX)     AND
          (FromLine <= MaxY)       AND
          (ToColumn > 0)           AND
          (ToLine > 0)             AND
          (FromColumn <= ToColumn) AND
          (FromLine <= ToLine)         THEN
        BEGIN
         LongHidden := WindowRAM = NIL;
         IF LongHidden THEN
          BEGIN
           ExtAccess := FALSE;
           RestoreLongHiddenWindow(WindowNo);
          END
         ELSE
          BEGIN
```

```
       END;
IF FromColumn > 0 THEN
 BEGIN
 END
 ELSE
  BEGIN
   FromColumn := 1;
  END;
IF FromLine = 0 THEN
 BEGIN
  FromLine := 1;
 END
 ELSE
  BEGIN
  END;
IF ToColumn > MaxX THEN
 BEGIN
  ToColumn := MaxX;
 END
 ELSE
  BEGIN
  END;
IF ToLine > MaxY THEN
 BEGIN
  ToLine := MaxY;
 END
 ELSE
  BEGIN
  END;
Color := Color AND $8F;
FOR Line := PRED(FromLine) TO PRED(ToLine) DO
 BEGIN
  FOR Column := FromColumn TO ToColumn DO
   BEGIN
    Address := (Line * MaxX + Column) Shl 1;
    MaxArray(WindowRAM^).Byte1 [Address] :=
          (MaxArray(WindowRAM^).Byte1
          [Address] AND $70) OR Color;
   END;
 END;
IF LongHidden THEN
 BEGIN
```

```
                        HideWinLong(WindowNo, LongHidden);
                    END
                    ELSE
                      BEGIN
                       RedrawWindowContents(WindowNo, FromColumn,
                                    FromLine, ToColumn, ToLine);
                      END;
                  END
                  ELSE
                    BEGIN
                    END;
                END;
              END
              ELSE
                BEGIN
                END;
            END;
          END;
```

ChgWinFrameOnOff   **Unit TxtWin**

Schaltet den Rahmen eines Fensters ein oder aus.

Syntax: PROCEDURE ChgWinFrameOnOff (WindowNo :
                     WindowIdentifier; Frame Change : BOOLEAN);

Aufruf: ChgWinFrameOnOff (255, TRUE);

Parameter: *WindowNo*: WindowIdentifier; Kennummer des Fensters

                 FrameChange: BOOLEAN; neues Flag für die Anzeige des Rahmens

                 Wenn *WindowNo* die Kennummer eines existierenden Fensters ist, so
                 wird der Rahmen des Fensters, solange es sichtbar ist, je nach dem Wert
                 des Parameters *FrameChange* angezeigt.

                 Der Parameter hat folgende Bedeutung und folgenden Wertebereich:

                 FrameChange enthält:

                 FALSE: Für dieses Fenster wird kein Rahmen mehr angezeigt.

                 TRUE: Für dieses Fenster wird ein Rahmen angezeigt.

Quelltext:
```
PROCEDURE  ChgWinFrameOnOff(WindowNo :
                                    WindowIdentifier;
                          FrameChange : BOOLEAN);
VAR
  TmpLowerRightX : Byte;
  TmpLowerRightY : Byte;
  TmpUpperLeftX  : Byte;
  TmpUpperLeftY  : Byte;
BEGIN
 WITH WindowBooking [WindowNo] DO
  BEGIN
   IF WindowPtr <> NIL THEN
     BEGIN
      WITH WindowPtr^ DO
       BEGIN
        IF Frame <> FrameChange THEN
         BEGIN
          Frame := FrameChange;
          IF NOT HiddenWindows [WindowNo] THEN
           BEGIN
            TmpUpperLeftX  := PRED(UpperLeftX);
            TmpUpperLeftY  := PRED(UpperLeftY);
            TmpLowerRightX := UpperLeftX + MaxX;
            TmpLowerRightY := UpperLeftY + MaxY;
            IF TmpUpperLeftY > 0 THEN
             BEGIN
              RecalcScreenBooking(WindowNo,
                        TmpUpperLeftX,
                        TmpUpperLeftY,
                        TmpLowerRightX,
                        TmpUpperLeftY);
              RedrawScreen(TmpUpperLeftX,
                        TmpUpperLeftY,
                        TmpLowerRightX,
                        TmpUpperLeftY);
             END
            ELSE
             BEGIN
             END;
            IF TmpLowerRightY < SuccWindowMaxY THEN
             BEGIN
              RecalcScreenBooking(WindowNo,
```

```
                              TmpUpperLeftX,
                              TmpLowerRightY,
                              TmpLowerRightX,
                              TmpLowerRightY);
          RedrawScreen(TmpUpperLeftX,
                              TmpLowerRightY,
                              TmpLowerRightX,
                              TmpLowerRightY);
        END
        ELSE
         BEGIN
         END;
       IF TmpUpperLeftX > 0 THEN
        BEGIN
         RecalcScreenBooking(WindowNo,
                         TmpUpperLeftX,
                         TmpUpperLeftY,
                         TmpUpperLeftX,
                         TmpLowerRightY);
          RedrawScreen(TmpUpperLeftX,
                         TmpUpperLeftY,
                         TmpUpperLeftX,
                         TmpLowerRightY);
        END
        ELSE
         BEGIN
         END;
       IF TmpLowerRightX < SuccWindowMaxX THEN
        BEGIN
         RecalcScreenBooking(WindowNo,
                 TmpLowerRightX, TmpUpperLeftY,
                 TmpLowerRightX, TmpLowerRightY);
          RedrawScreen(TmpLowerRightX,
                         TmpUpperLeftY,
                    TmpLowerRightX, TmpLowerRightY);
        END
        ELSE
         BEGIN
         END;
      END
      ELSE
       BEGIN
```

```
                        END;
                END
                ELSE
                  BEGIN
                  END;
              END;
            END
            ELSE
              BEGIN
              END;
          END;
        END;
```

ChgWinFrameTxtBack   **Unit TxtWin**

Verändert das Texthintergrund-Attribut eines Fensterrahmens.

Syntax: PROCEDURE ChgWinFrameTxtBack (WindowNo :
                    WindowIdentifier; Color : Byte);

Aufruf: ChgWinFrameTxtBack (255, Black);

Parameter: *WindowNo*: WindowIdentifier; Kennummer des Fensters

         Color: Byte; neues Texthintergrund-Attribut

         Wenn *WindowNo* die Kennummer eines existierenden Fensters ist, so
         bekommt der Rahmen des Fensters, solange er sichtbar ist, das neue
         Texthintergrund-Attribut.

         Der Parameter hat folgende Bedeutung und folgenden Wertebereich:

         Color muß im Bereich von Schwarz (0) bis Hellgrau (7) liegen und wird
         bei einer Bereichsüberschreitung wiederum begrenzt.

Quelltext: PROCEDURE ChgWinFrameTxtBack(WindowNo :
                                    WindowIdentifier;
                                Color   : Byte);
         BEGIN
          WITH WindowBooking [WindowNo] DO
           BEGIN

```
IF WindowPtr <> NIL THEN
 BEGIN
  WITH WindowPtr^ DO
   BEGIN
    FrameAttribute := (FrameAttribute AND $8F) OR
       ((Color AND $07) Shl 4);
    END;
   RedrawWindowFrame(WindowNo)
  END
  ELSE
   BEGIN
   END;
 END;
END;
```

ChgWinFrameTxtColor   **Unit TxtWin**

Verändert das Textvordergrund-Attribut eines Fensterrahmens.

Syntax: PROCEDURE ChgWinFrameTxtColorBack (WindowNo :
                     WindowIdentifier; Color : Byte);

Aufruf: ChgWinFrameTxtColorBack (255, White);

Parameter: *WindowNo*: WindowIdentifier; Kennummer des Fensters

               Color: Byte; neues Textvordergrund-Attribut

               Wenn *WindowNo* die Kennummer eines existierenden Fensters ist, so bekommt der Rahmen des Fensters, solange er sichtbar ist, das neue Textvordergrund-Attribut.

               Der Parameter hat folgende Bedeutung und folgenden Wertebereich:

               Color muß im Bereich von Schwarz (0) bis Weiß (15) liegen. Wenn die Zeichen blinken sollen, wird der Wert um 128 erhöht. Bei einer Bereichsüberschreitung erfolgt automatisch eine Begrenzung.

Quelltext: PROCEDURE ChgWinFrameTxtColor(WindowNo:
                                 WindowIdentifier;
                         Color   : Byte);

```
BEGIN
 WITH WindowBooking [WindowNo] DO
  BEGIN
   IF WindowPtr <> NIL THEN
    BEGIN
     WITH WindowPtr^ DO
      BEGIN
       FrameAttribute := (FrameAttribute AND $70) OR
                         (Color AND $8F);
      END;
     RedrawWindowFrame (WindowNo);
    END
    ELSE
     BEGIN
     END;
   END;
END;
```

ChgWinTitle   **Unit TxtWin**

Verändert den Titel eines Fensters.

Syntax: PROCEDURE ChgWinTitle (WindowNo : WindowIdentifier;
                         NewTitle : MaxWindowString);

Aufruf: ChgWinTitle (255, 'Neue Fenster-Überschrift!');

Parameter: *WindowNo*: WindowIdentifier; Kennummer des Fensters

Title: MaxWindowString; neuer Fenster-Titel

Wenn *WindowNo* die Kennummer eines existierenden Fensters ist, so bekommt dieses den neuen angegebenen Fenster-Titel, der dann bei der Anzeige des Rahmens verwendet wird.

Der Parameter hat folgende Bedeutung und folgenden Wertebereich:

Title kann jeder beliebige String bestehend aus beliebigen Zeichen [Chr(0) bis Chr(255)] sein, wobei jedoch nur maximal HeadlineMaxX Zeichen übernommen werden.

Quelltext:
```
PROCEDURE  ChgWinTitle(WindowNo : WindowIdentifier;
                       NewTitle : MaxWindowString);
BEGIN
 WITH WindowBooking [WindowNo] DO
   BEGIN
     IF WindowPtr <> NIL THEN
      BEGIN
       WITH WindowPtr^ DO
        BEGIN
          IF Byte(NewTitle [0]) > HeadlineMaxX THEN
           BEGIN
            Byte(NewTitle [0]) := HeadlineMaxX;
           END
           ELSE
            BEGIN
            END;
          IF Title <> NIL THEN
           BEGIN
            FreeMem(Title, SUCC(Byte(Title^)));
           END
           ELSE
            BEGIN
            END;
          IF Byte(NewTitle [0]) > 0 THEN
           BEGIN
            IF MaxAvail < SUCC(Byte(NewTitle [0])) THEN
             BEGIN
              Byte(NewTitle [0]) := PRED(MaxAvail);
             END
             ELSE
              BEGIN
              END;
            IF Byte(NewTitle [0]) > 0 THEN
             BEGIN
              GetMem(Title, SUCC(Byte(NewTitle [0])));
              String(Title^) := NewTitle;
             END
             ELSE
              BEGIN
               Title := NIL;
              END;
          END
```

```
                   ELSE
                     BEGIN
                       Title := NIL
                     END;
                 END;
               RedrawWindowFrame(WindowNo);
             END
             ELSE
               BEGIN
               END;
           END;
       END;
```

CloseAllWins   Unit TxtWin

Schließt alle existierenden Fenster.

Syntax: PROCEDURE CloseAllWins;

Aufruf: CloseAllWins;

Diese Prozedur schließt alle von dieser Unit verwalteten Fenster und gibt den für diese reservierten Speicherplatz frei. Dies gilt auch für den Arbeits- und Disketten-/Festplatten-Speicher, der durch Fenster, die LongHidden sind, belegt wird.

Anschließend ist kein Fenster mehr existent, außerdem wird der Bildschirm gelöscht und das Zeichenattribut auf Weiß-auf-Schwarz gesetzt.

Quelltext:
```
PROCEDURE  CloseAllWins;
VAR
  Loop : WindowIdentifier;
BEGIN
 FOR Loop := 1 TO 255 DO
   BEGIN
     WITH WindowBooking [Loop] DO
       BEGIN
         IF WindowPtr <> NIL THEN
           BEGIN
             KillWindowRAM(Loop);
             WITH WindowPtr^ DO
               BEGIN
```

```
         IF Title <> NIL THEN
          BEGIN
           FreeMem(Title, SUCC(Byte(Title^)));
          END
          ELSE
           BEGIN
           END;
        END;
       Dispose(WindowPtr);
      END
      ELSE
       BEGIN
       END;
    END;
 END;
FillChar(WindowBooking, SizeOf(WindowBooking), 0);
FirstWindowInList := 0;
IF ScreenBooking <> NIL THEN
 BEGIN
  FreeMem(ScreenBooking, WindowMaxX * WindowMaxY);
 END
 ELSE
  BEGIN
  END;
ScreenBooking := NIL;
ActualWindow := 0;
HiddenWindows [0] := FALSE;
FillChar(HiddenWindows [1],
             PRED(SizeOf(HiddenWindows)),
         TRUE);
Crt.WindMin  := 0;
Crt.WindMax  := (PRED(WindowMaxY) Shl 8) +
             PRED(WindowMaxX);
Crt.TextAttr := White;
Crt.ClrScr;
END;
```

CloseWin   Unit TxtWin

Schließt ein Fenster.

Syntax: `PROCEDURE CloseWin ( WindowNo : WindowIdentifier );`

Aufruf: CloseWin (255);

Parameter: *WindowNo*: WindowIdentifier; Kennummer des Fensters

Wenn *WindowNo* die Kennummer eines existierenden Fensters ist, so wird dieses gelöscht und der durch das Fenster belegte Speicherplatz freigegeben. Dies gilt auch für den Arbeits- und Disketten- bzw. Festplattenspeicher, der durch LongHidden-Fenster belegt wird.

Anschließend ist ein Fenster mit der Kennummer *WindowNo* nicht mehr existent.

Quelltext:
```
PROCEDURE   CloseWin(WindowNo : WindowIdentifier);
BEGIN
 WITH WindowBooking [WindowNo] DO
  BEGIN
   IF WindowPtr <> NIL THEN
    BEGIN
     HideWin(WindowNo);
     KillWindowRAM(WindowNo);
     IF NextWindow > 0 THEN
      BEGIN
       WindowBooking [NextWindow].PredWindow :=
                  PredWindow;
      END
      ELSE
       BEGIN
       END;
     IF PredWindow > 0 THEN
      BEGIN
       WindowBooking [PredWindow].NextWindow :=
                  NextWindow;
      END
      ELSE
       BEGIN
        FirstWindowInList := NextWindow;
       END;
     WITH WindowPtr^ DO
      BEGIN
       IF Title <> NIL THEN
        BEGIN
         FreeMem(Title, SUCC(Byte(Title^)));
```

```
              END
              ELSE
                BEGIN
                END;
              END;
             Dispose(WindowPtr);
             FillChar(WindowBooking [WindowNo],
                      SizeOf(WindowBooking [0]), 0);
            END
            ELSE
              BEGIN
              END;
          END;
        END;
```

ClrEoL   Unit TxtWin

Löscht die aktuelle Zeile eines Fensters.

Syntax: PROCEDURE ClrEoL (WindowNo : WindowIdentifier);

Aufruf: ClrEoL (255);

Parameter: *WindowNo*: WindowIdentifier; Kennummer des Fensters

Wenn *WindowNo* die Kennummer eines existierenden Fensters ist, so
wird die Zeile, in der der Cursor in diesem Fenster steht, ab der aktuellen Cursorposition in diesem Fenster bis zu ihrem Ende mit Leerzeichen
und der für dieses Fenster aktuellen Textvorder- und Texthintergrund-
Attributkombination gelöscht.

Quelltext:
```
PROCEDURE  ClrEoL(WindowNo : WindowIdentifier);
VAR
   Column     : Byte;
   LinePos    : Word;
   LongHidden : BOOLEAN;
BEGIN
 WITH WindowBooking [WindowNo] DO
   BEGIN
     IF WindowPtr <> NIL THEN
       BEGIN
```

```
WITH WindowPtr^ DO
 BEGIN
   LongHidden := WindowRAM = NIL;
   IF LongHidden THEN
    BEGIN
     ExtAccess := FALSE;
     RestoreLongHiddenWindow(WindowNo);
    END
    ELSE
     BEGIN
     END;
   Blanks [2] := TextAttribute;
   LinePos    := MaxX * PRED(LastCursorPosY);
   FOR Column := PRED(LastCursorPosX) TO
                                     PRED(MaxX)
    DO
    BEGIN
     Move(Blanks, MaxArray(WindowRAM^).Word0
                          [LinePos + Column], 1);
    END;
   IF LongHidden THEN
    BEGIN
     HideWinLong(WindowNo, LongHidden);
    END
    ELSE
     BEGIN
      RedrawWindowContents(WindowNo,
              LastCursorPosX,
              LastCursorPosY, MaxX,
              LastCursorPosY);
     END;
    END;
   END
   ELSE
    BEGIN
    END;
  END;
 END;
```

ClrScr   Unit TxtWin

Löscht den Inhalt eines Fensters.

Syntax: `PROCEDURE ClrScr ( WindowNo : WindowIdentifier );`

Aufruf: `ClrScr ( 255 );`

Parameter: *WindowNo*: WindowIdentifier; Kennummer des Fensters

Wenn *WindowNo* die Kennummer eines existierenden Fensters ist, so
wird der Inhalt dieses Fensters mit Leerzeichen und der für dieses Fenster aktuellen Textvorder- und Texthintergrund-Attributkombination
gelöscht und die aktuelle Cursorposition in diesem Fenster auf die obere
linke Ecke mit den Koordinaten Zeile 1 und Spalte 1 gesetzt.

Quelltext:
```
PROCEDURE  ClrScr(WindowNo : WindowIdentifier);
VAR
  LongHidden    : BOOLEAN;
  WinSizeWords : Word;
BEGIN
 WITH WindowBooking [WindowNo] DO
  BEGIN
   IF WindowPtr <> NIL THEN
    BEGIN
     WITH WindowPtr^ DO
      BEGIN
       WinSizeWords := MaxX * MaxY;
       LongHidden   := WindowRAM = NIL;
       IF LongHidden THEN
        BEGIN
         GetMem(WindowRAM, WinSizeWords Shl 1);
        END
       ELSE
        BEGIN
        END;
       Blanks [2] := TextAttribute;
       Move(Blanks, WindowRAM^, 1);
       Move(WindowRAM^, MaxArray(WindowRAM^).Word0
                   [1], PRED(WinSizeWords)));
       LastCursorPosX := 1;
       LastCursorPosY := 1;
```

```
            IF LongHidden THEN
             BEGIN
              HideWinLong(WindowNo, LongHidden);
             END
             ELSE
              BEGIN
               IF WindowNo = ActualWindow THEN
                BEGIN
                 Crt.GotoXY(1, 1);
                END
                ELSE
                 BEGIN
                 END;
                RedrawWindowContents(WindowNo, 0, 0, 0, 0);
               END;
            END;
           END
           ELSE
            BEGIN
            END;
         END;
       END;
```

ClrWinAreaWith   Unit TxtWin

Löscht einen Bereich eines Fensters mit einem beliebigen Zeichen.

Syntax: PROCEDURE ClrWinAreaWith (WindowNo :
              WindowIdentifier; FromColumn, FromLine,
              ToColumn, ToLine : Byte; WithChar : CHAR;
              UseColors : BOOLEAN);

Aufruf: ClrWinAreaWith (255, 2, 5, 7, 8, 'X', FALSE);

Parameter: *WindowNo*: WindowIdentifier; Kennummer des Fensters

             FromColumn: Byte; Anfangsspalte des Bereichs

             FromLine: Byte; Anfangszeile des Bereichs

             ToColumn: Byte; Endspalte des Bereichs

ToLine: Byte; Endzeile des Bereichs

WithChar: CHAR; zu setzendes Zeichen

UseColors: BOOLEAN; Flag für das Verändern der Farbattribute

Wenn *WindowNo* die Kennummer eines existierenden Fensters ist, so wird der durch *FromColumn*, *FromLine*, *ToColumn* und *ToLine* gegebene Bereich mit dem Zeichen *WithChar* gefüllt.

Die Parameter haben folgende Bedeutungen und Wertebereiche:

FromColumn und *ToColumn* beziehen sich absolut auf die Koordinaten in diesem Fenster und müssen im Bereich von 0 bis *GetWin MaxX(WindowNo)* liegen. Der Wert 0 entspricht hier dem Wert 1. Sind die Werte größer, so werden sie auf diesen Bereich begrenzt.

FromLine und *ToLine* beziehen sich ebenfalls absolut auf die Koordinaten in diesem Fenster; ihr Wertebereich ist jedoch auf 0 bis *GetWin MaxY(WindowNo)* beschränkt. Auch hier entspricht der Wert 0 dem Wert 1. Sie werden nötigenfalls wie die vorgenannten Parameter auf diesen Bereich begrenzt.

WithChar kann jedes beliebige Zeichen sein [Chr(0) bis Chr(255)].

UseColors enthält:

FALSE: Die Textvorder- und Texthintergrund-Attribute der Zeichen in diesem Bereich werden nicht verändert.

TRUE: Die Textvorder- und Texthintergrund-Attribute der Zeichen in diesem Bereich werden auf die aktuellen Werte des Fensters gesetzt.

Quelltext:
```
PROCEDURE   ClrWinAreaWith(WindowNo    :
                                WindowIdentifier;
                     FromColumn : Byte;
                     FromLine   : Byte;
                     ToColumn   : Byte;
                     ToLine     : Byte;
                     WithChar   : CHAR;
                     UseColors  : BOOLEAN);
```

```
VAR
  Address    : Word;
  LineAdr    : Word;
  Column     : Byte;
  Line       : Byte;
  LongHidden : BOOLEAN;

BEGIN
 WITH WindowBooking [WindowNo] DO
  BEGIN
   IF WindowPtr <> NIL THEN
    BEGIN
     WITH WindowPtr^ DO
      BEGIN
       IF (FromColumn <= MaxX)      AND
          (FromLine <= MaxY)        AND
          (ToColumn > 0)            AND
          (ToLine > 0)              AND
          (FromColumn <= ToColumn)  AND
          (FromLine <= ToLine)              THEN
        BEGIN
         LongHidden := WindowRAM = NIL;
         IF LongHidden THEN
          BEGIN
           ExtAccess := FALSE;
           RestoreLongHiddenWindow(WindowNo);
          END
          ELSE
           BEGIN
           END;
         IF FromColumn > 0 THEN
          BEGIN
           Dec(FromColumn);
          END
          ELSE
           BEGIN
           END;
         IF FromLine = 0 THEN
          BEGIN
           FromLine := 1;
          END
          ELSE
```

```
      BEGIN
      END;
IF ToColumn > MaxX THEN
 BEGIN
  ToColumn := PRED(MaxX);
 END
 ELSE
  BEGIN
   Dec(ToColumn);
  END;
IF ToLine > MaxY THEN
 BEGIN
  ToLine := MaxY;
 END
 ELSE
  BEGIN
  END;
FOR Line := PRED(FromLine) TO PRED(ToLine) DO
 BEGIN
  LineAdr := Line * MaxX;
  FOR Column := FromColumn TO ToColumn DO
   BEGIN
    Address := (LineAdr + Column) Shl 1;
    MaxArray(WindowRAM^).Byte0 [Address] :=
            Byte(WithChar);
    IF UseColors THEN
     BEGIN
      MaxArray(WindowRAM^).Byte0
            [SUCC(Address)] := TextAttribute;
     END
     ELSE
      BEGIN
      END;
   END;
 END;
IF LongHidden THEN
 BEGIN
  HideWinLong(WindowNo, LongHidden);
 END
 ELSE
  BEGIN
   RedrawWindowContents(WindowNo,
```

```
                                SUCC(FromColumn), FromLine,
                                SUCC(ToColumn), ToLine);
                 END;
              END
              ELSE
                BEGIN
                END;
            END;
          END
          ELSE
            BEGIN
            END;
        END;
      END;
```

DelLine   Unit TxtWin

Löscht eine Zeile in einem Fenster.

Syntax: PROCEDURE DelLine (WindowNo : WindowIdentifier);

Aufruf: DelLine (255);

Parameter: *WindowNo*: WindowIdentifier; Kennummer des Fensters

Wenn *WindowNo* die Kennummer eines existierenden Fensters ist, so
wird die Zeile, in der sich der Cursor in diesem Fenster befindet, gelöscht, und alle Zeilen unterhalb dieser werden um eine Zeile hochge-
schoben. Die letzte Zeile wird dann eine Leerzeile.

Quelltext:
```
PROCEDURE  DelLine(WindowNo : WindowIdentifier);
VAR
   LongHidden : BOOLEAN;
   TmpPosX    : Byte;
   TmpPosY    : Byte;
BEGIN
 WITH WindowBooking [WindowNo] DO
  BEGIN
    IF WindowPtr <> NIL THEN
      BEGIN
        WITH WindowPtr^ DO
```

```
          BEGIN
           LongHidden := WindowRAM = NIL;
           IF LongHidden THEN
            BEGIN
             ExtAccess := FALSE;
             RestoreLongHiddenWindow(WindowNo);
            END
            ELSE
             BEGIN
             END;
          Move(MaxArray(WindowRAM^).Word0 [LastCursorPosY *
                MaxX], MaxArray(WindowRAM^).Word0
                [PRED(LastCursorPosY) * MaxX],
                (MaxY - LastCursorPosY) * MaxX);
           TmpPosX         := LastCursorPosX;
           TmpPosY         := LastCursorPosY;
           LastCursorPosX := 1;
           LastCursorPosY := MaxY;
           ClrEoL(WindowNo);
           LastCursorPosX := TmpPosX;
           LastCursorPosY := TmpPosY;
           IF LongHidden THEN
            BEGIN
             HideWinLong(WindowNo, LongHidden);
            END
            ELSE
             BEGIN
              RedrawWindowContents(WindowNo, 1,
                   LastCursorPosY, MaxX, MaxY);
             END;
           END;
          END
          ELSE
           BEGIN
           END;
         END;
        END;
```

GetCursSize   **Unit TxtWin**

Liefert Größeninformationen über den Cursor.

Syntax: PROCEDURE GetCursSize (VAR StartLine : Byte; VAR
                         EndLine : Byte);

Aufruf: GetCursSize (StartLine, EndLine);

Parameter: *StartLine*: Byte

                EndLine: Byte

                Diese Prozedur liefert als Ergebnisparameter die Scanzeilen zurück, in
                denen der Cursor beginnt und endet.

                StartLine ist die Zeile, in der der Cursor beginnt. *EndLine* ist die Zeile,
                in der er endet.

Quelltext:
```
PROCEDURE  GetCursSize(VAR StartLine : Byte;
                       VAR EndLine   : Byte);
BEGIN
 StartLine := CursorStartLine;
 EndLine   := CursorEndLine;
END;
```

GotoXY   Unit TxtWin

Setzt die aktuelle Cursorposition in einem Fenster.

Syntax: PROCEDURE GotoXY (WindowNo : WindowIdentifier; X, Y :
                                                        Byte);

Aufruf: GotoXY (255, 3, 7);

Parameter: *WindowNo*: WindowIdentifier; Kennummer des Fensters

                X: Byte; neue Spaltenposition des Cursors

                Y: Byte; neue Zeilenposition des Cursors

                Wenn *WindowNo* die Kennummer eines existierenden Fensters ist, so
                wird die Cursorposition in diesem Fenster auf die angegebene Position
                gesetzt.

Die Parameter haben folgende Bedeutungen und Wertebereiche:

X bezieht sich absolut auf die Koordinaten im angegebenen Fenster, gibt die zutreffende Spalte an und muß im Bereich von 1 bis *GetWinMaxX (WindowNo)* liegen.

Y bezieht sich absolut auf die Koordinaten im angegebenen Fenster, gibt die zutreffende Zeile an und muß im Bereich von 1 bis *GetWinMaxY (WindowNo)* liegen.

Quelltext:
```
PROCEDURE  GotoXY(WindowNo : WindowIdentifier;
                  X         : Byte;
                  Y         : Byte);
BEGIN
 WITH WindowBooking [WindowNo] DO
   BEGIN
     IF WindowPtr <> NIL THEN
       BEGIN
         WITH WindowPtr^ DO
         BEGIN
           IF (X > 0)       AND
              (X <= MaxX) AND
              (Y > 0)       AND
              (Y <= MaxY)      THEN
             BEGIN
              LastCursorPosX := X;
              LastCursorPosY := Y;
              IF WindowNo = ActualWindow THEN
                BEGIN
                  Crt.GotoXY(X, Y);
                END
                ELSE
                  BEGIN
                  END;
             END
             ELSE
               BEGIN
               END;
           END;
         END
         ELSE
           BEGIN
```

```
        END;
      END;
    END;
```

HideWin   Unit TxtWin

Versteckt ein Fenster.

Syntax: `PROCEDURE HideWin ( WindowNo : WindowIdentifier );`

Aufruf: `HideWin ( 255 );`

Parameter: *WindowNo*: WindowIdentifier; Kennummer des Fensters

Wenn *WindowNo* die Kennummer eines existierenden Fensters ist, das
angezeigt wird, so wird es durch den Aufruf dieser Prozedur versteckt.

War es das aktuelle Fenster, so wird das nächste sichtbare Fenster zum
aktuellen, und das Fenster *WindowNo* wird in der Liste der existierenden
Fenster unmittelbar hinter dem nun aktuellen Fenster eingeordnet. Das
nun aktuelle Fenster wird gleichzeitig zum ersten Fenster in der Liste
der existierenden Fenster.

Bei Aufruf dieser Prozedur mit der Kennummer eines Fensters, das bereits *Hidden* oder *LongHidden* ist, geschieht nichts.

Quelltext:
```
PROCEDURE  HideWin(WindowNo : WindowIdentifier);
VAR
  xrl : Byte;
  xlu : Byte;
  yrl : Byte;
  ylu : Byte;
BEGIN
 IF (NOT HiddenWindows [WindowNo]) AND
    (WindowNo > 0)                          THEN
   BEGIN
    WITH WindowBooking [WindowNo] DO
     BEGIN
      HiddenWindows [WindowNo] := TRUE;
      WITH WindowPtr^ DO
       BEGIN
```

```
        xrl := PRED(UpperLeftX + MaxX + Byte(Frame));
        xlu := UpperLeftX - Byte(Frame);
        yrl := PRED(UpperLeftY + MaxY + Byte(Frame));
        ylu := UpperLeftY - Byte(Frame);
      END;
    RecalcScreenBooking(WindowNo, xlu, ylu, xrl,
                                                yrl);
    RedrawScreen(xlu, ylu, xrl, yrl);
    IF ExtAccess                    AND
       (WindowNo = ActualWindow)       THEN
     BEGIN
      xrl := NextWindow;
      WHILE HiddenWindows [xrl] DO
       BEGIN
        xrl := WindowBooking [xrl].NextWindow;
       END;
      ChgActWin(xrl);
     END
     ELSE
      BEGIN
      END;
    END;
   END
   ELSE
    BEGIN
    END;
  END;
```

HideWinLong   Unit TxtWin

Lagert ein Fenster auf einer Diskette oder Festplatte aus.

Syntax: `PROCEDURE HideWinLong ( WindowNo : WindowIdentifier;`
                                   `VAR Error : BOOLEAN );`

Aufruf: `HideWinLong ( 255, Error );`

Parameter: *WindowNo*: WindowIdentifier; Kennummer des Fensters

                  Error: BOOLEAN

Wenn *WindowNo* die Kennummer eines existierenden Fensters ist, das angezeigt wird, so wird es durch den Aufruf dieser Prozedur versteckt und, wenn *GetLongHidePath* keine leere Zeichenfolge zurückliefert, sein Inhalt auf Diskette oder Festplatte ausgelagert und der vom Fenster belegte Arbeitsspeicher freigegeben.

Wenn *WindowNo* das aktuelle Fenster ist, so wird das nächste sichtbare Fenster zum aktuellen und das Fenster *WindowNo* in der Liste der existierenden Fenster unmittelbar hinter dem nun aktuellen Fenster eingeordnet. Das nun aktuelle Fenster wird gleichzeitig das erste Fenster in der Liste der existierenden Fenster.

Mit einem versteckten Fenster geschieht das gleiche, jedoch muß es nicht erst versteckt und die Liste nicht umsortiert werden.

Der Parameter hat folgende Bedeutung und folgenden Wertebereich:

Der Rückgabeparameter *Error* bekommt je nach Ausgang der Prozedur die folgenden Werte:

FALSE: Das Abspeichern war erfolgreich.

TRUE: Das Fenster mit der angegebenen Kennummer existiert nicht, oder es wurde kein Pfad für die Auslagerung von Fenstern gesetzt. Das heißt, das Ergebnis der Funktion *GetLongHidePath* ist eine leere Zeichenfolge, oder beim Abspeichern trat ein Fehler auf, wie zum Beispiel, daß die Diskette oder Festplatte voll ist.

Im Fehlerfall wird der Arbeitsspeicher nicht freigegeben, und das Fenster bleibt *Hidden*.

Quelltext:
```
PROCEDURE  HideWinLong(     WindowNo :
                                       WindowIdentifier;
                          VAR Error   : BOOLEAN);
VAR
  RAMSize : Word;
BEGIN
 Error := TRUE;
 WITH WindowBooking [WindowNo] DO
  BEGIN
   IF WindowPtr <> NIL THEN
    BEGIN
```

```
WITH WindowPtr^ DO
 BEGIN
  IF WindowRAM <> NIL THEN
   BEGIN
    HideWin(WindowNo);
    IF Byte(HidePath [0]) > 0 THEN
     BEGIN
      RAMSize := (MaxX * MaxY) Shl 1;
      Assign(WindowFile, FileNameMake(WindowNo));
      Rewrite(WindowFile, RAMSize);
      Error := BOOLEAN(IOResult);
      IF NOT Error THEN
       BEGIN
        BlockWrite(WindowFile, WindowRAM^, 1);
        Error := BOOLEAN(IOResult);
        Close(WindowFile);
        Error := Error OR BOOLEAN(IOResult);
        IF NOT Error THEN
         BEGIN
          FreeMem(WindowRAM, RAMSize);
          WindowRAM := NIL;
         END
         ELSE
          BEGIN
           Erase(WindowFile);
           IF BOOLEAN(IOResult) THEN
            BEGIN
            END
            ELSE
             BEGIN
             END;
          END;
       END
       ELSE
        BEGIN
        END;
     END
     ELSE
      BEGIN
      END;
   END
   ELSE
```

```
          BEGIN
          END;
        END;
      END
      ELSE
        BEGIN
        END;
      END;
    END;
```

HighVideo   Unit TxtWin

Setzt das Textvordergrund-Attribut eines Fensters auf hohe Intensität.

Syntax: PROCEDURE HighVideo (WindowNo : WindowIdentifier);

Aufruf: HighVideo (255);

Parameter: *WindowNo*: WindowIdentifier; Kennummer des Fensters

Wenn *WindowNo* die Kennummer eines existierenden Fensters ist, so
wird das Textvordergrund-Attribut auf hohe Intensität gesetzt.

Quelltext:
```
PROCEDURE  HighVideo(WindowNo : WindowIdentifier);
BEGIN
 TextColor(WindowNo, WindowBooking
         [WindowNo].WindowPtr^.TextAttribute OR $08);
END;
```

InsLine   Unit TxtWin

Fügt eine Zeile in einem Fenster ein.

Syntax: PROCEDURE InsLine (WindowNo : WindowIdentifier);

Aufruf: InsLine (255);

Parameter: *WindowNo*: WindowIdentifier; Kennummer des Fensters

Wenn WindowNo die Kennummer eines existierenden Fensters ist, so
werden ab der *aktuellen* Cursorposition in diesem Fenster alle Zeilen um
eine Zeile nach unten geschoben.

Eine Leerzeile wird bei der aktuellen Cursorposition eingefügt.

Quelltext:
```
PROCEDURE  InsLine(WindowNo : WindowIdentifier);
VAR
  LongHidden : BOOLEAN;
  TmpPosX    : Byte;
BEGIN
 WITH WindowBooking [WindowNo] DO
   BEGIN
     IF WindowPtr <> NIL THEN
       BEGIN
        WITH WindowPtr^ DO
          BEGIN
           LongHidden := WindowRAM = NIL;
           IF LongHidden THEN
            BEGIN
              ExtAccess := FALSE;
              RestoreLongHiddenWindow(WindowNo);
            END
            ELSE
             BEGIN
             END;
           IF LastCursorPosY < MaxY THEN
            BEGIN
              System.Move(MaxArray(WindowRAM^).Word0
                     [PRED(LastCursorPosY) * MaxX],
                     MaxArray(WindowRAM^).Word0
                     [LastCursorPosY * MaxX],
                     (MaxY-LastCursorPosY) * MaxX Shl 1);
            END
            ELSE
             BEGIN
             END;
           TmpPosX         := LastCursorPosX;
           LastCursorPosX := 1;
           ClrEoL(WindowNo);
           LastCursorPosX := TmpPosX;
           IF LongHidden THEN
```

```
                    BEGIN
                     HideWinLong(WindowNo, LongHidden);
                    END
                    ELSE
                     BEGIN
                      RedrawWindowContents(WindowNo, 1,
                                      LastCursorPosY, MaxX, MaxY);
                     END;
                   END;
                 END
                 ELSE
                  BEGIN
                  END;
               END;
             END;
```

InvWinFrameColors   **Unit TxtWin**

Vertauscht das Textvorder- und Texthintergrund-Attribut des Rahmens eines Fensters.

Syntax: PROCEDURE InvWinFrameColors(WindowNo:
                                           WindowIdentifier);

Aufruf: InvWinFrameColors (255);

Parameter: *WindowNo*: WindowIdentifier; Kennummer des Fensters

Wenn *WindowNo* die Kennummer eines existierenden Fensters ist, so werden das Textvorder- und das Texthintergrund-Attribut des Rahmens ausgetauscht, wobei jedoch *HighVideo* und *Blink* erhalten bleiben.

Quelltext: PROCEDURE InvWinFrameColors(WindowNo :
                                           WindowIdentifier);
```
VAR
  TmpFrameAttrib : Byte;
BEGIN
 WITH WindowBooking [WindowNo] DO
  BEGIN
   IF WindowPtr <> NIL THEN
    BEGIN
     WITH WindowPtr^ DO
```

```
            BEGIN
             TmpFrameAttrib :=FrameAttribute;
             FrameAttribute:=((TmpFrameAttrib AND $70) Shr 4)
                             OR
                             ((TmpFrameAttrib AND $07) Shl 4)
                             OR
                             (TmpFrameAttrib AND $88);
             RedrawWindowFrame(WindowNo);
            END;
          END
          ELSE
            BEGIN
            END;
         END;
        END;
```

InvWinTxtColors   Unit TxtWin

Vertauscht das Textvorder- und Texthintergrund-Attribut eines Fensters.

Syntax: PROCEDURE InvWinTxtColors (WindowNo: WindowIdentifier);

Aufruf: InvWinTxtColors (255);

Parameter: *WindowNo*: WindowIdentifier; Kennummer des Fensters

Wenn *WindowNo* die Kennummer eines existierenden Fensters ist, so werden das Textvorder- und das Texthintergrund-Attribut ausgetauscht, wobei jedoch *HighVideo* und *Blink* erhalten bleiben.

Quelltext:
```
PROCEDURE  InvWinTxtColors(WindowNo :
                                      WindowIdentifier);
BEGIN
 WITH WindowBooking [WindowNo] DO
   BEGIN
    IF WindowPtr <> NIL THEN
      BEGIN
       WITH WindowPtr^ DO
        BEGIN
         LastTextAttribute := TextAttribute;
         TextAttribute    := ((LastTextAttribute AND $70)
                              Shr 4) OR
```

```
                                 ((LastTextAttribute AND $07)
                                 Shl 4) OR
                                 (LastTextAttribute AND $88);
                  IF WindowNo = ActualWindow THEN
                   BEGIN
                    Crt.TextAttr := TextAttribute;
                   END
                   ELSE
                    BEGIN
                    END;
                 END;
               END
               ELSE
                 BEGIN
                 END;
           END;
       END;
```

LoadWin   Unit TxtWin

Lädt ein neues Fenster.

Syntax:
```
PROCEDURE LoadWin ( VAR WindowNo : WindowIdentifier;
                    WindowName : FileAndPathString;
                    VAR Error  : BOOLEAN );
```

Aufruf: `LoadWin ( NeuesFenster, 'SPEICHER.DAT', Fehler );`

Parameter: *WindowNo*: WindowIdentifier; Kennummer des Fensters

WindowName: FileAndPathString; Verzeichnispfad und Name der zu ladenden Datei

Error: BOOLEAN

Mit dieser Prozedur kann man Fenster laden, die man vorher erstellt und über die Prozedur *SaveWin* abgespeichert hat. Dabei wird ein neues Fenster erstellt, das genau die gleichen Informationen (Cursorposition, Textvorder- und Texthintergrund-Attribute, Fensterinhalt usw.) wie das abgespeicherte hat.

Hierbei ist jedoch zu beachten, daß zum Beispiel ein Fenster, das unter VGA erstellt wurde und dann den vollen Schirm ausfüllt (also 50 Zeilen mal 80 Zeichen) unter keinem anderen Text-/Grafikadapter geladen werden kann, da diese nur weniger Zeilen unterstützen.

Ein 25-Zeilen-Fenster kann jedoch unter allen Text-/Grafikadaptern eingelesen werden, ein 43-Zeilen-Fenster von EGA und VGA.

Die Wirkung dieser Prozedur entspricht in etwa einem Aufruf von *MakeNewWin* und anschließendem *LoadWinCont* mit den entsprechenden Parametern und einer von der Struktur her anderen einzulesenden Datei.

Die Parameter haben folgende Bedeutungen und Wertebereiche:

Der Parameter *WindowName* muß die Pfadangabe und den Dateinamen enthalten, so daß man hierüber auf die abgespeicherte Datei wie zum Beispiel mit C:\TXTWIN\WIN-1.SAV oder beliebig anders zugreifen kann.

Der Rückgabeparameter *WindowNo* enthält die Kennummer des neu erzeugten Fensters, wenn kein Fehler aufgetreten ist. Ansonsten ist er nicht definiert. Ist *WindowNo* gleich 0, so konnte kein neues Fenster erstellt werden, da der freie Arbeitsspeicher dazu nicht ausreichte.

Der Rückgabeparameter Error liefert FALSE, wenn das neue Fenster fehlerfrei eröffnet und geladen werden konnte, oder TRUE, wenn die angegebene Datei nicht geöffnet werden konnte oder nicht die richtige Struktur hatte.

Quelltext:
```
PROCEDURE  LoadWin(VAR WindowNo   : WindowIdentifier;
                       WindowName : FileAndPathString;
                   VAR Error      : BOOLEAN);
VAR
  WindowHead  : WindowType;
  WindowTitle : MaxWindowString;
BEGIN
  WindowNo := 0;
  Assign(WindowFile, WindowName);
  Reset(WindowFile, 1);
  Error := BOOLEAN(IOResult);
  IF NOT Error THEN
    BEGIN
```

```
BlockRead(WindowFile, WindowHead,
          SizeOf(WindowHead));
Error := BOOLEAN(IOResult);
IF NOT Error THEN
 BEGIN
  WITH WindowHead DO
   BEGIN
    IF Title <> NIL THEN
     BEGIN
      BlockRead(WindowFile, WindowTitle, 1);
      Error := BOOLEAN(IOResult);
      IF NOT Error THEN
       BEGIN
        BlockRead(WindowFile, WindowTitle [1],
                  Byte(WindowTitle [0]));
        Error := BOOLEAN(IOResult);
       END
       ELSE
        BEGIN
        END;
     END
     ELSE
      BEGIN
       Byte(WindowTitle [0]) := 0;
      END;
    IF NOT Error THEN
     BEGIN
      MakeNewWin(WindowNo, UpperLeftX, UpperLeftY,
              MaxX, MaxY, WindowTitle, Frame,
              TextAttribute, TextAttribute Shr 4);
      IF WindowNo > 0 THEN
       BEGIN
        WITH WindowBooking [WindowNo].WindowPtr^ DO
         BEGIN
          FrameAttribute :=
                      WindowHead.FrameAttribute;
          LastCursorPosX :=
                      WindowHead.LastCursorPosX;
          LastCursorPosY :=
                      WindowHead.LastCursorPosY;
          LastTextAttribute :=
                      WindowHead.LastTextAttribute;
```

```
                    BlockRead(WindowFile, WindowRAM^, (MaxX *
                        MaxY) Shl 1);
                Error := BOOLEAN(IOResult);
                IF Error THEN
                 BEGIN
                  CloseWin(WindowNo);
                  WindowNo := 0;
                 END
                ELSE
                  BEGIN
                  END;
               END;
             END
             ELSE
              BEGIN
              END;
           END
           ELSE
            BEGIN
             WindowNo := 0;
            END;
          END;
        END
        ELSE
         BEGIN
         END;
       Close(WindowFile);
       Error := Error OR BOOLEAN(IOResult);
      END
      ELSE
       BEGIN
       END;
    END;
```

LoadWinCont   **Unit TxtWin**

Lädt ein Fenster mit einem vorher abgespeicherten Fensterinhalt.

Syntax: PROCEDURE LoadWinCont (WindowNo : WindowIdentifier;
                    WindowName : FileAndPathString;
                    VAR Error : BOOLEAN);

Aufruf: `LoadWinCont ( 255, 'INHALT.DAT', Fehler );`

Parameter: *WindowNo*: WindowIdentifier; Kennummer des Fensters

               WindowName: FileAndPathString; Verzeichnispfad und Name der zu ladenden Datei

               Error: BOOLEAN

               Wenn *WindowNo* die Kennummer eines existierenden Fensters ist, so wird der Inhalt eines Fensters, der vorher über *SaveWinCont* abgespeichert worden ist, in dieses Fenster geladen, wobei jedoch weder die Cursorposition noch die anderen internen Informationen des Fensters geändert werden. Auch braucht hier die Zeilen- und Spaltenanzahl des abgespeicherten Fensters nicht mit dem Fenster übereinzustimmen, in das sein Inhalt jetzt geladen wird.

               Alles, was nicht in das Fenster paßt, wird nämlich abgeschnitten, bzw. Positionen, die nicht vom neuen Inhalt überschrieben werden, werden mit Leerzeichen und der aktuellen Textvorder-/Texthintergrund-Attributkombination ausgefüllt.

               Die Parameter haben die folgenden Bedeutungen und Wertebereiche:

               Der Parameter *WindowName* muß die Pfadangabe und den Dateinamen enthalten, so daß man hierüber auf die abgespeicherte Datei zugreifen kann, wie zum Beispiel mit C:\TXTWIN\WIN-1.SAV.

               Der Rückgabeparameter *Error* liefert FALSE, wenn der neue Fensterinhalt korrekt geladen wurde. Er liefert TRUE, wenn die Prozedur nicht korrekt durchgeführt werden konnte, da zum Beispiel das Dateiformat nicht korrekt war oder die Datei nicht gefunden wurde.

Quelltext:
```
PROCEDURE LoadWinCont(    WindowNo   :
                                   WindowIdentifier;
                          WindowName :
                                   FileAndPathString;
                      VAR Error      : BOOLEAN);
VAR
   LongHidden : BOOLEAN;
   Loop       : Byte;
   MinX       : Word;
```

```
      TmpMaxX      : Byte;
      TmpMaxY      : Byte;
BEGIN
 WITH WindowBooking [WindowNo] DO
  BEGIN
    IF WindowPtr <> NIL THEN
     BEGIN
      WITH WindowPtr^ DO
       BEGIN
        LongHidden := WindowRAM = NIL;
        Assign(WindowFile, WindowName);
        Reset(WindowFile, 1);
        Error := BOOLEAN(IOResult);
        IF NOT Error THEN
         BEGIN
          BlockRead(WindowFile, TmpMaxX, 1);
          Error := BOOLEAN(IOResult);
          IF NOT Error THEN
           BEGIN
            BlockRead(WindowFile, TmpMaxY, 1);
            Error := BOOLEAN(IOResult);
            IF NOT Error THEN
             BEGIN
              IF LongHidden THEN
               BEGIN
                GetMem(WindowRAM, (MaxX * MaxY) Shl 1);
               END
               ELSE
                BEGIN
                END;
              ClrScr(WindowNo);
              IF TmpMaxX > MaxX THEN
               BEGIN
                MinX := MaxX Shl 1;
               END
               ELSE
                BEGIN
                 MinX := TmpMaxX Shl 1;
                END;
              IF TmpMaxY > MaxY THEN
               BEGIN
                TmpMaxY := MaxY;
```

```
          END
          ELSE
           BEGIN
           END;
         TmpMaxY := TmpMaxY Shl 1;
         Loop    := 0;
         REPEAT
           BlockRead(WindowFile,
                  MaxArray(WindowRAM^).Byte0 [MaxX
                              * Loop], MinX);
           Error := BOOLEAN(IOResult);
           Inc(Loop, 2);
           IF (TmpMaxX > MaxX)      AND
              (NOT EOF(WindowFile)) AND
              (NOT Error)                THEN
            BEGIN
             Seek(WindowFile, TmpMaxX * Loop + 2);
             Error := BOOLEAN(IOResult);
            END
            ELSE
             BEGIN
             END;
          UNTIL Error            OR
               (Loop >= TmpMaxY);
         IF NOT HiddenWindows [WindowNo] THEN
          BEGIN
           RedrawWindowContents(WindowNo,
                             0, 0, 0, 0);
          END
          ELSE
           BEGIN
           END;
        END
        ELSE
         BEGIN
         END;
      END
      ELSE
       BEGIN
       END;
    Close(WindowFile);
    Error := Error OR BOOLEAN(IOResult);
```

```
            END
            ELSE
              BEGIN
              END;
           IF LongHidden          AND
              (WindowRAM <> NIL)        THEN
              BEGIN
               HideWinLong(WindowNo, LongHidden);
              END
              ELSE
                BEGIN
                END;
            END;
          END
          ELSE
            BEGIN
            END;
        END;
      END;
```

LowVideo   Unit TxtWin

Setzt das Textvordergrund-Attribut in einem Fenster auf niedrige Intensität.

Syntax: PROCEDURE LowVideo (WindowNo : WindowIdentifier);

Aufruf: LowVideo (255);

Parameter: *WindowNo*: WindowIdentifier; Kennummer des Fensters

Wenn *WindowNo* die Kennummer eines existierenden Fensters ist, so wird das Textvordergrund-Attribut auf niedrige Intensität gesetzt.

Quelltext: PROCEDURE LowVideo(WindowNo : WindowIdentifier);
```
PROCEDURE  LowVideo(WindowNo : WindowIdentifier);
BEGIN
 TextColor(WindowNo, WindowBooking
        [WindowNo].WindowPtr^.TextAttribute AND $F7);
END;
```

MakeNewWin   Unit TxtWin

Erstellt ein neues Fenster.

Syntax: PROCEDURE MakeNewWin (VAR WindowNo :
                    WindowIdentifier; PosX, PosY, SizeX,
                    SizeY : Byte; WindowTitle : MaxWindowString;
                    WindowFrame : BOOLEAN; WindowTextColor,
                    WindowTextBackground : Byte);

Aufruf: MakeNewWin (NeuesFenster, 3, 5, 10, 20,
                'Überschrift', TRUE, Yellow, Blue);

Parameter: *WindowNo*: WindowIdentifier

PosX: Byte; Anfangsspalte des Fensters

PosY: Byte; Anfangszeile des Fensters

SizeX: Byte; Spaltenzahl des Fensters

SizeY: Byte; Zeilenzahl des Fensters

WindowTitle: MaxWindowString; Fenstertitel

WindowFrame: BOOLEAN; Flag für die Anzeige des Fensterrahmens

WindowTextColor: Byte; Textvordergrund-Attribut

WindowTextBackground: Byte; Texthintergrund-Attribut

Diese Prozedur dient dazu, neue Fenster anzulegen und in die Fensterverwaltung einzufügen. Ein neu erzeugtes Fenster wird an das Ende der Liste der existierenden Fenster angehängt und bleibt bis zum Aufruf einer entsprechenden Prozedur, also *ChgActWin* oder *ShowWin*, versteckt.

Die Parameter haben folgende Bedeutungen und Wertebereiche:

Der Rückgabeparameter *WindowNo* liefert im Fehlerfall eine 0: Das Fenster konnte nicht geöffnet werden. Dies geschieht zum Beispiel, wenn die Fensterabmessungen zu groß für den eingestellten Text-

/Grafikadapter sind, nicht genügend Arbeitsspeicher frei ist, schon 255 Fenster geöffnet wurden, das Fenster ab der angegebenen Position in der gewünschten Größe nicht mehr auf den Bildschirm paßt oder andere Fehler auftreten. Ansonsten wird die Kennummer des erzeugten Fensters zurückgegeben.

PosX: Die Nummer der Spalte, in der das Fenster links beginnen soll, wobei der Rahmen nicht direkt zum Fenster gehört. Wenn dieser angezeigt wird, beginnt er eine Spalte weiter links. *PosX* muß im Bereich von 0 bis GetTxtAdapterMaxX(GetTxtAdapter) liegen. Ist *PosX* gleich 0, so wird die Spalte, in der das Fenster beginnt, mittels *Random* bestimmt.

PosY: Die Nummer der Zeile, in der das Fenster oben beginnen soll, wobei der Rahmen nicht direkt zum Fenster gehört. Wenn dieser angezeigt wird, beginnt er eine Zeile weiter oben. *PosY* muß im Bereich von 0 bis GetTxtAdapterMaxY(GetTxtAdapter) liegen. Ist *PosY* gleich 0, so wird die Zeile, in der das Fenster beginnt, mittels *Random* bestimmt.

SizeX: Gibt die Anzahl der Spalten in diesem Fenster an. Für PosX gleich 0 muß *SizeX* im Bereich von 1 bis GetTxtAdapterMaxX (GetTxtAdapter) liegen, während für *PosX* größer gleich 1

```
2 <= (PosX + SizeX)
  <= Succ(GetTxtAdapterMaxX(GetTxtAdapter))
```

gelten muß. Ist *SizeX* gleich 0 oder die Summe aus *SizeX* und *PosX* zu groß, so wird kein Fenster geöffnet.

SizeY: Gibt die Anzahl der Zeilen in diesem Fenster an. Für *PosY* gleich 0 muß SizeY im Bereich von 1 bis GetTxtAdapterMaxY(GetTxt Adapter) liegen, während für *PosY* größer gleich 1

```
2 <= (PosY + SizeY)
  <= Succ(GetTxtAdapterMaxY(GetTxtAdapter))
```

gelten muß. Ist *SizeY* gleich 0 oder die Summe aus *SizeY* und *PosY* zu groß, so wird kein Fenster geöffnet.

WindowTitle: Gibt den Fenstertitel an, der in der obersten Zeile des Rahmens ausgegeben wird, wenn dieser angezeigt wird. *WindowTitle* kann jeder aus beliebigen Zeichen [Chr(0) bis Chr(255)] bestehende

String sein, wobei jedoch nur maximal *HeadlineMaxX* Zeichen übernommen werden.

WindowFrame:

FALSE: Es wird kein Rahmen angezeigt.

TRUE: Der Rahmen zu dem Fenster wird angezeigt.

WindowTextColor: Das Textvordergrund-Attribut, mit dem das Fenster und der Rahmen initialisiert werden. *WindowTextColor* muß im Bereich von Schwarz (0) bis Weiß (15) liegen. Wenn das Fenster blinken soll, wird zu diesem Wert 128 hinzuaddiert. Bei einer Bereichsüberschreitung werden die Werte automatisch angepaßt.

WindowTextBackground: Das Texthintergrund-Attribut, mit dem das Fenster und der Rahmen initialisiert werden. Der Wert für *WindowText Background* muß im Bereich von Schwarz (0) bis Hellgrau (7) liegen, da er sonst auf diesen Bereich begrenzt wird.

Quelltext:

```
PROCEDURE  MakeNewWin(VAR WindowNo : WindowIdentifier;
                         PosX              : Byte;
                         PosY              : Byte;
                         SizeX             : Byte;
                         SizeY             : Byte;
                         WindowTitle       :
                                 MaxWindowString;
                         WindowFrame       :
                                         BOOLEAN;
                         WindowTextColor   : Byte;
                         WindowTextBackground :
                                         Byte);

VAR
  RAMSize : Word;
BEGIN
 WindowNo := 255;
 WHILE WindowBooking [WindowNo].WindowPtr <> NIL DO
  BEGIN
   Dec(WindowNo);
  END;
 IF WindowNo > 0 THEN
```

```
BEGIN
 WITH WindowBooking [WindowNo] DO
  BEGIN
   IF PosX = 0 THEN
    BEGIN
     PosX := SUCC(Random(SuccWindowMaxX - SizeX));
    END
    ELSE
     BEGIN
     END;
   IF PosY = 0 THEN
    BEGIN
     PosY := SUCC(Random(SuccWindowMaxY - SizeY));
    END
    ELSE
     BEGIN
     END;
   IF (PosX < SuccWindowMaxX)                        AND
      ((PosX + SizeX) <= SuccWindowMaxX)             AND
      (PosY < SuccWindowMaxY)                        AND
      ((PosY + SizeY) <= SuccWindowMaxY)             AND
      (SizeX > 0)                                    AND
      (SizeX < SuccWindowMaxX)                       AND
      (SizeY > 0)                                    AND
      (SizeY < SuccWindowMaxY)                       AND
      ((ScreenBooking <> NIL) OR
       (MaxAvail > (WindowMaxX * WindowMaxY)))   THEN
    BEGIN
     IF ScreenBooking = NIL THEN
      BEGIN
       GetMem(ScreenBooking, WindowMaxX *
                             WindowMaxY);
       FillChar(ScreenBooking^, WindowMaxX *
                WindowMaxY, 0);
      END
      ELSE
       BEGIN
       END;
     IF MaxAvail > SizeOf(WindowPtr^) THEN
      BEGIN
       New(WindowPtr);
       WITH WindowPtr^ DO
```

```
BEGIN
 RAMSize := (SizeX * SizeY) Shl 1;
 IF MaxAvail > RAMSize THEN
  BEGIN
   UpperLeftX        := PosX;
   UpperLeftY        := PosY;
   MaxX              := SizeX;
   MaxY              := SizeY;
   Title             := NIL;
   Frame             := WindowFrame;
   FrameAttribute    := (WindowTextColor AND
                            $8F) OR
                         ((WindowTextBackground
                             AND $07) Shl 4);
   LastTextAttribute := FrameAttribute;
   TextAttribute     := FrameAttribute;
   GetMem(WindowRAM, RAMSize);
   ClrScr(WindowNo);
   NextWindow := 0;
   PredWindow := GetLastWinNo;
   IF PredWindow > 0 THEN
    BEGIN
     WindowBooking
                 [PredWindow].NextWindow :=
                 WindowNo;
    END
    ELSE
     BEGIN
      FirstWindowInList := WindowNo;
     END;
   ChgWinTitle(WindowNo, WindowTitle);
  END
  ELSE
   BEGIN
    WindowNo := 0;
    Dispose(WindowPtr);
    WindowPtr := NIL;
   END;
 END;
END
ELSE
 BEGIN
```

```
                    WindowNo := 0;
                  END;
              END
              ELSE
                BEGIN
                  WindowNo := 0;
                END;
            END;
          END
          ELSE
            BEGIN
            END;
        END;
```

MoveWinBehind   **Unit TxtWin**

Verschiebt ein Fenster hinter ein anderes.

Syntax: PROCEDURE MoveWinBehind
                      (WhichWindow : WindowIdentifier;
                        BehindWhich : WindowIdentifier);

Aufruf: MoveWinBehind (255, 254);

Parameter: *WhichWindow*: WindowIdentifier; Kennummer des zu verschiebenden
                 Fensters

                 BehindWhich: WindowIdentifier; Kennummer des Fensters, hinter das
                 das andere zu verschieben ist

                 Wenn sowohl *WhichWindow* als auch *BehindWhich* Kennummern von
                 existierenden Fenstern sind, so wird das Fenster *WhichWindow* in der
                 Liste der existierenden Fenster hinter das Fenster *BehindWhich* ver-
                 schoben.

                 Ist *WhichWindow* das einzige sichtbare Fenster in der Liste, so hat diese
                 Prozedur keinerlei Auswirkungen, denn in diesem Fall muß es das erste
                 in der Liste bleiben.

Quelltext: PROCEDURE MoveWinBehind
                              (WhichWindow : WindowIdentifier;
                               BehindWhich : WindowIdentifier);
```
```

```
VAR
  Hidden : BOOLEAN;
BEGIN
 WITH WindowBooking [WhichWindow] DO
  BEGIN
   IF (WindowPtr <> NIL)                                    AND
      (WindowBooking [BehindWhich].WindowPtr <> NIL)
                                                            AND
      (PredWindow <> BehindWhich)                           AND
      (WhichWindow <> BehindWhich) THEN
     BEGIN
      WITH WindowPtr^ DO
       BEGIN
        Hidden := HiddenWindows [WhichWindow];
        IF NOT Hidden THEN
         BEGIN
          HideWin(WhichWindow);
         END
         ELSE
          BEGIN
          END;
        IF PredWindow > 0 THEN
         BEGIN
          WindowBooking [PredWindow].NextWindow :=
                          NextWindow;
         END
         ELSE
          BEGIN
           FirstWindowInList := NextWindow;
          END;
        IF NextWindow > 0 THEN
         BEGIN
          WindowBooking [NextWindow].PredWindow :=
                          PredWindow;
         END
         ELSE
          BEGIN
          END;
        PredWindow := BehindWhich;
        NextWindow := WindowBooking
                        [BehindWhich].NextWindow;
        WindowBooking [BehindWhich].NextWindow :=
```

```
                        WhichWindow;
          IF NextWindow > 0 THEN
           BEGIN
            WindowBooking [NextWindow].PredWindow :=
                    WhichWindow;
           END
           ELSE
            BEGIN
            END;
          IF NOT Hidden THEN
           BEGIN
            ShowWin(WhichWindow);
           END
           ELSE
            BEGIN
            END;
         END;
        END
        ELSE
         BEGIN
         END;
       END;
      END;
```

MoveWinTo   Unit TxtWin

Verschiebt ein Fenster an eine neue Position.

Syntax: PROCEDURE MoveWinTo
                    (WindowNo : WindowIdentifier;
                      X, Y : Byte);

Aufruf: MoveWinTo (255, 1, 1);

Parameter: *WindowNo*: WindowIdentifier; Kennummer des Fensters

                 X: Byte; neue Anfangsspalte des Fensters

                 Y: Byte; neue Anfangszeile des Fensters

Wenn *WindowNo* die Kennummer eines existierenden Fensters ist und die Parameter *X* und *Y* gültig sind, so wird das Fenster an die neue Position verschoben.

Die Parameter haben folgende Bedeutungen und Wertebereiche:

X: Gibt die Spalte an, in der das Fenster links beginnen soll. Ist *X* gleich 0, so wird die neue Spaltenposition zufällig gewählt. *X* muß also im Bereich von 0 bis (GetTxtAdapterMaxX(GetTxtAdapter) minus GetWin MaxX(WindowNo)) liegen. Ansonsten bewirkt diese Prozedur nichts.

Y: Gibt die Zeile an, in der das Fenster beginnen soll. Ist Y gleich 0, so wird die neue Zeilenposition zufällig festgelegt. *Y* muß also im Bereich von 0 bis (GetTxtAdaptermaxY(GetTxtAdapter) minus GetWinMaxY (WindowNo)) liegen, damit die Prozedur funktioniert.

Quelltext:

```
PROCEDURE  MoveWinTo(WindowNo : WindowIdentifier;
                     X         : Byte;
                     Y         : Byte);
VAR
  TmpX1 : Byte;
  TmpX2 : Byte;
  TmpY1 : Byte;
  TmpY2 : Byte;
  X2    : Byte;
  Y2    : Byte;
BEGIN
 WITH WindowBooking [WindowNo] DO
  BEGIN
   IF WindowPtr <> NIL THEN
    BEGIN
     WITH WindowPtr^ DO
      BEGIN
       IF X = 0 THEN
        BEGIN
         X := SUCC(Random(WindowMaxX - MaxX));
        END
       ELSE
        BEGIN
        END;
       IF Y = 0 THEN
        BEGIN
```

```pascal
      Y := SUCC(Random(WindowMaxY - MaxY));
  END
  ELSE
   BEGIN
   END;
  IF (X < SuccWindowMaxX)              AND
     ((X + MaxX) <= SuccWindowMaxX) AND
     (Y < SuccWindowMaxY)              AND
     ((Y + MaxY) <= SuccWindowMaxY) AND
     ((X <> UpperLeftX) OR
      (Y <> UpperLeftY)   )                     THEN
  BEGIN
   X2          := Byte(Frame) + MaxX;
   Y2          := Byte(Frame) + MaxY;
   TmpX1       := UpperLeftX - Byte(Frame);
   TmpX2       := UpperLeftX + X2;
   TmpY1       := UpperLeftY - Byte(Frame);
   TmpY2       := UpperLeftY + Y2;
   UpperLeftX := X;
   UpperLeftY := Y;
   X           := X - Byte(Frame);
   X2          := UpperLeftX + X2;
   Y           := Y - Byte(Frame);
   Y2          := UpperLeftY + Y2;
   IF NOT HiddenWindows [WindowNo] THEN
    BEGIN
     RecalcScreenBooking(WindowNo, TmpX1, TmpY1,
                         TmpX2, TmpY2);
     RedrawScreen(TmpX1, TmpY1, TmpX2, TmpY2);
     RecalcScreenBooking
                   (WindowNo, X, Y, X2, Y2);
     RedrawScreen(X, Y, X2, Y2);
     IF WindowNo = ActualWindow THEN
      BEGIN
       Crt.WindMin := (PRED(UpperLeftY) Shl 8) +
                       PRED(UpperLeftX);
       Crt.WindMax := ((UpperLeftY + MaxY - 2)
                                          Shl 8)
                       (UpperLeftX + MaxX - 2);
       Crt.GotoXY(LastCursorPosX,
                  LastCursorPosY);
      END
```

```
                    ELSE
                      BEGIN
                      END;
                  END
                  ELSE
                    BEGIN
                    END;
                END
                ELSE
                  BEGIN
                  END;
              END;
            END
            ELSE
              BEGIN
              END;
          END;
        END;
```

NormVideo   Unit TxtWin

Setzt die normalen Textvorder- und Texthintergrund-Attribute.

Syntax: PROCEDURE NormVideo (WindowNo : WindowIdentifier);

Aufruf: NormVideo (255);

Parameter: *WindowNo*: WindowIdentifier; Kennummer des Fensters

Wenn *WindowNo* die Kennummer eines existierenden Fensters ist, so werden das Textvordergrund-Attribut des Fensters auf den Wert des Textvordergrund-Attributes des Rahmens des Fensters und das Texthintergrund-Attribut des Fensters auf den Wert des Texthintergrund-Attributes des Rahmens des Fensters gesetzt.

Quelltext:
```
PROCEDURE  NormVideo(WindowNo : WindowIdentifier);
BEGIN
 WITH WindowBooking [WindowNo] DO
   BEGIN
     IF WindowPtr <> NIL THEN
       BEGIN
```

```
WITH WindowPtr^ DO
 BEGIN
  TextAttribute := FrameAttribute;
  IF WindowNo = ActualWindow THEN
   BEGIN
    Crt.TextAttr := TextAttribute;
   END
   ELSE
    BEGIN
    END;
  END;
 END
 ELSE
  BEGIN
  END;
 END;
END;
```

Read   **Unit TxtWin**

Führt ein Read in einem Fenster aus.

Syntax: PROCEDURE Read (WindowNo : WindowIdentifier;
                      VAR VarParam; VarType : KindOfVar;
                           VAR ReadError : BOOLEAN);

Aufruf: Read (255, VarString, ST, Fehler);

Parameter: *ram*; einzulesender Rückgabeparameter

                  VarType: KindOfVar; Typ der einzulesenden Variablen

                  ReadError: BOOLEAN

Wenn *WindowNo* die Kennummer eines existierenden Fensters ist, so
wird ein *System.Read* in diesem Fenster durchgeführt.

Dieses Read kann auch in *Hidden*- oder *LongHidden*-Fenstern ausgeführt werden; denn der Status des Fensters wird nach erfolgtem *Read*
wiederhergestellt. Es wird also alles nach der Eingabe wieder so dargestellt wie vor dem Aufruf der Prozedur: Es wird die Reihenfolge der

Fenster berücksichtigt und ob das Fenster mit der Kennummer *WindowNo* sichtbar, versteckt oder ausgelagert ist.

Die Parameter haben folgende Bedeutungen und Wertebereiche:

VarParam: Die Variable, deren Wert eingelesen werden soll. Ein Wertebereich ist nicht vorgesehen; denn dieser hängt von dem Parameter *VarType* ab.

VarType: Gibt den Typ der einzulesenden Variablen an. Eine Überprüfung auf Korrektheit des Typs der Variablen und des angegebenen Typs kann nicht erfolgen. Der Wertebereich ist abhängig davon, ob die Unit für die Verwendung mit oder ohne mathematischem Co-Prozessor erfolgt ist, und umfaßt den Aufzählungstyp *KindOfVar*.

ReadError:

FALSE: Die Eingabe wurde von der Laufzeitbibliothek des Compilers für korrekt erachtet.

TRUE: Die Laufzeitbibliothek des Compilers hat einen Eingabefehler festgestellt.

Quelltext:

```
PROCEDURE  Read(    WindowNo  : WindowIdentifier;
                VAR VarParam;
                    VarType   : KindOfVar;
                VAR ReadError : BOOLEAN);
VAR
  HideStatus      : Byte;
  TmpActualWindow : WindowIdentifier;
  TmpPredWindow   : WindowIdentifier;
BEGIN
 WITH WindowBooking [WindowNo] DO
   BEGIN
    IF WindowPtr <> NIL THEN
      BEGIN
        PreRead(WindowNo, HideStatus, TmpActualWindow,
              TmpPredWindow);
        CASE VarType OF
          B  :
                BEGIN
                  System.READ(Byte(VarParam));
```

```
          END;
W    :
          BEGIN
           System.READ(Word(VarParam));
          END;
I    :
          BEGIN
           System.READ(INTEGER(VarParam));
          END;
SI   :
          BEGIN
           System.READ(ShortInt(VarParam));
          END;
LI   :
          BEGIN
           System.READ(LongInt(VarParam));
          END;
C    :
          BEGIN
           System.READ(Comp(VarParam));
          END;
SR   :
          BEGIN
           System.READ(Single(VarParam));
          END;
R    :
          BEGIN
           System.READ(REAL(VarParam));
          END;
DR   :
          BEGIN
           System.READ(Double(VarParam));
          END;
ER   :
          BEGIN
           System.READ(Extended(VarParam));
          END;
ELSE
 BEGIN
  System.READ(String(VarParam));
 END;
END;
```

```
                ReadError := BOOLEAN(IOResult);
                PostRead(WindowNo, HideStatus, TmpActualWindow,
                       TmpPredWindow);
           END
           ELSE
             BEGIN
             END;
         END;
      END;
```

ReadFromWin   Unit TxtWin

Liest einen String von einer bestimmten Position in einem Fenster ein.

Syntax: PROCEDURE ReadFromWin (WindowNo : WindowIdentifier;
                       XPos, YPos, NoOfChars : Byte;
                             VAR Result : String);

Aufruf: ReadFromWin (255, 2, 4, 10, VarString);

Parameter: *WindowNo*: WindowIdentifier; Kennummer des Fensters

                XPos: Byte; Anfangsspalte für das Einlesen

                YPos: Byte; Anfangszeile für das Einlesen

                NoOfChars: Byte; Anzahl der einzulesenden Zeichen

                Result: String

                Wenn *WindowNo* die Kennummer eines existierenden Fensters ist, so
                wird ein String mit einer bestimmten maximalen Länge ab einer be-
                stimmten Position eingelesen. Die Parameter haben folgende Bedeutun-
                gen und Wertebereiche:

                XPos: Gibt die Spalte der Startposition an, ab der der String eingelesen
                werden soll. Der Wertebereich ist 1 bis GetWinMaxX(WindowNo).
                Liegt der Wert außerhalb dieses Bereiches, so erfolgt keine Leseopera-
                tion, und der Rückgabeparameter ist nicht definiert.

                YPos: Gibt die Zeile der Startposition an, ab der der String eingelesen
                werden soll. Der Wertebereich ist 1 bis GetWinMaxY(WindowNo). Ist

der Wert außerhalb dieses Bereiches, so erfolgt keine Leseoperation, und der Rückgabeparameter ist nicht definiert.

NoOfChars: Gibt die Anzahl der maximal einzulesenden Zeichen an. Ist das Ende des Fensters schon vorher erreicht, so bricht die Prozedur schon dann ab und liefert das bis dahin vorliegende Ergebnis zurück.

Result: Diesem Parameter wird der gelesene String zugewiesen und somit an die aufrufende Routine zurückgeliefert.

Quelltext:
```
PROCEDURE  ReadFromWin(    WindowNo   :
                                       WindowIdentifier;
                           XPos       : Byte;
                           YPos       : Byte;
                           NoOfChars  : Byte;
                       VAR Result     : String);
VAR
   LongHidden : BOOLEAN;
BEGIN
 WITH WindowBooking [WindowNo] DO
  BEGIN
   IF WindowPtr <> NIL THEN
    BEGIN
     WITH WindowPtr^ DO
      BEGIN
       IF (XPos > 0)        AND
          (XPos <= MaxX) AND
          (YPos > 0)        AND
          (YPos <= MaxY)        THEN
        BEGIN
         LongHidden := WindowRAM = NIL;
         IF LongHidden THEN
          BEGIN
           ExtAccess := FALSE;
           RestoreLongHiddenWindow(WindowNo);
          END
          ELSE
           BEGIN
           END;
         Result := '';
         Dec(XPos);
         Dec(YPos);
         WHILE NoOfChars > 0 DO
```

```
         BEGIN
          Result := Result +
                    CHAR(MaxArray(WindowRAM^).Byte0
                    [((YPos * MaxX) + XPos) Shl 1]);
          Inc(XPos);
          Dec(NoOfChars);
          IF XPos >= MaxX THEN
           BEGIN
             IF YPos < PRED(MaxY) THEN
              BEGIN
               XPos := 0;
               Inc(YPos);
              END
              ELSE
               BEGIN
                NoOfChars := 0;
               END;
            END
            ELSE
             BEGIN
             END;
          END;
         IF LongHidden THEN
          BEGIN
           FreeMem(WindowRAM, (MaxX * MaxY) Shl 1);
           WindowRAM := NIL;
          END
          ELSE
           BEGIN
           END;
        END
        ELSE
         BEGIN
         END;
     END;
   END
   ELSE
    BEGIN
    END;
  END;
END;
```

ReadLn   Unit TxtWin

Führt ein ReadLn in einem Fenster aus.

Syntax: ```
PROCEDURE ReadLn (WindowNo : WindowIdentifier;
        VAR VarParam; VarType : KindOfVar;
             VAR ReadError : BOOLEAN);
```

**Aufruf:**     `ReadLn ( 255, VarString, ST, Fehler );`

**Parameter:**  *WindowNo*: WindowIdentifier; Kennummer des Fensters

*VarParam*; einzulesender Rückgabe-Parameter

*VarType*: KindOfVar; Typ der einzulesenden Variablen

*ReadLnError*: BOOLEAN

Wenn *WindowNo* die Kennummer eines existierenden Fensters ist, so wird ein *System.ReadLn* in diesem Fenster durchgeführt.

Dieses *ReadLn* kann auch in *Hidden-* oder *LongHidden*-Fenstern ausgeführt werden; denn nach erfolgtem ReadLn wird die Reihenfolge der Fenster, die Sichtbarkeit, Auslagerung usw. wiederhergestellt.

Die Parameter haben folgende Bedeutungen und Wertebereiche:

*VarParam* ist die Variable, deren Wert eingelesen werden soll. Ein Wertebereich ist nicht vorgesehen; denn dieser hängt von dem Parameter *VarType* ab.

*VarType*: Gibt den Typ der einzulesenden Variablen an. Eine Überprüfung auf Korrektheit des Typs der Variablen und des angegebenen Typs kann nicht erfolgen. Der Wertebereich ist abhängig davon, ob die Unit für die Verwendung mit oder ohne mathematischem Co-Prozessor erfolgt ist, und umfaßt den Aufzählungstyp *KindOfVar*.

*ReadError*:

FALSE: Die Eingabe wurde von der Laufzeitbibliothek des Compilers für korrekt erachtet.
```

TRUE: Die Laufzeitbibliothek des Compilers hat einen Eingabefehler festgestellt.

Quelltext:
```
PROCEDURE  ReadLn(     WindowNo      : WindowIdentifier;
                  VAR VarParam;
                      VarType       : KindOfVar;
                  VAR ReadLnError : BOOLEAN);
VAR
  HideStatus       : Byte;
  TmpActualWindow : WindowIdentifier;
  TmpPredWindow    : WindowIdentifier;
BEGIN
 WITH WindowBooking [WindowNo] DO
  BEGIN
   IF WindowPtr <> NIL THEN
    BEGIN
     PreRead(WindowNo, HideStatus, TmpActualWindow,
          TmpPredWindow);
     CASE VarType OF
       B   :
              BEGIN
               System.READLN(Byte(VarParam));
               END;
       W   :
              BEGIN
               System.READLN(Word(VarParam));
               END;
       I   :
              BEGIN
               System.READLN(INTEGER(VarParam));
               END;
       SI  :
              BEGIN
               System.READLN(ShortInt(VarParam));
               END;
       LI  :
              BEGIN
               System.READLN(LongInt(VarParam));
               END;
       C   :
              BEGIN
               System.READLN(Comp(VarParam));
```

```
                          END;
              SR    :
                          BEGIN
                            System.READLN(Single(VarParam));
                          END;
              R     :
                          BEGIN
                            System.READLN(REAL(VarParam));
                          END;
              DR    :
                          BEGIN
                            System.READLN(Double(VarParam));
                          END;
              ER    :
                          BEGIN
                            System.READLN(Extended(VarParam));
                          END;
            ELSE
             BEGIN
               System.READLN(String(VarParam));
             END;
            END;
           ReadLnError := BOOLEAN(IOResult);
           PostRead(WindowNo, HideStatus, TmpActualWindow,
                    TmpPredWindow);
         END
         ELSE
          BEGIN
          END;
      END;
   END;
```

RefreshScreen   Unit TxtWin

Initialisiert den Textbildschirm und baut ihn entsprechend der Unit TxtWin komplett
neu auf. Diese Routine ist insbesondere dann interessant, wenn man von einer Grafik-
zurück in die Textdarstellung schalten möchte.

Syntax: `PROCEDURE RefreshScreen;`

Aufruf: RefreshScreen;

Da die Routinen der Unit TxtWin bei Ein-/Ausgaben und Änderungen
des Bildschirminhaltes nicht überprüfen, ob zwischenzeitlich in einen
Grafikmodus umgeschaltet wurde, und so eventuell direkt in den Gra-
fikspeicher schreiben, ist es sinnvoll, entweder keine den Textbild-
schirminhalt ändernden Routinen innerhalb dieser Zeitspanne aus dieser
Unit aufzurufen oder über ChgActWin(0) alle Fenster vor dem Einschalten des Grafikmodus zu verstecken. So lassen sich Darstellungs-
probleme vermeiden.

Quelltext:
```
PROCEDURE   RefreshScreen;
BEGIN
 IF TextAdapter <> Special THEN
  BEGIN
   TextMode(GraphicsCard);
  END
  ELSE
   BEGIN
    WITH SpecialAdapData DO
     BEGIN
      Intr(IntrNo, SpecialRegs);
     END;
   END;
 CheckSnow   := UseCGA;
 DirectVideo := TRUE;
 SetCursOnOff(CursorOn);
 IF ActualWindow <> 0 THEN
  BEGIN
   RecalcScreenBooking(ActualWindow, 1, 1, WindowMaxX,
                     WindowMaxY);
   RedrawScreen(1, 1, WindowMaxX, WindowMaxY);
   WITH WindowBooking [ActualWindow].WindowPtr^ DO
    BEGIN
     Crt.WindMin := (PRED(UpperLeftY) Shl 8) +
                     PRED(UpperLeftX);
     Crt.WindMax := ((UpperLeftY + MaxY - 2) Shl 8) +
                     (UpperLeftX + MaxX - 2);
     Crt.GotoXY(LastCursorPosX, LastCursorPosY);
     Crt.TextAttr := TextAttribute;
    END;
  END
```

```
     ELSE
      BEGIN
       ActualWindow := 1;
       ChgActWin(0);
      END;
    END;
END;
```

ResetWinColors   Unit TxtWin

Setzt die Farbattribute eines Fensters zurück.

Syntax: PROCEDURE ResetWinColors (WindowNo: WindowIdentifier);

Aufruf: ResetWinColors (255);

Parameter: *WindowNo*: WindowIdentifier; Kennummer des Fensters

Wenn *WindowNo* die Kennummer eines existierenden Fensters ist, so
wird das Textvorder- und das Texthintergrund-Attribut wieder auf die
Werte vor deren letzter Änderung in diesem Fenster zurückgesetzt.

Quelltext:
```
PROCEDURE  ResetWinColors(WindowNo :
                                    WindowIdentifier);
VAR
  TmpTextAttribute : Byte;
BEGIN
 WITH WindowBooking [WindowNo] DO
  BEGIN
   IF WindowPtr <> NIL THEN
    BEGIN
     WITH WindowPtr^ DO
      BEGIN
       TmpTextAttribute  := TextAttribute;
       TextAttribute     := LastTextAttribute;
       LastTextAttribute := TmpTextAttribute;
       IF WindowNo = ActualWindow THEN
        BEGIN
         Crt.TextAttr := TextAttribute;
        END
        ELSE
         BEGIN
```

```
                    END;
                 END;
              END
              ELSE
                BEGIN
                END;
              END;
           END;
```

ResizeWinTo   **Unit TxtWin**

Verändert die Größe eines Fensters.

Syntax: PROCEDURE ResizeWinTo (WindowNo : WindowIdentifier;
                                          X, Y : Byte);

Aufruf: ResizeWinTo (255, 10, 10);

Parameter: *WindowNo*: WindowIdentifier; Kennummer des Fensters

                  X: Byte; neue Spaltenzahl des Fensters

                  Y: Byte; neue Zeilenzahl des Fensters

Wenn *WindowNo* die Kennummer eines existierenden Fensters ist, so
wird dieses auf die neue Größe gebracht.

Bei Fenstern, die *LongHidden* sind, ist jedoch zu beachten, daß ein
Laufzeitfehler auftritt, wenn nicht genügend Arbeitsspeicher frei ist, um
den Inhalt des Fensters vorübergehend aufzunehmen. Deswegen sollte
in diesem Fall die folgende Anweisungsreihenfolge eingehalten werden:

Paßt der Fensterinhalt überhaupt noch in den Arbeitsspeicher [GetWin
FitsIntoRAM(WindowNo, 0, 0)]?

Wenn ja: RestoreWin ausführen.

Paßt nun der Fensterinhalt für die beabsichtigte neue Fenstergröße noch
zusätzlich in den Arbeitsspeicher [GetWinFitsIntoRAM(0, X, Y)]?

Wenn ja: ResizeWinTo(WindowNo, X, Y) kann ohne die Gefahr eines Laufzeitfehlers ausgeführt werden.

Anschließend kann das Fenster mit der Kennummer WindowNo, soweit gewünscht, wieder über HideWinLong zum Teil auf Diskette oder Festplatte ausgelagert werden.

Die Parameter haben folgende Bedeutungen und Wertebereiche:

X: Anzahl der Spalten des Fensters. Der Wertebereich ist 1 bis (GetTxt AdapterMaxX(GetTxtAdapter)) minus GetWinTopLeftX(WindowNo). Liegt der Wert außerhalb, so bleibt das Fenster, wie es ist.

Y: Neue Anzahl der Zeilen des Fensters. Der Wertebereich ist 1 bis (Get TxtAdapterMaxY(GetTxtAdapter)) minus GetWinTopLeftY (Window-No). Liegt der Wert außerhalb, so bleibt das Fenster, wie es ist.

Quelltext:
```
PROCEDURE  ResizeWinTo(WindowNo : WindowIdentifier;
                       X         : Byte;
                       Y         : Byte);
VAR
  Hidden        : BOOLEAN;
  LongHidden    : BOOLEAN;
  Loop          : Byte;
  MinLines      : Byte;
  NoOfWords     : Byte;
  TmpMaxX       : Byte;
  TmpMaxY       : Byte;
  TmpPosX       : Byte;
  TmpPosY       : Byte;
  TmpWindowRAM  : Pointer;
  PosX1         : Byte;
  PosX2         : Byte;
  PosY1         : Byte;
  PosY2         : Byte;
BEGIN
 WITH WindowBooking [WindowNo] DO
   BEGIN
     IF WindowPtr <> NIL THEN
       BEGIN
         WITH WindowPtr^ DO
           BEGIN
```

```
IF (X > 0)                                    AND
   (X < SuccWindowMaxX)                       AND
   ((X + UpperLeftX) <= SuccWindowMaxX) AND
   (Y > 0)                                    AND
   (Y < SuccWindowMaxY)                       AND
   ((Y + UpperLeftY) <= SuccWindowMaxY) AND
   ((X <> MaxX) OR
    (Y <> MaxY)   )                           THEN
 BEGIN
  Hidden := HiddenWindows [WindowNo];
  IF Hidden THEN
   BEGIN
    LongHidden := WindowRAM = NIL;
    IF LongHidden THEN
     BEGIN
      ExtAccess := FALSE;
      RestoreLongHiddenWindow(WindowNo);
     END
    ELSE
     BEGIN
     END;
   END
  ELSE
   BEGIN
    HiddenWindows [WindowNo] := TRUE;
    Loop := UpperLeftX - Byte(NOT Frame);
    IF X >= MaxX THEN
     BEGIN
      PosX1 := Loop + MaxX;
      PosX2 := UpperLeftX + X;
     END
    ELSE
     BEGIN
      PosX1 := Loop + X;
      PosX2 := UpperLeftX + MaxX;
     END;
    Loop := UpperLeftY - Byte(NOT Frame);
    IF Y >= MaxY THEN
     BEGIN
      PosY1 := Loop + MaxY;
      PosY2 := UpperLeftY + Y;
     END
```

```
            ELSE
             BEGIN
              PosY1 := Loop + Y;
              PosY2 := UpperLeftY + MaxY;
             END;
          END;
       TmpWindowRAM := WindowRAM;
       GetMem(WindowRAM, (X * Y) Shl 1);
       IF MaxX >= X THEN
        BEGIN
         NoOfWords := X;
        END
        ELSE
         BEGIN
          NoOfWords := MaxX;
         END;
       IF MaxY >= Y THEN
        BEGIN
         MinLines := Y;
        END
        ELSE
         BEGIN
          MinLines := MaxY;
         END;
       TmpPosX := LastCursorPosX;
       TmpPosY := LastCursorPosY;
       TmpMaxX := MaxX;
       TmpMaxY := MaxY;
       MaxX    := X;
       MaxY    := Y;
       ClrScr(WindowNo);
       FOR Loop := 0 TO PRED(MinLines) DO
        BEGIN
         Move(MaxArray(TmpWindowRAM^).Word0
                              [Loop * TmpMaxX],
             MaxArray(WindowRAM^).Word0
                        [Loop * MaxX], NoOfWords);
        END;
       FreeMem(TmpWindowRAM, (TmpMaxX * TmpMaxY)
                                     Shl 1);
       IF TmpPosX >= MaxX THEN
        BEGIN
```

```
      LastCursorPosX := MaxX;
   END
   ELSE
    BEGIN
      LastCursorPosX := TmpPosX;
    END;
  IF TmpPosY >= MaxY THEN
   BEGIN
    LastCursorPosY := MaxY;
   END
   ELSE
    BEGIN
      LastCursorPosY := TmpPosY;
    END;
  IF NOT Hidden THEN
   BEGIN
    HiddenWindows [WindowNo] := FALSE;
    Loop                     := UpperLeftY -
                                Byte(Frame);
    RecalcScreenBooking(WindowNo, PosX1, Loop,
                  PosX2, PosY2);
    RedrawScreen(PosX1, Loop, PosX2, PosY2);
    Loop := UpperLeftX - Byte(Frame);
    Dec(PosX1);
    RecalcScreenBooking(WindowNo, Loop, PosY1,
                  PosX1, PosY2);
    RedrawScreen(Loop, PosY1, PosX1, PosY2);
    IF WindowNo = ActualWindow THEN
     BEGIN
      Crt.WindMin := (PRED(UpperLeftY) Shl 8) +
                   PRED(UpperLeftX);
      Crt.WindMax := ((UpperLeftY + MaxY - 2)
                                    Shl 8) +
                   (UpperLeftX + MaxX - 2);
      Crt.GotoXY(LastCursorPosX,
              LastCursorPosY);
     END
     ELSE
      BEGIN
      END;
   END
   ELSE
```

```
                        BEGIN
                         IF LongHidden THEN
                          BEGIN
                           HideWinLong(WindowNo, LongHidden);
                          END
                          ELSE
                           BEGIN
                           END;
                        END;
                      END
                      ELSE
                       BEGIN
                       END;
                     END;
                    END
                    ELSE
                     BEGIN
                     END;
                  END;
                END;
```

RestoreWin   Unit TxtWin

Lädt ein Fenster von der Diskette oder Festplatte (siehe HideWinLong).

Syntax: PROCEDURE RestoreWin (WindowNo : WindowIdentifier);

Aufruf: RestoreWin (255);

Parameter: *WindowNo*: WindowIdentifier; Kennummer des Fensters

Wenn *WindowNo* die Kennummer eines existierenden Fensters ist, so wird der Inhalt dieses Fensters wieder in den Arbeitsspeicher gebracht.

Quelltext:
```
PROCEDURE  RestoreWin(WindowNo : WindowIdentifier);
BEGIN
 WITH WindowBooking [WindowNo] DO
  BEGIN
   IF WindowPtr <> NIL THEN
    BEGIN
     WITH WindowPtr^ DO
      BEGIN
```

```
            IF WindowRAM = NIL THEN
              BEGIN
                RestoreLongHiddenWindow(WindowNo);
              END
              ELSE
                BEGIN
                END;
            END;
          END
          ELSE
            BEGIN
            END;
          END;
        END;
```

SaveWin   **Unit TxtWin**

Speichert ein vorhandenes Fenster.

Syntax: `PROCEDURE SaveWin ( WindowNo : WindowIdentifier;`
              `                    WindowName : FileAndPathString;`
              `                    VAR Error  : BOOLEAN );`

Aufruf: `SaveWin ( 255, 'SPEICHER.DAT', Fehler );`

Parameter: *WindowNo*: WindowIdentifier; Kennummer des Fensters

WindowName: FileAndPathString; Verzeichnispfad und Name für die zu speichernde Datei

Error: BOOLEAN

Wenn *WindowNo* die Kennummer eines existierenden Fensters ist, so kann dieses mittels der vorliegenden Prozedur samt aller seiner internen Informationen (Cursorposition, Farbattribute, Rahmen-Flag, Fenstertitel, Fensterinhalt usw.) unter dem vorgegebenen Verzeichnispfad und Dateinamen abgespeichert werden, so daß später ein neues Fenster mit genau den gleichen Daten über die Prozedur *LoadWin* erzeugt werden kann. Die Parameter haben folgende Bedeutungen und Wertebereiche:

Der Parameter *WindowName* muß die Pfadangabe und den Dateinamen enthalten, so daß eine Datei darunter speicherbar ist.

Der Rückgabeparameter *Error* liefert das Ergebnis FALSE, wenn das
Fenster fehlerfrei abgespeichert werden konnte, oder TRUE, wenn das
Fenster nicht abgespeichert werden konnte, da zum Beispiel der angegebene Verzeichnispfad nicht existiert, eine Datei bereits in dem entsprechenden Verzeichnis mit dem gleichen Namen gespeichert und zusätzlich schreibgeschützt ist oder ein anderer Fehler aufgetreten ist.

Quelltext:

```
PROCEDURE  SaveWin(     WindowNo    : WindowIdentifier;
                        WindowName  : FileAndPathString;
                    VAR Error       : BOOLEAN);
VAR
  LongHidden : BOOLEAN;
  RAMSize    : Word;
BEGIN
 WITH WindowBooking [WindowNo] DO
   BEGIN
    IF WindowPtr <> NIL THEN
      BEGIN
       WITH WindowPtr^ DO
        BEGIN
         RAMSize := (MaxX * MaxY) Shl 1;
         LongHidden := WindowRAM = NIL;
        END;
       IF LongHidden THEN
        BEGIN
         ExtAccess := FALSE;
         RestoreLongHiddenWindow(WindowNo);
        END
       ELSE
         BEGIN
         END;
       Assign(WindowFile, WindowName);
       Rewrite(WindowFile, 1);
       Error := BOOLEAN(IOResult);
       IF NOT Error THEN
         BEGIN
          BlockWrite(WindowFile, WindowPtr^,
                  SizeOf(WindowPtr^));
          Error := BOOLEAN(IOResult);
          IF NOT Error THEN
           BEGIN
            WITH WindowPtr^ DO
```

```
      BEGIN
       IF Title <> NIL THEN
        BEGIN
         BlockWrite(WindowFile, Title^,
                    SUCC(Byte(Title^)));
         Error := BOOLEAN(IOResult);
        END
        ELSE
         BEGIN
         END;
        IF NOT Error THEN
         BEGIN
          BlockWrite(WindowFile, WindowRAM^,
                     RAMSize);
          Error := BOOLEAN(IOResult);
         END
         ELSE
          BEGIN
          END;
       END;
     END
     ELSE
      BEGIN
      END;
    Close(WindowFile);
    Error := Error OR BOOLEAN(IOResult);
    IF Error THEN
     BEGIN
      Erase(WindowFile);
      IF BOOLEAN(IOResult) THEN
       BEGIN
       END
       ELSE
        BEGIN
        END;
     END
     ELSE
      BEGIN
      END;
  END
  ELSE
   BEGIN
```

```
        END;
     IF LongHidden THEN
      BEGIN
       WITH WindowPtr^ DO
        BEGIN
          FreeMem(WindowRAM, RAMSize);
          WindowRAM := NIL;
        END;
      END
      ELSE
       BEGIN
       END;
     END
     ELSE
      BEGIN
      END;
    END;
  END;
```

SaveWinCont   Unit TxtWin

Speichert den Inhalt eines existierenden Fensters ab.

Syntax: PROCEDURE SaveWinCont (WindowNo : WindowIdentifier;
                              WindowName : FileAndPathString;
                              VAR Error : BOOLEAN);

Aufruf: SaveWinCont (255, 'INHALT.DAT', Fehler);

Parameter: *WindowNo*: WindowIdentifier; Kennummer des Fensters

                   WindowName: FileAndPathString; Verzeichnispfad und Name für die
                   zu speichernde Datei

                   Error: BOOLEAN

                   Wenn *WindowNo* die Kennummer eines existierenden Fensters ist, so
                   kann der Inhalt dieses Fensters über diese Prozedur auf Diskette oder
                   Festplatte abgespeichert werden, um ihn später über *LoadWinCont* in
                   dasselbe oder ein anderes Fenster zu laden.

Die Parameter haben folgende Bedeutungen und Wertebereiche:

Der Parameter *WindowName* muß die Pfadangabe und den Dateinamen enthalten, so daß eine Datei darunter speicherbar ist.

Der Rückgabeparameter *Error* liefert das Ergebnis FALSE, wenn der Fensterinhalt fehlerfrei abgespeichert werden konnte, oder den Wert TRUE, wenn der Fensterinhalt nicht abgespeichert werden konnte, da zum Beispiel der angegebene Verzeichnispfad nicht existiert, eine Datei bereits im entsprechenden Verzeichnis mit dem gleichen Namen gespeichert und zusätzlich schreibgeschützt ist oder ein anderer Fehler aufgetreten ist.

Quelltext:
```
PROCEDURE  SaveWinCont( WindowNo   : WindowIdentifier;
                        WindowName : FileAndPathString;
                        VAR Error  : BOOLEAN);
VAR
  LongHidden : BOOLEAN;
  RAMSize    : Word;
BEGIN
 WITH WindowBooking [WindowNo] DO
  BEGIN
   IF WindowPtr <> NIL THEN
    BEGIN
     WITH WindowPtr^ DO
      BEGIN
       RAMSize := (MaxX * MaxY) Shl 1;
       LongHidden := WindowRAM = NIL;
      END;
     IF LongHidden THEN
      BEGIN
       ExtAccess := FALSE;
       RestoreLongHiddenWindow(WindowNo);
      END
     ELSE
      BEGIN
      END;
     Assign(WindowFile, WindowName);
     Rewrite(WindowFile, 1);
     Error := BOOLEAN(IOResult);
     IF NOT Error THEN
      BEGIN
```

```
WITH WindowPtr^ DO
 BEGIN
  BlockWrite(WindowFile, MaxX, 1);
  Error := BOOLEAN(IOResult);
  IF NOT Error THEN
   BEGIN
    BlockWrite(WindowFile, MaxY, 1);
    Error := BOOLEAN(IOResult);
    IF NOT Error THEN
     BEGIN
      BlockWrite(WindowFile, WindowRAM^,
                             RAMSize);
      Error := BOOLEAN(IOResult);
     END
     ELSE
      BEGIN
      END;
    END
    ELSE
     BEGIN
     END;
   END;
  Close(WindowFile);
  Error := Error OR BOOLEAN(IOResult);
  IF Error THEN
   BEGIN
    Erase(WindowFile);
    IF BOOLEAN(IOResult) THEN
     BEGIN
     END
     ELSE
      BEGIN
      END;
   END
   ELSE
    BEGIN
    END;
 END
 ELSE
  BEGIN
  END;
IF LongHidden THEN
```

```
         BEGIN
          WITH WindowPtr^ DO
           BEGIN
             FreeMem(WindowRAM, RAMSize);
             WindowRAM := NIL;
            END;
          END
          ELSE
            BEGIN
            END;
        END
        ELSE
         BEGIN
         END;
      END;
    END;
```

SetCursOnOff   **Unit TxtWin**

Schaltet den Cursor ein oder aus.

Syntax: `PROCEDURE SetCursOnOff ( On : BOOLEAN );`

Aufruf: `SetCursOnOff ( TRUE );`

Parameter: *On*: BOOLEAN; neues Flag für die Anzeige des Cursors

Mit dieser Prozedur können Sie den Cursor ein- oder ausschalten.

Der Parameter *On* hat folgende Bedeutung und folgenden Wertebereich:

FALSE: Die Anzeige des Cursors wird ausgeschaltet.

TRUE: Der Cursor wird angezeigt.

Quelltext:
```
PROCEDURE  SetCursOnOff(On : BOOLEAN);
VAR
  Regs : Registers;
BEGIN
```

```
WITH Regs DO
 BEGIN
  AH := $01;
  IF On THEN
   BEGIN
    CH := CursorStartLine;
    CL := CursorEndLine;
   END
   ELSE
    BEGIN
     CH := $0F;
     CL := $00;
    END;
  END;
 Intr($10, Regs);
 CursorOn := On;
END;
```

SetCursSize   Unit TxtWin

Setzt eine neue Cursorform.

Syntax: PROCEDURE SetCursSize (StartLine, EndLine : Byte);

Aufruf: SetCursSize (3, 8);

Parameter: *StartLine*: Byte; neue Anfangs-Scanzeile für den Cursor

EndLine: Byte; neue End-Scanzeile für den Cursor

Mit dieser Prozedur können Sie das Aussehen des Cursors ändern. *StartLine* gibt an, ab welcher Scanzeile der Cursor angezeigt wird. *End-Line* gibt an, bis zu welcher Scanzeile der Cursor angezeigt wird. Die Wertebereiche der Parameter hängen vom verwendeten Text- /Grafikadapter ab und werden nicht überwacht.

Quelltext:
```
PROCEDURE   SetCursSize(StartLine : Byte;
                        EndLine   : Byte);
BEGIN
 CursorStartLine := StartLine;
 CursorEndLine   := EndLine;
 SetCursOnOff(CursorOn);
END;
```

SetFlickerFree   Unit TxtWin

Schaltet die Überprüfung auf "Schnee" ein oder aus.

Syntax: `PROCEDURE SetFlickerFree ( On : BOOLEAN );`

Aufruf: `SetFlickerFree ( FALSE );`

Parameter: *On*: BOOLEAN; neues Flag für die Kontrolle des Synchronisationssignals

Mit dieser Prozedur kann die Einstellung der Unit *TxtWin*, die den "Schnee" auf CGA-Adaptern verhindert, verändert werden.

Die Prozedur kann zum Beispiel verwendet werden, wenn mit einer CGA-Karte ohne die zeitraubende Überprüfung des Synchronisationssignals gearbeitet werden soll, um einen deutlich schnelleren Bildaufbau zu erreichen.

On hat folgende Bedeutung und folgenden Wertebereich:

FALSE: Der Test erfolgt auf keinen Fall, was aber eventuell zu "Schnee" auf CGA-Karten führt. Dies ist die Standard-Einstellung für alle Nicht-CGA-Adapter.

TRUE: Der Test erfolgt, und es entsteht beim Schreiben in und Lesen aus dem Bildschirmspeicher kein "Schnee", jedoch ist diese Operation und damit der Bildaufbau deutlich langsamer. Dies ist die Voreinstellung der Unit, wenn sie auf CGA eingestellt wird oder diesen Adapter als primären Bildschirmadapter erkennt.

Quelltext:
```
PROCEDURE  SetFlickerFree(On : BOOLEAN);
BEGIN
 UseCGA := On;
END;
```

SetLongHidePath   Unit TxtWin

Setzt den Zugriffspfad für ein auf Diskette oder Festplatte abgespeichertes Fenster.

Syntax: `PROCEDURE SetLongHidePath ( Path : PathString );`

Aufruf: SetLongHidePath ('PFAD-NEU');

Parameter: *Path*: PathString; neuer Verzeichnispfad

Mit dieser Prozedur kann der Zugriffspfad gesetzt werden, über den die
Inhalte der Fenster, die über *HideWinLong* aus dem Hauptspeicher ausgelagert werden sollen, abgespeichert werden. Eine Überprüfung, ob
dieser Pfad existiert, erfolgt nicht.

Eine Änderung des Zugriffspfades kann nur erfolgen, wenn noch kein
Pfad definiert war oder kein existierendes Fenster *LongHidden* ist. Ansonsten wird die Änderung des Zugriffspfades nicht durchgeführt.

Über *HideWinLong* können Fenster nur dann teilweise auf Diskette oder
Festplatte ausgelagert werden, wenn auch ein korrekter Zugriffspfad gesetzt wurde und *GetLongHidePath* keine leere Zeichenfolge zurückliefert. Daher kann ein Auslagern der Fensterinhalte unterbunden werden,
wenn man als Zugriffspfad einen Leerstring angibt.

Das letzte Zeichen des Zugriffspfades braucht kein umgekehrter
Schrägstrich ("\") zu sein, da dieses Zeichen intern wieder entfernt wird.

Quelltext:
```
PROCEDURE  SetLongHidePath(Path : PathString);
VAR
  Loop : WindowIdentifier;
BEGIN
 IF Byte(HidePath [0]) = 0 THEN
  BEGIN
   HidePath := Path;
  END
  ELSE
   BEGIN
    Loop := 255;
    WHILE (Loop > 0)                          AND
          (NOT GetWinIsLongHidden(Loop))      DO
     BEGIN
      Dec(Loop);
     END;
    IF Loop = 0 THEN
     BEGIN
      HidePath := Path;
     END
```

```
      ELSE
        BEGIN
        END;
      END;
    WHILE HidePath [Byte(HidePath [0])] = '\' DO
      BEGIN
        Dec(Byte(HidePath [0]));
      END;
    END;
```

SetMaxLines   Unit TxtWin

Schaltet den Text-/Grafikadapter in die höchste Auflösung.

Syntax: `PROCEDURE SetMaxLines;`

Aufruf: `SetMaxLines;`

Parameter: Keine

Wurde ein höher auflösender Text-/Grafikadapter (EGA/VGA) zum Beispiel über SetMinLines in den 25-Zeilen-Modus versetzt, so kann mit dieser Prozedur wieder in die maximale Auflösung (43/50-Zeilen) umgeschaltet werden.

Befindet sich nur ein normaler Text-/Grafikadapter (CGA/MDA) im System oder befindet sich der eingebaute Adapter schon im entsprechenden Modus, so geschieht nichts.

Quelltext:
```
PROCEDURE  SetMaxLines;
VAR
   TmpGraphicsCard : INTEGER;
BEGIN
 DetectGraph(TmpGraphicsCard, GraphicsMode);
 CASE TmpGraphicsCard OF
   Graph.EGA,
   Graph.EGA64,
   Graph.EGAMono :
                  BEGIN
                   SetTxtAdapter(EGA);
                  END;
```

```
      Graph.VGA      :
                            BEGIN
                             SetTxtAdapter(VGA);
                            END;
            ELSE
             BEGIN
             END;
            END;
      END;
```

SetMinLines   Unit TxtWin

Schaltet den Text-/Grafikadapter in die 25-Zeilen-Darstellung.

Syntax: PROCEDURE SetMinLines;

Aufruf: SetMinLines;

Parameter: Keine

Da die Unit EGA- und VGA-Karten immer im höchstauflösenden Modus, das heißt für die Darstellung von 43 bzw. 50 Zeilen, initialisiert, kann durch Aufruf dieser Prozedur die Darstellung auf 25 Zeilen umgestellt werden.

Befinden sich Fenster in einem nun nicht mehr darstellbaren Bereich, oder sind sie zu groß, so werden sie zunächst so gut es geht verschoben, um dann nötigenfalls noch verkleinert zu werden, bis sie wieder in den nun darstellbaren Bildschirmbereich passen.

War die bisher benutzte Zeilen- bzw. Zeichenzahl größer als 25 Zeilen zu je 80 Zeichen, so muß genügend Arbeitsspeicher frei sein, um das größte existierende und unter Umständen sogar ausgelagerte Fenster, ähnlich wie bei ResizeWin, auf die neuen Abmessungen zu bringen, so daß es nach einer eventuell neuen Positionierung noch auf den Bildschirm paßt, da ansonsten ein Laufzeitfehler auftritt.

Ist der 25-Zeilen-Modus bereits eingeschaltet, weil die eingebaute Karte nur diese Auflösung beherrscht oder vorher schon so eingestellt wurde, so geschieht nichts.

Quelltext:
```
PROCEDURE  SetMinLines;
BEGIN
 IF (TextAdapter <> CGA) AND
    (TextAdapter <> MDA)      THEN
  BEGIN
```

```
        SetTxtAdapter(CGA);
        UseCGA := FALSE;
      END
      ELSE
        BEGIN
        END;
   END;
```

SetTxtAdapter   Unit TxtWin

Setzt den Text-/Grafikadapter.

Syntax: PROCEDURE SetTxtAdapter (Adapter : AdapterType);

Aufruf: SetTxtAdapter (CGA);

Parameter: *Adapter*: AdapterType; neuer Text-/Grafik-Adapter

Mittels dieser Prozedur kann man beliebig zwischen den von der Toolbox unterstützten Text-/Grafikadaptern hin- und herschalten. Nötigenfalls werden die Fenster wie bei SetMinLines verschoben und dann eventuell verkleinert, wenn sie ansonsten nicht in den entsprechenden Bildschirmbereich passen.

Sinnvoll wird diese Prozedur zum Beispiel dann angewendet, wenn sich zwei Adapter, wie zum Beispiel die Kombination von MDA mit CGA, im System befinden, von denen ein bestimmter angesprochen werden soll.

Wenn die benutzte Zeilen- bzw. Zeichenzahl größer ist, als die vom bisher angesteuerten Text-/Grafik-Adapter unterstützte, so muß genügend Arbeitsspeicher frei sein, um das größte existierende und unter Umständen sogar ausgelagerte Fenster, ähnlich wie bei *ResizeWin*, auf die neuen Abmessungen zu bringen, so daß es nach einer eventuell notwendigen neuen Positionierung auf dem Bildschirm noch auf diesen paßt, da ansonsten ein Laufzeitfehler auftritt.

Achtung: Es erfolgt keinerlei Überprüfung von seiten der Unit, ob sich die dann anzusprechende Karte auch tatsächlich im Gerät befindet. Daher liegt es in der Obhut des Programmieres, diese Prozedur korrekt anzuwenden, da es sonst unter Umständen zu einem "Aufhängen" des Programms oder gar zu Hardware-Schäden kommen könnte.

Quelltext: PROCEDURE SetTxtAdapter(Adapter : AdapterType);
                 VAR

```
      Loop               : WindowIdentifier;
      TmpSuccWindowMaxX : Byte;
      TmpSuccWindowMaxY : Byte;
BEGIN
  IF Adapter <> TextAdapter THEN
    BEGIN
      IF ScreenBooking <> NIL THEN
        BEGIN
          FreeMem(ScreenBooking, WindowMaxX * WindowMaxY);
          Crt.WindMin  := 0;
          Crt.WindMax  := (PRED(WindowMaxY) Shl 8) +
                                  PRED(WindowMaxX);
          Crt.TextAttr := White;
          Crt.ClrScr;
        END
      ELSE
        BEGIN
        END;
      IF Adapter <> Special THEN
        BEGIN
          TextAdapter := Adapter;
        END
      ELSE
        BEGIN
          IF SpecialAdapData.DataInitDone THEN
            BEGIN
              TextAdapter := Adapter;
            END
          ELSE
            BEGIN
            END;
        END;
      CASE TextAdapter OF
        CGA : BEGIN
                ScreenPointer := Ptr(CGASeg, StartAdr);
                GraphicsCard  := CO80;
                WindowMaxY    := 25;
              END;
        EGA : BEGIN
                ScreenPointer := Ptr(EGASeg, StartAdr);
                GraphicsCard  := CO80 + Font8x8;
                WindowMaxY    := 43;
```

```
              END;
    MDA : BEGIN
             ScreenPointer := Ptr(MDASeg, StartAdr);
             GraphicsCard  := Mono;
             WindowMaxY     := 25;
           END;
    VGA : BEGIN
             ScreenPointer := Ptr(VGASeg, StartAdr);
             GraphicsCard  := CO80 + Font8x8;
             WindowMaxY     := 50;
           END;
  ELSE
   BEGIN
    WITH SpecialAdapData DO
     BEGIN
      ScreenPointer := Ptr(SpecialSeg, StartAdr);
      Intr(IntRNo, SpecialRegs);
      WindowMaxX := ColumnNo;
      WindowMaxY := LinesNo;
     END;
   END;
  END;
IF TextAdapter <> Special THEN
  BEGIN
   WindowMaxX := 80;
   Crt.TextMode(GraphicsCard);
  END
  ELSE
   BEGIN
   END;
UseCGA      := TextAdapter = CGA;
CheckSnow   := UseCGA;
DirectVideo := CursorOn;
SetCursOnOff(FALSE);
GetMem(ScreenBooking, WindowMaxX * WindowMaxY);
FillChar(ScreenBooking^, WindowMaxX *
                                  WindowMaxY, 0);
Loop := FirstWindowInList;
SuccWindowMaxX := 255;
SuccWindowMaxY := 255;
TmpSuccWindowMaxX := SUCC(WindowMaxX);
TmpSuccWindowMaxY := SUCC(WindowMaxY);
```

```
WHILE Loop > 0 DO
 BEGIN
  BOOLEAN(Adapter)       := HiddenWindows [Loop];
  HiddenWindows [Loop] := TRUE;
  WITH WindowBooking [Loop] DO
   BEGIN
    WITH WindowPtr^ DO
     BEGIN
      IF MaxY >= WindowMaxY THEN
       BEGIN
        UpperLeftY := 1;
        ResizeWinTo(Loop, MaxX, WindowMaxY);
       END
       ELSE
        BEGIN
         IF (UpperLeftY + MaxY) > TmpSuccWindowMaxY
          THEN
           BEGIN
            UpperLeftY := TmpSuccWindowMaxY - MaxY;
           END
           ELSE
            BEGIN
            END;
        END;
      IF MaxX >= WindowMaxX THEN
       BEGIN
        UpperLeftX := 1;
        ResizeWinTo(Loop, WindowMaxX, MaxY);
       END
       ELSE
        BEGIN
         IF (UpperLeftX + MaxX) > TmpSuccWindowMaxX
          THEN
           BEGIN
            UpperLeftX := TmpSuccWindowMaxX - MaxX;
           END
           ELSE
            BEGIN
            END;
        END;
     END;
    IF NOT BOOLEAN(Adapter) THEN
```

```
      BEGIN
       ShowWin(Loop);
      END
      ELSE
       BEGIN
       END;
      Loop := NextWindow;
     END;
    END;
  SuccWindowMaxX := TmpSuccWindowMaxX;
  SuccWindowMaxY := TmpSuccWindowMaxY;
  SetCursOnOff(DirectVideo);
  DirectVideo := TRUE;
 END
 ELSE
  BEGIN
  END;
END;
```

ShowWin   Unit TxtWin

Zeigt ein Fenster auf dem Bildschirm an.

Syntax: `PROCEDURE ShowWin ( WindowNo : WindowIdentifier );`

Aufruf: `ShowWin ( 255 );`

Parameter: *WindowNo*: WindowIdentifier; Kennummer des Fensters

Wenn *WindowNo* die Kennummer eines existierenden Fensters ist, das
bis jetzt (noch) nicht auf dem Bildschirm angezeigt wird, so wird es das
nun.

Wird zur Zeit kein Fenster auf dem Bildschirm angezeigt, so entspricht
ein ShowWin dem Aufruf von *ChgActWin*. Ansonsten wird es, soweit es
nicht von anderen Fenstern überdeckt wird, auf dem Bildschirm angezeigt.

Fenster, die in der Liste der existierenden Fenster vor dem Fenster mit
der Kennummer *WindowNo* liegen, überdecken mit ihrem Inhalt und ihrem unter Umständen angezeigten Rahmen den Inhalt und den auch un-

ter Umständen angezeigten Rahmen dieses Fensters, während dieses
wiederum entsprechend mit Inhalt und Rahmen der nach ihm in der Liste vertretenen und angezeigten Fenster verfährt.

Quelltext:
```pascal
PROCEDURE  ShowWin(WindowNo : WindowIdentifier);
BEGIN
 WITH WindowBooking [WindowNo] DO
   BEGIN
    IF WindowPtr <> NIL THEN
      BEGIN
       WITH WindowPtr^ DO
        BEGIN
         IF ActualWindow = 0 THEN
          BEGIN
           ChgActWin(WindowNo);
          END
         ELSE
           BEGIN
            IF WindowRAM = NIL THEN
             BEGIN
              RestoreLongHiddenWindow(WindowNo);
             END
            ELSE
             BEGIN
             END;
            HiddenWindows [WindowNo] := FALSE;
            RecalcScreenBooking(WindowNo, UpperLeftX -
               Byte(Frame), UpperLeftY - Byte(Frame),
               PRED(UpperLeftX + MaxX + Byte(Frame)),
               PRED(UpperLeftY + MaxY + Byte(Frame)));
            RedrawWindowContents(WindowNo, 0, 0, 0, 0);
            RedrawWindowFrame(WindowNo);
           END;
        END;
      END
    ELSE
      BEGIN
      END;
   END;
END;
```

TextBackground   Unit TxtWin

Setzt das Texthintergrund-Attribut eines Fensters.

Syntax: PROCEDURE TextBackground
                      (WindowNo : WindowIdentifier; Color : Byte);

Aufruf: TextBackground (255, Black);

Parameter: *WindowNo*: WindowIdentifier; Kennummer des Fensters

Color: Byte; neues Texthintergrund-Attribut

Wenn *WindowNo* die Kennummer eines existierenden Fensters ist, so
wird für dieses das neue Texthintergrund-Attribut gesetzt.

Der Parameter hat folgende Bedeutung und folgenden Wertebereich:

Color muß im Bereich von Schwarz (0) bis Hellgrau (7) liegen und wird
bei einer Bereichsüberschreitung begrenzt.

Quelltext:
```
PROCEDURE  TextBackground(WindowNo : WindowIdentifier;
                          Color    : Byte);
BEGIN
 WITH WindowBooking [WindowNo] DO
   BEGIN
    IF WindowPtr <> NIL THEN
     BEGIN
      WITH WindowPtr^ DO
       BEGIN
        Color            := (Color AND $07) Shl 4;
        LastTextAttribute := TextAttribute;
        TextAttribute    := (TextAttribute AND $8F) OR
                            Color;
        IF WindowNo = ActualWindow THEN
         BEGIN
          Crt.TextAttr := TextAttribute;
         END
         ELSE
          BEGIN
          END;
        END;
```

```
      END
      ELSE
        BEGIN
        END;
     END;
  END;
```

TextColor   Unit TxtWin

Setzt das Textvordergrund-Attribut eines Fensters.

Syntax:
```
PROCEDURE TextColor ( WindowNo : WindowIdentifier;
                              Color : Byte );
```

Aufruf:
```
TextColor ( 255, White );
```

Parameter: *WindowNo*: WindowIdentifier; Kennummer des Fensters

Color: Byte; neues Textvordergrund-Attribut

Wenn *WindowNo* die Kennummer eines existierenden Fensters ist, so wird für dieses das neue Textvordergrund-Attribut gesetzt.

Der Parameter hat folgende Bedeutung und folgenden Wertebereich:

Color muß im Bereich von Schwarz (0) bis Weiß (15) liegen und wird bei einer Bereichsüberschreitung auf diesen begrenzt. Wenn die Zeichen blinken sollen, so erhöht sich der Wert von *Color* um 128.

Quelltext:
```
PROCEDURE  TextColor(WindowNo : WindowIdentifier;
                         Color    : Byte);
BEGIN
 WITH WindowBooking [WindowNo] DO
   BEGIN
    IF WindowPtr <> NIL THEN
     BEGIN
      WITH WindowPtr^ DO
       BEGIN
        Color            := Color AND $8F;
        LastTextAttribute := TextAttribute;
        TextAttribute     := (TextAttribute AND $70) OR
                             Color;
```

```
            IF WindowNo = ActualWindow THEN
             BEGIN
              Crt.TextAttr := TextAttribute;
             END
             ELSE
              BEGIN
              END;
           END;
         END
         ELSE
          BEGIN
          END;
        END;
      END;
```

WriteBool   **Unit TxtWin**

Gibt in einem Fenster einen Booleschen Wert aus.

Syntax: PROCEDURE WriteBool (WindowNo : WindowIdentifier;
                    PutOut : BOOLEAN; Format : ShortString);

Aufruf: WriteBool (255, TRUE, '10');

Parameter: *WindowNo*: WindowIdentifier; Kennummer des Fensters

PutOut: BOOLEAN; auszugebender Boolescher Wert

Format: ShortString; Formatierungsanweisung für die Ausgabe

Wenn *WindowNo* die Kennummer eines existierenden Fensters ist, so wird der an diese Prozedur übergebene Wert im angegebenen Fenster ab der dort aktuellen Cursorposition ausgegeben und die neue aktuelle Cursorposition hinter das letzte ausgegebene Zeichen gesetzt. Gegebenenfalls werden während der Ausgabe die nötigen Zeilenvorschübe, eventuell mit einem Hochschieben der Zeilen verbunden, nach dem Beschreiben der untersten Zeile des Fensters, ausgeführt.

Der Parameter hat folgende Bedeutung und folgenden Wertebereich:

Format ist äquivalent zu der Formatoption für Textdateien bei *System.Write*, auch wenn hier die Übergabe als String erfolgen muß.

Zur Verdeutlichung ein kurzes Beispiel:

```
System.Write(TRUE: 10)
```

ist äquivalent zu

```
WriteBool(WinNo, TRUE, '10')
System.Write(FALSE: 8)
```

ist äquivalent zu

```
WriteBool(WinNo, FALSE, '8')
```

Zu beachten ist, daß der Wert von Format in den Wertebereich *Byte* paßt und Format sich mittels der Prozedur *Val* in eine Zahl umwandeln läßt, da der auszugebende Wert ansonsten nicht formatiert ausgegeben werden kann. So sind zum Beispiel führende und folgende Leerzeichen zu vermeiden.

Quelltext:
```
PROCEDURE  WriteBool(WindowNo : WindowIdentifier;
                     PutOut   : BOOLEAN;
                     Format   : ShortString);
CONST
  BooleanString : ARRAY [BOOLEAN] OF String [5]
                = ('FALSE', 'TRUE');
BEGIN
 WriteStr(WindowNo, BooleanString [PutOut], Format);
END;
```

WriteChar   Unit TxtWin

Gibt ein einzelnes Zeichen in einem Fenster aus.

Syntax:
```
PROCEDURE WriteChar ( WindowNo : WindowIdentifier;
                      PutOut : CHAR);
```

Aufruf: `WriteChar ( 255, 'A' );`

Parameter: *WindowNo*: WindowIdentifier; Kennummer des Fensters

PutOut: CHAR; auszugebendes Zeichen

Wenn *WindowNo* die Kennummer eines existierenden Fensters ist, so wird das an diese Prozedur übergebene Zeichen im angegebenen Fenster

an der aktuellen Cursorposition ausgegeben und der Cursor hinter das
ausgegebene Zeichen gesetzt. Gegebenenfalls erfolgt ein Zeilenvorschub, falls notwendig mit einem Hochschieben der Zeilen nach dem
Beschreiben der untersten Zeile des Fensterinhaltes verbunden.

Quelltext:

```
PROCEDURE  WriteChar(WindowNo : WindowIdentifier;
                     PutOut    : CHAR);
VAR
  LongHidden : BOOLEAN;
  Out        : RECORD
                    Sign  : CHAR;
                    Color : Byte;
                   END;
  TmpPosX    : Byte;
  TmpPosY    : Byte;
BEGIN
 WITH WindowBooking [WindowNo] DO
  BEGIN
   IF WindowPtr <> NIL THEN
    BEGIN
     WITH WindowPtr^ DO
      BEGIN
       LongHidden := WindowRAM = NIL;
       IF LongHidden THEN
        BEGIN
         ExtAccess := FALSE;
         RestoreLongHiddenWindow(WindowNo);
        END
        ELSE
         BEGIN
         END;
       WITH Out DO
        BEGIN
         Sign  := PutOut;
         Color := TextAttribute;
        END;
       TmpPosX := PRED(LastCursorPosX);
       TmpPosY := PRED(LastCursorPosY);
       Move(Out, MaxArray(WindowRAM^).Word0
                     [(TmpPosY * MaxX) + TmpPosX], 1);
       Inc(TmpPosX, UpperLeftX);
       Inc(TmpPosY, PRED(UpperLeftY));
```

```pascal
        IF MaxArray(ScreenBooking^).Byte1 [(TmpPosY *
          WindowMaxX) + TmpPosX] =
          WindowNo THEN
         BEGIN
          ScreenMove(Out,
                MaxArray(ScreenPointer^).Word1
                [(TmpPosY * WindowMaxX) + TmpPosX], 1);
         END
         ELSE
          BEGIN
          END;
        Inc(LastCursorPosX);
        IF LastCursorPosX > MaxX THEN
         BEGIN
          WriteLn(WindowNo);
         END
         ELSE
          BEGIN
           IF WindowNo = ActualWindow THEN
            BEGIN
             Crt.GotoXY(LastCursorPosX,
                     LastCursorPosY);
            END
            ELSE
             BEGIN
             END;
          END;
        IF LongHidden THEN
         BEGIN
          HideWinLong(WindowNo, LongHidden);
         END
         ELSE
          BEGIN
          END;
       END;
     END
     ELSE
      BEGIN
      END;
    END;
  END;
```

WriteInt   Unit TxtWin

Gibt einen Integer-Wert in einem Fenster aus.

Syntax: `PROCEDURE WriteInt ( WindowNo : WindowIdentifier;`
`                       PutOut : LongInt; Format : ShortString );`

Aufruf: `WriteInt ( 255, 12345, '10' );`

Parameter: *WindowNo*: WindowIdentifier; Kennummer des Fensters

PutOut: LongInt; auszugebender Integerwert

Format: ShortString; Formatierungsanweisung für die Ausgabe

Wenn *WindowNo* die Kennummer eines existierenden Fensters ist, so wird der an diese Prozedur übergebene Wert im angegebenen Fenster ab der dort aktuellen Cursorposition ausgegeben und die neue aktuelle Cursorposition hinter das letzte ausgegebene Zeichen gesetzt.

Gegebenenfalls werden während der Ausgabe die nötigen Zeilenvorschübe, eventuell mit einem Hochschieben der Zeilen nach dem Beschreiben der untersten Zeile verbunden, ausgeführt.

Der Parameter hat folgende Bedeutung und folgenden Wertebereich:

Format ist äquivalent zu der Formatoption für Textdateien bei *System.Write*, auch wenn hier die Übergabe als String erfolgen muß.

Zur Verdeutlichung ein kurzes Beispiel:

`System.Write(1234: 10)`

ist äquivalent zu

`WriteInt(WinNo, 1234, '10')`
`System.Write(56789: 8)`

ist äquivalent zu

`WriteInt(WinNo, 56789, '8')`

Zu beachten ist, daß der Wert von *Format* in den Wertebereich *Byte* paßt und *Format* sich mittels der Prozedur *Val* in eine Zahl umwandeln läßt, da der auszugebende Wert ansonsten nicht formatiert ausgegeben werden kann. So sind zum Beispiel führende und folgende Leerzeichen zu vermeiden.

Quelltext:
```
PROCEDURE  WriteInt(WindowNo : WindowIdentifier;
                    PutOut    : LongInt;
                    Format    : ShortString);
VAR
  Trans : String [11];
BEGIN
 Str(PutOut, Trans);
 WriteStr(WindowNo, Trans, Format);
END;
```

WriteLn   Unit TxtWin

Führt einen Zeilenvorschub in einem Fenster aus.

Syntax:
```
PROCEDURE WriteLn ( WindowNo : WindowIdentifier );
```

Aufruf:
```
WriteLn ( 255 );
```

Parameter: *WindowNo*: WindowIdentifier; Kennummer des Fensters

Wenn *WindowNo* die Kennummer eines existierenden Fensters ist, so wird in diesem ein Zeilenvorschub, eventuell mit einem Hochschieben der Zeilen nach dem Beschreiben der letzten Zeile verbunden, ausgeführt und der Cursor in die nächste Zeile gesetzt.

Quelltext:
```
PROCEDURE  WriteLn(WindowNo : WindowIdentifier);
VAR
  LongHidden : BOOLEAN;
BEGIN
 WITH WindowBooking [WindowNo] DO
   BEGIN
    IF WindowPtr <> NIL THEN
      BEGIN
       WITH WindowPtr^ DO
        BEGIN
         LongHidden      := WindowRAM = NIL;
```

```
          LastCursorPosX := 1;
          IF LastCursorPosY < MaxY THEN
           BEGIN
            Inc(LastCursorPosY);
           END
           ELSE
            BEGIN
             IF LongHidden THEN
              BEGIN
               ExtAccess := FALSE;
               RestoreLongHiddenWindow(WindowNo);
              END
              ELSE
               BEGIN
               END;
             Move(MaxArray(WindowRAM^).Word0 [MaxX],
                  WindowRAM^, MaxX * PRED(MaxY));
             ClrEoL(WindowNo);
             IF NOT LongHidden THEN
              BEGIN
               RedrawWindowContents(WindowNo, 1, 1, MaxX,
                                    PRED(MaxY));
              END
              ELSE
               BEGIN
                HideWinLong(WindowNo, LongHidden);
               END;
            END;
          IF WindowNo = ActualWindow THEN
           BEGIN
            Crt.GotoXY(LastCursorPosX, LastCursorPosY);
           END
           ELSE
            BEGIN
            END;
         END;
       END
       ELSE
        BEGIN
        END;
     END;
END;
```

WriteLnBool   Unit TxtWin

Gibt einen Booleschen Wert mit Zeilenvorschub in einem Fenster aus.

Syntax:
```
PROCEDURE WriteLnBool ( WindowNo : WindowIdentifier;
                 PutOut : BOOLEAN; Format : ShortString );
```

Aufruf:
```
WriteLnBool ( 255, FALSE, '10' );
```

Parameter: *WindowNo*: WindowIdentifier; Kennummer des Fensters

PutOut: BOOLEAN; auszugebender Boolescher Wert

Format: ShortString; Formatierungsanweisung für die Ausgabe

Wenn *WindowNo* die Kennummer eines existierenden Fensters ist, so wird der an diese Prozedur übergebene Wert im angegebenen Fenster an der Cursorposition ausgegeben und der Cursor an den Anfang der nächsten Zeile gesetzt.

Gegebenenfalls werden während der Ausgabe die nötigen Zeilenvorschübe, eventuell mit einem Hochschieben der Zeilen nach dem Beschreiben der untersten Zeile verbunden, ausgeführt.

Der Parameter hat folgende Bedeutung und folgenden Wertebereich:

Format ist äquivalent zu der Formatoption für Textdateien bei *System.WriteLn*, auch wenn die Übergabe hier als String erfolgen muß.

Zur Verdeutlichung ein kurzes Beispiel:

```
System.WriteLn(TRUE: 10)
```

ist äquivalent zu

```
WriteLnBool(WinNo, TRUE, '10')
System.WriteLn(FALSE: 8)
```

ist äquivalent zu

```
WriteLnBool(WinNo, FALSE, '8')
```

Zu beachten ist, daß der Wert von *Format* in den Wertebereich *Byte* paßt und Format sich mittels der Prozedur *Val* in eine Zahl umwandeln läßt, da der auszugebende Wert ansonsten nicht formatiert ausgegeben werden kann.

So sind zum Beispiel führende und folgende Leerzeichen nicht gestattet.

Quelltext:
```
PROCEDURE  WriteLnBool(WindowNo : WindowIdentifier;
                       PutOut    : BOOLEAN;
                       Format    : ShortString);
BEGIN
 WriteBool(WindowNo, PutOut, Format);
 WriteLn(WindowNo);
END;
```

WriteLnInt   **Unit TxtWin**

Gibt einen Integer-Wert mit Zeilenvorschub in einem Fenster aus.

Syntax:
```
PROCEDURE WriteLnInt ( WindowNo : WindowIdentifier;
              PutOut : LongInt; Format : ShortString );
```

Aufruf:
```
WriteLnInt ( 255, 12345, '10' );
```

Parameter: *WindowNo*: WindowIdentifier; Kennummer des Fensters

PutOut: LongInt; auszugebender Integerwert

Format: ShortString; Formatierungsanweisung für die Ausgabe

Wenn *WindowNo* die Kennummer eines existierenden Fensters ist, so wird der an diese Prozedur übergebene Wert im angegebenen Fenster ab der dort aktuellen Cursorposition ausgegeben und der Cursor an den Anfang der nächsten Zeile gesetzt. Gegebenenfalls werden während der Ausgabe die nötigen Zeilenvorschübe, eventuell mit einem Hochschieben der Zeilen nach dem Beschreiben der untersten Zeile verbunden, ausgeführt.

Der Parameter hat folgende Bedeutung und folgenden Wertebereich:

Format ist äquivalent zu der Formatoption für Textdateien bei *System.WriteLn*, auch wenn die Übergabe hier als String erfolgen muß.

Zur Verdeutlichung ein kurzes Beispiel:

```
System.WriteLn(1234: 10)
```

ist äquivalent zu

```
WriteLnInt(WinNo, 1234, '10')
System.WriteLn(56789: 8)
```

ist äquivalent zu

```
WriteLnInt(WinNo, 56789, '8')
```

Zu beachten ist, daß der Wert von *Format* in den Wertebereich *Byte* paßt und Format sich mittels der Prozedur *Val* in eine Zahl umwandeln läßt, da der auszugebende Wert ansonsten nicht formatiert ausgegeben werden kann. So sind zum Beispiel führende und folgende Leerzeichen nicht erlaubt.

Quelltext:
```
PROCEDURE  WriteLnInt(WindowNo : WindowIdentifier;
                      PutOut    : LongInt;
                      Format    : ShortString);
BEGIN
  WriteInt(WindowNo, PutOut, Format);
  WriteLn(WindowNo);
END;
```

WriteLnReal   Unit TxtWin

Gibt einen Real-Wert mit Zeilenvorschub in einem Fenster aus.

Syntax: Bei Kompilation der Unit ohne die Option "mathematischer Co-Prozessor":

```
PROCEDURE WriteLnReal ( WindowNo : WindowIdentifier;
            PutOut : REAL; Format : ShortString );
```

Bei Kompilation der Unit für die Verwendung mit einem mathematischen Co-Prozessor:

```
PROCEDURE WriteLnReal ( WindowNo : WindowIdentifier;
           PutOut : Extended; Format : ShortString );
```

Aufruf: `WriteLnReal ( 255, 12345.6789, '20:10' );`

Parameter: *WindowNo*: WindowIdentifier; Kennummer des Fensters

PutOut: REAL bzw. Extended; auszugebender Real-Wert (ohne bzw.
mit numerischem Co-Prozessor)

Format: ShortString; Formatierungsanweisung für die Ausgabe

Wenn *WindowNo* die Kennummer eines existierenden Fensters ist, so
wird der an diese Prozedur übergebene Wert im angegebenen Fenster ab
der dort aktuellen Cursorposition ausgegeben und die neue aktuelle Cursorposition auf die Zeile unter dem letzten ausgegebenen Zeichen in der
ersten Spalte gesetzt. Gegebenenfalls werden während der Ausgabe die
nötigen Zeilenvorschübe, eventuell mit einem Hochschieben der Zeilen
nach dem Beschreiben der untersten Zeile verbunden, ausgeführt.

Der Parameter hat folgende Bedeutung und folgenden Wertebereich:

Format ist äquivalent zu der Formatoption für Textdateien bei *Sy-
stem.WriteLn*, auch wenn die Übergabe hier als String erfolgen muß.

Zur Verdeutlichung ein kurzes Beispiel:

```
System.WriteLn(1234.5678: 10: 1)
```

ist äquivalent zu

```
WriteLnReal(WinNo, 1234.5678, '10:1')
System.WriteLn(56789.01234: 8: 5)
```

ist äquivalent zu

```
WriteLnReal(WinNo, 56789.01234, '8:5')
```

und

```
System.WriteLn(1928.37465: 99)
```

ist äquivalent zu

```
WriteLnReal(WinNo, 1928.37465, '99')
```

Damit die Formatierung korrekt erfolgt, müssen beide Werte in den Wertebereich Byte passen. *Format* darf sich nur aus numerischen Zeichen und einem Doppelpunkt zusammensetzen. So sind zum Beispiel führende und folgende Leerzeichen nicht erlaubt.

Quelltext:
```
PROCEDURE  WriteLnReal(WindowNo : WindowIdentifier;
                       PutOut    : REAL;
                       Format    : ShortString);
{ bzw. }
PROCEDURE  WriteLnReal(WindowNo : WindowIdentifier;
                       PutOut    : Extended;
                       Format    : ShortString);
BEGIN
 WriteReal(WindowNo, PutOut, Format);
 WriteLn(WindowNo);
END;
```

WriteLnStr   Unit TxtWin

Gibt einen String mit Zeilenvorschub in einem Fenster aus.

Syntax:
```
PROCEDURE  WriteLnStr ( WindowNo : WindowIdentifier;
              PutOut : String; Format : ShortString );
```

Aufruf:
```
WriteLnStr ( 255, 'Auszugebende Zeichenfolge', '' );
```

Parameter: *WindowNo*: WindowIdentifier; Kennummer des Fensters

PutOut: String; auszugebende Zeichenfolge

Format: ShortString; Formatierungsanweisung für die Ausgabe

Wenn *WindowNo* die Kennummer eines existierenden Fensters ist, so
wird der an diese Prozedur übergebene Wert im angegebenen Fenster an
der Cursorposition ausgegeben und der Cursor an den Anfang der nächsten Zeile gesetzt. Gegebenenfalls werden während der Ausgabe die nötigen Zeilenvorschübe ausgeführt.

Der Parameter hat folgende Bedeutung und folgenden Wertebereich:

Format ist äquivalent zu der Formatoption für Textdateien bei *Sy-
stem.WriteLn*, auch wenn die Übergabe hier als String erfolgen muß.

Zur Verdeutlichung ein kurzes Beispiel:

```
System.WriteLn('So sieht''s aus': 10)
```

ist äquivalent zu

```
WriteLnStr(WinNo, 'So sieht''s aus', '10')
System.WriteLn('So sieht''s wirklich aus': 8)
```

ist äquivalent zu

```
WriteLnStr(WinNo, 'So sieht''s wirklich aus', '8')
```

Zu beachten ist, daß der Wert von *Format* in den Wertebereich *Byte*
paßt und Format sich mittels der Prozedur *Val* in eine Zahl umwandeln
läßt, da der auszugebende Wert ansonsten nicht formatiert ausgegeben
werden kann. So sind zum Beispiel führende und folgende Leerzeichen
nicht erlaubt.

Quelltext:
```
PROCEDURE  WriteLnStr(WindowNo : WindowIdentifier;
                      PutOut    : String;
                      Format    : ShortString);
BEGIN
 WriteStr(WindowNo, PutOut, Format);
 WriteLn(WindowNo);
END;
```

WriteReal   Unit TxtWin

Gibt einen Real-Wert in einem Fenster aus.

Syntax: Bei Kompilation der Unit ohne die Option "mathematischer Co-Prozessor":

```
PROCEDURE WriteReal ( WindowNo : WindowIdentifier;
                 PutOut : REAL; Format : ShortString );
```

Bei Kompilation der Unit für die Verwendung mit einem mathematischen Co-Prozessor:

```
PROCEDURE WriteReal ( WindowNo : WindowIdentifier;
                 PutOut : Extended; Format : ShortString );
```

Aufruf: `WriteReal ( 255, 12345.6789, '20:10' );`

Parameter: *WindowNo*: WindowIdentifier; Kennummer des Fensters

PutOut: REAL bzw. Extended; auszugebender Real-Wert (ohne bzw. mit numerischem Co-Prozessor)

Format: ShortString; Formatierungsanweisung für die Ausgabe

Wenn *WindowNo* die Kennummer eines existierenden Fensters ist, so wird der an diese Prozedur übergebene Wert im angegebenen Fenster an der Cursorposition ausgegeben und der Cursor an den Anfang der nächsten Zeile gesetzt. Gegebenenfalls werden während der Ausgabe die nötigen Zeilenvorschübe ausgeführt.

Der Parameter hat folgende Bedeutung und folgenden Wertebereich:

Format ist äquivalent zu der Formatoption für Textdateien bei *System.Write*, auch wenn die Übergabe hier als String erfolgen muß.

Zur Verdeutlichung ein kurzes Beispiel:

```
System.WriteLn(1234.5678: 10: 1)
```

ist äquivalent zu

```
WriteLnReal(WinNo, 1234.5678, '10:1')
```

Zu beachten ist, daß der Wert von *Format* in den Wertebereich *Byte* paßt und Format sich mittels der Prozedur *Val* in eine Zahl umwandeln läßt, da der auszugebende Wert ansonsten nicht formatiert ausgegeben werden kann. So sind zum Beispiel führende und folgende Leerzeichen nicht erlaubt.

Quelltext:

```
PROCEDURE   WriteReal(WindowNo : WindowIdentifier;
                      PutOut    : REAL;
                      Format    : ShortString);
{ bzw. }
PROCEDURE   WriteReal(WindowNo : WindowIdentifier;
                      PutOut    : Extended;
                      Format    : ShortString);
VAR
  Error   : INTEGER;
  Format1 : Byte;
  Format2 : Byte;
  Pos     : Byte;
  Trans   : String;
BEGIN
 Format1           := 0;
 Format2           := 0;
 Byte(Trans [0]) := 0;
 IF Byte(Format [0]) > 0 THEN
  BEGIN
   Pos := 1;
   REPEAT
     Trans := Trans + Format [Pos];
     Inc(Pos);
    UNTIL (Pos > Byte(Format [0])) OR
          (Format [Pos] < '0')      OR
          (Format [Pos] > '9');
   IF Byte(Trans [0]) > 0 THEN
    BEGIN
     Val(Trans, Format1, Error);
     IF (Trans [0] <> Format [0]) AND
        (Format [Pos] = ':')          THEN
      BEGIN
       Inc(Pos);
       Byte(Trans [0]) := 0;
       WHILE (Format [Pos] >= '0')    AND
             (Format [Pos] <= '9')    AND
             (Pos <= Byte(Format [0]))    DO
        BEGIN
```

```
        Trans := Trans + Format [Pos];
        Inc(Pos);
      END;
     Val(Trans, Format2, Error);
     Str(PutOut : Format1 : Format2, Trans);
   END
   ELSE
    BEGIN
     Str(PutOut : Format1, Trans);
    END;
  END
  ELSE
   BEGIN
    Str(PutOut, Trans);
   END;
 END
 ELSE
  BEGIN
   Str(PutOut, Trans);
  END;
 WriteStr(WindowNo, Trans, '');
END;
```

WriteStr   Unit TxtWin

Gibt einen String in einem Fenster aus.

Syntax: PROCEDURE WriteStr (WindowNo : WindowIdentifier;
                            PutOut : String; Format : ShortString);

Aufruf: WriteStr (255, 'Auszugebende Zeichenfolge', '');

Parameter: *WindowNo*: WindowIdentifier; Kennummer des Fensters

PutOut: String; auszugebende Zeichenfolge

Format: ShortString; Formatierungsanweisung für die Ausgabe

Wenn *WindowNo* die Kennummer eines existierenden Fensters ist, so
wird der an diese Prozedur übergebene Wert im angegebenen Fenster ab
der dort aktuellen Cursorposition ausgegeben und der Cursor hinter das

letzte ausgegebene Zeichen gesetzt. Gegebenenfalls werden während der Ausgabe die nötigen Zeilenvorschübe ausgeführt.

Der Parameter hat folgende Bedeutung und folgenden Wertebereich:

Format ist äquivalent zu der Formatoption für Textdateien bei *System.Write*, auch wenn die Übergabe hier als String erfolgen muß.

Zur Verdeutlichung ein kurzes Beispiel:

```
System.Write('So sieht''s aus': 10)
```

ist äquivalent zu

```
WriteStr(WinNo, 'So sieht''s aus', '10')
```

Zu beachten ist, daß der Wert von *Format* in den Wertebereich *Byte* paßt und Format sich mittels der Prozedur *Val* in eine Zahl umwandeln läßt, da der auszugebende Wert ansonsten nicht formatiert ausgegeben werden kann. So sind zum Beispiel führende und folgende Leerzeichen nicht erlaubt.

Quelltext:
```
PROCEDURE WriteStr(WindowNo : WindowIdentifier;
                   PutOut    : String;
                   Format    : ShortString);
VAR
  Error      : INTEGER;
  FieldWidth : INTEGER;
  LongHidden : BOOLEAN;
  Loop       : Byte;
  Out        : RECORD
                 Sign  : CHAR;
                 Color : Byte
               END;
BEGIN
 WITH WindowBooking [WindowNo] DO
  BEGIN
   IF WindowPtr <> NIL THEN
    BEGIN
     WITH WindowPtr^ DO
      BEGIN
       LongHidden := WindowRAM = NIL;
```

```
IF LongHidden THEN
 BEGIN
  ExtAccess := FALSE;
  RestoreLongHiddenWindow(WindowNo);
 END
 ELSE
  BEGIN
  END;
IF Byte(Format [0]) <> 0 THEN
 BEGIN
  Val(Format, FieldWidth, Error);
 END
 ELSE
  BEGIN
   Error := 255;
  END;
IF Error = 0 THEN
 BEGIN
  IF FieldWidth > 255 THEN
   BEGIN
    FieldWidth := 255;
   END
   ELSE
    BEGIN
    END;
  IF FieldWidth > Byte(PutOut [0]) THEN
   BEGIN
    FOR Loop := 1 TO (FieldWidth - Byte(PutOut
                     [0])) DO
     BEGIN
      PutOut := ' ' + PutOut;
     END;
   END
   ELSE
    BEGIN
    END;
 END
 ELSE
  BEGIN
  END;
WITH Out DO
 BEGIN
```

```
Color := TextAttribute;
FOR Loop := 1 TO Byte(PutOut [0]) DO
 BEGIN
  Sign := PutOut [Loop];
  Move(Out, MaxArray(WindowRAM^).Word1
      [(PRED(LastCursorPosY) * MaxX) +
       LastCursorPosX], 1);
  Inc(LastCursorPosX);
  IF LastCursorPosX > MaxX THEN
   BEGIN
    RedrawWindowContents(WindowNo, 1,
      LastCursorPosY, MaxX, LastCursorPosY);
    WriteLn(WindowNo);
   END
   ELSE
    BEGIN
    END;
  END;
 END;
IF LastCursorPosX > 1 THEN
 BEGIN
  RedrawWindowContents(WindowNo, 1,
    LastCursorPosY, PRED(LastCursorPosX),
    LastCursorPosY);
 END
 ELSE
  BEGIN
  END;
IF WindowNo = ActualWindow THEN
 BEGIN
  Crt.GotoXY(LastCursorPosX, LastCursorPosY);
 END
 ELSE
  BEGIN
   IF LongHidden THEN
    BEGIN
     HideWinLong(WindowNo, LongHidden);
    END
    ELSE
     BEGIN
     END;
  END;
```

```
          END;
        END
        ELSE
          BEGIN
          END;
        END;
      END;
```

Unit_TxtWin_OvlInit   Unit TxtWin

Initialisiert die Datenstrukturen der Unit TxtWin, wenn sie Overlay-fähig compiliert
wurde.

Syntax: PROCEDURE Unit_TxtWin_OvlInit;

Aufruf: Unit_TxtWin_OvlInit;

Diese Prozedur ist nur definiert, wenn die Unit Overlay-fähig compiliert
wurde. Sie muß vor dem ersten Aufruf einer Prozedur oder Funktion
dieser Unit selbst ausgeführt worden sein, da die benötigten Datenstrukturen sonst nicht definiert sind, was zu Programm-Fehlfunktionen
führen kann.

Danach darf diese Prozedur auf keinen Fall mehr aufgerufen werden, da
dann alle bis dahin existierenden Fenster und der von ihnen belegte
Speicherplatz für das Programm verloren wären.

Quelltext:
```
PROCEDURE  Unit_TxtWin_OvlInit;
BEGIN
  DetectGraph(GraphicsCard, GraphicsMode);
  CASE GraphicsCard OF
    Graph.CGA,
    Graph.MCGA,
    Graph.ATT400  : BEGIN
                      GraphicsCard  := CO80;
                      ScreenPointer := Ptr(CGASeg,
                                           StartAdr);
                      TextAdapter   := CGA;
                      WindowMaxY    := 25;
                    END;
    Graph.EGA,
```

```
        Graph.EGA64,
        Graph.EGAMono : BEGIN
                        GraphicsCard   := CO80 + Font8x8;
                        ScreenPointer  := Ptr(EGASeg,
                                               StartAdr);
                        TextAdapter    := EGA;
                        WindowMaxY     := 43;
                        END;
        Graph.VGA     : BEGIN
                        GraphicsCard   := CO80 + Font8x8;
                        ScreenPointer  := Ptr(VGASeg,
                                               StartAdr);
                        TextAdapter    := VGA;
                        WindowMaxY     := 50;
                        END;
      ELSE
       BEGIN
        GraphicsCard  := Mono;
        ScreenPointer := Ptr(MDASeg, StartAdr);
        TextAdapter   := MDA;
        WindowMaxY    := 25;
       END;
      END;
    WindowMaxX      := 80;
    SuccWindowMaxX  := SUCC(WindowMaxX);
    SuccWindowMaxY  := SUCC(WindowMaxY);
    CursorStartLine := InitCursorStartLine;
    CursorEndLine   := InitCursorEndLine;
    TextMode(GraphicsCard);
    DirectVideo     := TRUE;
    UseCGA          := TextAdapter = CGA;
    CheckSnow       := UseCGA;
    ScreenBooking   := NIL;
    ActualWindow    := 1;
    ChgActWin(0);
    ExtAccess          := TRUE;
    FirstWindowInList  := 0;
    Byte(HidePath [0]) := 0;
    HiddenWindows [0]  := FALSE;
    FillChar(WindowBooking, SizeOf(WindowBooking), 0);
    FillChar(SpecialAdapData, SizeOf(SpecialAdapData),
                            0);
```

```
SetCursOnOff(TRUE);
OriginalExit := ExitProc;
ExitProc    := @ Unit_TxtWin_ExitProc;
END;
```

Die exportierten Funktionen der Unit TxtWin

GetActWinNo   **Unit TxtWin**

Liefert die Kennummer des aktuellen Fensters.

Syntax: FUNCTION GetActWinNo : WindowIdentifier;

Aufruf: FensterNr: GetActWinNo;

Ergebnistyp: *WindowIdentifier*

Diese Funktion liefert die Kennummer des aktuellen Fensters zurück. Ist
diese gleich 0, so wird kein Fenster angezeigt, das heißt, alle Fenster
sind *Hidden* oder *LongHidden*, oder es existiert überhaupt keines.

Quelltext:
```
FUNCTION   GetActWinNo : WindowIdentifier;
BEGIN
 GetActWinNo := ActualWindow;
END;
```

GetCursOnOff   **Unit TxtWin**

Liefert den Cursorstatus.

Syntax: FUNCTION GetCursOnOff : BOOLEAN;

Aufruf: CursorAn := GetCursOnOff;

Ergebnistyp: *BOOLEAN*

Diese Funktion liefert als Ergebnis, ob der Cursor angezeigt wird oder
nicht:

FALSE: Der Cursor wird nicht angezeigt.

TRUE: Der Cursor wird angezeigt.

Quelltext:
```
FUNCTION    GetCursOnOff : BOOLEAN;
BEGIN
 GetCursOnOff := CursorOn;
END;
```

GetFirstWinNo   **Unit TxtWin**

Liefert die Kennummer des ersten Fensters.

Syntax: FUNCTION GetFirstWinNo : WindowIdentifier;

Aufruf: erstesFenster := GetFirstWinNo;

Ergebnistyp: *WindowIdentifier*

Diese Funktion liefert die Kennummer des ersten Fensters in der Liste der existierenden Fenster zurück. Ist diese gleich 0, so existiert zum Zeitpunkt des Aufrufs dieser Funktion kein Fenster.

Quelltext:
```
FUNCTION    GetFirstWinNo : WindowIdentifier;
BEGIN
 GetFirstWinNo := FirstWindowInList;
END;
```

GetFlickerFree   **Unit TxtWin**

Liefert zurück, ob der Test auf "Schnee" erfolgt.

Syntax: FUNCTION GetFlickerFree : BOOLEAN;

Aufruf: KeinSchneeAufCGA := GetFlickerFree;

Ergebnistyp: *BOOLEAN*

> Diese Funktion liefert als Ergebnis zurück, ob beim Schreiben in oder Lesen aus dem Bildschirmspeicher ein Test erfolgt, der den sogenannten "Schnee" beim Bildaufbau bei alten CGA-Karten verhindert.
>
> FALSE: Ein solcher Test wird nicht durchgeführt, wodurch der Bildaufbau deutlich schneller ist.
>
> TRUE: Ein solcher Test wird durchgeführt, was zu einem langsameren Bildaufbau führt.
>
> Die Unit TxtWin benutzt den Test automatisch nur, wenn sie einen CGA-Adapter erkennt. Der Test kann aber, ob CGA oder nicht, explizit über die Prozedur SetFlickerFree gesetzt bzw. zurückgesetzt werden.

Quelltext:
```
FUNCTION   GetFlickerFree : BOOLEAN;
BEGIN
 GetFlickerFree := UseCGA;
END;
```

GetLastWinNo   Unit TxtWin

Liefert die Kennummer des letzten Fensters.

Syntax: `FUNCTION GetLastWinNo : WindowIdentifier;`

Aufruf: `letztesExistierendesFenster := GetLastWinNo`

Ergebnistyp: *WindowIdentifier*

> Diese Funktion liefert die Kennummer des letzten Fensters in der Liste der existierenden Fenster zurück. Ist diese gleich 0, so existiert zum Zeitpunkt des Aufrufs dieser Funktion kein Fenster.

Quelltext:
```
FUNCTION   GetLastWinNo : WindowIdentifier;
VAR
  TmpWindowNo : WindowIdentifier;
BEGIN
 TmpWindowNo := FirstWindowInList;
 WHILE WindowBooking [TmpWindowNo].NextWindow > 0 DO
```

```
      BEGIN
       TmpWindowNo := WindowBooking
                         [TmpWindowNo].NextWindow;
      END;
     GetLastWinNo := TmpWindowNo;
    END;
```

GetLongHidePath   Unit TxtWin

Liefert den Pfad für ein auf Diskette oder Festplatte abgespeichertes Fenster.

Syntax: FUNCTION GetLongHidePath : PathString;

Aufruf: AuslagerungsPfad := GetLongHidePath;

Ergebnistyp: *PathString*

Diese Funktion liefert den Pfad zurück, der für die zeitweilige Auslagerung der Fensterinhalte auf Platte benutzt wird.

Gilt Length(GetLongHidePath) gleich 0, also wird nur eine leere Zeichenkette zurückgeliefert, so kann der Inhalt eines Fensters nicht auf
Diskette oder Festplatte ausgelagert werden.

Quelltext:
```
FUNCTION   GetLongHidePath : PathString;
BEGIN
 GetLongHidePath := HidePath;
END;
```

GetPredWinNo   Unit TxtWin

Liefert die Kennummer eines vor einem anderen Fenster liegenden Fensters.

Syntax: FUNCTION GetPredWinNo (WindowNo : WindowIdentifier)
                                        : WindowIdentifier;

Aufruf: VorNr255 := GetPredWinNo (255);

Parameter: *WindowNo*: WindowIdentifier; Kennummer des Fensters

Ergebnistyp: *WindowIdentifier*

Wenn *WindowNo* die Kennummer eines existierenden Fensters ist, so liefert diese Funktion die Kennummer des vor bzw. über ihm liegenden Fensters zurück. Wird 0 als Ergebnis geliefert, so handelt es sich bei *WindowNo* um das erste Fenster in der Liste der existierenden Fenster.

Quelltext:
```
FUNCTION   GetPredWinNo(WindowNo : WindowIdentifier) :
                                    WindowIdentifier;
BEGIN
 GetPredWinNo := WindowBooking [WindowNo].PredWindow;
END;
```

GetSuccWinNo   Unit TxtWin

Liefert die Kennummer eines hinter einem Fenster liegenden Fensters.

Syntax:
```
FUNCTION GetSuccWinNo ( WindowNo : WindowIdentifier )
                                    : WindowIdentifier;
```

Aufruf:
```
NachNr255 := GetSuccWinNo ( 255 );
```

Parameter: *WindowNo*: WindowIdentifier; Kennummer des Fensters.

Ergebnistyp: *WindowIdentifier*

Wenn *WindowNo* die Kennummer eines existierenden Fensters ist, so liefert diese Funktion die Kennummer des hinter bzw. unter ihm liegenden Fensters zurück. Wird 0 als Ergebnis geliefert, so handelt es sich bei *WindowNo* um das letzte Fenster in der Liste der existierenden Fenster.

Quelltext:
```
FUNCTION   GetSuccWinNo(WindowNo : WindowIdentifier) :
                                    WindowIdentifier;
BEGIN
 GetSuccWinNo := WindowBooking [WindowNo].NextWindow;
END;
```

GetTxtAdapter   Unit TxtWin

Liefert den benutzten Bildschirmadapter.

Syntax: FUNCTION GetTxtAdapter : AdapterType;

Aufruf: welcherAdapter := GetTxtAdapter;

Ergebnistyp: *AdapterType*

Diese Funktion liefert als Ergebnis den zum Zeitpunkt des Aufrufs der Funktion von der Unit benutzten Bildschirmadapter zurück (CGA, EGA, MDA oder VGA).

Quelltext:
```
FUNCTION   GetTxtAdapter : AdapterType;
BEGIN
 GetTxtAdapter := TextAdapter;
END;
```

GetTxtAdapterMaxX   Unit TxtWin

Liefert die maximale Spaltenzahl eines unterstützten Bildschirmadapters zurück.

Syntax: FUNCTION GetTxtAdapterMaxX (Adapter : AdapterType)
                                                : Byte;

Aufruf: maxSpaltenzahl := GetTxtAdapterMaxX (VGA);

Parameter: *Adapter*: AdapterType; Text-/Grafikadapter (CGA, EGA, MDA, VGA)

Ergebnistyp: *Byte*

Das Ergebnis dieser Funktion ist zur Zeit immer 80, da noch kein allgemeiner Standard für die Umschaltung auf höhere Spaltenzahlen existiert. Die Funktion wurde jedoch bereits eingeführt, um eine eventuelle Ergänzung der Toolbox zu vereinfachen und den korrekt geschriebenen Programmen, die sich nur auf die exportierten Routinen der Unit TxtWin stützen, die erweiterten Modi zur Verfügung stellen zu können.

Quelltext:
```
FUNCTION   GetTxtAdapterMaxX(Adapter : AdapterType)
                                                : Byte;
BEGIN
 IF Adapter <> Special THEN
  BEGIN
   GetTxtAdapterMaxX := 80;
```

```
      END
      ELSE
       BEGIN
        GetTxtAdapterMaxX := SpecialAdapData.ColumnNo;
       END;
    END;
```

GetTxtAdapterMaxY   Unit TxtWin

Liefert die maximale Zeilenzahl eines unterstützten Bildschirmadapters zurück.

Syntax: FUNCTION GetTxtAdapterMaxY (Adapter : AdapterType)
                                              : Byte;

Aufruf: maxZeilenzahl := GetTxtAdapterMaxY (VGA);

Parameter: *Adapter*: AdapterType; Text-/Grafikadapter-Art (CGA, EGA, MDA,
                 VGA)

Ergebnistyp: *Byte*

                 Das Ergebnis dieser Funktion ist die vom angegebenen Bildschirm-
                 adapter und der Unit TxtWin maximal unterstützte Zeilenzahl:

                 CGA, MDA: 25
                 EGA: 43
                 VGA: 50

Quelltext: FUNCTION   GetTxtAdapterMaxY(Adapter : AdapterType)
                                              : Byte;
                 BEGIN
                  CASE Adapter OF
                    CGA,
                     MDA :
                           BEGIN
                            GetTxtAdapterMaxY := 25;
                           END;
                     EGA :
                           BEGIN
                            GetTxtAdapterMaxY := 43;
                           END;
```
```

```
VGA :
        BEGIN
         GetTxtAdapterMaxY := 50;
        END;
    ELSE
     BEGIN
      GetTxtAdapterMaxY := SpecialAdapData.LinesNo;
     END;
    END;
END;
```

GetWinExists   Unit TxtWin

Überprüft, ob ein Fenster existiert.

Syntax: FUNCTION GetWinExists (WindowNo : WindowIdentifier)
                                               : BOOLEAN;

Aufruf: FensterExistiert := GetWinExists (255);

Parameter: *WindowNo*: WindowIdentifier; Kennummer des Fensters

Ergebnistyp: *BOOLEAN*

Mit dieser Funktion kann überprüft werden, ob ein Fenster mit der
Kennummer *WindowNo* existiert.

Als Ergebnis liefert diese Funktion:

FALSE: Ein Fenster mit dieser Kennummer existiert nicht.

TRUE: Ein Fenster mit dieser Kennummer existiert.

Quelltext: FUNCTION   GetWinExists(WindowNo : WindowIdentifier)
                                               : BOOLEAN;
                 BEGIN
                  GetWinExists := WindowBooking [WindowNo].WindowPtr
                                                        <> NIL;
                 END;

GetWinFitsIntoRAM   Unit TxtWin

Überprüft, ob noch ein Fenster in den Arbeitsspeicher paßt.

Syntax: FUNCTION GetWinFitsIntoRAM
                        (WindowNo : WindowIdentifier;
                        SizeX, SizeY : Byte) : BOOLEAN;

Aufruf: neuesFensterPasst := GetWinFitsIntoRAM (0, 20, 20);

Parameter: *WindowNo*: WindowIdentifier; Kennummer des Fensters

                 SizeX: Byte; Anzahl der geplanten Spalten

                 SizeY: Byte; Anzahl der geplanten Zeilen

Ergebnistyp: *BOOLEAN*

Diese Funktion ist für die Überprüfung, ob ein noch zu erzeugendes Fenster überhaupt ohne Laufzeitfehler im Arbeitsspeicher generiert werden kann, von Bedeutung. Hierzu darf das Fenster mit der Kennummer *WindowNo* nicht existent sein. Am besten verwendet man die Kennnummer 0.

Außerdem wird die Funktion zur Überprüfung benötigt, ob bei der Anwendung einer der folgenden Routinen auf ein Fenster, das *LongHidden* ist, ein Laufzeitfehler wegen zuwenig freiem Arbeitsspeicher auftreten würde. Hierzu muß *WindowNo* die Kennummer eines *LongHidden*-Fensters sein.

Die Werte von *SizeX* und *SizeY* sind dann nicht von Bedeutung, denn sie werden von der Fensterverwaltung selbst ermittelt:

– *ChgActWin*

– *ChgWinAreaTxtBack*

– *ChgWinAreaTxtColor*

– *ClrWinAreaWith*

– *LoadWinCont*

- *ReadFromWin*

- *RestoreWin*

- *SaveWin*

- *SaveWinCont*

- *ShowWin*

- *ClrEoL*

- *ClrScr*

- *DelLine*

- *Read(Ln)*

- *Write(Ln)*

Weiterhin wird die Funktion zur Überprüfung benötigt, ob ein existierendes Fenster, das nicht *LongHidden* ist, über den Aufruf der Prozedur *ResizeWin* ohne Laufzeitfehler auf eine neue Größe gebracht werden kann.

Für ein *ResizeWin* bei einem existierenden *LongHidden*-Fenster sind zusätzliche Schritte durchzuführen, um sicherzustellen, daß ein Programm an dieser Stelle nicht mit einem Laufzeitfehler abbricht.

Die näheren Erklärungen hierzu befinden sich bei der Erklärung der Prozedur Resize-Win.

Die Parameter haben folgende Bedeutungen und Wertebereiche:

SizeX: Gibt die Anzahl der Spalten in diesem Fenster an.

Für ein existierendes Fenster muß die folgende Bedingung erfüllt sein:

```
2 <= (GetWinTopLeftX+SizeX)
   <= Succ(GetTxtAdapterMaxX(GetTxtAdapter))
```

Für ein noch nicht existierendes Fenster muß lediglich der Wertebereich 1 bis GetTxtAdapterMaxX(GetTxtAdapter) von *SizeX* eingehalten werden.

SizeY: Gibt die Anzahl der Zeilen in diesem Fenster an.

Für ein existierendes Fenster muß die folgende Bedingung erfüllt sein:

```
2 <= (GetWinTopLeftY+SizeY)
  <= Succ(GetTxtAdapterMaxY(GetTxtAdapter))
```

Für ein noch nicht existierendes Fenster muß lediglich der Wertebereich 1 bis GetTxtAdapterMaxY(GetTxtAdapter) von SizeY eingehalten werden.

Als Ergebnis liefert diese Funktion:

FALSE: Es ist nicht mehr genug Arbeitsspeicher frei.

TRUE: Es ist noch genug Arbeitsspeicher frei.

Quelltext:
```
FUNCTION    GetWinFitsIntoRAM
                        (WindowNo : WindowIdentifier;
                         SizeX    : Byte;
                         SizeY    : Byte) : BOOLEAN;
VAR
  DummyBook     : Pointer;
  DummyHead     : WindowPointerType;
  DummyBookSize : Word;
  WinSize       : Word;
BEGIN
 WITH WindowBooking [WindowNo] DO
  BEGIN
   WinSize := (SizeX * SizeY) Shl 1;
   IF WindowPtr <> NIL THEN
    BEGIN
     WITH WindowPtr^ DO
      BEGIN
       IF WindowRAM = NIL THEN
        BEGIN
         GetWinFitsIntoRAM := MaxAvail >
                             ((MaxX * MaxY) Shl 1);
```

```
                END
                ELSE
                 BEGIN
                  GetWinFitsIntoRAM := MaxAvail > WinSize;
                 END;
             END;
         END
         ELSE
          BEGIN
           IF ScreenBooking = NIL THEN
            BEGIN
             DummyBookSize := WindowMaxX * WindowMaxY;
             IF MaxAvail > DummyBookSize THEN
              BEGIN
               GetMem(DummyBook, DummyBookSize);
              END
              ELSE
               BEGIN
                DummyBook := NIL;
               END;
            END
            ELSE
             BEGIN
              DummyBook := NIL;
             END;
           IF ((DummyBook <> NIL)      OR
               (ScreenBooking <> NIL)   )       AND
               (MaxAvail > SizeOf(DummyHead^))      THEN
            BEGIN
             New(DummyHead);
             GetWinFitsIntoRAM := MaxAvail > WinSize;
             Dispose(DummyHead);
            END
            ELSE
             BEGIN
              GetWinFitsIntoRAM := FALSE;
             END;
           IF DummyBook <> NIL THEN
            BEGIN
             FreeMem(DummyBook, DummyBookSize);
            END
            ELSE
```

```
            BEGIN
            END;
        END;
      END;
    END;
```

GetWinFrameOnOff   Unit TxtWin

Ermittelt, ob zu einem Fenster ein Rahmen angezeigt wird oder nicht.

Syntax: FUNCTION GetWinFrameOnOff
                     (WindowNo : WindowIdentifier) : BOOLEAN;

Aufruf: RahmenAn := GetWinFrameOnOff (255);

Parameter: *WindowNo*: WindowIdentifier; Kennummer des Fensters

Ergebnistyp: *BOOLEAN*

Wenn *WindowNo* die Kennummer eines existierenden Fensters ist, so
liefert diese Funktion das Flag für die Rahmen-Anzeige des Fensters zurück:

FALSE: Es wird auf keinen Fall ein Rahmen angezeigt.

TRUE: Wird das Fenster angezeigt, so wird auch ein Rahmen angezeigt.

Quelltext: FUNCTION   GetWinFrameOnOff
                     (WindowNo : WindowIdentifier) : BOOLEAN;
                 BEGIN
                  GetWinFrameOnOff := WindowBooking
                                 [WindowNo].WindowPtr^.Frame;
                 END;

GetWinFrameTxtBack   Unit TxtWin

Liefert das Texthintergrund-Attribut eines Fensterrahmens.

Syntax: FUNCTION GetWinFrameTxtBack
                     (WindowNo : WindowIdentifier) : Byte;

Aufruf: `RahmenHintergrund := GetWinFrameTxtBack ( 255 );`

Parameter: *WindowNo*: WindowIdentifier; Kennummer des Fensters

Ergebnistyp: *Byte*

Wenn *WindowNo* die Kennummer eines existierenden Fensters ist, so liefert diese Funktion das Texthintergrund-Attribut des Rahmens dieses Fensters zurück. Der Wertebereich des Ergebnisses ist Schwarz (0) bis Hellgrau (7).

Quelltext:
```
FUNCTION   GetWinFrameTxtBack
            (WindowNo : WindowIdentifier) : Byte;
BEGIN
 GetWinFrameTxtBack := (WindowBooking
      [WindowNo].WindowPtr^.FrameAttribute Shr 4) AND
                                                 $07;
END;
```

GetWinFrameTxtColor   **Unit TxtWin**

Liefert das Textvordergrund-Attribut eines Fensterrahmens.

Syntax:
```
FUNCTION GetWinFrameTxtColor
            ( WindowNo : WindowIdentifier ) : Byte;
```

Aufruf: `RahmenVordergrund := GetWinFrameTxtColor ( 255 );`

Parameter: *WindowNo*: WindowIdentifier; Kennummer des Fensters

Ergebnistyp: *Byte*

Wenn *WindowNo* die Kennummer eines existierenden Fensters ist, so liefert diese Funktion das Textvordergrund-Attribut des Rahmens dieses Fensters zurück. Der Wertebereich des Ergebnisses ist Schwarz (0) bis Weiß (15), bzw. jeweils plus 128, wenn der Rahmen blinkt.

Quelltext:
```
FUNCTION   GetWinFrameTxtColor
            (WindowNo : WindowIdentifier) : Byte;
BEGIN
 GetWinFrameTxtColor := WindowBooking
      [WindowNo].WindowPtr^.FrameAttribute AND $8F;
END;
```

GetWinIsHidden   Unit TxtWin

Ermittelt, ob ein Fenster versteckt ist oder nicht.

Syntax: `FUNCTION GetWinIsHidden ( WindowNo : WindowIdentifier )`
                                              `: BOOLEAN;`

Aufruf: `FensterIstUnsichtbar := GetWinIsHidden ( 255 );`

Parameter: *WindowNo*: WindowIdentifier; Kennummer des Fensters

Ergebnistyp: *BOOLEAN*

Wenn *WindowNo* die Kennummer eines existierenden Fensters ist, so liefert diese Funktion die folgenden Ergebnisse:

FALSE: Das Fenster ist sichtbar.

TRUE: Das Fenster ist versteckt und kann sogar auf Diskette oder Festplatte ausgelagert worden sein.

Quelltext: ```
FUNCTION   GetWinIsHidden(WindowNo : WindowIdentifier)
                                      : BOOLEAN;
BEGIN
 GetWinIsHidden := HiddenWindows [WindowNo];
END;
```

## GetWinIsLongHidden                                        Unit TxtWin

Ermittelt, ob ein Fenster auf Diskette oder Festplatte ausgelagert wurde oder nicht.

**Syntax:**        `FUNCTION GetWinIsLongHidden`
                   `( WindowNo : WindowIdentifier ) : BOOLEAN;`

**Aufruf:**        `FensterIstAusgelagert := GetWinIsLongHidden ( 255 );`

**Parameter:**     *WindowNo*: WindowIdentifier; Kennummer des Fensters

**Ergebnistyp:** *BOOLEAN*
```

Wenn *WindowNo* die Kennummer eines existierenden Fensters ist, so liefert diese Funktion die folgenden Ergebnisse:

FALSE: Das Fenster ist nicht auf Diskette oder Festplatte ausgelagert worden, muß aber trotzdem nicht unbedingt sichtbar sein.

TRUE: Das Fenster ist versteckt und auf Diskette oder Festplatte ausgelagert worden.

Quelltext:
```
FUNCTION    GetWinIsLongHidden
                 (WindowNo : WindowIdentifier) : BOOLEAN;
BEGIN
 WITH WindowBooking [WindowNo] DO
   BEGIN
    GetWinIsLongHidden := WindowPtr^.WindowRAM = NIL;
   END;
END;
```

GetWinMaxX   Unit TxtWin

Liefert die maximale Spaltenzahl eines Fensters.

Syntax:
```
FUNCTION GetWinMaxX ( WindowNo : WindowIdentifier )
                                    : Byte;
```

Aufruf:
```
FensterSpaltenzahl := GetWinMaxX ( 255 );
```

Parameter: *WindowNo*: WindowIdentifier; Kennummer des Fensters

Ergebnistyp: *Byte*

Wenn *WindowNo* die Kennummer eines existierenden Fensters ist, so liefert diese Funktion die Breite, also die Spaltenzahl, des Fensters zurück. Der Wertebereich des Ergebnisses ist 1 bis GetTxtAdapterMaxX (GetTxtAdapter).

Quelltext:
```
FUNCTION    GetWinMaxX(WindowNo : WindowIdentifier)
                                    : Byte;
BEGIN
 GetWinMaxX := WindowBooking
```

```
[WindowNo].WindowPtr^.MaxX;
END;
```

GetWinMaxY   Unit TxtWin

Liefert die maximale Zeilenzahl eines Fensters.

Syntax: FUNCTION GetWinMaxY (WindowNo : WindowIdentifier)
                                           : Byte;

Aufruf: FensterZeilSpaltenzahl := GetWinMaxY (255);

Parameter: *WindowNo*: WindowIdentifier; Kennummer des Fensters

Ergebnistyp: *Byte*

                 Wenn *WindowNo* die Kennummer eines existierenden Fensters ist, so
                 liefert diese Funktion die Höhe, also die Zeilenzahl, des Fensters zurück.
                 Der Wertebereich des Ergebnisses ist 1 bis GetTxtAdapterMaxY
                 (GetTxtAdapter).

Quelltext: FUNCTION   GetWinMaxY(WindowNo : WindowIdentifier)
                                           : Byte;
                 BEGIN
                  GetWinMaxY := WindowBooking
                 [WindowNo].WindowPtr^.MaxY;
                 END;

GetWinNoAt   Unit TxtWin

Liefert die Kennummer eines Fensters an einer Position auf dem Bildschirm.

Syntax: FUNCTION GetWinNoAt (PosX, PosY : Byte)
                                           : WindowIdentifier;

Aufruf: FensterNrAnPos := GetWinNoAt (5, 5);

Parameter: *PosX*: Byte; Spaltenposition auf dem Bildschirm

                 PosY: Byte; Zeilenposition auf dem Bildschirm

Ergebnistyp: *WindowIdentifier*

Diese Funktion liefert die Kennummer des Fensters zurück, das auf der angegebenen Position auf dem Bildschirm sichtbar ist. Ist das Ergebnis 0, so wird dort kein von dieser Toolbox verwaltetes Fenster angezeigt.

Die Parameter haben folgende Bedeutungen und Wertebereiche:

PosX gibt die absolute Spaltennummer auf dem von der Unit verwendeten Bildschirm, der über die Funktion GetTxtAdapter zu ermitteln ist, an und muß im Bereich von 1 bis GetTxtAdapterMaxX(GetTxtAdapter) liegen.

PosY gibt die absolute Zeilennummer auf dem von der Unit verwendeten Bildschirm, der über die Funktion GetTxtAdapter zu ermitteln ist, an und muß im Bereich von 1 bis GetTxtAdapterMaxY(GetTxtAdapter) liegen.

Quelltext:
```
FUNCTION    GetWinNoAt(PosX : Byte;
                       PosY : Byte) : WindowIdentifier;
BEGIN
 IF ScreenBooking <> NIL THEN
  BEGIN
   GetWinNoAt := MaxArray(ScreenBooking^).Byte1
   [(PRED(PosY) * WindowMaxX) + PosX];
  END
  ELSE
   BEGIN
    GetWinNoAt := 0;
   END;
END;
```

GetWinTitle   **Unit TxtWin**

Liefert den Titel eines Fensters.

Syntax:
```
FUNCTION GetWinTitle ( WindowNo : WindowIdentifier )
                               : MaxWindowString;
```

Aufruf:
```
FensterÜberschrift := GetWinTitle ( 255 );
```

Parameter: *WindowNo*: WindowIdentifier; Kennummer des Fensters

Ergebnistyp: *MaxWindowString*

> Wenn *WindowNo* die Kennummer eines existierenden Fensters ist, so
> liefert diese Funktion den zugehörigen Fenstertitel zurück. Der Wertebe-
> reich des Ergebnisses ist jeder beliebige String bis zu einer Länge von
> HeadlineMaxX.

Quelltext:
```
FUNCTION   GetWinTitle(WindowNo : WindowIdentifier)
                                : MaxWindowString;
BEGIN
 WITH WindowBooking [WindowNo].WindowPtr^ DO
   BEGIN
    IF Title <> NIL THEN
     BEGIN
      GetWinTitle := String(Title^);
     END
    ELSE
     BEGIN
      GetWinTitle := '';
     END;
   END;
END;
```

GetWinTopLeftX   **Unit TxtWin**

Liefert die Anfangsspalte eines Fensters.

Syntax:
```
FUNCTION GetWinTopLeftX ( WindowNo : WindowIdentifier )
                                : Byte;
```

Aufruf:
```
FensterStartspalte := GetWinTopLeftX ( 255 );
```

Parameter: *WindowNo*: WindowIdentifier; Kennummer des Fensters

Ergebnistyp: *Byte*

> Wenn *WindowNo* die Kennummer eines existierenden Fensters ist, so
> liefert diese Funktion die Spaltennummer des ersten Zeichens des Fen-
> sters auf dem Bildschirm zurück, soweit es angezeigt wird.

Ein eventuell anzuzeigender Rahmen für dieses Fenster liegt in diesem Fall, soweit sichtbar, eine Spalte weiter links, denn er ist kein direkter Teil des Fensters. Der Wertebereich des Ergebnisses ist 1 bis GetTxtAdapterMaxX(GetTxtAdapter).

Quelltext:
```
FUNCTION    GetWinTopLeftX(WindowNo : WindowIdentifier)
                                    : Byte;

BEGIN
 GetWinTopLeftX := WindowBooking
[WindowNo].WindowPtr^.UpperLeftX;
END;
```

GetWinTopLeftY   **Unit TxtWin**

Liefert die Anfangszeile eines Fensters.

Syntax:
```
FUNCTION GetWinTopLeftY ( WindowNo : WindowIdentifier )
                                    : Byte;
```

Aufruf:
```
FensterStartzeile := GetWinTopLeftY ( 255 );
```

Parameter: *WindowNo*: WindowIdentifier; Kennummer des Fensters

Ergebnistyp: *Byte*

Wenn *WindowNo* die Kennummer eines existierenden Fensters ist, so liefert diese Funktion die Zeilennummer des ersten Zeichens des Fensters auf dem Bildschirm zurück, soweit es angezeigt wird.

Ein eventuell anzuzeigender Rahmen für dieses Fenster liegt in diesem Fall, soweit sichtbar, eine Zeile weiter oben, denn er ist kein direkter Teil des Fensters. Der Wertebereich des Ergebnisses ist 1 bis GetTxt AdapterMaxY(GetTxtAdapter).

Quelltext:
```
FUNCTION    GetWinTopLeftY(WindowNo : WindowIdentifier)
                                    : Byte;

BEGIN
 GetWinTopLeftY := WindowBooking
                [WindowNo].WindowPtr^.UpperLeftY;
END;
```

GetWinTxtBack   Unit TxtWin

Liefert das aktuelle Texthintergrund-Attribut eines Fensters.

Syntax: FUNCTION GetWinTxtBack (WindowNo : WindowIdentifier)
                                          : Byte;

Aufruf: FensterHintergrund := GetWinTxtBack (255);

Parameter: *WindowNo*: WindowIdentifier; Kennummer des Fensters

Ergebnistyp: *Byte*

Wenn *WindowNo* die Kennummer eines existierenden Fensters ist, so
liefert diese Funktion das aktuelle Texthintergrund-Attribut in diesem
Fenster zurück. Der Wertebereich des Ergebnisses ist Schwarz (0) bis
Hellgrau (7).

Quelltext: FUNCTION   GetWinTxtBack(WindowNo : WindowIdentifier)
                                          : Byte;
                BEGIN
                 GetWinTxtBack := (WindowBooking
                          [WindowNo].WindowPtr^.TextAttribute Shr 4)
                                                      AND $07;
                END;

GetWinTxtBackAt   Unit TxtWin

Liefert das Texthintergrund-Attribut eines Fensters an einer Stelle.

Syntax: FUNCTION GetWinTxtBackAt
                          (WindowNo : WindowIdentifier; XPos, YPos
                              : Byte) : Byte;

Aufruf: FensterHintergrundAnPos := GetWinTxtBackAt
                                                (255, 2, 3);

Parameter: *WindowNo*: WindowIdentifier; Kennummer des Fensters

                XPos: Byte; Spaltenposition im Fenster

                YPos: Byte; Zeilenposition im Fenster

Ergebnistyp: *Byte*

Wenn *WindowNo* die Kennummer eines existierenden Fensters ist, so liefert diese Funktion das Texthintergrund-Attribut in diesem Fenster an der durch *XPos* und *YPos* bestimmten Stelle. Der Wertebereich des Ergebnisses ist Schwarz (0) bis Hellgrau (7).

Die Parameter haben folgende Bedeutungen und Wertebereiche:

XPos bezieht sich absolut auf die Koordinaten in dem angegebenen Fenster, gibt die gewünschte Spalte an, und muß im Bereich von 1 bis Get WinMaxX(WindowNo) liegen.

YPos bezieht sich absolut auf die Koordinaten in dem angegebenen Fenster, gibt die gewünschte Zeile an und muß im Bereich von 1 bis Get WinMaxY(WindowNo) liegen.

Quelltext:
```
FUNCTION   GetWinTxtBackAt
                        (WindowNo : WindowIdentifier;
                        XPos      : Byte;
                        YPos      : Byte) : Byte;
BEGIN
  GetWinTxtBackAt := (GetWinTxtAttribAt
                        (WindowNo, XPos, YPos) Shr 4)
                                           AND $07;
END;
```

GetWinTxtColor   **Unit TxtWin**

Liefert das aktuelle Textvordergrund-Attribut eines Fensters.

Syntax:
```
FUNCTION GetWinTxtColor ( WindowNo : WindowIdentifier )
                                           : Byte;
```

Aufruf: `FensterVordHintergrund := GetWinTxtColor ( 255 );`

Parameter: *WindowNo*: WindowIdentifier; Kennummer des Fensters

Ergebnistyp: *Byte*

Wenn *WindowNo* die Kennummer eines existierenden Fensters ist, so liefert diese Funktion das aktuelle Textvordergrund-Attribut in diesem Fenster zurück.

Der Wertebereich des Ergebnisses ist Schwarz (0) bis Weiß (15), bzw. jeweils plus 128, wenn die Zeichen blinken.

Quelltext:
```
FUNCTION    GetWinTxtColor(WindowNo : WindowIdentifier)
                                          : Byte;
BEGIN
 GetWinTxtColor := WindowBooking
 [WindowNo].WindowPtr^.TextAttribute
 AND $8F;
END;
```

GetWinTxtColorAt   **Unit TxtWin**

Liefert das Textvordergrund-Attribut eines Fensters an einer Stelle.

Syntax:
```
FUNCTION GetWinTxtColorAt
             ( WindowNo : WindowIdentifier;
             XPos, YPos : Byte ) : Byte;
```

Aufruf:
```
FensterVordergrundAnPos := GetWinTxtColorAt
                                ( 255, 2, 3 );
```

Parameter: *WindowNo*: WindowIdentifier; Kennummer des Fensters

XPos: Byte; Spaltenposition im Fenster

YPos: Byte; Zeilenposition im Fenster

Ergebnistyp: *Byte*

Wenn *WindowNo* die Kennummer eines existierenden Fensters ist, so liefert diese Funktion das Textvordergrund-Attribut in diesem Fenster an der durch *XPos* und *YPos* bestimmten Stelle. Der Wertebereich des Ergebnisses ist Schwarz (0) bis Weiß (15), bzw. jeweils plus 128 bei blinkender Darstellung.

Die Parameter haben folgende Bedeutungen und Wertebereiche:

XPos bezieht sich absolut auf die Koordinaten im angegebenen Fenster, gibt die gewünschte Spalte an und muß im Bereich von 1 bis GetWin MaxX(WindowNo) liegen.

YPos bezieht sich absolut auf die Koordinaten im angegebenen Fenster, gibt die gewünschte Zeile an und muß im Bereich von 1 bis GetWin MaxY(WindowNo) liegen.

Quelltext:
```
FUNCTION    GetWinTxtColorAt
                      (WindowNo : WindowIdentifier;
                       XPos     : Byte;
                       YPos     : Byte) : Byte;

BEGIN
 GetWinTxtColorAt := GetWinTxtAttribAt
                      (WindowNo, XPos, YPos) AND $8F;

END;
```

WhereX   **Unit TxtWin**

Ermittelt die Spaltenkoordinate der aktuellen Cursorposition in einem Fenster.

Syntax:
```
FUNCTION WhereX ( WindowNo : WindowIdentifier )
                             : Byte;
```

Aufruf:
```
FensterCursorSpalte := WhereX ( 255 );
```

Parameter: *WindowNo*: WindowIdentifier; Kennummer des Fensters

Ergebnistyp: *Byte*

Ist *WindowNo* die Kennummer eines existierenden Fensters, so liefert diese Funktion die Nummer der Spalte zurück, in der sich der Cursor in diesem Fenster befindet. Der Wertebereich des Funktionsergebnisses ist 1 bis GetWinMaxX(WindowNo).

Quelltext:
```
FUNCTION    WhereX(WindowNo : WindowIdentifier) : Byte;
BEGIN
 WhereX := WindowBooking
             [WindowNo].WindowPtr^.LastCursorPosX;
END;
```

WhereY   **Unit TxtWin**

Ermittelt die Zeilenkoordinate der aktuellen Cursorposition in einem Fenster.

Syntax: FUNCTION WhereY (WindowNo : WindowIdentifier)
                                            : Byte;

Aufruf: FensterCursorZeile := WhereY (255);

Parameter: *WindowNo*: WindowIdentifier; Kennummer des Fensters

Ergebnistyp: *Byte*

Ist *WindowNo* die Kennummer eines existierenden Fensters, so liefert
diese Funktion die Nummer der Zeile zurück, in der sich der Cursor in
diesem Fenster befindet. Der Wertebereich des Funktionsergebnisses ist
1 bis GetWinMaxY(WindowNo).

Quelltext: FUNCTION   WhereY(WindowNo : WindowIdentifier) : Byte;
                 BEGIN
                   WhereY := WindowBooking
                                 [WindowNo].WindowPtr^.LastCursorPosY;
                 END;

Erweiterungen der Unit TxtWin

Kurz vor Drucklegung des Buches wurde eine erweiterte Version dieser Toolbox fertig-
gestellt, die es ermöglicht, beliebige Textmodi der verschiedensten Text-/Grafikadapter
auszunutzen. Sollen diese Möglichkeiten ausgenutzt werden, so empfiehlt es sich, die
Datei TXTWINUP.TXT als Ergänzung der obigen Anleitung durchzuarbeiten.

Teil V

Die Utilities

Kapitel 13

DOS-Utilities

Kein Betriebssystem ist vollkommen; es gibt immer etwas, das noch zu verbessern ist.
Nach diesem Motto haben schon zahlreiche Hersteller Programmpakete auf den Markt
gebracht, die dem Anwender die klassischen Arbeiten beim Umgang mit DOS erleichtern sollen. Aber auch diese Programme haben oft noch Schwächen, zum Beispiel das
Löschen eines kompletten Unterverzeichnisses mit allen enthaltenen Dateien und weiteren Verzeichnissen. Häufig ist es erforderlich, für eine simple Ja/Nein-Abfrage beim
Löschen von Dateien ein ganzes Programmpaket zu laden oder ein residentes Hilfspro-
gramm zu aktivieren. Diese letzte Programmart hat den Nachteil, unter Umständen ge-
waltige Mengen vom sowieso schon knappen Hauptspeicher für sich zu beschlagnah-
men. Mit einigen Zeilen Turbo Pascal-Programmcode lassen sich aber viele Utilities
selbst schreiben.

Die nachfolgende Programmsammlung vereinfacht und erleichtert Ihnen viele Arbeiten
mit DOS. Am besten speichern Sie sich die Utilities in ein Verzeichnis auf Ihrer Festplatte, auf das ein Suchpfad gesetzt ist. Alternativ können Sie sich Stapeldateien einrichten, die alle Parameter an das jeweilige Programm weiterreichen.

Verwendete Units

Fast alle hier vorgestellten Programme verwenden immer wieder die gleichen Prozeduren oder Funktionen, so daß diese in mehreren Units zusammengefaßt sind. Die Unit
EXTDOS enthält Funktionen und Prozeduren, die als Ergänzung zur Turbo Pascal-Unit
DOS dienen. Um Stringmanipulationen durchzuführen, ist die Unit *STRINGS* geschrieben worden. Beide Units werden nachfolgend vorgestellt.

Die Unit EXTDOS.PAS

Diese Unit stellt einige Prozeduren und Funktionen zur Verfügung, die zur Ergänzung
der Turbo Pascal-Unit *DOS* dienen. Hier werden nur die Konstanten, Variablen, Typen,
Prozeduren und Funktionen beschrieben; den vollständigen Quelltext mit *Interface*-Teil
finden Sie auf der beigelegten Diskette.

Datentypen

Ergänzend zu den Typen *PathStr*, *DirStr*, *NameStr* und *ExtStr*, die in der Turbo Pascal-
Unit *DOS* deklariert sind, ist der Typ *DriveStr* deklariert. Eine Variable dieses Typs
nimmt eine Laufwerksbezeichnung wie zum Beispiel C: auf.

Variablen

Alle Ein- und Ausgaben eines Turbo Pascal-Programms erfolgen über die vordefinierten Dateien *Input* und *Output*. Solange die Unit *CRT* nicht verwendet wird, entsprechen
diese Dateien den Standardein- und -ausgabekanälen *StdIn* und *StdOut* von DOS. Ein
weiterer wichtiger Kanal ist die Standardfehlereinheit *StdErr*, die durch die gleichnamige Variable vom Typ *Text* nun zur Verfügung steht. In den Utilities werden alle
Fehlermeldungen auf dieser Standardeinheit ausgegeben. Der Vorteil dieser Methode:
Ausgaben auf die Standardfehlereinheit gelangen immer zum Bildschirm, die Ausgabe
kann *nicht* umgeleitet werden. Sie bekommen die Fehlermeldung auch dann angezeigt,
wenn Sie die Ausgabe zum Beispiel in eine Datei oder auf den Drucker umgeleitet haben.

Prozeduren und Funktionen

DosKeyPressed   EXTDOS.PAS

Funktion: Stellt fest, ob eine Taste gedrückt ist.

Diese Funktion entspricht *KeyPressed* in der Unit *CRT* mit dem Unterschied, daß *CRT* nicht benötigt wird. Die Verwendung dieser Funktion
ist immer dann sinnvoll, wenn eine direkte Tastaturabfrage gewünscht
ist, die Unit *CRT* aber nicht verwendet werden soll. Dies ist zum Beispiel dann der Fall, wenn die Ein-/Ausgabeumleitung von DOS unterstützt werden soll.

Syntax: `FUNCTION DosKeyPressed:BOOLEAN`

Parameter: Keine

Querverweis: *DosReadKey*

Beispiel: `IF DosKeyPressed THEN Writeln('TASTE');`

Quelltext:
```
FUNCTION  DosKeyPressed:BOOLEAN;
VAR
  Reg : Registers;
BEGIN
  Reg.AH:=$0B;
  MsDos(Reg);
  DosKeyPressed:=(Reg.AL=$FF);
END;
```

DosReadKey   EXTDOS.PAS

Funktion: Lesen eines Zeichens von der Standardeingabeeinheit (Tastatur).

Diese Funktion entspricht *ReadKey* in der Unit *CRT* mit dem Unterschied, daß CRT nicht benötigt wird. Die Verwendung dieser Funktion ist immer dann sinnvoll, wenn eine direkte Tastaturabfrage gewünscht ist, die Unit *CRT* aber nicht verwendet werden soll. Dies ist zum Beispiel dann der Fall, wenn die Ein-/Ausgabeumleitung von DOS unterstützt werden soll.

Syntax: `FUNCTION DosReadKey:CHAR`

Parameter: Keine

Querverweis: *DosKeyPressed*

Beispiel: `WHILE DosKeyPressed DO Writeln(DosReadKey);`

Quelltext:
```
FUNCTION  DosReadKey:CHAR;
VAR
  Reg : Registers;
BEGIN
  Reg.AH:=7;
  MsDos(Reg);
  DosReadKey:=Chr(Reg.AL);
END;
```

SetNumlock   EXTDOS.PAS

Funktion: Schaltet den Num-Lock-Zustand des Computers ein bzw. aus. Bei AT-kompatiblen Computern wird auch die Leuchtdiode in der Tastatur entsprechend geschaltet.

Syntax: `PROCEDURE SetNumlock(Mode:BOOLEAN)`

Parameter: Der Parameter *Mode* bestimmt den neuen Num-Lock-Zustand. Der Wert *TRUE* schaltet Num-Lock ein, der Wert *FALSE* schaltet Num-Lock aus.

Grenzen: Die an einem PC/XT-kompatiblen Computer angeschlossene Tastatur ist nicht programmierbar, aus diesem Grund wird die Leuchtdiode weder ein- noch ausgeschaltet. Dies gilt auch für MF2-Tastaturen, die an einem PC/XT angeschlossen sind.

Querverweis: *SetCapsLock, SetScrollock, IsNumlock, IsCapslock, IsScrollock*

Beispiel:
```
SetNumlock(TRUE);
```

Quelltext:
```
PROCEDURE SetNumlock(Mode:BOOLEAN);
BEGIN
  IF Mode THEN
    ShiftMode:=ShiftMode OR $20
  ELSE
    ShiftMode:=ShiftMode AND NOT $20;
END;
```

SetCapslock   EXTDOS.PAS

Funktion: Schaltet den Caps-Lock-Zustand des Computers ein bzw. aus. Bei AT-kompatiblen Computern wird auch die Leuchtdiode in der Tastatur entsprechend geschaltet.

Syntax:
```
PROCEDURE SetCapslock(Mode:BOOLEAN)
```

Parameter: Der Parameter *Mode* bestimmt den neuen Caps-Lock-Zustand. Der Wert *TRUE* schaltet Caps-Lock ein, der Wert *FALSE* schaltet Caps-Lock aus.

Grenzen: Die an einem PC/XT-kompatiblen Computer angeschlossene Tastatur ist nicht programmierbar, aus diesem Grund wird die Leuchtdiode weder ein- noch ausgeschaltet. Dies gilt auch für MF2-Tastaturen, die an einem PC/XT angeschlossen sind.

Querverweis: *SetNumlock, SetScrollock, IsNumlock, IsCapslock, IsScrollock*

Beispiel:
```
BEGIN
  SetCapslock(TRUE);
  Readln(StringVar);
  SetCapslock(FALSE);
END
```

Quelltext:
```
PROCEDURE SetCapslock(Mode:BOOLEAN);
BEGIN
  IF Mode THEN
    ShiftMode:=ShiftMode OR $40
  ELSE
    ShiftMode:=ShiftMode AND NOT $40;
END;
```

SetScrollock   EXTDOS.PAS

Funktion: Schaltet den Scroll-Lock-Zustand des Computers ein bzw. aus. Bei AT-kompatiblen Computern wird auch die Leuchtdiode in der Tastatur entsprechend geschaltet.

Syntax: `PROCEDURE SetScrollock(Mode:BOOLEAN)`

Parameter: Der Parameter *Mode* bestimmt den neuen Scroll-Lock-Zustand. Der Wert *TRUE* schaltet Scroll-Lock ein, der Wert *FALSE* schaltet Scroll-Lock aus.

Grenzen: Die an einem PC/XT-kompatiblen Computer angeschlossene Tastatur ist nicht programmierbar, aus diesem Grund wird die Leuchtdiode weder ein- noch ausgeschaltet. Dies gilt auch für MF2-Tastaturen, die an einem PC/XT angeschlossen sind.

Querverweis: *SetNumlock, SetCapslock, IsNumlock, IsCapslock, IsScrollock*

Beispiel: `SetScrollock(FALSE);`

Quelltext:
```
PROCEDURE SetScrollock(Mode:BOOLEAN);
BEGIN
  IF Mode THEN
    ShiftMode:=ShiftMode OR $10
  ELSE
    ShiftMode:=ShiftMode AND NOT $10;
END;
```

ExistFile   **EXTDOS.PAS**

Funktion: Mit dieser Funktion können Sie feststellen, ob eine bestimmte Datei auf
                  einem Datenträger vorhanden ist.

Syntax: FUNCTION ExistFile(fn:STRING):BOOLEAN

Parameter: Der Dateiname wird in der Variablen *fn* übergeben. Entgegen der sonst
                  üblichen Methode, bei abgeschalteter Ein-/Ausgabeprüfung ein *As-
                  sign/Reset* auszuführen und anschließend den Wert von *IoResult* abzu-
                  fragen, wird hier die Funktion *FindFirst* verwendet.

                  Um auszuschließen, daß gleichnamige Unterverzeichnisse oder der Da-
                  tenträgername das Ergebnis *TRUE* liefern, werden die Attribute des ge-
                  fundenen Verzeichniseintrages getestet.

Grenzen: Wenn Sie dem Dateinamen eine Laufwerksbezeichnung voranstellen,
                  muß das entsprechende Laufwerk bereit sein. Falls im angesprochenen
                  Laufwerk keine Diskette eingelegt ist oder das Laufwerk nicht existiert,
                  so gibt *ExistFile* immer den Wert *FALSE* zurück.

Querverweis: *ExistDir*

Beispiel: IF NOT ExistFile('C:\CONFIG.SYS') THEN Halt(1);

Quelltext:
```
FUNCTION ExistFile(fn:STRING):BOOLEAN;
VAR
  Dir : SearchRec;
BEGIN
  FindFirst(fn,AnyFile,Dir);
  IF DosError<>0 THEN
    ExistFile:=FALSE
  ELSE
    IF (Dir.Attr AND (Directory OR VolumeId))=0 THEN
      ExistFile:=TRUE
    ELSE
      ExistFile:=FALSE;
END;
```

ExistDir   EXTDOS.PAS

Funktion: Mit dieser Funktion können Sie feststellen, ob ein bestimmtes Verzeichnis existiert. Dies gilt auch für das Hauptverzeichnis eines Datenträgers, so daß Sie mit dieser Funktion auch feststellen können, ob zum Beispiel in Laufwerk A: eine Diskette eingelegt ist.

Syntax:
```
FUNCTION ExistDir:BOOLEAN
```

Parameter: Der Verzeichnisname wird in der Variablen *Dir* übergeben. Dabei ist es gleichgültig, ob der Verzeichnisname mit einen Rückstrich "\" abgeschlossen ist oder ob dieser den DOS-Vereinbarungen entsprechend fehlt. Wenn das Verzeichnis gefunden wurde, gibt die Funktion den Wert *TRUE* zurück.

Querverweis: *ExistFile*

Beispiel:
```
IF NOT ExistDir('D:\TOOLS\SOURCE') THEN BEGIN
  Writeln('Verzeichnis nicht gefunden!');
  Halt(1);
END;
```

Quelltext:
```
FUNCTION  ExistDir(Dir:STRING):BOOLEAN;
VAR
  AktDir : STRING;
BEGIN
  IF Dir[Length(Dir)]='\'
  THEN Delete(Dir,Length(dir),1);
  GetDir(0,AktDir);
  {$I-} ChDir(Dir); {$I+}
  ExistDir:=(IoResult=0);
  ChDir(AktDir);
END;
```

FlushBuffers   EXTDOS.PAS

Funktion: Löschen der DOS-internen Datenpuffer für Disketten- und Festplattenlaufwerke. Rufen Sie diese Prozedur auf, bevor Sie unter Umgehung der DOS-Funktionen auf eine Diskette oder Festplatte zugreifen und dort Daten modifizieren. Ein konkretes Beispiel für die Verwendung dieser Prozedur ist im Programm *LAB.PAS* (siehe Nachlieferung) enthalten.

Syntax: `PROCEDURE FlushBuffers`

Parameter: Keine

Beispiel:
```
BEGIN
  FlushBuffers;
  { jetzt direkter Diskettenzugriff z.B. über
    Interrupt 13 Hex }
END;
```

Quelltext:
```
PROCEDURE FlushBuffers;
VAR
  Reg : Registers;
BEGIN
  Reg.AH:=$0D;
  MsDos(Reg);
END;
```

GetFileAttr   EXTDOS.PAS

Funktion: Mit dieser Prozedur können Sie die Attribute einer Datei ermitteln. Im Gegensatz zur Prozedur *GetFAttr* aus der Turbo Pascal-Unit *DOS* wird nicht erst umständlich und langsam eine Datei geöffnet, sondern mit einer schnelleren DOS-Funktion werden die Attribute direkt abgefragt. Im Fehlerfall wird die globale Variable *DosError* aus der Turbo Pascal-Unit *DOS* gesetzt.

Syntax: `PROCEDURE GetFileAttr(fn:STRING; VAR Attr:WORD)`

Parameter: In der Stringvariablen *fn* wird der Name der Datei übergeben, deren Attribute sie abfragen wollen. Sie können sowohl eine Laufwerksbezeichnung als auch einen Verzeichnisnamen angeben. Beachten Sie bitte, daß die Verwendung von Wildcards nicht zulässig ist. In der Variablen *Attr* werden die ermittelten Dateiattribute zurückgegeben. Ein gesetztes Bit bedeutet, daß das zugehörige Attribut eingeschaltet ist. Die Bedeutung der Bits können Sie der folgenden Aufstellung entnehmen.

Bit   Bedeutung

0   *ReadOnly* – Die Datei kann nicht überschrieben oder gelöscht werden.

1   *Hidden* – Die Datei ist unsichtbar.

Bit   Bedeutung

2   *System* – Die Datei ist eine Systemdatei.
3   *VolumeId* – Der Name ist keine Datei, sondern der Datenträger-
      name.
4   *Directory* – Der Name ist keine Datei, sondern ein Unterverzeich-
      nis.
5   *Archive* – Die Datei wurde nach der letzten Datensicherung er-
      zeugt oder seit der letzten Datensicherung geändert.

Im Fehlerfall beinhaltet die Variable *DosError* einen Fehlercode
ungleich Null.

Code Bedeutung

3   Dateiname nicht gefunden oder ungültig

Querverweis: *SetFileAttr*

Beispiel:
```
VAR Attribute:WORD;
BEGIN
  GetFileAttr('C:\PASCAL\TURBO.EXE',Attribute);
END;
```

Quelltext:
```
PROCEDURE GetFileAttr(fn:STRING; VAR Attr:WORD);
VAR
  Reg : Registers;
BEGIN
  fn:=fn+#0;        { ASCIZ erzeugen }
  Reg.AX:=$4300;
  Reg.DS:=Seg(fn[1]);
  Reg.DX:=Ofs(fn[1]);
  Intr($21,Reg);
  Attr:=Reg.CX;
  IF Odd(Reg.Flags) THEN
    DosError:=Reg.AX
  ELSE
    DosError:=WORD(0);
END;
```

SetFileAttr   EXTDOS.PAS

Funktion: Mit dieser Prozedur können Sie die Attribute einer Datei bestimmen. Im Gegensatz zur Prozedur *SetFAttr* aus der Turbo Pascal-Unit *DOS* wird nicht erst umständlich und langsam eine Datei geöffnet, sondern mit einer schnelleren DOS-Funktion werden die Attribute direkt gesetzt. Im Fehlerfall wird die globale Variable *DosError* aus der Turbo Pascal-Unit *DOS* gesetzt.

Syntax: `PROCEDURE SetFileAttr(fn:STRING; Attr:WORD)`

Parameter: In der Stringvariablen *fn* wird der Name der Datei übergeben, deren Attribute Sie verändern wollen. Sie können sowohl Laufwerksbezeichnung als auch Verzeichnisnamen angeben.

Beachten Sie bitte, daß die Verwendung von Wildcards nicht zulässig ist. In der Variablen *Attr* geben Sie die neuen Attribute an. Ein gesetztes Bit bedeutet, daß das zugehörige Attribut eingeschaltet ist. Die Bedeutung der Bits können Sie der folgenden Aufstellung entnehmen.

Bit   Bedeutung

0   *ReadOnly* – Die Datei kann nicht überschrieben oder gelöscht werden.
1   *Hidden* – Die Datei ist unsichtbar.
2   *System* – Die Datei ist eine Systemdatei.
5   *Archive* – Die Datei wurde nach der letzten Datensicherung erzeugt oder seit der letzten Datensicherung geändert.

Grenzen: Beachten Sie bitte, daß Sie mit dieser Prozedur die Attribute *VolumeId* und *Directory* nicht ändern können.

Querverweis: *GetFileAttr*

Beispiel:
```
{- Verstecken der Datei COMMAND.COM auf Laufwerk C: -}
BEGIN
   SetFileAttr('C:\COMMAND.COM',HIDDEN);
END;
```

Quelltext:
```
PROCEDURE SetFileAttr(fn:STRING; Attr:WORD);
VAR
  Reg : Registers;
BEGIN
  fn:=fn+#0;        { ASCIZ erzeugen}
  Reg.AX:=$4301;
  Reg.CX:=Attr;
  Reg.DS:=Seg(fn[1]);
  Reg.DX:=Ofs(fn[1]);
  Intr($21,Reg);
  IF Odd(Reg.Flags) THEN
    DosError:=Reg.AX
  ELSE
    DosError:=WORD(0);
END;
```

CallPath   EXTDOS.PAS

Funktion: Diese Funktion ermittelt die Laufwerkbezeichnung und das Startverzeichnis des aktuellen Programms. Verwenden Sie diese Funktion, wenn Ihr Programm Datendateien nachlädt, die sich in demselben Verzeichnis wie die EXE-Datei befinden.

Syntax: `FUNCTION CallPath:STRING;`

Parameter: Keine

Grenzen: Diese Funktion arbeitet nur ab DOS 3.0. Wenn Sie *CallPath* mit älteren DOS-Versionen verwenden, erhalten Sie immer einen leeren String als Funktionswert zurück.

Querverweis: *ProgName*

Beispiel: `Writeln('Startverzeichnis: ',CallPath);`

Quelltext:
```
FUNCTION  CallPath:STRING;
VAR
  Dir : DirStr;
  Name: NameStr;
  Ext : ExtStr;
BEGIN
  Fsplit(ParamStr(0),Dir,Name,Ext);
```

```
    IF Dir[Length(Dir)]<>'\' THEN Dir:=Dir+'\';
    CallPath:=Dir;
END;
```

ProgName   EXTDOS.PAS

Funktion: Diese Funktion ermittelt den Namen des aktuellen Programms, Ihr Pro-
                gramm erfährt seinen eigenen Namen!

Syntax: FUNCTION ProgName:STRING

Parameter: Keine

Grenzen: Diese Funktion arbeitet nur ab DOS 3.0. Wenn Sie *ProgName* mit älte-
                ren DOS-Versionen verwenden, erhalten Sie immer einen leeren String
                als Funktionswert zurück.

Querverweis: *CallPath*

Beispiel:
```
BEGIN
  Writeln('Ich bin das Programm
                      mit dem Namen ', ProgName);
END;
```

Quelltext:
```
FUNCTION  ProgName:STRING;
VAR
  Dir : DirStr;
  Name: NameStr;
  Ext : ExtStr;
BEGIN
  Fsplit(ParamStr(0),Dir,Name,Ext);
  ProgName:=Name+Ext;
END;
```

FileSplit   EXTDOS.PAS

Funktion: Diese Prozedur zerlegt eine Pfadangabe in ihre Bestandteile Laufwerk,
                Verzeichnis, Dateiname und Dateinamenserweiterung. Im Gegensatz
                zur Prozedur *Fsplit* aus der Turbo Pascal-Unit *DOS* werden von *File-
                Split* auch relative Verzeichnisangaben wie zum Beispiel 'D:..\.
                \TOOLS\SYBEX*.PAS' korrekt verarbeitet.

Syntax:

```
PROCEDURE FileSplit(Path:PathStr;
      Var Drive:DriveStr;
      Var Dir:DirStr;
      Var Name:NameStr;
      Var Ext:ExtStr);
```

Parameter: In der Variablen *Path* übergeben Sie den kompletten Dateinamen wie zum Beispiel 'D:\PROG\PAS\TEST.PAS'. In Drive erhalten Sie die Laufwerksbezeichnung zurück, in diesem Fall 'D:'. In der Variablen *Dir* bekommen Sie den Verzeichnisnamen '\PROG\PAS\' und in *Name* den reinen Dateinamen ohne Erweiterung. Die Dateinamenserweiterung wird in der Variablen *Ext* zurückgegeben. Beachten Sie bitte, daß der Punkt zwischen Dateiname und Namenserweiterung mit in der Variablen *Ext* gespeichert wird!

Beispiel:

```
VAR
 Drive : DriveStr;
 Dir   : DirStr;
 Name  : NameStr;
 Ext   : ExtStr;
BEGIN
 FileSplit('D:\PROG\PAS\TEST.PAS',Drive,Dir,Name,Ext);
 Writeln('Verzeichnis: ',Dir);
END;
```

Quelltext:

```
PROCEDURE FileSplit(Path: PathStr;
                    VAR Drive: DriveStr;
                    VAR Dir: DirStr;
                    VAR Name: NameStr;
                    VAR Ext: ExtStr);
VAR
  Help : STRING;
  p    : INTEGER;
BEGIN
  IF Pos(':',Path)=2 THEN BEGIN
    Drive:=Copy(Path,1,2);
    Delete(Path,1,2);
  END
  ELSE
    Drive:='';
  Help:='';
  p:=Length(Path);
```

```
WHILE (p>0) AND (Path[p]<>'\') DO BEGIN
  Help:=Path[p]+Help;
  Dec(p);
END;
Dir:=Copy(Path,1,p);
Delete(Path,1,p);
p:=Pos('.',Path);
IF p>0 THEN BEGIN
  Name:=Copy(Path,1,p-1);
  Ext:=Copy(Path,p,255);
END
ELSE BEGIN
  Name:=Path;
  Ext:='';
END;
END;
```

ShiftState   **EXTDOS.PAS**

Funktion: DOS merkt sich den Zustand der Umschalt-, Steuer- und <Alt>-Tasten in einer Speicherzelle im BIOS-RAM-Bereich.

Die Funktion *ShiftState* liest diese Variable aus und gibt die Bitkombination als *Byte*-Wert zurück. Ein gesetzes Bit bedeutet, daß die jeweilige Taste gedrückt bzw. eingeschaltet ist.

Die Bedeutung der Bits können Sie der folgenden Aufstellung entnehmen.

Bit   Bedeutung

0   linke Umschalttaste

1   rechte Umschalttaste

2   Steuertaste "Steuerung" (engl. "Control")

3   <Alt>-Taste

4   Taste "Rollen" (engl. "Scroll Lock">

5   Taste "Num Lock"

6   Taste "Caps Lock"

7   "Einfügen"-Taste (engl. "Insert")

Syntax: `FUNCTION ShiftState:BYTE`

Parameter: Keine

Querverweis: *IsNumlock, IsCapslock, IsScrollock*

Beispiel: `ByteVar:=ShiftState;`

Quelltext: `FUNCTION  ShiftState:BYTE;`
                   `BEGIN`
                   `  ShiftState:=ShiftMode;`
                   `END;`

IsNumlock   EXTDOS.PAS

Funktion: Mit dieser Funktion können Sie feststellen, ob die <NumLock>-Taste
                  ein- oder ausgeschaltet ist. Bei eingeschalteter <NumLock>-Taste liefert
                  die Funktion den Wert *TRUE* zurück.

Syntax: `FUNCTION IsNumlock:BOOLEAN`

Parameter: Keine

Querverweis: *ShiftState, IsCapslock, IsScrollock*

Beispiel: `IF NOT IsNumlock THEN`
                   `                Write('Bitte NUMLOCK einschalten');`

Quelltext: `FUNCTION  IsNumlock:BOOLEAN;`
                   `BEGIN`
                   `  IsNumlock:=(Shiftmode AND $20)>0;`
                   `END;`

IsCapslock   EXTDOS.PAS

Funktion: Mit dieser Funktion können Sie feststellen, ob die <CapsLock>-Taste
                  ein- oder ausgeschaltet ist. Bei eingeschalteter <CapsLock>-Taste liefert
                  die Funktion den Wert *TRUE* zurück.

Syntax: `FUNCTION IsCapslock:BOOLEAN`

Parameter: Keine

Querverweis: *ShiftState, IsNumlock, IsScrollock*

Beispiel:
```
IF NOT IsCapslock THEN
                Write('Bitte CAPSLOCK einschalten');
```

Quelltext:
```
FUNCTION  IsCapslock:BOOLEAN;
BEGIN
  IsCapslock:=(ShiftMode AND $40)>0;
END;
```

IsScrollock   EXTDOS.PAS

Funktion: Mit dieser Funktion können Sie feststellen, ob die <ScrollLock>-Taste ein- oder ausgeschaltet ist. Bei eingeschalteter <ScrollLock>-Taste liefert die Funktion den Wert *TRUE* zurück.

Syntax: `FUNCTION IsScrollock:BOOLEAN`

Parameter: Keine

Querverweis: *ShiftState, IsNumlock, IsCapslock*

Beispiel:
```
IF IsScrollock THEN
                Write('Bitte Scroll-Lock ausschalten');
```

Quelltext:
```
FUNCTION  IsScrollock:BOOLEAN;
BEGIN
  IsScrollock:=(ShiftMode AND $10)>0;
END;
```

CloseStdErr   EXTDOS.PAS

Funktion: Diese Prozedur schließt die bei der Initialisierung der Unit *ExtDos* geöffnete Dateivariable *StdErr* wieder. Der Aufruf dieser Prozedur erfolgt im Normalfall automatisch beim Beenden des Programms oder wenn Ihr Programm mit einem Laufzeitfehler abbricht. Zu diesem Zweck wird bei der Initialisierung die Variable *ExitProc* mit der Adresse dieser Prozedur geladen. Nach dem Schließen der Datei wird der ursprüngliche Wert von *ExitProc* wiederhergestellt. Achtung: Rufen Sie diese Prozedur nie aus Ihrem Programm heraus auf, sondern benutzen Sie die Anweisung *Close(StdErr)*.

Kommt es während *Close(StdErr)* zu einem Fehler, zum Beispiel wenn Sie die Datei *StdErr* schon geschlossen haben, übernimmt die lokale Integer-Variable *Dummy* den Fehlercode von *IoResult*.

Syntax: `PROCEDURE CloseStdErr`

Parameter: Keine

Grenzen: Der automatische Aufruf dieser Prozedur am Programmende ist nur dann gewährleistet, wenn Ihr eigenes Programm den Wert von *ExitProc* nicht verändert. Wenn Sie eine eigene Exit-Prozedur verwenden wollen, so müssen Sie den bisherigen Inhalt von *ExitProc* in einer Variablen speichern und vor dem Verlassen Ihrer Exit-Prozedur restaurieren. Beachten Sie bitte, daß diese Prozedur mit den Compiler-Schaltern {$F+} und {$F-} eingeklammert ist. Durch diese Schalter wird die Prozedur als *FAR* codiert. Ohne diese Klammerung erfolgt beim Programmende mit ziemlicher Sicherheit ein Rechnerabsturz!

Querverweis: *InitExtDos*

Quelltext:
```
{$F+}
PROCEDURE CloseStdErr;
VAR
   Dummy : INTEGER;
BEGIN
   {$I-} Close(StdErr); {$I+}
   Dummy:=IoResult;
   ExitProc:=OldExitProc;
END;
{$F-}
```

DeviceReady   EXTDOS.PAS

Funktion: Mit dieser Funktion können Sie überprüfen, ob ein zeichenorientiertes Gerät bereit ist, Daten entgegenzunehmen. Ein solches Gerät ist zum Beispiel ein Drucker oder ein Modem. Auf den ersten Blick scheint diese Funktion überflüssig zu sein, aber ein Drucker wird bei Verwendung der Unit *Printer* als Textdatei angesprochen. Wenn Sie also vermeiden wollen, daß Ihr Programm bei ausgeschaltetem Drucker mit einer nichtssagenden Laufzeit-Fehlermeldung den Dienst quittiert, rufen Sie zu Beginn der Druckausgabe diese Funktion auf.

Syntax: `FUNCTION DeviceReady(var Dev:TEXT):BOOLEAN`

Parameter: Da unter DOS alle Geräte über Dateien angesprochen werden, müssen Sie die entsprechende Dateivariable als *Dev* übergeben. Durch Typenumwandlung wird die DOS-interne Dateinummer (engl. Handle) ermittelt und die DOS-Funktion 44 Hex aufgerufen. Das Gerät ist empfangsbereit, wenn das Prozessorregister AL den Wert 0FF Hex enthält. Die Funktion *DeviceReady* gibt dann den Wert *TRUE* zurück.

Grenzen: Die Datei, über die Sie das Gerät ansprechen, muß geöffnet sein, sonst erhalten Sie immer den Wert *FALSE*. Wenn Sie den Drucker abfragen wollen und die Unit *PRINTER* verwenden, brauchen Sie sich dazu keine Gedanken zu machen, da die Datei *LST* automatisch von Turbo Pascal beim Programmstart geöffnet und beim Programmende oder -abbruch wieder geschlossen wird.

Beispiel:
```
IF NOT DeviceReady(LST) THEN
   Writeln('Bitte den Drucker einschalten');
```

Quelltext:
```
FUNCTION  DeviceReady(VAR Dev:TEXT):BOOLEAN;
VAR
   Reg : Registers;
   TR  : TextRec absolute Dev;
BEGIN
   Reg.AX:=$4407;
   Reg.BX:=TR.Handle;
   MsDos(Reg);
   DeviceReady:=(Reg.AL=$FF);
END;
```

InitExtDos   EXTDOS.PAS

Funktion: Diese Prozedur initalisiert die Unit *EXTDOS*. Sie öffnet die Textdatei *StdErr*, rettet den Inhalt der Variablen *ExitProc* und belegt diese mit der Adresse der Prozedur *CloseStdErr*. Durch diese Maßnahme wird beim

Programmstart die Datei *StdErr* geöffnet und beim Programmende automatisch wieder geschlossen. Beachten Sie bitte, daß Sie diese Prozedur nie selbst aufrufen, der Inhalt der Variablen *OldExitProc* würde durch den doppelten Aufruf zerstört!

Syntax: `PROCEDURE InitExtDos`

Parameter: Keine

Grenzen: Achtung: Sie dürfen diese Prozedur nie selbst aufrufen, der Inhalt der Variablen *OldExitProc* würde durch den doppelten Aufruf zerstört werden und enthielte dann denselben Wert wie *ExitProc*. Beim Programmende oder -abbruch würde eine Endlosschleife entstehen!

Querverweis: *CloseStdErr*

Quelltext:
```
PROCEDURE InitExtDos;
BEGIN
  Assign(StdErr,'CON');Rewrite(StdErr);
  OldExitProc:=ExitProc;
  ExitProc:=@CloseStdErr;
END;
```

Hauptprogramm der Unit EXTDOS.PAS

Das Hauptprogramm einer Unit wird automatisch aufgerufen, noch bevor das eigentliche Programm gestartet wird. Normalerweise besteht das Hauptprogramm einer Unit aus einem simplen *End*.

Das Hauptprogramm von *EXTDOS* hat aber eine Aufgabe: Die Prozedur *InitExtDos* (siehe oben) wird aufgerufen.

Quelltext:
```
BEGIN
  InitExtDos;
END. { UNIT ExtDos }
```

Die Unit STRINGS

Diese Unit stellt Ihnen Funktionen und Prozeduren zur Behandlung von Strings zur Verfügung. Routinen zur Umwandlung von Integerzahlen in Strings fehlen ebensowenig wie Funktionen, die das x-te Wort aus einen String extrahieren. Hier werden nur die

Konstanten, Typen, Variablen, Prozeduren und Funktionen beschrieben; den vollständigen Quelltext mit *Interface*-Teil finden Sie auf der beigelegten Diskette.

Konstanten

Die wichtigsten Steuerzeichen sind als Konstanten definiert. Verwenden Sie diese Konstanten statt ASCII-Codes wie zum Beispiel *Chr(27)* oder *#10*; Ihr Quelltext kann dann auch von anderen gelesen und verstanden werden.

```
CONST
  TAB = #8;
  LF  = #10;
  CR  = #13;
  ESC = #27;
  SPC = #32;
```

Datentypen

CharSet   STRINGS.PAS

Leider kann in Turbo Pascal der Datentyp *Set of ...* nicht direkt an eine Prozedur oder Funktion übergeben werden. Aus diesem Grund ist der Datentyp *CharSet* deklariert, der in den Funktionen *ItemCount* und *ExtractItem* und später in der Unit *EDIT* verwendet wird.

Quelltext:
```
TYPE
  CharSet = Set of Char;
```

Prozeduren und Funktionen

HexB   STRINGS.PAS

Funktion: Diese Funktion wandelt einen *Byte*-Wert in eine zweistellige Hexadezimalzahl um. Wenn Sie zum Beispiel den Wert 169 übergeben, so ist das Ergebnis von *HexB* der String A9.

Syntax:
```
FUNCTION HexB(b:BYTE):STRING
```

Parameter: Der umzuwandelnde Wert wird in der Variablen *b* übergeben. Die Um-
                   wandlung erfolgt durch Zerlegen des Bytes in eine höher- und eine nie-
                   derwertige Tetrade. Jede Tetrade stellt dann ein Feldelement von
                   HexChar dar. Der Ergebnisstring entsteht durch das Aneinanderhängen
                   der beiden Zeichen. Der Funktionswert von *HexB* ist somit immer ein
                   zwei Zeichen langer String.

Querverweis: *HexW, HexL, HexP, BinB, BinW, BinL*

Beispiel: ```
StringVar:=HexB(178);
```

**Quelltext:**
```
FUNCTION HexB(b:BYTE):STRING;
CONST
  HexChar : Array[0..15] OF CHAR = '0123456789ABCDEF';
BEGIN
  HexB:=HexChar[b SHR 4]+HexChar[b AND $0F];
END;
```

## HexW                                                      STRINGS.PAS

**Funktion:**      Diese Funktion wandelt einen *Word*-Wert in eine vierstellige Hexade-
                   zimalzahl um. Wenn Sie zum Beispiel den Wert 35322 übergeben, so ist
                   das Ergebnis von *HexW* der String 89FA.

**Syntax:**        ```
FUNCTION HexW(w:WORD):STRING
```

Parameter: Der umzuwandelnde Wert wird in der Variablen *w* übergeben. Das Er-
                   gebnis der Funktion ist ein vier Zeichen langer String. Beachten Sie
                   bitte, daß *HexW* die Funktion *HexB* verwendet, um den Wert nachein-
                   ander in ein höher- und ein niederwertiges Byte umzuwandeln.

Querverweis: *HexB, HexL, HexP, BinB, BinW, BinL*

Beispiel: ```
StringVar:=HexW(28683);
```

**Quelltext:**
```
FUNCTION HexW(w:WORD):STRING
BEGIN
  HexW:=HexB(HI(w))+HexB(LO(w));
END;
```
```

HexL   **STRINGS.PAS**

Funktion: Diese Funktion wandelt einen *LongInt*-Wert in eine achtstellige Hexadezimalzahl um. Wenn Sie zum Beispiel den Wert −1159811074 über-
geben, so ist das Ergebnis von −der String BADEAFFE.

Syntax: ```
FUNCTION HexL(l:LONGINT):STRING
```

**Parameter:**   Der umzuwandelnde Wert wird in der Variablen *l* übergeben. Das Ergebnis der Funktion ist ein acht Zeichen langer String. Beachten Sie
bitte, daß *HexL* die Funktion *HexW* verwendet, um den Wert nacheinander in ein höher- und ein niederwertiges Wort umzuwandeln. Die
Zerlegung der *LongInt*-Zahl in ein höher- und ein niederwertiges Wort
erfolgt durch einen Trick: Die Variable *HL* vom Datentyp *HiLo* wird zu
der Variablen *l* mit der Anweisung absolute parallel gelegt. Wenn Sie
nun auf eine der Variablen *HL.LoWord* oder *HL.HiWord* zugreifen, bekommen Sie genau den entsprechenden Teil der gesamten Variable.
Unter Turbo Pascal 5.0 oder 5.5 läßt sich das Problem eleganter durch
Typenumwandlung lösen, für die Benutzer von Turbo Pascal 4.0 kommt
aber nur diese Methode in Frage.

**Querverweis:** *HexB, HexW, HexP, BinB, BinW, BinL*

**Quelltext:**
```
FUNCTION HexL(l:LONGINT):STRING;
VAR
  HL : HiLo absolute l;
BEGIN
  HexL:=HexW(HL.HiWord)+HexW(HL.LoWord);
END;
```

## HexP                                                              **STRINGS.PAS**

**Funktion:**    Diese Funktion wandelt einen *Pointer*-Wert in einen String der Form
SSSS:OOOO um. Die Zeichen SSSS stehen für die Segmentadresse, die
Zeichen OOOO für den Offset. Zur Trennung wird zwischen Segment-
und Offsetadresse ein Doppelpunkt eingefügt. Wenn Sie eine eigene
Prozedur für Laufzeitfehler schreiben wollen, können Sie die Feh-
leradresse *ErrorAddr* mit dieser Funktion umwandeln.

**Syntax:**      ```
FUNCTION HexP(p:POINTER):STRING
```

Parameter: Der umzuwandelnde Wert wird in der Variablen *p* übergeben. Das Ergebnis der Funktion ist ein neun Zeichen langer String. Beachten Sie bitte, daß *HexP* die Funktion *HexW* verwendet, um nacheinander den Wert in ein höher- und ein niederwertiges Wort umzuwandeln. Die Zerlegung des Zeigers in ein höher- und ein niederwertiges Wort erfolgt durch einen Trick: Die Variable *HL* vom Datentyp *HiLo* wird zu der Variablen *p* mit der Anweisung *absolute* parallel gelegt. Wenn Sie nun auf eine der Variablen *HL.LoWord* oder *HL.HiWord* zugreifen, bekommen Sie genau den entsprechenden Teil der gesamten Variable. Unter Turbo Pascal 5.0 oder 5.5 läßt sich das Problem eleganter durch Typenumwandlung lösen, für die Benutzer von Turbo Pascal 4.0 kommt aber nur diese Methode in Frage.

Querverweis: *HexB, HexW, HexL, BinB, BinW, BinL*

Beispiel:
```
IF ErrorAddr<>NIL THEN
   Writeln('Fehleradresse = ',HexP(ErrorAddr));
```

Quelltext:
```
FUNCTION HexP(p:POINTER):STRING;
VAR
   HL : HiLo absolute p;
BEGIN
   HexP:=HexW(HL.HiWord)+':'+HexW(HL.LoWord);
END;
```

BinB   **STRINGS.PAS**

Funktion: Diese Funktion wandelt einen *Byte*-Wert in eine achtstellige Binärzahl um. Wenn Sie zum Beispiel den Wert 169 übergeben, so ist das Ergebnis von *BinB* der String 10101001.

Syntax:
```
FUNCTION BinB(b:BYTE):STRING;
```

Parameter: Der umzuwandelnde Wert wird in der Variablen *b* übergeben. Die Umwandlung erfolgt durch Testen der einzelnen Bits, beginnend mit dem höchstwertigen Bit. Ein gesetztes Bit wird im String durch eine Eins, ein gelöschtes Bit durch eine Null dargestellt. Der Ergebnisstring entsteht durch das Aneinanderhängen der einzelnen Zeichen. Der Funktionswert von *HexB* ist somit immer ein acht Zeichen langer String.

Querverweis: *HexB, HexW, HexL, HexP, BinW, BinL*

Beispiel:	`StringVar:=BinB(123);`

Quelltext:

```
FUNCTION BinB(b:BYTE):STRING;
VAR
  s : STRING;
  i : WORD;
BEGIN
  s:='';
  FOR i:=7 DOWNTO 0 DO
    IF (b AND (1 SHL i))>0 THEN
      s:=s+'1'
    ELSE
      s:=s+'0';
  BinB:=s;
END;
```

BinW   STRINGS.PAS

Funktion: Diese Funktion wandelt einen *Word*-Wert in eine 16stellige Binärzahl um. Wenn Sie zum Beispiel den Wert 43345 übergeben, so ist das Ergebnis von *BinW* der String 1010100101010001.

Syntax: `FUNCTION BinW(w:WORD):STRING`

Parameter: Der umzuwandelnde Wert wird in der Variablen *w* übergeben. Die Umwandlung erfolgt durch Testen der einzelnen Bits, beginnend mit dem höchstwertigen Bit. Ein gesetztes Bit wird im String durch eine Eins, ein gelöschtes Bit durch eine Null dargestellt. Der Ergebnisstring entsteht durch das Aneinanderhängen der einzelnen Zeichen. Der Funktionswert von *HexW* ist somit immer ein 16 Zeichen langer String.

Querverweis: *HexB, HexW, HexL, HexP, BinB, BinL*

Beispiel: `StringVar:=BinW(65280);`

Quelltext:

```
FUNCTION BinW(w:WORD):STRING;
VAR
  s : STRING;
  i : WORD;
BEGIN
  s:='';
```

```
     FOR i:=15 DOWNTO 0 DO
       IF (w AND (1 SHL i))>0 THEN
          s:=s+'1'
       ELSE
          s:=s+'0';
     BinW:=s;
   END;
```

BinL   STRINGS.PAS

Funktion: Diese Funktion wandelt einen *LongInt*-Wert in eine 32stellige Binärzahl
                  um. Wenn Sie zum Beispiel den Wert 1234567890 übergeben, so ist das
                  Ergebnis von *BinW* der String 01001001100101100000001011010010.

Syntax: `FUNCTION BinL(l:LONGINT):STRING`

Parameter: Der umzuwandelnde Wert wird in der Variablen *l* übergeben. Beachten
                  Sie bitte, daß *BinL* die Funktion *BinW* verwendet, um den Wert nach-
                  einander in ein höher- und ein niederwertiges Wort umzuwandeln. Die
                  Zerlegung der *LongInt*-Zahl in ein höher- und ein niederwertiges Wort
                  erfolgt durch einen Trick: Die Variable *HL* vom Datentyp *HiLo* wird zu
                  der Variablen *l* mit der Anweisung *absolute* parallel gelegt. Wenn Sie
                  nun auf eine der Variablen *HL.LoWord* oder *HL.HiWord* zugreifen, be-
                  kommen Sie genau den entsprechenden Teil der gesamten Variablen.

                  Unter Turbo Pascal 5.0 oder 5.5 läßt sich das Problem eleganter durch
                  Typenumwandlung lösen, für die Benutzer von Turbo Pascal 4.0 kommt
                  aber nur diese Methode in Frage.

Querverweis: *HexB*, *HexW*, *HexL*, *HexP*, *BinB*, *BinW*

Beispiel: `StringVar:=BinL(439041101);`

Quelltext:
```
FUNCTION BinL(l:LONGINT):STRING;
VAR
   HL : HiLo absolute l;
BEGIN
   BinL:=BinW(HL.HiWord)+BinW(HL.LoWord);
END;
```

IntToStr   **STRINGS.PAS**

Funktion: Diese Funktion wandelt einen beliebigen *Integer*-Wert in einen formatierten String mit führenden Nullen um. Im Gegensatz zu der Turbo
Pascal-Prozedur *Str* brauchen Sie keine Zwischenvariable zu verwenden, um den String zum Beispiel an einen anderen String anzuhängen
(siehe Beispiel).

Syntax: `FUNCTION IntToStr(l:LONGINT; len:BYTE):STRING;`

Parameter: In der Variablen *l* wird der Integerwert übergeben. Wenn Sie zum Beispiel einen *Byte-*, *ShortInt-*, *Integer-* oder *Word*-Parameter übergeben,
wandelt Turbo Pascal diesen zur Laufzeit in einen *LongInt*-Wert um.
Der Parameter *len* gibt die Länge des Ausgabestrings an. Ist die Zahlen-
darstellung kürzer als len, so wird der String linksbündig mit Nullen bis
zur gewünschten Länge aufgefüllt.

Wenn Sie die führenden Nullen unterdrücken wollen, so geben Sie für
len den Wert Eins an.

Querverweis: *StrToInt, RealToStr, StrToReal*

Beispiel:
```
VAR
  s:STRING;
  i:INTEGER;
BEGIN
  s:='';
  REPEAT
    Readln(i);
    s:=s+IntToStr(i);
  UNTIL i=0;
END;
```

Quelltext:
```
FUNCTION IntToStr(l:LONGINT; len:BYTE):STRING;
VAR s:STRING;
BEGIN
  Str(l,s);
  WHILE Length(s)<len do
    s:='0'+s;
  IntToStr:=s;
END;
```

StrToInt   STRINGS.PAS

Funktion: Diese Funktion stellt die Umkehrung der Funktion *IntToStr* dar. Der
                 übergebene String wird – wenn möglich – in einen *LongInt*-Wert um-
                 gewandelt. Enthält der String keine gültige Zahlendarstellung, so wird
                 das Ergebnis zu Null, eine Fehlermeldung wird nicht erzeugt.

Syntax: `FUNCTION StrToInt(s:STRING):LONGINT`

Parameter: Der umzuwandelnde String wird in der Variablen *s* übergeben. Mit der
                 Prozedur *Val* wird der String in eine *LongInt*-Zahl umgewandelt. Falls
                 der String andere Zeichen als die Ziffern 0 bis 9 enthält, wird die Va-
                 riable *Err* auf einen Wert ungleich Null gesetzt, und *l* wird zu Null. Nur
                 der Wert von *l* wird zurückgeliefert, eine Information über eine fehler-
                 hafte Umwandlung wird nicht übermittelt. Das gibt Ihnen die Möglich-
                 keit, vorher zu testen, ob die Umwandlung überhaupt durchgeführt wer-
                 den kann.

Grenzen: Wenn der als *s* übergebene String andere Zeichen als die Ziffern 0 bis 9
                 enthält, wird das Ergebnis von *StrToInt* immer zu Null.

Querverweis: *IntToStr*, *RealToStr*, *StrToReal*

Beispiel: `IntVar:=StrToInt('6345');`

Quelltext:
```
FUNCTION StrToInt(s:STRING):LONGINT;
VAR
  l  : LONGINT;
  Err: INTEGER;
BEGIN
  Val(s,l,Err);
  StrToInt:=l;
END;
```

RealToStr   STRINGS.PAS

Funktion: Diese Funktion wandelt einen beliebigen *Real*-Wert in einen formatier-
                 ten String mit führenden Leerzeichen um. Im Gegensatz zu der Turbo
                 Pascal-Prozedur *Str* brauchen Sie keine Zwischenvariable zu verwen-
                 den, um den String zum Beispiel an einen anderen String anzuhängen
                 (siehe Beispiel).

Syntax: `FUNCTION RealToStr(r:REAL; Len,Dez:BYTE):STRING`

Parameter: In der Variablen *r* wird der umzuwandelnde Wert übergeben. Die Ge-
                     samtlänge des Ergebnisstrings geben Sie in *Len* an. Beachten Sie bitte,
                     daß unter Turbo Pascal ein String maximal 255 Zeichen lang sein darf.
                     Die Anzahl der gewünschten Nachkommastellen wird in der Variablen
                     Dez übergeben. Wenn die Zahlendarstellung kürzer als *Len* ist, so wird
                     der String linksbündig mit Leerzeichen aufgefüllt. Falls Sie die führen-
                     den Leerzeichen unterdrücken möchten oder die endgültige Länge noch
                     nicht feststeht, geben Sie für *Len* den Wert 1 (Eins) an.

Querverweis: *IntToStr*, *StrToInt*, *StrToReal*

Beispiel:
```
VAR
  s:STRING;
  r:REAL;
BEGIN
  s:='';
  REPEAT
    Readln(r);
    s:=s+RealToStr(r);
  UNTIL r<=0.0;
END;
```

Quelltext:
```
FUNCTION RealToStr(r:REAL; Dez,Len: BYTE):STRING
VAR
  s : STRING;
BEGIN
  Str(r:Len:Dez,s);
  RealToStr:=s;
END;
```

StrToReal   **STRINGS.PAS**

Funktion: Diese Funktion stellt die Umkehrung der Funktion *RealToStr* dar. Der
                     übergebene String wird – wenn möglich – in einen *Real*-Wert umgewan-
                     delt. Enthält der String keine gültige Zahlendarstellung, so wird das Er-
                     gebnis zu Null, eine Fehlermeldung wird nicht erzeugt.

Syntax: `FUNCTION StrToReal(s:STRING):REAL`

Parameter: Der umzuwandelnde String wird in der Variablen *s* übergeben. Mit der Prozedur *Val* wird der String in eine *Real*-Zahl umgewandelt. Falls der String andere Zeichen als die Ziffern 0 bis 9, Dezimalpunkt, Minuszeichen oder den Buchstaben "E" enthält, wird die Variable *Err* auf einen Wert ungleich Null gesetzt, und *l* wird zu Null. Nur der Wert von *l* wird zurückgeliefert, eine Information über eine fehlerhafte Umwandlung wird nicht übermittelt. Das gibt Ihnen die Möglichkeit, vorher zu testen, ob die Umwandlung überhaupt durchgeführt werden kann.

Grenzen: Wenn der als *s* übergebene String andere Zeichen als die Ziffern 0 bis 9, Dezimalpunkt, Minuszeichen oder den Buchstaben "E" (für die Exponentialdarstellung) enthält, wird das Ergebnis von *StrToReal* immer zu Null.

Querverweis: *IntToStr, StrToInt, RealToStr*

Beispiel:
```
RealVar:=StrToReal('123.45E3');
```

Quelltext:
```
FUNCTION StrToReal(s:STRING):REAL;
VAR
   r  : REAL;
   Err: INTEGER;
BEGIN
   Val(s,r,Err)
   StrToReal:=r;
END;
```

TrimLeft   **STRINGS.PAS**

Funktion: Diese Funktion entfernt führende Leerzeichen aus einem String (engl.: leading blanks).

Syntax:
```
FUNCTION TrimLeft(s:STRING):STRING
```

Parameter: Die Variable *s* nimmt den String auf, der von führenden Leerzeichen bereinigt werden soll. Das Funktionsergebnis ist der gesäuberte String.

Querverweis: *TrimRight, Trim*

Beispiel:
```
Writeln(TrimLeft('        Dies ist ein Beispiel');
```

Quelltext:
```
FUNCTION TrimLeft(s:STRING):STRING;
BEGIN
  WHILE (Length(s)>0) AND (s[1]=SPC) DO
    Delete(s,1,1);
  TrimLeft:=s;
END;
```

TrimRight   STRINGS.PAS

Funktion: Diese Funktion entfernt überhängende Leerzeichen aus einem String (engl.: trailing blanks).

Syntax: `FUNCTION TrimRight(s:STRING):STRING`

Parameter: Die Variable *s* nimmt den String auf, der von überhängenden Leerzeichen bereinigt werden soll. Das Funktionsergebnis ist der gesäuberte String.

Querverweis: *TrimLeft, Trim*

Beispiel: `Writeln(TrimRight('Dies ist ein Beispiel      '),'!');`

Quelltext:
```
FUNCTION TrimRight(s:STRING):STRING;
BEGIN
  WHILE (Length(s)>0) AND (s[Length(s)]=SPC) do
    Delete(s,Length(s),1);
  TrimRight:=s;
END;
```

Trim   STRINGS.PAS

Funktion: Diese Funktion entfernt sowohl führende als auch überhängende Leerzeichen aus einem String.

Syntax: `FUNCTION Trim(s:STRING):STRING`

Parameter: Die Variable *s* nimmt den String auf, der von führenden und überhängenden Leerzeichen bereinigt werden soll. Das Funktionsergebnis ist der gesäuberte String. Beachten Sie bitte, daß *Trim* die Funktionen *TrimLeft* und *TrimRight* verwendet (siehe oben).

Querverweis: *TrimLeft*, *TrimRight*

Beispiel: `Writeln('*',Trim('   Dies ist ein Beispiel   ','*');`

Quelltext:
```
FUNCTION Trim(s:STRING):STRING;
BEGIN
   Trim:=TrimLeft(TrimRight(s));
END;
```

TimeToStr   STRINGS.PAS

Funktion: Diese Funktion wandelt eine Zeitangabe in einen String um. Der String hat das Format hh:mm:ss.

Syntax: `FUNCTION TimeToStr(hour, min, sec: WORD):STRING`

Parameter: In den Variablen *hour*, *min* und *sec* wird die Zeitangabe übergeben. Obwohl alle drei Variablen vom Typ *Word* sind, sollten Sie nur die bei Zeitangaben üblichen Werte übergeben. Der Datentyp *Word* wurde nur gewählt, um zu der Turbo Pascal-Prozedur *GetTime* kompatibel zu sein.

Grenzen: *TimeToStr* führt keine Prüfung durch, ob die Variablen *hour*, *min* und *sec* sinnvolle Werte enthalten. Sie haben also selbst die Verantwortung dafür, daß die bei Zeitangaben üblichen Werte eingehalten werden. Beachten Sie bitte, daß für die Umwandlung die Funktion *IntToStr* benötigt wird.

Querverweis: *DateToStr*

Beispiel:
```
VAR
   Std, Min, Sec, Dummy : WORD;
BEGIN
   GetTime(Std, Min, Sec, Dummy);
   Writeln(TimeToStr(Std, Min, Sec);
END;
```

Quelltext:
```
FUNCTION TimeToStr(hour, min, sec:WORD):STRING;
BEGIN
   TimeToStr:=IntToStr(hour,2)+':'+
              IntToStr(min,2)+':'+
              IntToStr(sec,2);
END;
```

DateToStr   STRINGS.PAS

Funktion: Diese Funktion wandelt eine Datumsangabe in einen String um. Der
                  String hat das Format "dd.mm.yy". Die Jahrhunderte werden nicht
                  ausgeben, sondern nur die Kurzform aus Zehner- und Einerstelle.

Syntax: `FUNCTION DateToStr(day, month, year:WORD):STRING`

Parameter: In den Variablen *day*, *month* und *year* wird die Datumsangabe überge-
                  ben. Obwohl alle drei Variablen vom Typ Word sind, sollten Sie nur die
                  bei Daten üblichen Werte übergeben. Der Datentyp *Word* wurde nur
                  gewählt, um zu der Turbo Pascal-Prozedur *GetDate* kompatibel zu sein.

Grenzen: *DateToStr* führt keine Prüfung durch, ob die Variablen *day*, *month* und
                  year sinnvolle Werte enthalten. Sie haben also selbst die Verantwortung
                  dafür, daß die bei Daten üblichen Werte eingehalten werden. Beachten
                  Sie bitte, daß für die Umwandlung die Funktion *IntToStr* benötigt wird.

Querverweis: *DateToStr*

Beispiel:
```
VAR
   Tag, Monat, Jahr, Dummy : WORD;
BEGIN
   GetDate(Jahr, Monat, Tag, Dummy);
   Writeln(DateToStr(Tag, Monat, Jahr);
END;
```

Quelltext:
```
FUNCTION DateToStr(day, month, year:WORD):STRING
BEGIN
   DateToStr:=IntToStr(day,2)+'.'+
              IntToStr(month,2)+'.'+
              IntToStr(year,2);
END;
```

UpCase   STRINGS.PAS

Funktion: Mit dieser Funktion wird ein Kleinbuchstabe in den entsprechenden
                  Großbuchstaben umgewandelt. Im Gegensatz zur gleichnamigen Funk-
                  tion aus dem Turbo Pascal-Unit *System* werden auch die deutschen
                  Umlaute unterstützt.

Syntax: `FUNCTION UpCase(Ch:CHAR):CHAR`

Parameter: In der Variablen *Ch* wird das umzuwandelnde Zeichen übergeben. Nur
                  wenn es eines der Zeichen a bis z oder ä, ö, ü ist, erfolgt eine Kon-
                  vertierung in den entsprechenden Großbuchstaben. Alle anderen Zei-
                  chen werden unverändert zurückgegeben.

Grenzen: Die zusätzlichen länderspezifischen Zeichen anderer Sprachen werden
                  von *UpCase* nicht unterstützt. Wenn Sie diese Zeichen benötigen, kön-
                  nen Sie die *Case*-Anweisung entsprechend ergänzen. Falls Sie aus ir-
                  gendeinem Grund auf die ursprüngliche *UpCase*-Funktion von Turbo
                  Pascal zurückgreifen wollen, müssen Sie den Aufruf *System.UpCase*
                  verwenden.

Querverweis: *LoCase, StUpCase*

Beispiel:
```
VAR Zeichen:CHAR;
BEGIN
  REPEAT
    Zeichen:=ReadKey;
    Write(UpCase(Zeichen));
  UNTIL Zeichen=CR; { Eingabetaste }
END;
```

Quelltext:
```
FUNCTION UpCase(Ch:CHAR):CHAR;
BEGIN
  CASE Ch OF
    'ä' : UpCase:='Ä';
    'ö' : UpCase:='Ö';
    'ü' : UpCase:='Ü';
    else  UpCase:=System.UpCase(Ch);
  END;
END;
```

LoCase   **STRINGS.PAS**

Funktion: Diese Funktion stellt die Umkehrung von *UpCase* dar. Jeder Großbuch-
                  stabe wird in den entsprechenden Kleinbuchstaben umgewandelt.

Syntax: `FUNCTION LoCase(Ch:CHAR):CHAR`

Parameter: In der Variablen *Ch* wird das umzuwandelnde Zeichen übergeben. Nur
                   wenn es eines der Zeichen A bis Z oder Ä, Ö, Ü ist, erfolgt eine Kon-
                   vertierung in den entsprechenden Kleinbuchstaben. Alle anderen Zei-
                   chen werden unverändert zurückgegeben.

Grenzen: Die zusätzlichen länderspezifischen Zeichen anderer Sprachen werden
                   von *LoCase* nicht unterstützt. Wenn Sie diese Zeichen benötigen, kön-
                   nen Sie die *Case*-Anweisung entsprechend ergänzen.

Querverweis: *UpCase, StUpCase*

Beispiel:
```
VAR Zeichen:CHAR;
BEGIN
  REPEAT
    Zeichen:=ReadKey;
    Write(LoCase(Zeichen));
  UNTIL Zeichen=CR; { Eingabetaste }
END;
```

Quelltext:
```
FUNCTION LoCase(Ch:CHAR):CHAR:;
BEGIN
  CASE Ch OF
    'Ä' : LoCase:='ä';
    'Ö' : LoCase:='ö';
    'Ü' : LoCase:='ü';
    ELSE BEGIN
      IF (Ch>='A') and (Ch<='Z') THEN
        LoCase:=Chr(Ord(ch)+$20)
      ELSE
        LoCase:=Ch;
    END;
  END;
END;
```

StUpCase   STRINGS.PAS

Funktion: Mit dieser Funktion werden alle Buchstaben in einem String in Groß-
                   buchstaben umgewandelt.

Syntax: `FUNCTION StUpCase(s:STRING):STRING`

Parameter: In der Variablen *s* wird der String übergeben, der umgewandelt werden soll. Das Funktionsergebnis ist der bearbeitete String.

Grenzen: *StUpCase* verwendet die oben beschriebene Funktion *UpCase*, um Klein- in Großbuchstaben umzuwandeln. *UpCase* unterstützt auch die deutschen Umlaute. Die zusätzlichen länderspezifischen Zeichen anderer Sprachen werden von *UpCase* und damit auch von *StUpCase* nicht unterstützt. Wenn Sie diese Zeichen benötigen, können Sie die *Case*-Anweisung in der Funktion *UpCase* entsprechend ergänzen.

Querverweis: *UpCase, LoCase*

Beispiel:
```
Writeln(StUpCase('Dies ist ein Beispiel'));
```

Quelltext:
```
FUNCTION StUpCase(s:STRING):STRING;
VAR
  i : BYTE;
BEGIN
  FOR i:=1 to Length(s) DO
    s[i]:=UpCase(s[i]);
  StUpCase:=s;
END;
```

CharStr   STRINGS.PAS

Funktion: Diese Funktion erzeugt einen *Len* Zeichen langen String, der ausschließlich aus dem Zeichen *Ch* besteht. So liefert zum Beispiel *CharStr('x',10)* den String xxxxxxxxxx.

Syntax:
```
FUNCTION CharStr(Ch:CHAR; Len:BYTE):STRING
```

Parameter: Die Variable *Len* gibt die Länge des zu erzeugenden Strings an. In *Ch* wird das Zeichen angegeben, aus dem der erzeugte String bestehen soll.

Querverweis: *FillStr*

Beispiel:
```
Writeln(CharStr('A',50));
```

Quelltext:
```
FUNCTION CharStr(Ch:CHAR; Len:BYTE):STRING;
VAR
  s : STRING;
```

```
BEGIN
  s:='';
  WHILE Length(s)<Len do
    s:=s+Ch;
  CharStr:=s;
END;
```

FillStr   STRINGS.PAS

Funktion: Diese Funktion füllt einen String bis zu einer angegebenen Länge mit einem beliebigen Zeichen auf, zum Beispiel mit Leerzeichen. Wenn der String bereits länger als die gewünschte Länge ist, wird er entsprechend abgeschnitten.

Syntax: `FUNCTION FillStr(St:STRING; Ch:CHAR; Len:BYTE):STRING`

Parameter: In der Variablen *St* wird der aufzufüllende String übergeben. Die gewünschte Stringlänge wird mit der Variablen *Len* angegeben. *Ch* ist das Zeichen, mit dem der String gefüllt werden soll.

Querverweis: *CharStr*

Beispiel: `Writeln(FillStr('Beispiel',SPC,40));`

Quelltext:
```
FUNCTION FillStr(St:STRING; Ch:CHAR; Len:BYTE):STRING;
BEGIN
  WHILE Length(St)<Len DO
    s:=s+Ch;
  FillStr:=Copy(St,1,Len);
END;
```

Center   STRINGS.PAS

Funktion: Mit dieser Funktion können Sie auf einfache Weise einen Text in einem String zentrieren, um zum Beispiel eine Maskenüberschrift anzuzeigen.

Syntax: `FUNCTION Center(St:STRING; Len:BYTE):STRING;`

Parameter: Die Variable *St* nimmt den zu zentrierenden String auf. Dieser wird dann in einem neuen String der Länge *Len* zentriert. Als Füllzeichen werden Leerzeichen verwendet.

Grenzen: Wenn die Länge von *St* schon größer ist als *Len*, kann natürlich keine Zentrierung erfolgen. Beachten Sie bitte, daß bei "krummen" Stringlängen keine exakte Zentrierung erfolgen kann, da immer nur ganze Leerzeichen eingefügt werden können. Wenn Sie zum Beispiel einen zehn Zeichen langen String in 15 Zeichen zentrieren wollen, müßten links und rechts des Strings je 2,5 Leerzeichen eingesetzt werden. In diesem Beispiel werden dann links drei und rechts zwei Leerzeichen eingesetzt.

Beispiel: `Write(Center('Ihr Kontostand:',80));`

Quelltext:
```
FUNCTION Center(St:STRING; Len:BYTE):STRING;
BEGIN
    WHILE Length(s)<Len do s:=' '+s+' ';
    Center:=Copy(s,1,Len);
END;
```

LastPos   STRINGS.PAS

Funktion: Diese Funktion liefert die letzte Position einer Zeichenfolge in einem String. Sie dient als Ergänzung zur Turbo Pascal-Funktion *Pos*, die die erste Position einer Zeichenfolge in einem String ermittelt.

Syntax: `FUNCTION LastPos(SubStr:STRING; St:STRING):BYTE`

Parameter: *SubStr* ist die Zeichenfolge, nach der gesucht werden soll. Die Variable *St* enthält den String, in dem gesucht wird. Wenn die Zeichenfolge *SubStr* nicht gefunden wurde, wird das Funktionsergebnis zu Null.

Grenzen: Wenn die Zeichenfolge *SubStr* länger als der String *St* ist, wird das Ergebnis von *LastPos* immer zu Null!

Beispiel:
```
BEGIN
    StringVar:='Erster Test, zweiter Test';
    Writeln(LastPos('Test',StringVar));
END;
```

DefaultExtension   STRINGS.PAS

Funktion: Diese Funktion hängt an den übergebenen Dateinamen eine definierte Namenserweiterung an. Wenn der Dateiname bereits eine Namenserweiterung hat, wird der Name nicht verändert. Diese Methode wird zum Beispiel auch vom Turbo Pascal Editor angewendet, um den von Ihnen eingegebenen Programmnamen mit der Erweiterung .PAS zu versehen.

Syntax: `FUNCTION DefaultExtension(fn,ext:STRING):STRING`

Parameter: In der Variablen *fn* wird der Dateiname übergeben, der ggf. um eine Namenserweiterung ergänzt werden soll. In *ext* geben Sie die gewünschte Namenserweiterung an. Beachten Sie bitte, daß die Namenserweiterung keinen führenden Punkt haben darf, da dieser innerhalb der Funktion eingefügt wird. Der Dateiname kann auch eine komplette Pfadangabe wie zum Beispiel D:\TOOLS\PASCAL\STRING sein. Auch relative Pfadangaben wie ..\.\BRIEF werden korrekt verarbeitet.

Querverweis: *ForceExtension*

Beispiel:
```
BEGIN
  Write('Dateiname: ');Readln(Name);
  Name:=DefaultExtension(Name,'PAS');
END;
```

ForceExtension   STRINGS.PAS

Funktion: Diese Funktion ändert die Namenserweiterung des übergebenen Dateinamens in eine neue Erweiterung um.

Syntax: `FUNCTION ForceExtension(fn,ext:STRING)STRING`

Parameter: In der Variablen *fn* wird der Dateiname übergeben, dessen Namenserweiterung geändert werden soll. In *ext* geben Sie die gewünschte Namenserweiterung an. Beachten Sie bitte, daß die Namenserweiterung keinen führenden Punkt haben darf, da dieser innerhalb der Funktion eingefügt wird. Der Dateiname kann auch eine komplette Pfadangabe wie zum Beispiel D:\TOOLS\PASCAL\STRING sein. Auch relative Pfadangaben wie ..\.\BRIEF werden korrekt verarbeitet.

Querverweis: *DefaultExtension*

Beispiel: `Write('Dateiname:');Readln(QuellName);`
                  `ZielName:=ForceExtension(QuellName,'$$$');`

Quelltext: `FUNCTION ForceExtension(fn,ext:STRING):STRING;`
                  `BEGIN`
                  `  IF LastPos('.',fn)=0 THEN`
                  `    ForceExtension:=fn+'.'+ext`
                  `  ELSE`
                  `    ForceExtension:=Copy(fn,1,LastPos('.',fn)-1)`
                  `                                 +'.'+ext;`
                  `END;`

ItemCount   STRINGS.PAS

Funktion: Ähnlich der Turbo Pascal-Funktion *ParamCount* ermittelt *ItemCount* die Anzahl der in einem String enthaltenen Wörter, die durch bestimmte Zeichen getrennt sind. Sie können auch mehr als ein Trennzeichen angeben, zum Beispiel Leerzeichen und Komma. Diese Funktion ist besonders für die Auswertung von Kommandozeilen-Parameter geeignet.

Syntax: `FUNCTION ItemCount(St:STRING; Sep:CharSet):BYTE`

Parameter: In der Variablen *St* geben Sie den String an, der nach Wörtern durchsucht werden soll. Der Begriff "Wort" ist eigentlich nicht ganz korrekt; denn Sie können in der Variablen *Sep* eigene Trennzeichen angeben, zum Beispiel das Zeichen "," (Komma). Der String "Eins, Zwei Drei" enthält dann also Zwei (!) "Wörter", nämlich "Eins" und "Zwei Drei"! Der Datentyp *CharSet* ist im Interface-Teil der Unit *STRINGS* als *Set of CHAR* definiert. Sie haben damit die Möglichkeit, mehr als ein Trennzeichen anzugeben. Das Funktionsergebnis ist die Anzahl der gefundenen "Wörter".

Querverweis: *ExtractItem*

Beispiel: `StringVar:='Eins, Zwei, Drei Vier Fünf';`
                  `Writeln(ItemCount(StringVar,[' ',',']));`

Quelltext: `FUNCTION ItemCount(St:STRING; Sep:CharSet):BYTE;`
                  `VAR`
                  `  i,Count,Len : BYTE;`
                  `BEGIN`

```
Count:=0;
i:=1;
Len:=Length(St);
WHILE i<=Len DO BEGIN
  WHILE (i<=Len) and (St[i] IN Sep) DO Inc(i);
  IF i<=Len then Inc(Count);
  WHILE (i<=Len) AND NOT (St[i] in Sep) DO Inc(i);
END;
ItemCount:=Count;
END;
```

ExtractItem   STRINGS.PAS

Funktion: Ähnlich der Turbo Pascal-Funktion *ParamStr* ermittelt *ExtractItem* das x-te Wort aus einem String, wobei Sie die Trennzeichen selbst festlegen können. Zusammen mit der oben beschriebenen Funktion *ItemCount* eignet sich *ExtractItem* besonders, um Kommandozeilen-Parameter auszuwerten.

Syntax:
```
FUNCTION ExtractItem(Num:BYTE; St:STRING; Sep:CharSet)
                                               :STRING
```

Parameter: In der Variablen *St* geben Sie den String an, aus dem ein Wort herauskopiert werden soll. Der Begriff "Wort" ist eigentlich nicht ganz korrekt; denn Sie können in der Variablen *Sep* eigene Trennzeichen angeben, zum Beispiel das Zeichen "," (Komma). Der String "Eins, Zwei Drei" enthält dann also Zwei (!) "Wörter", nämlich "Eins" und "Zwei Drei"! Der Datentyp *CharSet* ist im Interface-Teil der Unit *STRINGS* als *Set of CHAR* definiert. Sie haben damit die Möglichkeit, mehr als ein Trennzeichen anzugeben. In der Variablen *Num* geben Sie die Nummer des Wortes an, das Sie herauskopieren wollen. Das Funktionsergebnis ist das herauskopierte Wort.

Grenzen: Wenn Sie für *Num* den Wert Null oder einen Wert angeben, der größer ist als die Anzahl der enthaltenen "Wörter", liefert *ExtractItem* immer einen Leerstring zurück.

Querverweis: *ItemCount*

Beispiel:
```
StringVar:='Dies ist ein Beispiel-String';
Writeln(ExtractItem(4,StringVar,[' ','-']));
```

Quelltext:
```
FUNCTION ExtractItem(Num:BYTE; St:STRING;
Sep:CharSet):STRING;
VAR
  i, Count, Len : BYTE;
  Extract       : STRING;
BEGIN
  Count:=0; i:=1;
  Len:=Length(St);
  Extract:='';
  WHILE (i<=Len) AND (Count<>Num) DO BEGIN
    WHILE (i<=Len) AND (St[i] IN Sep) DO Inc(i);
    IF i<Len THEN Inc(Count);
    WHILE (i<=Len) AND NOT (St[i] IN Sep) DO BEGIN
      IF Count=Num THEN
        Extract:=Extract+St[i];
      Inc(i);
    END;
  END;
  ExtractItem:=Extract;
END;
```

Erweitertes Löschen von Dateien: XDEL.PAS

Das Program *XDEL* versetzt Sie in die Lage, beim Löschen von Dateien eine Ja/Nein-Abfrage durchzuführen und somit Dateien gezielt zu löschen. Zusätzlich können Sie auch Dateien in Unterverzeichnissen des aktuellen Verzeichnisses löschen, ohne daß Sie den Verzeichnisnamen angeben. Wenn Sie zum Beispiel alle BAK-Dateien von der Festplatte löschen wollen, so reicht der einfache Aufruf *XDEL *.BAK /S*.

Syntax: XDEL <Dateiname> [Optionen]

Parameter: *Dateiname* ist der Name der Datei, die gelöscht werden soll. Die Verwendung von Wildcards ist erlaubt, so daß Sie mehrere Dateien gleichzeitig löschen können.

Optionen: /? zeigt eine kurze Bedienungsanleitung auf dem Bildschirm an.

                 /P bewirkt, daß bei jeder zu löschenden Datei eine Sicherheitsabfrage auf dem Bildschirm ausgegeben wird, die bestätigt werden muß.

/S löscht auch Dateien in Unterverzeichnissen. Beachten Sie bitte, daß der Aufruf *XDEL *.** */S* die gesamte Diskette oder Festplatte löscht!

/N schaltet alle Sicherheitsabfragen ab.

Beispiele: XDEL C:*.BAK /S/N

Löscht auf der Festplatte C: alle BAK-Dateien.

XDEL *.* /P

Löschen aller Dateien im aktuellen Verzeichnis mit Ja/Nein-Abfrage.

Beschreibung des Quelltextes

Verwendete Units

Das Program *XDEL.PAS* verwendet die Turbo Pascal-Unit *DOS* sowie die beiden oben beschriebenen Units *EXTDOS* und *STRINGS*.

Konstanten

Die typisierte Konstante *SubDir* ist eigentlich eine Variable, die jedoch nicht erst zur Laufzeit initialisiert wird, sondern schon während der Compilierung mit dem Wert *FALSE* belegt wird. Dies gilt auch für die beiden anderen typisierten Konstanten *Fragen* und *Warnung*.

Variablen

DirStr   nimmt den Namen des Verzeichnisses auf, in dem das Löschen beginnt.

Name   ist der Name der zu löschenden Datei.

Ext   ist die Namenserweiterung der zu löschenden Datei.

Drive   ist das Laufwerk, auf dem gelöscht werden soll.

Such   ist eine Kopie der Kommandozeile, jedoch ohne Optionen.

Fname   gibt den vollständigen Namen der zu löschenden Datei an.

Count   speichert die Anzahl der gelöschten Dateien.

Ch   ist eine allgemeine Zeichenvariable, die bei einer Ja/Nein-Abfrage ver-
               wendet wird.

Prozeduren und Funktionen

WaitFor

Diese Funktion liest so lange Zeichen von der Tastatur, bis das eingelesene Zeichen in
der Menge der zulässigen Zeichen vorhanden ist, und liefert dieses Zeichen zurück. Der
Datentyp *CharSet* ist in der Unit *STRINGS* deklariert.

Error

Diese Prozedur gibt je nach Wert der Variablen *Code* eine andere Fehlermeldung aus,
ggf. wird noch der String *Msg* ausgegeben. Anschließend wird das Programm beendet.
Der Wert der Variablen *Code* wird als Fehlercode an DOS übergeben und kann in Stapeldateien mit dem Befehl *if errorlevel* abgefragt werden. Alle Fehlermeldungen werden auf der Fehlereinheit von DOS ausgegeben, so daß trotz umgeleiteter Ausgabe die
Meldungen auf den Bildschirm gelangen.

Die Dateivariable *StdErr* ist in der Unit *EXTDOS* deklariert und wird beim Programmstart auch von dieser Unit geöffnet.

Usage

Diese Prozedur gibt auf dem Bildschirm eine kurze Bedienungsanleitung aus und beendet das Programm mit dem Fehlercode Null.

Loeschen

Diese Prozedur löscht eine Datei, deren Namen in der Variablen fn angegeben ist.
Zunächst wird der Dateiname auf dem Bildschirm ausgeben. Bei eingeschalteter /P-Op-
tion wird die Ja/Nein-Abfrage durchgeführt. Je nach Tastendruck wird entweder die
Prozedur verlassen (N), das Programm abgebrochen (ESC) oder die Datei gelöscht (J).
Das Löschen selbst wird mit der Turbo Pascal-Prozedur *Erase* durchgeführt, wobei die
Ein-/Ausgabeprüfung abgeschaltet ist.

Wenn DOS die Datei nicht löschen konnte, enthält die Variable *IOresult* einen Wert
ungleich null. In diesem Fall wird auf dem Bildschirm die Meldung "READ ONLY"
ausgegeben. Bei erfolgreichem Löschen wird die Variable *Count* um eins erhöht.

Suchen

Die Prozedur Suchen gliedert sich in zwei Teile. Der erste Teil durchsucht mit den Turbo Pascal-Prozeduren *FindFirst* und *FindNext* das als Path angegebene Verzeichnis nach Dateien mit dem als *Such* übergebenen Namen. Wenn es sich bei der gefundenen Datei nicht um ein Unterverzeichnis oder den Datenträgernamen handelt, wird die oben beschriebene Prozedur *Loeschen* aufgerufen.

Falls Sie in der Kommandozeile die Option /S angegeben haben, so wird der zweite Teil der Prozedur ausgeführt, andernfalls wird die Prozedur *Suchen* verlassen. Der zweite Teil sucht nun im aktuellen Verzeichnis nach weiteren Unterverzeichnissen. Auf jedes gefundene Verzeichnis – mit Ausnahme des aktuellen Verzeichnisses "." und des übergeordneten Verzeichnisses ".." – wird die Prozedur *Suchen* erneut angewandt. Diese Rekursion endet erst dann, wenn alle Unterverzeichnisse abgearbeitet wurden.

LeseParameter

Die Prozedur *LeseParameter* wertet die vom Benutzer eingegebene Kommandozeile aus. Ohne Parameterangabe wird das Programm durch Aufrufen der Prozedur *Error* beendet. Die Parameter werden nun in der Stringvariablen *Param* zusammengefaßt und mit *StUpCase* in Großbuchstaben umgewandelt. Nun beginnt die Auswertung der Optionen. Dazu wird das dem Schrägstrich ("/") folgende Zeichen in die Variable *Opt* kopiert und die zwei Zeichen lange Zeichenfolge aus dem String *Param* gelöscht. Durch diese Methode werden nacheinander alle Optionen gefunden und mit der *Case*-Anweisung ausgewertet.

Nachdem alle Optionen bearbeitet sind, enthält der String nur noch den Dateinamen. Dieser wird für die weitere Bearbeitung in der Variablen *Such* gespeichert. Weil Leerzeichen im Dateinamen nicht erlaubt sind, werden mit einer *While*-Schleife alle Leerzeichen entfernt.

Das Hauptprogramm

Die erste Prozedur, die vom Hauptprogramm aufgerufen wird, ist *LeseParameter* (siehe oben). Mit der Prozedur *Fsplit* erfolgt die Auftrennung des Dateinamens in Verzeichnisname und eigentlicher Dateiname. Die Laufwerksangabe wird durch einen Doppelpunkt an der zweiten Stelle im Namen erkannt. Falls Sie keine Laufwerksbezeichnung angegeben haben, wird mit der Prozedur *GetDir* das aktuelle Laufwerk ermittelt. Der Verzeichnisname wird ggf. noch um den Rückstrich "\" ergänzt, so daß eine eindeutige Unterscheidung zwischen Datei- und Verzeichnisnamen gewährleistet ist.

Falls der Dateiname Wildcards enthält und Sie die Warnung nicht mit der Option /N abgeschaltet haben, erfolgt eine Sicherheitsabfrage. Wenn Sie jedoch die Option /P angeben, ist diese einleitende Abfrage nicht mehr sinnvoll und wird deshalb nicht ausgeführt. Nun beginnt endlich der Löschvorgang. Der Zähler für gelöschte Dateien, *Count*, wird auf Null gesetzt und die oben beschriebene Prozedur *Suchen* aufgerufen. Als Parameter werden das Startverzeichnis Dir und der Dateiname *Fname* übergeben. Abschließend wird die Zahl der gelöschten Dateien auf dem Bildschirm ausgegeben und das Programm beendet.

Der Quelltext

```
{
===============================================================
Datei    : XDEL.PAS
Zweck    : Verbessertes "DEL" bzw. "ERASE"
Datum    : 04.11.89
Version  : 1.02
Autor    : Achim Kalwa
Compiler : TURBO PASCAL V5.5
===============================================================
}
{$A+,B-,D-,E-,F-,I+,L-,N-,O-,R-,S+,V+}
{$M 16384,0,655360}
Program XDEL;
Uses
  Dos,
  ExtDos,
  Strings;

Const
  SubDir   : Boolean = FALSE;
  Fragen   : Boolean = FALSE;
  Warnung  : Boolean = TRUE;

var
  Dir  : DirStr;
  Name : NameStr;
  Ext  : Extstr;
  Drive: DriveStr;
  Such : String;
  Fname: String;
  Count: LongInt;
  Ch   : Char;
```

```
Function WaitFor(Chars: CharSet):Char;
var Ch:Char;
begin
  Repeat
    Ch:=UpCase(DosReadKey);
  Until Ch in Chars;
  WaitFor:=Ch;
end;

Procedure Error(Code:Word; Msg:String);
begin
  Case Code of
    0 : Write(StdErr,CR,LF,'Abgebrochen');
    1 : Write(StdErr,'Kein Dateiname angegeben.
                                    Hilfe mit "XDEL /?"');
    2 : Write(StdErr,'Ungültiger Parameter: ',Msg);
  end;
  Writeln(StdErr,#7);
  Halt(Code);
end;

Procedure Usage;
begin
  writeln('XDEL V1.02   (c) 1989 Achim Kalwa');
  writeln('----------');
  writeln('Zweck    : Erweitertes Löschen von Dateien');
  Writeln('Aufruf   : XDEL [L:][Pfad]<Dateiname> [Optionen]');
  Writeln('Optionen:');
  Writeln('  /?');
  Writeln('  /H  -  Diese Hilfe anzeigen');
  Writeln('  /N  -  Löschen der angegebenen Dateien
                    ohne Warnung');
  Writeln('  /S  -  Auch Unterverzeichnisse durchsuchen');
  Writeln('  /P  -  Ja/Nein-Abfrage vor dem Löschen');
  Writeln;
  Halt(0);
end;

Procedure Loeschen(fn:String);
var
  fd : File;
begin
  Write(fn);
  if Fragen then begin
    write('   (J/N) ');
    Case WaitFor(['J','N',ESC]) of
```

```
      'N' : begin Writeln('N'); Exit; end;
      ESC : Error(0,'');
      'J' : Write('J  ');
    end; { Case }
  end; { if }
  Assign(fd,fn);
  {$I-} Erase(fd); {$I+};
  if IoResult<>0 then
    Write('   READ-ONLY!')
  else
    Inc(Count);
  Writeln;
end;

Procedure Suchen(Path,Such:String);
var
  Dir : SearchRec;
begin
  { --- zunächst nur Dateien suchen --- }
  FindFirst(Path+Such,AnyFile,Dir);
  While DosError=0 do begin
    if (Dir.Attr and (Directory OR VolumeID))=0 then
      Loeschen(Path+Dir.Name);
    FindNext(Dir);
  end;

  if NOT SubDir then Exit;
  { --- nun nach Verzeichnissen suchen --- }
  FindFirst(Path+'*.*',AnyFile,Dir);
  While DosError=0 do begin
    If ((Dir.Attr and Directory)>0) and (Dir.Name[1]<>'.') then
      Suchen(Path+Dir.Name+'\',Such);
    FindNext(Dir);
  end;
end;

Procedure LeseParameter;
var
  Param : String;
  i     : Integer;
  Opt   : String[2];
begin
  Param:='';
  if ParamCount=0 then Error(1,'');
  For i:=1 to ParamCount do
    Param:=Param+ParamStr(i)+' ';
```

```
  Param:=StUpCase(Param);
  While Pos('/',Param)>0 do begin
    Opt:=Copy(Param,1+Pos('/',Param),1);
    Delete(Param,Pos('/',Param),2);
    Case Opt[1] of
      'S' : SubDir :=NOT SubDir;
      'P' : Fragen :=NOT Fragen;
      'N' : Warnung:=NOT Warnung;
      'H' : Usage;
      '?' : Usage;
      else  Error(2,'/'+Opt);
    end;
  end;
  Such:=Param;
  While Pos(' ',Such)>0 do
    Delete(Such,Pos(' ',Such),1);
end;

begin
  LeseParameter;
  Dir:='';
  Fsplit(Such,Dir,Name,Ext);
  if Dir='' then GetDir(0,Dir);
  if (Length(Dir)>1) and (Dir[2]=':') then begin
    Drive:=Copy(Dir,1,2);
    Delete(Dir,1,2);
  end
  else
    GetDir(0,Drive);
  Fname:=Name+Ext;
  if Dir[Length(Dir)]<>'\' then Dir:=Dir+'\';
  Dir:=Drive+Dir;
  if (Not Fragen) and (Warnung and (Pos('*',Fname)>0)) then begin
    Write('Sind Sie sicher (J/N) ');
    Ch:=WaitFor(['J','N',ESC]);
    if Ch<>ESC then Writeln(Ch);
    if Ch<>'J' then Error(0,'');
  end;
  Count:=0;
  Suchen(Dir,fname);
  Writeln(Count,' Datei(en) gelöscht.');
end.
```

Verzeichnisse schnell und einfach löschen: DELDIR.PAS

Haben Sie schon einmal versucht, mit den normalen Befehlen und Kommandos von DOS ein ganzes Verzeichnis mit allen Dateien und weiteren Unterverzeichnissen zu löschen? Das kann eine mühselige und zeitraubende Angelegenheit sein. Das Programm *DELDIR.PAS* nimmt Ihnen diese Arbeit ab.

Syntax: DELDIR [Laufwerk]<Verzeichnisname> [Optionen]

Parameter: *Laufwerk* ist die Bezeichnung des Laufwerkes, auf dem ein Verzeichnis gelöscht werden soll. Geben Sie hier den Laufwerksbuchstaben (zum Beispiel C:) an, wenn Sie nicht auf dem aktuellen Laufwerk löschen wollen.

Verzeichnisname ist der Name des Verzeichnisses, das Sie löschen wollen. Beachten Sie bitte, daß Sie hier keine Wildcards benutzen dürfen. Die Angabe eines relativen Verzeichnisnamens wie zum Beispiel *..\TOOLS\DBASE* ist jedoch erlaubt. Außerdem ist noch eine kleine Sperre eingebaut: Das Hauptverzeichnis kann nicht gelöscht werden, die Eingabe *DELDIR C:* führt zu einer Fehlermeldung.

Optionen: /N löscht das angegebene Verzeichnis ohne Warnung.

/? zeigt eine kurze Bedienungsanleitung an.

/H wirkt wie Option /?.

Beispiele: DELDIR C:\DIVERSES

Löscht auf dem Laufwerk C: das Unterverzeichnis \DIVERSES.

DELDIR ..\TOOLS\BASIC

Löscht auf dem aktuellen Laufwerk das Verzeichnis ..\TOOLS\BASIC.

Beschreibung des Quelltextes

Verwendete Units

Das Programm *DELDIR* verwendet die Turbo Pascal-Unit *DOS* und die bereits beschriebenen Units *EXTDOS* und *STRINGS*.

Konstanten

Die typisierte Konstante *Warnung* ist eigentlich eine Variable, die jedoch nicht erst zur Laufzeit initialisiert wird, sondern schon während der Compilierung mit dem Wert *TRUE* belegt wird.

Variablen

Dir   enthält den vollständigen Namen des zu löschenden Verzeichnisses.

Drive   speichert die Bezeichnung des Laufwerkes, auf dem das Verzeichnis gelöscht wird.

AktPfad   nimmt den Namen des aktuellen Verzeichnisses auf.

Fcount   enthält die Anzahl der gelöschten Dateien.

Dcount   enthält die Anzahl der gelöschten Verzeichnisse.

Ch   ist eine allgemeine Zeichenvariable, die bei der Sicherheitsabfrage verwendet wird.

Prozeduren und Funktionen

Error

Diese Prozedur gibt je nach Wert der Variablen *Code* eine andere Fehlermeldung aus, ggf. wird noch der String *Msg* ausgegeben. Anschließend wird das Programm beendet. Der Wert der Variablen *Code* wird als Fehlercode an DOS übergeben und kann in Stapeldateien mit dem Befehl *if errorlevel* abgefragt werden. Alle Fehlermeldungen werden auf der Fehlereinheit von DOS ausgegeben, so daß trotz umgeleiteter Ausgabe die Meldungen auf den Bildschirm gelangen. Die Dateivariable *StdErr* ist in der Unit *EXT-DOS* deklariert und wird beim Programmstart auch von dieser Unit geöffnet.

Usage

Diese Prozedur gibt auf dem Bildschirm eine kurze Bedienungsanleitung aus und beendet das Programm mit dem Fehlercode Null.

WaitFor

Diese Funktion liest so lange Zeichen von der Tastatur, bis das eingelesene Zeichen in der Menge der zulässigen Zeichen vorhanden ist, und liefert dieses Zeichen zurück. Der

Datentyp *CharSet* ist in der Unit *STRINGS* deklariert. *WaitFor* wird für die Sicherheitsabfrage verwendet.

DelFile

Mit dieser Prozedur wird die Datei mit dem als *fn* angegebenen Namen gelöscht. Um die Geschwindigkeit zu steigern, kommt nicht die Turbo Pascal-Prozedur *Erase* zum Einsatz, sondern ein Aufruf der DOS-Funktion 41 Hex. Diese DOS-Funktion erwartet, daß die Register *DS* und *DX* des Microprozessors auf den Anfang des zu löschenden Dateinamens zeigen. Außerdem muß der Dateiname mit dem Zeichen Null (nicht Ziffer Null!) abgeschlossen sein. Diese Darstellung einer Zeichenkette wird mit dem Namen *ASCIZ* (ASCII-Zero) bezeichnet. Die Prozedur *MsDos* ist in der Turbo Pascal-Unit *DOS* deklariert. Im Register *FLAGS* liefert DOS die Information, ob der Löschvorgang erfolgreich durchgeführt werden konnte. Das Registers *AX* enthält im Fehlerfall einen Fehlercode, der hier an die Variable *DosError* weitergegeben wird.

AllesLoeschen

Diese Prozedur löscht alle Dateien in dem als *Pfad* übergebenen Verzeichnis. Mit den Prozeduren *FindFirst* und *FindNext* werden nacheinander alle Verzeichniseinträge ermittelt. Wenn der gefundene Eintrag kein Unterverzeichnis oder die Datenträgerbezeichnung ist, wird der Name angezeigt. Jetzt wird festgestellt, ob die Dateiattribute das Löschen zulassen. Versteckte oder Systemdateien können nicht einfach gelöscht werden, ebenso Dateien mit gesetztem Nur-Lese-Bit (Read-only). Die Attribute einer solchen Datei werden durch Aufruf der Prozedur *SetFileAttr* (Unit *EXTDOS*) gelöscht. Der eigentliche Löschvorgang wird durch die oben beschriebene Prozedur *DelFile* ausgeführt. Im Fehlerfall wird die Meldung "Löschen nicht möglich" angezeigt, bei Erfolg wird der Dateizähler *Fcount* um eins erhöht.

Suchen

Diese Prozedur ist ein zentraler Punkt des Programms *DELDIR*. Zunächst werden mit der Prozedur *AllesLoeschen* sämtliche Dateien aus dem Verzeichnis Pfad gelöscht. Anschließend wird mit den Prozeduren *FindFirst* und *FindNext* nach weiteren Unterverzeichnissen gesucht. Jedes gefundene Verzeichnis mit Ausnahme des aktuellen Verzeichnisses "." und des Stammverzeichnisses ".." wird erneut mit der Prozedur *Suchen* bearbeitet. Dieser rekursive Aufruf wird erst dann beendet, wenn alle Unterverzeichnisse bearbeitet sind. Abschließend wird das Verzeichnis mit der Turbo Pascal-Prozedur *RmDir* (Unit DOS) entfernt. Im Fehlerfall wird das Programm mit der Fehlermeldung "Verzeichnis kann nicht gelöscht werden" abgebrochen. Dies ist immer dann der Fall, wenn Sie das zu löschende Verzeichnis oder eines der Unterverzeichnisse mit den DOS-Befehlen *Subst*, *Assign* oder *Append* einem anderen Laufwerksbuchstaben zugeordnet haben. Wenn das Verzeichnis entfernt ist, wird der Verzeichniszähler *Dcount* um eins erhöht und die Prozedur beendet.

LeseParameter

Die Prozedur *LeseParameter* wertet die vom Benutzer eingegebene Kommandozeile aus. Ohne Parameterangabe wird das Programm durch Aufrufen der Prozedur *Error* beendet. Die Parameter werden nun in der Stringvariablen *Param* zusammengefaßt und mit *StUpCase* in Großbuchstaben umgewandelt. Nun beginnt die Auswertung der Optionen. Dazu wird das dem Schrägstrich ("/") folgende Zeichen in die Variable *Opt* kopiert und die zwei Zeichen lange Zeichenfolge aus dem String *Param* gelöscht. Durch diese Methode werden nacheinander alle Optionen gefunden und mit der *Case*-Anweisung ausgewertet. Nachdem alle Optionen bearbeitet sind, enthät der String nur noch den Verzeichnisnamen. Weil Leerzeichen im Verzeichnisnamen nicht erlaubt sind, werden mit einer *While*-Schleife alle Leerzeichen entfernt und der bereinigte Name in der Variablen *Dir* gespeichert.

NoSlash

Diese Funktion löscht von einem Verzeichnisnamen den abschließenden Rückstrich "\", hiervon ausgenommen ist die Angabe eines Hauptverzeichnis, zum Beispiel "D:\" oder einfach "\".

Das Hauptprogramm

Durch Aufruf der Prozedur *LeseParameter* werden der Name des zu löschenden Verzeichnisses sowie die Optionen ermittelt. Der Verzeichnisname steht nun in der Variablen *Dir*. Durch Aufruf der Funktion *NoSlash* wird ein eventuell anhängender Rückstrich aus dem Verzeichnisnamen entfernt. Die Funktion *Fexpand* aus der Unit *DOS* wandelt relative in absolute Pfadangaben um. Eine Laufwerksbezeichnung wird an einem Doppelpunkt im Verzeichnisnamen erkannt.

Wenn Sie keinen Laufwerksbezeichner angeben, wird mit der Prozedur *GetDir* das aktuelle Laufwerk ermittelt. Nun folgen einige Plausibilitätskontrollen. Wenn das zu löschende Verzeichnis gleich dem aktuellen Verzeichnis ist, kann es nicht gelöscht werden. In diesem Fall bricht das Programm durch Aufrufen der Prozedur *Error* mit der Fehlermeldung "Aktuelles Verzeichnis kann nicht gelöscht werden" ab. Der zweite Test stellt fest, ob das angegebene Verzeichnis überhaupt existiert. Dazu wird die Funktion *ExistDir* aus der Unit *EXTDOS* aufgerufen. Wenn Sie die Warnung nicht durch die Option "/N" abgeschaltet haben, erfolgt eine Sicherheitsabfrage, die mit der Eingabetaste abgeschlossen werden muß.

Nachdem nun alle Voraussetzungen für das Löschen gegeben sind, wird die Prozedur *Suchen* aufgerufen (siehe oben). Wenn das Programm nicht durch eine Fehlermeldung oder vom Benutzer abgebrochen wird, erfolgt abschließend die Ausgabe der gelöschten Dateien und Verzeichnisse.

Der Quelltext

```
{
===============================================================
Datei    : DELDIR.PAS
Zweck    : Unterverzeichnisse entfernen
Datum    : 04.11.1989
Version  : V1.01
Autor    : Achim Kalwa
Compiler : TURBO PASCAL V5.5
===============================================================
}
{$A+,B-,D-,E-,F-,I+,L-,N-,O-,R-,S-,V-}
{$M 16384,0,655360}

Program DELDIR;
Uses
  Dos,
  ExtDos,
  Strings;

Const
  Warnung : Boolean = TRUE;

Var
  Dir     : String;
  Drive   : String[2];
  AktPfad : String;
  Fcount  : LongInt;
  Dcount  : LongInt;
  Ch      : Char;

Procedure Error(Code:Word; Msg:String);
begin
  Case Code of
    0 : Write(StdErr,CR,LF,'abgebrochen');
    1 : Write(StdErr,'Kein Verzeichnis angegeben.
                      Hilfe mit "DELDIR /?"');
    2 : Write(StdErr,'Ungültiger Parameter: ',Msg);
```

```
      3 : Write(StdErr,'Verzeichnis kann nicht gelöscht
                        werden: ',Msg);
      4 : Write(StdErr,'Hauptverzeichnis kann nicht gelöscht
                        werden.');
      5 : Write(StdErr,'Aktuelles Verzeichnis kann nicht gelöscht
                        werden.');
      6 : Write(StdErr,'Verzeichnis nicht gefunden: ',Msg);
    end;
    Writeln(#7);
    Halt(Code);
end;

Procedure Usage;
begin
    writeln('DELDIR V1.01   (c) 1989 Achim Kalwa');
    writeln('------------');
    writeln('Zweck   : Entfernen eines Unterverzeichnisses');
    Writeln('Aufruf  : DELDIR [L:][Pfad]<Dateiname> [Optionen]');
    Writeln('Optionen:');
    Writeln('  /?');
    Writeln('  /H  -  Diese Hilfe anzeigen');
    Writeln('  /N  -  Löschen des angegebenen Verzeichnisses
                      ohne Warnung');
    Writeln;
    Halt(0);
end;

Function WaitFor(Chars:CharSet):Char;
var
    Ch : Char;
begin
    Repeat
      Ch:=UpCase(DosReadKey);
    Until Ch in Chars;
    WaitFor:=Ch;
end;

Procedure DelFile(fn:String);
Var
    Reg : Registers;
begin
    fn:=fn+#0;  { ASCIZ }
    Reg.AH:=$41;
    Reg.DX:=Ofs(fn[1]);
    Reg.DS:=Seg(fn[1]);
    MsDos(Reg);
```

```pascal
  if Odd(Reg.Flags) then
    DosError:=Reg.AX
  else
    DosError:=0;
end;

Procedure AllesLoeschen(Pfad:String);
var
  fd : File;
  Dir: SearchRec;
begin
  FindFirst(Pfad+'\*.*',AnyFile,Dir);
  While DosError=0 do begin
    if (Dir.Attr and (Directory OR VolumeId))=0 then begin
      Write(Pfad+'\'+Dir.Name);
      if (Dir.Attr AND (Hidden OR SysFile OR ReadOnly))>0 then
        SetFileAttr(Pfad+'\'+Dir.Name,0);
      DelFile(Pfad+'\'+Dir.Name);
      if DosError<>0 then
        Write('  Löschen nicht möglich')
      else
        Inc(Fcount);
      Writeln;
    end;
    FindNext(Dir);
  end;
end;

Procedure Suchen(Pfad:String);
var
  Dir : SearchRec;
begin
  AllesLoeschen(Pfad);
  FindFirst(Pfad+'\*.*',AnyFile,Dir);
  While DosError=0 do begin
    If ((Dir.Attr and Directory)>0) and (Dir.Name[1]<>'.') then
      Suchen(Pfad+'\'+Dir.Name);
    FindNext(Dir);
  end;
  {$I-} RmDir(Pfad); {$I+}
  if IoResult<>0 then
    Error(3,Pfad)
  else
    Inc(Dcount);
end;
```

```
Procedure LeseParameter;
var
  Param : String;
  i     : Integer;
  Opt   : String[2];
begin
  Param:='';
  if ParamCount=0 then Error(1,'');
  For i:=1 to ParamCount do
    Param:=Param+ParamStr(i)+' ';
  Param:=StUpCase(Param);
  While Pos('/',Param)>0 do begin
    Opt:=Copy(Param,1+Pos('/',Param),1);
    Delete(Param,Pos('/',Param),2);
    Case Opt[1] of
      'N' : Warnung:=NOT Warnung;
      'H' : Usage;
      '?' : Usage;
      else  Error(2,'/'+Opt);
    end;
  end;
  While Pos(' ',Param)>0 do
    Delete(Param,Pos(' ',Param),1);
  Dir:=Param;
end;

Function NoSlash(s:String):String;
begin
  if (s[Length(s)]='\') and (Length(s)>3) then
      Delete(s,Length(s),1);
  NoSlash:=s;
end;

begin
  LeseParameter;
  Dir:=NoSlash(Dir);
  Dir:=Fexpand(Dir);
  if (Length(Dir)>1) and (Dir[2]=':') then begin
    Drive:=Copy(Dir,1,2);
    Delete(Dir,1,2);
  end
  else
    GetDir(0,Drive);
  if (Dir='') or (Dir='\') then Error(4,'');
  Dir:=Drive+Dir;
  Dir:=NoSlash(Dir);
```

```
GetDir(0,AktPfad);
if AktPfad=Dir then Error(5,'');
if Not ExistDir(Dir) then Error(6,Dir);
if Warnung then begin
  Write('Verzeichnis ',Dir,' wird gelöscht.
        Sind Sie sicher (J/N) ');
  Readln(Ch);
  if UpCase(Ch)<>'J' then Error(0,'');
end;
FCount:=0; DCount:=0;
Suchen(Dir);
writeln(FCount,' Datei(en) in ',Dcount,' Verzeichnis(sen)
                                        gelöscht.');
end.
```

Dateiattribute ändern: ATTRIB.PAS

Dieses Programm dient dazu, Dateiattribute anzuzeigen und zu ändern. Im Gegensatz zum gleichnamigen DOS-Befehl erlaubt *ATTRIB.PAS* auch das Setzen und Löschen der Attribute Hidden und System. Am besten löschen Sie das Programm *ATTRIB.COM* bzw. *ATTRIB.EXE* von Ihrer DOS-Diskette oder Ihrem DOS-Verzeichnis und kopieren diese neue Version an die alte Stelle. Bei der Anzeige der Attribute unterscheidet sich *ATTRIB.PAS* allerdings etwas von seinem Vorgänger: Die Attribute werden rechts vom Dateinamen in der Reihenfolge *RHSVDA* angezeigt. Die einzelnen Buchstaben haben folgende Bedeutung:

R   Das *Read-only*-Bit ist gesetzt, die Datei also gegen Überschreiben und Löschen geschützt.

H   Das *Hidden*-Bit ist gesetzt, die Datei also unsichtbar.

A   Das *Archive*-Bit ist gesetzt; die Datei wurde seit der letzten Datensicherung geändert oder neu erzeugt.

S   Das *System*-Bit ist gesetzt; die Datei ist eine Systemdatei.

D   Das *Directory*-Bit ist gesetzt; der Eintrag ist keine Datei, sondern ein Unterverzeichnis.

V   Das *Volume-id*-Bit ist gesetzt; der Eintrag ist keine Datei, sondern der Name des
     Datenträgers (Volume Label).

—   Der Strich zeigt an, daß das entsprechende Bit gelöscht ist.

Syntax: `ATTRIB [Optionen] [Laufwerk][Pfad]<Dateiname>`
                  `[Optionen]`

Parameter: *Laufwerk* ist die Laufwerksbezeichnung für das Laufwerk, auf dem
                  ATTRIB arbeiten soll. Wenn Sie diesen Parameter nicht angeben, wird
                  das aktuelle Laufwerk vorausgesetzt.

                  Pfad ist der Name des Verzeichnisses, in dem *ATTRIB* arbeiten soll.
                  Wenn Sie diesen Parameter nicht angeben, wird das aktuelle Verzeich-
                  nis vorausgesetzt.

                  Dateiname ist der Name der Datei, deren Attribute Sie anzeigen oder
                  ändern möchten. Wenn Sie mehrere Dateien gleichzeitig bearbeiten
                  wollen, können Sie Wildcards verwenden. Beachten Sie bitte, daß Sie
                  die Optionen sowohl vor als auch nach dem Dateinamen angeben kön-
                  nen (auch gemischt!). Diese Möglichkeit wurde eingesetzt, um die
                  Kompatibilität mit dem ursprünglichen *ATTRIB*-Befehl von DOS zu
                  gewährleisten.

Optionen: +R setzt das *Read-only*-Bit.

                  –R löscht das *Read-only*-Bit.

                  +A setzt das *Archive*-Bit.

                  –A löscht das *Archive*-Bit.

                  +H setzt das *Hidden*-Bit.

                  –H löscht das *Hidden*-Bit.

                  +S setzt das *System*-Bit.

                  –S löscht das *System*-Bit.

                  /? zeigt die Kurzanleitung an.

                  /H ist identisch mit /?

Beispiele: ATTRIB C:*.* +R

Alle Dateien im Hauptverzeichnis der Festplatte C: bekommen ein gesetztes *Read-only*-Attribut. Sie sind damit vor versehentlichem Löschen geschützt.

ATTRIB *.*

Die Attribute aller Dateien im Hauptverzeichnis des aktuellen Laufwerks werden angezeigt.

Beschreibung des Quelltextes

Verwendete Units

Das Programm *ATTRIB* verwendet die Turbo Pascal-Unit *DOS* und die bereits beschriebenen Units *EXTDOS* und *STRINGS*.

Variablen

Entry   ist eine Variable vom Typ *SearchRec* und nimmt während der *Find-First/FindNext*-Suche einen Verzeichniseintrag auf. Der Datentyp *SearchRec* ist in der Turbo Pascal-Unit *DOS* deklariert.

Pfad   nimmt den Namen des Verzeichnisses auf, in dem *ATTRIB* arbeiten soll.

Name   speichert den Namen der zu bearbeitenden Datei.

Ext   nimmt die Namenserweiterung der Datei auf, die bearbeitet werden soll.

Such   speichert die Kopie der Kommandozeile.

Opt   speichert nacheinander die einzelnen Optionen zwischen.

i   ist eine allgemeine Laufvariable.

anz   enthält die Anzahl der bearbeiteten Dateien.

Get   ist eine logische Variable und entscheidet, ob die Dateiattribute angezeigt oder geändert werden sollen.

Setzen   speichert Attributbits, die Sie setzen wollen.

Loeschen   speichert die zu löschenden Attributbits.

Prozeduren und Funktionen

Usage

Diese Prozedur gibt auf dem Bildschirm eine kurze Bedienungsanleitung aus und beendet das Programm mit dem Fehlercode Null. Unter DOS können Sie die Ausgabe auf ein anderes Gerät (zum Beispiel auf den Drucker) oder in eine Datei umleiten.

Error

Diese Prozedur gibt je nach Wert der Variablen *Code* eine andere Fehlermeldung aus. Anschließend wird das Programm beendet. Der Wert der Variablen Code wird als Fehlercode an DOS übergeben und kann in Stapeldateien mit dem Befehl *if errorlevel* abgefragt werden. Alle Fehlermeldungen werden auf der Fehlereinheit von DOS ausgegeben, so daß trotz umgeleiteter Ausgabe die Meldungen auf den Bildschirm gelangen. Die Dateivariable *StdErr* ist in der Unit *EXTDOS* deklariert und wird beim Programmstart auch von dieser Unit geöffnet.

Process

Diese Prozedur ist das Kernstück des Programms *ATTRIB*. Der im Hauptprogramm gefundene Dateiname wird angezeigt und die Attribute der Datei ermittelt. Dazu wird die Prozedur *GetFileAttr* aus der Unit *EXTDOS* verwendet. Die Dateiattribute werden in der Variablen *Attr* gespeichert. Im Fehlerfall wird das Programm durch die Prozedur *Error* abgebrochen. Der Fehlercode ist abhängig vom Ergebnis der Prozedur *GetFileAttr*. Anhand der Variablen *Get* wird entschieden, ob die Dateiattribute angezeigt oder geändert werden sollen. Das Anzeigen wird durch eine *For*-Schleife durchgeführt. Jedes gesetzte Bit wird durch den entsprechenden Buchstaben angezeigt. Ein gelöschtes Bit wird durch einen Strich dargestellt. Wenn Attribute geändert werden sollen, so wird die Variable *Attr* logisch mit den zu setzenden und zu löschenden Attributen verknüpft. Die Verknüpfung soll an einem Beispiel verdeutlicht werden:

Die Variable *Attr* habe den binären Wert 00100011, das entspricht den gesetzten Attributen *Archive*, *Hidden* und *Read-only*. Sie wollen nun das System-Attribut setzen und die Attribute *Read-only* und *Hidden* löschen. Die Variable *Setzen* wird dann mit dem Wert 00000100 geladen; das entspricht dem gesetzten System-Bit. Die zu löschenden Attribute werden in der Variablen *Loeschen* als 00000011 gespeichert. Die *OR*-Verknüpfung (logisches Oder) zwischen *Attr* und *Setzen* ergibt den Wert 00100111, der wieder in *Attr* gespeichert wird. Der zweite Schritt besteht aus der *AND*-Verküpfung (logisches Und) zwischen *Attr* und dem invertierten Wert von *Loeschen*. Durch die Invertierung wird aus 00000011 der Wert 11111100, das anschließende *AND* hat den Wert 00100100 zur Folge. Das war schon alles! Mit der Prozedur *SetFileAttr* aus dem Unit *EXTDOS* werden die neuen Attribute gesetzt. Im Fehlerfall wird das Programm durch die Prozedur *Error* abgebrochen. Verlief das Setzen der Dateiattribute erfolgreich, so werden die neuen Attribute auf dem Bildschirm angezeigt und die Prozedur beendet.

ConvertOpt

Mit dieser Prozedur werden die Optionen aus der Kommandozeile analysiert. Alle Optionen mit dem Pluszeichen setzen mit dem *OR*-Operator in der Variable *Setzen* das entsprechende Bit, alle Optionen mit Minuszeichen setzen das entsprechende Bit in der Variable *Loeschen*. Die Konstanten *Archive*, *ReadOnly*, *Hidden* und *SysFile* sind in der Turbo Pascal-Unit *DOS* deklariert.

Das Hauptprogramm

Das Hauptprogramm durchsucht nacheinander alle Kommandozeilen-Parameter nach den Optionen. Jede gefundene Option wird mit der Prozedur *ConvertOpt* in das entsprechende Bit umgewandelt. Wenn Sie mindestens eine Option angegeben haben, wird der Wert der Variablen *Get* zu *FALSE*. Das bedeutet, die Attribute der Datei werden nicht ermittelt, sondern geändert. Mit den Prozeduren *FindFirst* und *FindNext* wird nun das Verzeichnis nach Dateien durchsucht. Wenn der gefundene Verzeichniseintrag kein Unterverzeichnis oder der Datenträgername ist, wird die Prozedur *Process* aufgerufen (siehe oben). Zum Abschluß wird die Zahl der bearbeiteten Dateien angezeigt. Diese Anzeige erscheint aber nur, wenn Dateiattribute gesetzt oder gelöscht wurden; wenn Sie sich die Attribute nur ansehen, wird die Meldung nicht ausgegeben.

Der Quelltext

```
{
====================================================================
Datei    : ATTRIB.PAS
Zweck    : Datei-Attribute verändern
Datum    : 03.12.1989
Version  : 5.03
Autor    : Achim Kalwa
Compiler : TURBO PASCAL V5.5
====================================================================
}
```

```
{$A+,B-,D-,E-,F-,I+,L-,N-,O-,R-,S-,V+}
{$M 16384,0,655360}

PROGRAM Attrib;
USES
  Dos,
  ExtDos,
  Strings;

VAR
  Entry     : SearchRec;
  Pfad      : DirStr;
  Name      : NameStr;
  Ext       : ExtStr;
  Such      : STRING;
  Opt       : STRING;
  i,anz     : INTEGER;
  Get       : BOOLEAN;
  Setzen,
  Loeschen  : BYTE;

PROCEDURE Usage;
BEGIN
  Writeln('ATTRIB V5.03   (c) 1989 Achim Kalwa');
  Writeln('------------');
  Writeln('Zweck   : Festlegen der Datei-Attribute');
  Writeln('Syntax  : ATTRIB [Optionen] [L:][Pfad]<Dateiname>
                                            [Optionen]');
  writeln('Optionen: ');
  writeln('  +R : Read-only       -R : Read/Write    ');
  writeln('  +A : Archive         -A : kein Archiv   ');
  writeln('  +H : Hidden          -H : sichtbar      ');
  writeln('  +S : Systemdatei     -S : keine Systemdatei');
  writeln('  /? : Hilfe           /H : Hilfe         ');
  writeln('Ohne Optionen werden die derzeitigen Attribute
                                der Datei angezeigt.');
  writeln('Der Dateiname darf Wildcards enthalten.');
  writeln;
  Halt(0);
END;

PROCEDURE Error(code : WORD);
BEGIN
  write('FEHLER: ');
  CASE Code OF
    1 : write(StdErr,'Ungültige Funktion');
```

```
     3 : write(StdErr,'Datei nicht gefunden');
     5 : write(StdErr,'Zugriff abgelehnt');
    ELSE write(StdErr,'unbekannte Ursache');
   END;
   writeln(#7); { Bell }
   Halt(Code);
END;

PROCEDURE Process;
CONST
  AttrChar : ARRAY[0..5] OF CHAR = 'RHSVDA';
  Exp2     : ARRAY[0..5] OF BYTE = (1,2,4,8,16,32);

VAR
  i   : INTEGER;
  Attr: WORD;

BEGIN
  Write(FillStr(Entry.Name,' ',15));
  GetFileAttr(Pfad+Entry.Name,Attr);
  IF DosError<>0 THEN Error(DosError);
  IF Get THEN BEGIN
    FOR i:=0 TO 5 DO
      IF (Attr AND exp2[i])>0 THEN Write(AttrChar[i]) ELSE
         Write('-');
  END
  ELSE BEGIN { SET }
    Attr:=Attr OR Setzen; { zu setzende Bits }
    Attr:=Attr AND NOT Loeschen; { zu löschende Bits }
    SetFileAttr(Pfad+Entry.Name,Attr);
    IF DosError<>0 THEN Error(DosError);
    FOR i:=0 TO 5 DO
      IF (Attr AND exp2[i])>0 THEN Write(AttrChar[i]) ELSE
         Write('-');
    inc(anz);
  END;
  Writeln;
END;

PROCEDURE ConvertOpt(opt:STRING);
BEGIN
  IF Pos('+A',Opt)>0 THEN Setzen:=Setzen OR Archive;
  IF Pos('+R',Opt)>0 THEN Setzen:=Setzen OR ReadOnly;
  IF Pos('+H',Opt)>0 THEN Setzen:=Setzen OR Hidden;
  IF Pos('+S',Opt)>0 THEN Setzen:=Setzen OR SysFile;
  IF Pos('-A',Opt)>0 THEN Loeschen:=Loeschen OR Archive;
```

```
  IF Pos('-R',Opt)>0 THEN Loeschen:=Loeschen OR ReadOnly;
  IF Pos('-H',Opt)>0 THEN Loeschen:=Loeschen OR Hidden;
  IF Pos('-S',Opt)>0 THEN Loeschen:=Loeschen OR SysFile;
END;

BEGIN { Main }
  IF ParamCount<1 THEN Usage;
  Setzen:=0;
  Loeschen:=0;
  Get:=TRUE;
  FOR i:=1 TO ParamCount DO BEGIN
    such:=StUpCase(ParamStr(i));
    IF (Pos('/?',Such)>0) OR (Pos('/H',Such)>0) THEN Usage;
    IF (Pos('-',Such)>0) OR (Pos('+',Such)>0) THEN BEGIN
      ConvertOpt(Such);
      Get:=FALSE;
    END;
  END;
  Anz:=0;
  FOR i:=1 TO ParamCount DO BEGIN
    Such:=StUpCase(ParamStr(i));
    IF (Pos('-',Such)=0) AND (Pos('+',Such)=0) THEN BEGIN
      Fsplit(Such,Pfad,Name,Ext);
      Entry.Name:=Name+Ext;
      FindFirst(Pfad+Name+Ext,AnyFile,Entry);
      WHILE (DosError=0) DO BEGIN
        IF (Entry.Attr AND (VolumeId + Directory))=0 THEN
            Process;
        FindNext(Entry);
      END;
      IF NOT Get THEN BEGIN
        Write(Anz,' Datei');
        IF Anz=1 THEN Write('en');
        writeln(' bearbeitet.');
      END
      ELSE
        writeln;
    END;
  END;
END.
```

Festplatten parken: PARK.PAS

Eine Festplatte ist ein sehr empfindliches Gerät; selbst kleine Erschütterungen können Daten zerstören, wenn der Schreib-/Lesekopf die Oberfläche berührt. Normalerweise schwebt der Kopf auf einem winzigen Luftpolster über der magnetischen Platte. Das Luftpolster wird durch die hohe Plattendrehzahl von 3600 Umdrehungen/min. erzeugt.

Wenn Sie Ihren Computer ausschalten, senkt sich der Kopf auf die Platte ab. Im ungünstigsten Fall können dabei Daten verlorengehen, besonders dann, wenn sich der Kopf gerade über dem Inhaltsverzeichnis oder der Dateizuordnungstabelle (engl.: file allocation table, kurz *FAT*) befindet. Das Programm *PARK.PAS* versetzt Sie in die Lage, vor dem Ausschalten des Computers die Schreib-/Leseköpfe an das Ende der Festplatte zu bewegen.

Wenn Ihre Festplatte nicht zu hundert Prozent gefüllt ist, stehen dort keine Daten, und das Absenken der Köpfe kann keinen Schaden anrichten. *PARK.PAS* erkennt selbständig, wie viele Festplatten an Ihrem Computer angeschlossen sind, und parkt nacheinander die Köpfe aller Festplatten. Auf dem Bildschirm wird die Nummer der Spur ausgegeben, auf die der Kopf bewegt wurde.

Nachdem die Köpfe aller Festplatten geparkt sind, können Sie den Computer ausschalten, oder – falls Sie es sich anders überlegt haben – mit der <Esc>-Taste wieder zu DOS gelangen und weiterarbeiten. In diesem Fall werden die Köpfe beim nächsten Zugriff wieder "entparkt".

Syntax: `PARK [/?]`

Parameter: Keine

Optionen: /? gibt eine kurze Bedienungsanleitung auf dem Bildschirm aus.

Beschreibung des Quelltextes

Verwendete Units

Das Programm *PARK* verwendet nur die Turbo Pascal-Units *CRT* und *DOS*. Die Unit *CRT* wird hier nur für das Löschen des Bildschirms und für die Tastaturabfrage mit *ReadKey* verwendet. Aus der Unit *DOS* werden die Typendeklaration *Registers* und die Prozedur *Intr* verwendet.

Konstanten

Die Konstante *DRIVE_0* legt die logische Nummer des ersten physikalischen Festplattenlaufwerkes fest. Im Normalfall ist es die Nummer Null, die zur Unterscheidung von den Diskettenlaufwerken das höchstwertige Bit gesetzt hat. Wenn Ihr Festplatten-Controller hier vom allgemeinen Standard abweicht, weisen Sie dieser Konstanten den entsprechenden Wert zu.

Typen

Eine Variable vom Typ *BuffType* belegt genau 512 Byte, das ist die Größe eine Sektors auf der Festplatte. Um die Köpfe zu parken, wird einfach der erste Sektor der letzten Spur in eine Variable gelesen.

Variablen

Buff   nimmt den Inhalt des ersten Sektors der Parkspur auf.

MaxHeads   enthält die Anzahl der Schreib-/Leseköpfe.

MaxSect   enthält die Anzahl der Sektoren je Spur.

MaxZyl   enthält die Anzahl der Zylinder.

OK   zeigt an, ob das Lesen des Sektors erfolgreich verlief.

i   ist die Zählvariable für die Festplattenlaufwerke.

Prozeduren und Funktionen

Usage

Diese Prozedur gibt auf dem Bildschirm eine kurze Bedienungsanleitung aus und bricht das Programm ab. Sie wird nur aufgerufen, wenn Sie in der Kommandozeile eine beliebige Option angeben, zum Beispiel /?

Error

Mit dieser Prozedur wird auf dem Bildschim eine Fehlermeldung ausgegeben. Die Meldung ist abhängig vom Wert der Variablen *Code*. Anschließend wird das Programm abgebrochen. Der Wert von *Code* wird an DOS weitergegeben und kann in Stapeldateien mit *if errorlevel* abgefragt werden.

DiskReset

Durch Aufrufen dieser Prozedur werden der Festplatten-Controller und alle Festplattenlaufwerke zurückgesetzt.

MaxDrive

Diese Funktion ermittelt die Zahl der angeschlossenen Festplattenlaufwerke.

GetHDinfo

Mit dieser Funktion werden die physikalischen Daten der Festplatte *Drive* ermittelt. Die Anzahl der Zylinder muß erst aus dem Register *CX* berechnet werden; denn die Bits 8 und 9 der Zylindernummer sind als Bit 14 und 15 im Register CX gespeichert.

ReadSec

Diese Prozedur liest einen Sektor von der Festplatte in einen Pufferbereich. Die Nummer der Festplatte wird in *Drive* übergeben. In den Variablen *Head*, *Cyl* und *Sec* werden Kopfnummer, Zylinder und Sektor angewählt. Wie auch bei der Prozedur *GetHDinfo* muß die Zylindernummer umgewandelt werden. Nach Aufruf der BIOS-Funktion wird an den Prozessorstatusbits erkannt, ob der Leseversuch erfolgreich verlief. Im Fehlerfall wird der Variaben *OK* der Wert *FALSE* zugewiesen.

OkMsg

Diese Prozedur zeigt an, auf welchem Zylinder die Köpfe der Platte *Drive* geparkt wurden.

AutoPark

Diese Prozedur ist das Kernstück des Programms *PARK*: Sie bewegt die Schreib-/Leseköpfe an das Ende der Festplatte. Zunächst wird das entsprechende Laufwerk zurückgesetzt und durch Aufrufen der Prozedur *GetHDinfo* die Kenndaten des Laufwerkes ermittelt. Bei den meisten Festplatten können die Köpfe über den normalen Datenbereich hinaus bewegt werden. Dazu wird die maximale Zylindernummer um fünf erhöht und der erste Sektor gelesen. Im Fehlerfall wird die Zylindernummer um eins vermindert und ein neuer Leseversuch unternommen. Dies geschieht so lange, bis entweder die ursprüngliche Zylindernummer erreicht wird oder der Leseversuch auf dem Extrazylinder erfolgreich war. Wenn auch das Lesen vom maximalen Zylinder nicht durchgeführt werden kann, wird das Programm durch das Aufrufen der Prozedur *Error* abgebrochen. Im Erfolgsfall erscheint auf dem Bildschirm die Nummer des Parkzylinders.

Das Hauptprogramm

Das Hauptprogramm hat recht wenig zu tun. Nach der Titelmeldung wird getestet, ob der Benutzer eine Option angegeben hat. In diesem Fall gibt die Prozedur *Usage* eine kurze Bedienungsanleitung auf dem Bildschirm aus. Wenn Sie das Programm ohne Optionen aufrufen, werden in der *For*-Schleife alle vorhandenen Festplatten geparkt. Falls das Programm nicht durch eine Fehlermeldung abgebrochen wurde, erscheint nun der Hinweis, den Computer abzuschalten. Wenn Sie die <Esc>-Taste drücken, wird das Programm normal beendet.

Der Quelltext

```
{
============================================================
Datei    : PARK.PAS
Zweck    : Festplatten parken
Datum    : 04.12.89
Version  : 2.03
Autor    : Achim Kalwa
Compiler : TURBO PASCAL V5.5
============================================================
}
{$A+,B-,D-,E+,F-,I+,L+,N-,O-,R-,S+,V+}
{$M 16384,0,1000}
PROGRAM PARK;
USES
  Crt,
  Dos;

CONST
  VERSION = 'V2.03';
  DRIVE_0 = $80;       { - Nr. des ersten Festplattenlaufwerks - }

TYPE
  BuffType = ARRAY[0..511] OF BYTE;

VAR
  Buff     : BuffType;
  MaxHeads : BYTE;
  MaxSect  : BYTE;
  MaxZyl   : WORD;
  OK       : BOOLEAN;
  Track    : WORD;
  i        : INTEGER;
```

```
PROCEDURE Usage;
BEGIN
  Writeln('Zweck  : Alle angeschlossenen Festplatten parken');
  Writeln('Aufruf : PARK');
  Halt(0);
END;

PROCEDURE Error(Code:BYTE);
BEGIN
  CASE Code OF
    1 : Write('Keine Festplatte vorhanden');
    2 : Write('Fehler beim Lesen der Festplatten-Informationen');
  END;
  Writeln(#7);
  Halt(code);
END;

PROCEDURE DiskReset(Drive:BYTE);
VAR
  Reg : Registers;
BEGIN
  reg.ah:=0;
  reg.dl:=Drive;
  Intr($13,Reg);
  IF Odd(Reg.Flags) THEN Error(1);
END;

FUNCTION MaxDrive:BYTE;
VAR
  i,Max : BYTE;
  Reg   : Registers;
BEGIN
  DiskReset(DRIVE_0);
  Reg.AH:=8;
  Reg.DL:=DRIVE_0;
  Intr($13,Reg);
  IF Odd(Reg.Flags) THEN Error(2); { --- Fehler beim Lesen --- }
  MaxDrive:=Reg.DL;
END;

PROCEDURE GetHDInfo(Drive:BYTE);
VAR
  Reg : Registers;
BEGIN
  Reg.AH:=8;
  Reg.Dl:=Drive;
```

```
  Intr($13,Reg);
  IF Odd(Reg.Flags) THEN Error(2);
  MaxHeads:=Reg.DH;
  MaxZyl  :=256*((Reg.CL SHR 6) AND $03)+Reg.CH;
  MaxSect :=Reg.CL AND $3F;
END;

PROCEDURE ReadSec(Drive,Head:BYTE; Zyl:WORD; Sec:BYTE;
                                   VAR Buff:BuffType);
VAR
  Reg : Registers;
BEGIN
  Reg.ah:=2;      { Sektor lesen }
  Reg.Dl:=Drive;
  Reg.Dh:=Head;
  Reg.CH:=Lo(Zyl);
  Reg.Cl:=((Hi(Zyl) SHL 6) AND $C0) OR Sec;
  Reg.Al:=1;      { Nur einen Sektor lesen }
  Reg.Es:=Seg(Buff);
  Reg.Bx:=Ofs(Buff);
  Intr($13,Reg);
  OK:=NOT Odd(Reg.Flags);
END;

PROCEDURE OkMsg(Drive:BYTE; Track:WORD);
BEGIN
  Writeln('Festplatte #',1+Drive-DRIVE_0,' geparkt auf
                               Zylinder ',Track);
END;

PROCEDURE AutoPark(Drive:BYTE);
BEGIN
  DiskReset(Drive);   { Festplatte rücksetzen }
  GetHdInfo(Drive);   { Festplatten-Kenndaten lesen }
  Delay(400);
  Track:=MaxZyl+5;
  Ok:=FALSE;
  WHILE (Track >= MaxZyl) AND (NOT OK) DO BEGIN
    DiskReset(Drive);
    Dec(Track);
    ReadSec(Drive,0,Track,1,Buff);
  END;
  IF NOT OK THEN Error(2);
  OkMsg(Drive,Track);
END;
```

```
BEGIN
  ClrScr;
  Writeln('PARK ',VERSION,'  (c) 1989 Achim Kalwa');
  Writeln('----------');
  IF ParamCount>0 THEN Usage;
  FOR i:=1 TO MaxDrive DO
    AutoPark(i-1+DRIVE_0);
  Writeln;
  Writeln('Computer ausschalten oder mit <Esc> zurück ins DOS');
  REPEAT
  UNTIL ReadKey=#27;
  Writeln;
END.
```

Anlegen eines versteckten Verzeichnisses: MHD.PAS

Dieses Programm versetzt Sie in die Lage, ein Unterverzeichnis einzurichten, das mit den normalen Befehlen und Kommandos von DOS nicht aufzuspüren ist. Mit speziellen Hilfsprogrammen wie zum Beispiel *PC TOOLS* oder *XTREE* können diese Verzeichnisse zwar entdeckt werden, bei neugierigen Arbeitskollegen und Partygästen hilft es aber vorzüglich.

Syntax: `MHD <Verzeichnisname> [/?]`

Parameter: *Verzeichnisname* ist der Name des neuen Verzeichnisses. Beachten Sie bitte, daß der Name maximal sieben Zeichen lang sein darf und eine Erweiterung nicht zulässig ist. Weiterhin können Sie nur Unterverzeichnisse auf dem aktuellen Laufwerk im aktuellen Verzeichnis einrichten; die Angabe *MHD C:\TEST* ist zum Beispiel nicht zulässig.

Optionen: /? bewirkt die Ausgabe einer kurzen Bedienungsanleitung auf dem Bildschirm. Unter DOS können Sie die Ausgabe in eine Datei oder auf ein anderes Gerät, zum Beispiel den Drucker, umleiten.

Beispiel: `MHD SECRET`

                  Auf dem aktuellen Laufwerk wird im aktuellen Verzeichnis ein verstecktes Verzeichnis mit dem Namen "Secret" eingerichtet.

Beschreibung des Quelltextes

Verwendete Units

Es werden die bereits beschriebenen Units *EXTDOS* und *STRINGS* sowie die Turbo Pascal-Unit *DOS* verwendet.

Konstanten

Die Konstante *DEL* stellt das Zeichen mit dem ASCII-Code 127 dar.

Variablen

Name   beinhaltet den Namen des zu erstellenden Verzeichnisses.

Dummy   ist eine Hilfsvariable für die Prozedur *GetFileAttr*.

Prozeduren und Funktionen

Usage

Auf dem Bildschirm wird eine kurze Bedienungsanleitung ausgegeben und das Programm beendet.

Error

Diese Prozedur gibt je nach Wert der Variablen Code eine andere Fehlermeldung aus und bricht das Programm ab. Der Fehlercode wird an DOS übergeben und kann in Stapeldateien mit der Anweisung *if errorlevel* ausgewertet werden.

Das Hauptprogramm

Wenn Sie *MHD* ohne Parameter eingeben, wird auf dem Bildschirm eine kurze Hilfestellung ausgegeben. Mit der Funktion *StUpCase* aus der Unit *STRINGS* wird der Verzeichnisname in Großbuchstaben umgewandelt. Ein Fragezeichen im Verzeichnisnamen ruft ebenfalls die Prozedur Usage auf und bricht das Programm ab. Falls Sie einen Namen eingegeben haben, der länger als sieben Zeichen ist, bricht das Programm mit der entsprechenden Fehlermeldung ab. Dem Dateinamen wird nun das Zeichen *DEL* vorangestellt. Dieses Zeichen kann auf der DOS-Ebene nicht eingegeben werden, auch nicht mit <ALT> <1><2><7>! Mit dem normalen *CD*- oder *CHDIR*-Befehl kann also nicht mehr in das Verzeichnis gewechselt werden. Damit der *DIR*-Befehl das neue Verzeichnis nicht anzeigt, wird es mit dem Attribut *Hidden* versehen. Dazu dient die Prozedur

SetFileAttr aus der Unit *EXTDOS*. Normalerweise können mit der dort verwendeten DOS-Funktion die Attribute von Verzeichnis- oder Datenträgernamen nicht geändert werden. Aber nur normalerweise! Wenn Sie vorher die Attribute mit *GetFileAttr* in eine beliebige Variable lesen, können Sie anschließend die Attribute für ein Verzeichnis setzen. Nachdem das Attribut *Hidden* gesetzt ist, wird das Programm beendet. Die Konstante *Hidden* ist in der Turbo Pascal-Unit *DOS* deklariert.

Der Sourcecode

```
{
================================================================
Datei    : MHD.PAS
Zweck    : Anlegen eines versteckten Verzeichnisses
Datum    : 06.12.1989
Version  : V1.02
Autor    : Achim Kalwa
Compiler : TURBO PASCAL V5.5
================================================================
}
{$A+,B-,D-,E+,F-,I+,L-,N-,O-,R-,S+,V+}
{$M $1000,0,0}
PROGRAM MHD;
USES
  Dos,
  ExtDos,
  Strings;

CONST
  DEL = #127;

VAR
  Name  : STRING;
  dummy : WORD;

PROCEDURE Usage;
BEGIN
  Writeln('MHD V1.02  (c) 1989 Achim Kalwa');
  Writeln('---------');
  Writeln('Zweck : Anlegen eines versteckten Verzeichnisses');
  Writeln('Aufruf : MHD <Verzeichnisname> [/?]');
  Writeln('Option :');
  Writeln(' /?  - Anzeigen dieser Hilfe');
  Writeln('Hinweis: Der Verzeichnisname darf max. 7 Zeichen
                                              lang sein');
```

```
   Writeln('              und darf keine Namenserweiterung besitzen.');
   Writeln;
   Halt(0);
END;

PROCEDURE Error(Code:INTEGER);
BEGIN
   Write('FEHLER: ');
   CASE Code OF
     1 : Write(StdErr,'Verzeichnisname zu lang (max. 7 Zeichen)');
     2 : Write(StdErr,'Verzeichnis kann nicht erstellt werden');
   END;
   Writeln(StdErr,#7);
   Halt(Code);
END;

BEGIN
   IF ParamCount=0 THEN Usage;
   Name:=StUpCase(ParamStr(1));
   IF Pos('?',Name)>0 THEN Usage;
   IF Length(Name)>7 THEN Error(1);
   Name:=DEL+Name;
   {$I-}
   MkDir(Name);
   {$I+}
   IF IoResult<>0 THEN Error(2);
   GetFileAttr(Name,dummy);
   SetFileAttr(Name,Hidden);
END.
```

Wechseln in ein verstecktes Verzeichnis: CHD.PAS

Äquivalent zum DOS-Befehl *CD* bzw. *CHDIR* können Sie mit diesem Programm in ein
verstecktes Verzeichnis wechseln, das Sie zuvor mit dem oben beschriebenen Programm *MHD.PAS* erstellt haben. Das Wechseln in Verzeichnisse, die mit den normalen
DOS-Befehlen erstellt wurden, ist nicht möglich.

Syntax: `CHD <Verzeichnisname>`

Parameter: *Verzeichnisname* ist der Name des Verzeichnisses, in das Sie wechseln
                   wollen. Beachten Sie bitte, daß der Name maximal sieben Zeichen lang
                   sein darf und eine Erweiterung nicht zulässig ist. Weiterhin können Sie

nur in Unterverzeichnisse wechseln, die sich im aktuellen Verzeichnis befinden. Die Angabe *CHD D:\SECRET* ist zum Beispiel nicht zulässig.

Beschreibung des Quelltextes

Verwendete Units

In diesem Programm werden die Units *EXTDOS* und *STRINGS* verwendet.

Konstanten

Die Konstante *DEL* stellt das Zeichen mit dem ASCII-Code 127 dar.

Variablen

NewDir   enthält den Namen des Verzeichnisses, in das gewechselt werden soll.

Prozeduren und Funktionen

Error

Diese Prozedur gibt je nach Wert der Variablen *Code* eine andere Fehlermeldung aus und bricht das Programm ab. Der Fehlercode wird an DOS weitergegeben und kann zum Beispiel in Stapeldateien mit der Anweisung *if errorlevel* abgefragt werden.

Das Hauptprogramm

Wenn Sie dieses Programm ohne Parameter aufrufen, erscheint keine Kurzanleitung, sondern eine Fehlermeldung. Das hat seinen guten Grund: Wenn eine Kurzanleitung erschiene, wäre der Schutz fast unwirksam!

Der Verzeichnisname wird in Großbuchstaben gewandelt und in der Variablen *NewDir* gespeichert. Nachdem sichergestellt ist, daß Sie nicht mehr als sieben Zeichen für den Namen angegeben haben, wird dem Namen das Zeichen *DEL* vorangestellt und in das Verzeichnis gewechselt.

Das Zeichen *DEL* sorgt dafür, daß nicht mit den normalen Befehlen *CD* und *CHDIR* in das unsichtbare Verzeichnis gewechselt werden kann, denn es läßt sich auf der Tastatur nicht eingeben!

Der Quelltext

```
{
===============================================================
Datei    : CHD.PAS
Zweck    : Wechseln in ein verstecktes Verzeichnis
Datum    : 06.12.89
Version  : 1.02
Autor    : Achim Kalwa
Compiler : TURBO PASCAL V5.5
===============================================================
}
{$A+,B-,D-,E+,F-,I+,L-,N-,O-,R-,S+,V+}
{$M $1000,0,0}
PROGRAM CHD;
USES
  ExtDos,
  Strings;

CONST
  DEL = #127;

VAR
  NewDir : STRING;

PROCEDURE Error(Code:WORD; Msg:STRING);
BEGIN
  CASE Code OF
    1 : Write(StdErr,'Kein Verzeichnis angegeben');
    2 : Write(StdErr,'Verzeichnisname zu lang');
    3 : Write(StdErr,'Wechsel zu ',Msg,' nicht möglich');
  END;
  Writeln(StdErr,#7);
  Halt(Code);
END;

BEGIN
  IF ParamCount=0 THEN Error(1,'');
  NewDir:=StUpCase(ParamStr(1));
  IF Length(NewDir)>7 THEN Error(2,'');
  {$I-}
  ChDir(DEL+NewDir);
  {$I+}
  IF IoResult<>0 THEN Error(3,NewDir);
END.
```

Löschen eines versteckten Verzeichnisses: RHD.PAS

Dies ist das dritte Programm aus der Reihe "versteckte Verzeichnisse". Es dient dazu, ein mit *MHD* angelegtes, verstecktes Verzeichnis wieder zu löschen. Wie beim DOS-Kommando *RD* bzw. *RMDIR* muß das Verzeichnis leer sein.

Das Löschen von Verzeichnissen, die mit den normalen DOS-Befehlen erstellt wurden, ist nicht möglich.

Syntax: `RHD <Verzeichnisname>`

Parameter: *Verzeichnisname* ist der Name des Unterverzeichnisses, das gelöscht werden soll. Beachten Sie bitte, daß der Name maximal sieben Zeichen lang sein darf und eine Namenserweiterung nicht zulässig ist. Weiterhin können Sie nur Unterverzeichnisse löschen, die sich im aktuellen Verzeichnis befinden, die Angabe *RHD D:\TOOLS\GEHEIM* ist zum Beispiel nicht möglich.

Beschreibung des Quelltextes

Verwendete Units

Das Programm *RHD* verwendet die Units *EXTDOS* und *STRINGS*.

Konstanten

Die Konstante *DEL* stellt das Zeichen mit dem ASCII-Code 127 dar.

Variablen

DirName   enthält den Namen des Verzeichnisses, das gelöscht werden soll.

Prozeduren und Funktionen

Usage

Auf dem Bildschirm wird eine kurze Bedienungsanleitung ausgegeben und das Programm beendet.

Error

Diese Prozedur gibt je nach Wert der Variablen *Code* eine andere Fehlermeldung aus und bricht das Programm ab. Der Fehlercode wird an DOS weitergegeben und kann zum Beispiel in Stapeldateien mit der Anweisung *if errorlevel* abgefragt werden.

Das Hauptprogramm

Wenn Sie keinen Parameter angeben, wird die Prozedur Usage aufgerufen, die eine kurze Bedienungsanleitung anzeigt und das Programm beendet.

Durch die Funktion *StUpcase* wird der Verzeichnisname in Großbuchstaben gewandelt und in der Variablen *DirName* gespeichert. Wenn der Name ein Fragezeichen enthält, erscheint wieder die Kurzanleitung, und das Programm wird abgebrochen. Nachdem sichergestellt ist, daß Sie nicht mehr als sieben Zeichen für den Verzeichnisnamen angegeben haben, wird dem Namen das Zeichen *DEL* vorangestellt und mit der Prozedur *RmDir* versucht, das Verzeichnis zu löschen. Falls das Verzeichnis nicht existiert oder nicht leer ist, bekommt die Variable *IoResult* einen Wert ungleich Null. In diesem Fall wird auf dem Bildschirm die Fehlermeldung "Verzeichnis nicht leer oder nicht vorhanden" angezeigt. Sie müssen dann erst alle Dateien in diesem Verzeichnis löschen bzw. den Verzeichnisnamen überprüfen.

Der Quelltext

```
{
==============================================================
Datei    : RHD.PAS
Zweck    : Löschen eines versteckten Verzeichnisses
Datum    : 06.12.1989
Version  : V1.02
Autor    : Achim Kalwa
Compiler : TURBO PASCAL V5.5
==============================================================
}
{$A+,B-,D-,E+,F-,I+,L-,N-,O-,R-,S+,V+}
{$M $1000,0,0}
PROGRAM RHD;
Uses
  ExtDos,
  Strings;

CONST
  DEL = #127;
```

```
VAR
  DirName : STRING;

PROCEDURE Usage;
BEGIN
  Writeln('RHD V1.02  (c) 1989 Achim Kalwa');
  Writeln('---------');
  Writeln('Zweck  : Löschen eines versteckten Verzeichnisses');
  Writeln('Aufruf : RHD <Name> [/?]');
  Writeln('Hinweis: Das gewünschte Verzeichnis muß leer sein!');
  Writeln;
  Halt(0);
END;

PROCEDURE Error(Code:INTEGER);
BEGIN
  CASE Code OF
    1 : Write(StdErr,'Name zu lang');
    2 : Write(StdErr,'Verzeichnis nicht leer oder
                                 nicht vorhanden');
  END;
  Writeln(StdErr,#7);
  Halt(Code);
END;

BEGIN
  IF ParamCount<1 THEN Usage;
  DirName:=StUpCase(ParamStr(1));
  IF Pos('?',DirName)>0 THEN Usage;
  IF Length(DirName)>7 THEN Error(1);
  {$I-}
  RmDir(DEL+DirName);
  {$I+}
  IF IoResult<>0 THEN Error(2);
END.
```

Dateien physikalisch löschen: KILLFILE.PAS

Das DOS-Kommando *DEL* oder *ERASE* hat einen großen Nachteil: Die Informationen werden nicht physikalisch auf der Diskette oder Festplatte gelöscht. Es werden lediglich die Dateieinträge im Inhaltsverzeichnis als gelöscht markiert (das erste Zeichen im Namen ist dann undefiniert) und die von der Datei belegten Blöcke werden in der Dateizuordnungstabelle (engl.: file allocation table, kurz *FAT*) zur erneuten Benutzung freigegeben. Nach dem Löschen von Dateien können Sie deshalb mit diversen Hilfsprogrammen wie zum Beispiel *Norton Utilities* oder *PC Tools* Ihre Datei rekonstruieren, vorausgesetzt, Sie haben zwischenzeitlich noch nichts auf der Diskette gespeichert. In den meisten Fällen werden dann nämlich Teile der alten Datei überschrieben.

Das hier vorgestellte Turbo Pascal-Programm *KILLFILE* kennt keine Gnade, es ist der "Aktenvernichter" für Dateien. Die zu löschende Datei wird zunächst durch vollständiges Überschreiben mit einem beliebigen Zeichen unbrauchbar gemacht und anschließend "normal" gelöscht. Die Datei kann zwar immer noch rekonstruiert werden, enthält dann aber nur noch "Müll" und ist somit unbrauchbar.

Syntax: `KILLFILE [Optionen] [L:][Pfad]<Dateiname> [Optionen]`

Parameter: *L* ist die Bezeichnung des Laufwerks, auf dem gelöscht werden soll. Wenn Sie kein Laufwerk angeben, wird auf dem aktuellen Laufwerk gelöscht.

Pfad ist der Name des Verzeichnisses, in dem Sie eine Datei löschen wollen. Wenn Sie keinen Verzeichnisnamen eingeben, wird im aktuellen Verzeichnis gelöscht.

Dateiname ist der Name der Datei, die Sie physikalisch löschen wollen. Beachten Sie bitte, daß der Dateiname keine Wildcards enthalten darf! Der Verzicht auf Wildcards dient Ihrer eigenen Sicherheit: Ein schnell getipptes *KILLFILE *.* /N* würde alle Dateien im aktuellen Verzeichnis unwiederbringlich löschen!

Optionen: /? oder /H geben eine kurze Bedienungsanleitung auf dem Bildschirm aus.

/N löscht die angegebene Datei ohne Sicherheitsabfrage. Diese Option ist besonders beim Einsatz in Stapeldateien sinnvoll.

Beschreibung des Quelltextes

Verwendete Units

In diesem Programm werden die bereits beschriebenen Units *EXTDOS* und *STRINGS* verwendet.

Konstanten

Die typisierte Konstante *Warnung* ist eigentlich eine Variable, die jedoch nicht erst zur Laufzeit initialisiert wird, sondern schon während der Compilierung mit dem Wert *TRUE* belegt wird.

Variablen

fn   enthält den Namen der Datei, die gelöscht werden soll.

OK   ist eine Hilfsvariable für die Sicherheitsabfrage.

fd   ist eine allgemeine Dateivariable und bekommt den Namen der zu löschenden Datei zugewiesen.

Size   enthält die Länge der zu löschenden Datei in Byte.

Buff   ist ein Array und dient als Schreibpuffer.

i   ist eine allgemeine Zählvariable.

Prozeduren und Funktionen

Usage

Diese Prozedur gibt auf dem Bildschirm eine kurze Bedienungsanleitung aus und beendet das Programm. Unter DOS können Sie die Ausgabe umleiten, zum Beispiel in eine Datei oder auf den Drucker.

Error

Mit dieser Prozedur wird der als *Msg* übergebene Text auf dem Bildschirm angezeigt und das Programm mit dem Fehlercode Eins beendet. Alle Fehlermeldungen werden auf der Fehlereinheit von DOS ausgegeben, so daß trotz umgeleiteter Ausgabe die Meldungen auf den Bildschirm gelangen. Die Dateivariable *StdErr* ist in der Unit *EXTDOS* deklariert und wird beim Programmstart auch von dieser Unit geöffnet.

GetOptions

Diese Prozedur wertet die Kommandozeile aus. Wenn Sie keine Parameter angeben, wird die Prozedur *Usage* aufgerufen. Der Dateiname wird von den Optionen durch das

Fehlen des Schrägstriches "/" unterschieden. Falls Sie Wildcards verwenden, wird eine Fehlermeldung ausgegeben.

Das Hauptprogramm

Zunächst werden durch die Prozedur *GetOptions* alle Optionen und der Dateiname ermittelt. Mit der Funktion *ExistFile* aus der Unit *ExtDos* wird festgestellt, ob die angegebene Datei überhaupt existiert. Im Fehlerfall wird das Programm durch die Prozedur *Error* abgebrochen. Wenn Sie nicht mit der Option "/N" die Sicherheitsabfrage abgeschaltet haben, können Sie jetzt den Rettungsring auswerfen und das Löschen mit "N" ablehnen. Nachdem nun alle Voraussetzungen für ein erfolgversprechendes Löschen gegeben sind, beginnen die Vorbereitungen für die Datenzerstörung. Die Datei wird geöffnet und die Dateigröße ermittelt. Beachten Sie bitte die Ziffer 1 im *Reset*-Kommando, sie ändert die Blockgröße von 128 Byte (Standard) auf ein Byte. Durch diesen Trick können mit dem schnellen *BlockWrite*-Befehl auch "krumme" Dateilängen bearbeitet werden. Nun wird der Schreibpuffer mit der Zahl 0AA Hex gefüllt. Dieser Wert ist vollkommen willkürlich, Sie können auch jeden anderen Wert zwischen 0 und 255 (00 bis 0FF Hex) einsetzen. In der *Repeat*-Schleife wird der Schreibpuffer immer wieder in die Datei geschrieben und die Variable *Size* um die Größe des Puffers vermindert. Dies geschieht so lange, bis *Size* zu Null geworden ist. Die Datei wird geschlossen und mit *Erase* gelöscht.

Der Quelltext

```
{
================================================================
Datei     : KILLFILE.PAS
Zweck     : Dateien physikalisch löschen
Datum     : 10.12.89
Version   : 2.02
Autor     : Achim Kalwa
Compiler  : TURBO PASCAL V5.5
================================================================
}
{$A+,B-,D-,E-,F-,I+,L-,N-,O-,R-,S-,V-}
{$M 16384,0,655360}

PROGRAM KillFile;
USES
  ExtDos,
  Strings;
```

```
CONST
  Warnung : BOOLEAN = TRUE;

VAR
  fn   : STRING;
  Ok   : STRING;
  fd   : FILE;
  Size : LONGINT;
  Buff : ARRAY[1..$8000] OF BYTE;
  i    : WORD;

PROCEDURE Usage;
BEGIN
  Writeln('KILLFILE V2.02   (c) 1989 Achim Kalwa');
  Writeln('--------------');
  Writeln('Zweck    : Dateien physikalisch löschen');
  Writeln('Aufruf   : KILLFILE [Optionen] [L:][Pfad]<Dateiname>
                                               [Optionen]');
  Writeln('Optionen:');
  Writeln('  /?');
  Writeln('  /H  = Diese Hilfe anzeigen');
  Writeln('  /N  = Löschen der Datei ohne Nachfrage');
  Writeln;
  Halt(0);
END;

PROCEDURE Error(Msg:STRING);
BEGIN
  Writeln(StdErr,Msg,#7);
  Halt(1);
END;

PROCEDURE GetOptions;
VAR
  i     : INTEGER;
  Param : STRING;
BEGIN
  IF ParamCount=0 THEN Usage;
  fn:='';
  FOR i:=1 TO ParamCount DO BEGIN
    Param:=StUpCase(ParamStr(i));
    IF Pos('/?',Param)>0 THEN Usage;
    IF Pos('/H',Param)>0 THEN Usage;
    IF Pos('/N',Param)>0 THEN Warnung:=FALSE;
    IF Pos('/',Param)=0 THEN fn:=Param;
  END;
```

```
  IF fn='' THEN Error('Kein Dateiname angegeben.
                                  Hilfe mit "KILLFILE /?"');
  IF (Pos('*',fn)>0) OR (Pos('?',fn)>0) THEN
    Error('Wildcards nicht zulässig. Hilfe mit "KILLFILE /?"');
END;


BEGIN
  GetOptions;
  IF NOT ExistFile(fn) THEN Error('Datei nicht gefunden:
                                     "'+fn+'"');
  IF Warnung THEN BEGIN
    Write(StdErr,'Datei ',fn,' wirklich löschen (J/N)?');
    Readln(OK); Ok:=StUpcase(OK);
    IF Ok<>'J' THEN Error('... abgebrochen');
  END;
  Assign(fd,fn);
  Reset(fd,1);
  Size:=FileSize(fd);
  FOR i:=1 TO SizeOf(Buff) DO
    Buff[i]:=$AA;
  {$I-} ReWrite(fd,1); {$I+}
  IF IoResult<>0 THEN Error('READ-ONLY');
  REPEAT
    IF Size >= SizeOf(Buff) THEN
      BlockWrite(fd,Buff,SizeOf(Buff))
    ELSE
      BlockWrite(fd,Buff,Size);
    Size:=Size-SizeOf(Buff);
  UNTIL Size<=0;
  Close(fd);
  {$I-} Erase(fd); {$I+}
  IF IoResult<>0 THEN Error('Datei konnte nicht gelöscht
                                       werden');
  Writeln('OK.');
END.
```

Erinnerung an die Festplatten-Datensicherung: BACKTEST.PAS

Hand aufs Herz: Wann haben Sie die letzte Datensicherung von Ihrer Festplatte durchgeführt? Vor sieben Wochen?! Ab sofort erinnert Sie Ihr Computer an diesen Vorgang: Das Programm BackTest, eingebunden in die Datei *AUTOEXEC.BAT*, vergleicht bei jedem Systemstart das aktuelle Datum mit dem Datum der letzen Sicherung. Wenn zum Beispiel mehr als 14 Tage dazwischen liegen, wird ein von Ihnen gewähltes Programm aufgerufen, zum Beispiel *PCBACKUP* oder ein selbstgeschriebenes Programm, das nur eine Warnung anzeigt oder ...

Syntax: `BACKTEST <Logdatei> <Programmname>`

Parameter: *Logdatei* ist der Name der Protokolldatei, die (fast) jedes Backup-Programm anlegt. Sie müssen den kompletten Pfadnamen angeben, wenn die Protokolldatei nicht im aktuellen Verzeichnis steht. Falls das von Ihnen eingesetzte Sicherungsprogramm keine Protokolldatei anlegt, müssen Sie selbst Hand anlegen und nach der Datensicherung eine eigene "Protokolldatei" anlegen. Da nur das Datum der Dateierstellung für *BACKTEST* wichtig ist, spielt der Dateiinhalt keine Rolle.

Geben Sie auf der DOS-Befehlsebene ein: *ECHO >BACKUP.LOG*. Um sich Tipparbeit zu sparen, können Sie aber auch eine Stapeldatei einrichten, die den Aufruf ihres Sicherungsprogramms durchführt und anschließend die Pseudo-Protokolldatei anlegt. Falls *BACKTEST* die von Ihnen angegebene Protokolldatei nicht findet, wird davon ausgegangen, daß eine Datensicherung fällig ist.

Programmname ist der Name des Programms, das gestartet werden soll, wenn eine Zeitüberschreitung festgestellt wird. Auch hier müssen Sie den vollständigen Pfadnamen und die Dateinamenserweiterung angeben, zum Beispiel *D:\BACKUP\PCBACKUP.EXE*. Falls Sie den automatischen Programmstart nicht wünschen, können Sie einen Dateinamen wählen, der nicht existiert, zum Beispiel *XXX.YYY*. Das Programm BackTest versucht dann zwar, das angegebene Programm zu starten, findet es aber nicht und beendet seine Arbeit ohne Fehlermeldung. Alternativ können Sie den Namen eines selbstgeschriebenen Programms angeben, das zum Beispiel einen Hinweistext, kombiniert mit einem alarmierenden Pfeifton, auf dem Bildschirm ausgibt.

Beschreibung des Quelltextes

Verwendete Units

Das Programm *BackTest* verwendet die Turbo Pascal-Unit *DOS* und die oben beschriebene Unit *STRINGS*.

Konstanten

Die Konstante *DIFF* legt die Anzahl der Tage fest, die seit der letzten Datensicherung vergehen dürfen, bis die Datensicherung gestartet wird.

Variablen

BibName   speichert den Namen der Protokolldatei.

ProgName   nimmt den Namen des zu startenden Programms auf.

fd   ist eine allgemeine Dateivariable. Sie wird verwendet, um das Dateidatum zu ermitteln.

ftime   nimmt das Dateidatum der Protokolldatei auf (gepackt).

Year,Month,Day,DayOfWeek
                 speichern das aktuelle Datum (Systemuhr).

LastBack   hält das Dateidatum der Protokolldatei nach dem Entpacken fest. Der Datentyp *DateTime* ist in der Turbo Pascal-Unit *DOS* deklariert.

Heute, Last   speichern die von der Funktion *TagZahl* umgewandelten Daten zwischen.

Prozeduren und Funktionen

Usage

Diese Prozedur gibt auf dem Bildschirm eine kurze Bedienungsanleitung aus und bricht das Programm mit dem Fehlercode Null ab.

TagZahl

Diese Funktion wandelt ein Datum in die Anzahl der Tage seit dem 1.1.0000 um. Dies ist erforderlich, um die Differenz zweier Daten in Tagen zu erhalten. Schaltjahre werden nicht berücksichtigt.

Das Hauptprogramm

Wenn Sie *BACKTEST* mit weniger als zwei Parametern aufrufen, gibt die Prozedur *Usage* eine kurze Bedienungsanleitung aus und bricht das Programm ab.

Die beiden Parameter werden in Großbuchstaben umgewandelt und in den Variablen
BibName und *ProgName* gespeichert. Die Variable *ftime* wird auf Null gesetzt.

Falls die Datei *BibName* nicht gefunden wird, erkennt das Programm am Wert Null von
ftime, daß eine Datensicherung erforderlich ist. Das Dateidatum der Protokolldatei wird
mit der Funktion *GetFtime* (Unit DOS) ermittelt und mittels *UnPackTime* (ebenfalls
Unit DOS) entpackt. Anschließend erfolgt die Umwandlung des Datums in eine Tageszahl. Zu dieser Tageszahl wird die Konstante *DIFF* hinzuaddiert. Das aktuelle Datum
wird mit *GetDate* (auch Unit DOS) ermittelt und ebenfalls in eine Tageszahl konvertiert. Nun erfolgt der Vergleich der beiden Tageszahlen und der Programmaufruf mittels
Exex (Unit DOS).

Der Quelltext

```
{
================================================================
Datei    : BACKTEST.PAS
Zweck    : Erinnerung an ein Festplatten-Backup
Datum    : 14.12.1989
Version  : Siehe Konstante VERSION
Autor    : Achim Kalwa (Idee: Christian Jaksch)
Compiler : TURBO PASCAL V5.5
================================================================
}
{$A+,B-,D-,E-,F-,I+,L-,N-,O-,R-,S-,V-}
{$M 16384,0,10000}

PROGRAM BackTest;
USES
  Dos,Strings;

CONST
  VERSION = 'V2.02';
  DIFF    = 14;     { Sicherung im 14-Tage-Rhythmus }

VAR
  BibName  : STRING;
  ProgName : STRING;
  fd       : FILE;
  ftime    : LONGINT;
  Year     : WORD;
  Month    : WORD;
  Day      : WORD;
```

```pascal
  DayOfWeek: WORD;
  LastBack : DateTime;
  Heute    : LONGINT;
  Last     : LONGINT;

PROCEDURE Usage;
BEGIN
  Writeln('BACKTEST ',VERSION,'  (c) 1989 Achim Kalwa');
  writeln('--------------');
  writeln('Zweck  : Erinnerung an fälliges Festplatten-Backup');
  writeln('Aufruf : BACKTEST <Logdatei> <Backup>');
  writeln(' Logdatei ist der Dateiname der vom Backup-Programm ',
          'erzeugten Protokolldatei');
  writeln(' Backup ist der Name des zugehörigen Backup-Programms ',
          '(Extension angeben!)');
  writeln('Beispiel: BACKTEST
                      C:\PCBACKUP.LOG C:\TOOLS\PCBACKUP.EXE');
  writeln(#7);
  Halt(0);
END;

FUNCTION TagZahl(Jahr,Monat,Tag:WORD):LONGINT;
BEGIN
  TagZahl:=Round(Jahr*365.25 + 30.6*Monat + Tag);
END;

BEGIN
  IF ParamCount<2 THEN Usage;
  BibName:=StUpCase(ParamStr(1));
  ProgName:=StUpCase(ParamStr(2));
  ftime:=0;
  Assign(fd,BibName);
  {$I-} Reset(fd); {$I+}
  IF IoResult=0 THEN BEGIN
    GetFTime(fd,ftime);
    Close(fd);
  END;
  GetDate(Year,Month,Day,DayOfWeek);
  UnPackTime(ftime,LastBack);
  WITH LastBack DO
    Last:=TagZahl(Year,Month,Day)+DIFF;
  Heute:=TagZahl(Year,Month,Day);
  IF Heute>=Last THEN
    Exec(ProgName,'');
END.
```

Suchen von Dateien auf Festplatte oder Diskette: SEARCH.PAS

Die folgende Situation ist Ihnen sicherlich bekannt: Sie haben in verschiedenen Verzeichnissen auf Ihrer Festplatte Stapeldateien angelegt, die jeweils eine bestimmte Aufgabe haben. Nun benötigen Sie im aktuellen Verzeichnis eine Kopie einer dieser Stapeldateien, zum Beispiel die Datei *ZEIGE.BAT*. Leider wissen Sie nicht mehr, in welchem Verzeichnis sich diese Stapeldatei befindet.

Genau hier setzt das Programm *SEARCH* an: Der Aufruf *SEARCH ZEIGE.BAT* durchsucht alle Verzeichnisse des aktuellen Laufwerks nach der angegebenen Datei und zeigt im Erfolgsfall den vollständigen Pfad an. Innerhalb des Dateinamens dürfen Sie Wildcards verwenden. Damit können zum Beispiel auch alle Pascal-Dateien finden: *SEARCH *.PAS*.

Syntax: `SEARCH [/?] [L:][Pfad]<Dateiname>`

Parameter: */?* zeigt auf dem Bildschirm eine kurze Bedienungsanleitung an. Unter DOS können Sie die Ausgabe in eine Datei oder auf einen Drucker umleiten.

L ist die Bezeichnung des Laufwerks, auf dem Sie nach Dateien suchen wollen. Wenn Sie keine Laufwerksbezeichnung angeben, wird auf dem aktuellen Laufwerk gesucht.

Pfad ist der Name des Verzeichnisses, in dem die Suche beginnen soll. Falls das angegebene Verzeichnis weitere Unterverzeichnisse enthält, werden diese ebenfalls durchsucht. Wenn Sie keinen Pfad angeben, so beginnt die Suche im Hauptverzeichnis.

Dateiname ist der Name der gesuchten Datei. Die Verwendung von Wildcards ist erlaubt!

Beschreibung des Quelltextes

Verwendete Units

Das Programm *SEARCH* verwendet die Turbo Pascal-Unit *DOS* sowie die beiden bereits beschriebenen Units *ExtDos* und *Strings*.

Konstanten

Die typisierte Konstante *AttrMsg* stellt die Abkürzungen für die Dateiattribute zur Verfügung. *CTRL_C* ist der ASCII-Wert der Taste <Strg><C>.

Variablen

Such   enthält den Namen der gesuchten Datei.

CurDir   enthält das aktuelle Verzeichnis.

Drive   enthält das Laufwerk, auf dem gesucht werden soll.

Name   ist der gesuchte Dateiname ohne Erweiterung.

Ext   ist die Namenserweiterung der gesuchten Datei.

Found   enthält die Anzahl der gefundenen Dateien.

Size   enthält die Summe der Dateilängen der gefundenen Dateien.

Prozeduren und Funktionen

Usage

Diese Prozedur gibt auf dem Bildschirm eine kurze Bedienungsanleitung aus und bricht das Programm mit dem Fehlercode Null ab.

Abort

Diese Prozedur zeigt die Meldung "SEARCH abgebrochen" auf dem Bildschirm an und bricht das Programm mit dem als *Code* übergebenen Fehlercode ab. Zuvor wird noch in das beim Programmstart aktuelle Verzeichnis gewechselt.

Error

Mit dieser Prozedur wird abhängig vom Wert der Variablen *Code* eine Fehlermeldung auf dem Bildschirm ausgegeben und das Programm durch Aufrufen von *Abort* abgebrochen. Die Fehlermeldungen werden auf der Fehlereinheit von DOS ausgegeben, so daß trotz umgeleiteter Ausgabe die Meldungen auf den Bildschirm gelangen. Die Dateivariable *StdErr* ist in der Unit *EXTDOS* deklariert und wird beim Programmstart auch von dieser Unit geöffnet.

Pause

Damit bei der Mehrfachsuche die Dateinamen nicht einfach über den Bildschirm huschen und dann nicht mehr sichtbar sind, können Sie die Bildschirmausgabe mit der Leertaste anhalten und wieder fortsetzen oder abbrechen. Die Prozedur *Pause* übernimmt dabei die Tastaturabfrage und das Anzeigen einer Meldung. Wenn Sie die <Esc>-Taste drücken, wird die Suche abgebrochen.

Suchen

Diese rekursive Prozedur ist das Kernstück des Programms *SEARCH*. Sie durchsucht das als Pfad angegebene Verzeichnis nach den Dateien. Der Dateiname ist in der globalen Varibale *Such* abgelegt. Die Suche teilt sich in zwei Durchgänge: Im ersten Durchgang wird das Verzeichnis nach der gewünschten Datei durchsucht. Dies geschieht mit den Turbo Pascal-Prozeduren *FindFirst* und *FindNext* aus der Unit *DOS*. Jede gefundene Datei wird mit der Prozedur *Display* angezeigt. Außerdem wird mit der Funktion *DosKeyPressed* (Unit *ExtDos*) geprüft, ob eine Taste gedrückt ist, und gegebenenfalls die Prozedur *Pause* aufgerufen. Im zweiten Durchgang wird das Verzeichnis nach weiteren Unterverzeichnissen durchsucht. Jedes gefundene Verzeichnis – aktuelles und Stammverzeichnis ausgenommen – wird durch den erneuten (rekursiven) Aufruf von *Suchen* bearbeitet. Dieser Vorgang endet erst dann, wenn alle Verzeichnisse bearbeitet wurden oder Sie vorher ungeduldig die <Esc>-Taste gedrückt haben. Denn ein wenig Geduld sollten Sie schon haben, wenn Sie zum Beispiel alle Dateien (*.*) suchen: Der reine Suchvorgang dauert nur wenige Sekunden, aber die Bildschirmausgabe bremst den Programmlauf doch ein wenig. Doch nun zu der lokalen Prozedur Display.

Display

Diese Prozedur zeigt den gefundenen Dateinamen und einige ergänzende Informationen zu der Datei an. Falls es sich um die erste gefundene Datei in einem Verzeichnis handelt, wird zuvor der Verzeichnisname ausgegeben und die Variable *Found* auf *TRUE* gesetzt. Der Dateiname wird mit Leerzeichen auf eine Länge von 12 Zeichen aufgefüllt (acht Zeichen Dateiname, Punkt und drei Zeichen Erweiterung) und angezeigt. In der *FOR*-Schleife werden gesetzte Dateiattribute als Abkürzung angezeigt, gelöschte Attribute erscheinen als Strich. Die nächste Spalte zeigt die Dateilänge zehnstellig an. Gleichzeitig wird die Dateilänge zum bisherigen Inhalt der Variable Size addiert. Um nun noch Dateidatum und -zeit anzeigen zu können, muß die gepackte Information mit der Prozedur *UnPackTime* aus der Turbo Pascal-Unit *DOS* "ausgepackt" werden. Mit den Funktionen *TimeToStr* und *DateToStr* aus der Unit *Strings* werden die Daten angezeigt. Abschließend wird die Zahl der gefundenen Dateien (Variable *Found*) um eins erhöht.

Das Hauptprogramm

Das Programm nennt zuerst seinen Namen und seine Versionsnummer und ermittelt mit *GetDir* (Unit *DOS*) das aktuelle Verzeichnis. Der angegebene Dateiname wird in Großbuchstaben gewandelt und zunächst in der Variablen *Such* gespeichert. Falls der Dateiname die Zeichenfolge "/?" enthält, gibt die Prozedur *Usage* die Kurzanleitung aus und beendet das Programm.

Nun geht es zur Sache: Die Prozedur *FSplit* (Unit *DOS*) zerlegt den Dateinamen in Verzeichnis, Name und Erweiterung. Wenn Sie auch eine Laufwerksbezeichnung angegeben haben, wird diese abgetrennt und in der Variablen *Drive* gesichert. Im anderen Fall wird aus *CurDir* das aktuelle Laufwerk separiert.

Der nächste Schritt ergänzt den Verzeichnisnamen um den Rückstrich "\". Dies hat zur Folge, daß aus einer fehlenden Pfadangabe das Hauptverzeichnis wird! Wenn Sie keine Dateinamenserweiterung angegeben haben, wird ein "*" eingesetzt. Der nächste Schritt besteht darin, die Existenz des angegebenen Verzeichnisses zu überprüfen. Dies geschieht mit der Funktion *ExistDir* aus der Unit *ExtDos*. Im Fehlerfall wird das Programm mit der entsprechenden Meldung angebrochen. Nachdem nun fast alle Vorbereitungen getroffen sind, werden nun schnell noch die Zähler für Dateianzahl und -länge gelöscht und der eigentliche Dateiname aus Name und Erweiterung zusammengebaut. Der Suchvorgang beginnt durch den Aufruf von *Suchen*. Als Parameter wird das Suchlaufwerk *Drive* und das Startverzeichnis *Dir* übergeben. Falls Sie das Programm nicht abgebrochen haben, wird nach Beendigung des Suchvorganges die Zahl der gefundenen Dateien sowie die Summe der Dateilängen angezeigt und das Programm mit dem Fehlercode Null beendet.

Der Quelltext

```
{
=============================================================
Datei    : SEARCH.PAS
Zweck    : Suchen von Dateien auf einem Datenträger
Datum    : 04.01.1990
Version  : Siehe Konstante VERSION
Autor    : Achim Kalwa
Compiler : TURBO PASCAL V5.5
=============================================================
}
{$A+,B-,D-,E-,F-,I+,L-,N-,O-,R-,S-,V-}
{$M 16384,0,655360}
```

```
PROGRAM Search;
USES
  Dos,        { FindFirst, FindNext, DosError, GetDir, ChDir,
                FExpand, FSplit }
  ExtDos,     { DosReadKey, DosKeyPressed, ExistDir }
  Strings;    { StUpCase, TimeToStr, DateToStr }

CONST
  VERSION  = 'V2.33';
  AttrMsg  : ARRAY[0..5] OF CHAR = 'RHSVDA';
  CTRL_C   = #3;

VAR
  Such    : STRING;
  CurDir  : STRING;
  Drive   : STRING;
  Dir     : DirStr;
  Name    : NameStr;
  Ext     : ExtStr;
  Found   : LONGINT;
  Size    : LONGINT;

PROCEDURE Usage;
BEGIN
  Writeln('Zweck   : Suchen von Dateien');
  Writeln('Aufruf : SEARCH [Laufwerk][Pfad]Dateiname');
  Writeln('Option : ');
  Writeln('  /? = Anzeigen dieses Textes');
  Writeln('Der Dateiname darf Wildcards enthalten.');
  Writeln('Ohne Laufwerksangabe wird auf dem aktuellen Laufwerk
                                                gesucht.');
  Writeln('Ohne Pfadangabe beginnt die Suche im
                                  Hauptverzeichnis.');
  Writeln;
  Halt(0);
END;

PROCEDURE Abort(Code: WORD);
BEGIN
  ChDir(CurDir);
  IF Code=1 THEN Writeln(CR,LF,'SEARCH abgebrochen.');
  Halt(code);
END;

PROCEDURE Error(Code: BYTE);
BEGIN
```

```
  Write('Fehler: ');
  CASE Code OF
    1 : write('Ungültiges Verzeichnis');
    2 : write('Kein Dateiname angegeben, Hilfe mit "SEARCH /?"');
  END;
  writeln('.',#7);
  Abort(0);
END;

PROCEDURE Pause;
VAR Ch:CHAR;
BEGIN
  Ch:=DosReadKey;
  IF (Ch=#32) THEN BEGIN
    Write(#13,CharStr(' ',79),#13);
    Write('*** Esc: Abbruch  *  beliebige Taste: Weiter ***');
    Ch:=DosReadKey;
    Write(#13,CharStr(' ',79),#13);
  END;
  IF Ch=ESC THEN Abort(1);
END;

PROCEDURE Suchen(Pfad:STRING);
{ ACHTUNG! Diese Prozedur ist rekursiv! }
VAR
  Entry  : SearchRec;
  First  : BOOLEAN;

  PROCEDURE Display; { Gefundene Datei anzeigen }
  VAR
    i     : BYTE;
    Ftime : DateTime;
  BEGIN
    IF First THEN BEGIN
      Writeln;
      Writeln(Pfad);
      First:=FALSE;
    END;
    Write('  ',FillStr(Entry.Name,' ',12),'  ');
    FOR i:=0 TO 5 DO BEGIN
      IF (Entry.Attr AND $01)>0 THEN Write(AttrMsg[i])
      ELSE Write('-');
      Entry.Attr:=Entry.Attr SHR 1;
    END; { FOR }
    Write(Entry.Size:10,' Byte  ');
    Size:=Size+Entry.Size;
```

```pascal
      UnPackTime(Entry.Time,FTime);
      WITH Ftime DO BEGIN
        Write(Copy(TimeToStr(Hour,Min,Sec),1,5),'  ');
        write(DateToStr(Day,Month,Year));
      END; { WITH }
      Writeln;
      Inc(Found);
    END;

BEGIN
  { --- Zuerst alle Dateien suchen --- }
  First:=TRUE;
  FindFirst(Pfad+Such,AnyFile,Entry);
  IF DosKeyPressed THEN Pause;
  WHILE (DosError=0) DO BEGIN
    IF DosKeyPressed THEN Pause;
    IF (Entry.Attr) AND (Directory+VolumeId)=0 THEN Display;
    FindNext(entry);
  END;

  { --- Nun nach Unterverzeichnisssen suchen --- }

  FindFirst(Pfad+'*.*',Directory,Entry);
  IF DosKeyPressed THEN Pause;
  WHILE (DosError=0) DO BEGIN
    IF DosKeyPressed THEN Pause;
    IF (Entry.Attr AND Directory)<>0 THEN
      IF (Entry.Name[1]<>'.') THEN
        Suchen(Pfad+Entry.Name+'\');    { Rekursiv weitersuchen }
    FindNext(entry);
  END;
END;

BEGIN
  Writeln('SEARCH ',VERSION,'  (c) 1990 Achim Kalwa');
  Writeln('------------');
  GetDir(0,CurDir);
  IF ParamCount=0 THEN Error(2);
  Such:=StUpCase(ParamStr(1));
  IF Pos('/?',Such)>0 THEN Usage;
  Fsplit(Such,Dir,Name,Ext);
  IF (Length(Dir)>1) AND (Dir[2]=':') THEN BEGIN
    Drive:=Copy(Dir,1,2);
    Delete(Dir,1,2);
  END
  ELSE
```

```
  Drive:=Copy(CurDir,1,2);
 IF Dir='' THEN Dir:='\';
 Dir:=FExpand(Dir);
 IF (Length(Dir)>1) AND (Dir[2]=':') THEN Delete(Dir,1,2);
 IF Dir[Length(Dir)]<>'\' THEN Dir:=Dir+'\';
 IF Ext='' THEN Ext:='.*';
 IF NOT ExistDir(Drive+Dir) THEN Error(1);
 writeln('Suchen nach: ',Drive,Dir,Name,Ext);
 Found:=0; Size:=0;
 Such:=Name+Ext;
 Suchen(Drive+Dir);
 Write(Found,' Datei');
 IF Found<>1 THEN Write('en');
 writeln(' = ',Size,' Byte gefunden');
 Abort(0);
END.
```

Kapitel 14

Turbo Pascal-Utilities

Zum Lieferumfang von Turbo Pascal gehört nicht nur die Kommandozeilenversion *TPC.EXE*, der Linker *TLINK.EXE* und der integrierte Compiler *TURBO.EXE*, es gesellen sich auch noch einige Hilfsprogramme wie *TINST*, *GREP*, *MAKE*, *TOUCH*, *TPUMOVER* und andere hinzu. Ergänzend zu diesen Programmen erhalten Sie in diesem Kapitel weitere Utilities, die bei der Arbeit mit Turbo Pascal hilfreich sind. Die Programme *zur* formatierten Ausgabe und Verschlüsselung von Quelltexten, *PR* und *CHIFF*, stammen von Achim Kalwa und der Struktogrammgenerator STRUKTer von Stefan Müller.

Formatierte Ausgabe von Quelltexten: PR.PAS

Wenn Sie einen Pascal-Quelltext ausdrucken wollen, haben Sie dazu mehrere Möglichkeiten: Entweder Sie drucken direkt aus der integrierten Entwicklungsumgebung mit der Tastenfolge <Strg><K> <P>, kopieren den Quelltext mit

```
COPY XYZ.PAS PRN
```

zum Drucker, benutzen das DOS-Programm *PRINT*, oder Sie laden Ihren Quelltext in ein Textverarbeitungsprogramm ein und drucken es dann aus. Bis auf die letzte Möglichkeit haben alle Methoden einen Nachteil: Ihr Quelltext wird so, wie er auch im Editor erscheint, ausgedruckt: ohne linken Lochrand, ohne Seitenzahlen, ohne Kopfzeile mit Dateiname und Datum. Wenn Sie zusätzlich den Turbo Pascal-Editor angewiesen haben, den Tabulatorabstand von acht auf zum Beispiel zwei Zeichen zu reduzieren, stimmen auch sämtliche Einrückungen nicht mehr.

Alle diese optischen "Kleinigkeiten", die zusammen den Eindruck eines Quelltextes drastisch mindern können, werden von dem Utility *PR.PAS* gelöst. Über Kommandozeilen-Parameter stellen Sie den linken und rechten Rand ein, geben die Zahl der Zeilen je Seite an und wählen eine Schriftart aus. Außerdem können Sie angeben, ob die Ausgabe auf den Drucker, den Bildschirm oder in eine Datei geleitet werden soll. Besonders die letzte Möglichkeit eignet sich hervorragend, die nun formatierte Datei mit dem DOS-Druckerspooler *PRINT* im Hintergrund auszudrucken. Falls Ihr Drucker nicht Epson- oder IBM-kompatibel ist, können Sie in der Prozedur *GetOpt* Anpassungen vornehmen.

Syntax: `PR [Optionen] <Dateiname> [[Optionen] Dateiname]`

Parameter: *Dateiname* ist der Name der Datei, die formatiert ausgegeben werden soll. Sie können mehrere Dateien, getrennt durch ein Leerzeichen, angeben. Außerdem dürfen die Dateinamen Wildcards enthalten.

Optionen: /H bewirkt, daß kein Header (Kopfzeile) gedruckt wird. Wenn Sie diese Option nicht angeben, erscheint auf jeder Druckseite eine Kopfzeile mit Dateiname, Dateidatum und Seitennummer.

/C steht für Compressed (komprimierte Schrift). Die Ausgabe erfolgt in Schmalschrift (132 Zeichen je Zeile).

/D steht für Doppeldruck. Diese Option ist besonders bei schwachem Farbband zu empfehlen.

/E steht für Elite-Schrift. Die Ausgabe erfolgt mit 92 Zeichen je Zeile. Quelltexte mit 80 Zeichen/Zeile werden ohne störenden Zeilenumbruch ausgedruckt.

/M steht für Micro-Schrift. Der Quelltext wird mit 132 Zeichen je Zeile und 132 Zeilen je Seite ausgedruckt. Um die Lesbarkeit der Buchstaben zu verbessern, werden sie in Großbuchstaben umgewandelt.

/Ln legt den linken Rand fest. Die Zahl n gibt die Breite des linken Randes in Zeichen an. Beachten Sie bitte, daß die Zeichenbreite von der gewählten Schriftgröße abhängig ist. Die Voreinstellung für den linken Rand ist /L8.

/Rn legt den rechten Rand fest. Die Zahl n gibt die letzte druckbare Spalte an. Die Voreinstellung für den rechten Rand ist /R79.

/Pn bestimmt die Anzahl der Zeilen je Seite. Nach n Zeilen wird eine neue Seite angefangen und somit bei Endlospapier die Perforation übersprungen. Die Voreinstellung für die Zahl der Zeilen je Seite ist /P65. Damit kann auch Einzelpapier problemlos bedruckt werden.

/Tn bestimmt die Tabulator-Breite. Wenn Ihr Quelltext Tabulatoren enthält, werden diese in eine Folge von n Leerzeichen umgesetzt. Die Voreinstellung ist /T8.

/Zpfad ist sehr interessant, wenn Sie mehrere Dateien nacheinander drucken, aber nicht jeden Ausdruck einzeln mit *PR Dateiname* starten wollen. Sie schreiben alle Dateinamen in eine weitere Datei, zum Beispiel mit dem Namen *LOSGEHTS* und starten *PR* mit

```
PR /Z=LOSGEHTS
```

PR druckt dann nacheinander alle Dateien aus, deren Namen in der Datei *LOSGEHTS* stehen.

Ausgabeumleitung:

Der Aufruf

```
PR EXTDOS.PAS /E
```

erzeugt eine formatierte Ausgabe des Quelltextes und zwar auf dem Bildschirm! Nur durch Umleiten der Ausgabe kann der Drucker angesprochen werden. Der korrekte Aufruf lautet dann:

```
PR EXTDOS.PAS /E >PRN
```

Natürlich wäre es kein Problem, unter Turbo Pascal den Drucker anzusprechen, aber durch Verwendung der Standardausgabeeinheit haben Sie die Möglichkeit, in eine Datei zu drucken und diese dann mittels *PRINT* im Hintergrund auszudrucken.

Beschreibung des Quelltextes

Verwendete Units

Das Programm verwendet die Turbo Pascal-Unit *DOS* und die beiden Units *EXTDOS* und *STRINGS* aus Teil V, Kapitel 13.

Konstanten

Bei den Konstanten handelt es sich um typisierte Konstanten, mit denen die Voreinstellungen *PR* eingestellt sind:

Lmargin   Anzahl der Leerzeichen für den linken Rand

Rmargin   Letzte druckbare Spalte vor rechtem Rand

Zeilen   Zahl der Zeilen je Seite

TabSize   Zahl der Zeichen je Tabulator

Header   TRUE = Kopfzeile drucken

Up   TRUE = Umwandlung in Großbuchstaben

Variablen

Param   nimmt bis zu zwanzig durch Leerzeichen voneinander getrennte Dateinamen oder Optionen auf.

ListFn   ist der Name der Datei mit der Liste der zu druckenden Dateinamen (siehe Option /Z).

ListFd   ist eine Dateivariable für Listendruck (Option /Z).

Line   ist der Zeilenzähler.

Page   ist der Seitenzähler.

cc   ist der Zeichenzähler.

Found   zeigt an, ob mindestens eine Datei gefunden wurde.

Pcount   enthält die Zahl der Kommandozeilen-Parameter.

i   ist eine allgemeine Zählvariable.

Prozeduren und Funktionen

Error

Diese Prozedur hat nur eine Aufgabe: Sie gibt eine Fehlermeldung auf der Standard-fehlereinheit von DOS aus. Durch diese Maßnahme können Sie die Fehlermeldungen auch dann sehen, wenn Sie die Ausgabe unter DOS umgeleitet haben. Die Dateivariable *StdErr* ist in der Unit *ExtDos* deklariert.

Usage

Die Prozedur *Usage* gibt den Hilfetext aus und beendet das Programm.

PrintFile

Diese Prozedur bildet das Kernstück von *PR*. In der Variablen *Dir* wird das Verzeichnis übergeben, in der sich die auszugebende Datei befindet. Der Dateiname wird zusammen mit den Dateiattributen und dem Dateidatum in der Variablen *Entry* übergeben.

Innerhalb von *PrintFile* sind vier weitere Prozeduren lokal deklariert:

–   *PrintRand* gibt so viele Leerzeichen aus, wie in der Variablen *Lmargin* als linker
    Rand festgelegt sind.

–   *PrintHeader* erzeugt die Kopfzeile einer jeden Seite. Das Dateidatum und die Da-
    teizeit werden linksbündig zusammen mit dem Dateinamen angezeigt. Die Seiten-
    zahl wird rechtsbündig eingesetzt.

–   *CR_Proc* behandelt den Wagenrücklauf. Der Zeilenzähler *Line* wird erhöht, und
    beim Überschreiten der Seitenlänge wird eine neue Seite angefangen.

–   *PrintChar* gibt ein einzelnes Zeichen aus und erhöht den Zeichenzähler *cc* um eins.
    Wenn dieser Zähler den rechten Rand *Rmargin* erreicht, erfolgt ein Zwangsum-
    bruch auf die nächste Zeile. Um in der Betriebsart "Micro" die Lesbarkeit der
    Schrift zu verbessern, werden Buchstaben vor der Ausgabe mittels *UpCase* in
    Großbuchstaben umgewandelt.

Die Prozedur *PrintFile* öffnet die angegebene Datei und initialisiert den Zeichen-, Zei-
len- und Seitenzähler. Nachdem die Kopfzeile der ersten Seite ausgegeben wurde, wird
die zu druckende Datei zeichenweise gelesen. Diese Methode ist zwar nicht besonders
schnell, aber immer noch deutlich schneller, als ein Drucker Zeichen empfangen kann.

Jedes eingelesene Zeichen wird in einer *CASE*-Anweisung mit den Steuerzeichen *CR*,
LF, *FF*, *TAB* und *BELL* verglichen. Das Zeichen *FF* beginnt immer eine neue Seite.
Damit werden Dateien, die eine eigene Formatierung beinhalten und den Seitenvor-
schub selbst bestimmen, korrekt ausgegeben. Das Zeichen *LF*, das einen Zeilenvorschub erzeugt, wird unterdrückt. Dies ist erforderlich, weil die Prozedur *CR_Proc* selbständig einen Zeilenvorschub erzeugt. Weiterhin wird das Klingelzeichen *BELL* unterdrückt. Das Tabulatorzeichen *TAB* erzeugt eine Folge von Leerzeichen, deren Länge
von der eingestellten Tabulatorgröße und der aktuellen Zeichenposition abhängig ist. Es
werden solange Leerzeichen ausgegeben, bis der Rest der Division (*MOD*ulo) von
Druckkopfposition und Tabulatorabstand Null ergibt. Alle Zeichen, die in der *CASE*-
Anweisung nicht als Steuerzeichen herausgefiltert werden, gelangen durch die Prozedur
PrintChar zur Ausgabe.

Nachdem das Dateiende erreicht ist, wird geprüft, ob die aktuelle Seite bis zur Seiten-
grenze gefüllt ist. Ist dies nicht der Fall, wird die angefangene Seite mit einem Seiten-
vorschub ausgeworfen. Abschließend wird die Zahl der benötigten Druckseiten ausgegeben. Diese Ausgabe erfolgt über den Fehlerkanal *StdErr* und beeinflußt somit nicht
die normale Ausgabe.

Errortest

Bevor das Programm *PR* mit der Ausgabe von Dateien beginnt, wird diese Prozedur aufgerufen. Sie überprüft die vom Benutzer angegebenen Optionen auf Plausibilität. Wenn die nutzbare Zeilenbreite geringer als 25 Zeichen ist, erfolgt eine Fehlermeldung mit Programmabbruch. Der Wert 25 ergibt sich aus der minimalen Länge der Kopfzeile. Der zweite Test führt zu einer Fehlermeldung mit Programmabbruch, wenn die Seiten-länge mit weniger als acht Zeilen angegeben wird.

Process

Diese Prozedur durchsucht das Inhaltsverzeichnis nach dem Namen der zu druckenden Datei. Zunächst wird die Pfadangabe mit *Fsplit* in ihre Bestandteile zerlegt. Danach er-folgt die Suche mit den Prozeduren *FindFirst* und *FindNext*. Jede gefundene Datei wird mit der oben beschriebenen Prozedur *PrintFile* ausgegeben.

GetOpt

Mit dieser Prozedur werden die in der Kommandozeile angegebenen Optionen ausge-wertet. Innerhalb von *GetOpt* sind zwei Funktion lokal deklariert:

—   *ReadZahl* wandelt eine Ziffernfolge in eine Ganzzahl um. Dazu wird der String mit der Ziffernfolge in der Variablen *s* übergeben. Die Position der ersten Ziffer wird in *p* angezeigt. Die als *VAR*iant deklarierte Variable *len* liefert nach erfolgter Umwandlung die Länge der Ziffernfolge zurück.

—   Die Prozedur *ReadStr* hat im Prinzip die gleiche Aufgabe wie *ReadZahl*, sie liefert jedoch eine Zeichenfolge ohne Umwandlung zurück. Wie auch bei *ReadZahl* wird der Quellstring in *s* und die Position des ersten Zeichens in *p* übergeben.

Der Kern von *GetOpt* ermittelt mit der Turbo Pascal-Funktion *Pos* die erste Position des Zeichens "/" im String *s*. Das dem Schrägstrich folgende Zeichen wird als Option aufge-faßt und mit einer *CASE*-Anweisung ausgewertet.

Mit dem Buchstaben "E" wird die Elite-Schrift (10 Zeichen pro Zoll) angewählt. An den Drucker werden nacheinander die Steuerzeichen für Drucker-Reset und Elite-Schrift gesendet. Das Rücksetzen des Druckers ist erforderlich, um die Einstellungen eines vorangegangenen Ausdrucks zu löschen. Wenn der von Ihnen verwendete Druk-ker andere Steuerzeichen verwendet, tragen Sie diese bitte hier ein.

Der Buchstabe "D" schaltet den Doppeldruck ein. Um genau zu sein: Es werden Doppel- und Fettdruck gleichzeitig eingeschaltet, denn einige Drucker können in der Betriebsart "IBM" entweder keinen Doppeldruck oder keinen Fettdruck.

Durch den Buchstaben "C" wird die Schmalschrift selektiert. Das Zeichen mit dem ASCII-Wert 15 schaltet bei Epson- und IBM-kompatiblen Druckern diese Schriftart ein. Wenn Ihr Drucker andere Steuerzeichen verwendet, tragen Sie diese bitte hier ein.

Der Buchstabe "M" schaltet die Betriebsart "Micro" ein. Diese Schriftart ist eine Kombination aus hochgestellter, schmaler Schrift und vermindertem Zeilenabstand (18/216 Inch bzw. 6/72 Inch). Wenn Ihr Drucker andere Steuerzeichen verwendet, tragen Sie diese bitte hier ein.

Die Buchstaben "H", "T", "L", "P" und "R" lesen mit der Funktion *ReadZahl* die dem Buchstaben folgenden Ziffern und ordnen der jeweiligen Variable den Wert zu.

Mit dem Buchstaben "Z" wird die Liste der zu druckenden Dateien angewählt. Der Dateiname der Liste wird mit der Funktion *ReadStr* ermittelt. Aus der Datei wird nun jeweils eine Zeile gelesen und als Dateiname interpretiert. Dieser Dateiname wird an die Prozedur *Process* übergeben.

In der *CASE*-Anweisung werden mit der Turbo Pascal-Prozedur *Delete* die ausgewerteten Optionen aus dem String gelöscht, so daß der String am Ende der *While*-Schleife nur noch aus Dateinamen besteht oder ein Leerstring ist.

Das Hauptprogramm

In einer *FOR*-Schleife werden alle Parameter der Kommandozeile in Großbuchstaben umgewandelt und im Array *Param* gespeichert. In der zweiten Schleife werden mit *GetOpt* die in den Einzelparametern enthaltenen Optionen ausgewertet. Erst in der dritten Schleife erfolgt der Aufruf der oben beschriebenen Prozedur *Process*.

Der Quelltext

```
{
=============================================================
Datei    : PR.PAS
Zweck    : ASCII-Dateien formatieren und ausgeben
Datum    : 22.01.1990
Version  : Siehe Konstante VERSION
Autor    : Achim Kalwa
Compiler : TURBO-PASCAL V5.5
=============================================================
```

```
}
{$A+,B-,D-,E-,F-,I+,L-,N-,O-,R-,S-,V-}
{$M 16384,0,655360}


PROGRAM PR;
USES
  Dos,ExtDos,Strings;

CONST
  VERSION= 'V2.14';
  Lmargin: BYTE = 8;
  Zeilen : BYTE = 65;
  Rmargin: WORD = 79;
  TabSize: WORD = 8;
  Header : BOOLEAN = TRUE;
  Up     : BOOLEAN = FALSE;
  BELL   = #7;   { Klingelzeichen }
  TAB    = #9;   { Tabulator }
  LF     = #10;  { Zeilenvorschub }
  FF     = #12;  { Seitenvorschub }
  CR     = #13;  { Wagenrücklauf }
  ESC    = #27;  { Escape }

VAR
  Param : ARRAY[1..20] OF STRING;
  ListFn: STRING;
  ListFd: TEXT;
  Line  : WORD;
  Page  : WORD;
  cc    : WORD;
  Found : BOOLEAN;
  Pcount: INTEGER;
  i     : INTEGER;

PROCEDURE Error(Msg:STRING);
BEGIN
  Writeln(StdErr,Msg,BELL);
END;

PROCEDURE Usage;
BEGIN
  Writeln('PR ',VERSION,'  (c) 1989,1990 Achim Kalwa');
  Writeln('--------');
  Writeln('Zweck   : formatierte Druckdatei erzeugen');
  Writeln('Aufruf  : PR [Optionen] [Dateiname [Optionen]]');
  Writeln('Optionen:');
```

```
    Writeln('  /H          keinen Header drucken');
    Writeln('  /C          Compressed        (P',Zeilen,' L12 R132)');
    Writeln('  /D          Doppeldruck');
    Writeln('  /E          Elite            (P',Zeilen,' L10 R89)');
    Writeln('  /M          Micro              (P132 L12 R132)');
    Writeln('  /Lnnn       linker Randsteller   (L',Lmargin,')');
    Writeln('  /Rnnn       rechter Randsteller  (R',Rmargin,')');
    Writeln('  /Pnnn       Zeilen/Seite         (P',Zeilen,')');
    Writeln('  /Tnnn       Tabulator            (T',Tabsize,')');
    Writeln('  /Z[=]pfad   Dateinamen aus Liste bearbeiten');
    Writeln('Hinweis: Mehrere Dateien können durch ein Leerzeichen
                                               getrennt ');
    Writeln('angegeben werden. Wildcards ("*","?") sind erlaubt.');
    Writeln;
    Halt(0);
END;

PROCEDURE PrintFile(Dir:DirStr; entry:SearchRec);
VAR
  fd : FILE OF CHAR;
  c  : CHAR;

  PROCEDURE PrintRand;
  BEGIN
    Write('':Lmargin);
  END;

  PROCEDURE PrintHeader;
  VAR
    Ftime : DateTime;
    Msg   : STRING;
    Help  : STRING;
  BEGIN
    Write(CR);
    IF NOT header THEN Exit;
    Msg:='';
    Str(Page,Msg);Msg:='Seite '+Msg;
    PrintRand;
    Write('':Rmargin-Lmargin-Length(Msg));
    Write(Msg);
    Write(CR);
    Inc(Line);
    Inc(Page);
    UnPackTime(Entry.Time,Ftime);
    Msg:=IntToStr(Ftime.Year MOD 100,2)+'/'+
         IntToStr(Ftime.Month,2)+'/'+
```

```pascal
             IntToStr(Ftime.Day,2)+'  '+
             IntToStr(Ftime.Hour,2)+':'+
             IntToStr(Ftime.Min,2);
      PrintRand;
      Write(Msg);
      Writeln('  ',Dir,Entry.Name);
      Writeln;Inc(Line);
    END;

  PROCEDURE CR_Proc;
  BEGIN
    Write(CR,LF);
    Inc(Line);
    cc:=Lmargin;
    IF Line>=Zeilen THEN BEGIN
      Line:=0;
      Write(FF);
      PrintHeader;
    END;
    PrintRand;
  END;

  PROCEDURE PrintChar(c:CHAR);
  BEGIN
    IF Up THEN c:=UpCase(c);
    Write(c);
    Inc(cc);
    IF cc>=Rmargin THEN
      CR_Proc;
  END;

BEGIN
  Found:=TRUE;
  Assign(fd,Dir+Entry.Name);
  {$I-} Reset(fd); {$I+};
  IF IoResult<>0 THEN BEGIN
    Error('Zugriff abgelehnt: '+Dir+Entry.Name);
    Exit;
  END;
  Line:=0;
  Page:=1;
  cc:=Lmargin;
  IF Header THEN PrintHeader;
  PrintRand;
  WHILE NOT Eof(fd) DO BEGIN
    Read(fd,c);
```

```
    CASE c OF
      FF  : BEGIN Line:=0; Write(FF); PrintHeader; PrintRand;
                                                           END;
      LF  : ; { wird bei CR behandelt }
      CR  : CR_Proc;
      BELL: ; { Klingelzeichen unterdrücken }
      TAB : BEGIN
              PrintChar(' ');
              WHILE ((cc-Lmargin) MOD (TabSize))<>0 DO
                                    PrintChar(' ');
            END;
      ELSE PrintChar(c);
    END; { CASE }
  END; { WHILE }
  Close(fd);
  IF Line<Zeilen THEN Write(CR,FF);
  Dec(Page);
  IF Page=1 THEN
    Writeln(StdErr,'1 Seite')
  ELSE
    Writeln(StdErr,Page,' Seiten');
END;

PROCEDURE ErrorTest;
BEGIN
  IF (Rmargin-25)<Lmargin THEN BEGIN
    Error('FEHLER: Abstand zwischen linken und rechten
                              Randsteller zu klein');
    Halt(1);
  END;
  IF Zeilen<8 THEN BEGIN
    Error('FEHLER: Anzahl der Zeilen je Seite zu klein
                                    (min. = 8)');
    Halt(1);
  END;
END;

PROCEDURE Process(cmd:STRING);
VAR
  Entry : SearchRec;
  Dir   : DirStr;
  Name  : NameStr;
  Ext   : ExtStr;

BEGIN
  ErrorTest;
```

```
  IF Cmd='' THEN Exit; { Leerstring, nichts zu tun }
  Fsplit(Cmd,Dir,Name,Ext);
  Found:=FALSE;
  FindFirst(Dir+Name+Ext,AnyFile,Entry);
  WHILE DosError=0 DO BEGIN
    IF (Entry.Attr AND (Directory OR VolumeId))=0 THEN
       PrintFile(Dir,Entry);
    FindNext(Entry);
  END;
  IF NOT Found THEN
    Error('Datei nicht gefunden: '+Cmd);
END;

PROCEDURE GetOpt(VAR s:STRING);
VAR
  p,len : BYTE;
  c     : CHAR;
  Zeile : STRING;

  FUNCTION ReadZahl(s:STRING;p:BYTE;VAR len:BYTE):INTEGER;
  VAR
    summe : INTEGER;
  BEGIN
    len:=0;
    Summe:=0;
    WHILE s[p] IN ['0'..'9'] DO BEGIN
      Summe:=Summe*10;
      Summe:=Summe+(Ord(s[p])-Ord('0'));
      Inc(p);
      Inc(Len);
    END;
    ReadZahl:=Summe;
  END;

  FUNCTION ReadStr(s:STRING;p:BYTE;VAR len:BYTE):STRING;
  VAR
    Help:STRING;
  BEGIN
    Help:='';
    Len:=0;
    WHILE (UpCase(s[p]) IN
            ['A'..'Z','0'..'9','.',':','\','_','=']) AND
          (p<=Length(s)) DO BEGIN
      Help:=Help+UpCase(s[p]);
      Inc(Len);
      Inc(p);
```

```
      END;
    ReadStr:=Help;
  END;

BEGIN { GetOpt }
  p:=Pos('/',s);
  WHILE p>0 DO BEGIN
    c:=s[p+1];
    CASE C OF
      'E' : BEGIN                    { --- Elite-Schrift --- }
              delete(s,p,2);
              Write(ESC,'@',ESC,'M');
              Rmargin:=89; Lmargin:=8;
            END;
      'D' : BEGIN                    { --- Doppel-/Fettdruck --- }
              delete(s,p,2);
              Write(ESC,'E',ESC,'G');
            END;
      'C' : BEGIN                    { --- Schmalschrift --- }
              delete(s,p,2);
              Write(ESC,'@',#15);
              Rmargin:=132; Lmargin:=12;
            END;
      'M' : BEGIN                    { --- Micro-Schrift --- }
              delete(s,p,2);
              Write(ESC,'@',#15,ESC,'S',#1,ESC,'3',#18);
              Rmargin:=132; Lmargin:=12; Zeilen:=132;
              Up:=TRUE;
            END;
      'H' : BEGIN Header:=FALSE; Delete(s,p,2); END;
      'T' : BEGIN TabSize:=ReadZahl(s,p+2,len);
                            delete(s,p,len+2); END;
      'L' : BEGIN LMargin:=ReadZahl(s,p+2,len);
                            delete(s,p,len+2); END;
      'P' : BEGIN Zeilen:=ReadZahl(s,p+2,len);delete(s,p,len+2);
                                                  END;
      'R' : BEGIN Rmargin:=ReadZahl(s,p+2,len);delete(s,p,len+2);
                                                  END;
      'Z' : BEGIN
              ListFn:=ReadStr(s,p+2,len);delete(s,p,len+2);
              Delete(ListFn,Pos('=',ListFn),1);
              Assign(ListFd,ListFn);
              {$I-} Reset(ListFd); {$I+}
              IF IoResult=0 THEN BEGIN
                WHILE NOT Eof(ListFd) DO BEGIN
                  Readln(ListFd,Zeile);
```

```
            Process(Zeile);
          END;
          Close(ListFd);
        END
        ELSE
          Error('Datei nicht gefunden: '+ListFn);
        END;
    ELSE  BEGIN
      Error('Ungültiger Parameter: "/'+c+'"');
      Halt(1);
    END;
  END; { CASE }
  p:=Pos('/',s);
  END; { WHILE }
END; { GetOpt }

BEGIN
  IF ParamCount=0 THEN Usage;
  FOR i:=1 TO ParamCount DO
    Param[i]:=StUpCase(ParamStr(i));
  Pcount:=ParamCount;
  FOR i:=1 TO Pcount DO
    GetOpt(Param[i]);
  FOR i:=1 TO Pcount DO
    Process(Param[i]);
END.
```

Quelltexte verschlüsseln: CHIFF.PAS

In der heutigen Zeit spielt die Datensicherheit eine große Rolle. Aber nicht nur bei Daten, die personenbezogen sind, ist eine hohe Sicherheit erforderlich, sondern auch bei Ihren Quelltexten: Hat Ihnen schon einmal ein Freund oder ein Bekannter einen Streich gespielt, indem er in Ihren Quelltexten kleine Modifikationen vorgenommen hat? Mit dem hier vorgestellten Programm *CHIFF* können Sie einen Quelltext so verschlüsseln, daß ein Fremder nichts damit anfangen kann.

Um es vorweg zu nehmen: Die Chiffriermethode ist nicht "unknackbar", aber sie ist doch sehr wirkungsvoll, denn zur Verschlüsselung wird ein Kennwort verwendet. Ohne dieses Kennwort ist eine Dechiffrierung nicht möglich.

Syntax: CHIFF *<Dateiname>* *[Kennwort]*

Parameter: *Dateiname* ist der Name der zu ver-/entschlüsselnden Datei. Wildcards
sind nicht erlaubt.

Kennwort ist das Wort, mit dem die Datei verschlüsselt wird. Wenn Sie
kein Kennwort angeben, erfolgt die Abfrage nach dem Programmstart.
Da die Eingabe des Kennwortes verdeckt erfolgt, muß das Kennwort ein
zweites Mal eingegeben werden. Nur wenn beide Eingaben identisch
sind, wird das Programm fortgesetzt.

Der Aufruf

```
CHIFF MEINPROG.PAS STRENG_GEHEIM
```

bewirkt die Verschlüsselung der Datei *MEINPROG.PAS*. Zur Verschlüsselung wird der Text STRENG_GEHEIM verwendet. Um die nun
verschlüsselte Datei zu entschlüsseln, ist ein erneuter Aufruf mit exakt
denselben Parametern erforderlich:

```
CHIFF MEINPROG.PAS STRENG_GEHEIM
```

Im Prinzip wird zwischen Ver- und Entschlüsseln nicht unterschieden. Die Verschlüsselung erfolgt durch eine Exklusiv-Oder-Verküpfung zwischen jedem Byte der Quelldatei und dem jeweils nächsten Buchstaben des Kennwortes.

Eine wiederholte Exklusiv-Oder-Verküpfung hat wieder das ursprüngliche Byte zum
Ergebnis. Aus diesem Grund muß das Kennwort beim Entschlüsseln identisch mit dem
beim Verschlüsseln sein. Sie können die Sicherheit erhöhen, indem Sie Ihren Quelltext
mehrfach verschlüsseln:

```
CHIFF MEINPROG.PAS TURBO
CHIFF MEINPROG.PAS PASCAL
CHIFF MEINPROG.PAS SYBEX
CHIFF MEINPROG.PAS VERLAG
```

Es muß dann aber in der umgekehrten Reihenfolge entschlüsselt werden!

Beschreibung des Quelltextes

Verwendete Units

Das Programm verwendet die Turbo Pascal-Unit *DOS* und die beiden Units *EXTDOS*
und *STRINGS* aus Teil V, Kapitel 13.

Variablen

fd   Allgemeine Dateivariable

fn   Name der Datei

pwd   Das Kennwort

Check   Kennwort für Sicherheitsprüfung

fpos   Aktuelle Position innerhalb der Datei

FileTime   Datum und Uhrzeit der Datei

pwdpos   Aktuelle Position im Kennwort

Buff   Datenpuffer: In diesem Array werden die Daten verschlüsselt.

Prozeduren und Funktionen

Error

Diese Prozedur gibt je nach Wert der Variablen *Code* eine andere Fehlermeldung aus und bricht das Programm ab. Die Ausgabe erfolgt auf der Standard-Fehlereinheit von DOS, so daß die Fehlermeldungen auch dann auf dem Bildschirm erscheinen, wenn Sie die Ausgabe in eine Datei umgeleitet haben. Bei einigen Fehlermeldungen wird als ergänzende Information der Inhalt der Stringvariablen *Msg* angezeigt.

Usage

Die Prozedur *Usage* gibt eine kurze Bedienungsanleitung auf dem Bilschirm aus und beendet das Programm. Unter DOS können Sie die Ausgabe in eine Datei oder auf einen Drucker umleiten.

ReadString

Diese Funktion liest das Kennwort von der Tastatur ein, ohne die Zeichen auf dem Bildschirm anzuzeigen. Statt der eingegebenen Buchstaben wird nur ein Sternchen angezeigt. Mit der <Rückschritt>-Taste kann das zuletzt eingegebene Zeichen wieder gelöscht werden. Die <Eingabe>-Taste beendet die Eingabe.

ChiffBuff

Diese Prozedur verschlüsselt bzw. entschlüsselt alle Byte im Datenpuffer *Buff*. In der globalen Variablen *Count* wird die Zahl der Bytes angegeben, die bearbeitet werden sollen. In der *FOR*-Schleife wird nacheinander jedes Byte aus dem Puffer mit einem Zeichen aus dem Kennwort *pwd* bitweise Exklusiv-Oder verknüpft. Die Zeichenposition im Kennwort wird in der Variablen *pwdpos* weitergezählt und beim Erreichen der Stringlänge wieder auf den Anfang des Kennwortes zurückgesetzt.

Das Hauptprogramm

Das Hauptprogramm hat mehrere Aufgaben. Nach der Titelmeldung wird zunächst überprüft, ob mindestens der Dateiname angegeben ist. Ohne Dateiname bricht das Programm mit der Fehlermeldung "Dateiname fehlt" ab.

Der angegebene Dateiname wird mit der Funktion *StUpCase* (Unit STRINGS) in Großbuchstaben umgewandelt und in der Variablen *fn* gespeichert. Falls die Zeichenfolge "/?" oder "/H" im Dateinamen zu finden ist, wird mit der Prozedur *Usage* eine kurze Bedienungsanleitung ausgegeben und das Programm beendet. Im anderen Fall wird jetzt geprüft, ob die angegebene Datei überhaupt existiert. Dies geschieht durch die Funktion *ExistFile* aus der Unit *ExtDos*. Im Fehlerfall wird das Programm mit einer entsprechenden Fehlermeldung beendet.

Die dritte Aufgabe des Hauptprogramms besteht in der Ermittlung des Kennwortes. Falls Sie in der Kommandozeile hinter dem Dateinamen weitere Zeichen eingegeben haben, werden diese als Kennwort angesehen, in Großbuchstaben gewandelt und in der Variablen *pwd* gespeichert. Wenn Sie aber nur einen Parameter angegeben haben, wird das Kennwort mit der Funktion *ReadString* von der Tastatur eingelesen. Die Eingabe erfolgt jedoch verdeckt, auf dem Bildschirm ist Ihr Kennwort nicht sichtbar. Statt dessen erscheint für jeden Buchstaben ein Stern.

Um sicher zu gehen, daß Sie bei der "blinden" Eingabe auch keine falschen Tasten gedrückt haben, wird das Kennwort ein zweites Mal, ebenfalls verdeckt, eingelesen, in Großbuchstaben gewandelt und in der Variablen *Check* gespeichert. Nur wenn beide Eingaben identisch sind, wird das Programm fortgesetzt.

Nun wird die angegebene Datei geöffnet und mit *GetFtime* Dateidatum und -zeit ermittelt. Diese Angaben werden nach vollzogener Verschlüsselung wieder zurückgeschrieben, so daß am Verzeichniseintrag nicht zu erkennen ist, daß die Datei bearbeitet wurde. Die Prozedur *GetFtime* ist in der Turbo Pascal-Unit *DOS* deklariert.

In einer *Repeat*-Schleife wird mit *BlockRead* der Datenpuffer gefüllt und durch die Prozedur *ChiffBuff* verschlüsselt. Der verschlüsselte Puffer wird mit *BlockWrite* wieder an die gleiche Stelle in der Datei zurückgeschrieben. Im Prinzip könnten die verschlüsselten Daten auch in eine zweite Datei geschrieben und anschließend die Quelldatei gelöscht werden. Eine gelöschte Datei kann aber mit geeigneten Programmen wiederher-

gestellt werden. Aus diesem Grund wird die Quelldatei mit den verschlüsselten Daten
überschrieben; es entsteht keine zweite Datei, die eventuell aufgespürt werden könnte.

Nachdem alle Bytes der Datei bearbeitet wurden, werden das ursprüngliche Dateidatum
und die Dateizeit wieder gesetzt. Die dafür zuständige Prozedur *SetFtime* ist ebenfalls
in der Turbo Pascal-Unit *DOS* deklariert. Ein abschließendes "OK" auf dem Bildschirm
signalisiert Ihnen, daß die Verschlüsselung erfolgreich beendet wurde.

Der Quelltext

```
{
===========================================================
Datei    : CHIFF.PAS
Zweck    : Dateien verschlüsseln
Datum    : 15.01.1990
Version  : Siehe Konstante VERSION
Autor    : Achim Kalwa
Compiler : TURBO-PASCAL V5.5
===========================================================
}
{$A+,B-,D-,E-,F-,I+,L-,N-,O-,R-,S-,V-}
{$M 16384,0,655360}

PROGRAM Chiff;
USES
  Dos,ExtDos,Strings;

CONST
  VERSION = 'V1.02';
  BELL    = #7;
  BS      = #8;

VAR
  fd       : FILE;
  fn       : STRING;
  pwd      : STRING;
  check    : STRING;
  Count    : WORD;
  fpos     : LONGINT;
  FileTime : LONGINT;
  pwdpos   : INTEGER;
  Buff     : ARRAY[1..$8000] OF BYTE;

PROCEDURE Error(Code:WORD; Msg:STRING);
```

```
BEGIN
  CASE Code OF
    1 : Write(StdErr,'Dateiname fehlt, Hilfe mit "CHIFF /?"');
    2 : Write(StdErr,'Datei nicht gefunden: ',Msg);
    3 : Write(StdErr,'Password falsch verifiziert!');
    4 : Write(StdErr,'Lesezugriff abgelehnt: ',Msg);
    5 : Write(StdErr,'Schreibzugriff abgelehnt: ',Msg);
    6 : Write(StdErr,'CHIFF abgebrochen');
  END;
  Writeln(StdErr,BELL);
  Halt(Code);
END;

PROCEDURE Usage;
BEGIN
  Writeln('Zweck   : Verschlüsseln von Dateien');
  Writeln('Aufruf  : CHIFF <Dateiname> [Kennwort]');
  Writeln('          Ohne Password-Angabe erfolgt die Abfrage vom
Programm');
  Writeln('Beispiel: CHIFF GEHEIM.PAS');
  Writeln('  Die Datei "GEHEIM.PAS" wird verschlüsselt.');
  Writeln;
  Halt(0);
END;

FUNCTION ReadString:STRING;
VAR
  St : STRING;
  Ch : CHAR;
BEGIN
  St:='';
  REPEAT
    Ch:=DosReadKey;
    CASE Ch OF
      BS : BEGIN
             IF Length(St)>0 THEN BEGIN
               delete(St,Length(St),1);
               Write(BS,' ',BS);
             END
             ELSE Write(BELL);
           END;
      CR : ;
      ELSE BEGIN
        St:=St+UpCase(Ch);
        Write('*');
      END;
    END;
```

```
    END;
  UNTIL Ch=CR;
  Writeln;
  ReadString:=St;
END;

PROCEDURE ChiffBuff;
VAR
  i : WORD;
BEGIN
  FOR i:=1 TO Count DO BEGIN
    Buff[i]:=Buff[i] XOR Ord(pwd[pwdpos]);
    inc(pwdpos);
    IF pwdpos>length(pwd) THEN pwdpos:=1;
  END;
END;

BEGIN
  Writeln('CHIFF ',VERSION,' (c) 1990 Achim Kalwa');
  Writeln('-----------');
  IF ParamCount=0 THEN Error(1,'');
  fn:=StUpCase(ParamStr(1));
  IF Pos('/?',fn)>0 THEN Usage;
  IF Pos('/H',fn)>0 THEN Usage;
  IF NOT ExistFile(fn) THEN Error(2,fn);
  IF ParamCount>1 THEN BEGIN
    pwd:=StUpCase(ParamStr(2));
    IF pwd='' THEN Error(6,'');
  END
  ELSE BEGIN
    Write('Password:');
    pwd:=ReadString;
    IF Pwd='' THEN Error(6,'');
    Write('Verify  :');
    check:=ReadString;
    IF pwd<>check THEN Error(3,'');
  END;
  Assign(fd,fn);
  {$I-} Reset(fd,1); {$I+}
  GetFTime(fd,filetime);
  IF IoResult<>0 THEN Error(4,fn);
  pwdpos:=1;
  REPEAT
    fpos:=FilePos(fd);
    BlockRead(fd,Buff,SizeOf(Buff),Count);
    IF Count>0 THEN BEGIN
```

```
      ChiffBuff;
      Seek(fd,fpos);
      {$I-} BlockWrite(fd,Buff,Count); {$I+}
      IF IoResult<>0 THEN Error(5,fn);
    END;
  UNTIL Count=0;
  SetFTime(fd,FileTime);
  Close(fd);
  Writeln('OK');
END.
```

STRUKTer – ein Struktogramm-Generator in Turbo Pascal

STRUKTer generiert Nassi-Schneidermann-Struktogramme. Er verarbeitet Pascal-Programme oder Pseudo-Code mit Kontrollstrukturen in Pascal-Syntax, sofern diese einigen wenigen Formatierungsregeln genügen. Es werden mit dem ASCII-Grafikzeichensatz Dateien erzeugt, die problemlos in fast alle gängigen Textverarbeitungssysteme einzubinden sind. Durch die Beschränkung auf den PC-Zeichensatz sind die Struktogramme leicht mit Editoren zu modifizieren oder auszudrucken.

Mögliche Anwender sind sowohl Studenten und Fachhochschüler als auch Dozenten oder Software-Entwickler. Überall dort, wo Software entwickelt und diese Entwicklung dokumentiert werden soll, können Struktogramme sehr wertvoll sein. Durch die Verwendung eines Struktogramm-Generators wird hier viel Zeit und Arbeit eingespart.

Die Beschreibung des Programms gliedert sich in zwei Teile:

Zunächst werden dem Leser die Regeln, denen ein Eingabetext genügen muß, vorgestellt. Anhand von Beispielen werden, nachdem Vorschriften allgemeiner Art angegeben sind, die einzelnen Kontrollstrukturen von Pascal besprochen. Als Referenz sind Syntax-Diagramme der Formatierungssprache angegeben.

Die Namen der Eingabedateien sollten immer, wenn es sich nicht um lauffähige Pascal-Programme handelt, die Extension .SP für STRUKTer Pascal haben; die Namen der Ausgabedateien sollten auf .STR enden.

Außerdem werden Aufruf, Bedienung und Ausgabe des Programms beschrieben.

Im zweiten Teil wird ein Einblick in den Entwurf der Formatierungssprache und das Konzept STRUKTers gegeben, so daß der Leser in der Lage sein wird, das Programm zu verstehen und gegebenenfalls eigenen Wünschen anzupassen.

An dieser Stelle möchte ich meinem Mathematiklehrer Erich Messner und meinen Kommilitonen Gunther Frank und Hilmar Rörig herzlich für ihre Anregungen und Hinweise danken.

Einführung

Zur Begriffsklärung: Im folgenden verstehen wir unter einem Wort eine nichtleere, von Leerzeichen (Blanks) oder Zeilentrennzeichen begrenzte Zeichenkette, die selbst keine Blanks oder Zeilentrennzeichen enthält.

STRUKTers "Wortschatz"

Der Wortschatz von STRUKTer läßt sich in vier Wortgruppen aufteilen:

Gruppe 1: "Öffnende Schlüsselwörter"

Gruppe 2: "Schließende Schlüsselwörter"

Gruppe 3: "Ignorierte Schlüsselwörter"

Gruppe 4: "Markierungen"

Gruppe 1: "Öffnende Schlüsselwörter"

Die Öffnenden Schlüsselwörter bewirken, daß STRUKTer entweder ein neues Struktogramm (bei BEGIN) oder ein neues Sub-Struktogramm (bei allen anderen) eröffnet. Die Öffnenden Schlüsselwörter sind:

BEGIN   erzeugt, wenn es einen Deklarationsteil von einem Anweisungsteil trennt, ein neues Struktogramm; ansonsten wird die Zeile, an deren Anfang es steht, ignoriert.

WHILE, FOR   bewirkt, daß die gesamte Zeile in das aktuelle Struktogramm einkopiert und ein entsprechendes Sub-Struktogramm eröffnet wird.

REPEAT   bewirkt die Öffnung eines Sub-Struktogramms.

WITH	bewirkt ebenfalls die Öffnung eines Sub-Struktogramms.
IF	bewirkt, daß eine If-Then-Else-Box erzeugt wird. Die Zeile, an deren Anfang IF steht, wird (wie wir später sehen werden mit Ausnahme des letzten Wortes oder der letzten beiden Wörter) in die Box einkopiert.
ELSE	öffnet ein Sub-Struktogramm in einer If-Then-Else-Box.
(**	erzeugt eine Case-Tabelle. CASE selbst ist nicht Element von STRUKTers Wortschatz.
(**)	öffnet ein Sub-Struktogramm in einer Case-Tabelle. Es bezeichnet jeweils einen Selektor.

Man sieht ein, daß Öffnende Schlüsselwörter sinnvollerweise nur nach links durch ein Zeilentrennzeichen, nach rechts aber immer durch ein Leerzeichen (Blank) begrenzt sein sollten.

Gruppe 2: "Schließende Schlüsselwörter"

Schließende Schlüsselwörter schließen das momentan aktive Struktogramm ab, unabhängig davon, mit welchem Schlüsselwort (der Gruppe 1) es eröffnet wurde! Als Schließende Schlüsselwörter bezeichnen wir

END

END;

END.

UNTIL

Für STRUKTer sind diese vier Schlüsselwörter identisch!

Gruppe 3: "Ignorierte Schlüsselwörter"

Ignorierte Schlüsselwörter sind zur Beschreibung der Semantik von Algorithmen nicht notwendig. Sie wurden nur aus praktischen Gründen in den Wortschatz aufgenommen.

(* (Kommentarzeilen)   werden nicht in das Struktogramm aufgenommen.

BEGIN   hat einen Sonderstatus unter den Schlüsselwörtern: Trennt es Dekla-
                    rations- und Anweisungsteil, so wird es als Öffnendes Schlüsselwort
                    interpretiert; steht es innerhalb eines Anweisungsteils, so gilt es als
                    Ignoriertes Schlüsselwort. Die Zeile, an deren Anfang es steht, wird
                    nicht in das Struktogramm aufgenommen.

Leerzeilen   werden nicht in das Struktogramm übernommen. (Die Leerzeile ist
                    kein Wort, aber trotzdem ein Element des Wortschatzes.)

Gruppe 4: "Markierungen"

Markierungen haben wie Ignorierte Schlüsselwörter keine Bedeutung für die Semantik
des beschriebenen Algorithmus. Es besteht jedoch ein Unterschied zu den Wörtern der
ersten drei Gruppen: Markierungen stehen nicht am Zeilenanfang! STRUKTer kennt
nur eine einzige Markierung:

(***)   steht nach THEN, also am Ende einer Zeile, die mit IF beginnt, und
                    bedeutet "kein Else-Teil". (Die Einführung dieser Markierung ist
                    sinnvoll, da der Then-Teil in einem solchen Fall breiter angelegt wer-
                    den kann.)

Hiermit ergeben sich die nun folgenden vier allgemeinen Regeln.

Allgemeine Regeln

Regel 1: Schlüsselwörter müssen, wenn sie als solche erkannt werden sollen, immer am
Anfang, das heißt als erstes Wort einer Zeile, stehen. Sie müssen (nach Definition) von
Leerzeichen (oder Zeilentrennzeichen) begrenzt sein!

Regel 2: Jedem Öffnenden muß ein Schließendes Schlüsselwort zugeordnet sein. Pascal
verlangt also, daß jeder Block mit BEGIN und END geklammert ist, auch wenn er nur
aus einer einzelnen Anweisung besteht. Verstöße gegen diese Regel werden von
STRUKTer nicht gemeldet; es werden allerdings falsche Struktogramme erzeugt.

Regel 3: Fehler in der Blockstruktur des Eingabetextes werden von STRUKTer ebenfalls nicht erkannt! END und UNTIL schließen das jeweils aktive (Sub-)Struktogramm
ab, unabhängig davon, mit welchem Öffnenden Schlüsselwort es begonnen wurde.

Regel 4: Groß- und Kleinschreibung können beliebig verwendet werden. Einrückungen
spielen keine Rolle.

Kontrollstrukturen

Sequenz

Jede Zeile, die nicht mit einem der Schlüsselwörter beginnt, wird von STRUKTer als Anweisungstext interpretiert und also in eine einfache Box in das Struktogramm übernommen.

Ein Beispiel soll dies erläutern. Aus

```
begin
    writeln(' Anweisung 1');
    writeln(' Anweisung 2')
end.
```

erzeugt STRUKTer das in Abbildung 14.1 abgebildete Struktogramm.

| writeln(' Anweisung 1'); |
| writeln(' Anweisung 2') |

Abb. 14.1: Struktogramm Sequenz

WHILE, FOR

Ist das erste Wort einer Eingabezeile WHILE oder FOR, so eröffnet STRUKTer in einer While-Box ein Sub-Struktogramm, das durch das zugehörige END wieder abgeschlossen wird. Dadurch ist also eine Begin-End-Klammerung in jedem Fall erforderlich.

Um in der Pascal-Syntax zu bleiben, sollte also die Zeile unter WHILE nichts außer BEGIN enthalten. Die While-Zeile wird in das Struktogramm einkopiert.

Ein Beispiel soll dies erläutern. Aus

```
begin
i := 0;
while i <= MAXINDEX do
    begin
    a[i] := 0;
    i := i + 1
    end;
writeln(' Initialisierung beendet')
end.
```

erzeugt STRUKTer das in Abbildung 14.2 dargestellte Struktogramm.

```
i := 0;

while i <= MAXINDEX do

    a[i] := 0;

    i := i + 1

writeln(' Initialisierung beendet')
```

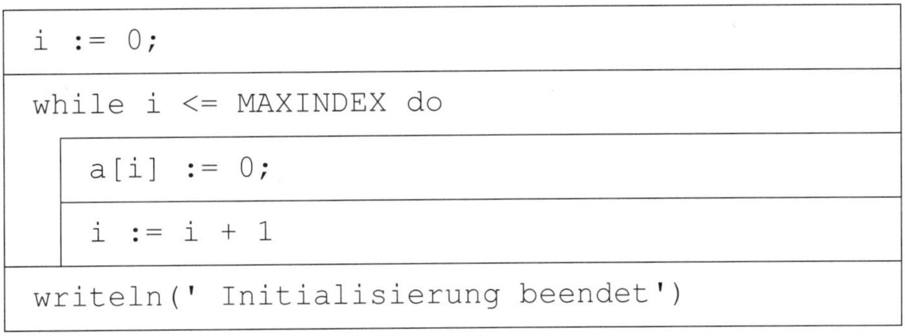

Abb. 14.2: Struktogramm While-Anweisung

Und aus

```
begin
for i := 0 to MAXINDEX do
    begin
    a[i] := 0;
    end;
writeln(' Initialisierung beendet')
end.
```

generiert das Programm das in Abbildung 14.3 dargestellte Struktogramm.

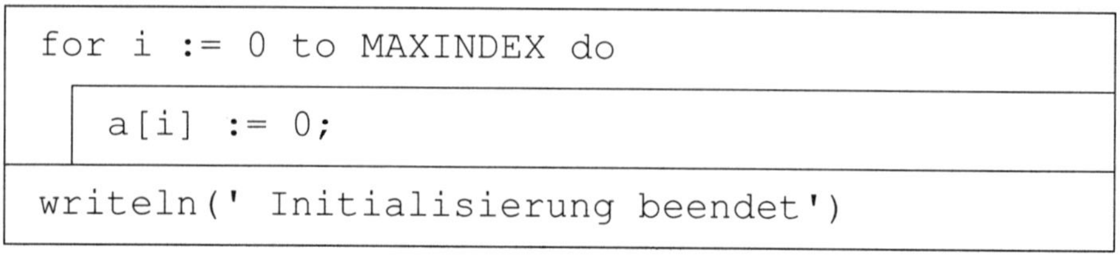

```
for i := 0 to MAXINDEX do

    a[i] := 0;

writeln(' Initialisierung beendet')
```

Abb. 14.3: Struktogramm For-Anweisung

REPEAT, UNTIL

Lautet das erste Wort in einer Zeile REPEAT, so eröffnet STRUKTer ein Sub-Struktogramm in einer Repeat-Box. Beendet wird diese Box durch das entsprechende Schließende Schlüsselwort, bei richtiger Struktur also UNTIL. Die Until-Zeile wird dann mit vorgestelltem repeat in das Struktogramm einkopiert.

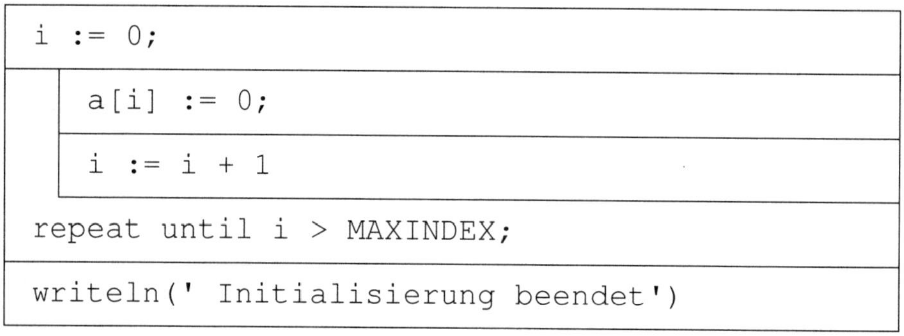

```
i := 0;

    a[i] := 0;

    i := i + 1

repeat until i > MAXINDEX;

writeln(' Initialisierung beendet')
```

Abb. 14.4: Struktogramm Repeat-Anweisung

Ein Beispiel hierzu: Aus

```
begin
i := 0;
repeat
    a[i] := 0;
    i := i + 1
until i > MAXINDEX;
writeln(' Initialisierung beendet')
end.
```

erzeugt STRUKTer das in Abbildung 14.4 wiedergegebene Struktogramm.

WITH

Die With-Anweisung wird grundsätzlich ebenso formatiert wie die While-Anweisung. Die With-Zeile wird in der abgebildeten Weise in das Struktogramm übernommen und der zugehörige Code entsprechend eingerückt.

Es ist nicht üblich, eine With-Anweisung in einem Struktogramm zu berücksichtigen; ein Programm wie STRUKTer ist allerdings dazu gezwungen. Die Figur, die STRUK-Ter erzeugt, entspricht keinesfalls irgendeinem Standard.

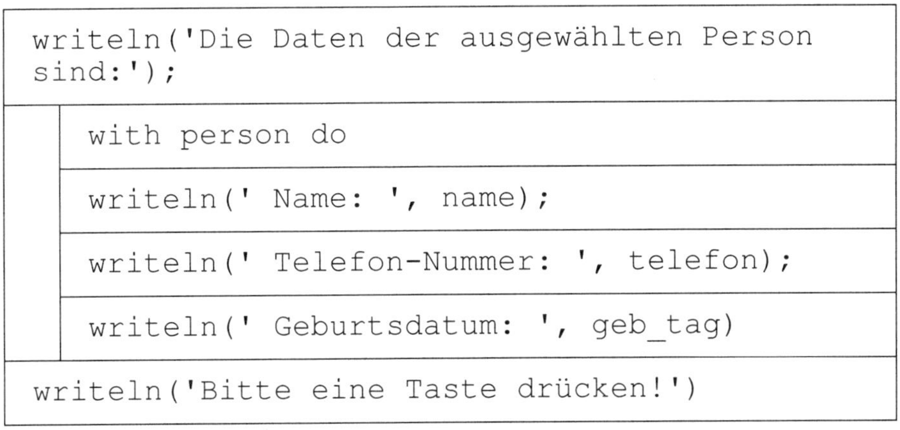

```
writeln('Die Daten der ausgewählten Person
sind:');
        with person do
        writeln(' Name: ', name);
        writeln(' Telefon-Nummer: ', telefon);
        writeln(' Geburtsdatum: ', geb_tag)
writeln('Bitte eine Taste drücken!')
```

Abb. 14.5: Struktogramm With-Anweisung

Aus

```
begin
writeln('Die Daten der ausgewählten Person sind:');
with person do
    begin
    writeln(' Name: ', name);
    writeln(' Telefon-Nummer: ', telefon);
    writeln(' Geburtsdatum: ', geb_tag)
    end;
writeln('Bitte eine Taste drücken!')
end.
```

wird Abbildung 14.5 erzeugt.

IF, THEN, ELSE und (***)

IF erzeugt eine If-Then-Else-Box. Die Eingabezeile wird in das Struktogramm kopiert. Das letzte Wort der Zeile, der Empfehlung nach THEN, wird allerdings nicht in das Struktogramm übernommen, da STRUKTer selbst ein THEN erzeugt.

ELSE sollte als einziges Wort oder nur gefolgt von BEGIN in einer Zeile stehen. Auch hier gilt: Jeder Anweisungsblock muß mit BEGIN-END geklammert sein. Der Else-Teil ist selbstverständlich optional (siehe unten).

if zahl größer als altes Maximum then	else
neues Maximum setzen	Index erhöhen
neues Maximum ausgeben	

Abb. 14.6: Struktogramm If-Anweisung

Ein Beispiel zur Verdeutlichung. Aus

```
begin
if zahl größer als altes Maximum then
```

```
       begin
       neues Maximum setzen
       neues Maximum ausgeben
       end
else
       begin
       Index erhöhen
       end
end.
```

wird das Struktogramm in Abbildung 14.6.

Man wird feststellen, daß in Programmen oder Programmentwürfen recht häufig If-Abfragen ohne Else-Teil vorkommen. Um in solchen Fällen die maximale Breite für den Then-Teil zur Verfügung zu haben, kennt STRUKTer die Markierung (***). Sie steht nach THEN am Zeilenende und bedeutet, daß kein zugehöriger Else-Teil folgt. Sie wird nicht in das Struktogramm übernommen. Auch hierzu soll ein Beispiel angegeben werden:

```
begin
if else-Teil ist leer then (***)
    begin
    Markierung setzen
    volle Breite steht zur Verfügung
    end
end.
```

Mit der Markierung (***) erzeugt STRUKTer hieraus das in Abbildung 14.7 abgedruckte Struktogramm, ohne (***) wird Abbildung 14.8 generiert.

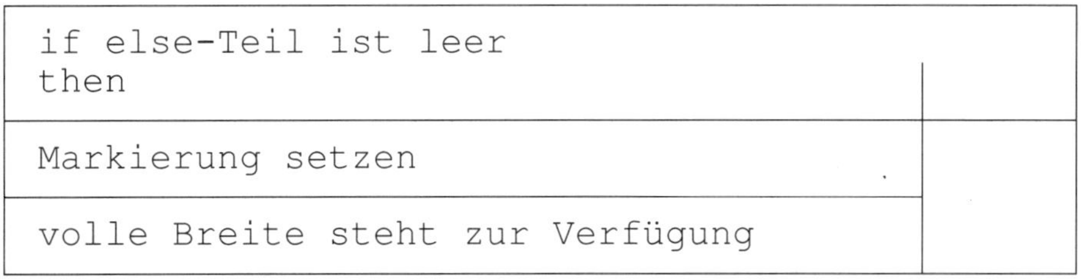

if else-Teil ist leer then	
Markierung setzen	
volle Breite steht zur Verfügung	

Abb. 14.7: Struktogramm Leerer Else-Teil mit (***)

if else-Teil ist leer then	else
Markierung setzen	
volle Breite steht zur Verfügung	

Abb. 14.8: Struktogramm "Leerer Else-Teil ohne (***)"

Man sollte darauf achten, daß nach der (***)-Markierung tatsächlich kein Else-Teil mehr folgt.

Case: (und (**)**

Soll eine Case-Box erzeugt werden, so muß der Eingabetext wie folgt formatiert sein:

```
(** A **) case <variable> of
```

A ist hierbei die Anzahl der Case-Selektoren (0 <= A <= MAX_CASE). Das Öffnende Schlüsselwort (** erzeugt also eine Case-Tabelle und legt A Verzweigungsfelder in ihr an.

Ein Case-Selektor beginnt mit dem Öffnenden Schlüsselwort (**). Danach muß die Liste der abgefragten Konstanten folgen und wiederum ein Doppelpunkt ":" (Pascal-Syntax). Diese Liste von Konstanten muß drei Regeln genügen:

1. Sie darf keine Leerstellen enthalten, d.h., der Selektor muß ein Wort sein.

2. Sie darf nicht breiter sein als das Feld, in das sie kopiert werden soll. Ist sie es dennoch, so wird STRUKTer eine Warnung ausgeben. Das Struktogramm kann an dieser Stelle fehlerhaft sein!

3. Alle Anweisungen nach dem ":" werden ignoriert! Daher sollte hier höchstens BEGIN folgen.

Aus der abgedruckten Eingabedatei wird Abbildung 14.9 formatiert.

```
begin
(** 3 **) case eingabe of
(**) 'J','j','Y','y': begin
          Dateinamen einlesen
          aktuelle Daten abspeichern
          Programm beenden
          end
(**) 'N','n': begin
          Programm beenden
          end
(**) else begin
          zurück zur Bearbeitung
          aktuelle Daten anzeigen
          end
     end
end.
```

case eingabe of 'J','j','Y','y':	'N','n':	else
Dateinamen einlesen	Programm beenden	zurück zur Bearbeitung
aktuelle Daten abspeichern		aktuelle Daten anzeigen
Programm beenden		

Abb. 14.9: Struktogramm Case-Anweisung

Stimmt A nicht mit der Anzahl durch (**) gekennzeichneter Selektoren überein, so wird das Struktogramm nicht korrekt formatiert werden.

Syntaxdiagramme

Ein Darstellungsmittel gibt die Struktur des erlaubten Eingabetextes besonders übersichtlich und kompakt wieder: die Syntaxdiagramme.

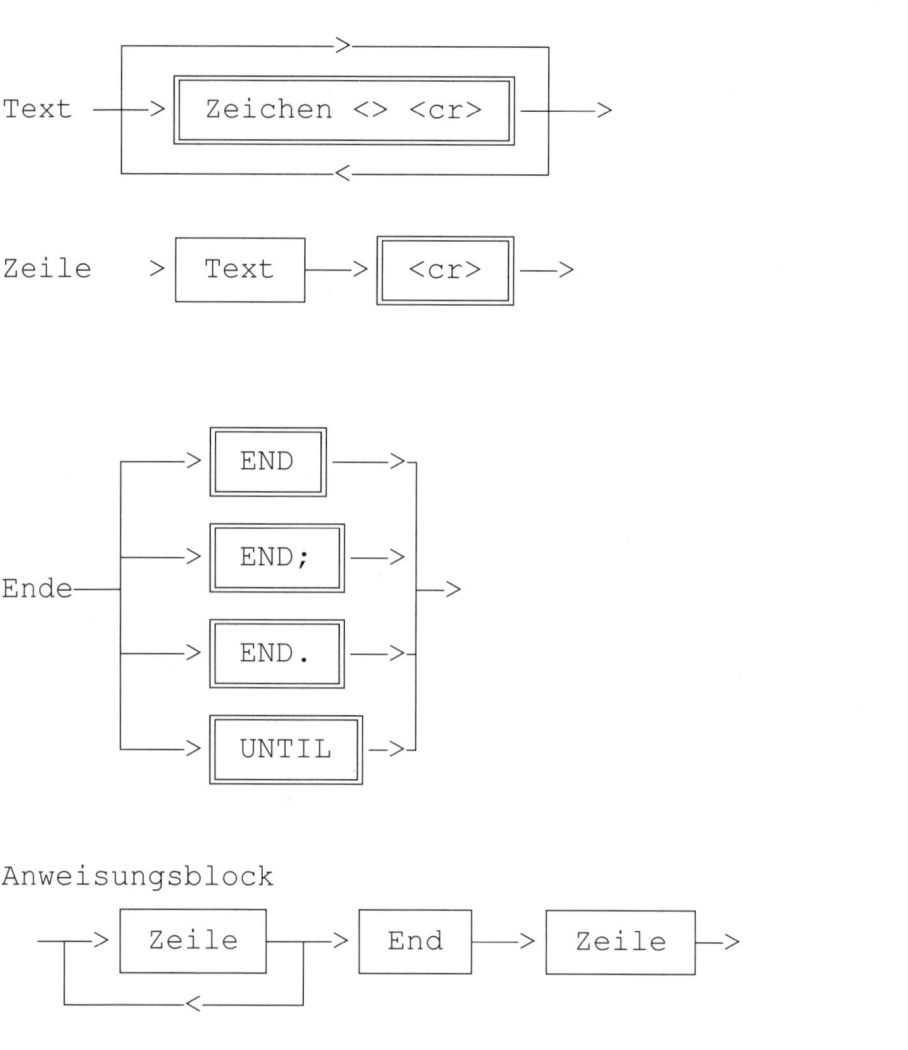

Abb. 14.10: Syntaxdiagramme für Text, Zeile, Ende und Anweisungsblock

Die verbale Vorstellung der unterschiedlichen Kontrollstrukturen und Schlüsselwörter ist zwar zur Einführung gut geeignet, hält jedoch einer kritischen Prüfung nicht stand. Was Eindeutigkeit und Klarheit betrifft, ist unsere Umgangssprache besser strukturierten Darstellungen unterlegen.

Die abgedruckten Syntaxdiagramme beschreiben lediglich, wie ein korrekter Eingabetext für STRUKTer aussehen muß. Dadurch ist noch nicht sichergestellt, daß dieser Text auch eine sinnvolle Bedeutung hat oder etwa Pascal-Syntax entspricht. (Wie bereits erwähnt, ist nach STRUKTers Syntax eine mit END abgeschlossene Repeat-Anweisung erlaubt, eine solche Anweisung aber ist völlig sinnlos.) Es sei dem Leser überlassen, welche Darstellung der Formatierungsregeln er bevorzugt. (Zur Symbolik: Terminalsymbole, in unserem Fall hauptsächlich Schlüsselwörter und Markierungen, sind doppelt, andere Symbole einfach eingerahmt.) Zunächst sollen einige Grundelemente definiert werden (siehe Abbildung 14.10).

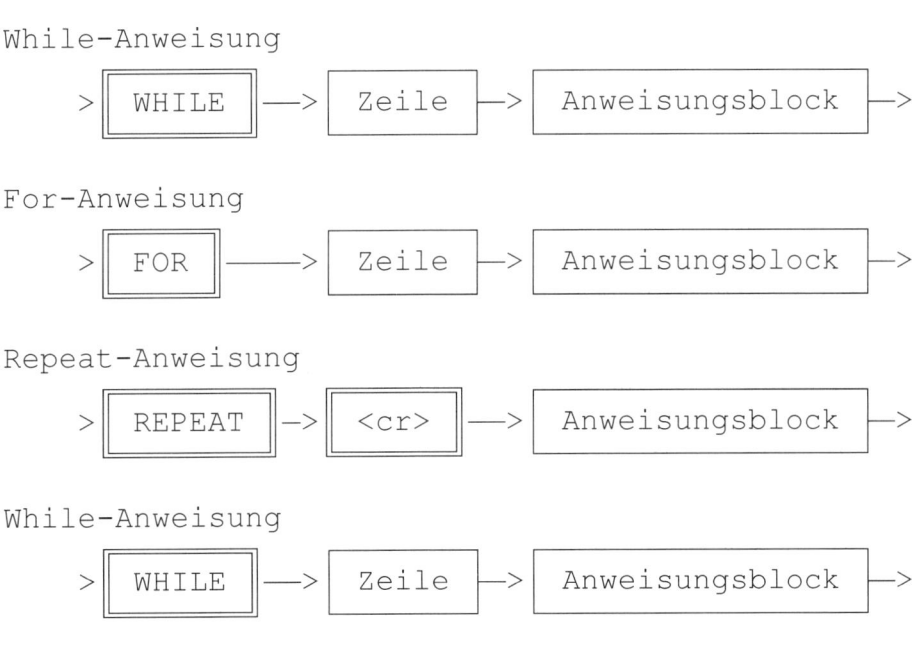

Abb. 14.11: Syntaxdiagramme für While-, For-, With- und Repeat-Anweisungen

Zwei Anmerkungen zu Abbildung 14.10:

- <cr> steht für "carriage return", also das Zeilentrennzeichen.

- Wie bereits oben angedeutet, werden alle Schließenden Schlüsselwörter identisch behandelt!

Mit diesen vier Begriffen ist es nun möglich, die Syntax der Formatierungssprache SP zu beschreiben.

Am Ende der If-Zeile sollte entweder THEN oder THEN (***) stehen!

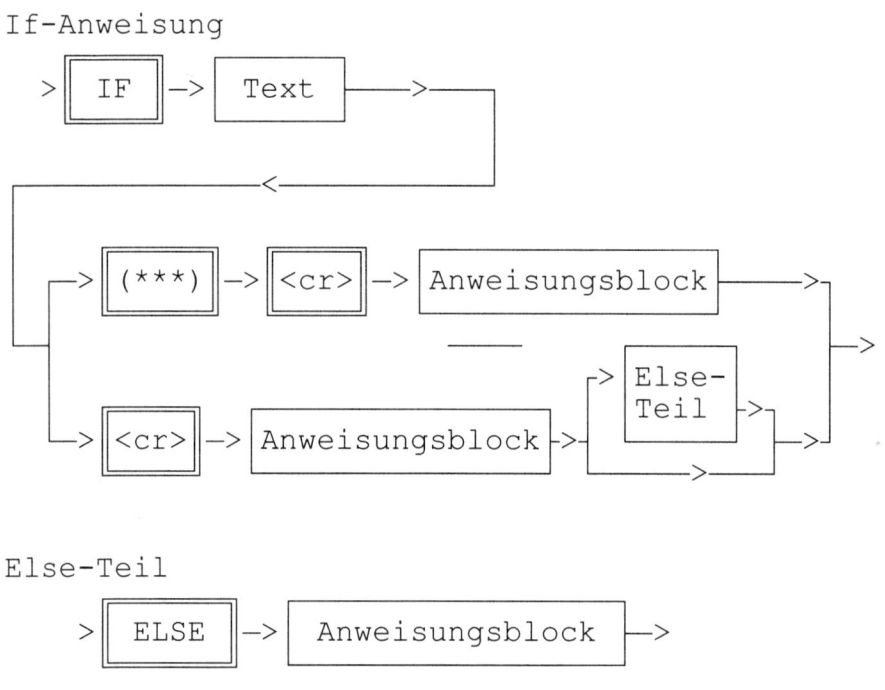

Abb. 14.12: Syntaxdiagramme If-Anweisung, Else-Teil

Case-Anweisung

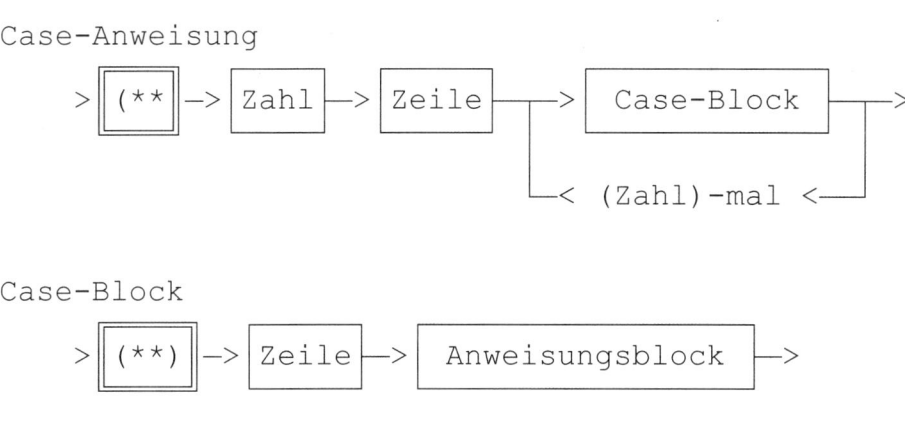

Case-Block

Abb. 14.13: Syntaxdiagramme Case-Anweisung, Case-Block

Im Syntax-Diagramm ist die "(Zahl)"-fache Wiederholung des Case-Selektors innerhalb der Case-Anweisung nur unzureichend darzustellen, sie sei daher nochmals erwähnt. Die erste Zeile des Anweisungsblockes nach (**) sollte als zweites Wort die Liste der Selektoren enthalten, auf die abgefragt wird; der Rest der Zeile wird ignoriert.

Eine Eingabedatei ist für STRUKTer formatierbar, wenn sie der in Abbildung 14.14 dargestellten Syntax entspricht.

Eingabedatei

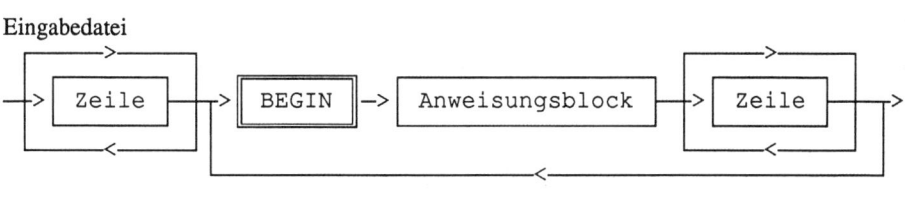

Abb. 14.14: Syntaxdiagramm Eingabedatei

Prozeduren und Funktionen

Wie schon aus dem Syntax-Diagramm "Eingabedatei" hervorgeht, erzeugt STRUKTer, falls gewünscht, aus einer einzelnen Eingabedatei mehrere abgeschlossene Struktogramme.

Generiert er aus zwei Prozeduren oder Funktionen nur ein einziges Struktogramm, so ist die BEGIN-END-Klammerung nicht den Regeln entsprechend durchgeführt worden.

Aus dem folgenden Quelltext wird das in Abbildung 14.15 wiedergegebene Struktogramm erzeugt.

```
program potenz;
var x, n : integer;

function hoch(x, n : integer) : integer;
var faktor : integer;
begin
    faktor := 1;
    while n > 0 do
        begin
        faktor := faktor * x;
        n := n - 1
        end;
    hoch := faktor

end; (* hoch *)

begin
    writeln('Programm z. Potenzierung x^n (n<1 f. Ende)');
    writeln(' (n < 1 für Ende )');
    repeat
        writeln;
        write('  x = ');
        readln(x);
        write('  n = ');
        readln(n);
        writeln;
        writeln('  ', x, '^', n, ' = ', hoch(x, n))
    until n < 1

end.
```

```
faktor := 1;
```
```
while n > 0 do
```
> ```
> faktor := faktor * x;
> ```
> ```
> n := n - 1
> ```
```
hoch := faktor
```

```
writeln('Programm z. Potenzierung x^n (n<1 f.
Ende)');
```
```
writeln(' (n < 1 für Ende )');
```
> ```
> writeln;
> ```
> ```
> write(' x = ');
> ```
> ```
> readln(x);
> ```
> ```
> write(' n = ');
> ```
> ```
> readln(n);
> ```
> ```
> writeln;
> ```
> ```
> writeln(' ', x, '^', n, ' = ', hoch(x, n))
> ```
```
repeat until n < 1
```

Abb. 14.15: Struktogramme aus Prozeduren und Funktionen

Langer Text in schmalen Boxen, Breite und Einrückung

Wie oben bereits erwähnt, erzeugt STRUKTer automatisch einen Zeilenumbruch. Wie die folgenden Beispiele zeigen, geschieht dies wortweise. Es sei nochmals darauf hingewiesen, daß der Zeilenumbruch nicht bei Case-Selektoren arbeitet. Dazu ein Beispiel:

```
begin
Diese beiden langen Zeilen demonstrieren STRUKTers Zeilenumbruch
bei Struktogrammen der Breite sechzig beziehungsweise dreißig.
end.
```

Aus diesem Eingabetext formatiert STRUKTer bei einer Breite von 60 bzw. 30 Zeichen die beiden in Abbildung 14.16 abgedruckten Struktogramme.

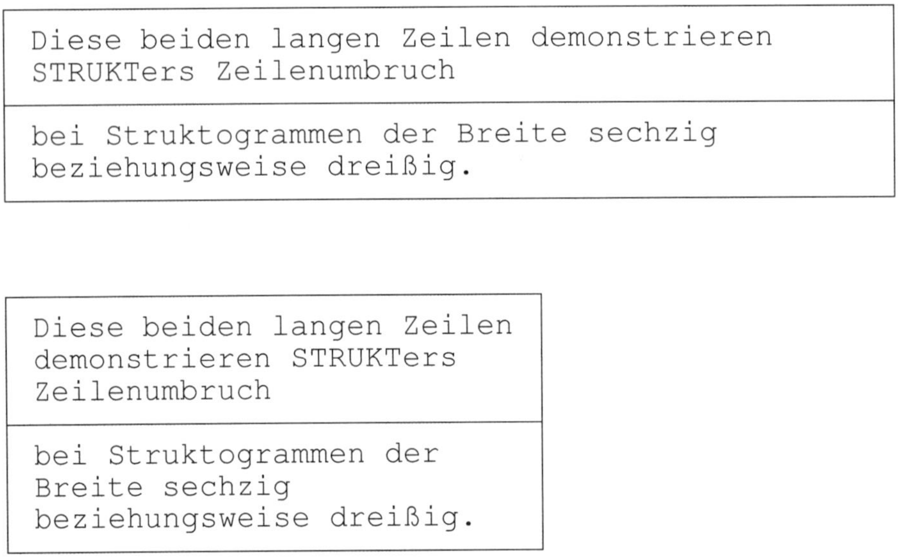

```
 ┌─────────────────────────────────────────────────┐
 │  Diese beiden langen Zeilen demonstrieren        │
 │  STRUKTers Zeilenumbruch                         │
 ├─────────────────────────────────────────────────┤
 │  bei Struktogrammen der Breite sechzig           │
 │  beziehungsweise dreißig.                        │
 └─────────────────────────────────────────────────┘


 ┌─────────────────────────────────┐
 │  Diese beiden langen Zeilen      │
 │  demonstrieren STRUKTers         │
 │  Zeilenumbruch                   │
 ├─────────────────────────────────┤
 │  bei Struktogrammen der          │
 │  Breite sechzig                  │
 │  beziehungsweise dreißig.        │
 └─────────────────────────────────┘
```

Abb. 14.16: Struktogramme verschiedener Breite

Der Parameter Einrückung wirkt sich bei der Formatierung der Öffnenden Schlüsselwörter WHILE, FOR, WITH und REPEAT aus. Er bezeichnet die Breite des freigelassenen linken Streifens.

```
begin
Anzahl einlesen
while Anzahl > 1
    begin
    Eingabedatei öffnen
    for i := 1 to Anzahl
        begin
        Datensatz einlesen
        Werte berechnen
        Ergebnis abspeichern
        end
    Eingabedatei schließen
    Anzahl einlesen
    end
end.
```

Bei einer Einrückung von 3, dem vorgegeben Wert DEF_INDENT, bzw. 10 werden die beiden Struktogramme in Abbildung 14.17 erzeugt.

Anzahl einlesen
while Anzahl > 1
Eingabedatei öffnen
for i := 1 to Anzahl
Datensatz einlesen
Werte berechnen
Ergebnis abspeichern
Eingabedatei schließen
Anzahl einlesen

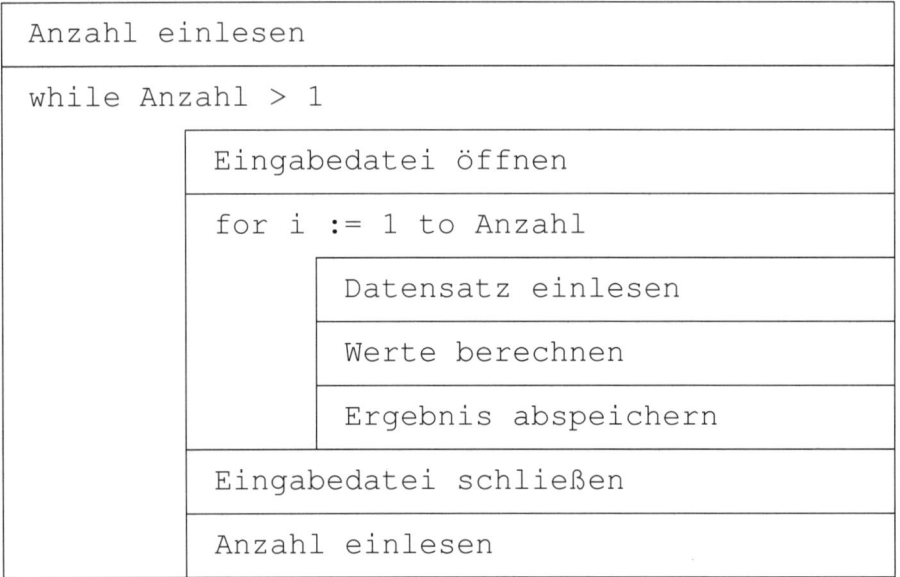

Abb. 14.17: Struktogramme verschiedener Einrückung

Eine größere Einrückung kann, wenn die Textbreite es zuläßt, sehr zur Übersichtlichkeit eines Struktogramms beitragen.

Die Bedienung

Kommandozeilen-Parameter

STRUKTer kann mit zwei Parametern aufgerufen werden:

<Dateiname>: STRUKTer generiert ein Struktogramm mit einer Breite von 60 Zeichen und einer Einrückung von drei Zeichen.

"/": STRUKTer   fragt nach dem Namen der Eingabedatei, Breite und Einrückung. Zulässig sind Breiten von 15 bis zu 130 Zeichen, die Einrückung muß mindestens 1 betragen. (Anmerkung:

Struktogramme einer Breite von zum Beispiel 130 können zwar von STRUKTer nicht mehr am Bildschirm angezeigt, aber ohne weiteres in eine Datei geschrieben und dann ausgedruckt werden.)

Gibt man den Programmnamen ganz ohne Kommandozeilen-Parameter ein, so wird eine kurze Erklärung der möglichen Optionen angezeigt.

Programmablauf

Nachdem Eingabedatei und Struktogramm-Parameter eingegeben sind, beginnt STRUKTer mit der Formatierung. Das Programm zeigt alle Zeilen, die es liest, ohne sie zu interpretieren, mit einem vorgestellten ** am Bildschirm an. Dies sind in der Regel alle die Zeilen, die es einem Deklarationsteil zuordnet.

Die Buchstaben, die während der Formatierung angezeigt werden, haben die folgende Bedeutung:

s   neues (Sub-) Struktogramm eröffnet

f   For- oder While-Anweisung gelesen

w   With-Anweisung gelesen

r   Repeat-Anweisung gelesen

i   If-Anweisung gelesen

e   Else-Teil gelesen

c   Case-Anweisung gelesen

x   Text formatiert

Wenn STRUKTer das Ende der Eingabedatei erreicht hat, wird es das erzeugte Struktogramm am Bildschirm anzeigen. Um eine Kontrolle des Ergebnisses zu ermöglichen, erwartet es nach jeweils 20 Zeilen einen Tastendruck.

Ist das Struktogramm korrekt, so wird man die folgende Frage "Abspeichern ?" mit 'y' oder j beantworten und anschließend einen Dateinamen angeben. In diese Datei wird das Struktogramm geschrieben. Existiert bereits eine Datei mit diesem Namen, so wird sie überschrieben.

Soll das Struktogramm nicht in eine Datei geschrieben werden, so wird das Programm mit n oder einem anderen Zeichen beendet.

Fehler

Bemerkt STRUKTer einen Formatierungsfehler, so wird nach dem Struktogramm eine Warnung ausgegeben. Kommt keine solche Meldung, so heißt das nicht, daß STRUK-Ter ein der Semantik der Eingabedatei entsprechendes Struktogramm erzeugen konnte!

Die häufigsten Fehlerursachen sind:

– Blöcke sind nicht mit BEGIN und END geklammert.

– Die BEGIN-END-Klammerung ist nicht korrekt, zum Beispiel werden Repeat-Blöcke mit END geschlossen oder Blöcke, die mit BEGIN geöffnet wurden, schließen mit UNTIL.

– Formatierungsfehler bei den Case-Schlüsselwörtern (** und (**). Die Reaktion STRUKTers auf solche Fehler ist nicht definiert.

– Kommentare sind nicht zeilen-, sondern blockweise in (* und *) eingeschlossen. STRUKTer übernimmt dann alle Kommentarzeilen außer der ersten in das Struktogramm.

Eingabedateien, die so groß sind, daß das aus ihnen generierte Struktogramm die maximale Länge von 400 Zeilen überschreitet, erzeugen einen Laufzeitfehler.

Texte dieser Länge verdienen allerdings im allgemeinen nicht das Prädikat "strukturiert" und sollten einer besseren Übersichtlichkeit wegen aufgespalten werden.

Anwendung

Durch ein Werkzeug wie dieses gerät man als Programmierer leicht in die Versuchung, die wenigen Regeln, denen ein Pascal-Programm genügen muß, um in ein Struktogramm formatiert werden zu können, direkt bei der Codierung zu beachten und damit der "lästigen Dokumentationspflicht" zu entfliehen. Man kann ja schließlich Struktogramme vorweisen: von wildem Hacking keine Spur.

Jeder, der einmal gezwungen war, einige tausend "lines-of-code" eines anderen Programmierers zu lesen und an neue Anforderungen anzupassen, weiß aber um den Wert einer konsequenten Dokumentation. Von der ersten Entwurfsphase eines Projektes an sollte ausführlich Protokoll geführt werden über verwendete Algorithmen und die dazugehörigen Datenstrukturen. Nur so wird die Möglichkeit der Änderung und Wartung eines Programms sichergestellt.

Zur Formatierungssprache

Um STRUKTer die Semantik einer Eingabedatei "mitzuteilen", war die Einführung bestimmter Regeln und neuer Schlüsselwörter notwendig. Die Gründe hierfür seien kurz vorgestellt:

Schlüsselwörter, die der Pascal-Syntax entsprechen, wie z.B. WHILE, FOR oder IF, sind von der Bearbeitung her unkritisch. STRUKTers Reaktion auf sie ist immer gleich: Eine Box wird angelegt, Text einkopiert und ein Sub-Struktogramm in dieser Box eröffnet, generiert und dann wieder geschlossen.

Problematisch ist in erster Linie die Verarbeitung einer Case-Anweisung. STRUKTer kann zum Zeitpunkt der Eröffnung einer Case-Tabelle nicht wissen, wie viele Tabellenfelder überhaupt angelegt werden müssen. Es wäre möglich gewesen, einen Durchlauf zu programmieren, bei dem nur Case-Selektoren gezählt werden. Dies hätte die Laufzeit des Programms sehr negativ beeinflußt. Günstiger ist es, die Anzahl der Selektoren zu Beginn der Tabelle bekannt zu machen.

Um der Pascal-Syntax zu entsprechen, mußte diese Angabe in Form eines Kommentars realisiert werden: (** gilt als Schlüsselwort der Case-Anweisung. Durch die Angabe der Anzahl der Selektoren wird es möglich, die Breite der einzelnen Spalten direkt zu berechnen.

Eine weitere Schwierigkeit bei der Erzeugung von Case-Tabellen ist die Erkennung der Selektoren. Der Doppelpunkt ist sehr wenig "aussagekräftig". Nach welchen Regeln soll ein einfaches, wortorientiertes Programm wie STRUKTer in vertretbarer Zeit einen Selektor erkennen? (**) ist eine einfache und leicht einzusehende Lösung dieses Problems. (Interessanterweise hat N. Wirth bei der Definition von Modula-2 dieses Problem ausgeräumt: Modula-2 definiert I als Trennsymbol zwischen Case-Selektoren.)

Weiterhin bemerkenswert ist, daß BEGIN im Inneren eines Anweisungsteils durch Öffnende und Schließende Schlüsselwörter überflüssig wird. Dieses Konzept bedingt jedoch, daß auch eine einzelne Anweisung durch END abgeschlossen werden muß, wenn sie in einem Sub-Struktogramm erscheinen soll. Wie wir wissen, genügt STRUKTer das END; BEGIN wird innerhalb eines Anweisungsteils ignoriert. (Auch hier lassen sich wieder Vergleiche von STRUKTers Formatierungssprache SP zu Modula-2 anstellen: Dort verzichtet N. Wirth auf das BEGIN im Inneren von Anweisungsteilen.)

Nach diesen Einschränkungen der Pascal-Syntax ist eine eindeutige Interpretation der Schlüsselwörter einfach möglich.

Zum Programm

Die Größe des zu erzeugenden Struktogramms wird durch die Konstanten

```
const
    MAXS = 130; (* maximale Spaltenanzahl *)
    MAXZ = 400; (* maximale Zeilenanzahl *)
```

begrenzt. Mit dem Datentyp

```
type
    zstring = string[MAXS + 2];
```

wird dann die Variable definiert, die das Struktogramm enthält:

```
var
    feld  :  array[1..MAXZ] of zstring;
```

Weiterhin bezeichnet

```
zeile    :  zstring;
```

die jeweils aktuelle Zeile der Eingabedatei,

```
z           :  0..MAXZ;
```

die aktuelle Zeilenposition im Struktogramm und

```
ztop,
zbottom  :  0..MAXZ;
```

die oberste bzw. unterste Zeile des aktuellen Struktogramms. Die Struktogramm-Parameter Breite und Einrückung werden gespeichert in den Variablen

```
user_breite,
user_indent :  integer;
```

Die Konstanten

```
DEF_BREITE = 60;
DEF_INDENT = 3;
```

bestimmen die Default-Werte dieser Parameter.

Die maximale Anzahl von Selektoren innerhalb einer Case-Anweisung wird durch die Konstante

```
MAX_CASE = 15;
```

vorgegeben. Außerdem sind alle verwendeten ASCII-Grafikzeichen als Konstanten definiert.

Nun sollen einige wichtige und allgemein verwendbare Funktionen vorgestellt werden:

```
function woerter( str : zstring ) : integer;
```

gibt die Anzahl der durch Leerzeichen begrenzten Wörter in str zurück.

```
function ntes_wort( str : zstring; n: integer ) : zstring;
```

gibt das n-te Wort aus str zurück.

```
function nchars( n : integer; ch : char ) : zstring;
```

erzeugt eine Zeichenkette der Länge n, die ausschließlich aus Zeichen ch besteht.

```
function strip( str : zstring ) : zstring;
```

löscht führende und nachfolgende Leerzeichen und Tabulatoren aus der Zeichenkette str; enthält str nur Leerzeichen, so gibt die Funktion einen Leerstring " zurück.

```
function toupper( str : zstring ) : zstring;
```

konvertiert die Zeichenkette str in Großbuchstaben.

```
function datei_gefunden( fname : string ) : boolean;
```

prüft, ob die Datei fname vorhanden ist oder nicht.

Folgende Prozeduren und Funktionen sind nicht weiter zu verwenden:

```
procedure hilfe;
```

zeigt beim Aufruf ohne Kommandozeilen-Parameter eine Hilfe am Bildschirm an.

```
procedure parameter_lesen;
```

liest, falls STRUKTer mit dem Argument "/" aufgerufen wurde, die Variablen infile_name, user_breite und user_indent ein.

```
procedure init;
```

initialisiert die globalen Variablen.

```
procedure str_top( breite : integer );
```

kopiert ab der Position (z, 1) den oberen Rand eines Struktogramms der Breite breite in feld ein.

```
procedure str_bottom( breite : integer );
```

kopiert ab der Position (z, 1) den unteren Rand eines Struktogramms in feld ein; senkrechte Linien in der Zeile z-1 werden abgeschlossen.

```
procedure anzeige;
```

zeigt das erzeugte Struktogramm am Bildschirm an und speichert es gegebenenfalls ab.

```
function randzeichen( zeile, spalte : integer; ch : char )
                                              : zstring;
```

gibt jeweils das Zeichen zurück, das an der Position (zeile, spalte) im Struktogramm stehen muß, um die Linien zu verbinden.

```
procedure copystring( spalte : integer; txt : zstring;
                      maxbreite : integer );
```

kopiert txt ab der Position (z, spalte) ins Struktogramm ein; ist maxbreite < 0, so wird txt als Steuerinformation direkt eingetragen; ist maxbreite > 0, so wird txt als echter Text interpretiert und wortweise einkopiert.

Die zentrale Prozedur ist

```
procedure strukt( s, breite : integer );
```

Sie erzeugt ein Struktogramm mit dem linken Rand in Spalte s, dem rechten Rand in Spalte s + breite − 1. Der obere und untere Abschluß des Struktogramms wird nicht generiert.

Der Ablauf des Hauptprogramms ist in Abbildung 14.18 angegeben.

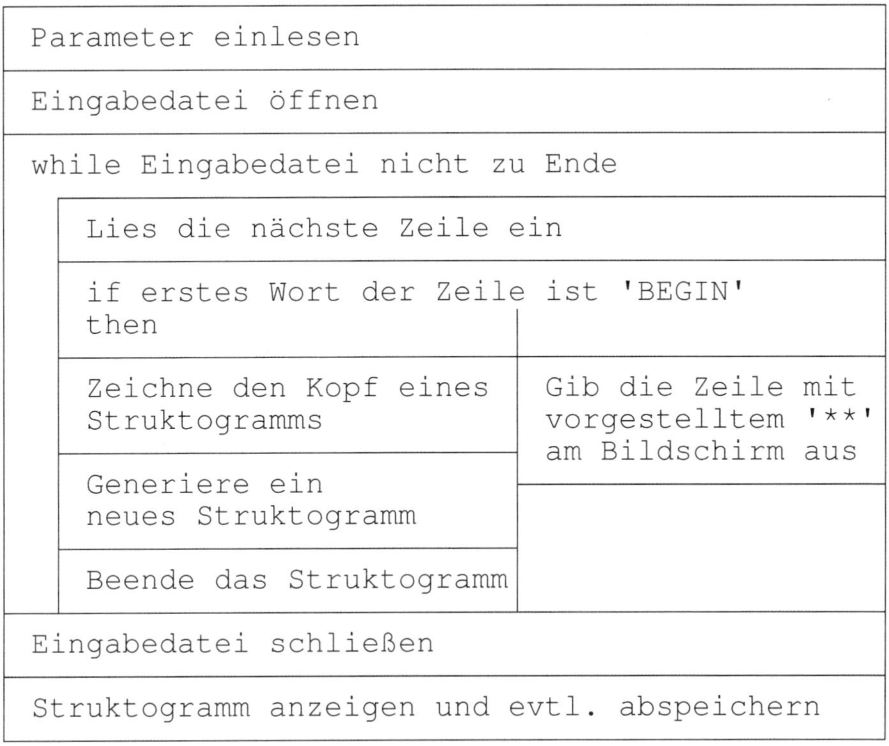

Parameter einlesen	
Eingabedatei öffnen	
while Eingabedatei nicht zu Ende	
Lies die nächste Zeile ein	
if erstes Wort der Zeile ist 'BEGIN' then	
Zeichne den Kopf eines Struktogramms	Gib die Zeile mit vorgestelltem '**' am Bildschirm aus
Generiere ein neues Struktogramm	
Beende das Struktogramm	
Eingabedatei schließen	
Struktogramm anzeigen und evtl. abspeichern	

Abb. 14.18: Struktogramm STRUKTer

Portierbarkeit

STRUKTer ist in keiner Weise abhängig von der eingesetzten Hardware oder dem installierten Betriebssystem. Er sollte mit den Turbo Pascal Compilern 4.0, 5.0 und 5.5 ohne Änderung übersetzt werden können. Für die Version 3.0 sind nur kleine Modifikationen nötig. Die system-abhängigen Stellen sind die Funktionen toupper und datei_gefunden sowie die Prozedur anzeige. Unter Umständen wird man auch das komfortable String-Handling von Turbo Pascal vermissen (Zugriff auf das Längenbyte eines Strings in mehreren Prozeduren).

Von Portierungen auf andere Rechnersysteme zu hören, würde mich sehr freuen.

Source-Code

```
program strukter;

(* STRUKTer ist ein Pascal-orientierter Struktogramm-
                                    Generator.
   Realisierung in TurboPascal 5.0

   Stefan Müller, 11.12.89 *)


uses crt, dos;
     (* crt: readkey *)
     (* dos: findfirst => DosError, SearchRec *)

const
    MAXS = 130;             (* max. Breite d. Struktogramms *)
    MAXZ = 400;             (* max. Länge des Struktogramms *)
    DEF_BREITE = 60;        (* Default-Breite       *)
    DEF_INDENT = 3;         (* Default-Einrückung *)
    MAX_CASE = 12;          (* max. Anzahl der Case-Felder *)

    (* BoxCharacters *)
    WA = ' ';
    SE = '|';
    LO = '┌';
    RO = '┐';
    LU = '└';
    RU = '┘';
    MR = '┤';
    ML = '├';
    MO = '┬';
    MU = '┴';
    MM = '┼';


type
    zstring = string[MAXS+2];  (* Zeilentyp *)


var
    feld            : array[1..MAXZ] of zstring;

    infile_name     : string;  (* Name der Eingabedatei  *)
    infile          : text;    (* Eingabedatei *)
    zeile           : zstring; (* aktuelle Eingabezeile  *)
```

```pascal
    begin_gefunden : boolean;   (* Eingabedatei wird nach *)
                                (* jeweils nächstem   *)
                                (* 'begin' durchsucht   *)
    z              : 0..MAXZ;   (* aktuelle Zeilenposition*)
                                (* im Struktogramm *)
    ztop,                       (* Top-Zeile des *)
                                (* ProcStrukts*)
    zbottom        : 0.. MAXZ;  (* Bottom-Zeile des *)
                                (*ProcStrukts *)
    user_breite,                (* einstellbare Parameter *)
    user_indent    : integer;
    i              : integer;   (* Schleifenzähler *)
    kommandozeile  : string;
    warning        : boolean;

(*********************************************************)

function nchars( n  : integer;
                 ch : char ) : zstring;
(* Liefert n-mal das Zeichen ch als string zurück. *)
var
    k : integer;
    dummy : zstring;

begin
    dummy := '';
    for k := 1 to n do
        dummy := concat(dummy, ch);

    nchars := dummy
end;

(*********************************************************)

function woerter( str : zstring ) : integer;
(* Zählt die durch Leerzeichen begrenzten Zeichenketten in str.
*)

var
    inwort  : boolean;
    index,
    laenge,
    wortzaehler : integer;

begin
    wortzaehler := 0;
```

```
    inwort := FALSE;
    index := 1;
    laenge := length(str);

    while index <= laenge do
        begin
        if str[index] <> ' ' then
            begin
            if not inwort then
                inc(wortzaehler);
            inwort := TRUE
            end
        else
            inwort := FALSE;
        inc(index)
        end;

    woerter := wortzaehler

end; (* woerter *)

(************************************************************)

function ntes_wort( str : zstring;
                    n   : integer ) : zstring;
(* Gibt das nächste durch Leerzeichen begrenzte Wort *)
(* aus str zurück. *)

var
    fertig,
    inwort  : boolean;
    index,
    laenge,
    zaehler : integer;
    dummy   : zstring;

begin
    zaehler := 0;
    fertig := FALSE;
    inwort := FALSE;
    index := 0;
    laenge := length(str);

    (* Anfang des nächsten Wortes suchen und in index*)
    (* festhalten. *)
    while (index <= laenge) and not fertig do
```

```
                begin
                inc(index);
                if str[index] <> ' ' then
                        begin
                        if not inwort then
                                begin
                                inc(zaehler);
                                fertig := zaehler = n
                                end;
                        inwort := TRUE
                        end
                else
                        inwort := FALSE
                end;

        (* n. Wort in Funktionswert kopieren. *)
        zaehler := 0;
          (* Init auf Leerstring *)
        dummy := nchars(MAXS, ' ');
          (* Reihenfolge der Auswertung! *)
        while (index+zaehler <= laenge)
        and (str[index+zaehler] <> ' ') do
                begin
                dummy[zaehler+1] := str[index+zaehler];
                inc(zaehler)
                end;

        (* Zugriff auf das Längenbyte! *)
        dummy[0] := chr(zaehler);

        ntes_wort := dummy

end; (* ntes_wort *)

(***************************************************************)

function strip( str : zstring ) : zstring;
(* Löscht führende und folgende Blanks und tabs aus str. *)
(* Enthält str nur Blanks, gibt die Funktion '' zurück.  *)

var
    firstnonblank,
    lastnonblank,
    laenge,
    i                 : integer;
```

```
begin
    (* Hintere Blanks und Tabs werden gelöscht. *)
    laenge := length(str);
    lastnonblank := laenge;
    (* Reihenfolge der Bedingungen beachten! *)
    while (lastnonblank > 0) and ((str[lastnonblank] = ' ') or
    (str[lastnonblank] =, chr(9))) do
        dec(lastnonblank);

    (* Führende Blanks und Tabs werden übersprungen. *)
    firstnonblank := 1;
    (* Reihenfolge der Bedingungen beachten! *)
    while (firstnonblank <= lastnonblank) and
    ((str[firstnonblank] = ' ') or
    (str[firstnonblank] = chr(9))) do
        inc(firstnonblank);

    (* Zeichen in strip einkopieren. *)
    for i := firstnonblank to lastnonblank do
        strip[i-firstnonblank+1] := str[i];

    (* Neue Länge speichern: Längenbyte *)
    strip[0] := chr(lastnonblank-firstnonblank+1)

end; (* strip *)

(*************************************************************)

function toupper( str : zstring ) : zstring;
(* Konvertiert str in Großbuchstaben. *)

var
    i,
    laenge : integer;

begin
    laenge := length(str);
    for i := 1 to laenge do
        str[i] := upcase(str[i]);

    toupper := str

end; (* toupper *)

(*************************************************************)
```

```
function datei_gefunden (fname : string) : boolean;
var
    search : SearchRec;
begin
    datei_gefunden := TRUE;
    findfirst(fname, ANYFILE, search);
    if DosError <> 0 then
        datei_gefunden := FALSE

end; (* datei_gefunden *)

(*********************************************************)

procedure hilfe;

begin
    writeln;
    writeln('  ist ein Struktogramm-Generator!');
    writeln;
    write('  STRUKTer kann mit folgenden Kommandozeilen-');
    writeln('Parametern aufgerufen werden:');
    writeln;
    write('      / - STRUKTer fragt nach ');
    writeln('Eingabedatei, Breite und');
    writeln('            Einrückung des Struktogramms.');
    write('   <fn> - STRUKTer betrachtet Datei mit dem ');
    writeln('Namen <fn> als Eingabedatei;');
    write('        es gelten d. Werte (', DEF_BREITE, ', ');
    writeln(DEF_INDENT, ') für Breite und Einrückung.');
    writeln;
    writeln

end; (* hilfe *)

(*********************************************************)

procedure parameter_lesen;
begin
    write('  Name der Eingabedatei: ');
    readln(infile_name);
    repeat
        write  ('  Breite des Struktogramms
                    (max: ',MAXS,'): ');
        readln(user_breite)
    until (user_breite > 15) and (user_breite <= MAXS);
    repeat
```

```
          write  ('  Einrückung: ');
          readln(user_indent)
     until (user_indent > 0) and (user_indent < user_breite)

end; (* parameter_lesen *)

(*******************************************************)

procedure init( b : integer );
(* Initialisierung globaler Variablen *)
var
     i, j : integer;

begin
     for i := 2 to MAXZ do
          begin
          for j := 1 to b+2 do
               feld[i][j] := ' ';
          (* Längenbyte setzen *)
          feld[i][0] := CHR( b+2 )
          end;

     begin_gefunden := FALSE;
     warning := FALSE;
     z := 0;
     zeile := ''

end; (* init *)

(*******************************************************)

procedure anzeige;
(* Anzeige und ggfs. Abspeichern des Struktogramms. *)

var
     outfile      : text;
     outfile_name : string;
     eing         : char;
     i            : 0..MAXZ;
     j, max       : 0..MAXS;

begin
     (* Abschluß der progress-Anzeige *)
     writeln;

     (* Festlegen der angezeigten Spalten *)
```

```
    if user_breite < 80 then
        max := user_breite
    else
        max := 79;

    (* Anzeige des Struktogrammes am Bildschirm *)
    (* höchstens 79 Zeichen breit *)
    for i := 1 to z do
        begin
        if i mod 20 = 0 then
            eing := readkey;
        for j := 1 to max do
            write(feld[i][j]);
        writeln
        end;

    writeln(' ', z, ' Zeilen!');
    if warning then
        writeln(' *** Struktogramm evt. fehlerhaft!');

    write(' Abspeichern ? ');
    eing := upcase(readkey);
    if (eing = 'J') or (eing = 'Y') then
        begin
        write('  Filename: ');
        readln(outfile_name);

        (* Datei eröffnen; eine vorhandene Datei wird *)
        (*überschrieben. *)
        assign(outfile, outfile_name);
        rewrite(outfile);

        (* Struktogramm zeilenweise in Datei schreiben. *)
        for i := 1 to z do
            writeln(outfile, feld[i]);

        (* Datei schließen *)
        close(outfile)
        end;

        writeln;
        writeln;
        write(nchars(56, ' '));
        write('Stefan Müller, 12/89');

end; (* anzeige *)
```

```
(*********************************************************)

function randzeichen( zeile,
                      spalte  : integer;
                      vorgabe : char ) : char;
(* Gibt das bei der Vorgabe vorgabe an die Position     *)
(* (zeile, spalte) im Struktogramm passende *)
(* Grafikzeichen zurück. *)

var
    c                : char;
    links, rechts : boolean;

begin
    case vorgabe of
        SE: begin
            if spalte > 1 then
                begin
                c := feld[zeile][spalte-1];
                links := (c = WA) or (c = MO) or (c = MU)
                          or (c = ML)
                end
            else
                links := FALSE;

            c := feld[zeile][spalte+1];
            rechts := (c = WA) or (c = MO) or (c = MU)
                       or (c = MR);
            if links then
                if rechts then
                    randzeichen := MM
                else
                    randzeichen := MR
            else
                if rechts then
                    randzeichen := ML
                else
                    randzeichen := SE
            end;
        WA: begin
            c := feld[zeile-1][spalte];
            if (c <> SE) and (c <> ML) and
            (c <> MR) and (c <> MM) then
                randzeichen := WA
            else
```

```
                        randzeichen := MU
                end;
          ML: if feld[zeile][spalte-1] <> WA then
                    randzeichen := ML
                else
                    randzeichen := MM
          else
              randzeichen := vorgabe
      end

end; (* randzeichen *)

(**********************************************************)

procedure copystring( spalte    : integer;
                      txt        : zstring;
                      maxbreite  : integer );
(* Bei maxbreite > 0: txt wird ab Index spalte wortweise *)
(* in feld[z] (aktuelle Struktogramm-Zeile) einkopiert;  *)
(* txt enthält dann keine Grafik- oder Randzeichen!      *)
(* Bei maxbreite < 0 wird der String txt als Strukto-    *)
(* gramm-"Rahmen" (nicht "-Inhalt") interpretiert und    *)
(* ohne Umbruch einkopiert. Vorsicht: Sideeffects auf    *)
(* globale Variable!      *)

var
    kopiert,                (* Anz. schon kopierter Zeich. *)
    zeichen_anz : integer; (* Anz. zu kopierender Zeich. *)
    position    : integer; (* Aktuelle Position in der   *)
                           (* Struktogrammzeile          *)
    akt_wort    : zstring; (* Nächst. zu kopierend. Wort *)
    wortlaenge,             (* Länge von akt_wort *)
    wortindex   : integer; (* Index von akt_wort *)

begin
    kopiert := 0;
    zeichen_anz := length(txt);

    if maxbreite < 0 then

            (* txt ist Teil des Struktogramms. Der Text *)
            (* wird direkt einkopiert, es werden keine  *)
            (* neuen Zeilen angelegt.    *)

        while zeichen_anz > kopiert do
              begin
```

```
        if txt[kopiert+1] <> chr(9) then
            feld[z][spalte+kopiert] := txt[kopiert+1];
        inc(kopiert)
        end

else begin

    (* txt ist tatsächlich Inhalt einer Box und      *)
    (* wird also wortweise einkopiert. txt enthält *)
    (* keine BoxChars! Die Randzeichen generiert      *)
    (* die Prozedur dann selbst. *)

    (* Sicherheitsabfrage: Box zu schmal *)
    if maxbreite <= 3 then
        begin
        warning := TRUE;
        (* leere Box & Prozedur verlassen *)
        txt := ''
        end;

    position := 2;    (*Beginne (relativ) in Spalte 2*)
    wortindex := 1;            (* und beim ersten Wort. *)
    akt_wort := ntes_wort(txt, wortindex);
    wortlaenge := length(akt_wort);

    repeat
        (* linkes Randzeichen setzen *)
        feld[z][spalte] := randzeichen(z, spalte, SE);

        (* Paßt nächstes Wort noch in diese Zeile? *)
        while (wortlaenge + position < maxbreite)
        and (wortlaenge > 0) do
            begin
            (* Wort einkopieren *)
            for kopiert := 1 to wortlaenge do
                begin
                feld[z][spalte+position] :=
                            akt_wort[kopiert];
                inc(position)
                end;

            (* Ein Blank nach jedem Wort *)
            feld[z][spalte+position] := ' ';
            inc(position);

            (* Nächstes Wort betrachten *)
```

```
      inc(wortindex);
      akt_wort := ntes_wort(txt, wortindex);
      wortlaenge := length(akt_wort);
      end;

  if wortlaenge >= maxbreite-2 then
  (* Wort ist breiter als Box: *)
  (* zeichenweise einkopieren  *)
      begin
      (* Beim ersten Zeichen des Wortes *)
      (*beginnen *)
      kopiert := 1;
      dec(position);

      (* Alle Zeichen d. Wortes einkopieren *)
      while kopiert <= wortlaenge do
          begin
          inc(position);
          if position < maxbreite-1 then
              begin
              (* Zeichen einschreiben *)
              feld[z][spalte+position] :=
                        akt_wort[kopiert];
              inc(kopiert)
              end
          else begin (* Zeilenumbruch *)
              (* Rechtes Randzeichen  *)
                 (* altes Feld *)
                 feld[z][spalte+maxbreite-1] :=
                                    SE;
              inc(z);
              (* Linkes Randzeichen *)
              (* neues Feld *)
              feld[z][spalte] :=
                 randzeichen(z, spalte, SE);
              (* Position rücksetzen *)
              position := 1
              end
          end;

      (* Nächstes Wort betrachten *)
      inc(wortindex);
      akt_wort := ntes_wort(txt, wortindex);
      wortlaenge := length(akt_wort);

      if position < maxbreite-2 then
```

```pascal
                begin
                (* Blank einfügen, wortweises *)
                (* Auffüllen vorbereiten      *)

                inc(position);
                feld[z][spalte+position] := ' ';
                inc(position)
                end
          else
                if wortlaenge > 0 then
                     begin
                     (* Neue Zeile anlegen *)
                     (* Rechtes Randzeichen *)
                     (* altes Feld *)
                     feld[z][spalte+maxbreite-1] :=
                                          SE;
                     inc(z);
                     (* Linkes Randzeichen *)
                     (* neues Feld  *)
                     feld[z][spalte] :=
                        randzeichen(z, spalte, SE);
                     (* Position rücksetzen *)
                     position := 2
                     end;

          end
     else
          if wortlaenge > 0 then
                begin
                (* Aktuelle Zeile abschließen *)
                feld[z][spalte+maxbreite-1] :=
                  randzeichen(z, spalte+maxbreite
                                         -1, SE);
                (* Neue Zeile starten *)
                inc(z);
                (* Position rücksetzen *)
                position := 2
                end

  until wortlaenge = 0;

  (* Aktuelle Zeile abschließen *)
  feld[z][spalte+maxbreite-1] :=
                  randzeichen
                     (z, spalte+maxbreite, SE)
```

```
        end

end; (* copystring *)

(*******************************************************)

procedure str_top( breite : integer );
(* in aktuelle Zeile z *)
begin
    feld[z] := concat(LO, nchars(breite-2, WA), RO, ' ')

end; (* str_top *)

(*******************************************************)

procedure str_bottom( breite : integer );
(* in aktuelle Zeile z *)
begin
    feld[z][1] := LU;
    feld[z][user_breite] := RU;
    for i := 2 to user_breite-1 do
        feld[z][i] := randzeichen(z, i, WA)

end; (* str_bottom *)

(*******************************************************)

procedure strukt( s,
                  breite : integer );
(* Rekursive Prozedur, die ein Struktogramm anlegt, *)
(* dessen linke Randlinie in der Spalte s und dessen *)
(* rechter Rand in der Spalte s+breite-1 liegt.      *)

var
    firstword    : zstring;
    z_then       : 1..MAXZ;  (* Zeile f. else-Struktogramm*)
    z_else       : 1..MAXZ;  (* Zeile für Fortsetzung nach *)
                             (* else oder case *)
    ifbox        : zstring;

(*************************************)

procedure while_behandeln;

var
```

```
    i    : integer;           (* Schleifen *)
    z_top : 1..MAXZ;

begin
    (* in progress *)
    write('f');

    (* Text einkopieren *)
    copystring(s, zeile, breite);
    inc(z);

    (* Obere Linie des Sub-Struktogramms anlegen *)
    copystring(s, concat(randzeichen(z, s, SE),
            nchars(user_indent-1, ' '), LO,
            nchars(breite-user_indent-2, WA), MR), -1);
    inc(z);

    (* Zeile merken *)
    z_top := z;

    (* Sub-Struktogramm anlegen *)
    strukt(s+user_indent, breite-user_indent);

    (* Senkrechten Seitenrand ziehen *)
    for i := z_top to z-1 do
        feld[i][s] := randzeichen(i, s, SE);

    (* Sub-Struktogramm beenden (incl. "Anschluß") *)
    feld[z-1][s] := randzeichen(z-1, s, ML);
    feld[z-1][s+breite-1] := MR;
    for i := s+1 to s+breite-2 do
        feld[z-1][i] := randzeichen(z-1, i, WA)

end; (* while_behandeln *)

(**************************************)

procedure with_behandeln;

var
    i,
    z_top : 1..MAXZ;

begin
    (* in progress *)
    write('w');
```

```
    (* Oberste Zeile anpassen, Anschluß regeln *)
    feld[z-1][s+user_indent] := MO;

    (* Zeile merken *)
    z_top := z;

    (* WITH-Zeile einkopieren *)
    copystring(s+user_indent, zeile, breite-user_indent);
    inc(z);

    (* Waagerechte Trennlinie *)
    copystring(s+user_indent,
          concat(ML, nchars(breite-user_indent-2, WA),
                                              MR), -1);
    inc(z);

    (* Struktogramm generieren *)
    strukt(s+user_indent, breite-user_indent);

    (* Linken Seitenrand ziehen *)
    for i := z_top to z-2 do
        feld[i][s] := randzeichen(i, s, SE);

    (* Anschluß Ecke links unten regeln *)
    feld[z-1][s+user_indent] := MU;
    feld[z-1][s] := ML;
    for i := s+1 to s+user_indent-1 do
        feld[z-1][i] := WA


end; (* with_behandeln *)


(****************************************)

procedure repeat_behandeln;

var
    i    : integer;  (* Schleifen *)
    z_old : 1..MAXZ;

begin
    (* in progress *)
    write('r');
```

```pascal
      (* "Anschluß" nach oben regeln *)
      if feld[z-1][s+user_indent] = MU then
          feld[z-1][s+user_indent] := MM
      else
          feld[z-1][s+user_indent] := MO;

      (* Zeile merken *)
      z_old := z;

      (* Nächstes Struktogramm anlegen *)
      strukt(s+user_indent, breite-user_indent);

      (* Senkrechte Begrenzung ziehen *)
      for i := z_old to z do
          feld[i][s] := randzeichen(i, s, SE);

      (* Sub-Struktogramm abschließen, incl. Anschluß *)
      (* nach oben *)
      feld[z-1][s+user_indent] := LU;
      feld[z-1][s+breite-1] := MR;
      for i := s+user_indent+1 to s+breite-2 do
          feld[z-1][i] := randzeichen(z-1, i, WA);

      (* Fuß anlegen, Bedingung einkopieren *)
      copystring(s, concat('repeat ', zeile), breite);
      inc(z);

      (* Zwischenlinie ziehen incl. Anschluß nach rechts *)
      copystring(s, concat(randzeichen(z, s, ML),
                 nchars(breite-2, WA), MR), -1);
      inc(z)

end; (* repeat_behandeln *)

(***************************************)

procedure if_behandeln;

var
    i,                      (* Schleifen *)
    idummy       : integer; (* für un-/gerade Spaltenzahl*)
    sdummy       : zstring;
    leeres_else : boolean;

begin
```

```
(* in progress *)
write('i');

(* Warnung, falls Struktogramm zu schmal *)
if breite < 12 then
    warning := TRUE;

(* Markierung 'leeres else' als letztes Wort gesetzt?*)
if ntes_wort(zeile, woerter(zeile)) = '(***)' then
    begin
    leeres_else := TRUE;
    idummy := 2  (* 2 Wörter werden nicht einkopiert*)
    end
else
    begin
    leeres_else := FALSE;
    idummy := 1
    end;

(* Letzes Wort (nach Vereinbarung THEN) oder die *)
(* letzten beiden Wörter ([***]) aus zeile entfernen *)
sdummy := '';
for i := 1 to woerter(zeile)-idummy do
    sdummy := concat(sdummy, ntes_wort(zeile, i), ' ');

(* Text einkopieren *)
copystring(s, sdummy, breite);
inc(z);

if not leeres_else then
    begin
    (* then-else Linie ziehen *)
      (* Un-/gerade Spaltenzahl *)
    if odd(breite) then
        idummy := breite div 2 - 6
    else
        idummy := breite div 2 - 7;

    (* then-else-Zeile einkopieren *)
    copystring(s, concat(randzeichen(z, s, SE), ' then',
            nchars(breite div 2 - 6, ' '), SE, ' else',
            nchars(idummy, ' '), SE), -1);
    inc(z);

    (* Trennlinie ziehen incl. Anschluß nach rechts *)
      (* Un-/gerade Spaltenzahl *)
```

```
    if odd(breite) then
        idummy := breite div 2 - 1
    else
        idummy := breite div 2 - 2;

    copystring(s, concat(randzeichen(z, s, ML),
            nchars(breite div 2 - 1, WA), MM,
            nchars(idummy, WA), MR), -1);
    inc(z);

    (* Zeilenwert sichern *)
    z_else := z;

    (* then-Struktogramm starten *)
    strukt(s, breite div 2 + 1)
    end

else begin
    (* leerer else-Teil *)
    copystring(s, concat(randzeichen(z, s, SE), ' then',
            nchars(breite - 14, ' '), SE, ' else ',
                                        SE),
            -1);
    inc(z);

    (* Trennlinie ziehen incl. Anschluß nach links *)
    copystring(s, concat(randzeichen(z, s, ML),
            nchars(breite - 9, WA), MM,
            nchars(6, WA), MR), -1);
    inc(z);

    (* Zeilenwert sichern *)
    z_else := z;

    (* then-Struktogramm starten *)
    strukt(s, breite - 7)
    end;


(* Rechten Seitenrand (rechts neben else; falls else *)
(* leer) *)
for i:= z_else to z-1 do
    feld[i][s+breite-1] := randzeichen(i, s+breite-1, SE);

(* Test: waagerechter Abschluß von if-Box, falls *)
(* else leer, Zeile, in die der Abschluß gemalt  *)
```

```
        (* wird, speichern; *)
        (* Falls ein else kommt, wird sie restored!      *)
        ifbox := feld[z-1];
           (* Abschluß malen *)
        feld[z-1][s] := randzeichen(z-1, s, ML);
        feld[z-1][s+breite-1] := MR;
        for i := s+1 to s+breite-2 do
              feld[z-1][i] := randzeichen(z-1, i, WA)

end; (* if_behandeln *)

(*************************************)

procedure else_behandeln;

var
    i : integer;              (* Schleifen *)

begin
    (* in progress *)
    write('e');

    (* Alte bottom-Zeile (s. if) restoren *)
    feld[z-1] := ifbox;

    (* Zeilenwert sichern und neu setzen (auf Top des *)
    (* else-Blocks)   *)
    z_then := z;          (* z_then = Bottom des then-Teils *)
    z := z_else;

    (* else-Struktogramm starten *)
    if odd(breite) then
        strukt(s + breite div 2, breite div 2 + 1)
    else
        strukt(s + breite div 2, breite div 2);

    (* Zeilenwert neu setzen *)
    if z_then > z (* then-Teil größer *) then
        begin
        for i := z to z_then-2 do
              feld[i][s+breite-1] := SE;
        z := z_then
        end
    else (* else-Teil ist größer *)
        for i := z_then to z-2 do
              feld[i][s] := randzeichen(i, s, SE);
```

```
    (* if-Block abschließen *)
    feld[z-1][s] := randzeichen(z-1, s, ML);
    feld[z-1][s+breite-1] := MR;
    for i := s+1 to s+breite-2 do
        feld[z-1][i] := randzeichen(z-1, i, WA)

end; (* else_behandeln *)

(*************************************)

procedure case_behandeln;

var
    i, j        : integer;          (* Schleifen *)
    sdummy      : zstring;
    idummy      : integer;          (* Zum Aufaddieren der *)
                                    (* Breiten  *)

    z_orig,
    z_case      : 1..MAXZ;          (* Zeile für Case-*)
                                    (* Selektoren     *)
    case_anz    : 1..MAX_CASE;      (* Anzahl der Case-*)
                                    (* Selektoren      *)
                                    (* Breite der einzelnen *)
                                    (* Spalten *)
    case_breite : array[1..MAX_CASE] of integer;
    min_breite,                     (* Zur Berechnung der *)
                                    (* Breiten   *)
    rest_breite : 0..MAXS;

begin
    (* in progress *)
    write('c');

    (* Anzahl der Case-Felder einlesen *)
    sdummy := ntes_wort(zeile, 2);
    case_anz := ord(sdummy[1]) - ord('0');

    (* Text einkopieren *)
        (* die 3 ersten Worte löschen [** n **] *)
    sdummy := '';
    for i := 4 to woerter(zeile) do
        sdummy := concat(sdummy, ntes_wort(zeile, i), ' ');
    copystring(s, sdummy, breite);
    inc(z);
```

```
(* Breiten berechnen *)
min_breite := breite div case_anz; (* Mindest-Breite *)
for i := 1 to case_anz do
    case_breite[i] := min_breite;
(* Rest verteilen *)
rest_breite := breite mod case_anz;
i := 1;
while rest_breite > 0 do
    begin
    inc(case_breite[i]);
    inc(i);
    dec(rest_breite)
    end;

(* Zeile sichern und senkrechte Trennlinien ziehen *)
z_case := z;
feld[z][s] := randzeichen(z, s, SE);
idummy := s;
for i := 1 to case_anz do
    begin
    (* Breiten aufaddieren *)
    inc(idummy, case_breite[i]);
    copystring(idummy-1, SE, -1)
    end;
inc(z);

(* Trennlinie ziehen: |———————+———————+———————| *)
  (* WA's *)
copystring(s, concat(randzeichen(z, s, ML),
          nchars(breite-2, WA), MR), -1);
  (* SE's *)
idummy := s;
for i := 1 to case_anz-1 do
    begin
    (* Breiten aufaddieren *)
    inc(idummy, case_breite[i]);
    copystring(idummy-1, MM, -1)
    end;
inc(z);

(* Alle Case-Selektoren betrachten *)
idummy := s;
z_orig := 1;
for i := 1 to case_anz do
    begin
    repeat
```

```
      (* Zeile einlesen *)
      readln(infile, zeile);
until (ntes_wort(zeile, 1) = '(**)') or
                        eof(infile);
(*Merkmal für Case-Selektor ODER Fehler behandeln*)

if eof(infile) then
    warning := TRUE;

(* Aktuelle Zeile ist Bedingungsfeld in *)
(* der CASE-Tabelle *)
z := z_case;

(* Case-Selektor (2. Wort!) in Bedingungsfeld *)
(* einkopieren *)
if i = 1 then
    begin
    (* Case-Selektoren dürfen nicht länger sein*)
    (* als das verfügbare Feld *)
    (* ( case_breite[i]-3.   *)
    (* Sie werden NICHT wortweise umgebrochen! *)
    copystring(idummy+2, ntes_wort(zeile, 2), -1)
    end
else
    copystring(idummy+1, ntes_wort(zeile, 2), -1);

(* Fehlermeldung *)
if length(ntes_wort(zeile, 2)) > case_breite[i]-3 then
    warning := TRUE;

(* Top of Case-Sub-Struktogramm *)
z := z_case + 2;

(* Sub-Struktogramm generieren *)
if i = 1 then
    strukt(idummy, case_breite[i])
else
    strukt(idummy-1, case_breite[i]+1);

(* Zeilen behandeln *)
if z > z_orig then
    z_orig := z;

(* Breiten aufaddieren (für nächsten Case-*)
(* Selektor) *)
inc(idummy, case_breite[i])
```

```
      end; (* Alle Case-Selektoren abgearbeitet *)

  (* Zeile zurücksetzen (auf längstes Case-Feld + 1)  *)
  z := z_orig;

  (* Linken Seitenrand von Case-Tabelle ziehen        *)
  (* (falls Feld links kürzer als eines der rechten)  *)
  for i := z_case+2 to z do
      feld[i][s] := randzeichen(i, s, SE);

  (* Rechten Seitenrand von Case-Block ziehen *)
  for i := z_case+2 to z do
      feld[i][s+breite-1] := randzeichen(i, s+breite-1,
                                                     SE);

  (* Trennlinien nachziehen (nötig, falls zwei kurze  *)
  (* Spalten nebeneinanderstehen)                     *)
  idummy := s + case_breite[1] - 1;
  for i := 2 to case_anz-1 do
      begin
      (* Breiten aufaddieren *)
      inc(idummy, case_breite[i]);
      for j := z_case+2 to z-2 do
          if feld[j][idummy] = ' ' then
              feld[j][idummy] := SE
      end;


  (* Block abschließen *)
  feld[z-1][s] := ML;
  feld[z-1][s+breite-1] := MR;
  for i := s+1 to s+breite-2 do
      feld[z-1][i] := randzeichen(z-1, i, WA);

    (* SE's *)
  idummy := s-1;
  j := z-2;
  for i := 1 to case_anz-1 do
      begin
      (* Breiten aufaddieren *)
      inc(idummy, case_breite[i]);
      (* inc und dec wegen copystring *)
      dec(z);
      copystring(idummy, MU, -1);
      inc(z);
      (* Senkrechte Trennlinie zwischen Case-Spalten *)
```

```
            (* nach oben nachziehen                              *)
            while feld[j][idummy] = ' ' do
                begin
                feld[j][idummy] := SE;
                dec(j)
                end
            end;

    repeat
        (* Zeile einlesen *)
        readln(infile, zeile);
        (* führende und folgende Blanks löschen *)
        zeile := strip(zeile);
    until (pos('end', zeile) > 0) or eof(infile);

end; (* case_behandeln *)

(**********************************)

procedure text_behandeln;

begin
    (* in progress *)
    write('x');

    (* Text einkopieren *)
    copystring(s, zeile, breite);
    inc(z);

    (* Zwischenlinie ziehen *)
    copystring(s, concat(randzeichen(z, s, ML),
                nchars(breite-2, WA), MR), -1);
    inc(z)

end; (* text_behandeln *)

(************************************)


begin
    (* in progress *)
    write('s');

    (* Initialisierung von z_else: Tritt ein ELSE ohne    *)
    (* vorheriges THEN auf, so folgt (ohne Init) ein       *)
    (* Absturz, mit Init folgt lediglich ein falsches      *)
```

```
(* Struktogramm. Der ELSE-Teil wird angelegt als     *)
(* hätte IF in Zeile 2 begonnen. *)
z_else := 2;

(* Zeile einlesen *)
readln(infile, zeile);
(* Führende und folgende Blanks löschen *)
zeile := strip(zeile);
firstword := toupper(ntes_wort(zeile, 1));

while not eof(infile) and (firstword <> 'END') and
(firstword <> 'END;') and (firstword <> 'END.') and
(firstword <> 'UNTIL') do
    begin

    if (firstword = 'WHILE')         (* WHILE, FOR *)
    or (firstword = 'FOR') then
        while_behandeln

    else if firstword = 'WITH' then       (* WITH *)
        with_behandeln

    else if firstword = 'REPEAT' then     (* REPEAT *)
        repeat_behandeln

    else if firstword = 'IF' then         (* IF *)
        if_behandeln

    else if firstword = 'ELSE' then       (* ELSE *)
        else_behandeln

    else if firstword = '(**' then        (* CASE *)
        case_behandeln

    else if firstword = 'BEGIN' then  (* Ignorieren *)
        (* Begin-Zeilen ignorieren *)
    else if firstword = '(*' then
        (* Kommentarzeilen ignorieren *)
    else if firstword = '' then
        (* Leerzeilen ignorieren *)

    else text_behandeln;                  (* TEXT *)

    (* Zeile einlesen *)
    readln(infile, zeile);
    (* Führende und folgende Blanks löschen *)
```

```
          zeile := strip(zeile);
          firstword := toupper(ntes_wort(zeile, 1))

          end

end; (* strukt *)

(********************************************************************)


begin

    writeln;
    writeln('  STRUKTer 1.0');
    writeln;

    if paramcount <> 1 then
          hilfe
    else begin
          kommandozeile := paramstr(1);
          if kommandozeile[1] = '/' then
              parameter_lesen
          else begin
              (* Defaults setzen *)
              user_breite := DEF_BREITE;
              user_indent := DEF_INDENT;
              infile_name := kommandozeile
              end;

          (* Initialisierung der globalen Variablen *)
          init(user_breite);

          if not datei_gefunden(infile_name) then
              begin
              writeln(' Datei ', infile_name,
                      ' nicht gefunden!');
              exit
              end;

          (* Eingabedatei öffnen *)
          assign(infile, infile_name);
          reset(infile);


          (* Datei durchlaufen *)
          while not eof(infile) do
```

```
              begin

              (* Nächstes 'begin' suchen *)
              while not (eof(infile) or begin_gefunden) do
                    begin
                    readln(infile, zeile);
                    writeln('**', zeile);
                    (* Überschreiben von zeile *)
                    zeile := ntes_wort(zeile, 1);
                    begin_gefunden := (zeile = 'begin') or
                                      (zeile = 'BEGIN')
                    end;

              (* Struktogramm generieren *)
              if begin_gefunden then
                    begin
                    (* Neues Struktogramm anlegen *)
                    inc(z);
                    (* Kopfzeile festhalten *)
                    ztop := z;
                    str_top(user_breite);
                    inc(z);
                    strukt(1, user_breite);
                    dec(z);
                    str_bottom(user_breite);
                    zbottom := z;
                    (* Linken Rand nachziehen,         *)
                    (* (sonst Probleme im *)
                    (* THEN, wenn ELSE-Teil länger ist) *)
                    for i := ztop+1 to zbottom-1 do
                          feld[i][1] := randzeichen(i, 1, SE)

                    end;

          begin_gefunden := FALSE

          end;

    (* Eingabedatei schließen *)
    close(infile);

    (* Struktogramm anzeigen, ggf. abspeichern *)
    anzeige
    end

end.
```

Teil VI

Hardware-Manipulationen

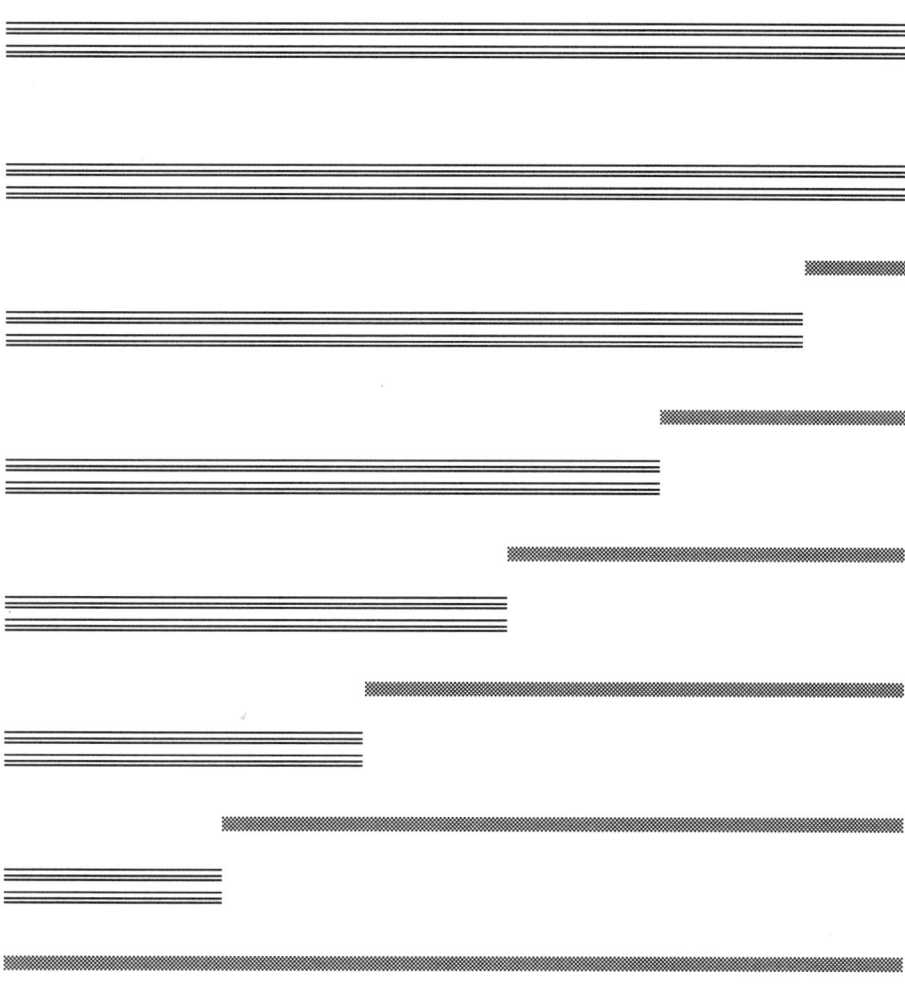

Kapitel 15

Rechnergeschwindigkeit
ändern

In den heutigen Computern werden überwiegend dynamische Speicherbausteine eingesetzt, deren Speicherzellen im Prinzip aus kleinen Kondensatoren bestehen. Ein solcher
Kondensator wird für den Zustand *TRUE* auf eine bestimmte Spannung aufgeladen. Ein
idealer Kondensator würde seine Ladung unendlich lange behalten, aber der ideale
Kondensator ist noch nicht erfunden worden.

Dies bedeutet, daß der einmal aufgeladene Kondensator langsam seine Ladung verliert.
Aus dem Wert *TRUE* wird dann der Wert *FALSE*. Um diesen Datenverlust zu vermei-
den, muß jede Speicherstelle regelmäßig aufgefrischt werden. Diese Aufgabe wird im
PC vom Mikroprozessor und vom DMA-Controller (*direct memory access* = direkter
Speicherzugriff) übernommen.

Ausgelöst durch ein Signal des Zeitgeberbausteins startet der Mikroprozessor den
DMA. Dieser liest dann den Wert einer oder mehrerer Speicherzellen (je nach Spei-
chertyp und BIOS-Version) und schreibt diese an dieselben Stellen zurück. Die Zeit
zwischen zwei Auffrisch-Zyklen beträgt im Normalfall 15,1 Mikrosekunden, ein Anwenderprogramm wird also 66.225mal in der Sekunde (!) unterbrochen, um die Speicher aufzufrischen. Die heutigen, modernen Speicherbausteine verkraften aber durchaus längere "Durststrecken", die Häufigkeit der Unterbrechungen könnte also reduziert
und damit mehr Rechenzeit für das Anwenderprogramm zur Verfügung gestellt werden.

Das Programm *REFRESH.PAS* ermöglicht Ihnen, die Häufigkeit der Unterbrechung in
einem weiten Rahmen einzustellen und damit die Ausführungsgeschwindigkeit von
Anwenderprogrammen zu beeinflussen.

Syntax: `REFRESH <n> [/?]`

Parameter: *n* gibt indirekt die Zeit zwischen zwei Auffrisch-Zyklen an. Die resultierende Zeit t errechnet sich t=n/1193182. Der nach einem RESET einge-
stellte Wert für n ist 18. Sowohl zu große als auch zu kleine Werte lassen den Computer abstürzen, eine exakte Grenze kann leider nicht angegeben werden.

In der Praxis haben sich aber die Werte von 5 bis 250 als brauchbar er-
wiesen.

/? zeigt auf dem Bildschirm eine kurze Bedienungsanleitung an. Unter
DOS können Sie die Ausgabe in eine Datei oder auf den Drucker umleiten.

Beschreibung des Quelltextes

Verwendete Units

In diesem Utility werden nur die beiden Units *ExtDos* und *Strings* aus Teil V, Kapitel 13 verwendet.

Prozeduren und Funktionen

Error

Je nach Wert des Parameters *Code* gibt die Prozedur *Error* eine andere Fehlermeldung aus und bricht das Programm ab. Die Ausgabe erfolgt immer auf der Standardfehlereinheit *StdErr* von DOS, so daß Sie die Meldungen auch dann sehen können, wenn Sie die Ausgabe umgeleitet haben. Die Datei *StdErr* ist in der Unit *ExtDos* deklariert.

Usage

Diese Prozedur gibt eine kurze Bedienungsanleitung aus und beendet das Programm. Unter DOS können Sie die Ausgabe in eine Datei oder auf den Drucker umleiten.

SetRefresh

In dieser Prozedur wird der neue Timerwert für den Refresh eingestellt. Der erste Portzugriff selektiert den Timerkanal 1 für das Einschreiben der neuen Zykluszeit. Die beiden folgenden Zugriffe schreiben nacheinander den nieder- und höherwertigen Teil der neuen Zykluszeit in den Timerbaustein.

Refreshtime

Diese Funktion berechnet aus dem indirekten Zykluswert *w* die resultierende Zeit zwischen zwei Auffrisch-Zyklen.

Das Hauptprogramm

Zunächst wird mit der Funktion *ParamCount* überprüft, ob in der Kommandozeile mindestens ein Parameter angegeben wurde. Ist dies nicht der Fall, bricht das Programm mit einer Fehlermeldung ab. In der nun folgenden *FOR*-Schleife werden alle Parameter nach der Zeichenfolge "/?" oder "/H" durchsucht. Wird eine der beiden Zeichenfolgen erkannt, gibt die Prozedur *Usage* eine kurze Bedienungsanleitung aus und beendet das Programm.

Der erste Parameterstring wird mit der Turbo Pascal-Prozedur *VAL* in eine Ganzzahl ohne Vorzeichen umgewandelt. Falls der String keine gültige Zahl darstellt, erfolgt eine entsprechende Fehlermeldung mit Programmabbruch. Der letzte Test überprüft, ob die angegebene Zahl im Bereich von 1 bis 32767 liegt. Erst wenn dieser Test bestanden ist, wird mit *SetRefresh* der neue Wert eingestellt.

Abschließend wird die neue Auffrischzeit berechnet und angezeigt. Dies ist gleichzeitig ein Test dafür, ob der Computer mit dem neuen Wert noch funktioniert. Wenn die Meldung nur teilweise oder gar nicht erscheint, ist der angegebene Wert mit Sicherheit nicht brauchbar.

Der Quelltext

```
{
=============================================================
Datei    : REFRESH.PAS
Zweck    : Speicher-Auffrischzeit ändern
Datum    : 08.01.1990
Version  : Siehe Konstante VERSION
Autor    : Achim Kalwa
Compiler : TURBO PASCAL V5.5
=============================================================
}
{$A+,B-,D-,E-,F-,I+,L-,N-,O-,R-,S-,V+}
{$M 16384,0,0}
PROGRAM Refresh;
USES
  ExtDos,Strings;

CONST
  VERSION = 'V1.54';

PROCEDURE Error(Code:INTEGER);
BEGIN
  CASE Code OF
    1 : Write(StdErr,'Kein Parameter angegeben');
    2 : Write(StdErr,'Keine gültige Zahlendarstellung');
    3 : Write(StdErr,'Wert liegt außerhalb des '+
                     'gültigen Bereiches');
  END;
```

```
  Writeln(StdErr,', Hilfe mit "REFRESH /?"'#7);
  Halt(Code);
END;

PROCEDURE Usage;
BEGIN
  Writeln('REFRESH ',VERSION,' (c) 1990 Achim Kalwa');
  Writeln('------------');
  Writeln('Zweck   : Speicher-Auffrischzeit ändern');
  Writeln('Aufruf  : Refresh <n> [/?]');
  Writeln('  n  - neuer Refresh-Wert, gültig sind '
          'die Werte 0..32767,');
  Writeln('         der Standardwert nach dem '+
          'Einschalten des Computers ist 18.');
  Writeln('         n < 18  - Computer wird gebremst');
  Writeln('         n > 18  - Computer wird beschleunigt');
  Writeln('  /? - Anzeigen dieser Hilfe');
  Writeln('Beispiel:');
  Writeln('  REFRESH 250');
  Writeln;
  Halt(0);
END;

PROCEDURE SetRefresh(w:WORD);
BEGIN
  Port[$43]:=$76;
  Port[$41]:=Lo(w);
  Port[$41]:=Hi(w);
END;

FUNCTION RefreshTime(w:WORD):REAL;
BEGIN
  RefreshTime:=w/1193182.0;
END;

VAR
  Wert : LONGINT;
  Code : INTEGER;
  i    : WORD;
BEGIN
  IF ParamCount=0 THEN Error(1);
  FOR i:=1 TO ParamCount DO
    IF (Pos('/?',ParamStr(i))>0) OR
       (Pos('/H',StUpCase(ParamStr(i)))>0) THEN Usage;
  Val(ParamStr(1),Wert,Code);
  IF Code<>0 THEN Error(2);
```

```
  IF (Wert<=0) OR (Wert>$7FFF) THEN Error(3);
  SetRefresh(Wert);
  Writeln('neue Refresh-Zeit:',
          1E6*RefreshTime(Wert):1:1,' '#230's.');
END.
```

Kapitel 16

Die serielle Schnittstelle

In diesem Kapitel finden Sie die Beschreibung der Unit SERIELL.PAS, die sich ebenfalls auf den Programmdisketten zu diesem Buch befindet. Das Programm
TASYNC.PAS zeigt die Anwendung dieser UNIT. Beide, das Programmbeispiel und
die Unit, werden es Ihnen zukünftig erleichtern, die serielle Schnittstelle anzusprechen
oder auch ein eigenes komfortables DFÜ-Programm zu schreiben, so wie es der Autor
getan hat.

Unit SERIELL.PAS

Die Unit SERIELL.PAS ist dazu gedacht, serielle bzw. asynchrone Datenübertragung
zu ermöglichen. Diese Version ist kompatibel mit einem IBM PC und kompatiblen
Rechnern. Die wichtigsten Features sind die gepufferte Schnittstelle und die Ausnutzung der zur Verfügung stehenden Interrupts.

Technische Daten

Quelltext: 22.444 Byte

Codegröße: 1.552 Byte

Datengröße: 4.214 Byte

DOS-Version: DOS 3.30

Compiler: Turbo Pascal 5.0, 5.5 und 4.0

C-Schalter: {$A+,B-,D+,E+,F-,I+,L+,N-,O-,R-,S+V+} {$M 16384,0,655360}

Die Compiler-Direktiven müssen bei der Verwendung von Turbo Pascal 4.0 eventuell
angepaßt werden, ansonsten spricht aber nichts dagegen, daß diese Unit auch mit Turbo
Pascal 4.0 läuft.

Testumgebung

A&M 386 mit AMI-Bios, VEGA VGA-Adapter, Peacock 386 mit Phoenix-BIOS, Hercules-Adapter, Multitronic XT mit Phoenix-Bios, CGA-Adapter.

Anwendung

Am besten kopieren Sie diese Unit in ein von Ihnen angelegtes Unit-Verzeichnis. Somit
wäre dann gewährleistet, daß die Unit vom Compiler zur Compilierzeit auch gefunden
wird. Vergessen Sie allerdings nicht, dieses Verzeichnis in der Entwicklungsumgebung
von Pascal unter OPTIONS/DIRECTORIES/UNIT DIRECTORIES einzugeben. Das
Einbinden der Unit erfolgt mit der Uses-Anweisung. Diese Unit benötigt außer der
Standardunit Dos keinerlei zusätzliche Units.

Beim Starten Ihres Programms werden durch die im Initialisierungsteil stehende Anweisung Initialize_Async; die benötigten Variablen initialisiert. Im Programm wird
dann durch den Aufruf von Open_Async(>>>Parameter<<<) die Schnittstelle durch das
Setzen der Interruptvektoren und der COM-Port-Adresse initialisiert und ein Pointer auf
den Puffer gesetzt.

Beschreibung des Source-Codes

Benötigte Units

Die Unit Dos wird benötigt, da unter anderem der Datentyp Registers darin wie folgt
deklariert ist:

```
TYPE        Registers = Record
                Case Integer of
            0 : (AX,BX,CX,DX,BP,SI,DI,DS,ES,Flags : Word);
            1 : (AL,AH,BL,BH,CL,CH,DL,DH : Byte);
                end;
```

Außerdem wird die Prozedur Intr, die einen Software-Interrupt bewirkt, verwendet. Sie
wird zur Steuerung der Aus- und Eingabe von Daten über die serielle Schnittstelle
benötigt (Interrupt 14h).

Beschreibung der globalen Konstanten, Typen und Variablen

Konstanten

Buffer_Max

Diese Konstante legt den maximal zur Verfügung stehenden Puffer für die Ein-
/Ausgabe fest. Die Konstante ist Unitglobal deklariert.

Num_Bauds

Diese Konstante ist Unitglobal deklariert. Sie gibt die Anzahl der möglichen Einstellungen an, um die Baudrate beim Start des Programms einzustellen.

Num_Bauds_Internal

Diese Konstante ist in der Prozedur Change_Parameter deklariert. Sie gibt die Anzahl der möglichen Einstellungen an, um die Baudrate zu ändern, während Sie Online sind.

I8088_IMR

Diese Konstante gibt die Port-Adresse des Interrupt-Mask-Registers an. Die Konstante ist Unitglobal deklariert.

UART_...

Diese acht Konstanten definieren den Offset des Universal-Asynchronious-Receiver-Transmiter-Base-Registers beim IBM PC und kompatiblen Rechnern. Die Konstanten sind Unitglobal deklariert.

Typisierte Konstanten

Baud_Table

Baud_Table ist Unitglobal deklariert und zwar wie folgt:

```
Baud_Table : Array[1..Num_Bauds] of Record
             Baud,
             Bits   : Word
             End    = ((Baud:110;  Bits:$00),
             ..
                       (Baud:9600; Bits:$E0));
```

Baud_Table ist also somit eine Anordnung von Feldern mit – in unserem Fall – acht Einträgen des Typs Record. Hierbei gibt Baud die zu initialisierende Baudrate an und Bits den zu übertragenden Wert via Interrupt 14h.

Divisor_Table

Divisor_Table ist in der Prozedur Change_Parameter deklariert. Die Deklaration ist bis auf die Anzahl der Felder im Prinzip identisch mit der von Baud_Table. Wobei Baud wiederum die Baudrate angibt und Divisor den entsprechenden Teiler, der benötigt wird, um unter Umgehung des BIOS den Universal Asynchronious Receiver Transmitter (UART) direkt zu initialisieren. Dadurch ist es möglich, die Parameter zu ändern, während man Online ist.

Typen

Keine

Variablen

Buffer_Overflow

Buffer_Overflow ist eine Variable des Typs Boolean und gibt an, ob der interne Zeichenpuffer der Unit übergelaufen ist. Wenn das der Fall ist, hat die Variable den Wert TRUE. Ansonsten liefert sie FALSE. Diese Variable ist Unitglobal deklariert.

Buffer_Used

Buffer_Used ist eine Variable des Typs Word und liefert die Größe des zur Zeit genutzten Puffers zurück. Diese Variable ist Unitglobal deklariert.

MaxBufferUsed

MaxBufferUsed ist eine Variable vom Typ Word und enthält den maximal vorhandenen Speicherplatz für den Textpuffer. Diese Variable wird zur Prüfung der Wertüberschreitung herangezogen; sie ist Unitglobal deklariert.

Interrupt_Save

Interrupt_Save ist eine Variable vom Typ Pointer und enthält die Adresse des von Turbo Pascal-Programmen festgelegten Interrupt-Handlers. Diese Variable ist Unitglobal deklariert.

ExitProc_Save

ExitProc_Save ist eine Variable vom Typ Pointer und enthält die Adresse der von Turbo Pascal-Programmen gesetzten Exit-Prozedur. Diese Variable ist Unitglobal deklariert.

Buffer

Buffer ist eine Variable vom Typ Array [..] of Char und enthält die empfangenen Zeichen. Diese Variable ist Unitglobal deklariert.

Open_Async_Flag

Open_Async_Flag ist eine Variable vom Typ Boolean und enthält die Information darüber, ob die asynchrone Schnittstelle geöffnet ist oder nicht. TRUE bedeutet, daß die
Schnittstelle aktiv ist, FALSE bedeutet, daß sie nicht aktiv ist. Diese Variable ist Unitglobal deklariert.

Async_Port

Async_Port ist eine Variable vom Typ Word und enthält den aktuellen Port (COM1,
COM2, etc.). Diese Variable ist Unitglobal deklariert.

Async_Base

Async_Base ist eine Variable vom Typ Word und enthält die Basisadresse des aktuell
geöffneten Ports. Diese Variable ist Unitglobal deklariert.

Async_IRQ

Async_IRQ ist eine Variable vom Typ Word und enthält den Interrupt-Request für den
aktuellen Port, wenn dieser geöffnet ist. Diese Variable ist Unitglobal deklariert.

Buffer_Head

Buffer_Head ist eine Variable vom Typ Word und enthält die Pufferposition für das
nächste zu lesende Zeichen. Diese Variable ist Unitglobal deklariert.

Buffer_Tail

Buffer_Tail ist eine Variable vom Typ Word und enthält die Pufferposition für das
nächste zu holende Zeichen. Diese Variable ist Unitglobal deklariert.

Async_BIOS_Port_Table

Async_BIOS_Port_Table ist eine Variable vom Typ Array [..] of Word ABSOLUTE
$40:0 und enthält die Adresse des RS-232-Adapters, falls einer installiert ist.

Wenn keine serielle Schnittstelle vorhanden ist, ist der Wert dieser Adresse gleich null.
Diese Variable ist Unitglobal deklariert.

Beschreibung der Prozeduren und Funktionen

Prozedur BIOS_RS232_Init   Unit SERIELL.PAS

Funktion: BIOS_RS232_Init initialisiert die serielle Schnittstelle via Interrupt 14h.

Deklaration: `Procedure BIOS_RS232_Init (ComPort, ComParm : Word);`

Parameter: *ComPort*: Wertparameter, der die Adresse des zu initialisierenden Ports enthält.

                  ComParm: Wertparameter, der sämtliche benötigte Parameter für eine serielle Übertragung bereitstellt.

Bemerkung: Diese Prozedur ist nicht im Interfaceteil aufgeführt, da sie dort nicht benötigt wird. Durch den hier benutzten Interrupt 14h ist es möglich, die serielle Schnittstelle mit bis zu 9600 Baud zu initialisieren. Wenn dies nicht ausreichend ist, muß auf die Prozedur Change_Parameter zurückgegriffen werden.

                  Die Prozedur wird von Open_Async aufgerufen. Das Format der Kommunikationsparameter ist folgendermaßen deklariert:

765	43	2	10
Baudrate	*Parität*	*Stop-Bit*	*Wortlänge*
000 = 110	x0 = None	0 = 1	10 = 7
001 = 150	01 = Odd	1 = 2	11 = 8
010 = 300	11 = Even		
011 = 600			
100 = 1200			
101 = 2400			
110 = 4800			
111 = 9600			

Beispiel: Siehe Datei TASYNC.PAS. Die Datei ist dokumentiert.

Quelltext:

```
PROCEDURE BIOS_RS232_Init(ComPort, ComParm : Word);

{ Benutzt Interrupt $14 zum Initialisieren des UART. }
{ Format der Kommunikationsparameter:(IBM Tech. Ref.)}
{                                                     }
{   7      6     5    4      3      2         1    0   }
{   Baud Rate        Parität       Stop-Bit   Wortlänge}
{   000 = 110        x0 = None     0 = 1      10 = 7   }
{   001 = 150        01 = Odd      1 = 2      11 = 8   }
{   010 = 300        11 = Even                         }
{   011 = 600                                          }
{   100 = 1200                                         }
{   101 = 2400                                         }
{   110 = 4800                                         }
{   111 = 9600                                         }

VAR
    Regs : Registers;

BEGIN
    WITH Regs DO
      BEGIN
        ax := ComParm and $00FF;   { AH=0; AL=ComParm }
        dx := ComPort;
        Intr($14, Regs)
      END;
END; { BIOS_RS232_Init }
```

Siehe auch: Funktion Open_Async.

Prozedur Async_ISR   **Unit SERIELL.PAS**

Funktion: Async_ISR ist eine Interrupt-Serviceroutine und hilft dem UART, wenn er ein Byte empfangen soll.

Deklaration: `Procedure Async_ISR; INTERRUPT`

Bemerkung: Diese Prozedur ist nicht im Interfaceteil aufgeführt, da sie dort nicht benötigt wird. Durch die Besonderheit, daß diese Routine eine Interrupt-Serviceroutine ist, haben wir hiermit die Möglichkeit, unseren Puffer zu

verwalten. Die Routine enthält den Code als INLINE-Assembler und
reinem Turbo Pascal-Code.

Beispiel: Siehe Datei SERIELL.PAS für ein Aufrufbeispiel (Prozedur
Open_Async).

Quelltext:

```
PROCEDURE Async_ISR ; INTERRUPT ;
{ Interrupt-Serviceroutine                                }
{ Hilft, wenn der USART ein Byte empfangen hat.}

BEGIN { ISR }
  INLINE($FB/                              { STI        }

{ Holt das hereinkommende Zeichen.                      }
{ Buffer[Buffer_Head]:=CHR(port[Async_Base +   }
{ UART_RBR] );                                          }

     $8B/$16/Async_Base/      { MOV DX,Base}
     $EC/                     { IN AL,DX   }
     $8B/$1E/Buffer_Head/     { MOV BX,BufferHead}
     $88/$87/Buffer/          { MOV Buffer[BX],AL}

     { Buffer_NewHead := SUCC( Buffer_Head ) ;   }

     $43/                     { INC BX        }

     { IF Buffer_NewHead > Buffer_Max
         THEN Buffer_NewHead := 0 ;                     }

     $81/$FB/Buffer_Max/      { CMP BX,BufferMax }
     $7E/$02/                 { JLE L001    }
     $33/$DB/                 { XOR BX,BX   }

  { IF Buffer_NewHead = Buffer_Tail THEN Overflow}
                             { := TRUE }
     {L001:}

     $3B/$1E/Buffer_Tail/     {CMP BX,Buffer_Tail}
     $75/$08/                 { JNE L002          }
     $C6/$06/Buffer_Overflow/$01/
                             { MOV Overflow,1   }
     $90/                     { NOP generiert vom}
                             { Assembler         }
     $EB/$16/                 { JMP SHORT L003   }
```

```
{ ELSE BEGIN                                     }
{     Buffer_Head := Buffer_NewHead ;            }
{     Buffer_Used := SUCC( Buffer_Used ) ;       }
{ IF Buffer_Used > MaxBufferUsed THEN            }
{     MaxBufferUsed := BufferUsed                }
{   END ;                                        }
{L002:}

$89/$1E/Buffer_Head/      { MOV BufferHead,BX}
$FF/$06/Buffer_Used/      { INC BufferUsed    }
$8B/$1E/Buffer_Used/      { MOV BX,BufferUsed}
$3B/$1E/MaxBufferUsed/
                          { CMP BX,MaxBufferUsed }
$7E/$04/                  { JLE L003             }
$89/$1E/MaxBufferUsed/
                          { MOV MaxBufferUsed,BX }
{L003:}

$FA/                      { CLI                  }

{ port[$20] := $20 ;                             }
$B0/$20/                  { MOV AL,20h           }
$E6/$20                   { OUT 20h,AL           }


)
END { Async_ISR } ;
```

Siehe auch: Funktion Open_Async.

Prozedur Initialize_Async   **Unit SERIELL.PAS**

Funktion: Initialisiert die Variablen Open_Async_Flag, Buffer_Overflow, Buffer_Used, MaxBufferUsed.

Deklaration: Procedure Initialize_Async;

Bemerkung: Diese Prozedur wird, wenn Sie SERIELL.PAS einbinden, automatisch aufgerufen. Der Aufruf erfolgt über den Initialisierungsteil.

Beispiel: Siehe Datei TASYNC.PAS. Die Datei ist dokumentiert.

Quelltext: PROCEDURE Initialize_Async;
                   {- Initialisiere Variablen   }

```
BEGIN
  Open_Async_Flag := False;
  Buffer_Overflow := False;
  Buffer_Used     := 0;
  MaxBufferUsed   := 0;
END; { Initialize_Async }
```

Prozedur Close_Async   **Unit SERIELL.PAS**

Funktion: Close_Async setzt das Interrupt-System zurück, wenn die UART-Interrupts nicht mehr benötigt werden.

Deklaration: `Procedure Close_Async;`

Bemerkung: Diese Prozedur sollte aufgerufen werden, wenn Sie Ihr Programm beenden. Hierdurch werden alle Aktivitäten des UARTs beendet. Die Prozedur wird auch von der Funktion Open_Async benutzt.

Beispiel: Siehe Datei TASYNC.PAS. Die Datei ist dokumentiert.

Quelltext:

```
PROCEDURE Close_Async;
     { Setzt das Interrupt-System zurück,     }
     { wenn der UART-Interrupt nicht länger   }
     { benötigt wird.                         }

VAR
  i, m : Word;

BEGIN
  IF Open_Async_Flag THEN
    BEGIN

        { Ausschalten des IRQ am 8259            }
        INLINE($FA);          { Interrupt aus    }
        i := Port[I8088_IMR]; { Holt das Mask-In-}
                              { terrupt-Register.}
        m := 1 SHL Async_Irq; { Setze Maske zum  }
                              { Ausschalten des  }
                              { Interrupts.      }
        Port[I8088_IMR] := i OR m;

        { Ausschalten des 8250-Data-ready-       }
        { Interrupts                             }
```

```
        Port[UART_IER + Async_Base] := 0;

        { Ausschalten von OUT2 am 8250.          }
        Port[UART_MCR + Async_Base] := 0;
        INLINE($FB);          {Aktiviere Interrupts.}

        { Reinitialisieren der Datenbereiche,     }
        { damit wir  wissen, daß der Port         }
        { geschlossen ist.                        }
        Open_Async_Flag := False;
        SetIntVec( Async_IRQ + 8, @Interrupt_Save );
        { Restauriere alten Interrupt.            }
        ExitProc := ExitProc_Save;
        { Restauriere ExitProc des Hauptprogramms.}
      END
   END; { Close_Async }
```

Siehe auch: Funktion Open_Async.

Funktion Open_Async   **Unit SERIELL.PAS**

Funktion: Open_Async macht die serielle Schnittstelle mit den von Ihnen übergebenen Parametern bereit.

Deklaration:
```
Function Open_Async (ComPort   : Word;
                     BaudRate  : Word;
                     Parity    : Char;
                     WordSize  : Word;
                     StopBits  : Word) : Boolean;
```

Parameter: *ComPort*: Wertparameter, der die Adresse des zu initialisierenden Ports
enthält.

BaudRate: Wertparameter, der die zu initialisierende Baudrate erhält.

Parity: Wertparameter, der die zu initialisierende Parität erhält.

WordSize: Wertparameter, der die zu initialisierende Wortgröße erhält.

StopBits: Wertparameter, der die zu initialisierende Anzahl der Stopbits
erhält.

Bemerkung: Diese Funktion ist die allerwichtigste in der Unit SERIELL.PAS. Hier wird veranlaßt, daß der UART alle benötigten Werte erhält. In dieser Funktion werden alle Werte, die für eine serielle Datenübertragung notwendig sind, deklariert oder neu gesetzt (zum Beispiel alle Kommunikationsparameter etc.).

Beispiel: Siehe Datei TASYNC.PAS. Die Datei ist dokumentiert.

Quelltext:
```
FUNCTION Open_Async(ComPort      : Word;
                    BaudRate     : Word;
                    Parity       : Char;
                    WordSize     : Word;
                    StopBits     : Word) : Boolean;
     { Öffnen eines Kommunikationsports                     }

VAR
  ComParm : Word;
  i, m : Word;

BEGIN
  IF Open_Async_Flag THEN Close_Async;

  IF (ComPort = 2) and (Async_BIOS_Port_Table[2] <> 0)
  THEN
    Async_Port := 2
  ELSE
    Async_Port := 1;  { Default ist COM1 }
  Async_Base   := Async_BIOS_Port_Table[Async_Port];
  Async_Irq    := Hi(Async_Base) + 1;

  IF (Port[UART_IIR + Async_Base] and $00F8) <> 0 THEN
    Open_Async := False
  ELSE
    BEGIN
      Buffer_Head     := 0;
      Buffer_Tail     := 0;
      Buffer_Overflow := False;

  { Erstelle Kommunikationsparameter für RS232_Init, }
  { siehe Technisches-Referenz-Handbuch für eine     }
  { Beschreibung.                                     }
```

```
    ComParm := $0000;

{ Setze Bits für die Baudrate.                                        }
    i := 0;
    REPEAT
      i := i + 1
    UNTIL (Baud_Table[i].Baud = BaudRate)
          OR (i = Num_Bauds);
    ComParm := ComParm OR Baud_Table[i].Bits;

    IF Parity IN ['E', 'e'] THEN ComParm := ComParm
                                              OR $0018
    ELSE IF Parity IN ['O', 'o'] THEN
        ComParm := ComParm OR $0008
    ELSE ComParm := ComParm OR $0000;
    { Defaultwert keine Parität              }
    IF WordSize = 7 THEN ComParm := ComParm OR $0002
    ELSE ComParm := ComParm OR $0003;
    { Defaultwert 8 Datenbits                }

    IF StopBits = 2 THEN ComParm := ComParm OR $0004
    ELSE ComParm := ComParm OR $0000;
    { Defaultwert 1 Stopbit                  }

  { Benutze die BIOS-COM-Port-Initialisierungs-   }
  { routine, um den Code zu sparen.               }

    BIOS_RS232_Init(Async_Port - 1, ComParm);
    GetIntVec( Async_Irq + 8, Interrupt_Save );

    ExitProc_Save := ExitProc;
    ExitProc      := @Close_Async;
    SetIntVec( Async_Irq + 8, @Async_Isr );

  { Lese das Receiver-Buffer-Register, und setze   }
  { mögliche wartende Fehlerzustände zurück.       }

  { Zuerst das Divisor-Access-Latch-Bit setzen,    }
  { um den Zugriff zu erlauben auf den RBR etc.    }

    INLINE($FA);                    { Interrupts off }
```

```
            Port[UART_LCR + Async_Base] :=
                    Port[UART_LCR + Async_Base] and $7F;

         { Lese das Line-Status-Register, um jeden         }
         { auftretenden Fehler zurückzusetzen.            }

            i := Port[UART_LSR + Async_Base];

         { Lese das Receiver-Buffer-Register.              }

            i := Port[UART_RBR + Async_Base];

         { Aktiviere IRQ am 8259-Controller.               }

            i := Port[I8088_IMR];    { Hole das Interrupt-  }
                                     { Mask-Register        }

            m := (1 SHL Async_Irq) XOR $00FF;
            Port[I8088_IMR] := i and m;

         { Aktiviere den Data-Ready-Interrupt am 8250.     }

            Port[UART_IER + Async_Base] := $01;

         { Aktiviere OUT2 am 8250.                         }

            i := Port[UART_MCR + Async_Base];
            Port[UART_MCR + Async_Base] := i OR $08;

            INLINE($FB);              { Aktiviere Interrupts.}
            Open_Async_Flag := True;
            Open_Async      := True
         END;
      END; { Open_Async }
```

Siehe auch: Prozedur Close_Async, Prozedur BIOS_RS232_INIT, Prozedur
Async_ISR.

Funktion Check_Buffer   Unit SERIELL.PAS

Funktion: Check_Buffer überprüft, ob ein Zeichen im Puffer steht und gibt es zurück. Wenn kein Zeichen im Puffer steht, meldet die Funktion FALSE.

Deklaration: Function Check_Buffer (VAR C : Char) : Boolean;

Parameter: C: Variablenparameter und enthält das im Puffer stehende Zeichen.

Bemerkung: Diese Funktion überprüft den Puffer und gibt ein eventuell vorhandenes
Zeichen zurück. Ist kein Zeichen vorhanden, ist das Funktionsergebnis
FALSE. Die Funktion sollte dazu benutzt werden, die empfangenen
Zeichen entweder am Bildschirm auszugeben oder in eine Datei zu
schreiben.

Beispiel: Siehe Datei TASYNC.PAS. Die Datei ist dokumentiert.

Quelltext:
```
FUNCTION Check_Buffer(VAR C : Char) : Boolean;
   { Schaue, ob ein Zeichen übertragen wurde; gib es }
   { zurück, wenn TRUE.                              }

BEGIN
  IF Buffer_Head = Buffer_Tail THEN
     Check_Buffer := False
   ELSE
     BEGIN
       C := Buffer[Buffer_Tail];
       Buffer_Tail := Buffer_Tail + 1;

       IF Buffer_Tail > Buffer_Max THEN
         Buffer_Tail := 0;

       Buffer_Used  := Buffer_Used - 1;
       Check_Buffer := True
     END
END; { Check_Buffer }
```

Prozedur Send_Character   Unit SERIELL.PAS

Funktion: Send_Character überträgt ein Zeichen zum Remote-System bzw. zum
anderen PC.

Deklaration: `Procedure Send_Character(C : Char);`

Parameter: *C*: Wertparameter *C* erhält das zu übertragende Zeichen.

Bemerkung: Hier wird einer der primären Funktionen der seriellen Kommunikation Rechnung getragen, nämlich dem Übertragen von einzelnen Zeichen.

Beispiel: Siehe Datei TASYNC.PAS. Die Datei ist dokumentiert.

Quelltext:
```pascal
PROCEDURE Send_Character(C : Char);
    { Übertrage ein Zeichen.                               }

VAR
  i, m, counter : Word;

BEGIN
  Port[UART_MCR + Async_Base] := $0B;
                      { Aktiviere OUT2, DTR und RTS. }
                      { Warte auf CTS.               }
    counter := MaxInt;
      WHILE (counter <> 0) and
          ((Port[UART_MSR + Async_Base] and $10) = 0) DO
      counter := counter - 1;

      { Warte auf Transmit Hold Register Empty (THRE).}
    IF counter <> 0 THEN counter := MaxInt;
      WHILE (counter <> 0) and
            ((Port[UART_LSR + Async_Base] and $20) = 0)
      DO counter := counter - 1;
    IF counter <> 0 THEN
      BEGIN
                            { Sende ein Zeichen.      }
        INLINE($FA);        { Reaktiviere Interrupts.}
        Port[UART_THR + Async_Base] := Ord(C);
        INLINE($FB)         { Aktiviere Interrupts.  }
      END
    ELSE
      WriteLn('<<< TIMEOUT >>>');
END; { Send_Character }
```

Siehe auch: Prozedur Send_String.

Prozedur Send_String   Unit SERIELL.PAS

Funktion: Send_String überträgt eine Zeichenkette zum Remote-System bzw. zum
                   anderen PC.

Deklaration: Procedure Send_String(S : STRING);

Parameter: *S*: Wertparameter *S* erhält die zu übertragende Zeichenkette.

Bemerkung: Die Prozedur Send_String konvertiert den String in einzelne Zeichen
                   und übergibt ihn der Prozedur Send_Character.

Beispiel: Siehe Datei TASYNC.PAS. Die Datei ist dokumentiert.

Quelltext:
```
PROCEDURE Send_String(S : STRING);
  { Übertraegt einen String.                          }

VAR
  i : Word;

BEGIN
  FOR i := 1 TO Length(S) DO
    Send_Character(S[i])
END; { Send_String }
```

Siehe auch: Prozedur Send_Character.

Prozedur Change_Parameter   Unit SERIELL.PAS

Funktion: Change_Parameter ändert die Einstellung der seriellen Parameter durch
                   die von Ihnen angegebenen Werte. Dies ist auch möglich, während Sie
                   gerade Online sind.

Deklaration:
```
Procedure Change_Parameter(BaudRate : Word;
                           Parity   : Char;
                           WordSize : Word;
                           StopBits : Word);
```

Parameter: *BaudRate*: ein Wertparameter, der die zu initialisierende Baudrate er-
                   hält.

Parity: Wertparameter, der die zu initialisierende Parität erhält.

WordSize: Wertparameter, der die zu initialisierende Wortgröße erhält.

StopBits: Wertparameter, der die zu initialisierende Anzahl Stopbits erhält.

Bemerkung: Durch das Umgehen der BIOS-Routinen ist es hiermit möglich, eine Baudrate bis zu 115.200 Baud zu fahren. Auch das Ändern der Parameter – während Sie Online sind – wird möglich.

Beispiel:
```
...
VAR
   Baud      : Word;
   Paritaet  : Char;
   Wortlaenge: Word;
   Stopbits  : Word);

BEGIN
   Baud      := 9600 ;
   Paritaet  := 'E';          { Gerade }
   Wortlaenge:=  7 ;
   Stopbits  :=  1 ;

Change_Parameter ( Baud, Paritaet, Wortlaenge,
                                    Stopbits);
...
```

Hier werden die Parameter geändert auf 9600 Baud, eine gerade Parität, sieben Bits Wortlänge und ein Stopbit.

Quelltext:
```
PROCEDURE Change_Parameter(BaudRate   : Word;
                           Parity     : Char;
                           WordSize   : Word;
                           StopBits   : Word);

{ Ändert die Kommunikationsparameter, während Sie }
{ Online sind. Man kann dies auch mit den          }
{ BIOS-Routinen machen, doch dann darf man nicht   }
{ Online sein, weil über das BIOS ein DTR zurück-  }
{ geliefert wird. DTR cancelt die Verbindung.      }
```

```
CONST Num_Bauds_Internal = 15;
  Divisor_Table : ARRAY [1..Num_Bauds_Internal] OF
                                          RECORD
                  Baud, Divisor : Word
                END
              = ((Baud:50;    Divisor:2304),
                 (Baud:75;    Divisor:1536),
                 (Baud:110;   Divisor:1047),
                 (Baud:134;   Divisor:857),
                 (Baud:150;   Divisor:768),
                 (Baud:300;   Divisor:384),
                 (Baud:600;   Divisor:192),
                 (Baud:1200;  Divisor:96),
                 (Baud:1800;  Divisor:64),
                 (Baud:2000;  Divisor:58),
                 (Baud:2400;  Divisor:48),
                 (Baud:3600;  Divisor:32),
                 (Baud:4800;  Divisor:24),
                 (Baud:7200;  Divisor:16),
                 (Baud:9600;  Divisor:12));
VAR i : Word;
    dv  : Word;
    lcr : Word;

BEGIN

  { Erzeugt das Line-Control-Register und findet }
  { den Divisor (für die Baudrate). Setzt den    }
  { Divisor für die Baudrate.                     }

  i := 0;
  REPEAT
    i := i + 1
  UNTIL (Divisor_Table[i].Baud = BaudRate) OR
                            (i = Num_Bauds);
  dv  := Divisor_Table[i].Divisor;

  lcr := 0;
  CASE Parity OF
    'E' : lcr := lcr OR $18; { EVEN-Parität    }
    'O' : lcr := lcr OR $08; { ODD-Parität     }
    'N' : lcr := lcr OR $00; { NON-Parität     }
```

```
       'M' : lcr := lcr OR $28;  { MARK-Parität    }
       'S' : lcr := lcr OR $38;  { SPACE-Parität   }
     ELSE
       lcr := lcr OR $00;          { Defaultwert ist }
                                   { keine Parität.  }
     END;


     CASE WordSize OF
       5 : lcr := lcr OR $00;
       6 : lcr := lcr OR $01;
       7 : lcr := lcr OR $02;
       8 : lcr := lcr OR $03;
     ELSE
       lcr := lcr OR $03;          { Defaultwert sind  8 }
                                   { Datenbits.          }
     END;


     IF StopBits = 2 THEN lcr := lcr OR $04
     ELSE lcr := lcr OR $00; {Defaultwert ist 1 Stopbit.}
     lcr := lcr and $7F;
     INLINE($FA);  { Ausschalten des Interrupts        }

     Port[UART_LCR + Async_Base] := Port[UART_LCR +
                                    Async_Base] OR $80;

     { Setzen des Divisors                              }
     Port[Async_Base] := Lo(dv);
     Port[Async_Base + 1] := Hi(dv);

     Port[UART_LCR + Async_Base] := lcr;

     INLINE($FB);  { Aktiviere Interrupts.              }

  END; { Change_Parameter }
```

Siehe auch: Funktion Open_Async, Prozedur BIOS_RS232_Init.

Kapitel 17

Tips und Units von Borland

Borland bietet seinen autorisierten Anwendern als Service eine Hotline an, die speziell bei Turbo Pascal personell sehr gut bestückt ist. Spezialisten aus allen Programmierbereichen lösen fast jedes an sie herangetragene Problem. Einige Anfragen erfolgten so häufig, daß die Borland-Mitarbeiter dazu Programme oder Units geschrieben haben.

Viele dieser Programme und Units finden Sie in diesem Kapitel. Weitere Problemlösungen finden Sie in den vorhergehenden Kapiteln, da sie thematisch zugeordnet wurden.

Wieso arbeitet READ/LN nicht wie bei Version 3.0?

Durch die Anpassung der (in diesem Punkt identischen) Versionen 4.0 und 5.0 an den ANSI-Standard ergibt sich ein Kompatibilitätsproblem, das im Benutzerhandbuch nur in einem Nebensatz erwähnt wurde: Die Version 3.0 behandelt die Standardeingabe Input (d.h. die Tastatur) auf spezielle Weise. Die Versionen 4.0 und 5.0 machen dagegen keinen Unterschied zwischen Input und einer beliebigen anderen Textdatei.

Als Folge dieser Spezialbehandlung werden Read und Readln in der Version 3.0 grundsätzlich mit einem Zeilenvorschub beendet (den Readln auch auf dem Bildschirm ausgibt). Überzählige Eingabeelemente werden ignoriert: Bei einem Aufruf wie

```
Readln(A, B);
```

und der Eingabe

```
10 20 30 <Return>
```

ordnet Readln der Variablen A den Wert 10 zu, der Variablen B den Wert 20 – und "vergißt" die dritte Eingabe.

Wenn eine Eingabe weniger Elemente enthält als angefordert, dann füllt die Version 3.0 den Eingabepuffer mit Ctrl-Z-Zeichen. Bei einem Aufruf wie

```
Readln(A, B);
```

mit der Eingabe

```
10 <Return>
```

bekommt die Variable A den Wert 10 zugewiesen, B bleibt unverändert (solange es sich dabei um eine numerische Variable handelt). Wenn B für einen String steht, ordnen Read und Readln hier einen Nullstring zu.

In den Versionen 4.0 und 5.0 wird die Tastatur wie eine normale Datei behandelt. <Return> wird damit wie ein normales Trennzeichen zwischen zwei Elementen aufgefaßt: Überzählige Eingabeelemente bleiben "stehen". Bei einem Aufruf wie

```
Readln(A, B);
```

und der Eingabe

```
10 20 30 <Return>
```

liest das Programm die ersten beiden Werte, ordnet sie zu und beläßt die dritte Eingabe im Puffer. Diese Eingabe wird durch die nächste Eingabeanforderung als erstes Element gelesen.

Wenn eine Eingabe weniger Elemente enthält als angefordert, dann wartet Readln einfach auf eine weitere "Zeile"; die beiden durch Readln(A, B); angeforderten Werte lassen sich also entweder als 10 20 <Return>, als 10 <Return> 20 <Return> oder auch als 10 <Return> <Return> <Return> 20 <Return> eingeben.

Etwas technischer: Read überspringt in den Versionen 4.0 und 5.0 bei der Eingabe numerischer Werte führende Leerzeichen, Tabs und Zeilenvorschübe. Erwartet wird eine mit <Return> abgeschlossene Eingabe. Der abschließende Zeilenvorschub bleibt für die nächste Leseaktion "stehen". Readln führt dieselbe Aktion durch und entfernt den abschließenden Zeilenvorschub nur dann aus dem Eingabepuffer, wenn er den Abschluß des letzten angeforderten Elements darstellt.

Bei der Eingabe von Strings werden Unterschiede zwischen Read und Readln in den Versionen 4.0 und 5.0 deutlich: In einem Programm, das zwei aufeinanderfolgende Strings mit Read anfordert, also

```
PROGRAM StrRead;
  VAR S1, S2: STRING[79];

  BEGIN
    Read(S1);
    Read(S2);
  END.
```

liest der erste Aufruf von Read eine Eingabezeile bis zum abschließenden Zeilenvorschub und läßt ihn "stehen". Der zweite Aufruf bekommt folglich als erstes diesen Zeilenvorschub zu sehen, ordnet der Variablen S2 einen Nullstring zu und endet ohne eine Interaktion mit dem Benutzer. (Der einzige Unterschied zwischen Read und Readln in der Version 3.0 besteht darin, daß Read den Zeilenvorschub nicht auf dem Bildschirm ausgibt. Das Programm würde also im gewünschten Sinne funktionieren.)

Als Konsequenz dieses standardisierten Verhaltens sollten Sie bei Programmen der Versionen 4.0 und 5.0 deshalb grundsätzlich Readln anstelle von Read für Eingaben über die Tastatur verwenden.

Cursormanipulation – die Unit CURSOR.PAS

Mit dieser Unit können sie den Cursor in Ihren Anwendungen manipulieren. Geschrieben wurde sie, da mich bei meinen Anwendungen immer der Cursor, der irgendwo auf dem Bildschirm blinkte, störte.

Technische Daten

Quelltext:	11 866 Byte
Codegröße:	848 Byte
Datengröße:	26 Byte
DOS-Version:	DOS 3.30
Compiler:	Turbo Pascal 5.0 und 5.5
C-Schalter:	{$A+,B-,D+,E+,F-,I+,L+,N-,O-,R-,S+,V+} {$M 16384,0,655360}

Die Compiler-Direktiven müssen bei der Verwendung von Turbo Pascal 4.0 eventuell angepaßt werden, ansonsten spricht aber nichts dagegen, daß diese Unit auch mit Turbo Pascal 4.0 läuft.

Testumgebung

A&M 386 mit AMI-Bios, VEGA VGA-Adapter, Peacock 386 mit Phoenix-Bios, Hercules-Adapter, Multitronic XT mit Phoenix-Bios, CGA-Adapter.

Anwendung

Am besten kopieren Sie diese Unit in ein von Ihnen angelegtes Unit-Verzeichnis. Somit wäre dann gewährleistet, daß die Unit vom Compiler zur Compilierzeit auch gefunden wird. Die Einbindung der Unit erfolgt nach einer Uses-Anweisung. Die Unit benötigt mit Ausnahme der Unit Dos keinerlei zusätzliche Units. Beim Starten Ihres Programms werden die aktuellen Cursor-Scanlines automatisch gespeichert. Dies hat den Vorteil, daß jederzeit bei Abbruch des Programms über eine Exit- oder Haltanweisung der Cursor wieder restauriert werden kann. Somit ist nicht wie bei manch anderem Programm plötzlich in der DOS-Ebene kein Cursor mehr vorhanden.

Beschreibung des Source-Codes

Benötigte Units

Die Unit DOS wird benötigt, da unter anderem der Datentyp Registers darin wie folgt deklariert ist:

```
TYPE Registers = Record
    Case Integer of
            0 : (AX,BX,CX,DX,BP,SI,DI,DS,ES,Flags : Word);
            1 : (AL,AH,BL,BH,CL,CH,DL,DH : Byte);
    end;
```

Ein anderer Grund ist die Prozedur Intr, die einen Software-Interrupt bewirkt. Dieser wird zur Steuerung des Cursors benötigt.

Beschreibung der globalen Konstanten, Typen und Variablen

Konstanten

Keine

Typisierte Konstanten

Keine

Typen

Keine

Variablen

MaxCursor : Byte; *** GLOBAL ***

Diese Variable speichert die maximale Größe des Cursors (Scanlines).

CursorTopRow, CursorBottomRow : Byte; *** GLOBAL ***

Diese Variablen speichern die Anfangs- und Endkoordinaten des Cursors (Scanlines) zum Beispiel in der Prozedur Set_Cursor_Off, um diese mit Set_Cursor_On zurückzuerhalten.

Regs : Registers; *** UNITGLOBAL ***

Diese Variable enthält die Werte der einzelnen Register der CPU und wird dazu benötigt, um dem Rechner diese per Interrupt 10 hex mitzuteilen.

CursorStart, CursorEnd : Byte; *** UNITGLOBAL ***

Diese Variablen enthalten die Anfangs- und Endkoordinaten des Cursors (Scanlines) beim Starten eines Programms. Dies ist wichtig, um den Cursor wieder restaurieren zu können.

Beschreibung der Prozeduren und Funktionen

Prozedur Get_Default_Cursor   Unit CURSOR.PAS

Funktion: Liest aus den Speicherstellen $40:$60 und $40:$61 die aktuellen Werte für die Scanlines des Cursors aus. Zugegriffen wird auf diese Speicherstellen über die in Turbo Pascal definierte Variable MEM, die als ARRAY OF BYTE deklariert ist.

Deklaration: `Procedure Get_Default_Cursor;`

Parameter: Keine

Bemerkung: Die Prozedur Get_Default_Cursor übergibt die ermittelten Werte den beiden Unitglobal deklarierten Variablen CursorStart und CursorEnd. Dadurch wird erreicht, daß eine Restaurierung des Cursors möglich wird.

Beispiel: Diese Prozedur wird im Initialisierungsteil der Unit aufgerufen. Wenn
Sie die beiden Variablen CursorStart und CursorEnd global deklarieren,
also vor dem reservierten Wort Implementation, dann ist folgender Aufruf möglich:

```
USES Cursor;

BEGIN
  WriteLn ('Die Scanlines des Cursors');
  WriteLn ('=========================');
  Get_Default_Cursor;
  WriteLn ('Start-Scanline : ', CursorStart);
  WriteLn ('End-Scanline   : ', CursorEnd);
  ReadLn; { Warte auf Return }
END;
```

Hier werden die Anfangs- und Endscanlines des Cursors ausgegeben.

Quelltext:
```
PROCEDURE Get_Default_Cursor;
{ Wird im Initialisierungteil aufgerufen und    }
{ speichert die aktuelle Cursorform beim Start  }
{ des Programms.                                 }

BEGIN
  CursorStart  := mem[$40:$61];
  { Greift auf die Low-Memory-Adresse $40:$61  }
  { zu und holt den Wert für die untere Cursor-}
  { Scanline.                                   }
  CursorEnd    := mem[$40:$60];
  { Greift auf die Low-Memory-Adresse $40:$60  }
  { zu und holt den Wert für die obere Cursor- }
  { Scanline.                                   }
END;
```

Siehe auch: Set_Default_Cursor.

Prozedur Set_Default_Cursor   Unit CURSOR.PAS

Funktion: Setzt den Cursor neu. Die Prozedur benutzt hierzu die in den beiden Variablen CursorStart und CursorEnd festgehaltenen Werte. Diese Werte
werden den entsprechenden Registern zugeordnet und über die Auslö-
sung des Interrupts 10h in die Low-Memory-Adressen geschrieben.

Deklaration: `Procedure Set_Default_Cursor;`

Parameter: Keine

Bemerkung: Die Prozedur Set_Default_Cursor übernimmt die von Get_Default_Cursor gespeicherten Werte aus den unitglobalen Variablen CursorStart und CursorEnd. Durch den Aufruf dieser Prozedur werden die Programmanfangswerte des Cursors gesetzt.

Beispiel: Diese Prozedur sollte am Ende eines jeden Programms aufgerufen werden. Denn hierdurch wird gewährleistet, daß der Cursor seine ursprüngliche Form auch nach Ablauf der Anwendung wieder erhält.

```
USES Cursor;

BEGIN
  WriteLn ('Die Scanlines des Cursors');
  WriteLn ('=========================');
  Set_Line_Cursor;
  WriteLn ('Start-Scanline : ', CursorStart);
  WriteLn ('End-Scanline   : ', CursorEnd);
  ReadLn; { Warte auf Return }
 Set_Default_Cursor;
END;
```

Hier werden die Anfangs- und Endscanlines des Cursors ausgegeben.

Quelltext:
```
PROCEDURE Set_Default_Cursor;
{ Benutzt Interrupt $10, um den aktuellen Cursor,     }
{ der beim Programmstart durch Get_Default_Cursor     }
{ gespeichert wurde, wieder zu setzen.                }

BEGIN
  Regs.ah := 1;          { Service 1; Set Cursor Size}
  Regs.ch := CursorStart;{ Übergabe des Wertes für    }
                         { die Startcursor-Scanline   }
  Regs.cl := CursorEnd;  { Übergabe des Wertes für    }
                         { die Endcursor-Scanline     }
  INTR($10,Regs);        { Aufruf des Interrupts 10h  }
                         { mit den vorher festgeleg-  }
                         { ten Werten                 }
END;
```

Siehe auch: Get_Default_Cursor,   Set_Line_Cursor,   Set_Fullblock_Cursor, Set_Halfblock_Cursor.

Prozedur Set_Cursor_Type   Unit CURSOR.PAS

Funktion: Setzt den Cursor nach Ihren Angaben. Die Prozedur benutzt hierzu die von Ihnen übergebenen Werteparameter Startline und Endline. Dies erfolgt über einen Aufruf des Interrupts 10h mit der Funktionsnummer 1. Hiermit haben Sie die Möglichkeit, den Cursor beliebig zu setzen.

Deklaration: `Procedure Set_Cursor_Type( Startline, Endline : BYTE);`

Parameter: *Startline* enthält den Wert, der die obere Begrenzung des Cursors angibt.

Endline enthält den Wert für die untere Begrenzung des Cursors.

Bemerkung: Die Prozedur Set_Cursor_Typ setzt die Scanlines entsprechend der von Ihnen angegebenen Werte und setzt die Werte im Low-Memory-Bereich neu. Dies geschieht über die Ausführung des Interrupts 10h mit der Funktionsnummer 1.

Beispiel: Diese Prozedur sollten Sie immer dann aufrufen, wenn Sie dem Cursor eine ganz bestimmte Form geben wollen.

```
USES Cursor;

BEGIN
  WriteLn ('Die Scanlines des Cursors');
  WriteLn ('=========================');
  Set_Cursor_Typ(3,5);
  WriteLn ('Start-Scanline : ', CursorStart);
  WriteLn ('End-Scanline   : ', CursorEnd);
  ReadLn; { Warte auf Return }
  Set_Default_Cursor;
END;
```

Hier werden die Anfangs- und Endscanlines des Cursors ausgegeben.

Quelltext:
```
PROCEDURE Set_Cursor_Type(Startline, Endline : BYTE);

BEGIN
  Regs.ah := 1;              { Service 1; Set Cursor Size }
```

```
    Regs.ch := Startline; { Setzt die Startscanline    }
                          { für den Cursor.            }
    Regs.cl := Endline;   { Setzt die Endscanline für  }
                          { den Cursor.                }
    INTR($10,Regs);       { Aufruf des Interrupts 10h  }
END;
```

Siehe auch: Get_Default_Cursor,   Set_Line_Cursor,   Set_Fullblock_Cursor,
                    Set_Halfblock_Cursor.

Prozedur Set_Cursor_Off   Unit CURSOR.PAS

Funktion: Schaltet den Cursor aus. Bevor dies geschieht, muß aber überprüft wer-
                    den, um welchen Grafikmodus es sich handelt. Die EGA-, VGA- und
                    CGA-Karten haben nur sieben Scanlines, die Hercules-Karte dagegen
                    14.

Deklaration: `Procedure Set_Cursor_Off;`

Parameter: Keine

Bemerkung: Die Prozedur Set_Cursor_Off setzt die Scanlines genau so, daß kein
                    Cursor mehr zu sehen ist. Davor wird der Grafikmodus überprüft, um
                    festzustellen, wie viele Scanlines die Karte im Moment für den Cursor
                    beansprucht. Die Scanlines werden dann über den Interrupt 10h, Funk-
                    tionsnummer 1 im Low Memory gesetzt. Die Cursorwerte werden in
                    den Variablen CursorTopRow und CursorBottomRow gespeichert.

Beispiel: Diese Prozedur sollten Sie immer dann aufrufen, wenn Sie keinen Cur-
                    sor wünschen.

```
USES Cursor;

BEGIN
  WriteLn ('Die Scanlines des Cursors');
  WriteLn ('=========================');
  Set_Cursor_Off;
  WriteLn ('Start-Scanline : ', CursorStart);
  WriteLn ('End-Scanline   : ', CursorEnd);
  ReadLn; { Warte auf Return }
  Set_Default_Cursor;
END;
```

Hier werden die Anfangs- und Endscanlines des Cursors ausgegeben.

Quelltext:

```
PROCEDURE Set_Cursor_Off;
{ Schaltet den Cursor unter Verwendung des Interrupts}
{ 10h, Service 1 aus. Eine Überprüfung der          }
{ Grafikkarte bzw. des Grafikmodus wird vorgenommen. }

VAR  min,max : BYTE;

BEGIN
  IF mem[$40:$49] IN [$7..$10]
          { Überprüft, ob der Videomodus zwischen 7  }
    THEN { und 10h liegt.                           }
      BEGIN
        min                 := 14;    { wenn ja .. }
        max                 := 14;
        MaxCursor           := 14;
      END
    ELSE
      BEGIN
        min                 := 8;     { wenn nein ..}
        max                 := 0;
        MaxCursor           := 8;
      END;
    CursorBottomRow := mem[$40:$61];
    { Holen der momentan gesetzten Werte }
    CursorTopRow := mem[$40:$60];
    Regs.ah  := 1;
    { Setzen der Register               }
    Regs.ch  := min;
    Regs.cl  := max;
    INTR($10,Regs);
    { Aufruf des Interrupts 10h         }
END;
```

Siehe auch: Get_Default_Cursor, Set_Line_Cursor, Set_Fullblock_Cursor, Set_Half block_Cursor, Set Cursor_On.

Prozedur Set_Cursor_On   Unit CURSOR.PAS

Funktion: Schaltet den Cursor mit den in den Variablen CursorBottomRow und CursorTopRow gespeicherten Werten wieder an. Diese Werte werden von der Prozedur Set_Cursor_Off gespeichert. Auch hier wird wieder der Modus der Grafikkarte überprüft, um festzustellen, wie viele Scanlines vorhanden sind.

Deklaration: `Procedure Set_Cursor_On;`

Parameter: Keine

Bemerkung: Die Prozedur Set_Cursor_On setzt die Scanlines genau so, wie diese vorher von der Prozedur Set_Cursor_Off gespeichert wurden. Die Scanlines werden dann über den Interrupt 10h, Funktionsnummer 1 im Low Memory gesetzt.

Beispiel: Diese Prozedur sollten Sie immer dann aufrufen, wenn Sie keinen Cursor wünschen.

```
USES Cursor;

BEGIN
  WriteLn ('Die Scanlines des Cursors');
  WriteLn ('==========================');
  Set_Cursor_Off;
  ReadLn;
  Set_Cursor_On;
  WriteLn ('Start-Scanline : ', CursorStart);
  WriteLn ('End-Scanline   : ', CursorEnd);
  ReadLn; { Warte auf Return }
  Set_Default_Cursor;
END;
```

Hier werden die Anfangs- und Endscanlines des Cursors ausgegeben.

Quelltext:
```
PROCEDURE Set_Cursor_On;
{ Schaltet den Cursor wieder ein und verwendet }
{ dazu die in BottomRow und CursorTopRow       }
{ gespeicherten Werte.                         }

BEGIN
  Regs.ah := 1;              { Setzen der Register }
  Regs.ch := CursorBottomRow;
  Regs.cl := CursorTopRow;
  INTR($10,Regs);     {Aufruf des Interrupts 10h}
END;
```

Siehe auch: Get_Default_Cursor,   Set_Line_Cursor,   Set_Fullblock_Cursor,
Set_Halfblock_Cursor, Set Cursor_Off.

Prozedur Set_Line_Cursor   Unit CURSOR.PAS

Funktion: Setzt den Cursor so, daß nur noch die untere Scanline zu sehen ist. So-mit sehen Sie einen schmalen, blinkenden Cursor am Bildschirm.

Deklaration: `Procedure Set_Line_Cursor;`

Parameter: Keine

Bemerkung: Die Prozedur Set_Line_Cursor überprüft, welcher Textmodus gesetzt ist, und setzt je nach Modus die Scanlines für einen schmalen Textcur-sor. Die Scanlines werden dann über den Interrupt 10h, Funktionsnum-mer 1 im Low Memory gesetzt.

Beispiel: Diese Prozedur sollten Sie immer dann aufrufen, wenn Sie einen sehr schmalen Cursor benötigen.

```
USES Cursor;

BEGIN
   WriteLn ('Die Scanlines des Cursors');
   WriteLn ('========================');
   Set_Line_Cursor;
   WriteLn ('Start-Scanline : ', CursorStart);
   WriteLn ('End-Scanline   : ', CursorEnd);
   ReadLn; { Warte auf Return }
   Set_Default_Cursor;
END;
```

Hier werden die Anfangs- und Endscanlines des Cursors ausgegeben.

Quelltext:
```
PROCEDURE Set_Line_Cursor;
{- Setzen eines Zeilencursors }

VAR  min,max : byte;

BEGIN
  IF mem[$40:$49] IN [$7..$10]
```

```
{ Welcher Textmodus ist aktiv? }
  THEN
    BEGIN              { Wenn Hercules dann ..        }
      min := 0;
      max := 0;
    END
  ELSE
    BEGIN              { sonst ..                     }
      min := 8;
      max := 8;
    END;
  Regs.ah:= 1;         { Setzen der Registerwerte     }
  Regs.ch:= min;
  Regs.cl:= max;
  INTR($10,Regs);      { Aufruf des Interrupts 10h    }
END;
```

Siehe auch: Get_Default_Cursor,   Set_Cursor_On,   Set_Fullblock_Cursor,
Set_Halfblock_Cursor, Set Cursor_Off.

Prozedur Set_HalfBlock_Cursor   **Unit CURSOR.PAS**

Funktion: Setzt den Cursor so, daß der Cursor die Hälfte des Platzes für ein Zeichen benötigt.

Deklaration: `Procedure Set_HalfBlock_Cursor;`

Parameter: Keine

Bemerkung: Die Prozedur Set_HalfBlock_Cursor überprüft, welcher Textmodus gesetzt ist, und setzt je nach Modus die Scanlines für einen Halbblock-
Textcursor. Die Scanlines werden dann über den Interrupt 10h, Funktionsnummer 1 im Low Memory gesetzt.

Beispiel: Diese Prozedur sollten Sie immer dann aufrufen, wenn Sie einen gut
sichtbaren Cursor benötigen.

```
USES Cursor;

BEGIN
  WriteLn ('Die Scanlines des Cursors');
```

```
            WriteLn ('========================');
            Set_HalfBlock_Cursor;
            WriteLn ('Start-Scanline : ', CursorStart);
            WriteLn ('End-Scanline   : ', CursorEnd);
            ReadLn; { Warte auf Return }
            Set_Default_Cursor;
        END;
```

Hier werden die Anfangs- und Endscanlines des Cursors ausgegeben.

Quelltext:
```
            PROCEDURE Set_HalfBlock_Cursor;
            { Setzen eines Halbblock-Cursors,  }
            { ansonsten siehe Set_Line_Cursor. }

            VAR  min,max : byte;

            BEGIN
              IF mem[$40:$49] IN [$7..$10]
                THEN
                  BEGIN
                    min := 0;
                    max := 6;
                  END
                ELSE
                  BEGIN
                    min := 4;
                    max := 7;
                  END;
              Regs.ah:= 1;
              Regs.ch:= min;
              Regs.cl:= max;
              INTR($10,Regs);
            END;
```

Siehe auch: Get_Default_Cursor, Set_Cursor_On, Set_Fullblock_Cursor, Set Cursor_Off.

Prozedur Set_FullBlock_Cursor   Unit CURSOR.PAS

Funktion: Setzt den Cursor so, daß er den vollen Platz für ein Zeichen benötigt.

Deklaration: Procedure Set_FullBlock_Cursor;

Parameter: Keine

Bemerkung: Die Prozedur Set_FullBlock_Cursor überprüft, welcher Textmodus gesetzt ist, und setzt je nach Modus die Scanlines für einen Vollblock-Textcursor. Die Scanlines werden dann über den Interrupt 10h, Funktionsnummer 1 im Low Memory gesetzt.

Beispiel: Diese Prozedur sollten Sie immer dann aufrufen, wenn Sie einen gut sichtbaren Cursor benötigen.

```
USES Cursor;

BEGIN
  WriteLn ('Die Scanlines des Cursors');
  WriteLn ('=========================');
  Set_FullBlock_Cursor;
  WriteLn ('Start-Scanline : ', CursorStart);
  WriteLn ('End-Scanline   : ', CursorEnd);
  ReadLn; { Warte auf Return }
  Set_Default_Cursor;
END;
```

Hier werden die Anfangs- und Endscanlines des Cursors ausgegeben.

Quelltext:
```
PROCEDURE Set_FullBlock_Cursor;
{ Setzen eines Vollblock-Cursors, }
{ ansonsten siehe Set_Line_Cursor }

VAR  min,max : byte;

BEGIN
  IF mem[$40:$49] IN [$7..$10]
    THEN
      BEGIN
        min := 0;
        max := 13;
      END
    ELSE
      BEGIN
        min := 0;
```

```
      max := 7;
   END;
 Regs.ah:= 1;
 Regs.ch:= min;
 Regs.cl:= max;
 INTR($10,Regs);
END;
```

Siehe auch: Get_Default_Cursor, Set_Cursor_On, Set_HalfBlock_Cursor, Set Cursor_Off.

Prozedur Set_Cursor_XY   Unit CURSOR.PAS

Funktion: Setzt den Cursor auf die von Ihnen definierte Stelle X,Y auf dem Bildschirm oder eine von Ihnen gewählte Bildschirmseite.

Deklaration: `Procedure Set_Cursor_XY( X,Y,DisplayPage : BYTE);`

Parameter: *X* gibt die Spalte an, in der der Cursor erscheinen soll.

Y gibt die Zeile an, in der der Cursor erscheinen soll.

DisplayPage gibt die Bildschirmseite des Cursors an; 0 steht dabei für die aktuelle Seite.

Bemerkung: Die Prozedur Set_Cursor_XY setzt den Cursor auf eine von Ihnen definierte Stelle des Bildschirms, wobei auch ein zur Zeit nicht aktiver Bildschirm gewählt werden kann. Dies funktioniert über den Interrupt 10h mit der Funktionsnummer 2.

Beispiel: Diese Prozedur sollten Sie immer dann aufrufen, wenn Sie den Cursor auf eine ganz bestimmte Stelle des aktuellen oder eines virtuellen Bildschirms setzen wollen.

```
USES Cursor;

BEGIN
  WriteLn ('Die Scanlines des Cursors');
  WriteLn ('=========================');
  Set_Cursor_XY(20,20,0);
                    {aktuelle Bildschirmseite}
```

```
WriteLn ('Start-Scanline : ', CursorStart);
WriteLn ('End-Scanline   : ', CursorEnd);
ReadLn; { Warte auf Return }
Set_Default_Cursor;
END;
```

Hier werden die Anfangs- und Endscanlines des Cursors ausgegeben.

Quelltext:
```
PROCEDURE Set_Cursor_XY(X, Y, DisplayPage : BYTE);
{ Setzt den Cursor auf die angegebenen Werte. }

BEGIN
  Regs.AH := $02;
  Regs.BH := DisplayPage;
  { Die aktuelle Bildschirmseite ist 0. }
  Regs.DH := Y;
  Regs.DL := X;
  Intr($10, Regs);
END;
```

Siehe auch: Get_Default_Cursor, Set_Cursor_On, Set_HalfBlock_Cursor, Set Cursor_Off.

Prozedur FindCursor   Unit CURSOR.PAS

Funktion: Gibt die Cursorwerte für den von Ihnen gewählten Bildschirm zurück. Folgende Werte werden zurückgegeben: Spalte, Zeile sowie die beiden Scanlines.

Deklaration:
```
Procedure FindCursor( VAR X,Y,CursorTopLine,
                          CursorEndLine : BYTE;
                          DisplayPage   : BYTE);
```

Parameter: *X* gibt die Spalte an, in der der Cursor steht.

Y gibt die Zeile an, in der der Cursor steht.

CursorTopLine bezeichnet die obere Scanline des Cursors.

CursorBottomLine bezeichnet die untere Scanline des Cursors.

DisplayPage gibt die Bildschirmseite an; 0 ist die aktuelle Seite.

Bemerkung: Die Prozedur FindCursor sucht den Cursor auf einer von Ihnen definierten Bildschirmseite, wobei auch ein zur Zeit nicht aktiver Bildschirm gewählt werden kann. Das Ganze funktioniert über den Interrupt 10h mit der Funktionsnummer 3.

Beispiel: Diese Prozedur sollten Sie immer dann aufrufen, wenn Sie wissen möchten, wo sich der Cursor befindet.

```
USES Cursor;
VARx, y, Top, Bottom, Page : BYTE;
BEGIN
  Page := 0;
  WriteLn ('Die Scanlines des Cursors');
  WriteLn ('==========================');
  FindCursor(x, y, Top, Bottom, Page);
  WriteLn ('Start-Scanline : ', Top);
  WriteLn ('End-Scanline   : ', Bottom);
  WriteLn ('Bildschirmseite: ', Page);
  WriteLn ('Spalte, Zeile  : ', x, ', ', y);
  ReadLn; { Warte auf Return }
  Set_Default_Cursor;
END;
```

Hier werden alle Parameter der Prozedur FindCursor ausgegeben.

Quelltext:
```
PROCEDURE FindCursor(VAR X, Y,
                         CursorTopLine,
                         CursorBottomLine : BYTE;
                         DisplayPage      : BYTE);
{ Gibt die Werte für die Spalte und Zeile des        }
{ Cursors sowie der Anfangs- und Endscanline zurück. }

BEGIN
  Regs.AH := $03;
  { Interrupt 10h, Service 3                  }
  Regs.BH := DisplayPage;
  { Bildschirmseite 0 = aktuelle Bildschirmseite}
  Intr($10, Regs);
  { Interruptaufruf                           }
  X                := Regs.DL;
  { Auslesen der Werte                        }
  Y                := Regs.DH;
```

```
        CursorTopLine    := Regs.CH;
        CursorBottomLine := Regs.CL;
    END;
```

Siehe auch: Get_Default_Cursor, Set_Cursor_On, Set_HalfBlock_Cursor, Set Cursor_Off.

Hardcopy-Routine für Turbo Pascal 4.0 und höher (Epson FX80)

Die Hardcopy-Prozedur arbeitet in allen Grafikmodi und läßt sich in der vorliegenden Version an Epson FX80-kompatiblen Druckern verwenden.

Quellcode:
```
PROCEDURE HardCopy(Inverse:Boolean); { Epson FX80 }
VAR i, top   : Integer;
    PrintByte : Byte;
    ViewPort  : ViewPortType;

  PROCEDURE Print(x : Byte);
  INLINE(  { POP    AX     }  $58/
           { XOR    AH,AH  }  $30/$E4/
           { XOR    DX,DX  }  $31/$D2/
           { INT    17H    }  $CD/$17);

  PROCEDURE DoLine(Top:Integer);
  VAR j : Integer;

    FUNCTION ConstructByte(j,i:Integer):Byte;
      CONST Bits    : ARRAY [0..7] OF Byte=
                      (128,64,32,16,8,4,2,1);
      VAR   CByte, k : Byte;
      BEGIN
        i:=i SHL 3;
        CByte:=0;
        FOR k:=0 TO Top DO
          IF GetPixel(j,i+k) <> 0  THEN CByte:=CByte
                                        OR Bits[k];
        ConstructByte:=CByte;
      END; (* ConstructByte *)
```

```
      BEGIN (* DoLine *)
        Print(27); Print(ord('L'));
        Print(Lo(GetMaxX+1)); Print(Hi(GetMaxX+1));
                                    (* 960 dpl/120 dpi *)
        FOR j:=0 TO GetMaxX DO
          BEGIN
            PrintByte:=ConstructByte(j,i);
            IF Inverse THEN PrintByte:=NOT PrintByte;
            Print(PrintByte);
          END;
        Print(10);
      END; (* DoLine *)

BEGIN (* HardCopy *)
  GetViewSettings(Viewport);
                          (* Save current viewport *)
  SetViewPort(0,0, GetMaxX,GetMaxY, False);
  Print(27); Print(ord('3')); Print(24);
                          (* Set line spacing      *)
  FOR i:=0 TO ((GetMaxY+1) SHR 3)-1 DO doline(7);
  i:=((GetMaxY+1) SHR 3);
  IF (GetMaxY+1) AND 7<>0 THEN
     doline((GetMaxY+1) AND 7);
  Print(27); Print(ord('2'));
  WITH ViewPort DO
    SetViewPort(x1,y1, x2,y2, Clip);
                          (* restore viewport      *)
END; (* HardCopy *)
```

Hardcopy-Routine für Turbo Pascal 4.0 und höher (NEC P6)

Die Hardcopy-Prozedur arbeitet in allen Grafikmodi und läßt sich in der vorliegenden Version bei NEC P6-kompatiblen Druckern anwenden.

Quellcode:

```
Unit ScrCopy;
INTERFACE
  USES Graph;
  PROCEDURE HardCopy(Inverse:Boolean);
```

```
IMPLEMENTATION

  PROCEDURE HardCopy(Inverse:Boolean); { NEC P6 }
  VAR J, Top      : Integer;
      PrintBuffer : LongInt;
      PrintByte   : Array [1..4] of Byte Absolute
                    PrintBuffer;
      ViewPort    : ViewPortType;

  PROCEDURE Print(x : Byte);
  INLINE(
        { POP    AX       }              $58/
        { XOR    AH,AH    }              $30/$E4/
        { XOR    DX,DX    }              $31/$D2/
        { INT    17H      }              $CD/$17);

  PROCEDURE DoLine(Top:Integer);
  VAR I, Z, Breite : Integer;

    FUNCTION ConstructLongInt(J,I : Integer): LongInt;
      CONST Bits    : ARRAY [0..23] OF LongInt =
                  (8388608, 4194304, 2097152, 1048576,
                    524288,  262144,  131072,   65536,
                     32768,   16384,    8192,    4096,
                      2048,    1024,     512,     256,
                       128,      64,      32,      16,
                         8,       4,       2,       1);
      VAR   CByte : LongInt;
            K     : Byte;
      BEGIN
        J := J SHL 3;
        CByte := 0;
        FOR K := 0 TO Top DO
          IF GetPixel( J+K, I ) <> 0 THEN BEGIN
            CByte:=CByte OR Bits[K*3];
            CByte:=CByte OR Bits[(K*3) + 1];
            CByte:=CByte OR Bits[(K*3) + 2];
          END;
        ConstructLongInt := CByte;
      END; (* ConstructLongInt *)
    BEGIN (* DoLine *)
      Breite := (GetMaxY + 1) * 2;
```

```
      Print(27); Print(Ord('*')); Print(33);
      Print(Lo(Breite)); Print(Hi(Breite));
      FOR I := GetMaxY DOWNTO 0 DO BEGIN
        FOR Z := 1 TO 2 DO BEGIN
          PrintBuffer := ConstructLongInt(J,I);
          IF Inverse THEN PrintBuffer := NOT
                                      PrintBuffer;
          Print(PrintByte[3]);
          Print(PrintByte[2]);
          Print(PrintByte[1]);
        END
      END; Print (10);
    END; (* DoLine *)

  BEGIN (* HardCopy *)
    GetViewSettings(Viewport);
                          (* Save current viewport *)
    SetViewPort(0,0, GetMaxX,GetMaxY, False);
    Print(27); Print(Ord('3')); Print(24);
                          (* Set line spacing      *)
    FOR J := 0 TO ((GetMaxX+1) SHR 3)-1 DO doline(7);
    J := ((GetMaxX+1) SHR 3);
    IF (GetMaxX+1) AND 7 <> 0 THEN
      doline((GetMaxX+1) AND 7);
    Print(27); Print(Ord('2'));
    WITH ViewPort DO
      SetViewPort(x1,y1, x2,y2, Clip);
                          (* Restore viewport       *)
    END; (* HardCopy *)
END.  (* ScrCopy *)
```

HGC – Hardcopy im DIN-A4-Format

Diese Hardcopy-Routine ermöglicht die Ausgabe des um 90 Grad gedrehten Bildschirminhaltes auf dem Drucker.

Quellcode:
```
USES Dos;
VAR Regs : Registers
  {Der Typ Registers ist in der Unit Dos deklariert.}
```

```
PROCEDURE DirectPrint ( C : Byte);

  BEGIN
    Regs.AX := C;
    Regs.DX := 0;      { 0 = LPT1,PRN; 1 = LPT2; etc. }
    Intr($17, Regs); { Interrupt für die              }
                       { Druckeransteuerung             }
  END;                 { DirectPrint }

PROCEDURE HardCopy;
VAR X, Y, RowBegin, I : Integer;
    Out                 : Byte;
    Center              : STRING[65];

  BEGIN
    DirectPrint(27);
    DirectPrint(ORD('A'));
    DirectPrint(8);
    FOR X := 0 TO 89 DO
      BEGIN
        DirectPrint(27);
        DirectPrint(ORD('*'));
        DirectPrint(0);
        DirectPrint(413 MOD 256);
        DirectPrint(413 DIV 256);
        FOR I := 1 TO 65 DO
          DirectPrint(0);
        FOR Y := 347 DOWNTO 0 DO
          BEGIN
            RowBegin := $2000 * (Y MOD 4) + 90
                                * (Y DIV 4);
            Out      := Mem[$B000:RowBegin + X];
            DirectPrint(Out);
          END;
        DirectPrint(10);
      END;
    DirectPrint(10);
  END;
```

Unit HPLASER.PAS

Diese Unit kann zur Ausgabe einer Hardcopy eines Grafikbildschirms auf dem Hewlett Packard Laserjet verwendet werden. Geschrieben wurde diese Unit, da viele Anwender gerne im Grafikmodus arbeiten und von daher die Ausgabe des Bildschirms auf einen Drucker nicht fernliegt.

Technische Daten

Quelltext:	11 497 Byte
Codegröße:	1 024 Byte
Datengröße:	270 Byte
DOS-Version:	DOS 3.30
Compiler:	Turbo Pascal 5.0, 5.5 und 4.0
C-Schalter:	{$A+,B-,D+,E+,F-,I+,L+,N-,O-,R-,S+V+} {$M 16384,0,655360}

Compilerdirektiven müssen bei der Verwendung von Turbo Pascal 4.0 eventuell angepaßt werden, ansonsten spricht aber nichts dagegen, daß diese Unit auch mit Turbo Pascal 4.0 läuft.

Testumgebung

A&M 386 mit AMI-Bios, VEGA VGA-Adapter, Peacock 386 mit Phoenix-Bios, Hercules-Adapter, Multitronic XT mit Phoenix-Bios, CGA-Adapter, Panasonic KX-P 4450.

Anwendung

Kopieren Sie diese Unit in ein von Ihnen angelegtes Unit-Verzeichnis. So ist gewährleistet, daß die Unit vom Compiler zur Compilierzeit auch gefunden wird. Vergessen Sie allerdings nicht, dieses Verzeichnis in der Entwicklungsumgebung von Pascal unter OPTIONS/DIRECTORIES/UNIT DIRECTORIES einzugeben. Das Einbinden der Unit erfolgt mit der Uses-Anweisung. Diese Unit benötigt keinerlei zusätzliche Units außer den Standardunits Dos und Graph.

Beim Starten Ihres Programms wird durch die im Initialisierungsteil stehende Anweisung AssignLst(1); die Ausgabe auf den momentan gesetzten Druckerport geleitet. Dies ist aber im Programm über den Aufruf der Prozedur AssignLst mit einem anderen Parameter wieder änderbar.

Beschreibung des Source-Codes

Benötigte Units

Die Unit DOS wird benötigt, da unter anderem der Datentyp Registers darin wie folgt deklariert ist:

```
TYPE Registers = Record
  Case Integer of
                0 : (AX,BX,CX,DX,BP,SI,DI,DS,ES,Flags : Word);
                1 : (AL,AH,BL,BH,CL,CH,DL,DH: Byte);
  end;
```

Ein anderer Grund ist die Prozedur Intr, die einen Software-Interrupt bewirkt. Diese wird zur Steuerung der Ausgabe zum Drucker benötigt (Interrupt $17).

Da wir im Grafikmodus arbeiten, wird die Unit GRAPH ebenfalls benötigt.

Beschreibung der globalen Konstanten, Typen und Variablen

Konstanten

DotsPerInch

Legt die Größe des Ausdrucks fest. Voreingestellter Wert ist 100, d.h. im Verhältnis 1:1 zum Bildschirm.

CursorPosition

Legt den linken Rand auf dem Ausdruck fest. Voreingestellter Wert ist 5, d.h. fünf Spalten Abstand vom linken Rand.

ESC

Synonym für das ASCII-Zeichen 27, das Escape-Zeichen.

Typisierte Konstanten

Keine

Typen

Keine

Variablen

*Lst : TEXT; *** GLOBAL ****

Definiert die Schnittstelle Lst als Textdatei. Dies ist nötig, um den in Hardcopy definierten Textdatei-Gerätetreiber einer Schnittstelle zuordnen zu können.

Programmierung

Beim Starten einer Anwendung, die HPLASER.PAS als Unit enthält, wird zuerst einmal die Prozedur AssignLST aufgerufen. Diese Prozedur ordnet die von uns deklarierte
Variable Lst einem neuen Textdatei-Gerätetreiber zu und initialisiert die Schnittstelle
mit einem Reset. Nun kann eine Ausgabe der Grafik im Binary-Modus von DOS über
die Schnittstelle erfolgen. Hierzu wird der Interrupt 17 Hex aufgerufen.

Beschreibung der Prozeduren und Funktionen

Prozedur HPHardCopy   Unit HPLASER.PAS

Funktion: Diese Pozedur ermöglicht es, eine Hardcopy des Bildschirms auf einem
             HP Laserjet auszugeben.

Deklaration: `Procedure HPHardCopy;`

Parameter: Keine

Bemerkung: Diese Prozedur sollte möglichst nach der Prozedur SetAspectRatio aufgerufen werden. Ein Aufruf ohne vorheriges SetAspectRatio ergibt ein
             verzerrtes Bild auf dem Drucker.

Beispiel: Dieses Beispiel demonstriert, wie eine Hardcopy mit der Unit HPLA-
             SER.PAS ausgegeben wird.

```
USES Graph,
     HPLaser;
VAR
     GraphDriver, GraphMode : INTEGER;
     X, Y                   : WORD;
     PathToDriver           : STRING[65];

{ $DEFINE Version4}
{ Aktivieren, wenn Sie mit der Version 4.0 }
{ arbeiten. }

BEGIN
  PathToDriver := 'C:\TP\BGI';
  GraphDriver  := Detect; { automatische }
                          { Kartenerkennung }
  InitGraph(GraphDriver,GraphMode, PathToDriver);
                          { Grafik initialisieren}

  {$IFDEF Version4}
  X := HoleAspectX;        { AspectRatio holen }
  SetzeAspectRatio(4950); { AspectRatio neu setzen }
  Circle (320,250,150);   { Kreis zeichnen }
  HPLaser.HPHardCopy;      { Hardcopy-Routine }
  SetzeAspectRatio(X);     { alte AspectRatio-Werte }
                          { setzen }
  Circle (320,250,150);
  {$ENDIF}

  {$IFNDEF Version4}
  GetAspectRatio(X,Y);            { AspectRatio holen }
  SetAspectRatio(10000,20000); { AspectRatio neu }
                                 { setzen }
  Circle (320,250,150);          { Kreis zeichnen }
  HPLaser.HPHardCopy;            { Hardcopy-Routine }
  SetAspectRatio(X, Y);          { alte AspectRatio-}
                                 { Werte setzen }
  Circle (320,250,150);
  {$ENDIF}

  Readln;
  CloseGraph;                    { Grafikmodus schließen }
END.
```

Das Beispiel unterscheidet die Ausgabe mit der Version 4.0 und 5.x von Turbo Pascal. Haben Sie nur den Turbo Pascal 4.0-Compiler, dann sollten Sie die $DEFINE-Anweisung setzen.

Quelltext:
```
PROCEDURE HPHardCopy;

{-Erstellt eine Hardcopy eines Graphen auf dem
  Hewlett-Packard Laserjet Drucker. Anders als die
  Hardcopy-Routine der Graphix Toolbox gibt es hier
  keine Parameter. Allerdings sollte es einfach sein,
  entsprechende Parameter zu übergeben wie z.B. Dots
  per Inch oder Anfangsspalte inverser Ausdruck, etc.}

CONST DotsPerInch  = '100';
{-100 als Wert für Dots per Inch ergibt den ganzen }
{ Bildschirm mit einer Höhe von 7,2 Inch für Grafiken}
{ der Herkuleskarte, 6,4 Inch bei einer CGA-Karte }
{ und einer EGA Karte. }
{ Andere erlaubte Werte sind 75, 150 und 300. }
{ 75 Dots per Inch ergibt eine größere Hardcopy. 150 }
{ und 300 verkleinern die Darstellung. }

CursorPosition = '5';
{ Fünf Spalten Abstand vom linken Rand  }

Esc          = #27;
{ Escape-Zeichen                                  }

VAR Zeilenkopf    : STRING[6];
{ String, der vor jeder Zeile zum          }
{ Drucker gesendet wird.                   }

Zeilenlaenge   : STRING[2];
{ Anzahl der Bytes, die per Zeile          }
{ zum Drucker gesendet werden.             }

Y              : Integer;
{ Temporäre Schleifen-Variable.            }

PROCEDURE ZeichneLinie ( Y : Integer );

{ -Zeichnet eine einzelne Zeile von Punkten.
```

```
      Die Anzahl der Bytes, die zum  Drucker
      gesendet werden, sind Breite + 1.
      Argument der Prozedur ist die Zeilennummer = Y }

VAR GraphStr        : STRING[255]; { Ausgabestring}
    Basis           : Word;        { Anfangsposition }
                                   { des Ausgabebytes}
    BitNummer,        { Nummer des Bits im Zugriff  }
    ByteNummer,       { Nummer des Bytes ...}
    DatenByte       : Byte; { DatenByte, das erstellt}
                            { wird }

BEGIN
  FillChar( GraphStr, SizeOf( GraphStr ), #0 );
  GraphStr := Zeilenkopf;
  FOR ByteNummer := 0 TO Breite  DO
  BEGIN
    DatenByte := 0;
    Basis := 8 * ByteNummer;
    FOR BitNummer := 0 TO 7 DO
    BEGIN
      IF GetPixel( BitNummer+Basis, Y ) > 0
         THEN
           BEGIN
             DatenByte := DatenByte + 128 SHR BitNummer;
           END;
    END;
    GraphStr := GraphStr + Chr (DatenByte)
  END;

  Write (Lst, GraphStr)

END; { ZeichneLinie }

BEGIN { Hauptprozedur von HPCopy }
  FillChar( Zeilenlaenge, SizeOf( Zeilenlaenge ), #0 );
  FillChar( Zeilenkopf, SizeOf( Zeilenkopf ), #0 );

  GetViewSettings( Vport );
  Breite := ( Vport.X2 + 1 ) - Vport.X1;
  Breite := ( ( Breite - 7 ) DIV 8 );
  Hoehe  := Vport.Y2 - Vport.Y1;
```

```
           Write (Lst, Esc + 'E');       { Drucker zurücksetzen }
           Write (Lst, Esc+'*t'+DotsPerInch+'R');
           { Setzen der Dichte in }
           { Dots per Inch         }
           Write (Lst, Esc+'&a'+CursorPosition+'C');
           { Cursor zur Anfangsspalte }
           Write (Lst, Esc + '*r1A');
           { Anfang der Rastergrafik  }

           Str (Breite + 1, Zeilenlaenge);
           Zeilenkopf := Esc + '*b' + Zeilenlaenge + 'W';

           FOR Y := 0 TO Hoehe + 1 DO
           BEGIN
             ZeichneLinie ( Y );
             ZeichneLinie ( Y );
           END;

           Write (Lst, Esc + '*rB');
           { Ende der Rastergrafik }
           Write (Lst, Esc + 'E');
           { Setze Drucker zurück  }
           { Werfe Seite aus       }
         END;
```

Siehe auch: SetzeAspectRatio, HoleAspextX und die Standardprozeduren GetAspectRatio sowie SetAspectRatio ab der Version 5.0.

Prozedur SetzeAspectRatio   Unit HPLASER.PAS

Funktion: Diese Prozedur ermöglicht das Setzen des AspectRatio-Wertes in Turbo Pascal 4.0.

Deklaration: `Procedure SetzeAspectRatio( NeuerWert : Word);`

Parameter: *NeuerWert* steht für die Übergabe eines AspectRatio-Wertes.

Bemerkung: Ähnlich der Prozedur SetAspectRatio in Turbo Pascal 5.x. Hier wird allerdings nur ein Wert übergeben.

Beispiel: Dieses Beispiel demonstriert, wie eine Hardcopy mit der Unit HPLA-
                  SER.PAS ausgegeben wird.

```
USES Graph,
     HPLaser;
VAR
     GraphDriver, GraphMode : INTEGER;
     X, Y                   : WORD;
     PathToDriver           : STRING[65];


BEGIN
  PathToDriver := 'C:\TP\BGI';
  GraphDriver := Detect;
                 { automatische Kartenerkennung }
  InitGraph(GraphDriver,GraphMode,
                 PathToDriver);
                 { Grafik initialisieren          }

  X := HoleAspectX;        { AspectRatio holen     }
  SetzeAspectRatio(4950);{ AspectRatio neu        }
                         { setzen                 }
  Circle (320,250,150);  { Kreis zeichnen         }
  HPLaser.HPHardCopy;      { Hardcopy-Routine       }
  SetzeAspectRatio(X);
                 { alte AspectRatio-Werte setzen}
  Circle (320,250,150);

  Readln;
  CloseGraph; { Grafikmodus schließen }
END.
```

                  Dieses Beispiel arbeitet nur unter Turbo Pascal 4.0.

Quelltext: PROCEDURE SetzeAspectRatio{ NeuerWert : Word };

```
BEGIN
  Word( Ptr( Seg( GraphFreeMemPtr ),
       Ofs( GraphFreeMemPtr ) + 277 ) ^ ) := NeuerWert;
END;
```

Siehe auch: HoleAspextX und die Standardprozeduren GetAspectRatio sowie
                  SetAspectRatio ab der Version 5.0

Funktion HoleAspectX   **Unit HPLASER.PAS**

Funktion: Diese Funktion ermittelt den AspectRatio-Wert in Turbo Pascal 4.0.

Deklaration: `Function HoleAspectX : Word;`

Parameter: Keine

Bemerkung: Ähnlich der Prozedur GetAspectRatio in Turbo Pascal 5.x. Hier wird allerdings nur ein Wert geholt und als Funktionsergebnis an eine Variable des Typs Word übergeben.

Beispiel: Dieses Beispiel demonstriert, wie eine Hardcopy mit der Unit HPLASER.PAS ausgegeben wird.

```
USES Graph,
     HPLaser;
VAR
     GraphDriver, GraphMode : INTEGER;
     X, Y                   : WORD;
     PathToDriver           : STRING[65];

BEGIN
  PathToDriver := 'C:\TP\BGI';
  GraphDriver := Detect;      { automatische     }
                              { Kartenerkennung  }
  InitGraph(GraphDriver,GraphMode,
          PathToDriver);
                         { Grafik initialisieren }

  X := HoleAspectX;          { AspectRatio holen }
  SetzeAspectRatio(4950);    { AspectRatio neu   }
                             { setzen            }
  Circle (320,250,150);      { Kreis zeichnen    }
  HPLaser.HPHardCopy;        { Hardcopy-Routine  }
  SetzeAspectRatio(X);
                    { alte AspectRatio-Werte setzen }
  Circle (320,250,150);
    Readln;
  CloseGraph;            { Grafikmodus schliessen }
END.
```

Dieses Beispiel arbeitet nur unter Turbo Pascal 4.0.

Quelltext: FUNCTION HoleAspectX : Word;

```
BEGIN
  HoleAspectX := Word( Ptr( Seg
                        ( GraphFreeMemPtr ),
                      Ofs( GraphFreeMemPtr ) +
                      277 ) ^ );
END;
```

Siehe auch: SetzeAspectRatio und die Standardprozeduren GetAspectRatio sowie SetAspectRatio ab der Version 5.0.

Funktion LSTKeineFunktion   Unit HPLASER.PAS

Funktion: Diese Funktion vollzieht eine NUL-Operation für ein Reset oder Rewrite auf Lst.

Deklaration: Function LSTKeineFunktion(VAR F : TextRec);

Parameter: *F* ist vom Typ TextRec. Dieser Typ ist in der Unit Dos deklariert und kann durch die Definition eines neuen Textdatei-Gerätetreibers manipuliert werden.

Bemerkung: Der dazugehörige neue Textdatei-Gerätetreiber wird vorher über AssignLST der Anwendung bekannt gemacht.

Quelltext:
```
FUNCTION LSTKeineFunktion ( VAR F : TextRec ) :
                                        Integer;
{-Diese Funktion vollzieht eine NUL-Operation  }
{ für ein Reset oder ReWrite auf LST.           }
BEGIN
    LSTKeineFunktion := 0;
END;
```

Funktion LSTAusgabeZumDrucker   Unit HPLASER.PAS

Funktion: Diese Funktion wird über den Textdatei-Gerätetreiber angesprochen und ist für die Übertragung aller Steuerzeichen sowie der einzelnen Bytes der Grafik zum Drucker zuständig.

Deklaration: `Function LSTAusgabeZumDrucker( VAR F : TextRec)`
`: Integer;`

Parameter: *F* ist vom Typ TextRec. Dieser Typ ist in der Unit Dos deklariert und kann durch die Definition eines neuen Textdatei-Gerätetreibers manipuliert werden.

Bemerkung: Diese Funktion wird über den Textdatei-Gerätetreiber angesprochen. Ein Zeiger zeigt auf die Funktion. Wenn eine Ausgabe erfolgt, ein Puffer geleert oder der Port geschlossen wird, dann wird diese Funktion angesprungen.

Quelltext:
```
FUNCTION LSTAusgabeZumDrucker( VAR F : TextRec )
                                         : Integer;
{ LSTAusgabeZumDrucker sendet die Ausgabe zum
  Drucker-Port, dessen Nummer im ersten Byte des
  UserData-Bereichs des Text-Rekords gespeichert
  ist. LPT1 oder LPT2 ... }

VAR
   Regs : Registers;
   P    : Word;

BEGIN
   WITH F DO
   BEGIN
     P := 0;
     Regs.AH := 16;
     WHILE(P<BufPos ) and
               ( ( Regs.AH And 16 ) = 16 ) DO
     BEGIN
       Regs.AL := Ord( BufPtr^[P] );
       Regs.AH := 0;
       Regs.DX := UserData[1];
       Intr( $17, Regs );
       Inc( P );
     END;
     BufPos := 0;
   END;
   IF( ( Regs.AH And 16 ) = 16 ) THEN
      LSTAusgabeZumDrucker := 0
                        { Kein Fehler   }
```

```
          ELSE
              IF( ( Regs.AH And 32 ) = 32 ) THEN
                  LSTAusgabeZumDrucker := 159
                                        { Kein Papier    }
              ELSE
                  LSTAusgabeZumDrucker := 160;
                                        { Schreiben auf }
                                        { das Gerät      }
                                        { nicht möglich }
      END;
```

Printer – Unit für Turbo Pascal 4.0 und höher

Diese Printer-Unit ermöglicht die Ausgabe des Byte-Codes 26 (^Z) an den Drucker. Die Unit muß, bevor sie verwendet werden kann, als .TPU-Datei compiliert werden. Mit Hilfe des Programms TPUMOVER tauscht man die alte gegen die neue Printer-Unit in der TURBO.TPL-Datei aus. Danach läßt sich die neue Printer-Unit genauso wie bisher verwenden.

Diese Unit erhebt selbstverständlich keinen Anspruch auf Vollständigkeit. Insbesondere die Fehlererkennung wurde auf ein Minimum reduziert. Tritt beim Schreiben auf den Drucker (zum Beispiel, wenn der Drucker ausgeschaltet wird) ein Fehler auf, wird nur der I/O-Error 160 angezeigt. Eine genauere Statusabfrage des Druckers ist über die Funktion PRINTERSTAT möglich.

```
UNIT Printer;
(*$K-,R-,D-,T- *)

INTERFACE  USES DOS;
VAR Lst : Text;

FUNCTION PrinterStat:Byte;

(* 144 : OK
     1 : Drucker offline
   176 : Papierende
   200 : Drucker ausgeschaltet

 Diese Byte-Codes wurden auf einem PC/XT ermittelt,
 siehe auch INT 17h.                             *)
```

```
INLINE(
      $B4/02/                    { MOV    AH,2  }
      $BA/00/00/                 { MOV    DX,0  }
      $CD/$17/                   { INT    17h   }
      $88/$E0                    { MOV    AL,AH }
      );

FUNCTION PrintChar(ch:char):Byte;

INLINE(
      $58/                       { POP    AX    }
      $BA/00/00/                 { MOV    DX,0  }
      $CD/$17/                   { INT    17h   }
      $88/$E0                    { MOV    AL,AH }
      );

IMPLEMENTATION

FUNCTION Dummy(VAR f:TextRec)
                     :Integer;

BEGIN Dummy:=0 END;

  FUNCTION PrintStr(VAR f : TextRec)
                           : Integer;
  VAR Stat, l : Integer;
  BEGIN
    for L:=0 to f.BufPos-1 do
      Stat:=PrintChar(f.BufPtr^[l]);
    f.BufPos:=0;
    if odd (Stat shr 4)
    then PrintStr:=0
    else PrintStr:=160;   (* Error *)
  end;                    (*$F-*)

  BEGIN
    WITH TextRec(Lst) DO
    BEGIN
      handle                 := $FFFF;
      Mode                   := fmOutput;
      BufSize                := SizeOf(Buffer);
      BufPtr                 := @Buffer;
      BufPos                 := 0;
      OpenFunc               := @Dummy;
      InOutFunc              := @PrintStr;
      FlushFunc              := @PrintStr;
```

```
    CloseFunc                 := @Dummy;
  END;
END.
```

Serielle Datenübertragung – Unit AuxInOut

Die folgende Unit wurde für Turbo Pascal 4.0 geschrieben. Sie ist ein Beispiel für die
serielle Datenübertragung unter Turbo Pascal 4.0.

Quellcode:
```
{ Copyright (c) 1985, 87                                }
{ by Borland International, Inc.                        }
{ Beispiel zur seriellen Datenübertragung              }
{ mit Turbo Pascal 4.0                                 }


unit AuxInOut;

interface
uses Dos;
procedure AssignAux(var F: Text; Port,Params: Word);


implementation

{$S-,R-}

type
  TextBuf = array[0..127] of Char;
  TextRec = record
                Handle: Word;
                  Mode: Word;
               BufSize: Word;
               Private: Word;
                BufPos: Word;
                BufEnd: Word;
                BufPtr: ^TextBuf;
              OpenProc: Pointer;
             InOutProc: Pointer;
             FlushProc: Pointer;
             CloseProc: Pointer;
        AuxPort, AuxParam: Word;      { zwei neue Felder  }
              UserFill: array[1..12] of Byte;
```

```
                                          { um 4 Bytes kleiner }
                        Name: array[0..79] of Char;
                      Buffer: TextBuf;
                  end;

const
  fmClosed = $D7B0;
  fmInput  = $D7B1;
  fmOutput = $D7B2;
  fmInOut  = $D7B3;

procedure AuxInit(Port,Params: Word);
inline(
  $58/       { POP    AX    ;  Parameter Params -> AX  }
  $5A/       { POP    DX    ;  Portnummer   -> DX       }
  $B4/$00/   { MOV    AH,0  ;  Funktionscode:
                                Initialisierung         }
  $CD/$14);  { INT    14H   ;  BIOS-Aufruf              }

function AuxInchar(Port: Word): Char;
inline(
  $5A/       { POP    DX    ;  Portnummer -> DX         }
  $B4/$02/   { MOV    AH,2  ;  Funktionscode: Input     }
  $CD/$14);  { INT    14H   ;  BIOS-Aufruf              }

procedure AuxOutchar(Port: Word; Ch: Char);
inline(
  $58/       { POP    AX    ;  auszugebendes Zeichen
                                -> AX (AL)               }
  $5A/       { POP    DX    ;  Portnummer -> DX         }
  $B4/$01/   { MOV    AH,1  ;  Funktionscode: Output    }
  $CD/$14);  { INT    14H   ;  BIOS-Aufruf              }

function AuxInReady(Port: Word) : Boolean;
inline(
  $5A/       { POP    DX    ;  Portnummer -> DX         }
  $B4/$03/   { MOV    AH,3  ;  Funktionscode: Status    }
  $CD/$14/   { INT    14H   ;  BIOS-Aufruf              }
  $88/$E0/   { MOV    AL,AH ;  Status -> AL             }
  $24/$01);  { AND    AL,1  ;  Daten bereit?            }

{$F+}
```

```pascal
function AuxInput(var F : TextRec) : Integer;
var
  P : Integer;
begin
  with F do
  begin
    P := 0;
    while AuxInReady(AuxPort) and (P<BufSize) do
    begin
      BufPtr^[P] := AuxInChar(AuxPort); Inc(P);
    end;
    BufPos := 0; BufEnd := P;
  end;
  AuxInput := 0;
end;

function AuxOutput(var F: TextRec): Integer;
var
  P : Integer;

begin
  with F do
  begin
    for P  := 0 to BufPos-1 do
              AuxOutChar(AuxPort,BufPtr^[P]);
    BufPos := 0;
  end;
  AuxOutput := 0;
end;

function AuxIgnore(var F : TextRec) : Integer;
begin
  AuxIgnore := 0;
end;

function AuxOpen(var F : TextRec) : Integer;
begin
  with F do
  begin
    AuxInit(AuxPort,AuxParam);
    if Mode = fmInput then
    begin
```

```
              InOutProc := @AuxInput;
              FlushProc := @AuxIgnore;
            end else
            begin
              Mode      := fmOutput;
              InOutProc:= @AuxOutput;
              FlushProc:= @AuxOutput;
            end;
            CloseProc := @AuxIgnore;
          end;
        AuxOpen := 0;
      end;

      {$F-}

      procedure AssignAux;
      begin
        with TextRec(F) do
        begin
          Handle     := $FFFF;
          Mode       := fmClosed;
          BufSize    := SizeOf(Buffer);
          BufPtr     := @Buffer;
          OpenProc   := @AuxOpen;
          AuxPort    := Port;
          AuxParam   := Params;
          Name[0]    := #0;
        end;
      end;
      end.
```

Ersatz für die Read-Prozedur

Diese Routine stellt einen Ersatz der READ-Prozedur dar und ermöglicht das kontrollierte Einlesen von Strings.

Quelltext:
```
PROGRAM TestReadString;
{ Testprogramm für ReadStr }

USES  Crt;
```

```
VAR   TestStr : STRING;
TYPE  CharSet = SET OF Char;
      String2 = STRING[2];

PROCEDURE Beep;
BEGIN
  Sound(2000); Delay(20); NoSound
END;

PROCEDURE GetKey(Ch:String2);
BEGIN
  Ch:=#0#0;
  Ch[1]:=ReadKey;
  IF Ch[1]=#0 { Doppeltbytecode ? }
    { zweites Ch lesen }
    THEN Ch[2]:=ReadKey;
  END; { GetKey }

PROCEDURE ReadStr(VAR Str : STRING;
                  MaxLength : Byte;
                  ValidChars: CharSet;
                  BlankChar : Char);
{kontrollierte Stringeingabe - Ersatz für Read/Readln}
VAR  l : Byte;
     Ch : String2;

BEGIN
  l := 0; Str := '';
  REPEAT
    GetKey(Ch);
    CASE Ch[1] OF
      ^[ : Str:=''; { ESC }
      #8 : IF Length(Str) > 0 THEN
              BEGIN { linkes Zeichen löschen }
                Write(#8,BlankChar);
                GotoXY(WhereX-1,WhereY);
                Str:=Copy(Str,1,Length(Str)-1);
                Dec(l);
              END
           ELSE Beep;
      #13: { CR }
      ELSE
```

```
          IF (1 < MaxLength) AND (Ch[1] IN ValidChars) THEN
              BEGIN
                  Write(Ch[1]);
                  Str:=Str+Ch[1];
                  Inc(1);
              END
          ELSE Beep;
        END; { CASE }
    UNTIL Ch[1] IN [#13,#27];
END; { ReadStr }

BEGIN { Hauptprogramm }
  ClrScr;
  Write('..........');
  GotoXY(1,1);
  ReadStr(TestStr,10,
                  ['0'..'9','+','-','.','e','E'],'.');
  Writeln;
  Writeln(TestStr);
END. { Hauptprogramm }
```

Anhang A

Verzeichnis von Toolboxen und Utilities

Dieser Anhang enthält eine Übersicht der wichtigsten auf dem Markt befindlichen Toolboxen und Utilities für Turbo Pascal. Zu jedem Produkt finden Sie eine Kurzbeschreibung, die aktuelle Version, eine Beschreibung der Dokumentation, die Software-Voraussetzungen, den Hersteller und eine Bezugsquelle.

B-Tree Isam und B-Tree Isam/Net

Diese Toolbox ist eine Bibliothek von Datenzugriffsroutinen. Die Index-Verwaltung beruht auf einem zweifach ausgeglichenen Bayer-Baum, einer Weiterentwicklung des ursprünglichen Algorithmus von R. Bayer. Mit B-Tree Isam können Schlüssel sequentiell gesucht sowie Datensätze und Schlüssel eingefügt, gesucht und gelöscht werden. Dabei können pro Datensatz bis zu 750 Schlüssel vergeben werden, die jeweils bis zu 255 Zeichen lang sind. Theoretisch können bis zu zwei Milliarden Datensätze verwaltet werden, wobei ein einzelner Datensatz bis zu 2.147.483.647 Bytes lang sein kann. DOS und die PC-Hardware ziehen jedoch in der Praxis eine weitaus engere Grenze.

Die Anzahl der Daten- und Indexdateien ist nur durch DOS begrenzt. Pro Datendatei wird unabhängig von der Schlüsselanzahl nur eine Indexdatei angelegt. Zum Sortieren, Browsen, Wiederaufbau von Daten- und Indexdateien und zur Änderung des Inhalts sowie der Struktur von Datensätzen werden diverse Utilities mitgeliefert.

Die Netzwerkversion B-Tree Isam/Net unterstützt Datei- und Satzsperren sowie File-Sharing. Theoretisch werden 32.767 Workstations unterstützt. Als Netzwerke können eingesetzt werden: Single User, Novell, MS-Net, 3Com, Banyon Vines, Network OS, PCMOS 386 und Alloy Net. Die Netzwerkversion verfügt außerdem über einige zusätzliche Netzwerk-Utilities.

Source-Code: Der vollständige Source-Code wird mitgeliefert.

Benötigte Software: Turbo Pascal ab 4.0 bzw. QuickPascal 1.0

Handbuch: Ein umfangreiches deutsches Handbuch wird mitgeliefert.

Hersteller: ENZ EDV-Beratung GmbH, Bad Homburg

Anbieter: ENZ EDV-Beratung GmbH, Wetterauer Straße 12, 6380 Bad Homburg 6, Telefon: 06172/4 10 14

B-Tree Shell

B-Tree Shell ist eine Schnittstelle zu B-Tree Isam bzw. B-Tree Isam/Net, die das Erstellen von relationalen Datenbankapplikationen vereinfacht. Mit jeweils einem einzigen Aufruf werden sowohl Daten als auch Schlüssel in eine Datenbank eingetragen, geändert oder gelöscht. Zusätzlich bietet B-Tree Shell ein virtuelles Filehandling, automatische Netzwerkfähigkeit der erstellten Programme, automatische Erstellung eindeu-
tiger Schlüssel, Relationen mit beliebiger Tiefe, eine erweiterte Fehlerbehandlung, dynamische Konfigurierbarkeit, zahlreiche Utilities, einen Browser, einen Lister, ein
Trace-Utility und umfangreiche Demonstrationsprogramme (u.a. eine Videokassetten-
Verwaltung).

Source-Code: Der Source-Code wird mitgeliefert.

Benötigte Software: Turbo Pascal ab 5.5, B-Tree Isam oder B-Tree Isam/Net ab Ver-
                         sion 5.07, Object Professional 1.0, MS-/PC-DOS 3.X

Handbuch: Ein umfangreiches deutsches Handbuch wird mitgeliefert.

Hersteller: ENZ EDV-Beratung GmbH, Bad Homburg

Anbieter: ENZ EDV-Beratung GmbH, Wetterauer Straße 12, 6380 Bad
                         Homburg 6, Telefon: 06172/4 10 14

DateCalc

Diese Bibliothek enthält 30 Funktionen, die das Rechnen mit Kalenderdaten erleichtern.
Damit ist es möglich, Feiertage zu ermitteln (auch in Abhängigkeit von verschiedenen
Bundesländern) oder den Abstand zwischen zwei Tagen in Kalendertagen, Arbeitsta-
gen, Wochen und anderen Einheiten zu berechnen. Ein Demoprogramm zeigt die Möglichkeiten dieser Toolbox auf.

Source-Code: Der Source-Code wird mitgeliefert.

Benötigte Software: Turbo Pascal ab 4.0

Handbuch: Das Handbuch ist deutsch und erläutert neben der Toolbox auch
                         den Aufbau des Gregorianischen Kalenders.

Hersteller: O.K. Soft

Anbieter: ENZ EDV-Beratung GmbH, Wetterauer Straße 12, 6380 Bad
                          Homburg 6, Telefon: 06172/4 10 14

FORMGEN

FORMGEN ist ein Formulargenerator. Die Formulare lassen sich mit einem beliebigen
Editor erstellen und ändern. Auf diese Weise haben Sie bereits während der Entwicklung ein genaues Bild des späteren Ausdrucks. Es können Ausgabefelder mit einer
Länge von 80 Zeichen pro Feld und numerische Felder mit bis zu 11 Stellen Länge definiert werden. Eine Zeile kann bis zu 250 Zeichen lang sein, ein Blatt bis zu 96 Zeilen
enthalten. Sie können aus bis zu 10 Zeichensätzen mit beliebiger Zeichendichte wählen.

Source-Code: Der Source-Code wird mitgeliefert, darf jedoch nicht weitergege-
                          ben werden.

Benötigte Software: Turbo Pascal

Handbuch: Das Handbuch ist in deutscher Sprache geschrieben.

Hersteller: M. Troitzsch, Heilbronn

Anbieter: ENZ EDV-Beratung GmbH, Wetterauer Straße 12, 6380 Bad
                          Homburg 6, Telefon: 06172/4 10 14

GraphLink

Die Befehle von GraphLink emulieren das Turbo Pascal BGI und erlauben so, hochauflösende Druckergrafiken zu erzeugen. Es stehen mehr als 70 Routinen zum Zeichnen
von Linien, Balken, Ellipsen, Kreisbögen, Kreissegmenten, Ausfüllen von Flächen und
zur Textausgabe zur Verfügung.

Die Druckergrafik kann leicht in ein bestehendes Programm eingebunden werden. Mit
Hilfe der Unit Intercept können auch alle Aufrufe an Bildschirmgrafikroutinen abgefangen und so eine hochauflösende Druckergrafik erzeugt werden. An Druckertreibern
steht eine breite Palette zur Verfügung, die auch Laserdrucker umfaßt.

Source-Code:	Die Grundbibliothek wird als compilierte TPU-Dateien geliefert. Die Unit Intercept ist dagegen im Source-Code.

Benötigte Software: Turbo Pascal

Handbuch:	Das Handbuch ist umfangreich, aber in englischer Sprache.

Hersteller:	Visitech Software, USA

Anbieter:	ENZ EDV-Beratung GmbH, Wetterauer Straße 12, 6380 Bad Homburg 6, Telefon: 06172/4 10 14

MASKGEN

Bei diesem Utility handelt es sich um einen Maskengenerator. Die Masken können mit einem beliebigen Editor erstellt und geändert werden. Es können Felder für Texte, Zahlen, Datum und Boolesche Werte (Ja/Nein) frei definiert werden.

Eine Hilfsfunktion wird ebenso wie eine Suchfunktion und zwei zusätzliche Funktionstasten unterstützt.

Mehrere Masken lassen sich verbinden und durch einfaches Blättern durchsehen. Innerhalb der erstellten Maske ist eine freie Cursorbewegung möglich, innerhalb der einzelnen Felder prüft ein komfortabler Feldeditor die formale Richtigkeit der Eingaben. Sie können entscheiden, ob die Maske vollständig oder nur einzelne Felder daraus angezeigt werden sollen.

Source-Code:	Der Source-Code wird mitgeliefert, darf aber nicht weitergegeben werden.

Benötigte Software: Turbo Pascal

Handbuch:	Das Handbuch ist deutsch und umfaßt 50 Seiten.

Hersteller:	M. Troitzsch, Heilbronn

Anbieter:	ENZ EDV-Beratung GmbH, Wetterauer Straße 12, 6380 Bad Homburg 6, Telefon: 06172/4 10 14

MATHPAK 87

Diese Sammlung von mehr als 130 Routinen für wissenschaftliche Berechnungen wurde für PCs mit 8087/80287-Co-Prozessor entwickelt. Hier ein Überblick der zur Verfügung stehenden Routinen:

- Vektor- und Vektor-Skalar-Prozeduren

- Komplexe Vektor- und Vektor-Skalar-Prozeduren

- Einfache Matrix- und Vektor-Matrix-Prozeduren

- Reelle LU-Zerlegung und Lösung

- Komplexe LU-Zerlegung und Lösung

- Lineares Gleichungssystem nach Gauß

- Lineares Gleichungssystem nach Gauß-Seidel

- Tridiagonales Gleichungssystem

- Invertierung quadratischer Matrizen

- Eigenwerte und Eigenvektoren

- Statistische Prozeduren

- Fourier-Transformation und -Entwicklung

- Spektralanalyse

- Numerische Integration nach Romberg

- Differentialgleichungen nach Hamming

- weitere mathematische Pascal-Funktionen

Source-Code: Die Routinen sind in Assembler geschrieben und werden nicht im Source-Code geliefert.

Benötigte Software: Turbo Pascal

| **Handbuch:** | Das Handbuch ist deutsch und umfaßt 180 Seiten. |

| **Hersteller:** | Precision Plus, Kanada |

| **Anbieter:** | ENZ EDV-Beratung GmbH, Wetterauer Straße 12, 6380 Bad Homburg 6, Telefon: 06172/4 10 14 |

Multi Turbo

Multi Turbo erlaubt dem Programmierer den bis zu vierfachen gleichzeitigen Zugriff auf die Turbo Pascal-Umgebung. In dieser einfachen Multitasking-Umgebung sind auch von Turbo Pascal programmierte Anwendungen nebeneinander lauffähig. Während des Betriebs zeigen Icons, welche Anwendung gerade aktiv ist, und ein Kontrollfenster die Namen geladener Programme, das aktive Verzeichnis, den Zustand der Register und Tasks sowie den freien Hauptspeicher an. Über das Kontrollfenster erfolgt auch der Start oder Abbruch von Tasks und die Zuweisung von Speicherplatz.

| **Source-Code:** | Multi Turbo wird nicht im Source-Code zur Verfügung gestellt. |

| **Benötigte Software:** | Turbo Pascal ab Version 3.0 |

| **Handbuch:** | Das Handbuch ist ausführlich und in deutsch. |

| **Hersteller:** | Bauer & Wetzel |

| **Anbieter:** | ENZ EDV-Beratung GmbH, Wetterauer Straße 12, 6380 Bad Homburg 6, Telefon: 06172/4 10 14 |

Object Professional 1.0

Object Professional ist eine Bibliothek mit mehr als 100 Objekten, die weit über 1000 Methoden enthalten. Diese Objekte bieten folgendes an:

–   Fensterverwaltung

–   Mausunterstützung

– Editor für Memofelder

– Texteditor

– Browsen von Dateien beliebiger Größe und beliebigen Typs

– Dateneingabemasken

– Druckformate

– Auswahllisten

– Verzeichnis- und Dateianzeige

– Menüerstellung

– kontextsensitive Hilfe

– objektorientierte Datentypen

– objektorientierte Dateiverwaltung

Zusätzlich wird eine Vielzahl systemnaher Routinen geboten (speicherresidente Programme, DOS-Funktionen, Tastaturmakros usw.). Außerdem beinhaltet Object Professional eine Vielzahl von Beispielprogrammen wie einen speicherresidenten Desktop-Manager, der dank Codeauslagerung nur 6 KB im normalen RAM belegt. Darüber hinaus enthält Object Professional alle Merkmale der Toolbox Turbo Professional.

Source-Code: Alle enthaltenen Objekte und Routinen werden in dokumentiertem Source-Code zur Verfügung gestellt.

Benötigte Software: Turbo Pascal 5.5

Handbuch: Handbuch und Teile der Software sind in deutsch. Es gibt drei ausführliche Handbücher mit vielen Beispielen (auch vollständigen Programmen). Zusätzlich ist eine residente Hilfe installierbar, die nur 6 KB RAM belegt.

Hersteller: TurboPower Software, USA

Anbieter: ENZ EDV-Beratung GmbH, Wetterauer Straße 12, 6380 Bad Homburg 6, Telefon: 06172/4 10 14

Overlay Manager 4.0

Durch den Overlay Manager können Sie Programme entwickeln, die größer als der verfügbare Hauptspeicher sind.

In den Source-Code eines Turbo Pascal 4.0-Programms ist lediglich eine Zeile einzufügen, um den Overlay Manager zu aktivieren. Das Abspeichern der Overlays kann auch anstelle auf der Festplatte in Expanded Memory nach LIM erfolgen.

Source-Code: Der Source-Code wird nicht mitgeliefert.

Benötigte Software: Turbo Pascal 4.0

Handbuch: Das Handbuch ist in deutscher Sprache.

Hersteller: TurboPower Software, USA

Anbieter: ENZ EDV-Beratung GmbH, Wetterauer Straße 12, 6380 Bad Homburg 6, Telefon: 06172/4 10 14

Pop Screen

Dieses speicherresidente Programm hilft Ihnen, wenn Sie bereits entwickelte Masken mit turboMagic weiterverwenden möchten. Pop Screen speichert die aktuelle Bildschirmdarstellung in einer FRM-Datei ab, die mit turboMagic editiert und weiterverarbeitet werden kann.

Im Hauptspeicher benötigt Pop Screen 67.872 Bytes.

Source-Code: Der Source-Code wird nicht mitgeliefert.

Benötigte Software: Zur Weiterverarbeitung der .FRM-Dateien wird turboMagic benötigt.

Hersteller: Sophisticated Software, USA

Anbieter: ENZ EDV-Beratung GmbH, Wetterauer Straße 12, 6380 Bad Homburg 6, Telefon: 06172/4 10 14

Power Screen

Dies ist ein Maskengenerator für IBM-PC- und PS/2-Computer. Die Maske wird genauso auf dem Bildschirm gezeichnet, wie sie später in der Anwendung erscheint. Zum Zeichnen der Maske dient das Programm PAINT. Power Screen unterstützt den EGA-und PS/2-Grafikadapter inkl. der 25-, 43- und 50-Zeilen-Modi. Es ist auch möglich, Masken zu erstellen, die größer als der Bildschirm sind.

Source-Code: Das Programmpaket wird nicht im Source-Code geliefert.

Benötigte Software: Turbo Pascal ab Version 4.0

Handbuch: Das englische Handbuch ist 350 Seiten stark.

Hersteller: Blaise Computing Inc., USA

Anbieter: ENZ EDV-Beratung GmbH, Wetterauer Straße 12, 6380 Bad
                            Homburg 6, Telefon: 06172/4 10 14

Report Manager

Die Basis für diesen Berichtgenerator ist eine ASCII-Datei, die Sie mit einem beliebigen Editor erstellen können und die das Layout aller Druckausgaben eines Anwendungsprogramms enthält. Die Datei wird mit dem Report Manager Compiler (RMC) kompiliert. Der Zugriff auf diese kompilierte Datei erfolgt vom Programm aus über die Runtime-Routinen des Report Managers. Es ist so möglich, während der Laufzeit eines Programms den Druckertreiber zu wechseln und so zum Beispiel den Mehrfach-Drucker-Betrieb zu ermöglichen. Der Report Manager weist folgende Leistungsmerkmale auf:

–   pro Bericht bis zu 255 Datenfelder, die jeweils maximal 255 Zeichen lang sein
     dürfen

–   viele Formatierungsanweisungen (links, rechts, zentriert usw.)

–   acht verschiedene Schriften mit bis zu acht Schriftattributen (fett, kursiv, unterstri-
     chen, Farbe usw.)

–   Schriftgrößenwechsel auch innerhalb einer Zeile möglich

–   Kalkulationsfelder und Systemfelder für Seitenzähler, Positionszähler sowie Datum und Uhrzeit

–   bedingte Einblendung von Texten oder Feldinhalten möglich

–   fertige Druckertreiber

Das Testprogramm RMPRINT erlaubt den ausführlichen Test der Druckdatei mit Hilfe generierter Testdaten auch außerhalb des Anwendungsprogramms.

Source-Code: Der Source-Code wird nicht mitgeliefert.

Benötigte Software: Turbo Pascal ab 4.0

Handbuch: Das Handbuch ist in deutscher Sprache.

Hersteller: Ing.-Büro Bitz & Röken, Karlsruhe

Anbieter: ENZ EDV-Beratung GmbH, Wetterauer Straße 12, 6380 Bad Homburg 6, Telefon: 06172/4 10 14

TDEBUG^{PLUS} 4.0

Mit diesem symbolischen Laufzeit-Debugger können Sie Ihre Programme tracen, Breakpoints setzen, Variablenwerte setzen und überprüfen.

Source-Code: TDEBUG^{PLUS} wird im vollständig dokumentierten Source-Code geliefert.

Benötigte Software: Turbo Pascal 4.0

Handbuch: Das Handbuch ist in deutsch und umfaßt etwa 100 Seiten.

Hersteller: TurboPower Software, USA

Anbieter: ENZ EDV-Beratung GmbH, Wetterauer Straße 12, 6380 Bad Homburg 6, Telefon: 06172/4 10 14

Turbo Analyst

Dieses Programmpaket enthält neun Utilities zu Turbo Pascal:

−   Der Structure Analyzer erzeugt eine vollständige Cross-Reference-Liste und gibt den Ablauf der Prozeduren in Diagrammform aus.

−   Der Pascal Formatter erzeugt leicht lesbare und logisch strukturierte Programm-dateien.

−   Der Program Lister druckt Sourcecode formatiert aus.

−   Der Execution Profiler erzeugt einen Bericht, der angibt, wie häufig die einzelnen Prozeduren aufgerufen wurden.

−   Der Source Profiler zählt, wie oft jede Programmzeile ausgeführt wird.

−   Der Machine Level Profiler hilft bei der Optimierung von Assembler-Routinen.

−   Die EXE-Utilities geben Informationen über EXE-Dateien von Turbo Pascal.

−   TPInfo gibt dagegen Informationen über eine TPU-Datei von Turbo Pascal aus.

−   Eine integrierte Benutzeroberfläche erleichtert die Anwendung der Utilities, des Compilers, eines Debuggers sowie anderer häufig verwendeter Programme.

Source-Code: Das Paket enthält Pascal- und Assembler-Source-Code. Da einige Units in komprimierter Form enthalten sind, benötigen Sie die Turbo Editor Toolbox von Borland, um die integrierte Entwicklungsumgebung neu kompilieren zu können.

Benötigte Software: Turbo Pascal 4.x oder 5.x; MS-/PC-DOS ab 2.0

Handbuch: Das Handbuch erhalten Sie wahlweise in deutscher oder englischer Sprache.

Hersteller: TurboPower Software, USA

Anbieter: ENZ EDV-Beratung GmbH, Wetterauer Straße 12, 6380 Bad Homburg 6, Telefon: 06172/4 10 14

Turbo ASYNCH PLUS

Mit Turbo ASYNCH PLUS können Sie serielle Geräte unterstützen, ohne Assembler-Programme schreiben zu müssen. Es läßt sich jedes asynchrone Gerät über die RS232-Schnittstelle ansteuern. Die Übertragungsrate ist maximal 9600 Baud. Bei PS/2-Computern wird auch der gleichzeitige Betrieb von mehr als zwei COM-Schnittstellen unterstützt. Zur Datenübertragung steht Ihnen das XON/XOFF-Protokoll und der XMODEM-Dateitransfer zur Verfügung.

Source-Code: Turbo ASYNCH PLUS wird im Source-Code geliefert.

Benötigte Software: Turbo Pascal ab 4.0; MS-/PC-DOS ab 2.0

Handbuch: Das Handbuch ist ausführlich, aber in englischer Sprache.

Hersteller: Blaise Computing Inc., USA

Anbieter: ENZ EDV-Beratung GmbH, Wetterauer Straße 12, 6380 Bad Homburg 6, Telefon: 06172/4 10 14

Turbo GEM-Tools

Die GEM-Tools-Diskette enthält mehr als 60 verschiedene Grafikroutinen zum Zeichnen von Linien, Polygonen, Polymarkern, Kreisen, Kreisbögen, Ellipsen, Kreisausschnitten, Rechtecken, Flächen und Texten in verschiedenen Schriftarten, Größen und Ausprägungen. Es ist weiterhin das Füllen von Flächen mit 30 Mustern, das Kopieren einzelner Bildschirmausschnitte und das Zwischenspeichern einzelner Bildsegmente (und damit bewegte Bilder) möglich. Die Grafiken können auf dem Bildschirm oder Drucker, in eine Datei, auf einer Bildschirmkamera oder einem Plotter ausgegeben werden.

Zum Lieferumfang gehören außerdem GEM Desktop Version 2.2D von Digital Research und die beiden Utilities GEMCONV und GEMRES.

Source-Code: Das Toolkit wird abgesehen von GEM Desktop und den Utilities im Source-Code geliefert.

Benötigte Software: Turbo Pascal

Handbuch: Das Handbuch ist deutsch und enthält neben einer Beschreibung
                       der Grafikbefehle auch Tips und Hinweise zur Grafikprogram-
                       mierung.

Hersteller: CCP Software Entwicklungs GmbH

Anbieter: ENZ EDV-Beratung GmbH, Wetterauer Straße 12, 6380 Bad
                       Homburg 6, Telefon: 06172/4 10 14

turboMagic

Bei turboMagic handelt es sich um ein leistungsstarkes Menü- und Masken-Entwick-
lungssystem für Turbo Pascal. Sie können Masken für die Dateneingabe, Datenausgabe
und Hilfefenster mit einer Länge von bis zu 66 Zeichen definieren. Außerdem ist es
möglich, Pop-Up- und Pull-Down-Menüs aufzubauen. In den Masken können alle verfügbaren Vorder- und Hintergrundfarben und auch Grafikzeichen verwendet werden.
Zu jedem Feld kann ein Hilfefenster angelegt werden (kontextsensitive Hilfe).

Die Anwendung ist recht einfach: Sie zeichnen eine gewünschte Maske auf dem Bildschirm und definieren alle Masken- und Feldattribute. Dabei unterstützt Sie eine On-
line-Hilfe. Nach erfolgter Editierung erzeugt turboMagic eine Turbo Pascal-Prozedur.
Die Masken können entweder als typisierte Konstante gespeichert oder in einer Bildda-
tei abgelegt werden.

Zusammen mit B-Tree Isam kann turboMagic ohne Programmierarbeit eine Dateiverwaltung mit einer Datei erzeugen. Dabei können für 4 Felder bis zu 12 Schlüssel bestimmt werden. Der Programmcode für das Dateiverwaltungsprogramm wird automatisch erzeugt. Zum Compilieren des Codes wird B-Tree Isam oder die Turbo Database
Toolbox von Borland benötigt.

Source-Code: Das Programm wird nicht im Source-Code geliefert.

Benötigte Software: Turbo Pascal ab 5.0; MS-/PC-DOS ab 2.0

Handbuch: Das Handbuch ist in deutscher Sprache.

Hersteller: Sophisticated Software Inc., USA

Anbieter: ENZ EDV-Beratung GmbH, Wetterauer Straße 12, 6380 Bad
                          Homburg 6, Telefon: 06172/4 10 14

Turbo Pascal Database Toolbox

Die Database Toolbox ist eine Bibliothek mit Routinen, die das Programmieren von Dateiverwaltungen und Sortiervorgänge erheblich erleichtern. Es ist möglich, indexsequentielle Dateiverwaltungen (auch mit mehrfachen Schlüsseln) mit wenig Aufwand aufzubauen. Weiterhin enthält diese Toolbox Routinen zur Sortierung großer Datenmengen, und es besteht die Möglichkeit, Daten aus Reflex-Dateien zu lesen. Die Toolbox enthält acht Prozeduren und Funktionen, die das Turbo Pascal Sort System (Sortiersystem) unterstützen, und 42 Prozeduren und Funktionen, die für Turbo Pascal Access (Dateiverwaltung) entwickelt wurden.

Source-Code: Alle Units werden in dokumentiertem Source-Code geliefert.

Benötigte Software: Turbo Pascal ab Version 4.0

Handbuch: Das Handbuch ist in deutscher Sprache und umfaßt 153 Seiten.

Hersteller: Borland International, USA

Anbieter: Borland GmbH, Lindwurmstr. 88, 8000 München 2, Telefon: 089/72010-0

Turbo Pascal Editor Toolbox

Mit 440 Prozeduren und Funktionen enthält die Editor Toolbox alles Notwendige zur Programmierung einer eigenen Textverarbeitung, die Sie aus der enthaltenen kompletten Textverarbeitung (WordStar.kompatibel) mit Druckertreibern, integrierter Hilfe, Tastaturmakros und vielem mehr entwickeln können. Die Elemente der Textverarbeitung können Sie in alle Ihre interaktiven Programme übernehmen. Dadurch gestalten Sie Eingaben komfortabel und absolut professionell.

Source-Code: Alle Units werden in dokumentiertem Source-Code geliefert.

Benötigte Software: Turbo Pascal ab Version 4.0

Handbuch: Das Handbuch ist in deutscher Sprache und umfaßt 470 Seiten.

Hersteller: Borland International, USA

Anbieter: Borland GmbH, Lindwurmstr. 88, 8000 München 2, Telefon: 089/72010-0

Turbo Pascal Gameworks Toolbox

Die Gameworks Toolbox ist für jeden Programmierer sinnvoll, der Interesse daran hat, eigene Spiele zu programmieren. In dieser Toolbox werden die Schwerpunkte auf Spiele wie Schach, Bridge und Go-moku (besser bekannt unter dem Namen Tic-Tac-Toe) gelegt.

Source-Code: Alle Units werden in dokumentiertem Source-Code geliefert.

Benötigte Software: Turbo Pascal ab Version 4.0

Handbuch: Das Handbuch ist in deutscher Sprache und umfaßt 176 Seiten.

Hersteller: Borland International, USA

Anbieter: Borland GmbH, Lindwurmstr. 88, 8000 München 2, Telefon: 089/72010-0

Turbo Pascal Graphix Toolbox

Die Graphix Toolbox enthält eine Bibliothek mit Routinen, die Grafikausgaben recht komfortabel gestalten. Die aktuelle Version 4.0 ist leider nur in englisch erhältlich. Mit der Graphix Toolbox können Sie

–   Punkte, Linien, Rechtecke, Ellipsen, Kreise und beliebige Figuren zeichnen

–   Balken oder Kuchendiagramme und Koordinatenkreuze mit Beschriftung erstellen

–   Kurven und Linien in verschiedenen Stricharten und -stärken zeichnen

–   virtuelle Bilder im RAM zeichnen, abspeichern, laden und anzeigen lassen

–   Fenster verwalten.

Source-Code: Alle Units werden in dokumentiertem Source-Code geliefert.

Benötigte Software: Turbo Pascal ab Version 4.0

Handbuch: Das Handbuch ist in englischer Sprache und umfaßt 230 Seiten.

Hersteller: Borland International, USA

Anbieter: Borland GmbH, Lindwurmstr. 88, 8000 München 2, Telefon:
                      089/72010-0

Turbo Pascal Mathe Toolbox

Die Mathe Toolbox richtet sich an alle Programmierer, die Berechnungen aus dem Bereich der höheren Mathematik in ihren Programmen durchführen möchten. Der mathematische Coprozessor wird unterstützt. Folgende Funktionen stellt die Toolbox zur Verfügung:

–   Nullstellensuche in Funktionen, im Newton-Horner- und Laguerre-Verfahren und
    im Muller-Verfahren für komplexe Polynome

–   Interpolation (Kurvenanpassung): Interpolation oder kubisches Spline-Verfahren

–   Differentation über die Steigung einer Funktion: Division der Differenzen oder
    Interpolation

–   Integration: einfaches oder adaptives Simpson-Verfahren, adaptive Gauß-Quadra-
    tur

–   Matrizen-Operationen: Determinante, Inversion, Partialwerte (Gaußsche Eliminie-
    rung usw.)

–   Matrizen-Eigenwerte und Eigenvektoren für lineare Systeme (Jacobi, Wielandt,
    Potenzierung, inverse Potenzierung)

–   Differentialgleichungen: Einfache Differentialgleichungen erster und zweiter Ord-
    nung (linear und nicht linear) können gelöst werden

–   kleinste Quadrate: Lineare und polynomische Regression, Kurvenanpassung über
    trigonometrische, exponentielle und logarithmische Funktionen

–   Fourier-Transformation (FFT) zur Zerlegung einer periodischen Funktion in ihre
    Sinus-Äquivalente mit speziellen Routinen für numerische Coprozessoren

Source-Code: Alle Units werden in dokumentiertem Source-Code geliefert.

Benötigte Software: Turbo Pascal ab Version 4.0

Handbuch: Das Handbuch ist in deutscher Sprache und umfaßt mehr als 250 Seiten.

Hersteller: Borland International, USA

Anbieter: Borland GmbH, Lindwurmstr. 88, 8000 München 2, Telefon: 089/72010-0

Turbo Power Tools Plus

Diese Toolbox beinhaltet wichtige Funktionen und Prozeduren für die Software-Entwicklung:

– String-Funktionen und Bildschirmsteuerung

– Tastatursteuerung, DOS-Utilities und Dateiverwaltung

– Speicherverwaltung und Programmsteuerung

– Interrupt-Verarbeitung

Die Turbo Pascal Power Tools Plus bieten außerdem VGA- und EGA-Unterstützung mit dem 43- und 50-Zeilen-Test-Modus, eine erweiterte Tastatur-Unterstützung, Lotus-ähnliche Menüs, Ausführung von Prozessen auch bei Zuweisung des gesamten Speichers in einem Fenster, einen schnellen Video-Zugriff und eine Bildschirmverwaltung mit Unterstützung mehrerer Bildschirme.

Source-Code: Der Source-Code wird mitgeliefert.

Benötigte Software: Turbo Pascal ab 4.0

Handbuch: Das Handbuch ist in englischer Sprache.

Hersteller: Blaise Computing, USA

Anbieter: ENZ EDV-Beratung GmbH, Wetterauer Straße 12, 6380 Bad Homburg 6, Telefon: 06172/4 10 14

Turbo Power Utilities

Dieses Softwarepaket besteht aus neun Utilities zur Optimierung von Turbo Pascal-Programmen:

- Der Pascal Struktur-Analysator erzeugt eine Cross-Reference-Liste und gibt eine Ablaufhierarchie der Prozeduren in Diagrammform aus.

- Der Execution Timer ermittelt die von jeder Prozedur und Funktion benötigte Zeit mit einer Genauigkeit von 200 ms.

- Der Pretty Printer standardisiert den Source-Code.

- Der Command Repeater erlaubt das Anlegen von Kommandozeilen in Programmen sowie das Ausführen von beliebigen internen DOS-Befehlen, Stapeldateien und externen Programmen.

- Der Pattern Replacer arbeitet ähnlich wie das Unix-Utility Grep. Es ist nicht nur möglich, Ausdrücke zu suchen, sondern auch, diese zu ersetzen.

- Der Difference Finder vergleicht zwei Textdateien miteinander und zeigt die Unterschiede.

- Der File Finder sucht Dateien in jedem Unterverzeichnis, auf die mit einem einzigen Tastendruck (zum Kopieren, Starten, Listen, Löschen usw.) zugegriffen werden kann.

- Das Super Directory gibt Verzeichnis-Listings auf vielfältigste Weise aus.

Source-Code: Der vollständig dokumentierte Source-Code wird mitgeliefert.

Benötigte Software: Turbo Pascal

Handbuch: Das Handbuch ist in deutscher Sprache.

Hersteller: TurboPower Software, USA

Anbieter: ENZ EDV-Beratung GmbH, Wetterauer Straße 12, 6380 Bad Homburg 6, Telefon: 06172/4 10 14

Turbo Professional

Turbo Professional ist eine Bibliothek mit mehr als 600 Routinen und Utilities. Mehr als ein Dutzend interessanter Beispielprogramme zeigen die Leistungsfähigkeit dieser Toolbox. Insgesamt enthält sie 40.000 Zeilen optimierten Code.

In dieser Programmbibliothek finden Sie Units zur Bildschirmverwaltung (TPCRT), zur Erzeugung virtueller Bildschirme (TPSCREEN), zur Erstellung von Pop-Up-Menüs (TPMENU), zur Menüerstellung (MAKEMENU), zur Zeilen-Editierung (TPEDIT), zur Erstellung von Bildschirmmasken (TPENTRY), zur Verarbeitung von Datum und Zeit (TPDATE), zur Berechnung mit BCD-Arithmetik, zur String-Verarbeitung, zur Verwaltung großer Arrays (TPARRAY, TPVARRAY und TPEARRAY), zum Sortieren, zur Makro-Verwaltung, zur Verwaltung von EMS-Speicher, zum Aufruf von DOS- und BIOS-Routinen, zum Interrupt-Aufruf, zum Schreiben von TSRs und zur Nutzung eines mathematischen Coprozessors (8087, 80287 und 80387).

Source-Code: Alle Units werden in dokumentiertem Source-Code geliefert.

Benötigte Software: Turbo Pascal 4.0, 5.0 oder QuickPascal 1.0; MS-/PC-DOS ab 3.0

Handbuch: Das Handbuch ist in deutscher Sprache und umfaßt 900 Seiten.

Hersteller: TurboPower Software, USA

Anbieter: ENZ EDV-Beratung GmbH, Wetterauer Straße 12, 6380 Bad
                          Homburg 6, Telefon: 06172/4 10 14

Turbo Science and Engineering Tools

Diese Sammlung von allgemein verwendbaren Prozeduren und Funktionen lösen die häufigsten Probleme der Analyse und grafischen Darstellung von Daten im technisch-wissenschaftlichen Bereich. Zu folgenden Themen werden Routinen geliefert: Allgemeine Statistik, Multiple Regression, Kurvenanpassung, Numerische Integration, Differentialgleichung, Fourier-Analyse, Gleichungssysteme, Matrizenberechnung, Komplexe Zahlen, Datenglättung, Lineare Programmierung, Grafik, Filetransfer zu Lotus 1-2-3 und RS232-Unterstützung.

Source-Code: Alle Prozeduren werden im Source-Code geliefert.

Benötigte Software: Turbo Pascal ab Version 3.0

Handbuch: Das Handbuch beschreibt Syntax, Parameter und Funktion jeder
                       Prozedur. Beispielprogramme zeigen die Anwendung der Routi-
                       nen.

Hersteller: Quinn-Curtis, USA

Anbieter: ENZ EDV-Beratung GmbH, Wetterauer Straße 12, 6380 Bad
                       Homburg 6, Telefon: 06172/4 10 14

Turbo Tools 1.1

Die Turbo Tools bestehen aus dem Grundmodul MaliForm und den optionalen Erweite-
rungsmodulen MaliMenus und MaliMasks. Außerdem kann man separat das Modul
MaliMouse erwerben, das jedoch im Grundmodul MaliForm enthalten ist. Mit diesen
vier Modulen können Sie Fenster, Menüs und Masken aufbauen und diese mit der Maus
steuern.

MaliForm bietet eine schnelle, überlagernde Fenstertechnik, Bildschirm- und Tastatur-
behandlung, eine umfangreiche Stringbehandlung und vieles mehr.

MaliMenus erlaubt eine Menüsteuerung für Pull-Down-, Drop-Down-, Pull-Up- und
Balkenmenüs, online definierbare Tastaturmakros und enthält einen Generator zur
Quellcodeerzeugung.

Die Vorzüge von MaliMasks sind die komfortable Maskensteuerung, eine einfache
Maskendefinition, eine Vielzahl möglicher Feldtypen und ein Generator zur Quellcodeerzeugung.

Auf Wunsch haben Sie mit MaliMouse eine vollständige Mausunterstützung.

In diesem Jahr wird die erweiterte Version 2.0 der Turbo Tools erscheinen, die bei Re-
daktionsschluß allerdings noch nicht zur Verfügung stand. Diese soll unter anderem
EMS-Speicher und Joysticks unterstützen, Rollbalken und Optionslisten generieren
können und etliche neue Fenster-Effekte beinhalten.

Zum Kennenlernen der Turbo Tools ist von MaliSoft eine Demo-Version erhältlich, die
bereits die Original-Generatoren enthält.

Source-Code: Die Bibliotheken werden als .TPU-Dateien oder (gegen Auf-
                          preis) im Source-Code ausgeliefert.

Benötigte Software: Turbo Pascal 4.0/5.0/5.5

Handbuch: Die sieben Handbücher zu MaliForm, MaliMenus, und Mali-
                          Masks umfassen einschließlich Addenda ca. 1600 Seiten!

Hersteller: MaliSoft, Karlsruhe

Anbieter: MaliSoft, Elmar Röther & Dietfrid Mali GbR, Haid-und-Neu-
                          Straße 7-9, 7500 Karlsruhe, Tel.: 0721/60 60 86

Turck-MESSY+

Dieses Maskenentwicklungssystem nimmt Ihnen einen Großteil der Bildschirm- und
Tastatursteuerung ab und unterstützt Ihre Anwendungen mit Plausibilitätsprüfungen,
Formelauswertungen und umfassenden Debug-Möglichkeiten. Turck-MESSY+ besteht
aus folgenden Programmen:

–   MEDI, ein interaktiver Ganzseiteneditor

–   MACO, ein Maskenübersetzer

–   MARS, ein Masken-Laufzeitsystem

–   MINST, ein Installationsprogramm für das Masken-Laufzeitsystem

–   MALI, ein Linker für Maskencodedateien

–   MARSLIB, eine Schnittstelle zu verschiedenen Programmiersprachen

Source-Code: Das Programmpaket wird nicht im Source-Code ausgeliefert.

Benötigte Software: Turbo Pascal

Handbuch: Das Handbuch ist in deutscher Sprache.

Hersteller: Helmut Turck & Partner GmbH, München

Anbieter: ENZ EDV-Beratung GmbH, Wetterauer Straße 12, 6380 Bad
                          Homburg 6, Telefon: 06172/4 10 14

TOPAZ

TOPAZ erlaubt den Zugriff auf Datendateien von dBASE III Plus und ist damit das Bindeglied zwischen zwei Standards: Turbo Pascal und dBASE.

Sie können mit Hilfe der 250 TOPAZ-Routinen dBASE-Dateien anlegen, lesen, schreiben und editieren. Dabei bietet TOPAZ folgende Leistungsmerkmale:

–   TOPAZ-Programme laufen ohne Runtime-Modul und dürfen ohne Lizenzgebühr weitergegeben werden.

–   Es können bis zu 16 von dBASE unabhängige Indexdateien verwaltet werden.

–   Bei einer Änderung werden sofort alle Indizes aktualisiert.

–   Die Sortierung erfolgt nach deutschen Formaten (TT.MM.JJJJ, J/N, 999,99 DM) und berücksichtigt Umlaute (z.B. ä=ae). Wahlweise stehen aber auch die italienischen, französischen, spanischen und angloamerikanischen Formate zur Verfügung.

–   Ein Druckerspooler steht zur Verfügung.

–   Eine Unit für Fensterverwaltung ist integriert.

–   Picklisten wie beim Turbo Editor stehen über eine weitere Unit zur Verfügung.

–   Browse ist eine Unit zum Ändern und Fortschreiben von Datenbanken wie bei dBASE.

–   Rpgen ist ein Reportgenerator.

–   Create erstellt und ändert dBASE- bzw. TOPAZ-Dateien.

–   Makepas ist ein Programmgenerator, der ein lauffähiges Turbo Pascal-Programm generiert, mit dem Sie Daten suchen, editieren und löschen sowie die Datenbank packen und fortschreiben können.

–   Zur Dateneingabe sind etliche Routinen enthalten.

Source-Code: Die Units sind im Source-Code.

Benötigte Software: Turbo Pascal 4.0, 5.0 oder 5.5

Handbuch: Das Handbuch ist deutsch und hat einen Umfang von ca. 360 Seiten.

Hersteller: ComFood Software GmbH, Münster

Anbieter: Comfood Software GmbH, Am Rohrbusch 79, 4400 Münster,
                         Tel.: 02534/7093

VMMgr

VMMgr ist eine virtuelle Speicherverwaltung, die bei knapp werdendem Hauptspeicher
länger nicht mehr benötigte Speicherblöcke auf der Festplatte auslagert. Dadurch wird
Ihre Festplatte zum virtuellen Hauptspeicher. Auch Speicher oberhalb des Basisspei-
chers von 640 KB (Expanded memory nach EMS und Extended Memory) wird von
VMMgr genutzt. Der Heap-Speicherraum kann bis zu 66 MB groß werden, wobei 16
MB davon im EMS, 16 MB im Extended Memory und 32 MB auf der Festplatte untergebracht werden können.

Source-Code: Der Source-Code wird mitgeliefert.

Benötigte Software: Turbo Pascal ab 4.0

Handbuch: Das Handbuch hat einen Umfang von 100 Seiten.

Hersteller: O.K. Soft

Anbieter: ENZ EDV-Beratung GmbH, Wetterauer Straße 12, 6380 Bad
                         Homburg 6, Telefon: 06172/4 10 14

Anhang B

Inhalt der beigefügten Disketten

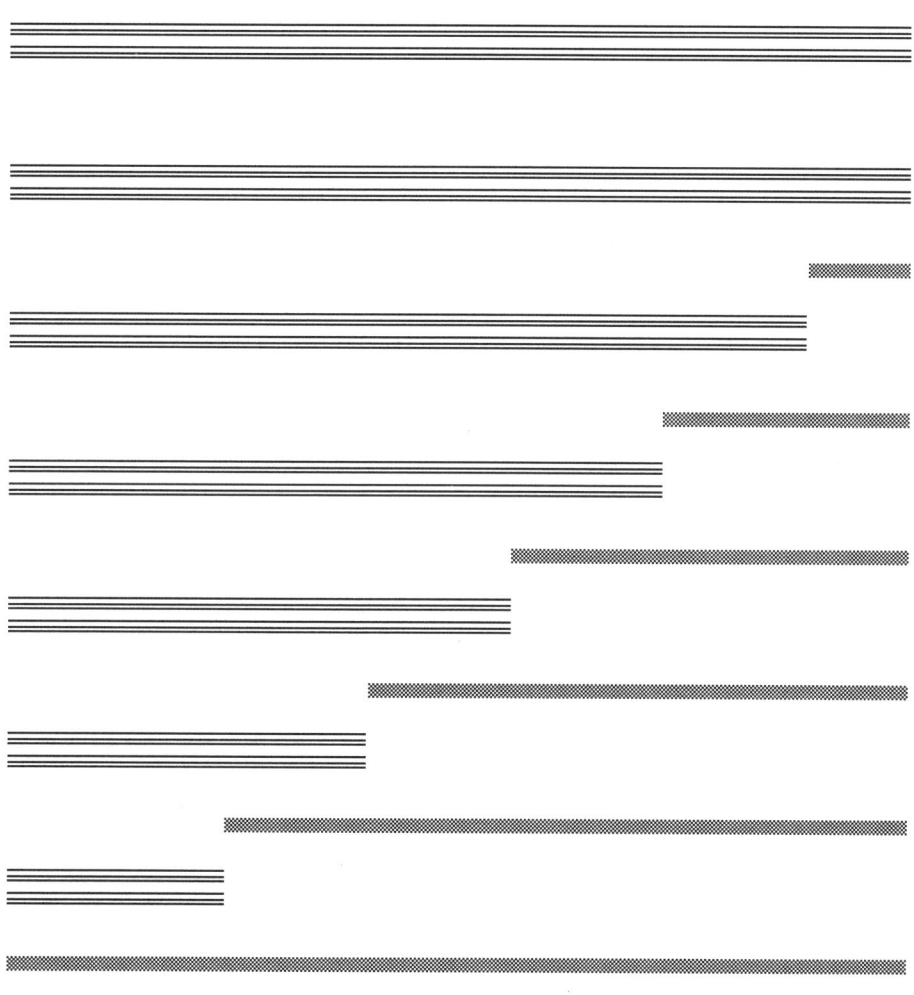

Die beiliegende Programmdiskette enthält die in diesem Buch besprochenen Programme und Units (mit Ausnahme der kommerziellen Programme aus Anhang A).

Die Dateien wurden von uns gepackt, da sie sonst nicht alle Platz auf einer 360-KB-Diskette gefunden hätten. (Es sind über 500 KB Programmcode!) Dazu wurde das Programm LHarc von Haruyasu Yoshizaki verwendet, eines der zur Zeit effektivsten Komprimierungsprogramme für den PC unter MS-/PC-DOS.

Zum Entpacken benötigen Sie kein Programm, sondern gehen einfach folgendermaßen vor:

1. Kopieren Sie die gewünschte Programmdatei (.COM) auf eine Festplatte oder Diskette. Achten Sie darauf, daß auf dieser Festplatte/Diskette ausreichend Speicherplatz für die .COM-Datei und die zu entpackenden Dateien ist. Der jeweils benötigte Speicherplatz ist in den nachfolgenden Tabellen am Ende der Dateiliste angegeben.

2. Rufen Sie die kopierte Datei mit ihrem Namen auf. Die Datei entpackt nun automatisch die Dateien.

3. Löschen Sie die Kopie der .COM-Datei von der Diskette/Festplatte.

4. Compilieren Sie die benötigten Units/Programme. Lesen Sie sich dazu die entsprechenden Erläuterungen im Buch durch.

```
Programmname      Größe    Datum        Uhrzeit      Kapitel

BOXES    PAS      18115    30.01.90     18.47          2
KOMJUTE1 PAS       1534    10.12.89     18.13          1
KOMJUTE2 PAS       3476    10.12.89     17.23          1
KOMJUTE3 PAS       3593    10.12.89     17.23          1
BOXTEST  PAS        791    28.01.90     16.54          2
IMBISS   POP        468    30.01.90     17.34          2
INFOTEST PAS        246    29.01.90     19.03          2
MENUS    PAS      23384    30.01.90     19.30          2
POPTEST  PAS        604    30.01.90     19.58          2
TASTEN   PAS        988    30.01.90     19.41          2
TURBO    MNU        841    18.10.89     14.08          2
TURBO    PAS       1017    28.01.90     16.54          2
WINTEST  PAS       1596    30.01.90     17.15          2
                                     56653 Bytes
```

Tab. B.1: Die entpackten Dateien aus TEIL_1.COM

Programmname		Größe	Datum	Uhrzeit	Kapitel
BGI	PAS	6972	22.04.90	18.21	4
BIOSGRAF	PAS	4144	22.04.90	18.21	4
BIOSDEMO	PAS	720	22.04.90	18.21	4
BGIDEMO1	PAS	1027	22.04.90	18.21	4
BGIDEMO2	PAS	729	22.04.90	18.21	4
FONTDEMO	PAS	1070	22.04.90	18.21	4
LOADSAVE	PAS	1222	22.04.90	18.21	4
PICDEMO	PAS	1244	22.04.90	18.21	4
MOUSE	PAS	3217	22.04.90	18.21	4
MAUSDEMO	PAS	4808	22.04.90	18.21	4
				25153 Bytes	

Tab. B.2: Die entpackten Dateien aus TEIL_II.COM

Programmname		Größe	Datum	Uhrzeit	Kapitel
TIMER	ASM	5019	8.05.90	11.19	8
TIMER	PAS	1001	8.05.90	11.20	8
TIMER	OBJ	646	8.05.90	11.19	8
				6666 Bytes	

Tab. B.3: Die entpackten Dateien aus TEIL_III.COM

Programmname		Größe	Datum	Uhrzeit	Kapitel
LSTRVAL	PAS	777	9.10.89	16.47	10
MAXFILES	PAS	1096	19.12.89	15.22	9
ARITH_UN	PAS	18146	28.01.90	20.18	11
DEMOGRAP	PAS	18837	28.01.90	17.32	11
LS1TEST	PAS	508	8.10.89	15.55	10
LS2TEST	PAS	938	7.10.89	20.18	10
LS3TEST	PAS	1086	7.10.89	20.18	10
LS4TEST	PAS	1402	7.10.89	20.18	10
LS5TEST	PAS	154	7.10.89	20.47	10
LSTR	PAS	18103	9.10.89	16.41	10
LSTRING	PAS	18426	9.10.89	16.41	10
SCRMVF	ASM	10154	22.05.90	12.42	12
SCRMVF	OBJ	275	22.05.90	12.44	12
SCRMVN	ASM	10161	22.05.90	12.42	12
SCRMVN	OBJ	275	22.05.90	12.44	12
TXTWIN	1-1	24473	22.05.90	12.32	12
TXTWIN	1-2	21189	22.05.90	12.33	12

Programmname		Größe	Datum	Uhrzeit	Kapitel
TXTWIN	1-3	18770	22.05.90	12.33	12
TXTWIN	1-4	18122	22.05.90	12.34	12
TXTWIN	HE1	5804	22.05.90	12.37	12
TXTWIN	HE2	5361	22.05.90	12.38	12
TXTWIN	IN1	13209	22.05.90	12.39	12
TXTWIN	IN2	17193	22.05.90	12.39	12
TXTWIN	PAS	20317	22.05.90	12.40	12
GRAPH	QP	1449	22.05.90	12.30	12
MOVEF	ASM	2896	22.05.90	12.42	12
MOVEF	OBJ	159	22.05.90	12.44	12
MOVEN	ASM	2903	22.05.90	12.42	12
MOVEN	OBJ	159	22.05.90	12.44	12
READ_IV	ME	5469	17.05.90		12
				257811 Bytes	

Tab. B.4: Die entpackten Dateien aus TEIL_IV.COM

Programmname		Größe	Datum	Uhrzeit	Kapitel
EXTDOS	PAS	5070	15.12.89	21.40	13
STRINGS	PAS	6168	11.03.90	14.55	13
XDEL	PAS	3890	4.12.89	9.20	13
DELDIR	PAS	4305	3.12.89	17.52	13
ATTRIB	PAS	3823	5.12.89	19.50	13
PARK	PAS	2901	6.12.89	12.13	13
MHD	PAS	1475	10.12.89	23.55	13
CHD	PAS	930	10.12.89	23.56	13
RHD	PAS	1191	10.12.89	23.56	13
KILLFILE	PAS	2368	10.12.89	23.53	13
BACKTEST	PAS	2012	18.12.89	13.29	13
SEARCH	PAS	4285	4.01.90	23.49	13
PR	PAS	7847	28.01.90	18.37	14
CHIFF	PAS	3168	29.01.90	0.31	14
STRUKTER	PAS	35262	22.05.90	18.41	14
POTENZ	PAS	496	25.05.89	22.59	14
EXP2	PAS	2994	25.05.89	22.53	14
				88185 Bytes	

Tab. B.5: Die entpackten Dateien aus TEIL_V.COM

```
Programmname     Größe     Datum        Uhrzeit    Kapitel

REFRESH   PAS     1973     30.01.90     19.58        15
SERIELL   PAS    22445     19.12.89      2.51        16
                                       24418  Bytes
```

Tab. B.6: Die entpackten Dateien aus TEIL_VI.COM

```
Programmname    Größe     Datum        Uhrzeit    Kapitel

CURSOR    PAS    11867     11.12.89     12.59        17
HPLASER   PAS    11498     12.12.89     15.14        17
FX80      PAS     1557     22.05.90     17.22        17
HP90GRAD  PAS      978     22.05.90     17.23        17
NECP6     PAS     2413     22.05.90     17.26        17
PRINTER   PAS     1339     22.05.90     17.28        17
READPROC  PAS     1428     22.05.90     17.31        17
                                       31080  Bytes
```

Tab. B.7: Die entpackten Dateien aus TEIL_VII.COM

Die READ.ME-Datei

Im Hauptverzeichnis der Programmdiskette finden Sie eine Datei mit dem Namen READ.ME. Sie enthält Hinweise auf Änderungen, die noch nach Drucklegung des Buches an den Programmen und Units vorgenommen wurden, und ein Inhaltsverzeichnis der entpackten Dateien.

Stichwortverzeichnis

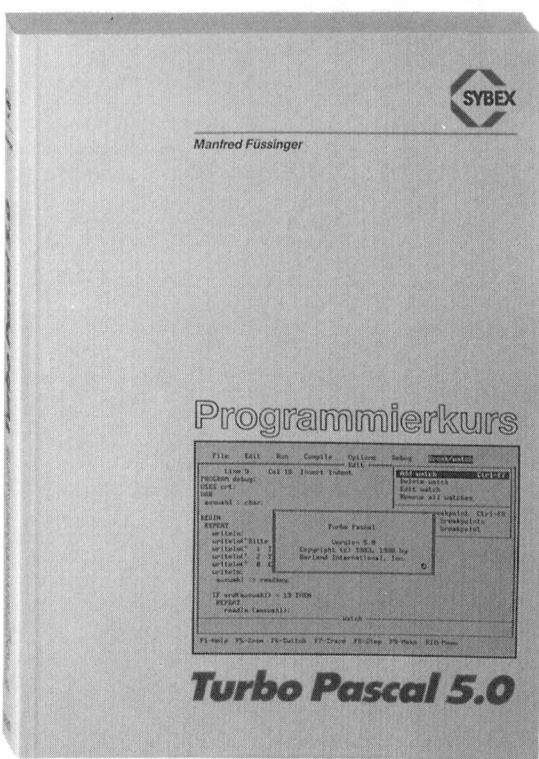

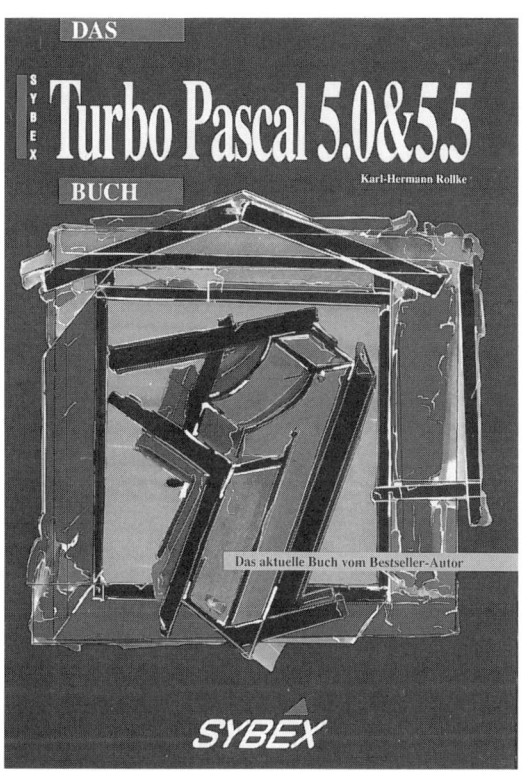

**Fordern Sie ein Gesamtverzeichnis
unserer Verlagsproduktion an:**

SYBEX-VERLAG GmbH
Vogelsanger Weg 111
D-4000 Düsseldorf 30
Tel.: (0211) 61 80 2-0
Telex: 8 588 163
Fax: 0211/6180227